Beiträge zur historischen Theologie

Herausgegeben von

Johannes Wallmann

116

Konrad Hammann

Universitätsgottesdienst und Aufklärungspredigt

Die Göttinger Universitätskirche
im 18. Jahrhundert
und ihr Ort in der Geschichte
des Universitätsgottesdienstes
im deutschen Protestantismus

Mohr Siebeck

Konrad Hammann, geboren 1955; Studium der ev. Theologie in Marburg, Tübingen, München und Göttingen; 1980–81 wiss. Assistent in München; 1981–83 Vikariat in Verden/A.; 1984–91 Pfarrer in Schwalmstadt-Trutzhain; 1988 Promotion; seit 1991 Pfarrer in Göttingen; 1998 Habilitation.

Als Habilitationsschrift auf Empfehlung der Theologischen Fakultät der Georg-August-Universität Göttingen gedruckt mit Unterstützung der Deutschen Forschungsgemeinschaft.

Die Deutsche Bibliothek – CIP-Einheitsaufnahme

Hammann, Konrad: Universitätsgottesdienst und Aufklärungspredigt: die Göttinger Universitätskirche im 18. Jahrhundert und ihr Ort in der Geschichte des Universitätsgottesdienstes im deutschen Protestantismus / Konrad Hammann. – 1. Aufl. – Tübingen: Mohr Siebeck 2000
   (Beiträge zur historischen Theologie; 116)
   ISBN 3-16-147240-3

© 2000 J. C. B. Mohr (Paul Siebeck) Tübingen.

Das Buch wurde von ScreenArt in Wannweil aus der Bembo-Antiqua gesetzt, von Gulde-Druck in Tübingen auf alterungsbeständiges Werkdruckpapier der Papierfabrik Niefern gedruckt und von der Großbuchbinderei Heinr. Koch in Tübingen gebunden.

ISSN 0340-6741

Für Conny

Vorwort

Die vorliegende Untersuchung wurde im Sommersemester 1998 von der Theologischen Fakultät der Georg-August-Universität Göttingen als Habilitationsschrift im Fach Kirchengeschichte angenommen. Für den Druck habe ich sie geringfügig gekürzt.

Nach Abschluß des Manuskripts erschienene Literatur noch zu berücksichtigen, sah ich keinen triftigen Grund. Ich möchte aber auf drei Titel, die die Gegenstände meiner Arbeit am Rande berühren, hier wenigstens hinweisen. Einen instruktiven problemorientierten Forschungsüberblick über die theologische Aufklärung bietet K. Nowak, Vernünftiges Christentum? Über die Erforschung der Aufklärung in der evangelischen Theologie Deutschlands seit 1945 (ThLZ.F 2), 1999. – Zu Mosheims Predigten hat J.A. Steiger, Johann Lorenz von Mosheims Predigten zwischen reformatorischer Theologie, imitatio-Christi-Frömmigkeit und Gesetzlichkeit, in: M. Mulsow u. a. (Hg.), Johann Lorenz Mosheim (1693–1755). Theologie im Spannungsfeld von Philosophie, Philologie und Geschichte, 1997, 297–327, einen Beitrag geliefert, an den ich mancherlei kritische Anfragen zu richten hätte. – Mit der eigentümlichen Entwicklung des Verhältnisses zwischen katholischer Theologie und Universität in der Frühen Neuzeit hängt es zusammen, daß die Institution des Universitätsgottesdienstes im katholischen Bereich von vornherein nicht die Bedeutung und Verbreitung wie im deutschen Protestantismus finden konnte. Immerhin ist inzwischen die katholische Universitätspredigt in Bamberg am Ende des 18. Jahrhunderts vorgestellt worden von O. Fuchs, Von der Heilsangst zum verordneten Heil, in: Fr. Machilek (Hg.), Haus der Weisheit. Von der Academia Ottoniana zur Otto-Friedrich-Universität Bamberg, 1998, 370–380.

Angestoßen durch eine Preisaufgabe der Göttinger Universitätskirchendeputation, hatte ich ursprünglich – zumal im Blick auf die aus meinen pfarramtlichen Verpflichtungen sich ergebenden Begrenzungen an zeitlichen Kapazitäten – lediglich daran gedacht, die Geschichte der Göttinger Universitätsprediger in einer eher populärwissenschaftlichen Form darzustellen. Herr Professor Dr. Dr. h. c. Bernd Moeller hat mich dann dazu ermuntert, das Thema auszuweiten und in einer Habilitationsschrift umfassend zu behandeln. Ihm, der meine entsprechenden Bemühungen stets mit seinem Interesse und kritischen Rat begleitet sowie schließlich auch das Erstgutachten geschrieben hat, gilt zuerst mein herzlicher Dank. Darüber hinaus danke ich den Herren Professor Dr. Jörg Baur und Professor Dr. Ekkehard Mühlenberg, die in ihren Korreferaten manch förderlichen Hinweis zu geben vermochten. Als hilfreich erwies es sich, daß ich Teile der Untersuchung im Göttinger Kirchengeschichtlichen Doktorandenkolloquium vortragen und der Diskussion aussetzen konnte.

Herrn Professor Dr. Dr. h. c. Johannes Wallmann habe ich für die Bereitschaft zu danken, diese Untersuchung in die »Beiträge zur historischen Theologie« aufzunehmen. Last but not least danke ich Herrn Verleger Georg Siebeck und Herrn Rudolf Pflug für die akkurate und kooperative Betreuung bei der Drucklegung.

Göttingen, im April 2000   Konrad Hammann

Inhaltsverzeichnis

D. Die Universitätsprediger

E. Ausblick

Abkürzungsverzeichnis

Die Abkürzungen folgen S. M. Schwertner, Internationales Abkürzungsverzeichnis für Theologie und Grenzgebiete, 2. Aufl. Berlin-New York 1992. Zusätzlich werden folgende Abkürzungen verwendet:

BSB München	Bayrische Staatsbibliothek München
FLB Gotha	Forschungs- und Landesbibliothek Gotha
GV 1700–1910	Gesamtverzeichnis des deutschsprachigen Schrifttums 1700–1910, Bde. 1 ff., München-New York-London-Paris 1979 ff.
HAB Wolfenbüttel	Herzog-August-Bibliothek Wolfenbüttel
Jb	Jahrbuch
KKA Göttingen	Kirchenkreisarchiv Göttingen
KMB Celle	Kirchen-Ministerial-Bibliothek Celle
KuR	Kirche und Recht
NCG	Neues Christliches Gesangbuch
NLB Hannover	Niedersächsische Landesbibliothek Hannover
o. Dr.	ohne Drucker
o. J.	ohne Jahr
o. O.	ohne Ort
o. P.	ohne Paginierung
SB Berlin	Staatsbibliothek Berlin
StA Hannover	Niedersächsisches Staatsarchiv Hannover
StA Marburg	Hessisches Staatsarchiv Marburg
StB Detmold	Stadtbücherei Detmold
StB Hameln	Stadtbibliothek Hameln
UAG	Universitätsarchiv Göttingen
UAH	Universitätsarchiv Halle
UAJ	Universitätsarchiv Jena
UAL	Universitätsarchiv Leipzig
UB Erlangen	Universitätsbibliothek Erlangen-Nürnberg
UB Freiburg	Universitätsbibliothek Freiburg
UB Göttingen	Niedersächsische Staats- und Universitätsbibliothek Göttingen
UB Jena	Universitätsbibliothek Jena
UB München	Universitätsbibliothek München
UB Tübingen	Universitätsbibliothek Tübingen
WLB Stuttgart	Württembergische Landesbibliothek Stuttgart

A. Einleitung

§1 Zum Thema und zur Anlage der Untersuchung

Am 5.7.1871 – gelegentlich der Ernennung des Privatdozenten Theodor Zahn (1838–1933) zum 2. Universitätsprediger in Göttingen[1] – richtete der preußische Minister für die geistlichen, Unterrichts- und Medizinalangelegenheiten von Mühler an den Kurator der Universität Göttingen die informelle Anfrage, ob bei der Anstellung eines Universitätspredigers in Göttingen die Mitwirkung des Konsistoriums in Hannover erforderlich sei oder ob es sich hier ausschließlich um ein Universitätsamt handele. Gesetzt den Fall – so ist sinngemäß zu ergänzen –, letzteres träfe zu, würde sich natürlich eine Beteiligung des Konsistoriums an der Besetzung des Göttinger Universitätspredigeramtes erübrigen[2]. Diese konkrete Anfrage muß man vor dem allgemeinen Hintergrund der Bestrebungen der preußischen Regierung sehen, das 1866 annektierte Königreich Hannover durch behutsame, die überkommenen territorialen Strukturen möglichst schonende Maßnahmen in den preußischen Staat zu integrieren. Dazu gehörte speziell u. a. die Bestätigung der Selbständigkeit der lutherischen Landeskirche Hannovers, die endgültig durch die Errichtung und Einführung eines Landeskonsistoriums noch unmittelbar vor dem Einmarsch preußischer Truppen in die Stadt Hannover 1866 gebildet worden war[3]. Im Lichte dieses historischen Kontextes wird in der Rückfrage nach dem Rechtsstatus des Göttinger Universitätspredigeramtes zunächst einmal das Interesse des preußischen Kultusministers deutlich, in dieser Angelegenheit gegebenenfalls auf rechtliche Ansprüche des Konsisto-

---

[1] Th. Zahn, von 1868–71 als Nachfolger J. T. A. Wiesingers mit der provisorischen Versehung des 2. Universitätspredigeramtes in Göttingen beauftragt, wurde auf Antrag der Theologischen Fakultät vom 18.4.1871 (vgl. UAG, 4/II b/73, Bl. 11 f.) vom preußischen Kultusminister am 12.5.1871 offiziell zum 2. Universitätsprediger ernannt (vgl. UAG, aaO., Bl. 13) und als solcher – nach dem im folgenden geschilderten Aktenvorgang – am 14.8.1871 bestätigt (vgl. UAG, aaO., Bl. 24). Vgl. auch den – nur hinsichtlich der Daten von den erwähnten Akten abweichenden – eigenen Bericht von Th. Zahn, Mein Werdegang und meine Lebensarbeit, in: Die Religionswissenschaft der Gegenwart in Selbstdarstellungen, hg. von E. Stange, (I. Bd.,) 1925, (221–248) 232.

[2] Vgl. UAG, 4) II b/73, Bl. 18–20.

[3] Vgl. G. Uhlhorn, Hannoversche Kirchengeschichte in übersichtlicher Darstellung (Neudruck der Ausgabe 1902), 1988, 149–151; H.-W. Krumwiede, Kirchengeschichte Niedersachsens, Erster u. Zweiter Teilbd., 1996, 357–359.

riums in Hannover Rücksicht nehmen zu wollen. Ferner dürfte ihm auch deshalb an einer Klärung dieser Frage gelegen gewesen sein, weil es um die Mitte des 19. Jahrhunderts an mindestens einer preußischen Universität – in Breslau nämlich – zum Streit darüber gekommen war, ob der Universitätsprediger ein geistliches Amt innerhalb der betreffenden Provinzialkirche ausübe – dann hätte er durch Organe der Landeskirche in sein Amt eingeführt werden müssen – oder ob er im Vollzug seiner Predigttätigkeit ein staatliches Nebenamt zusätzlich zu seiner Professur wahrnehme[4].

Nach Rücksprache mit der Theologischen Fakultät erteilte der Göttinger Universitätskurator von Warnstedt dem preußischen Kultusminister am 12.7.1871 die eindeutige Antwort, eine Beteiligung des Konsistoriums an der Besetzung des Göttinger Universitätspredigeramtes könne auf Grund des eigentümlichen Rechtscharakters dieses Amtes generell nicht in Betracht kommen. Die Universität Göttingen sei 1737 laut königlicher Anordnung als eine autonome Korporation gegründet und der hannoverschen Staatsregierung direkt unterstellt worden. Entsprechend der ihr verliehenen korporativen Selbständigkeit, die sich u. a. in der universitätseigenen Gerichtsbarkeit niederschlage, seien in der Vergangenheit auch die Universitätsprediger stets vom Staat bestellt worden – hingegen habe das Konsistorium in Hannover in keinem der bisher insgesamt 25 Fälle an der Ernennung eines Universitätspredigers mitgewirkt. Seit ihren Anfängen bestehe die Göttinger Universitätskirche also exemt von der kirchlichen Aufsichtsbehörde, was auch darin seinen Ausdruck gefunden habe, daß die Theologische Fakultät in der Universitätskirche während des 18. Jahrhunderts etliche Ordinationen durchgeführt habe[5].

Mit diesem Bescheid gab der Kurator der Universität 1871 ganz exakt einen wesentlichen Bestandteil der besonderen Rechtskonstruktion der Göttinger Universitätskirche zu Protokoll. Daß es zumal mit dem Amt des Universitätspredigers in Göttingen eine ungewöhnliche Bewandtnis haben könnte, hatte im Ansatz bereits gegen Ende des 18. Jahrhunderts Friedrich Gedike (1754–1803) festgestellt. Der von Fr. Schiller als „Universitäts-Bereiser" apostrophierte aufklärerische Berliner Schulmann besuchte im Jahre 1789 im Auftrag des preußischen Königs Friedrich Wilhelm II. die meisten außerpreußischen Universitäten Deutschlands, um deren Verfassungen und akademische Einrichtungen kennenzulernen und um seinem Auftraggeber solche Professoren benennen zu können, die ihm nach seinen eigenen Hörerfahrungen geeignete Kandidaten für zukünftige Berufungen an preußische Universitäten zu sein schienen. In Gedikes Bericht über Göttingen, die da-

---

[4] S. dazu u. ausführlich 200–204 mit Anm. 56–69.
[5] Vgl. UAG, 4) II b/73, Bl. 21–23. – Mit der königlichen Anordnung, auf die sich von Warnstedt hier beruft, dürfte das königliche Privileg zur Universitätsgründung vom 7.12.1736 gemeint sein. Es ist abgedruckt bei W. EBEL (Hg.), Die Privilegien und ältesten Statuten der Georg-August-Universität zu Göttingen, 1961, 28–39.

mals unbestritten bedeutendste und modernste deutsche Universität, ist u. a. folgende Beobachtung festgehalten: „Daß Göttingen nicht nur, gleich andern Universitäten, eine Universitätskirche, sondern auch einen eignen Universitätsprediger hat, ist, wie mich dünkt, eine in mancher Rücksicht vortheilhafte Einrichtung. Auf andern Universitäten ist gewöhnlich einer oder der andre Professor zugleich Universitätsprediger, oder das Predigen geht nach der Reihe herum unter den Professoren; die Folge davon ist, daß keiner das Predigen als seine Hauptsache betrachtet, und keiner darauf denkt, den Studiosis Theologiae ein anschauliches Muster eines guten Kanzelvortrags aufzustellen."[6]

Hatte neben dem auswärtigen Universitätsbereiser von 1789 auch J. St. Pütter (1725–1807), der ortsansässige Chronist der ersten Jahrzehnte der Göttinger Universität, die Universitätskirche und das an ihr errichtete Predigtamt immerhin noch für berichtenswert gehalten[7], so läßt sich Gleiches von den im 20. Jahrhundert erschienenen Arbeiten zur Gründungsgeschichte der Georgia Augusta kaum behaupten. Das gilt etwa für die Darstellung G. von Selles, in der die Universitätskirche nur selten beiläufig erwähnt wird, sowie mehr noch für eine Studie C. Haases, in dessen Aufzählung der akademischen Einrichtungen die Universitätskirche überhaupt nicht vorkommt. In beiden Fällen dürfte das Schweigen in Sachen Universitätskirche nicht unwesentlich durch den jeweils gewählten historiographischen Zugriff auf die Anfänge der Universität Göttingen bedingt sein. So erklärte G. von Selle 1937 (!) die Modernität der Göttinger Akademie vornehmlich damit, daß man hier durch die Beschneidung des traditionellen Einflusses der Theologie auf den universitären Gesamtorganismus einen Schritt von „weltgeschichtliche(r) Bedeutung" vollzogen habe. Der „wissenschaftliche Geist Deutschlands" sei nämlich dem „Sinn des westphälischen Friedens", jenes „Angelpunkt(es) für die große Wende deutschen Lebens, das seinen Schwerpunkt von der Religion auf den Staat verlegte", erst dadurch auf die Spur gekommen, daß man in Göttingen die Universität ganz auf den Staat gegründet habe. Der Staat aber sei „bis in die Gegenwart hinein die Wirklichkeit des modernen Menschen, wie es die Religion für den Menschen der Jahrhunderte vor dem achtzehnten war"[8]. Etwas anders gewendet, in der antitheologischen Tendenz jedoch mit von Selle übereinstimmend, bezeichnete C.

---

[6] R. FESTER (Hg.), „Der Universitäts-Bereiser" Friedrich Gedike und sein Bericht an Friedrich Wilhelm II., AKuG, 1. Ergänzungsheft, 1905, 31 f. – Zu Gedike, zum Hintergrund und Inhalt seines Berichtes vgl. FESTERs Einleitung, aaO., 1–6; dazu die Erläuterung von H. BOOCKMANN, in: Mehr als irgend eine andere in Deutschland bekannt. Die Göttinger Universität im Bericht des „Universitätsbereisers" Friedrich Gedike aus dem Jahre 1789. Mit einer Vorbemerkung von H. BOOCKMANN, Sonderdruck 1996, 5–7.

[7] Vgl. J. St. PÜTTER, Versuch einer academischen Gelehrten-Geschichte von der Georg-Augustus-Universität zu Göttingen, (1. Theil,) 1765, 225 f.; 2. Theil, 1788, 212 f.

[8] G. VON SELLE, Die Georg-August-Universität zu Göttingen 1737–1937, 1937, 40 f.

Haase 1982/83 Göttingen als die „erste Universität der Welt", die sich entschlossen aus der überkommenen Vorherrschaft der Theologie gelöst habe,
um sich im aufgeklärten Geist einer „gewollte(n) Weltlichkeit" ganz den
empirischen Wissenschaften zuzuwenden[9]. Unter solchen – je auf ihre Weise
zeitgemäßen – Beurteilungen der Gründungskonzeption der Universität
Göttingen mußte die historische Wahrnehmungsfähigkeit gerade in Hinsicht
auf die der Theologie in Göttingen zugedachte Funktion zwangsläufig empfindlich leiden[10]. Hätte man die Göttinger Universitätskirche im Rahmen
dieser Erklärungsmuster zum Thema erhoben, dann wäre sie wohl allenfalls
als ein seltsames Relikt aus der „vormodernen" Epoche der deutschen Universitätsgeschichte, als eine quasi anachronistische Institution in den Blick
geraten.

Demgegenüber besteht eine Absicht dieser Untersuchung zunächst einmal
darin, den Nachweis dafür zu erbringen, daß die Göttinger Universitätskirche
ein integratives Element des umfassenden Konzeptes bildete, das die hannoversche Staatsregierung – namentlich der Staatsminister und erste Kurator der
Universität Gerlach Adolph Freiherr von Münchhausen (1688–1770) – mit
der Gründung der neuen Landesuniversität verwirklichte. Wenn die Universitätskirche tatsächlich mehr als nur ein bloßer Appendix der Theologischen
Fakultät, mehr als nur eine Art praktisch-theologischer Exerzierraum für die
begrenzten Zwecke des Theologiestudiums sein sollte, muß allerdings die
Frage beantwortet werden, welche Intentionen denn die Gründungsväter
der Universität mit der Errichtung dieser geistlich-religiösen Institution näherhin verfolgten. Dabei ist innerhalb der Darstellung der Einrichtung des
Universitätsgottesdienstes und der Universitätskirchendeputation auch zu eruieren, welchen rechtlichen Status die hannoversche Staatsregierung der Göttinger Universitätskirche verlieh und welche politischen Überlegungen und
religiösen Motive hinter dem ganzen Projekt wie auch hinter dem spezifischen Modus seiner Realisierung standen (vgl. § 2).

Das Amt eines Universitätspredigers wurde in Göttingen zwar nicht sogleich im Zuge der Einrichtung des Universitätsgottesdienstes, sondern aus
noch zu erläuternden Gründen erst 1742 geschaffen, es hatte gleichwohl von
Anfang an eine zentrale Bedeutung sowohl für die Verfassung der Universitätskirche als auch für die mit dem Universitätsgottesdienst verbundenen
religiösen Ziele. Zwei Hinweise mögen diesen Sachverhalt, den die ohnehin
nur spärliche Spezialliteratur zur Geschichte der Göttinger Universitätskirche

---

[9] C. Haase, Die ersten Stufen der Entwicklung der Georgia Augusta zu Göttingen, GGA
235/6 (1983/84), (271–289) 272.283.
[10] Vgl. J. Baur, Die Anfänge der Theologie an der „wohl angeordneten evangelischen
Universität" Göttingen, in: J. von Stackelberg (Hg.), Zur geistigen Situation der Zeit der
Göttinger Universitätsgründung 1737, 1988, (9–56) 12f. mit Anm. 12f.

noch gar nicht wahrgenommen hat[11], hier vorläufig andeuten. Einmal handelt es sich bei dem Göttinger Universitätspredigeramt um das erste seiner Art, das im deutschen Protestantismus institutionalisiert wurde. Zum anderen gewährt ein Seitenblick auf das Amt des Abtes von Bursfelde, das heute ebenso wie das Universitätspredigeramt aus dem Kreis der ordinierten Professoren der Göttinger Theologischen Fakultät besetzt wird, die Möglichkeit, im universitätsinternen Vergleich zwischen beiden Ämtern erste Anhaltspunkte für die Erfassung des eigentümlichen Charakters des Universitätspredigeramtes zu gewinnen.

Die Bursfelder Abtspfründe wurde zum ersten Mal 1828 einem Göttinger Theologieprofessor übertragen. Die Ernennung des Kirchenhistorikers Gottlieb Jakob Planck (1751–1833) zum Abt von Bursfelde erfolgte freilich nur „ad personam"[12], d. h., 1828 war seitens des zuständigen hannoverschen Ministers nicht etwa schon daran gedacht, die Abtsstelle zukünftig immer einem Mitglied der Theologischen Fakultät in Göttingen zu verleihen. Zu einer festen Verbindung der Bursfelder Abtspfründe mit der Theologischen Fakultät kam es erst im Laufe des 19. Jahrhunderts. Diese bis 1878 gefestigte Tradition verdankte sich indes nicht einer konzeptionell angelegten Initiative sei es der Regierung oder der Theologischen Fakultät, sondern eher historischen Zufälligkeiten. In den Umständen, die zur endgültigen Institutionalisierung der Bindung der Abtswürde an die Theologische Fakultät führten, aber auch im eigenartigen Status des Abtsamtes selber – es handelte sich bei ihm bis weit ins 20. Jahrhundert hinein lediglich um einen mit einer Präbende verbundenen Titel, nicht jedoch im eigentlichen Sinne um ein Amt mit einer spezifischen Funktion, mit bestimmten Rechten und Pflichten – war es letztlich begründet, daß die weitere Geschichte dieses Amtes von zahlreichen Rechtsunsicherheiten geprägt gewesen ist[13]. Weitgehend ungeklärt blieben etwa die Kriterien, nach denen ein Mitglied der Theologischen Fakultät für die Besetzung der Stelle ausgewählt wurde. Als umstritten erwies sich im 20. Jahrhundert zeitweilig die Frage, wie lange ein zum Abt von Bursfelde ernannter Theologieprofessor die Abtswürde tragen durfte. „Ratlosigkeit"[14] bestimmte zumal das erste Jahrzehnt nach der durch die Verfassung des Deut-

---

[11] Außer J. Meyer, Geschichte der Göttinger theologischen Fakultät, ZGNKG 42 (1937), (7–107) 16.19.23 f.35.41 f.48, sind zwei Studien des Göttinger Universitätspredigers Karl Knoke zu Detailfragen des Universitätsgottesdienstes zu nennen. S. K. Knoke, Der lutherische Bekenntnisstand der Prediger an der Universitätskirche zu Göttingen, ZGNKG 23 (1918), 95–112; ders., Lectiones asceticae an der Göttinger Universität (1735–1737), ZGNKG 25 (1920), 73–80. – Zur kritischen Auseinandersetzung mit Knoke s. u. 45–48.65.

[12] L. Perlitt, Professoren der Theologischen Fakultät in Göttingen als Äbte von Bursfelde. 1. Begründung und Festigung der Tradition, JGNKG 82 (1984), (7–25) 13.

[13] Vgl. dazu ausführlich L. Perlitt, Professoren der Theologischen Fakultät in Göttingen als Äbte von Bursfelde. 2. Wahrung und Wandlung der Tradition, JGNKG 83 (1985), 261–314.

[14] L. Perlitt, aaO., 274.

schen Reichs vom 11.8.1919 vollzogenen Aufhebung des landesherrlichen
Summepiskopats, als das Problem virulent wurde, welcher Instanz unter den
veränderten staatskirchenrechtlichen Rahmenbedingungen eigentlich das
Recht zustehen sollte, die Abtsstelle zu besetzen. Nachdem 1931 zwischen
dem preußischen Kultusminister und der hannoverschen Landeskirche ein
Modus bezüglich der Besetzung der Prälatur Bursfelde gefunden worden
war[15], traten neue Probleme auf. Denn infolge der Beteiligung der Landeskirche an der Verleihung der Abtswürde an einen staatlich bestallten Theologieprofessor hatte sich auch der Charakter der Institution des Abtes von
Bursfelde gewandelt – sie bestand jetzt nicht mehr nur aus einem Titel und
einer Pfründe, sondern ihr war zusätzlich der Status eines geistlichen, eines
Kirchenamtes beigelegt worden, auch wenn dessen Umfang und Funktion
1931 gar nicht näher bestimmt wurden. Gerade letzteres Versäumnis führte in
der Folgezeit wiederum zu neuen Unklarheiten. Irritationen sahen sich insbesondere diejenigen Äbte ausgesetzt, die – wie Carl Stange (1870–1959)
oder Götz Harbsmeier (1910–1979) – bestrebt waren, ihrem Amt durch
geistlich-kirchliche Aktivitäten inhaltliche Konturen zu geben. Abgesehen
von dem freilich auch nicht näher umrissenen allgemeinen Auftrag zur Evan-
geliumsverkündigung in der Klosterkirche zu Bursfelde, sind die Rechte und
Pflichten des Abtes von Bursfelde allerdings bis zur Gegenwart „in fast ein-
maliger Weise nicht festgelegt"[16].

Im Unterschied zur Prälatur Bursfelde war mit dem Göttinger Universi-
tätspredigeramt von vornherein eine klar definierte Funktion verknüpft. Im
Kontrast zu den zahlreichen Rechtsunsicherheiten, die die neuere Geschichte
des Bursfelder Abtsamtes seit seiner Bindung an die Göttinger Theologische
Fakultät kennzeichneten, eignete der Institution des Universitätspredigers in
Göttingen von ihren Anfängen her eine bemerkenswerte Rechtssicherheit.
Man wird hier sogar von einer Rechtskontinuität sprechen können, die von
1742 bis zur Gegenwart reicht und die im Prinzip auch durch die in den
Staatskirchenverträgen des 20. Jahrhunderts vorgenommenen Modifikationen
des Rechtsstatus des Göttinger Universitätspredigers nicht in Frage gestellt
worden ist (vgl. dazu §§ 10 u. 17). Diesem vorerst nur behaupteten Sachverhalt ist durch die Analyse der Anfänge des Göttinger Universitätspredigeramtes auf den Grund zu gehen (vgl. § 3).

Außer den angesprochenen institutionsrechtlichen Fragen sind freilich
auch die frömmigkeits- und theologiegeschichtlichen Faktoren zu erörtern,
die die Göttinger Universitätskirche in ihrem Entstehungsstadium und in
ihrer weiteren Geschichte während des 18. Jahrhunderts prägten. Dabei empfiehlt es sich, durchgängig darauf zu achten, ob es zwischen dem eigentüm-

---

[15] Vgl. L. PERLITT, aaO., 274–277.
[16] Wort des Landessuperintendenten H. HIRSCHLER am 28.5.1981, zitiert bei L. PERLITT,
aaO., 313.

lichen institutionellen Status der Universitätskirche und der an diesem Ort gepflegten Religiosität in all ihren Konkretionen zu Wechselwirkungen gekommen ist. Mit Hilfe eines solchen Verfahrens dürfte es am ehesten möglich sein, bestimmte frömmigkeits- und theologiegeschichtliche Konturen der Göttinger Universitätskirche im 18. Jahrhundert schon vor der eingehenden Untersuchung des Predigtwesens an der Universität Göttingen zu erfassen. Zumal die Vorstellung des 1779 erstmals erschienenen Gesangbuchs für den Göttinger Universitätsgottesdienst wird die Gelegenheit bieten, ein Stück aus der praktischen Reformarbeit der theologischen Aufklärung im Bereich der Frömmigkeitspraxis zu vergegenwärtigen. Ein eigens für den Gebrauch in einer Universitätskirche konzipiertes Gesangbuch hat es, wenn ich recht sehe, im deutschen Protestantismus sonst nicht gegeben[17]. Um so dringlicher erscheint es, nicht nur die das Göttinger Universitätsgesangbuch bestimmenden hymnologischen Leitvorstellungen herauszuarbeiten, sondern auch die Motive zu ermitteln, die hinter seiner Einführung standen, und schließlich zu klären, unter welchen rechtlichen Voraussetzungen das Unternehmen durchgeführt wurde (vgl. § 4).

Diese Darstellung der Geschichte der Göttinger Universitätskirche im 18. Jahrhundert wäre zweifellos unvollständig, würde sie die weiteren Geschicke des Universitätsgottesdienstes im frühen 19. Jahrhundert stillschweigend übergehen. Denn schon unter rein ereignisgeschichtlichen Aspekten legt es sich nahe, die auf lokale Zwänge zurückgehende Verlegung des Gottesdienstes aus der Paulinerkirche in die St. Johannis-Kirche im Jahre 1803, seine Einstellung im Jahre 1805 und nicht zuletzt seine Wiedereinrichtung in der neuen Universitätskirche St. Nikolai 1822/23 in die Untersuchung mit einzubeziehen. Will man darüber hinaus in problemgeschichtlicher Perspektive zunächst die Vorgänge erfassen, die bis 1805 zur vorläufigen Sistierung des Universitätsgottesdienstes führten, so dürfte der Behandlung der Frage, ob und inwieweit der Prozeß der Entkirchlichung in der 2. Hälfte des 18. Jahrhunderts sich auch auf den Niedergang der Göttinger Institution ausgewirkt hat, eine besondere Dringlichkeit zukommen (vgl. § 6). Was die erneute Einrichtung des Universitätsgottesdienstes in den frühen 1820er Jahren angeht, wird dem gegenüber dem 18. Jahrhundert deutlich veränderten geistigen und religiösen Klima nachzuspüren sein, in dem der Gedanke an eine Wiederbelebung der alten Tradition allererst heranreifen konnte. In diesem Kontext danach zu fragen, welche Kräfte sich aus welchen Motiven heraus für

---

17 Nur ein kleines Liederheft wurde 1784 für den Universitätsgottesdienst in Leipzig herausgebracht (s. u. 72 Anm. 3). In Göttingen stellte übrigens der Universitätsprediger PAUL ALTHAUS (d. Ä.; 1861–1925) ein in der 2. Auflage 94 Lieder enthaltendes Gesangbuch für den Kindergottesdienst zusammen, den er an der Universitätskirche eingerichtet hatte. Vgl. P. ALTHAUS (Hg.), Liederbuch für den Kindergottesdienst in der Universitätskirche zu Göttingen, (1. Aufl. 1906,) 2. verbesserte Aufl. 1911. – Zu Althaus' Wirken in Göttingen vgl. P. ALTHAUS (d. J.), Aus dem Leben von D. Althaus – Leipzig, 1928, 24–41.

die neuerliche Institutionalisierung des Universitätsgottesdienstes in Göttingen stark machten, versteht sich von selbst. Des weiteren ist hier zu klären, in welcher institutionsrechtlichen Form die Göttinger Universitätskirche 1822/23 neu begründet wurde. Im Anschluß daran sollen die – innerhalb dieser Untersuchung bereits an anderer Stelle ausführlich behandelten (vgl. § 10) – Veränderungen des rechtlichen Status des Göttinger Universitätspredigeramtes im 20. Jahrhunderts noch einmal rekapituliert werden, um auch von dieser Seite her zu einem begründeten Urteil darüber zu gelangen, inwiefern man tatsächlich von einer bis zur Gegenwart währenden Kontinuität der ursprünglichen Rechtskonstruktion der Göttinger Universitätskirche reden kann (vgl. § 17).

Beziehen sich die bislang angezeigten Einzelthemen hauptsächlich auf den Binnenraum der Geschichte des Göttinger Universitätsgottesdienstes im 18. Jahrhundert, so müssen in einem weiteren Schritt nun allerdings auch die Verhältnisse an den anderen deutschen Universitäten näher in Augenschein genommen werden. Denn die angedeutete Eigentümlichkeit der Verfassung der Göttinger Universitätskirche verlangt geradezu danach, im Vergleich mit den Gegebenheiten anderenorts überprüft zu werden. Kommt diesem historischen Vergleich also die Aufgabe zu, das besondere, ja singuläre institutionsrechtliche Profil der Göttinger Einrichtung im überregionalen Rahmen herauszuarbeiten, so ist mit den entsprechenden Untersuchungen zugleich der Anspruch verbunden, erstmals einen Abriß der Institutionsgeschichte des Universitätsgottesdienstes im deutschen Protestantismus vorzulegen. Zu diesem übergreifenden Themenkomplex gibt es bisher lediglich zwei knappe Lexikonartikel von K. Eger und W. Jannasch, die freilich kaum mehr als einige allgemeine Informationen enthalten und die zudem unter forschungsgeschichtlichen Aspekten weithin als überholt anzusehen sind[18]. Zur Geschichte einiger weniger Universitätsgottesdienste liegen verschiedene ältere und neuere Spezialstudien vor, die an gegebenem Ort Berücksichtigung finden werden. Obwohl die Verhältnisse an den anderen in Frage kommenden deutschen Universitäten hier nicht in der gleichen Intensität wie die Göttinger Universitätskirche untersucht werden können, sollen doch die dazu von der bisherigen Forschung im einzelnen ermittelten Erkenntnisse wenn irgend möglich erweitert und vertieft werden.

Da die Gesichtspunkte, an denen sich der Abriß der Geschichte des Universitätsgottesdienstes inhaltlich und methodisch orientiert, innerhalb des entsprechenden Kapitels eingehend erläutert werden (vgl. Kap. C)), bedarf es zum besseren Verständnis dieses Teiles der Untersuchung hier nur noch einer grundsätzlichen terminologischen Klarstellung. Sie bezieht sich auf die Frage,

---

[18] Vgl. K. Eger, Art. Universitätsgottesdienst (Akademischer Gottesdienst), RGG, 2. Aufl., V. Bd., 1393–1395; W. Jannasch, Art. Universitätsgottesdienst, RGG, 3. Aufl., VI. Bd., 1172–1174.

welche Veranstaltungen überhaupt unter dem Begriff „Universitäts-" bzw. „akademischer Gottesdienst" subsumiert werden können. Dieser Begriff hat nämlich erst ab dem 18. Jahrhundert allgemeine Verwendung gefunden, dann freilich durchweg in einem sehr präzisen Sinn. Klärungsbedarf besteht also vor allem im Blick auf die Zeit vor dem 18. Jahrhundert, für die der Gebrauch des Terminus „Universitätsgottesdienst" nicht nachzuweisen ist, in der aber immer schon an Universitäten zu verschiedenen Anlässen Gottesdienste gefeiert wurden. Will man auf einzelne dieser vor dem 18. Jahrhundert im universitären Kontext gehaltenen Gottesdienste oder gottesdienstähnlichen Veranstaltungen die später aufgekommene Bezeichnung „Universitätsgottesdienst" anwenden, dann sollten die betreffenden Gottesdienste allerdings auch die Strukturelemente aufweisen, die den – ab dem 18. Jahrhundert nicht zufällig so genannten – besonderen Universitätsgottesdiensten durchgängig zu eigen waren. W. Jannasch hat dazu einen Minimalkatalog aufgestellt, in dem m. E. die entscheidenden Kriterien berücksichtigt sind. Danach kann als Universitätsgottesdienst „ein öffentlicher ev. Gottesdienst" gelten, „der kraft staatlicher oder kirchlicher Beauftragung oder herkömmlich von Universitätstheologen in Räumen der Universität oder einer Kirchengemeinde mit gewisser Regelmäßigkeit gehalten wird"[19].

Diese Sprachregelung erweist sich in zweifacher Hinsicht als hilfreich. Sie gestattet es einerseits, genau zu unterscheiden zwischen Gottesdiensten mit mehr oder weniger ausgeprägtem universitären Bezug und regelrechten Universitätsgottesdiensten. Sie ermöglicht es andererseits, die Anfänge der Institutionsgeschichte des Universitätsgottesdienstes im deutschen Protestantismus exakt zu bestimmen. Um zu illustrieren, welche Gottesdienste mit universitärem Bezug im weitesten Sinn noch nicht als Universitätsgottesdienste angesehen werden können, seien hier einige ganz willkürlich ausgewählte Beispiele aufgeführt.

Das erste dieser Beispiele bildet ausnahmsweise eine Veranstaltung, die in die frühe Schweizer Reformation gehört. Huldrych Zwingli (1484–1531) richtete 1525 in Zürich eine theologische Ausbildungsanstalt ein, die nach 1. Kor 14,28 ff. als „Prophezei" bezeichnet wurde. Die im Zuge der Reform des Chorherrenstifts am Zürcher Großmünster institutionalisierte Prophezei sollte den (zukünftigen) Pfarrern und Predigern bibeltheologische Grundkenntnisse vermitteln. Zu diesem Zweck kamen Pfarrer, Prädikanten, Chorherren und ältere Schüler der Lateinschule an jedem Wochentag außer Freitag eine Stunde lang im Großmünster zusammen, um dort zunächst das Alte Testament, ab 1526 auch neutestamentliche Texte in der jeweiligen Ursprache zu lesen, auf lateinisch zu exegesieren und in der deutschen Sprache auf die Gegenwart zu applizieren. Selbst wenn man ganz außer acht läßt, daß es zu Zeiten der Prophezei in Zürich noch gar keine Universität gab, hatte diese

---

[19] W. Jannasch, aaO., 1172f.

Veranstaltung – trotz einer gewissen liturgischen Rahmung durch ein Bitt- und ein Fürbittengebet sowie trotz der Offenheit für interessierte Laien – weniger den Charakter eines Gottesdienstes als vielmehr den eines bibelexegetischen Seminars[20].

Philipp Melanchthon (1497–1560), der selbst mit an Sicherheit grenzender Wahrscheinlichkeit zeitlebens nicht gepredigt hat[21], hielt – wohl schon ab 1522 – in Wittenberg an den Sonn- und Festtagen vor „der Pfarr Predigt privatim In seiner stuben Im Collegio Maiore eine praelectionem in sacris eine stunde lang"[22]. Mit diesen lateinischen Sonntagslektionen verband Melanchthon die Absicht, vor allem die ausländischen Studenten an der Wittenberger Universität anhand einer philologisch fundierten Auslegung verschiedener alt- und neutestamentlicher Bücher bzw. Texte „mit der summa doctrinae Christianae vertraut (zu) machen"[23]. Hier bot offenkundig ein einzelner Professor eine private Vorlesung für einen begrenzten studentischen Hörerkreis an, nicht aber einen öffentlichen Gottesdienst. Gewiß kann man die von Melanchthon ab 1548 geübte Praxis, in seinen Sonntagslektionen fast nur noch die altkirchlichen Evangelienperikopen zu behandeln, mit der Vermutung erklären, er habe so „den der deutschen Sprache nicht genügend mächtigen Ausländern zugleich einigermaßen die Predigt ersetzen" wollen[24]. Dies ändert aber nichts daran, daß Melanchthons sonntägliche Vorlesungen jedenfalls keine Gottesdienste waren und schon gar nicht die für die späteren Universitätsgottesdienste typischen strukturellen und intentionalen Merkmale aufweisen.

Ähnliches gilt auch von den wohl nach dem Vorbild der Melanchthonschen Sonntagslektionen konzipierten Postillenpredigten[25], die der Rostocker Theologieprofessor Simon Pauli (1534–1591) seit 1561 seinen Studenten im Hörsaal vortrug. Im Unterschied zu den Vorlesungen Melanchthons hatten

---

[20] Vgl. im einzelnen G. W. LOCHER, Die Zwinglische Reformation im Rahmen der europäischen Kirchengeschichte, 1979, 161 f.

[21] Vgl. U. SCHNELL, Die homiletische Theorie Philipp Melanchthons, 1968, 145.153.

[22] Zeitgenössischer Bericht (von MATTHÄUS RATZEBERGER), zit. nach G. BUCHWALD, Zur Postilla Melanthoniana, ARG 21 (1924), (78–89) 79; abgedruckt auch bei U. SCHNELL, aaO., 146.

[23] G. BUCHWALD, aaO., 79. – Zum Hintergrund der sonntäglichen Lektionen Melanchthons, zu den von ihnen angefertigten studentischen Nachschriften, zu den auf ihnen basierenden „Annotationes in Euangelia" MELANCHTHONS von 1544 sowie zum geringen Quellenwert der von CHRISTOPH PEZEL 1594 herausgegebenen sog. „Postilla Melanchthonia" vgl. G. BUCHWALD, aaO., passim; U. SCHNELL, aaO., 146–153.

[24] G. BUCHWALD, aaO., 88. – U. SCHNELL, aaO., 148 f., zeigt, daß erst PEZEL durch seine Edition der sog. „Postilla Melanchthonia" den Sonntagsvorlesungen Melanchthons „den Anschein von Predigten zu geben suchte".

[25] Zum folgenden vgl. Th. KAUFMANN, Universität und lutherische Konfessionalisierung. Die Rostocker Theologieprofessoren und ihr Beitrag zur theologischen Bildung und kirchlichen Gestaltung im Herzogtum Mecklenburg zwischen 1550 und 1675, 1997, 473.475–477.508–538.

Paulis lateinische Erklärungen der sonn- und festtäglichen Evangelien- und Epistelperikopen zwar durchaus den Charakter von Predigten, jedoch fehlte auch ihnen die Einbindung in ein gottesdienstlich-liturgisches Geschehen. Zudem wandte sich Pauli mit seinen Predigten nicht an alle Universitätsangehörigen, sondern lediglich an die Theologiestudenten, denen er auf diese Weise innerhalb des akademischen Studienbetriebs rhetorische Predigtmuster vorstellte. Einen gottesdienstlichen Sitz im Leben hatten dagegen die – inhaltlich mit den akademischen Musterpredigten weitgehend identischen – Perikopenpredigten, die Pauli in seiner Eigenschaft als Pastor an St. Jakobi seiner Pfarrgemeinde auf deutsch in den regulären Sonn- und Festtagsgottesdiensten hielt.

Über die angeführten Beispiele hinaus fanden im 16. und 17. Jahrhundert an den Universitäten der evangelischen Territorien Deutschlands zahlreiche Gottesdienste und gottesdienstähnliche Feiern (z. B. akademische Festakte, homiletische Übungen, Trauerfeiern für verstorbene Universitätsangehörige) statt, die aber, wie gesagt, noch nicht Universitätsgottesdienste im Sinne des seit dem 18. Jahrhundert üblichen Sprachgebrauchs waren. Im Verlauf der näheren Sichtung all jener Veranstaltungen muß sich natürlich auch die historische Plausibilität der oben genannten Kriterien herausstellen, deren Erfüllung m. E. die Voraussetzung dafür bildet, um gegebenenfalls von einem Universitätsgottesdienst reden zu können (vgl. §§ 8 u. 9).

Neben der Darstellung der Geschichte der Göttinger Universitätskirche im 18. Jahrhundert und der Verortung ihrer Verfassung in der Institutionsgeschichte des Universitätsgottesdienstes im deutschen Protestantismus macht die Untersuchung des Predigtwesens an der Universität Göttingen zwischen 1737 und 1805 den dritten thematischen Schwerpunkt dieser Studien aus. Dabei sollen sowohl die homiletische Theoriebildung innerhalb der Göttinger Theologischen Fakultät als auch die im Universitätsgottesdienst gehaltenen Predigten berücksichtigt werden. Die äußeren Voraussetzungen für die Durchführung dieses Vorhabens stellen sich, was die Quellenlage angeht, recht günstig dar. Denn aus dem Bearbeitungszeitraum sind immerhin 21 von Göttinger Universitätstheologen verfaßte homiletische Schriften auf uns gekommen. Die selbständigen Druckausgaben der von 1737 bis 1804 in der Universitätskirche vorgetragenen Predigten umfassen sogar 69 Titel (Einzeldrucke und Predigtsammlungen) bzw. 82 Bände, in denen insgesamt annähernd 500 Universitätspredigten abgedruckt sind[26].

Schon der stattliche Umfang[27] dieses Quellenbestandes macht nun freilich genauere Überlegungen erforderlich, unter welchen Gesichtspunkten die

---

[26] Vgl. die Angaben u. 216 f. (Tabellen 1 und 2).

[27] Für die Göttinger homiletischen Schriften und Universitätspredigten des 18. Jahrhunderts gilt mutatis mutandis, was der württembergische Pfarrer PHILIPP HEINRICH SCHULER (1754–1814), einer der ersten Erforscher der protestantischen Predigtgeschichte, im Hinblick

Theorie und Praxis der Predigt an der Göttinger Universität im 18. Jahrhundert untersucht werden soll. Die oben erläuterte Absicht, institutionsrechtliche und frömmigkeitsgeschichtliche Aspekte der Geschichte der Göttinger Universitätskirche möglichst miteinander zu verbinden[28], legt es zunächst nahe, einzelne Predigten zu besonderen Anlässen im Zusammenhang mit der Erörterung bestimmter Detailfragen zu behandeln. Da z. B. Trauerfeiern für Universitätsangehörige, sofern sie in der Universitätskirche stattfanden, die Rechte der städtischen Parochien tangierten, soll die einzige aus dem 18. Jahrhundert erhaltene Trauerpredigt eines Göttinger Universitätspredigers im Kontext der Analyse des Verhältnisses zwischen der Universitätskirche und den lokalen Stadtkirchen vorgestellt werden (vgl. § 5/1). Sodann ist die Frage, welche Rolle die Universitätskirche als Ort der Feier besonderer Ereignisse spielte, anhand der Bearbeitung der Festpredigt zum Universitätsjubiläum 1787 sowie der an Reformationsfesten und Gedenktagen der Obrigkeit gehaltenen Predigten aufzuhellen (vgl. § 5/2).

Wichtiger noch als die Zuordnung solcher einzelner Predigten bzw. Predigtteilbestände zu den entsprechenden Sachthemen dürfte die Entwicklung von historiographisch sinnvollen Interpretationsansätzen für die Erschließung der im Druck breit dokumentierten normalen sonntäglichen Universitätspredigten sein. Im Sinne einer ersten Annäherung an diese Normalpredigten sind die einleitenden Bemerkungen gedacht, die den Regularien der Predigtpraxis in der Universitätskirche und der Drucküberlieferung der Universitätspredigten gelten (vgl. § 11). In den Ausführungen zur publizistischen Verbreitung der Universitätspredigten wird man vielleicht eine Erörterung der Frage vermissen, ob und inwieweit die gedruckten Predigten die im Universitätsgottesdienst tatsächlich gehaltenen Kanzelreden genau wiedergeben. Der Verzicht auf die Diskussion dieses der Predigtgeschichtsschreibung sich immer wieder stellenden Problems ist darin begründet, daß die Göttinger Universitätspredigten des 18. Jahrhunderts zum weitaus größten Teil so vorgetragen worden sind, wie sie – in der Regel durch die Prediger selbst – zum Druck gegeben wurden. Dieser bereits an äußeren Indizien ablesbare Sachverhalt[29], der sich auch durch inhaltliche Beobachtungen noch wird bestätigen lassen (vgl. §§ 12–16), relativiert jedenfalls im Hinblick auf die aus dem 18. Jahrhundert erhaltenen Göttinger Universitätspredigten die von A. Beutel getroffene Feststellung, die Predigtgeschichte reduziere sich auf Grund der Eigenart ihrer

---

auf deren Quellengrundlage geschrieben hat, daß es nämlich eine „beynahe herkulische Mühe ist, so viele alte Predigten und Homiletiken aus dem Staube hervorzusuchen, zu lesen, zu vergleichen und zu sichten" (Ph. H. SCHULER, Geschichte der Veränderungen des Geschmacks im Predigen, insonderheit unter den Protestanten in Deutschland, Erster Th., 1792, VI).

[28] S. o. S. 6–8.

[29] Es besteht z. B. kein Anlaß, der im Titel zahlreicher Druckausgaben vermerkten Angabe, die betreffende(n) Predigt(en) sei(en) in der Göttinger Universitätskirche gehalten worden, zu mißtrauen.

Quellen „notgedrungen auf die Geschichte einer literarischen Gattung"[30]. Dem in dieser generellen Problemanzeige gleichwohl enthaltenen Wahrheitsmoment, daß nämlich zur Predigtgeschichte außer den überlieferten Predigten eigentlich auch die „Zeugnisse der unmittelbaren und mittelbaren Predigtwirkung" gehören[31], versuchen diese Studien durch die Berücksichtigung der – freilich nur spärlich fließenden – Berichte von Hörern über Göttinger Universitätspredigten und -prediger Rechnung zu tragen.

Im übrigen soll die Geschichte der Homiletik und Predigt an der Universität Göttingen im 18. Jahrhundert vornehmlich anhand von Porträts der (1.) Universitätsprediger dargestellt werden. Die Wahl dieses Verfahrens ist nicht etwa als eine unkritische Konzession an das im Aufklärungszeitalter ausgebildete Ideal des geistvollen Kanzelredners oder an das im 19. Jahrhundert gepflegte Leitbild des (religiösen) Menschen als einer sittlichen Persönlichkeit mißzuverstehen. Vielmehr will die Entscheidung für eine am biographischen und homiletischen Profil der einzelnen Prediger orientierte Erschließung der Geschichte der Göttinger Homiletik und Universitätspredigt im 18. Jahrhundert im Sinne einer personalen Geschichtsbetrachtung[32] begriffen werden, die den betreffenden Personen, ihrem theologischen Wollen und den Ergebnissen ihres Wirkens in ihrer Zeit und aus den Bedingungen und Möglichkeiten ihrer Epoche heraus gerecht zu werden versucht. Von daher möchten die Untersuchungen zu den Universitätspredigern auch einen Beitrag zur Geschichte der Göttinger Theologischen Fakultät liefern und deren etwas konturenloses wissenschaftliches Erscheinungsbild in den ersten 70 Jahren ihres Bestehens, wie es die bislang erschienene Literatur zur Fakultätsgeschichte gezeichnet hat, durch den Aufweis der Bemühungen der Universitätsprediger auf dem Gebiet der Predigt und der sie reflektierenden Homiletik zumindest anreichern.

Nun liegt es auf der Hand, daß eine als Predigergeschichte angelegte Darstellung eines Abschnittes der Geschichte der christlichen Predigt in besonderem Maß der Gefahr ausgesetzt ist, sich in der Aneinanderreihung von Einzelporträts zu erschöpfen und dabei den inneren Zusammenhang des Ganzen – in unserem Falle: des Predigtwesens an der Göttinger Universität im 18. Jahrhundert – aus den Augen zu verlieren[33]. Um dieser Gefahr zu

---

30 A. Beutel, Lehre und Leben in der Predigt der lutherischen Orthodoxie, ZThK 93 (1996), (419–449) 420.

31 Ebd.

32 Vgl. dazu H. Rückert, Personale Geschichtsbetrachtung, in: Ders., Vorträge und Aufsätze zur historischen Theologie, 1972, 1–11.

33 Vgl. dazu am Beispiel einiger älterer Darstellungen der Predigtgeschichte (K. H. Sack, H. Hering, H. Doering, W. Beste, A. Nebe u. a.) Chr.-E. Schott, Predigtgeschichte als Zugang zur Predigt, 1986, 62 f.; ähnliche Vorbehalte gegenüber Darstellungen von Fakultätsgeschichten, die „über eine Aufzählung und Charakteristik der einzelnen Fakultätsmitglieder nicht hinauskommen", hat K. Heussi, Geschichte der Theologischen Fakultät zu Jena, 1954, 7, geltend gemacht.

begegnen, empfiehlt es sich, diese an sich den Göttinger Verhältnissen geltenden Studien prinzipiell offenzuhalten für die allgemeine Entwicklung der
Homiletik und Predigt im 18. Jahrhundert. Das betrifft nicht nur die Fragen
der Predigtlehre, die man seit Alexander Schweizer den Bereichen der prinzipiellen, materialen und formalen Predigt zuzuordnen pflegt, sondern auch
die Kontinuitäten und Diskontinuitäten, die hinsichtlich der Predigt selber
zwischen der lutherischen Orthodoxie des konfessionellen Zeitalters, dem
Pietismus und der theologischen Aufklärung zu konstatieren sind. Die angestrebte Transparenz dürfte sich vor allem da bewähren, wo die in sich facet-
tenreiche und doch zugleich von bestimmten einheitlichen Grundmotiven
geprägte Homiletik und Predigt der Aufklärung in ihren einzelnen Stadien in
den Blick gerät.

Von den Überblicksdarstellungen der Predigtgeschichte, die sich auf die
Hervorhebung der großen Linien und der charakteristischen Grundzüge der
Predigt in den verschiedenen Epochen beschränken müssen, kann man natur-
gemäß nicht erwarten, eine differenzierte, alle Detailfragen berücksichtigende
Gesamtschau der Predigt und der homiletischen Ansätze im Zeitalter der
Aufklärung geboten zu bekommen[34]. Jedoch liegen in monographischer
Form einige Spezialstudien zu den Anfängen und zu den späten Ausprägun-
gen der aufklärerischen Homiletik und Predigt vor. Während M. Schians
Untersuchung „Orthodoxie und Pietismus im Kampf um die Predigt" bis
an die Schwelle des Aufklärungszeitalters reicht[35], hat M. Peters mit J. L.
Mosheim den bekanntesten Kanzelredner und bedeutensten Repräsentanten
der Homiletik der sog. Übergangszeit als „Bahnbrecher der modernen Predigt" gewürdigt[36]. Auf die Spätphase der theologischen Aufklärung konzen-

---

[34] Gleichwohl bieten die im folgenden in Auswahl genannten Gesamtdarstellungen wert-
volle Einsichten, die in diesen Studien nicht übergangen werden sollen. Vgl. K. H. SACK,
Geschichte der Predigt in der deutschen evangelischen Kirche von Mosheim bis auf die letzten
Jahre von Schleiermacher und Menken, 2. Ausgabe o. J. (1866); R. ROTHE, Geschichte der
Predigt von den Anfängen bis auf Schleiermacher, 1881; Th. CHRISTLIEB/M. SCHIAN, Art.
Predigt, Geschichte der christlichen, RE, 3. Aufl., Bd. 15, 623–747; H. HERING, Die Lehre
von der Predigt, 1905; A. NIEBERGALL, Die Geschichte der christlichen Predigt, in: Leiturgia, 2.
Bd., 1955, 181–353; W. SCHÜTZ, Geschichte der christlichen Predigt, 1972; A. BEUTEL, Art.
Predigt. VIII. Evangelische Predigt vom 16. bis 18. Jahrhundert, TRE 27 (1997), 296–311. Als
nützliche Materialsammlung erweist sich nach wie vor die Darstellung von Ph. H. SCHULER,
aaO., Zweiter Th., 1793; Dritter Th., 1794.

[35] Vgl. M. SCHIAN, Orthodoxie und Pietismus im Kampf um die Predigt, 1912. – Die von
SCHIAN, aaO., o. P. (Vorwort), angekündigte Darstellung der Geschichte der deutschen evan-
gelischen Predigt im Aufklärungszeitalter, die spätestens 1928 druckreif abgeschlossen war, ist
leider nicht erschienen. Vgl. K. HAMMANN, Der Gießener Universitätsgottesdienst 1917–1936,
JHKGV 45 (1994), (99–123) 109 Anm. 39. Schians Manuskript ist im Zuge der Besetzung
Breslaus durch die sowjetische Armee am Ende des 2. Weltkriegs verlorengegangen (frdl.
Auskunft von Pfr. Dr. Chr.-E. Schott, Mainz-Gonsenheim).

[36] Vgl. M. PETERS, Der Bahnbrecher der modernen Predigt Johann Lorenz Mosheim in
seinen homiletischen Anschauungen dargestellt und gewürdigt, 1910.

trieren sich die Darstellung von R. Krause, der in systematischer Absicht die hermeneutischen, dogmatischen und praktisch-sozialen Prinzipien der Predigt zwichen 1770 und 1805 analysiert[37], sowie die Fr. V. Reinhard gewidmete Monographie Chr.-E. Schotts, der am Beispiel dieses Vertreters des aufgeklärten Supranaturalismus „Möglichkeiten und Grenzen der Aufklärungspredigt" erörtert[38].

Ohne auf die methodisch teilweise divergierenden Interpretationsansätze und den inhaltlichen Ertrag dieser Spezialstudien bereits hier näher eingehen zu wollen, kann man doch unter Bezugnahme auf die von ihnen bearbeiteten Themen feststellen, daß sie sich durchweg auf jeweils nur eine Phase der Aufklärungspredigt beziehen. Angesichts dieser Forschungssituation könnte eine Untersuchung, die den gesamten, gewiß nicht einlinigen Weg der Aufklärungshomiletik und -predigt von ihrer Genese über ihre ausgereifte Gestalt bis hin zu ihren Ausgängen intensiv verfolgt, eine deutlich erkennbare Lücke schließen[39]. Ob die Analyse des Predigtwesens an der Universität Göttingen dieses Desiderat wenigstens exemplarisch zu erfüllen vermag und inwieweit dem Wirken der Göttinger Universitätsprediger eine repräsentative Bedeutung für die gesamte Aufklärungshomiletik und -predigt zuzusprechen ist, kann sich natürlich erst im Zuge dieser Studien herausstellen. Wie auch immer das Ergebnis im einzelnen aussehen wird –, es steht selbstverständlich unter dem – für fast die ganze Predigtgeschichte der Frühen Neuzeit geltenden – Vorbehalt, daß wir es auch bei den gedruckten Predigten der Universitätsprediger mit den Dokumenten einer theologischen Elite zu tun haben, aus denen man nicht ohne weiteres Rückschlüsse darauf ziehen kann, was und wie während des 18. Jahrhunderts ansonsten in städtischen und ländlichen Gemeinden gepredigt worden ist[40].

In der Kirchen- und Theologiegeschichtsschreibung hat sich, nachdem zuerst G. Frank seiner Darstellung die Periodenunterscheidung zwischen der Neologie und dem Rationalismus sowie dem Supranaturalismus zugrundegelegt hatte[41], die Gliederung der theologischen Aufklärung in die drei

---

[37] Vgl. R. Krause, Die Predigt der späten deutschen Aufklärung (1770–1805), 1965.

[38] Vgl. Chr.-E. Schott, Möglichkeiten und Grenzen der Aufklärungspredigt. Dargestellt am Beispiel Franz Volkmar Reinhards, 1978; vgl. auch ders., Akkomodation [sic!] – Das Homiletische Programm der Aufklärung, VB 3 (1981), 49–69.

[39] Weder in der – etwas einseitig die aufklärerische Akkommodationstheorie als den Dreh- und Angelpunkt der aufklärerischen Predigt ausgebenden – Studie von Chr.-E. Schott (s. Anm. 38) noch in dem – viele Aspekte der Aufklärungspredigt durchaus sachgemäß erörternden – Überblick von W. Schütz, Die Kanzel als Katheder der Aufklärung, WSA 1 (1974), 137–171, wird genügend differenziert zwischen den einzelnen Stadien der Entwicklung der aufklärerischen Predigt.

[40] Vgl. dazu – unter Bezug auf die Predigtgeschichte des 16.–18. Jahrhunderts – A. Beutel, aaO. (s. Anm. 30), 420f.

[41] Vgl. G. Frank, Geschichte des Rationalismus und seiner Gegensätze (Geschichte der Protestantischen Theologie, Dritter Th.), 1875, 1f.

einander folgenden Perioden des Wolffianismus, der Neologie und des Rationalismus sowie des aufgeklärten Supranaturalismus allgemein durchgesetzt,
auch wenn die Bezeichnungen der verschiedenen Phasen und deren inhaltliche Charakterisierung je nach Autor unterschiedlich ausfallen können[42].
Dieses theologiegeschichtliche Schema – inklusive der herkömmlich als Bin-
deglied zwischen der Orthodoxie und dem Pietismus einerseits und der
frühen theologischen Aufklärung andererseits angenommenen sog. Übergangstheologie – soll auch in unserer Untersuchung zu den Göttinger Universitätspredigern Anwendung finden, allerdings mit einer gewissen Zurückhaltung, die sich aus den im folgenden knapp skizzierten Bedenken ergibt.

Eine allzu starre Verwendung des traditionellen Periodenschemas könnte
den Eindruck erwecken, als ob sich die Theologen des 18. Jahrhunderts selbst
ausnahmslos bestimmten Schulrichtungen zugehörig gefühlt hätten. Dieser
historisch zweifellos falsche Eindruck würde jedoch die tatsächlich zu konstatierende Vielfalt der theologischen Landschaft im 18. Jahrhundert nicht
angemessen widerspiegeln. Daneben würde die Annahme, das 2. und 3.
Drittel des 18. Jahrhunderts theologie- und frömmigkeitsgeschichtlich allein
mit Hilfe des auf die Aufklärungstheologie bezogenen dreistufigen Gliederungsprinzips erfassen zu können, gerade hinsichtlich der Predigtgeschichte
von vornherein verkennen, daß neben der Aufklärungspredigt bis zum Ende
des 18. Jahrhunderts immer auch Formen der orthodoxen und pietistischen
Predigt gepflegt wurden[43].

Ferner weisen die Fremd- und Selbstbezeichnungen, unter denen man die
Theologen des Aufklärungszeitalters heute einer der drei genannten Perioden
zuordnet, von ihrem Aufkommen an eine schillernde, bisweilen verwirrende
Bedeutungvielfalt auf, die es als fraglich erscheinen läßt, ob auf diesem Wege
das Selbstverständnis und der theologiegeschichtliche Ort der Aufklärungstheologen rekonstruiert werden können. So dürfte zunächst der auf J. G.
Eichhorn zurückgehende Begriff der Übergangstheologie[44] schon auf Grund
der in ihm mitschwingenden abwertenden Konnotation dem eigenständigen

---

[42] Bei Fr. W. KANTZENBACH, Die Spätaufklärung. Entwicklung und Stand der Forschung
(I), ThLZ 102 (1977), (337–348) 339–345, sind die von K. Aner, E. Hirsch, W. Philipp, W.
Maurer, Kl. Leder u. a. entwickelten Varianten des dreistufigen Periodenschemas der theo-
logischen Aufklärung übersichtlich zusammengestellt.

[43] So zu Recht A. BEUTEL, aaO. (s. Anm. 34), 307.

[44] J. G. EICHHORN, Johann Salomo Semler, in: Allgemeine Bibliothek der biblischen Litteratur, Bd. V/1, 1793, (1–202) 146 f.: „Baumgarten, in dem Schoos der pietistischen Parthey
erzogen, und nachher durch Verflechtung glücklicher Umstände in die Arme der wolfischen
Philosophie geführt, nahm aus jener die Liebe zum Gebrauch der Bibel, und aus dieser schärferes
Nachdenken auf den theologischen Lehrstuhl und verband damit Liebe zur Geschichte. So
erschuf er sich ein Intermedium von Theologie, das der Uebergang zu einer bessern Lehr-Art
werden konnte." – Vgl. auch W. SPARN, Auf dem Wege zur theologischen Aufklärung in Halle:
Von Johann Franz Budde zu Siegmund Jakob Baumgarten, in: N. HINSKE (Hg.), Zentren der
Aufklärung I. Halle. Aufklärung und Pietismus, 1989, (71–89) 71 f.85 Anm. 3.

Profil der respektablen theologischen Bemühungen etwa eines J. Fr. Buddeus oder eines S. J. Baumgarten kaum gerecht werden. W. Sparn plädiert daher dafür, die „nicht sehr glückliche Bezeichnung ‚Übergangstheologie'" aufzugeben und statt dessen von einer „Phase der ‚eklektischen Theologie'" zu reden[45]. Des weiteren hat man allein für den Begriff „Wolffianismus" nicht weniger als 9 verschiedene Bedeutungen nachgewiesen[46].

Auch für den Terminus „Neologie", der ursprünglich innerhalb der Literaturkritik der 1. Hälfte des 18. Jahrhunderts verwendet wurde, um damit sprachliche Neuerungen in der zeitgenössischen Dichtkunst zu mißbilligen, kann ein einheitlicher Sprachgebrauch nicht vorausgesetzt werden[47]. Erst im letzten Drittel des 18. Jahrhunderts ging der Begriff in die theologische Fachdiskussion ein, zunächst als Scheltwort für die neue „Richtung der Theologie, die sich der historisch-kritischen Forschung sowie dem Kriterium der religiösen Erfahrung zugewandt hatte"[48], dann auch – freilich eher selten – als Selbstbezeichnung von Theologen, die dem vor allem durch J. S. Semler repräsentierten theologischen Neuansatz verpflichtet waren. Die Theologiegeschichtsschreibung des 20. Jahrhunderts versteht unter „Neologie" allgemein die mittlere, etwa von 1740 bis 1790 währende Periode der deutschen evangelischen Aufklärungstheologie, wobei jedoch nicht unumstritten ist, worin man den charakteristischen Beitrag der Neologie zur neuzeitlichen Theologie- und Frömmigkeitsgeschichte des protestantischen Christentums zu sehen hat. K. Aner z. B. bestimmt die Destruktion der kirchlichen Lehrtradition mit den Mitteln der historischen Kritik als das zentrale Anliegen der Neologie[49], während E. Hirsch etwas zurückhaltender davon spricht, die Neologie sei „der Beginn jener Selbstentfremdung der Theologie den kirchlichen Überlieferungen gegenüber, welche dem Verhältnis zum Dogma etwas Subjektiv-Willkürliches, nicht mehr durch innre Notwendigkeiten der Aneignung und Abstoßung Bestimmtes verleiht"[50]. Andere Forscher heben daneben besonders die Ausarbeitung einer autonomen, am Maß der „inneren" Selbsterfahrung sich orientierenden christlichen Religiosität und die daraus erwachsenen praktisch-pädagogischen Reformbestrebungen als weitere Kennzeichen der Neologie hervor[51].

---

[45] W. Sparn, aaO., 72.

[46] Vgl. W. Philipp, Das Werden der Aufklärung in theologiegeschichtlicher Sicht, 1957, 16 f.

[47] Zur Begriffsgeschichte vgl. vor allem G. Hornig, Art. Neologie, HWP 6 (1984), 718–720; dazu W. Sparn, Art. Neologie, EKL, 3. Aufl., Bd. 3, 662–664. Wichtig bleiben die Ausführungen von P. Gabriel, Die Theologie W. A. Tellers, 1914, 78–83.

[48] G. Hornig, aaO., 719.

[49] Vgl. K. Aner, Die Theologie der Lessingzeit, 1929, VI.3 f.

[50] E. Hirsch, Geschichte der neuern evangelischen Theologie im Zusammenhang mit den allgemeinen Bewegungen des europäischen Denkens, IV. Bd., 1952, 35.

[51] Vgl. G. Hornig, aaO., 719; ders., Lehre und Bekenntnis im Protestantismus, in: HDThG, Bd. 3, 1984, (71–287) 125–146; W. Sparn, aaO., 662–664; ders., Vernünftiges

Wohl am unübersichtlichsten stellt sich die Situation bezüglich des Sinnes
der beiden Stichworte „Rationalismus" und „Supranaturalismus" dar, mit
denen man heute gemeinhin den doppelten Ausgang der Aufklärungstheologie, ihre um 1790 beginnende dritte Periode also, auf vermeintlich griffige
Formeln bringt. Doch von den Wortführern in den nach dem Wöllnerschen
Religionsedikt von 1788 einsetzenden Debatten und Auseinandersetzungen,
die von neuem – insbesondere unter dem Eindruck der kritischen Philosophie I. Kants – der Bestimmung des Verhältnisses zwischen Vernunft und
Offenbarung galten, wurden die beiden Begriffe „Rationalismus" und „Supranaturalismus" sowie die für vermittelnde Positionen benutzten Bezeichnungen wie „supranaturaler Rationalismus" oder "rationaler Supranaturalismus" alles andere als einheitlich verwendet[52]. Mit den höchsten Bekanntheitsgrad über den Tag hinaus erreichten die Begriffsbestimmungen, die Kant
im Rahmen seiner Unterscheidung zwischen der geoffenbarten und der natürlichen Religion vornahm[53]. Freilich vermochten weder die knappen Definitionen Kants noch die Ausführungen zeitgenössischer Theologen zum
Sinngehalt der Begriffe „Rationalismus" und „Supranaturalismus" ein allgemein anerkanntes Verständnis dieser Schlagworte herbeizuführen. Auf den
eingeschränkten Erkenntniswert dieser Fremd- und Selbstbezeichnungen
spätaufklärerischer Theologen hat schon Fr. Schleiermacher in spöttisch-iro-
nischer Form gelegentlich seiner Kontroverse mit dem vormaligen Göttinger
Universitätsprediger und späteren Dresdner Oberhofprediger Chr. Fr. Ammon hingewiesen[54].
Trotz der genannten Vorbehalte werden das traditionelle dreistufige Periodenschema der Aufklärungstheologie und die herkömmlichen Bezeichnungen für die einzelnen Phasen in diesen Studien zu den Göttinger Universitätspredigern übernommen[55]. Dies geschieht zunächst aus der Überzeugung

---

Christentum. Über die geschichtliche Aufgabe der theologischen Aufklärung im 18. Jahrhundert in Deutschland, in: R. VIERHAUS (Hg.), Wissenschaften im Zeitalter der Aufklärung, 1985,
(18–57) 33–50.

[52] Vgl. P. GABRIEL, aaO., 80–82: O. KIRN, Art. Rationalismus und Supranaturalismus, RE,
3. Aufl., Bd. 16, (447–463) 447– 449.

[53] Nach KANT kann man als Rationalisten „(in Glaubenssachen)" den bezeichnen, der
„bloß die natürliche Religion für moralisch notwendig" ansieht. Als Supranaturalist gilt ihm,
wer den Glauben an eine übernatürliche göttliche Offenbarung „zur allgemeinen Religion für
notwendig" erachtet. Wer „die Wirklichkeit aller übernatürlichen göttlichen Offenbarung"
verneine, sei ein Naturalist. Ein „reiner Rationalist" lasse demgegenüber eine solche übernatürliche göttliche Offenbarung zwar zu, messe ihr aber keine konstitutive Bedeutung für
die Religion bei (I. KANT, Die Religion innerhalb der Grenzen der bloßen Vernunft [Meiners
Philosophische Bibliothek 45], 9. Aufl. 1990, 171). Zu Kants Begriffsbestimmungen vgl. kritisch O. KIRN, aaO., 448 f.

[54] Vgl. Fr. D. E. SCHLEIERMACHER, Zugabe zu meinem Schreiben an Herrn Ammon (1818),
KGA 1/10, (93–116) 110 f.; s. dazu auch u. 334–336.

[55] Es ist ein Mangel der Darstellung von R. KRAUSE (s. Anm. 37), nicht hinreichend
zwischen der neologischen und der rationalistischen Predigt unterschieden zu haben. – Für

heraus, daß eine Periodisierung des Bearbeitungszeitraumes unumgänglich ist, um die in ihm entstandenen Göttinger Beiträge zur Predigtlehre und die Predigtpraxis an der Universitätskirche in ihren unterschiedlichen Stadien erfassen und den zu traktierenden Stoff in einer gewissen Ordnung strukturieren zu können[56]. Solange es aber eine überzeugendere historische Gliederung der theologischen Aufklärung als die allgemein gebräuchliche nicht gibt[57], besteht einstweilen kein gewichtiger Grund, letztere nicht anzuwenden. Freilich, mit der Etikettierung der Göttinger Universitätsprediger mit bestimmten Periodenbegriffen kann und soll sich die theologie- und frömmigkeitsgeschichtliche Interpretation ihrer homiletischen Entwürfe und Predigten nicht begnügen. Das gängige Periodenschema stellt allerdings ein Hilfsinstrument dar, mit dem in den Kontinuitäten die Neuerungen, neben den sich durchziehenden Linien die Zäsuren festgestellt und verortet werden können. Dies schließt, zumal es um einen Abschnitt der Geschichte der Homiletik und Predigt geht, eine flexible Handhabung des von Haus aus theologiegeschichtlichen Gliederungsprinzips mit ein[58]. Eine an einer begrenzten Problemstellung sich orientierende Periodisierung des Aufklärungszeitalters, wie sie z. B. K. Aner in seiner ausschließlich das Verhältnis zwischen Vernunft und Offenbarung berücksichtigenden Fassung vorgelegt hat[59], würde dagegen den komplexen Erscheinungsformen aufklärerischer Theologie und Frömmigkeit nicht gerecht werden.

Die neuere Predigtgeschichtsschreibung hat die in der älteren Literatur weitverbreitete positionelle Sichtweise, die die Aufklärungspredigt in ihrer gesamten Entwicklung letztlich als eine Verfallserscheinung betrachtet hatte[60],

---

eine Anwendung des traditionellen Periodenschemas auf die Predigtgeschichte im Aufklärungszeitalter spricht sich auch Kl. LEDER, Universität Altdorf. Zur Theologie der Aufklärung in Franken. Die Theologische Fakultät in Altdorf 1750–1809, 1965, 185, aus. A. BEUTEL wendet das Schema in seinem lexikalischen Abriß der Aufklärungspredigt (s. Anm. 34) ohne Begründung an.

[56] Vgl. die in eine ähnliche Richtung zielenden Überlegungen zur Notwendigkeit historischer Periodisierungen bei R. SMEND, Über die Epochen der Bibelkritik, in: DERS., Epochen der Bibelkritik, Ges. Stud., Bd. 3, 1991, (11–32) 11 f.

[57] Historisch wenig ertragreich ist m. E. der Versuch, innerhalb der einzelnen Phasen der theologischen Aufklärung noch einmal zu periodisieren und etwa die Neologie in „1. die grundlegende Neologie, 2. die praktisch-reformierende Neologie, 3. die retardierende Spätneologie" aufzuteilen (so Kl. LEDER, aaO., [157–161] 160).

[58] Zur Problematik der Anwendung kirchen- und theologiegeschichtlicher Periodisierungsschemata auf die Predigtgeschichte vgl. Chr.-E. SCHOTT, aaO. (s. Anm. 33), 61 f.

[59] Vgl. K. ANER, aaO., 3 f. – Zur Kritik an Aner vgl. W. PHILIPP, aaO., 17 f.; Fr. W. KANTZENBACH, aaO., 340; s. u. auch 263.

[60] Vgl. exemplarisch P. GRAFF, Geschichte der Auflösung der alten gottesdienstlichen Formen in der evangelischen Kirche Deutschlands, II. Bd., 1939, 124–130. Wie GRAFF sieht noch A. NIEBERGALL – gegenläufig zu seiner ansonsten differenzierten Darstellung der Aufklärungspredigt – in der Predigt der späten Aufklärung „einen Tiefstand in der Geschichte der christlichen Predigt erreicht" (A. NIEBERGALL, aaO., 310). In beiden Fällen stützen sich solche negativen Urteile auf spätaufklärerische Predigten mit extrem utilitaristischem Zuschnitt. A.

längst überwunden. Die Forschungen, die den Weg zu einer Neubewertung
der aufklärerischen Predigt bahnten, sind vor allem mit den Namen von A.
Niebergall, R. Krause, Chr.-E. Schott und W. Schütz verbunden[61]. Diese
Forschungsrichtung ging – sei es explizit, sei es implizit – von der Annahme
aus, bestimmte Probleme der „modernen" Predigt in der 2. Hälfte des
20. Jahrhunderts seien schon in der Epoche der Aufklärung präfiguriert,
und so fragte man denn auch immer wieder im Zuge der historischen Analyse
nach der möglichen Gegenwartsbedeutung der aufklärerischen Predigt für die
„moderne" Predigt[62]. Unbeschadet dieser nicht unproblematischen Paralle-
lisierung des 18. und des 20. Jahrhunderts[63] wies man hier jedenfalls zu Recht
etwa darauf hin, die Aufklärungspredigt habe „zu der Versöhnung von Christentum und Kultur beitragen und auf diese Weise die beginnende Entkirchlichung und Entchristlichung des öffentlichen Lebens aufhalten" wollen[64].
Daher sei sie „als eine der Formen der Begegnung der Theologie mit der
modernen wissenschaftlichen Welt" zu würdigen[65]. Ebenfalls in den Blick
geraten ist die produktive Rolle der theologischen Aufklärung im Prozeß der
„Formierung der bürgerlichen Gesellschaft"[66], wobei insbesondere ihr Beitrag zur Entwicklung sozialethischer Vorstellungen und Normen, die „zum
ersten Mal – über den Nächsten hinaus – die Gesellschaft als Gegenstand
und Aufgabe einer christlichen Ethik" thematisch machten[67], hervorgehoben
wurde.

Ohne die Interessen und Erkenntnisse der auf dem Gebiet der Aufklärungshomiletik und -predigt bisher geleisteten Forschungsarbeit generell in
Frage stellen zu wollen, bemühen sich diese Studien zu den Göttinger Universitätspredigern in besonderer Weise darum, die Predigtgeschichte des Auf-

---

BEUTEL, aaO. (s. Anm. 34), 307, fordert demgegenüber zu Recht: „Doch sollte man solche
utilitaristischen Engführungen nicht zur Diskreditierung einer ganzen Epoche mißbrauchen,
zumal selbst noch in ihnen die volkspädagogische Intention der Aufklärungspredigt zu
sehen und zu würdigen ist." – Weitere Beispiele für negative Bewertungen der Predigt der Aufklärung sind bei Chr.-E. SCHOTT, aaO. (s. Anm. 38: VB 3 [1981]), 49 f., aufgeführt.

[61] S. o. die in Anm. 34.37–39 verzeichnete Literatur.

[62] Vgl. z. B. A. NIEBERGALL, aaO., 314 f.; R. KRAUSE, aaO., 147; Chr.–E. SCHOTT, aaO. (s.
Anm. 38: VB 3 [1981]), 50 f. 63–67 („Folgerungen für unsere homiletische Situation"); W.
SCHÜTZ, aaO. (s. Anm. 39), 137 f. 165 f.

[63] S. dazu meine kritischen Überlegungen in der Zusammenfassung am Schluß der Untersuchungen zu den Göttinger Universitätspredigern u. 358–366.

[64] A. NIEBERGALL, aaO., 313.

[65] W. SCHÜTZ, aaO., 138.

[66] Vgl. Fr. W. GRAF, Protestantische Theologie und die Formierung der bürgerlichen Gesellschaft, in: DERS. (Hg.), Profile des neuzeitlichen Protestantismus, Bd. 1, 1990, (11–54) 11–
29.

[67] Kl. SCHOLDER, Grundzüge der theologischen Aufklärung in Deutschland, in: Geist und
Geschichte der Reformation. FG H. Rückert, hg. von H. LIEBING u. Kl. SCHOLDER, 1966,
(460–486) 479. Vgl. dazu außerdem R. KRAUSE, aaO., 88–115; vor allem – in Auseinandersetzung mit gewissen Engführungen Max Webers – A. SCHLINGENSIEPE-POGGE, Das Sozialethos der lutherischen Aufklärungstheologie am Vorabend der Industriellen Revolution, 1967.

klärungszeitalters als einen Teilfaktor des umfassenden geschichtlichen Vorganges zu begreifen, den man – unter Aufnahme einer Wortprägung E. Hirschs – als „Umformung des neuzeitlichen Christentums" zu bezeichnen sich angewöhnt hat[68]. Mit dem Versuch, das Predigtwesen an der Göttinger Universität im 18. Jahrhundert exemplarisch als Teilmoment des Transformationsprozesses, der zur neuzeitlichen Gestalt des Christentums führte, in den Blick zu nehmen, ist freilich nicht zugleich schon eine Vorentscheidung im „Streit über die christliche Legitimität der Aufklärung" gefallen[69]. Abgesehen davon, daß bereits die thematische und lokale Begrenzung dieser Untersuchung generalisierende Rückschlüsse oder gar eine abschließende Antwort auf die komplexe Frage nach der Bewertung des frömmigkeits-, kirchen- und theologiegeschichtlichen Beitrags der theologischen Aufklärung zur Umgestaltung des neuzeitlichen Christentums nicht zuläßt, erscheint noch aus einem weiteren Grund Zurückhaltung vor allzu eindeutigen Festlegungen in dieser Sache angebracht zu sein. Die prononciertesten und wirkungsvollsten Beurteilungen der theologischen Aufklärung, die in den letzten 100 Jahren von E. Troeltsch, K. Barth und E. Hirsch vorgelegt wurden, kommen allen zwischen ihnen bestehenden Differenzen und Gegensätzen[70] zum Trotz jedenfalls darin überein, daß sie das historische Verhältnis der aufklärerischen Bewegung zum reformatorischen und nachreformatorischen Christentum des 16. und 17. Jahrhunderts weitgehend als von einem essentiellen Dissens bestimmt sehen[71]. Jedoch steht diese Annahme einer grundsätzlichen Diskontinuität zwischen der Aufklärungstheologie und der Reformation (sowie den der Aufklärung unmittelbar vorausgehenden und sie teilweise weiterhin kritisch begleitenden geistigen Strömungen der lutherischen Orthodoxie des konfessionellen Zeitalters und des Pietismus) nicht allein im Widerspruch zum Selbstverständnis der meisten deutschen evangelischen Aufklärungstheologen, die sich selbst als legitime Erben zumindest der Reformation betrachteten, sondern sie dürfte vor allem die Kontinuitätsfaktoren unterschätzen, die den gesamtgesellschaftlichen Modernisierungsprozeß und die Umformung des evangelischen Christentums zwischen dem 16. und 18. Jahrhundert min-

---

[68] Vgl. E. HIRSCH, Die Umformung des christlichen Denkens in der Neuzeit, 2. Aufl. 1985. Zur Durchführung dieses programmatischen Ansatzes in HIRSCHS monumentaler „Geschichte der neuern evangelischen Theologie" vgl. U. KÖPF, Die Theologiegeschichte der Neuzeit in der Sicht Emanuel Hirschs, in: J. RINGLEBEN (Hg.), Christentumsgeschichte und Wahrheitsbewußtsein. Studien zur Theologie Emanuel Hirschs, 1991, 63–97.

[69] Fr. W. GRAF, aaO., 20.

[70] Vgl. die knappen Zusammenfassungen der Aufklärungsdeutungen E. Troeltschs, K. Barths und E. Hirschs bei M. SCHMIDT, Art. Aufklärung II. Theologisch, TRE 4 (1979), (594–608) 606 f.; W. SPARN, Vernünftiges Christentum (s. Anm. 51), 18 f.; DEMS., Perfektibilität. Protestantische Identität „nach der Aufklärung", in: Theologie und Aufklärung. FS G. Hornig, hg. von W. E. MÜLLER u. H. H. R. SCHULZ, 1992, (339–357) 341 f.; zu Hirschs Sicht der Aufklärung vgl. außerdem Fr. W. KANTZENBACH, aaO., 341–343; U. KÖPF, aaO., 80–87.

[71] Vgl. dazu W. SPARN, Perfektibilität (s. Anm. 70), 342 f.

destens ebenso nachhaltig prägten wie die unbestreitbaren Brüche, Veränderungen und Innovationen in diesem Zeitraum[72].

Die allgemeine Geschichtswissenschaft verhandelt diese in sich vielschichtigen Transformationsprozesse längst unter dem übergreifenden Epochenbegriff der „Frühen Neuzeit". Die Anwendung dieses historiographischen Erschließungsparadigmas auf die Predigtgeschichte des 16.-18. Jahrhunderts[73] dient im Rahmen dieser Untersuchung vor allem dem Zweck, von vornherein die den komplexen historischen Sachverhalt einseitig nivellierende Perspektive zu vermeiden, der zufolge sich die theologische Aufklärung mit ihrer Homiletik und Predigt ausschließlich in einem antithetischen Verhältnis zur lutherischen Orthodoxie des konfessionellen Zeitalters und zum Pietismus befunden haben soll. Vielmehr wird sorgfältig darauf zu achten sein, wo die aufklärerische Homiletik an die lutherische Orthodoxie und den Pietismus anknüpfte und wo sie neue Wege beschritt[74]. Um hier Kontinuitäten und Diskontinuitäten sowie nicht zuletzt auch Entwicklungen und Wandlungen innerhalb der Aufklärungshomiletik und -predigt selber feststellen zu können, sind neben den gängigen Fragen der sog. formalen Homiletik und den inhaltlichen Predigtaussagen und -themen etwa die Verwendung des Erbauungsbegriffs als homiletischer Leitvorstellung und die Bedeutung des überlieferten Perikopensystems zu analysieren. Besondere Beachtung wird in diesen Studien dem in der bisher erschienenen Literatur zur Homiletik und Predigt des 18. Jahrhunderts noch nicht erörterten Problem geschenkt, wie sich das genuin aufklärerische „Prinzip empirisch-religiöse(r) Subjektivität"[75] in der Theorie und Praxis der Predigt des Aufklärungszeitalters ausgewirkt hat. Zwar soll damit die Predigtgeschichte des 18. Jahrhunderts nicht über einen Leisten geschlagen werden, aber an der Thematik der religiös-morali-

---

[72] Vgl. W. Sparn, aaO., 343; A. Beutel, aaO. (s. Anm. 30), 448f. − Man sollte hier freilich nicht so weit gehen wie Kl. Scholder, aaO., 469, der die problematische Behauptung aufgestellt hat, „die theologische Aufklärung in Deutschland" habe „so gut wie nirgends die Wahrheit der traditionellen dogmatischen Lehrstücke unmittelbar bestritten".

[73] Vgl. die entsprechende Forderung bei A. Beutel, aaO., 447f. Anm. 205.448f.

[74] Daß sich die meisten Aufklärungshomiletiker selbst hauptsächlich von der lutherisch-orthodoxen Homiletik und Predigt des konfessionellen Zeitalters strikt abgegrenzt haben, kann natürlich nicht über die gleichwohl partiell vorhandenen Kontinuitäten in der Predigtgeschichte des 17. und 18. Jahrhunderts hinwegtäuschen. Im übrigen übernahm die Aufklärungstheologie die Polemik gegen die orthodoxe Homiletik und Predigt weitgehend vom Pietismus, dessen klischeehaftes Bild von der orthodoxen Predigttheorie und -praxis bis in unser Jahrhundert hinein wirksam blieb. Vgl. dazu am Beispiel Ph. J. Speners und G. Arnolds A. Beutel, aaO., 444−446.

[75] W. Sparn, Vernünftiges Christentum (s. Anm. 51), 34; vgl. die weiteren Ausführungen Sparns aaO., 34−50; dazu J. Baur, Salus christiana. Die Rechtfertigungslehre in der Geschichte des christlichen Heilsverständnisses, Bd. 1: Von der christlichen Antike bis zur Theologie der deutschen Aufklärung, 1968, 111−179, bes. 175f.; in jeweils eigenständiger Akzentsetzung schon u. a. G. Frank, aaO., 3ff.; K. Barth, Die protestantische Theologie im 19. Jahrhundert. Ihre Vorgeschichte und ihre Geschichte, 2. Aufl. 1952, 19f.92f. u. ö.

schen Selbsterfahrung des frommen Subjekts dürfte sich wohl am klarsten zeigen lassen, welchen spezifischen Beitrag die aufklärerische Homiletik und Predigt zur neuzeitlichen Umformung des Christentums geleistet hat.

Als Anhang ist diesen Studien eine Prosopographie der Göttinger Universitätsprediger von 1742 bis zur Gegenwart beigegeben[76].

---

[76] Um das Literaturverzeichnis nicht noch weiter anschwellen zu lassen, verzichte ich allerdings darauf, die homiletischen und Predigtveröffentlichungen der Universitätsprediger des 19. und 20. Jahrhunderts zu dokumentieren.

B. Die Universitätskirche von ihren Anfängen bis 1803/05

§2 Die Einrichtung des Universitätsgottesdienstes

Am 17. September 1737 wurde in der Inaugurationsfeier der Universität Göttingen auch die frühere Klosterkirche St. Peter und Paul als Universitätskirche eingeweiht und in gottesdienstlichen Gebrauch genommen. Im Rahmen der barocken Zeremonie hielt der erste Hofprediger und Generalsuperintendent des Fürstentums Calenberg, Balthasar Mentzer, die Inaugurationspredigt. Mentzer legte seiner Predigt Jes 33,20–24 zugrunde („Schaue, Zion, die stadt unsers Stiffts, deine Augen werden Jerusalem sehen ...") und lieferte, wie es damaligem Brauch entsprach, die Disposition der Predigt gleich mit. Sein Thema, „Den blühenden Wohlstand einer dem HErrn geweiheten Stadt und Hauses Gottes", explizierte er in der Abhandlung so, daß besagter Wohlstand „Erstlich: In einer ungestörten Ruhe und Sicherheit, Zweytens: In der schönsten Ordnung und Regierung derselben, Drittens: in dem würcklichen Genuß der größten geistlichen, wie auch leiblichen Vortheile" bestehe[1]. Wie stark der schon in der Disposition durchschimmernde barocke Hofstil Predigt, Gottesdienst und Inaugurationsfeier bestimmte, zeigt sich auch an den Gebeten und der Inaugurations-Kantate, aus der als Kostprobe die Schluß-Arie zitiert sei:

„Fange HErr nun an
Höre HErr nicht auff } zu seegnen

Unsern König und { sein / dis } Haus!
Laß sich Ehr, und Zucht begegnen!
Rotte was dir mißfällt aus.
Laß die { hohe Schule / Stadt und Bürger } blühen!

---

[1] B. MENTZER, Der blühende Wohlstand einer dem HERRN geweyheten Stadt und Hauses Gottes, o. J. (1737), 5.

weise Männer

Laß uns { fromme Christen} ziehen!
gute Bürger
Führe HErr dein Werck hinaus!
Fahre ewig fort zu seegnen
Unsern König und sein Hauß!"[2]

Mentzers Rede, die nach Augenzeugenberichten von ca. 4–5000 Menschen gehört worden ist[3], sollte nicht die einzige in der Universitätskirche gehaltene Predigt bleiben. Das war von vornherein ausgemacht. In der Woche vor der Inaugurationsfeier teilte der Planer und Gründer der neuen Universität, der hannoversche Staatsminister Gerlach Adolph Freiherr von Münchhausen, der Theologischen Fakultät seinen entschiedenen Wunsch mit, sie möge dafür Sorge tragen, „daß wann die Kirche bey der Inauguration der Universitaet zugleich mit eingeweyhet seyn wird, der Gottesdienst darin fortgesetzt werden könne"[4]. Münchhausen hatte selbst die grundlegenden Voraussetzungen für die Erfüllung dieses Willens geschaffen. Sein oft gerühmtes planvolles und zielbewußtes Vorgehen bei der Gründung der Universität Göttingen und seine bis in die kleinsten Detailfragen sich erstreckenden organisatorischen Maßnahmen[5] lassen sich auch an der Einrichtung des Universitätsgottesdienstes in Göttingen beobachten. Ohne jeden Zweifel ist Münchhausen als die zentrale Figur auszumachen, die die Göttinger Universitätskirche in der Gründungsphase der Universität konzeptionell und organisatorisch bestimmt und geprägt hat.

Es gehörte zur wohlüberlegten Methode Münchhausens, die Gründung der neuen Universität im Gedankenaustausch mit kompetenten Zeitgenossen vorzubereiten, sich von ihnen Gutachten und Ratschläge über so gut wie alle Fragen, die die geplante Akademie und ihre Einrichtungen betrafen, einzuholen, ihre Anregungen abzuwägen und schließlich das politisch durchzusetzen, was ihm im Rahmen seiner Gesamtkonzeption als die sachgemäße Lösung erschien. In mehreren dieser von Münchhausen eingeholten Gutachten und Voten finden sich nun auch Gedanken und Vorschläge zum Universitätsgottesdienst und zur Universitätskirche. Wir referieren zunächst die entsprechenden Aussagen, um dann in einem weiteren Schritt zu fragen, wie Münchhausen sie rezipiert und in konkrete Entscheidungen umgesetzt hat.

---

[2] AaO., 28.

[3] Vgl. den Bericht der zur Inauguration nach Göttingen abgesandten Helmstedter Professoren, in: E. F. Rössler (Hg.), Die Gründung der Universität Göttingen, 1855, B 397.

[4] Brief Münchhausens an die Theol. Fakultät vom 13.9.1737, UAG, K 21, Vol. I, Bl. 3; auch UAG, 10 b 1/1, Bl. 17.

[5] Vgl. W. Buff, Gerlach Adolph Freiherr von Münchhausen als Gründer der Universität Göttingen, 1937; G. von Selle, Die Georg-August-Universität zu Göttingen 1737–1937, 1937, 16 ff.

Die ersten Voten zur Einrichtung eines akademischen Gottesdienstes waren naturgemäß noch sehr allgemein gehalten. Der Hofrat J. D. Gruber sah einen Universitätsgottesdienst als nützlich an, weil Professoren und Kandidaten der Theologie damit die Gelegenheit gegeben werde, sich im Predigen zu üben. Zur Universitätskirche könne man ein Kloster in der Stadt Göttingen bestimmen[6]. In eine ähnliche Richtung zielte der Vorschlag des Celler Generalsuperintendenten Ph. L. Böhmer, der in seinem Gutachten vom 30. 3. 1733 empfahl, daß die Kandidaten des geistlichen Amtes einmal in der Woche unter Aufsicht der Theologischen Fakultät in der Paulinerkirche predigen und Betstunden halten sollten[7]. Chr. A. Heumann, der Inspektor des Göttinger Gymnasiums und spätere Göttinger Professor, dachte mehr an den Nutzen, den alle Studenten aus einem Universitätsgottesdienst ziehen könnten. Durch die geplante Universität muß nämlich „nicht nur der Verstand junger Leute erleuchtet, sondern auch ihr Wille gebeßert und zur Ausübung der Tugend angeleitet werden. Zu dem Ende wird dienlich seyn, wenn wöchentlich eine Moral-Predigt, die allein vom thätigen Christenthum handelt, in der Universitäts-Kirche gehalten wird von denen Theologis, welche mit der Zeit von geschickten Magistris können subleviret werden, wie auch von Professoribus Philosophiae"[8]. All diesen Anregungen haftet noch etwas Vages an, sieht man einmal von den Zweckbestimmungen des Universitätsgottesdienstes ab, aber dies Unbestimmte entspricht der offenen Situation der ersten Planungsphase. Über kurz oder lang mußte insbesondere die Frage des gottesdienstlichen Raumes geklärt werden und, damit verbunden, die rechtliche Grundlage des Universitätsgottesdienstes. Hier waren, zumal wenn man die bestehenden Verhältnisse an anderen Universitäten mit berücksichtigte, prinzipiell mehrere Möglichkeiten denkbar. Wir kommen darauf zurück. J. L. von Mosheim, damals noch in Helmstedt, brachte das Problem 1735 im Zusammenhang mit seiner Ausarbeitung eines Statutenentwurfs für die Theologische Fakultät prägnant zum Ausdruck: „Zum voraus möchte ich wiszen; ob die academische Kirche eine Pfarr-Kirche werden soll?"[9]

Mosheim konnte, als er seine Anfrage an Münchhausen richtete, noch nicht wissen, daß in dieser Sache bereits eine Vorentscheidung gefallen war. In einem von Münchhausen erbetenen Gutachten vom 8. 1. 1733 hatte der Göttinger Gerichtsschulze Fr. Chr. Neubour zu den Vorteilen Göttingens als Standort für die neue Universität auch die vorhandene Paulinerkirche ge-

---

[6] Vgl. J. D. GRUBER, Weiterer Vorschlag desselben (vom 16. 9. 1732), in: E. F. RÖSSLER, aaO., B 11.

[7] Vgl. BÖHMERS Gutachten, in: E. BODEMANN, Zur Gründungsgeschichte der Universität Göttingen, Zs. d. hist. Vs. f. Nds. 1885, (198–265) 255. – Nach G. VON SELLE, aaO., 26, plädierte auch der Altdorfer und spätere Göttinger Theologieprofessor J. W. Feuerlein für die Einführung von täglichen Betstunden nach englischem Vorbild.

[8] Brief Heumanns an Münchhausen vom 9. 4. 1733, in: E. BODEMANN, aaO., 207.

[9] Brief Mosheims an Münchhausen vom 13. 2. 1735, in: E. F. RÖSSLER, aaO., B 191.

rechnet, die man teilweise zur Universitätskirche machen könne. Daneben könne die Kirche, so stellte Neubour es sich vor, auch das Auditorium maximum, über demselben „ein magnifiques Theatrum Anatomicum, ein Theatrum Naturae et Artis, eine Naturalien-Cammer etc." aufnehmen, und vielleicht könne man gar auf der Kirche „ein bequehmes Observatorium" errichten[10]. Das waren zwar allzu weitgespannte Vorschläge, aber ihr Kern, die Bestimmung der Paulinerkirche zur Universitätskirche, konnte sich durchsetzen. So wurde die Kirche St. Peter und Paul 1734 mit den übrigen Gebäuden des früheren Dominikanerklosters, das seit 1586 das Göttinger Pädagogium (Gymnasium) beherbergt hatte, von der Stadt Göttingen der im Aufbau befindlichen Universität überlassen. Die Exauguration und Schließung des Gymnasiums nahm dessen Inspektor Heumann am 20.4.1734 vor. Schon im Jahr zuvor hatte man damit begonnen, die zeitweilig als städtisches Zeughaus und seit 1715 als Korn- und Mehlspeicher[11] genutzte Paulinerkirche auf ihre neue Zweckbestimmung vorzubereiten. Man brach den Lettner ab, entfernte das Chorgestühl aus der Kirche und führte einige kleinere Reparaturen an ihr durch[12]. Auch wurden bald Kirchenstände für die Professoren und die an der Universität zu erwartenden adligen Studenten sowie Plätze für die übrigen Studenten eingerichtet[13].

Die 1331 geweihte Paulinerkirche, eine gotische Hallenkirche, gehört zu den ältesten erhaltenen Gebäuden der Stadt und ist mit 17 m Breite und 52 m Länge die größte Kirche Göttingens[14]. In der lokalen Reformationsgeschichte hat sie eine nicht unwesentliche Rolle gespielt, hielt doch Friedrich Hüventhal am 24.10.1529 in der Ordenskirche der Dominikaner den ersten evangelischen Gottesdienst in Göttingen[15]. „Der Bau dieser Kirche ist Gothisch, aber einer der vollkommensten in dieser Art. Sie ist hell und frey erbauet, und die sonst eckelhaften Auszierungen sind mit vieler Sorgfalt vermieden, so daß man es leicht für ein neueres Gebäude ansieht."[16] Folgt man dieser lobenden Beschreibung J. St. Pütters, des Chronisten der Universität in

[10] Gutachten NEUBOURS vom 8.1.1733, in: E. F. RÖSSLER, aaO., B 28 f.31; vgl. auch NEUBOURS Ausführungen vom 19.1.1733 über die erforderlichen Umbaumaßnahmen in der Paulinerkirche, in: UB Göttingen, Cod. hist. litt. 83, Bl. 145 f.

[11] StA Hannover, Des. 83 II 1970, betr. Errichtung eines Magazins in der Paulinerkirche zu Göttingen.

[12] Vgl. G. BEER, Paulinerkloster mit altem Gymnasium, Barfüßerkloster, Hospital St. Crucis in Göttingen und deren Umgebungen, Gött. Jb. 32 (1984), (71–98) 77–80; über Reparaturen zwischen 1737 und 1747 informiert UB Göttingen, Cod. hist. litt. 92.

[13] Vgl. UAG, K 20.

[14] Vgl. A. SAATHOFF, Aus Göttingens Kirchengeschichte, 1929, 28–31; A. OBERDIEK, Göttinger Universitäts-Bauten, 1989, 13; E. MITTLER (Hg.), 700 Jahre Pauliner Kirche: vom Kloster zur Bibliothek, 1994.

[15] Vgl. B. MOELLER, Die Reformation in Göttingen, in: DERS., Die Reformation und das Mittelalter. Kirchenhist. Aufs., hg. von J. SCHILLING, 1991, (196–211) 201.

[16] J. St. PÜTTER, Versuch einer academischen Gelehrten-Geschichte von der Georg-Augustus-Universität zu Göttingen, (1. Th.,) 1765, 208.

ihrer Frühzeit, so scheint die schlichte Paulinerkirche geradezu prädestiniert gewesen zu sein, um im nüchternen Göttingen den rechten Ort für Universitätsgottesdienste abzugeben. Freilich diente sie in den ersten Jahrzehnten der Universität nicht nur gottesdienstlichen Zwecken; auch der feierliche Wechsel im Prorektorat, jeweils am 2. Januar und am 3. Juli, wurde hier vollzogen, nicht zu vergessen die Gedächtnis- und Jubiläumsfeiern zur Erinnerung an die Inauguration der Universität, die alljährlich am 17. September in der Universitätskirche stattfanden. Seit 1734 also befand sich die Paulinerkirche in staatlichem Besitz, und damit waren zunächst einmal günstige räumliche Voraussetzungen für die Durchführung von Universitätsgottesdiensten gegeben.

Wesentlich in diesem Zusammenhang und von ganz entscheidender Bedeutung für die Geschichte der Göttinger Universitätskirche ist der Wille der durch Münchhausen repräsentierten hannoverschen Staatsregierung, die Universitätskirche weder zu einem (evangelischen) Kollegiatstift zu machen noch ihr Parochialrechte zu verleihen[17]. Dies ist keineswegs nur als eine Fortschreibung des bis 1734 faktisch bestehenden, kirchenrechtlich gewissermaßen unbestimmten Status der Paulinerkirche zu verstehen – sie hatte ja seit der Reformation ihre ursprüngliche Funktion als Klosterkirche verloren und war auch nicht zu einer Pfarrkirche umgewidmet worden. Hinter dieser Entscheidung verbirgt sich vielmehr der politische Wille Münchhausens, die Universitätskirche institutionell vollständig in die Universität einzugliedern. Die neue Hochschule aber wurde als Anstalt des absolutistischen Staatswesens konzipiert und gegründet, stand mithin unter der direkten Kontrolle und Leitung der Regierung. Dabei behielt sich die hannoversche Staatsregierung, auch wenn sie der Universität in eingeschränktem Maße korporationsrechtliche Elemente der Selbstverwaltung zubilligte, insbesondere das Vokationsrecht bei Stellenbesetzungen und das Verwaltungsrecht des Universitätsvermögens vor[18]. Im Grundsatz dem entsprechend beabsichtigte sie mit der Universitätskirche zu verfahren. Die Göttinger Universitätskirche ist also, wie sich bereits jetzt abzeichnet, von Anfang an als geistlich-theologische Institution der anstaltlich verfaßten Universität des absolutistischen Territorialstaates geplant und eingerichtet worden.

Diese Entscheidung über den Status der Göttinger Universitätskirche, deren Hintergründe und weitreichende Auswirkungen uns im einzelnen noch beschäftigen werden, wird übrigens indirekt greifbar in den relativ früh einsetzenden Bemühungen Münchhausens, parallel zur Herrichtung der Pauli-

---

17 Vgl. die amtliche Erklärung J. D. GRUBERS vom 6.8.1737, daß „man aus dieser Kirche weder ein Collegiat-Stifft, noch eine Parochial-Kirche, zu machen willens ist", in: UB Göttingen, Cod. hist. litt. 77, Bl. 233r; auch UAG, 10 b 1/1, Bl. 13.

18 Vgl. E. F. RÖSSLER, aaO., A 33 f.; N. HAMMERSTEIN, Die Universitätsgründungen im Zeichen der Aufklärung, in: P. BAUMGART – N. HAMMERSTEIN (Hg.), Beiträge zu Problemen deutscher Universitätsgründungen der frühen Neuzeit, 1978, (263–298) 278–280.290 f.

nerkirche als Universitätskirche die Frage der parochialen Zugehörigkeit der Professoren und Studenten zu klären[19]. Eben weil der Universitätskirche parochiale Rechte nicht verliehen werden sollten, die Administration von Taufe und Abendmahl sowie im Prinzip auch die Durchführung von Begräbnissen vielmehr den Göttinger Stadtkirchen vorbehalten bleiben sollte, entstand hier natürlich Handlungsbedarf. Schon der erste Entwurf der akademischen Gesetze von 1735 verlangt, für die Studenten in allen Göttinger Kirchen besondere Plätze einzurichten, wobei zu beachten ist, „dasz diese jungen Leuthe der Gemeine kein sonderlich Aergernüs geben können". Hinsichtlich ihrer parochialen Zugehörigkeit läßt der Entwurf zwar offen, ob die Studenten „zu der Parochie gehören sollen, in der sie wohnen, oder die Freyheit haben sollen, sich an diejenige Parochie zu halten, zu der sie wollen", plädiert aber deutlich für die erste, herkömmliche Regelung, da sich so mögliche Schwierigkeiten im Falle von Begräbnissen vermeiden ließen und zudem die Teilnahme der Studenten am Altarsakrament besser zu kontrollieren sei[20].

Münchhausen hat auch in diesem Bereich eine tragfähige Lösung angestrebt und organisatorisch vorangetrieben. Die Parochialrechte der Göttinger Stadtpfarreien blieben unangetastet. Zugleich beauftragte Münchhausen Anfang 1735 den Commissarius der Universität damit, für die Professoren in der St. Johannis-Kirche, der Hauptkirche der Stadt, einen Kirchenstand einzurichten. Die Studenten sollten dort ebenfalls einen angemessenen Platz finden, und nicht zuletzt wurde Münchhausens ausdrücklicher Wunsch, auch für die an der Universität sich einfindenden Grafen einen eigenen Kirchenstand auf Kosten der Universitäts-Baukasse zu bauen, realisiert[21]. Daß für die Grafen in der Paulinerkirche und in St. Johannis besondere Kirchenstühle errichtet wurden, gehört zu dem ganzen Bündel von Maßnahmen, mit dem Münchhausen adlige Studenten nach Göttingen ziehen zu können hoffte. Dahinter standen ökonomische Motive – die Adligen waren in der Regel betucht –, aber auch das spezielle Interesse des Kurators, die künftigen, meist dem Adelsstand angehörenden Juristen in Göttingen ausbilden zu lassen[22]. Die Einrichtung der

---

[19] Erste Anhaltspunkte im Gutachten HEUMANNS vom 9.4.1733, bei E. BODEMANN, aaO., 209, und im Reskript der Staatsregierung an den Bürgermeister und den Rat der Stadt Göttingen vom 26.9.1733, bei E. F. RÖSSLER, aaO., B 73.

[20] Erster Entwurf der academischen Gesetze mit Anmerkungen J. H. BÖHMERS (1735), bei E. F. RÖSSLER, aaO., B 263 f.

[21] Vgl. UAG, K 19, Bl. 5.12–17.22–25 (Briefwechsel zwischen Münchhausen und dem Commissarius sowie Handwerkerrechnungen zum Professorenstand); zu den Stellen für die Studenten vgl. das Reskript Münchhausens an den Commissarius vom 30.4.1735, UAG, K 19, Bl. 18; zum Grafenstand vgl. UAG, K 19, Bl. 1–5. 18a/b.

[22] Vgl. dazu W. BUFF, aaO., 130 f.; W. SELLERT, Rechtswissenschaft und Hochschulpolitik – Münchhausen und die Juristische Fakultät, in: J. v. STACKELBERG (Hg.), Zur geistigen Situation der Zeit der Göttinger Universitätsgründung 1737, 1988, (57–84) 60–63. Bekannt geworden ist die Äußerung des Hofrats J. G. VON MEIERN von 1735: „... es trägt ein einziger Graf und Baron bei den Juristen mehr Geld in das Land, als hundert theologische Kaltaunenschlucker" (bei E. F. RÖSSLER, aaO., A 20).

Grafenstände in der Universitätskirche und in St. Johannis[23] legt einmal mehr offen, daß die Universität Göttingen noch in dem Zeitalter gegründet worden ist, in dem der gesellschaftliche Vorrang des Adels gegenüber dem Bürgertum und anderen Schichten wie selbstverständlich in Geltung stand.

Nachdem mit der Paulinerkirche ein geeigneter gottesdienstlicher Raum gefunden und eine erste Weichenstellung im Blick auf die institutionelle Einbindung der Universitätskirche in die Universität erfolgt war, mußte in der weiteren Planung vordringlich die Frage nach dem Sinn und der Gestaltung des Universitätsgottesdienstes bearbeitet und entschieden werden. Auch in dieser Planungsphase bediente sich Münchhausen der bewährten Methode, durch gezielt eingeholte Gutachten seiner Berater ein überzeugendes Konzept in seinem Sinne vorzubereiten. J. L. von Mosheim ist in seinem Statutenentwurf für die Theologische Fakultät vom Juli 1735, einer Satzung, die seine theologische Stellung zwischen Pietismus und Aufklärung charakteristisch dokumentiert und die in einer für derartige Texte „ungewohnt geistlichen Diktion und Argumentation"[24] gehalten ist, als erster ausführlich auf den Universitätsgottesdienst eingegangen. Mosheim bedenkt den Sinn des akademischen Gottesdienstes unter dem übergreifenden Gesichtspunkt, daß die Theologie „nicht im bloßen Wißen und disputiren, sondern am meisten in einem lebendigen Glauben und einer thätigen Gottseligkeit bestehe"[25]. Dieser geistlichen Ausrichtung des Theologiestudiums entspricht – neben dem Vorschlag, durch bestimmte praxisbezogene Übungen die Studenten auf ihre künftige Amtstätigkeit vorzubereiten[26] – auch die Bestimmung, daß jeder Theologieprofessor „schuldig seyn (soll), alle 14 Tage des Morgens von 9 bisz 10 eine Predigt in der Academischen Kirche über einer (sc. einen) text, den er selber wählen wird, zu halten, damit die Studiosi sowohl Muster haben mögen, wornach sie sich zu achten als auch zu einem gottseeligen Wandel erwecket werden mögen"[27]. Neben den Musterpredigten, die von den Professoren nach einer noch zu erstellenden Ordnung zu halten sind, sollen am Sonntagnachmittag und am Mittwoch von den Studenten, die bereits zwei Jahre studiert haben, Propositionen und Predigten zu Übungszwecken in der Universitätskirche vorgetragen werden. Diese Übungen, zu denen auch Katechisationen gehören, sollen vom Dekan beaufsichtigt und im Kreis der Proposanten kritisch begutachtet werden, wobei Lob und Tadel „mit Sanfftmuht" zu erteilen sind[28].

---

[23] Zu den späteren Auseinandersetzungen zwischen dem Kirchenvorstand von St. Johannis und der Universität s. u. 90.

[24] B. Moeller, Johann Lorenz von Mosheim und die Gründung der Göttinger Universität, in: B. Moeller (Hg.), Theologie in Göttingen, 1987, (9–40) 33.

[25] E. F. Rössler, aaO., (B 270–297) 282.

[26] AaO., B 290; vgl. dazu H. Holze, Zwischen Studium und Pfarramt, 1985, 55–57.

[27] E. F. Rössler, aaO., B 290.

[28] AaO., B 291 f.

Ganz deutlich geht Mosheims Bestreben dahin, den Universitätsgottesdienst einerseits als Quelle christlicher Lebensgestaltung zu verstehen – der Prediger soll „seine applicationes vornehmlich auf die Studiosos und ihr Verhalten" beziehen[29], ihn andererseits im Verbund mit den genannten praktischen Übungen als Bestandteil der praktisch-theologischen Ausbildung der Theologiestudenten zu begreifen. Darin berührt sich sein Entwurf mit ähnlichen Bestrebungen der späten Orthodoxie und des Pietismus, die Praktische Theologie nicht mehr als bloßen Anhang, sondern als integrativen Bestandteil des Theologiestudiums anzusehen[30]. Nun ist Mosheims Entwurf zwar in die endgültigen Statuten der Theologischen Fakultät vom 3.8.1737 nicht explizit aufgenommen worden[31], aber wesentliche Elemente seiner Vorschläge zum Universitätsgottesdienst sind von Münchhausen in dem noch zu besprechenden Reglement für den Universitätsgottesdienst berücksichtigt worden. In den Statuten der Theologischen Fakultät und in den General-Statuten der Universität vom 7.12.1736 wird zumindest implizit die Existenz des Gottesdienstes vorausgesetzt, auch wenn keine näheren Angaben über seine Gestaltung gemacht werden[32]. Auf diesen Befund läßt sich freilich der Satz aus den Papieren eines verstorbenen Universitätskurators von 1770 anwenden: „Unsere Universitätsstatuten sind sehr kurz beysammen; dafür haben wir desto mehr Einrichtungen."[33]

Mosheim hatte Münchhausen ohnehin empfohlen, die Belange des akademischen Gottesdienstes in einer eigenständigen Kirchenordnung zu regeln[34], und dieser Rat stieß bei dem Kurator auf offene Ohren. Münchhausen gab zur Vorbereitung dieser Ordnung mehrere Gutachten in Auftrag, die die von Mosheim bewußt vernachlässigten Fragen im Zusammenhang mit der praktischen Durchführung des Universitätsgottesdienstes klären sollten. Als weiterführend erwiesen sich dabei insbesondere die beiden Gutachten, die der seit 1734 in Göttingen lehrende Jurist G. S. Treuer, ein Schüler Pufendorfs, und der Hofrat J. D. Gruber aus Hannover vorlegten. Treuers „Unmaßgebliche Gedanken über die Einrichtung der Universitätskirche und ihres Gottesdienstes"[35] ent-

---

[29] AaO., B 290.

[30] Vgl. R. Mau, Programme und Praxis des Theologiestudiums im 17. und 18. Jahrhundert, Theol. Versuche 11 (1979), 71–91.

[31] Gegen H. Holze, aaO., 265 Anm. 10; vgl. B. Moeller, aaO., 32.

[32] Vgl. W. Ebel (Hg.), Die Privilegien und ältesten Statuten der Georg-August-Universität zu Göttingen, 1961, 76 (§ 78 der General-Statuten), 90.102 (§ 13 des 1. Kap. und § 19 des II. Kap. der Statuten der Theol. Fakultät).

[33] E. F. Rössler, aaO., B 483; zu diesen Einrichtungen zählt der Verfasser (wohl nicht Münchhausen selbst; vgl. dazu W. Buff, aaO., VI; E. F. Rössler, aaO., XVIII) u. a. auch gute Predigtanstalten.

[34] Vgl. E. F. Rössler, aaO., B 290 f.; dazu Mosheims Brief vom 6.6.1735 an Münchhausen, UB Göttingen, Cod. hist. litt. 83, Bl. 832 (bei Rössler, aaO., B 209 f., nur unvollständig).

[35] UAG, K 21, Vol. I, Bl. 2; auch UAG, 10 b 1/1, Bl. 1. – Das undatierte Gutachten Treuers wurde der Universität am 30.4.1736 zugeleitet.

halten stichpunktartig 30 Vorschläge, die sich in 3 Kapiteln auf die finanzielle Grundlage der Kirche, die Verwaltung der Finanzen sowie den Gottesdienst und die mit seiner Durchführung zu beauftragenden Personen beziehen. Wir können es uns ersparen, den Inhalt des Treuerschen Gutachtens im einzelnen zu referieren, da die meisten seiner Vorschläge entweder ganz oder in modifizierter Form in Münchhausens Reglement für den Universitätsgottesdienst eingegangen sind. Gleiches gilt auch für Grubers „Unvorgreiffliche Gedancken, wie der Gottes Dienst in der Universitäts Kirche zu Göttingen ... eingerichten werden könnte"[36]. Im Unterschied zu Treuer konzentriert sich Gruber in seinem Votum stärker auf den Gottesdienst und seine liturgische Ordnung, auch unterbreitet er einen konkreten Vorschlag zur Aufteilung der Predigtarbeit im Vormittagsgottesdienst, in den sich an diesen anschließenden „Lectiones asceticae"[37] und im Nachmittagsgottesdienst.

Die verbindliche Rechtsgrundlage für die Einrichtung eines regelmäßigen Universitätsgottesdienstes in Göttingen schuf Münchhausen selbst, der Spiritus rector der neuen Universität. Das „Vorläufige(s) Reglement wie es bey Unserer ... Georg August Universitaet mit dem Gottes Dienste in der Universitaets-Kirche zu halten (sei)" vom 11. 9. 1737, das Münchhausen noch vor der offiziellen Inauguration der Universität an diese bzw. an die Theologische Fakultät sandte[38], basiert einerseits teilweise auf dem Statutenentwurf Mosheims und auf den Gutachten Treuers und Grubers, trägt aber andererseits in der Gesamtkonzeption und in bestimmten Einzelheiten ganz augenfällig die persönliche Handschrift Münchhausens. Das gilt es nun herauszuarbeiten.

Auffallend am Reglement ist zunächst einmal, daß es sich – etwa im Unterschied zu dem Gutachten Treuers – nicht nur auf die Erörterung organisatorisch-praktischer Fragen beschränkt, sondern im Anschluß an Mosheim auch den Sinn und Zweck des Universitätsgottesdienstes theologisch herausstellt. Dieser besteht darin, daß die Universitätskirche „nicht allein den angehenden Studiosis Theologicae zu den an sich nöthigen und nützlichen exercitiis homileticis dienen, sondern auch die Ehre des großen Gottes darin durch einen öffentlichen Dienst befördert werden möge". Die Theologieprofessoren werden aufgefordert, „diesen gottgefälligen Endzweck in alle Wege zu leiten" (§ 1), damit der akademische „cultus" zukünftig „zur Erbauung und zum Heil der Seelen gereiche" (§ 2). Nimmt man diese Aussagen ernst – und es besteht kein Grund, dies nicht zu tun –, berücksichtigt man zudem allein

---

[36] GRUBERS Gutachten vom 6.8.1737 befindet sich in UB Göttingen, Cod. hist. litt. 77, Bl. 233 f.; auch UAG, 10 b 1/1, Bl. 13.

[37] Zu den asketischen Lektionen s. u. 45–51. – In einem weiteren Votum vom 2.6.1736 plädierten die Göttinger Theologieprofessoren M. CRUSE und J. OPORIN dafür, der geplante Gottesdienst dürfe die bestehenden Lectiones asceticae nicht gefährden. Allenfalls sollten Kandidaten den Universitätsgottesdienst zu Übungszwecken halten (vgl. UAG, 10 b 1/1, Bl. 9). Damit konnten sich Cruse und Oporin aber nicht durchsetzen.

[38] UAG, K 21, Vol. I, Bl. 4; auch UAG, 10 b 1/1, Bl. 18.

die ausgesprochen intensiven organisatorischen Bemühungen Münchhausens um die Einrichtung des Universitätsgottesdienstes, dann ist das Bild von der Universitätsgründung und von der Stellung der Theologie in Göttingen, das je auf ihre Weise Götz von Selle und Carl Haase gezeichnet haben, erheblich zu korrigieren. Zwar ist bekanntermaßen in Göttingen die traditionelle Vorrangstellung der Theologie insofern von vornherein beschnitten worden, als die uneingeschränkte Lehrfreiheit aller Professoren im allgemeinen Universitäts-Privileg festgestellt und ein Zensurrecht der Theologen gegenüber den anderen Fakultäten nicht in die Statuten der Theologischen Fakultät aufgenommen worden ist[39]. Aber es entspricht keineswegs den tatsächlichen Verhältnissen, in denen sich die Theologie nach dem Willen der Gründungsväter an der neuen Universität vorfand, diesem Befund „weltgeschichtliche Bedeutung" mit der Begründung beizumessen, hier habe „der wissenschaftliche Geist Deutschlands erst den Sinn des westphälischen Friedens begriffen", und es sei, indem „man in Göttingen den Fehler vermied, an die Theologie anzuknüpfen, … die deutsche Universität überhaupt gerettet worden"[40]. In Variation zu diesen Aufstellungen von Selles hat C. Haase ganz ähnlich behauptet, Göttingen sei „die erste Universität der Welt" gewesen, „die allein im Zeichen der Erfahrungswissenschaften gegründet worden" sei, und im aufgeklärten Geist einer „gewollte(n) Weltlichkeit"[41] habe sie sich „bereits im Gründungsansatz vom Primat der Theologie"[42] gelöst. In solchen Urteilen ist die Rolle der Theologie an der „wohl angeordnete(n) Evangelische(n) Universität"[43] zu Göttingen, wie sie für unseren Zusammenhang von der Einrichtung des Universitätsgottesdienstes her noch genauer zu bestimmen sein wird, völlig verkannt[44]. Die auf einen bewußten politischen Willen der hannoverschen Staatsregierung zurückgehende Anordnung eines akade-

---

[39] Vgl. W. EBEL, aaO., 29. – B. MOELLER, aaO., 33 f., zeigt unter Verweis auf Mosheims Statutenentwurf, daß „der Verzicht der Theologie" auf ihre Kontrollfunktion in Göttingen „von ihr selbst angeboten wurde". Zum Zensurrecht der Theologie und zur allgemeinen Lehrfreiheit in den Statuten der Theologischen Fakultät und in den General-Statuten der Universität vgl. J. BAUR, Die Anfänge der Theologie an der „wohl angeordneten evangelischen Universität" Göttingen, in: J. v. STACKELBERG (Hg.), aaO., (9–56) 13 f.

[40] G. VON SELLE, aaO., 40 f.

[41] C. HAASE, Die ersten Stufen der Entwicklung der Georgia Augusta zu Göttingen, GGA 235/6 (1983/84), (271–289) 272.283.

[42] C. HAASE, Bildung und Wissenschaft von der Reformation bis 1803, in: H. PATZE (Hg.), Geschichte Niedersachsens, Bd. III/2, 1983, (261–493) 343. HAASES Behauptung, die schwache Besetzung der Theologischen Fakultät gehe auf den Willen der Gründungsväter der Universität zurück (ebd.), ist ein groteskes Fehlurteil. Vgl. zur Kritik an v. SELLE und HAASE auch B. MOELLER, aaO., 29. 33 f.; J. BAUR, aaO., 12 f.

[43] Königliches Reskript an die Calenbergische Landschaft vom 26.1.1733, in: E. F. RÖSSLER, aaO., B 51.

[44] Daß weder VON SELLE noch HAASE näher auf den Universitätsgottesdienst eingehen, spricht für sich. Die oft abwertenden und z. T. zynischen Bemerkungen v. SELLES zu einzelnen Theologen und Universitätspredigern übergehe ich im folgenden.

mischen Gottesdienstes 1737 ff. und die Institutionalisierung eines eigenständigen Universitätspredigeramtes 1742 sprechen da – neben manch anderem
– eine deutliche, nämlich das geistlich-theologische Moment herausstellende
Sprache.

Im einzelnen hat das Reglement festgelegt, daß an allen Sonntagen, den 3
großen Buß-, Bet- und Fasttagen sowie an den ersten beiden Feiertagen der
großen Feste im Kirchenjahr je zwei Gottesdienste – vormittags und nachmittags – zu halten seien (§ 2), während an den 3. und 4. Tagen der großen
Feste, an Michaelis, Johannis und den in der evangelischen Kirche begangenen Marienfesten, sofern diese nicht auf einen Sonntag fallen, nur vormittags
Gottesdienst zu feiern sei (§ 3)[45]. Dabei sollen die Predigten an den hohen
Festen in der versammelten Gemeinde das dankbare Gedächtnis „der herz-
lichen Wohltaten Gottes" wachrufen, wohingegen sie an den Bußtagen zu
Bekehrung und Buße anleiten sollen, was nicht weniger als die Erkenntnisse
der Wissenschaft „einem jeden wohlgeordneten Theologo am Hertzen billig
liegen muß" (§ 7). Die ordentlichen und außerordentlichen Professoren der
Theologie sollen die Vormittags-Predigten an den ersten 3 hohen Festtagen
und an den Buß- und Bettagen sowie die nachmittäglichen Sermones und
asketischen Lektionen nach einem wechselnden, im Geist „theologischer
Liebe und Einigkeit" einzurichtenden Turnus übernehmen (§ 7), können aber
zusätzlich Adjunkten der Philosophie, sofern diese zugleich Theologen sind,
und erfahrene Magister und Kandidaten der Theologie mit dem Halten des
akademischen Gottesdienstes beauftragen (§ 6).

Das für den Vormittagsgottesdienst vorgesehene liturgische Formular ist
äußerst karg gehalten. Wie der Sinn des Gottesdienstes, der vornehmlich in
der Erbauung des einzelnen liegen soll, ist auch die Kürze der Liturgie als
charakteristisch für die Stellung des Reglements gewissermaßen zwischen
Pietismus und Aufklärung anzusehen: Lied – Kollektengebet – Predigtlied
– Evangelium – Credo – Predigt – Lied – Segen (§ 4). J. D. Gruber hat die
Kürze der Liturgie formal damit begründet, daß sich der Gottesdienst in der
Universitätskirche von den durch mehr „Weitläuffigkeit" gekennzeichneten
Gottesdiensten in den Göttinger Pfarrkirchen liturgisch deutlich unterschei-
den solle[46]. Faktisch sind so quasi vorweg zwei wichtige Forderungen der
Liturgik der Aufklärung an die „öffentliche Gottesverehrung", nämlich Er-
baulichkeit als Ziel und Einfachheit als Gestaltungsprinzip des Gottesdienstes,
erfüllt worden[47]. Trotz einer gewissen Beliebigkeit in der Zuordnung der
einzelnen gottesdienstlichen Elemente läßt die Liturgie erkennen, daß der
Universitätsgottesdienst als reiner Predigtgottesdienst gefeiert werden sollte.

---

[45] Vgl. etwas anders noch G. S. TREUER, aaO., Kap. III/1.
[46] J. D. GRUBER, aaO., Bl. 233v.
[47] Vgl. A. EHRENSPERGER, Die Theorie des Gottesdienstes in der späten deutschen Aufklärung (1770–1815), 1971, 187–204.

Der ebenfalls magere liturgische Aufbau des Nachmittagsgottesdienstes bestätigt dieses Bild: Psalmlied − Lied − Predigt bzw. asketischer Sermon − Lied − Kollektengebet − Segen oder Vaterunser (§ 5)[48]. Verständlich, daß sich der spätere Universitätsprediger Karl Knoke von seinem konfessionell-lutherischen Standpunkt her kritisch über diese Gottesdienste geäußert hat: „Von der sonst im Lande geltenden lutherischen Gottesdienstordnung trugen sie gar wenig an sich."[49]

Entgegen dem Vorschlag Grubers, man könne auf Grund des besonderen Status der Universitätskirche auf jegliche musikalische Gestaltung des Universitätsgottesdienstes verzichten[50], hat das Reglement die Anstellung eines Vorsängers und eines Organisten verfügt (§ 8). Des weiteren hat das Reglement die Einkünfte der Universitätskirche (die Hälfte der Einkünfte aus dem Klingelbeutel, Mieten für Kirchenstühle, mögliche Legate und Schenkungen), die Ausgaben (für Vorsänger, Organisten, Küster und notwendige Reparaturen der Kirche, die in den ersten 12 Jahren von der Universitäts-Baukasse übernommen werden sollten,) sowie deren ordnungsgemäße Abwicklung in der Kirchenrechnung geregelt (§§ 9−11.13). Soziale Aspekte kommen zum Tragen in der Bestimmung, die andere Hälfte der Einkünfte aus dem Klingelbeutel und die Einnahmen aus dem Armenstock zur Unterstützung Bedürftiger zu verwenden[51]. Da der Universitätskirche Parochialrechte nicht verliehen wurden, sollten Begräbnisse eigentlich nicht, „wenigstens nicht häufig", in der Universitätskirche bzw. im dazugehörenden Kirchhof vorgenommen werden (§ 12). Hier haben später Ausnahmen die Regel bestätigt − J. L. von Mosheim z. B. wurde 1755 in der Paulinerkirche beerdigt[52]. In der Regel allerdings sollten Studenten, Professoren und Universitätsverwandte von dem Pfarrer des Parochialbezirkes beerdigt werden, in dem der Verstorbene zuletzt gelebt hatte[53]. 1741 wurde zwar gestattet, daß Begräbnisfeiern mit Erlaubnis des Akademischen Senats in der Universitätskirche durchgeführt werden durften, aber die Beerdigungen selbst sollten weiterhin in der jeweils zuständigen Pfarrei vorgenommen werden[54]. Noch 1871 wurde diese Regelung,

---

[48] Vgl. § 5 des Reglements mit J. D. Gruber, aaO., Bl. 233v.

[49] K. Knoke, Der lutherische Bekenntnisstand der Prediger an der Universitätskirche zu Göttingen, ZGNKG 23 (1918), (95−112) 106.

[50] Vgl. J. D. Gruber, aaO., Bl. 233r; Cruse und Oporin dagegen (s. Anm. 37) votierten für eine angemessene musikalische Ausgestaltung des Gottesdienstes.

[51] Bis heute werden mit der Kollekte des Universitätsgottesdienstes gemäß § 10 des Reglements bedürftige Studenten unterstützt. − Zum Finanziellen vgl. auch G. S. Treuer, aaO., Kap. I/II.

[52] Vgl. K. Heussl, Johann Lorenz von Mosheim, 1906, 228. Das Epitaph Mosheims befindet sich heute in der Universitätskirche St. Nikolai. − Schon 1743 war der Jurist T. J. Reinharth (1684−1743), der der Universitätskirchendeputation zeitweilig angehört hatte, in der Paulinerkirche begraben worden (vgl. UAG, K 1, Bl. 19).

[53] Vgl. das Reskript des Königl. Konsistoriums vom 13. 4. 1736, UAG, K 26, Bl. 1.

[54] Vgl. die Verordnung vom 27. 3. 1741, UAG, K 26, o. P.

die die Parochialrechte der Göttinger Stadtkirchen unangetastet ließ, bestätigt; für den Fall, daß ein Universitätsprediger die Grabrede hielt, waren die anstehenden Gebühren an den Pfarrer des Parochialbezirkes zu entrichten, zu dem der Verstorbene gehört hatte[55].

Im Reglement vom 11. 9. 1737 hat das durch Münchhausen repräsentierte Geheimratskollegium „independenter von unserem Consistorio" der Theologischen Fakultät die „direction und Besorgung" des Universitätsgottesdienstes vor Ort aufgetragen (§ 1). Wie die Theologische Fakultät, die von vornherein dem Einfluß des Konsistoriums entzogen blieb, sollte auch der Universitätsgottesdienst eine vom Konsistorium unabhängige, grundsätzlich der Staatsregierung unterstehende Einrichtung sein. Was sich bereits im Zusammenhang mit der Resakralisierung der Paulinerkirche abgezeichnet hat, erhält durch diese Bestimmung, die eine Kompetenz des Konsistoriums für die Universitätskirche ausschaltet, seine ausdrückliche Bestätigung: Der Universitätsgottesdienst in Göttingen ist von der hannoverschen Staatsregierung als eine geistlich-theologische Einrichtung der Universität geplant und angeordnet worden, wobei die institutionelle Eingliederung der Universitätskirche in die Universität auf den bewußten politischen Willen Münchhausens zurückzuführen ist. In rechtlicher Hinsicht bedeutet diese Maßnahme nichts anderes als die praktische Anwendung der staatskirchenrechtlichen Theorie, die Christian Thomasius (1655–1728), der Hauptvertreter des Territorialsystems, entwickelt und begründet hat, für den besonderen Bereich der Göttinger Universitätskirche. Münchhausen hatte in Halle u. a. bei Thomasius studiert und nach Ausweis seiner Kolleghefte bei diesem insbesondere das Jus publicum gehört – zum Jus publicum aber rechnete Thomasius auch das Kirchenrecht[56]. Von seinem bedeutendsten Hallenser Lehrer hat Münchhausen nicht nur die hohe Wertschätzung des Jus publicum übernommen – er erhob es zum bevorzugten Gegenstand des juristischen Studiums in Göttingen[57] –, sondern darüber hinaus knüpfte Münchhausen an Vorstellungen des Thomasius über die universitäre Funktion der Theologie im Gesamtkontext des Verhältnisses von Staat und Kirche an, als er die Theologie an der Göttinger Universität etablierte. Dabei hat Münchhausen, wie sich klar aufzeigen läßt, die Einrichtung des Universitätsgottesdienstes in Ausübung des nach Thomasius zum staatlichen Hoheitsrecht gehörenden Jus circa sacra vorgenommen.

Die von Justus Henning Böhmer (1674–1749), dem Thomasius-Schüler und Berater Münchhausens, mit dem Begriff des Episkopalsystems bezeichnete lutherische Staatskirchenrechtstheorie des 17. Jahrhunderts hatte die

---

55 Vgl. das Memorandum des Universitäts-Rats Fr. Rose vom 23. 8. 1871, UAG, K 26, Bl. 43.
56 Vgl. N. Hammerstein, Jus und Historie, 1972, 313.120–124. –Zum folgenden vgl. auch E. Hirsch, Geschichte der neuern evangelischen Theologie, I. Bd., 1949, 94–109; W. Gericke, Theologie und Kirche im Zeitalter der Aufklärung, 1989, 52f.
57 Vgl. N. Hammerstein, aaO., 43ff.; W. Sellert, aaO., 65ff.

kirchliche Vollmacht des Landesfürsten noch aus der Vorstellung abgeleitet, daß der Landesherr ein „praecipuum membrum" der Kirche sei. Als solchem sei ihm die von seinem weltlichen Hoheitsrecht scharf zu unterscheidende bischöfliche Gewalt und die mit ihr verknüpfte jurisdiktionelle Vollmacht von der Kirche per Vertrag treuhänderisch und für die Kirche als ganze verliehen worden. Das Episkopalsystem versuchte, die bischöfliche Gewalt des Landesfürsten dadurch zu begrenzen, daß dieser die kumulativ empfangene kirchliche Vollmacht zu teilen habe, in Fragen der Lehre und des Kultus mit den Theologen und in Fragen der Jurisdiktion und Verwaltung mit den dafür zuständigen kirchlichen Behörden. Thomasius dagegen vertrat, indem er Gedanken seines Lehrers Samuel Pufendorf (1632–1694) ausbaute, die Staatskirchenrechtstheorie des rationalen Territorialismus. Er unterschied zwischen der äußeren, sichtbaren Kirche, die rechtlicher Ordnungen bedürfe, und der inneren Glaubenskirche, die als eine aus gleichberechtigten Gliedern bestehende Gemeinschaft ("collegium aequale") wesensmäßig keine befehlende Gewalt ausüben könne. Aber auch die äußere Kirche verfügt nach Thomasius nicht über eine solche Rechtsgewalt, die sie gegebenenfalls dem Landesfürsten übertragen könnte; dies würde ihrer inneren Bestimmung widersprechen. Vielmehr übernimmt der Landesherr die äußeren Kirchensachen allein kraft seines weltlichen Hoheitsrechtes und in Wahrnehmung seiner Fürsorgepflicht für Glückseligkeit und Wohlfahrt der Bürger seines Staates. Lediglich die in der biblischen Heilsoffenbarung begründete Sakramentsverwaltung bleibt seinem Einfluß entzogen.

Münchhausens Maßnahmen zur Einrichtung des Universitätsgottesdienstes in Göttingen befinden sich in einem geradezu frappierenden Konsens mit diesen Vorstellungen. Für Münchhausen lag die Institutionalisierung der Universitätskirche im Interesse des Staates, und folgerichtig mußte sie – bis in die Gestaltung der gottesdienstlichen Liturgie hinein – von der Staatsregierung, nicht aber vom Konsistorium realisiert werden. Da für die Universitätskirche keine Sakramentsverwaltung vorgesehen war, bedurfte es nicht einmal hier der Mitwirkung kirchlicher Organe. Die Empfehlung Mosheims, das Konsistorium als die zuständige Kirchenbehörde möge die den Universitätsgottesdienst betreffenden Dinge regeln, überging Münchhausen souverän. Selbst wenn im Hintergrund dieses Vorschlags noch nicht die von Mosheim später vertretene Kollegialtheorie gestanden haben dürfte, unterstreicht der Vorgang, daß Münchhausen ganz zielstrebig im Sinne des Territorialsystems vorgegangen ist[58]. Schließlich wurde ein gewichtiges Motiv für die Ausbildung des

---

[58] Vgl. Mosheims Brief an Münchhausen vom 6. 6. 1735, UB Göttingen, Cod. hist. litt. 83, Bl. 832 (bei E. F. Rössler, aaO., B 209 f., ohne die folgende Passage): „Was bey dem Gottesdienst in der academischen Kirche und andern dahin gehörigen Dingen zu verordnen vonnöthen, wird das Consistorium aufsetzen müssen. Es ist nicht wohl möglich, daß jemand, der die Beschaffenheit des Ortes nicht gesehen, an einer solchen Ordnung ohne grosse Fehler arbeiten

Territorialsystems bei Thomasius, die Brechung der als schädlich erkannten Theologenherrschaft in Kirche und Gesellschaft, in Göttingen insofern aufgenommen, als die überkommene Vorrangstellung der Theologie in der Universität von vornherein zugunsten der allgemeinen Lehrfreiheit beschnitten wurde[59].

Vor der weiteren Erörterung der universitätspolitischen Ziele, die Münchhausen mit der staatlichen Anordnung des akademischen Gottesdienstes verfolgt hat, gilt es darauf zu achten, wie er den Universitätsgottesdienst vor Ort im universitären Leben verankert hat. War zunächst der Theologischen Fakultät und dem Prorektor die Verantwortung für den Universitätsgottesdienst übertragen worden, so bestellte die Staatsregierung schon bald, im Juli 1738, eine besondere Kirchendeputation, die für die Durchführung der Gottesdienste zu sorgen hatte und der außer dem jeweils amtierenden Prorektor alle ordentlichen Theologieprofessoren und die Senioren der Juristischen, Medizinischen und Philosophischen Fakultät angehörten. Das Präsidium der Universitätskirchendeputation wurde dem Prorektor übertragen, während der Sekretär der Universität zum Protokoll- und Rechnungsführer bestellt wurde[60].

Auch die Bestellung der Kirchendeputation, die anfänglich offenbar auf Bedenken des Theologen Feuerlein stieß, geht auf die Initiative Münchhausens zurück, der sich die Deputation analog zum Kirchenvorstand einer Pfarrgemeinde als „Concilium Ecclesiasticum" der Universitätskirche dachte[61]. Damit hatte das Geheimratskollegium ein wirkungsvolles Instrument geschaffen, das sämtliche im Zusammenhang mit der Gestaltung und Organisation des Universitätsgottesdienstes anstehenden Fragen vor Ort zu regeln hatte. Die Einrichtung der Kirchendeputation ist mit Fug und Recht als ein Akt

---

kan." – Zum späteren Kollegialismus Mosheims mit seinen antiabsolutistischen Tendenzen vgl. B. MOELLER, aaO., 36 (mit weiterer Lit.).

[59] Zu Thomasius vgl. E. HIRSCH, aaO., 103 f.; zu Göttingen vgl. B. MOELLER, aaO., 33 f.

[60] Erstmals wird im Sitzungsprotokoll der Universitätsdeputation vom 8.7.1738 auf die Bestellung der besonderen Kirchendeputation Bezug genommen; vgl. UAG, K 1, Bl. 2. Die Regierung verfügte per Reskript vom 19.7.1738 die Bildung der Kirchendeputation mit der ausdrücklichen Bestimmung, damit solle die Universitätskirche als „Annexo der gantzen Universität" fest verankert werden; vgl. UAG, 10 b 1/1, Bl. 29. – Zur Übertragung des Präsidiums auf den Prorektor vgl. UAG, K 1, Bl. 3. – Die Kirchendeputation setzte sich im Juli 1738 zusammen aus dem Prorektor (und Juristen) G. Chr. Gebauer, den Theologen J. W. Feuerlein, M. Cruse und J. Oporin, dem Mediziner A. G. Richter und dem Juristen G. S. Treuer, der zugleich der Philosophischen Fakultät angehörte.

[61] Vgl. den Brief Münchhausens an Gebauer vom 21.7.1738, bei E. F. RÖSSLER, aaO., B 150: „Bey dem Vorschlag wegen der Universitäts Kirche kan wohl ohnmöglich ein Bedencken seyn. ich will jedoch den Hrn. Feuerlein darüber als vor mich vernehmen. Es wird solchergestalt als ein Concilium Ecclesiasticum anzusehen seyn, welches aus dem Clero und honorationibus Parochianis bestehet, zumahlen Kirchen Diaconi nicht wohl bestellet werden können." – Welche Bedenken Feuerlein gegenüber der Bestellung der Kirchendeputation hatte, läßt sich heute nicht mehr ausmachen.

der universitätspolitischen Klugheit Münchhausens zu bewerten. Zweierlei scheint mir daran bemerkenswert zu sein. Zum einen wird damit der Universitätsgottesdienst in die Verantwortung der gesamten Universität gestellt; die Sorge für ihn soll nicht allein Sache der Theologen sein. Durch die Kirchendeputation, die ein kräftiges Element universitärer Selbstverwaltung darstellt, wird also der besondere Status der Universitätskirche hervorgehoben. Gleichzeitig hat Münchhausen den grundsätzlich anstaltlichen Charakter der Universität auch im Bereich ihrer Kirche gewahrt. Denn die Universitätskirchendeputation hatte, nachdem in Göttingen besondere Universitätsprediger berufen worden waren, diesen gegenüber zwar Weisungsbefugnis in Angelegenheiten, die den Gottesdienst und das Kirchengebäude betrafen[62], stand aber selbst unter der direkten Aufsicht des hannoverschen Geheimratskollegiums. Nicht zuletzt behielt sich die Staatsregierung das Vokationsrecht für die Besetzung des Universitätspredigeramtes vor. Von Bedeutung ist zum anderen, daß, wie die weitere Entwicklung in Göttingen im ganzen — bei nur einer Ausnahme — gezeigt hat, durch die Bildung dieses Gremiums günstige Rahmenbedingungen gesetzt worden sind, um die Kontinuität des Universitätsgottesdienstes auch in schwierigen Zeiten gewährleisten zu können. Die Weitsicht dieser für den Göttinger Universitätsgottesdienst förderlichen Entscheidung mag man auch daran ablesen, daß z. B. in Halle, wo seit dem Ende des 17. Jahrhunderts besonderer Universitätsgottesdienst gefeiert worden war, erst im Jahre 1805 — im Rahmen der Neubelebung des gegen Ende des 18. Jahrhunderts eingeschlafenen Universitätsgottesdienstes — eine Kirchendeputation ins Leben gerufen wurde, deren Zusammensetzung mit derjenigen der Göttinger Universitätskirchendeputation vergleichbar war[63]. Dabei hat die Vermutung einiges für sich, daß man sich in Halle am Vorbild Göttingens orientierte, dessen Universität doch 70 Jahre zuvor nach dem Muster Halles gegründet worden war!

Die Sitzungsprotokolle der Göttinger Universitätskirchendeputation seit 1738 geben beredt Auskunft über die Sorgfalt, mit der sich die Mitglieder dieses Gremiums den Universitätsgottesdienst angelegen sein ließen[64]. Auch die vermeintlich kleinen Fragen und alltäglichen Probleme wurden hier besprochen und entschieden. Ob es sich um die Festlegung der gottesdienstlichen Zeiten oder um die Abrechnung und Verwendung der Kollekten handelte, ob es um notwendige Reparaturen der Universitätskirche oder um das Aufstellen eines Epitaphs ging, ob und zu welchen Konditionen

---

[62] Vgl. das Sitzungsprotokoll vom 23.8.1745, UAG, K 1, Bl. 22.

[63] Vgl. H. Hering, Der akademische Gottesdienst und der Kampf um die Schulkirche in Halle a. S., 1909, 158. — Fr. Schleiermacher, wiewohl gerade auch als Universitätsprediger nach Halle berufen, wurde übrigens nicht sogleich Mitglied dieser Kirchendeputation, was man damit begründete, er sei nur ao. Professor der Theologie. Dies änderte sich erst mit seiner Ernennung zum Ordinarius.

[64] Vgl. für die Zeit ab 1738 UAG, K 1.

Organisten, Vorsänger und Küster anzustellen waren –, die Kirchendeputation hatte im Grunde all die Dinge zu regeln, die vergleichsweise auch der Kirchenvorstand einer Pfarrgemeinde zu verantworten hat. Das entsprach ganz dem Willen Münchhausens. Außer ihrer eigentlichen Funktion im Zusammenhang mit dem Universitätsgottesdienst hatte die Kirchendeputation übrigens seit 1743 noch eine weitere Aufgabe wahrzunehmen. Ihr oblag nämlich die Verwaltung der Professoren-Witwen- und -Waisenkasse, die 1739 eingerichtet worden war. Wie aus den Sitzungsprotokollen der Kirchendeputation hervorgeht, überstieg die Arbeit für die Professoren-Witwen- und -Waisenkasse vom Umfang her nicht selten den für den Universitätsgottesdienst zu erbringenden Aufwand. Die Universitätskirchendeputation hat diese nicht ganz einfache Aufgabe immerhin bis zum Jahre 1856 wahrgenommen[65].

Die Kirchendeputation verstand sich selbst keineswegs nur als Befehlsempfängerin und verlängerten Arm der Staatsregierung. Sie schöpfte vielmehr das ihr in eingeschränkter Form zugebilligte korporative Recht der Selbstverwaltung des Universitätsgottesdienstes von Beginn an voll aus. Daß die Kirchendeputation dieses Recht notfalls auch in Auseinandersetzung mit der Staatsregierung wahrzunehmen gedachte, konnte sie schon bald in einer Angelegenheit, deren Anfänge noch vor der offiziellen Einsetzung der Deputation lagen, recht eindrucksvoll demonstrieren.

Als der Bau einer Orgel für die Universitätskirche ausgeschrieben wurde, bewarben sich der Königliche und Kurfürstliche Hoforgelbauer Christian Vater aus Hannover und der Orgelbauer Johann Wilhelm Gloger aus Northeim um den lukrativen Auftrag[66]. Während Vater auf eine 36jährige Berufserfahrung zurückblicken konnte und zudem ganz offenkundig die Gunst der Staatsregierung besaß, hatte der junge Gloger bis zum Jahre 1737 erst vergleichsweise wenige Orgelbauten selbständig ausgeführt. Die Verantwortlichen in Göttingen, an ihrer Spitze J. W. Feuerlein und J. Fr. Schweinitz, der Musik-Direktor am Göttinger Gymnasium, machten sich von Anfang an für Gloger stark, der noch vor dem 16.11.1737 „auf expreßes Verlangen derer Herren Profeßorum" zwei Risse nebst Kostenanschlägen eingesandt hatte[67]. Die Regierung übergab nun ungeschickterweise – oder in voller Berechnung

⁶⁵ Vgl. W. EBEL, Über die Professoren-Witwen- und -Waisenkasse zu Göttingen, Göttinger Jb. 14 (1966), 145–162.
⁶⁶ Zum folgenden vgl. L. SELLE, Die Orgelbauerfamilie Gloger (2), Acta organologica 5 (1971), (31–86) 55–80; dort ist das in UAG, K 20, vorliegende Material zum Bau der Orgel in der Universitätskirche ausgewertet und teilweise auch abgedruckt.
⁶⁷ J. W. GLOGER, Supplicatum vom 16.1.1738, UAG, K 20, Vol. I, Bl. 15. – J. Fr. SCHWEINITZ, ein Schüler J. S. Bachs, lobte Gloger in einem Gutachten für die Regierung, UAG, K 20, Vol. I, Bl. 5: „Daß dieser Orgelmacher ein guter Arbeiter sei, kann ich aus eigener Erfahrung versichern." – Zu Schweinitz, der am 23.6.1738 zum Organisten an der Universitätskirche ernannt wurde (vgl. UAG, 10 b 1/1, Bl. 24), vgl. D. GARBE u. a., Der Direktor musices, Organist und Kantor Johann Friedrich Schweinitz, Göttinger Jb. 37 (1989), 71–89.

des Vorgangs? – Glogers Entwürfe durch den Kanzleisekretär Duve dem
Mitbewerber Vater zur Begutachtung. Vater ließ, wie kaum anders zu erwarten war, kein gutes Haar an den Plänen Glogers. Daraufhin mußte Gloger
persönlich in Göttingen erscheinen und zu den von Vater erhobenen Einwänden Stellung beziehen, wobei er die Monita seines Konkurrenten restlos
zerstreuen konnte. Das Geheimratskollegium jedoch hielt weiterhin an Vater
als dem geeigneteren Mann fest, wohingegen die Universität unter ihrem
Prorektor Feuerlein ebenso beharrlich darauf bestand, Gloger den Auftrag
zu erteilen. Als sich die Fronten in diesem Streit mehr und mehr zu verhärten
begannen, bemühte sich allein Münchhausen um eine gütliche Beilegung des
Konfliktes. Er schlug vor zu überprüfen, wie die von Gloger bisher gebauten
Orgeln „in deren ersten 2. biß 3. Jahren sich angelaßen, und wie die Organisten damit zufrieden gewesen"[68].

Vater freilich ließ nicht locker und verschärfte aus durchsichtigen Motiven
seine Kritik an Glogers Entwürfen derart, daß Münchhausen es nicht als
ratsam erschien, daß Gloger Vaters neue Aufstellungen zu Gesicht bekomme.
In der Sache ging es bei den Meinungsverschiedenheiten zwischen den beiden Orgelbauern um kleinere technische Details sowie um die Anzahl der
Bälge und das für diese zu verwendende Holz. Anders als Vater erachtete
Gloger drei Bälge für das von ihm konzipierte 24stimmige Werk als ausreichend; während Vater verlangte, die Bälge dürften nur mit Eichenholzrahmen
ausgeführt werden, wollte Gloger – in der Tradition des mitteldeutschen,
insbesondere des sächsischen Orgelbauwesens – für die Bälge Tannenholz
benutzen. Der nochmaligen Bitte Glogers um Erteilung des Auftrags entsprach die Regierung schließlich im Frühjahr 1738 vorläufig, indem sie ihm
zugleich die Auflage machte, innerhalb von 14 Tagen die bisher von ihm
gebauten Orgeln zu benennen, Gutachten über sie erstellen zu lassen und
eine Kaution von 1000 Reichstalern zu hinterlegen. Da Gloger diese Forderungen trotz der überaus kurzen Frist erfüllen konnte, erhielt er den Auftrag.
In Göttingen entschied man sich für den Entwurf nach Glogers erstem Abriß,
eine 24stimmige Orgel mit 2 Manualen (Haupt- und Brustwerk) und Pedal,
für die der Northeimer Orgelbauer 1000 Reichstaler erhalten sollte[69]. Da der
Staatsregierung dieses Geld offenbar fehlte, wurde der Universitätssyndikus
F. F. Insinger damit beauftragt, die Kosten für die Orgel aus Strafgeldern zu
bestreiten, die der Jude Jeremias David aus Bovenden zu entrichten hatte und
die ohnehin für religiöse Zwecke bestimmt worden waren[70]. Gloger, dessen

---

[68] Münchhausen an die Universität am 15. 1. 1738, UAG, K 20, Vol. I, Bl. 12 u. Vol. II,
Bl. 22.

[69] Vgl. den vom Universitätssyndikus F. F. Insinger aufgesetzten Kontrakt mit Gloger vom
24. 2. 1738, UAG, K 20, Vol. I, Bl. 28 (bei L. SELLE, aaO., 71–74); dazu die Disposition der
Orgel, UAG, K 20, Vol. I, Bl. 2 (bei L. SELLE, aaO., 60 f.). Der Prospektentwurf ist abgebildet
bei L. SELLE, aaO., 44 (Abb. 5). Zum Schicksal der Orgel nach 1803 s. u. 109.

[70] Vgl. UAG, K 20, Vol. I, Bl. 26.

Fleiß und Kunstfertigkeit allseitig gerühmt wurde, konnte die Orgel nach einigen Verzögerungen, die durch den Tod seiner Frau und eine schwere Erkrankung bedingt waren, zum 7. November 1740 fertigstellen. Für die Kirchendeputation nahmen J. Fr. Schweinitz, der fast 40 Jahre Organist an der Universitätskirche war, und der Organist J. Fr. Sander aus Hannoversch-Münden die Orgel ab: „Beide Organisten bekräftigen, daß gantze Werck sey vortrefflich gerathen und nichts dabey auszusetzen, sowohl was die Structur als resonanz betreffe, es dürfte sich weit umher nicht leicht eine Orgel von der Größe finden, welche so scharf klinge und verdiene er wohl eine größere Belohnung als sein Contract vermelde."[71]

Die Universität hatte sich also in dieser Sache gegen die Regierung, die mit Ausnahme des auf Ausgleich bedachten Münchhausen mehrheitlich Vater protegierte, durchsetzen können. Das Ergebnis der Auseinandersetzungen, die neue Orgel Glogers, konnte sich gleichermaßen sehen und hören lassen. Der ganze Vorgang offenbart, daß die Universität – vertreten zunächst durch Feuerlein als Prorektor und die Theologische Fakultät bzw. teilweise durch die Universitätsdeputation[72], dann durch die Kirchendeputation nach deren offizieller Bestallung – gewillt war, in Sachen Universitätsgottesdienst ein gewichtiges Wort mitzureden. Insofern ist der Konflikt um die Auftragsvergabe für die Orgel ein Musterbeispiel dafür, daß die Universität bestrebt war, das ihr eingeräumte korporative Recht der Selbstverwaltung des Universitätsgottesdienstes selbstbewußt auszuschöpfen. Die von Münchhausen initiierte Einsetzung der Kirchendeputation bot darüber hinaus gute Voraussetzungen dafür, daß die Universitätsangehörigen den Universitätsgottesdienst als ihren Gottesdienst annehmen konnten, daß die Universitätskirche einen festen Platz im geistigen Leben der Universität finden und behaupten konnte.

Unsere Untersuchung hat bisher gezeigt, daß die Einrichtung des Universitätsgottesdienstes in Göttingen auf ein planvolles Handeln der durch Münchhausen vertretenen Staatsregierung zurückzuführen ist. Mögen auch örtliche Gegebenheiten wie etwa der günstige Umstand, daß mit der Paulinerkirche ein geeigneter Kirchenraum zur Verfügung stand, die Entwicklung im einzelnen beeinflußt haben –, der Institution der Universitätskirche liegt doch eine geschlossene Konzeption zugrunde, die untrennbar mit dem Namen Münchhausens verbunden ist. Stets sehen wir den Kurator der neuen Universität die Fäden des Geschehens in den Händen halten; auch dort, wo er sich beraten läßt in Detailfragen, greift er die Anregungen und Vorschläge anderer nur soweit auf, wie sie sich in den Rahmen seiner Grundvorstellun-

---

71 UAG, K 20, Vol. I, Bl. 64.
72 Vgl. das Sitzungsprotokoll vom 22.2.1737, UAG, K 20, Vol. I, o. P., in dem von den „Deputatis", also den Mitgliedern der Universitätsdeputation, die Rede ist, bei denen Glogers Entwurf „eine völlige Approbation" fand. Zur Universitätsdeputation vgl. E. GUNDELACH, Die Verfassung der Göttinger Universität in drei Jahrhunderten, 1955, passim. GUNDELACH erwähnt die Universitätskirchendeputation nur am Rande (aaO., 48).

gen zum Universitätsgottesdienst einfügen lassen. Die institutionelle Eingliederung der Universitätskirche in die anstaltlich verfaßte Universität des hannoverschen Territorialstaats, die daraus folgende Unterstellung der Universitätskirche unter die Leitung und Kontrolle der Staatsregierung bei gleich-
zeitiger Ausschaltung einer Kompetenz des Konsistoriums in diesem Bereich,
die Bestallung der Kirchendeputation und damit die eingeschränkte Gewährung des korporativen Rechtes der Selbstverwaltung des Universitätsgottesdienstes durch die Universität, alle tragenden Elemente der Göttinger Konstruktion haben in Münchhausen ihren Urheber. Das gilt auch für das noch
gesondert zu besprechende Amt des Universitätspredigers. Angesichts dieses
Befundes stellt sich notwendig die Frage nach den Intentionen, die Münchhausen mit der Schaffung des Instituts der Universitätskirche verband. Welche
universitätspolitische Motive lassen sich für sein Handeln ausmachen? Welche Rückschlüsse lassen sich aus der Anordnung des Universitätsgottesdienstes
im Blick auf die der Theologie in Göttingen zugedachte Funktion ziehen?

Zunächst einmal läßt sich ein Motiv benennen, das die Einführung des
Universitätsgottesdienstes in eine unmittelbare sachliche Nähe zu den pragmatischen Absichten rückt, die Münchhausen mit der Gründung der neuen
Universität überhaupt verfolgte. Nach dem Reglement vom 11. 9. 1737 sollte
der Universitätsgottesdienst neben seinem „Endzweck", der Ehre Gottes und
der Erbauung der Gemeinde, auch einem praktischen Ziel dienen, nämlich
der Förderung der homiletischen Übungen der Studenten[73]. Dieser bereits in
Mosheims Statutenentwurf für die Theologische Fakultät von 1735 ähnlich
formulierte Gesichtspunkt, daß die Predigten im akademischen Gottesdienst
den angehenden Theologen als Muster für deren eigene spätere Predigttätigkeit zu halten seien[74], stellt den Universitätsgottesdienst in den Kontext der
praktisch-theologischen Aufgabe, den Theologiestudenten die berufliche
Qualifikation zur Ausübung des von ihnen angestrebten Pfarramtes zu vermitteln. Dazu wurde in Göttingen ein „Prediger-Collegium" eingerichtet, in
das pro Semester bis zu zwölf Studenten aufgenommen werden konnten und
in dem unter der Leitung zunächst der Theologieprofessoren, später der
Universitätsprediger, homiletische Übungen durchgeführt wurden. Zu diesen
Übungen gehörte das Hören der Predigten der Professoren sowie – am
Sonntagnachmittag – das Halten eigener Predigten durch die Mitglieder
des Kollegiums und die anschließende Besprechung derselben in der Universitätskirche[75].

Zwar ist die Bestimmung, die Predigten im akademischen Gottesdienst als
nachahmenswerte Muster anzulegen, nicht als singuläre Besonderheit der

---

[73] Vgl. UAG, K 21, Vol. I, Bl. 4 (§ 1); dazu die öffentliche Bekanntgabe des Gottesdienstes
in UAG, K 21, Vol. I, Bl. 10.
[74] Vgl. E. F. Rössler, aaO., B 290.
[75] Vgl. UAG, 4 II f; dazu H. Holze, aaO., 58 f.

Göttinger Verhältnisse anzusehen. 1745 beginnt der erste Erlanger Universitätsprediger C. J. Huth damit, in der Erlanger Kollegienkirche am Sonntagnachmittag Predigten zur Übung der Studenten zu halten[76]. Um 1750 predigen auch die Theologieprofessoren in Jena in der dortigen Kollegienkirche mit der gleichen Zielsetzung[77]. Doch wird man den gewollt exemplarischen Sinn der Predigten im Göttinger Universitätsgottesdienst als einen charakteristischen Reflex auf die Vorstellungen Münchhausens in bezug auf die Gründung der Georgia Augusta insgesamt bewerten dürfen. Denn wie die Universität „in erster Linie als landesherrliche Ausbildungsstätte für den Kirchen- und Staatsdienst"[78] unter dem Vorzeichen einer moderaten, pragmatisch orientierten Aufklärung gegründet wurde, so sollte auch der Universitätsgottesdienst auf seine Weise an dieser Aufgabe mitwirken und also den zukünftigen Pfarrern Anleitung und Muster zur eigenen Predigtpraxis geben, kurz: ihnen ein Stück berufliche Qualifikation vermitteln. Daß diese Musterpredigten den erhofften Nutzen auch tatsächlich nach sich ziehen könnten, ist freilich schon im 18. Jahrhundert in Zweifel gezogen worden. „Je nachdem", schrieb 1768 der Göttinger Orientalist J. D. Michaelis, „die Universität Muster von der einen oder andern Art hat, wird sie abgeschmackte Pedanten, und Künstler, oder unbedachtsam immer einerley sagende geistliche Wäscher, oder kalte unerträgliche Vorleser ziehen: zwar nicht alle, die auf ihr studiren, aber doch die meisten."[79] Michaelis, der selbst kein fleißiger Kirchgänger gewesen zu sein scheint, hat seine kritischen, durchaus auch auf die Göttinger Predigten gemünzten Vorbehalte vor allem mit praktischen Erwägungen begründet[80]. Aus heutiger Sicht ist theologisch noch grundsätzlicher zu fragen,

---

[76] Vgl. H. JORDAN, Die Stellung des ersten Erlanger Universitätspredigers zu den kirchlichen Bekenntnissen, NKZ 28 (1917), (457–468) 459.

[77] Vgl. K. HEUSSI, Geschichte der Theologischen Fakultät zu Jena, 1954, 177. – In Halle taucht „der Hinweis auf das Vorbildliche musterhafter Predigten" erst 1799 im Zuge der Wiedereinrichtung des zwischenzeitlich nicht gehaltenen Universitätsgottesdienstes auf (H. HERING, aaO., 103).

[78] R. VIERHAUS, 1737 – Europa zur Zeit der Universitätsgründung, in: B. MOELLER (Hg.), Stationen der Göttinger Universitätsgeschichte, 1988, (9–26) 33.

[79] J. D. MICHAELIS, Raisonnement über die protestantischen Universitäten in Deutschland. Erster Theil, 1768, 126.

[80] Vgl. J. D. MICHAELIS, aaO., 116–129. – Ein nachahmungswürdiger Prediger ist für MICHAELIS – und das dokumentiert seine Sicht der Verhältnisse an der Göttinger Universitätskirche – allein „der seel. Rambach; derselbige, der von Halle nach Giessen kam, und der nach Göttingen berufen war. Hätte er den Ruf annehmen können, so würde Göttingen gleich anfangs eine ganz andere Universität geworden seyn, als es bey der damahligen Einrichtung in Absicht auf Theologen werden konnte, und die Folgen würden sich erhalten haben. Allein wenigen Universitäten ist ein solches Glück beschert: ob man gleich bey Anlegung der Universitätskirchen den Endzweck zu haben scheint, den Studirenden ein Muster vorzustellen." (AaO., 127) – Zu Michaelis vgl. auch den Brief Heumanns an Münchhausen vom 16.4.1753, bei E. BODEMANN, aaO., 246: „So lebet er auch nicht exemplarisch und suchet nicht einmahl speciem pietatis. Er kömmt in keine Kirche."

ob nicht durch Predigten, die von vornherein auf Nachahmung hin konzipiert werden sollten, in manchen Gottesdienst ein unguter pädagogischer Zug hineingetragen worden ist, der dem Wesen von Gottesdienst und Predigt nach evangelischem Verständnis nicht entspricht[81].

Einen weiteren Zugang zu den Motiven, die für Münchhausens starkes Interesse an der Institutionalisierung der Universitätskirche ausschlaggebend waren, gewinnen wir auf einem kleinen Umweg, indem wir uns nämlich den bisher nur am Rande erwähnten sog. „Lectiones asceticae" etwas ausführlicher zuwenden. Es handelt sich bei ihnen um predigtähnliche Schriftauslegungen mit erbaulich-paränetischem Gepräge, die bereits 1735, also noch vor der offiziellen Gründung der Universität, auf Betreiben der soeben berufenen theologischen Ordinarien J. Oporin und M. Cruse sowie des theologischen Extraordinarius und Professors der Literaturgeschichte Chr. A. Heumann durch die Regierung angeordnet worden waren und die zunächst in den Privatwohnungen der genannten Professoren gehalten wurden. Mit Aufnahme des regulären Universitätsgottesdienstes ab 1737 wurden die Lectiones asceticae dann in die Universitätskirche verlegt, wo sie für einige wenige Jahre den Kernbestandteil der Nachmittagsgottesdienste bildeten. K. Knoke[82] hat den Versuch unternommen, diese Lectiones asceticae ganz dem Umfeld der pietistischen Bestrebungen zuzuordnen, die seit 1735 in Göttingen von einigen Studenten, u. a. den Grafen von Reuß-Greiz, den Grafen von Stolberg-Wernigerode, dem späteren Prof.iur. Chr. L. Scheidt und dem späteren Organisator der lutherischen Kirche in Nordamerika H. M. Mühlenberg getragen wurden. Von der Staatsregierung und der Theologischen Fakultät weitgehend geduldet, ja sogar von einzelnen Professoren wie insbesondere J. Oporin aktiv gefördert und unterstützt, entwickelten diese erweckten Studenten verschiedene Aktivitäten in pietistischem Geist, hielten Erbauungsstunden mit Göttinger Bürgern ab, gründeten eine Armenschule nebst Waisenhaus und führten dort Katechisationen durch[83]. Vor diesem Hintergrund nun will Knoke die Lectiones asceticae als Erbauungsstunden verstanden wissen, deren ausschließlich pietistischen Charakter er aus ihrer auf eine praktische Frömmigkeit zielenden Abzweckung sowie aus einer gedruckten asketischen Rede Oporins ableitet.

Bei genauer Lektüre erweist sich jedoch gerade diese Rede, in der Oporin den Theologischen Kathedern anhand der Weissagung Bileams Num 24,17 – 24 ein „astrologisch Prognosticon" stellt, keineswegs als überwiegend von

81 Vgl. ähnlich H. HERING, aaO., 103.

82 Vgl. K. KNOKE, Lectiones asceticae an der Göttinger Universität (1735–1737), ZGNKG 25 (1920), 73–80.

83 Vgl. R. RUPRECHT, Der Pietismus des 18. Jahrhunderts in den Hannoverschen Stammländern, 1919, 159–170.

pietistischem Gedankengut bestimmt[84]. Sie bestätigt vielmehr als praktisches Exempel die Predigttheorie Oporins, von der M. Schian zu Recht gesagt hat, sie sei „ein klassisches Beispiel aus der Übergangsperiode"[85]. Oporins „Prognosticon" enthält orthodoxe, pietistische und aufklärerische Elemente in eigenartiger Verknüpfung, zusammengehalten durch die sein theologisches Denken prägende Vorstellung von der Einheit zwischen biblischer Weissagung und heilsgeschichtlicher Erfüllung[86]. In scharfer Abgrenzung gegen den Verfasser der Wertheimer Bibel, Johann Lorenz Schmidt, der den „Stern aus Jakob" und „das Szepter aus Juda" (Num 24,17) auf David bezogen hatte, will Oporin den messianischen Sinn der Weissagung Bileams als einzig möglichen erweisen. In den Worten Bileams sei „Christus in sensu primo, non secundo aut typico ausdrücklich verkündiget". Was David gegen Moab und Edom ausgerichtet habe, habe er nicht als „ein typus, sondern als ein vicarius des Meßiä" auf dessen Befehl hin und mit Hilfe des Volkes des Messias verrichtet[87]. Den ausführlichen Schriftbeweis für diese These führt Oporin im Bewußtsein, daß „wir bey dem heutiges Tages wachsenden exegetischen Lichte nichts zu fürchten haben"[88], wenn nur das in sich selbst stimmige Wort der Heiligen Schrift authentisch ausgelegt werde. Die Autorität der Bibel beruhe auf ihrem göttlichen Ursprung, keinesfalls auf ihrer – durchaus gegebenen – Übereinstimmung mit der Vernunft, weshalb der Text auch primär aus dem Zusammenhang der ganzen Schrift zu erklären sei[89].

Oporins Textauslegung geht also von einer betont orthodoxen Position aus, die den postulierten supranaturalen Zusammenhang zwischen der Ver-

---

[84] Vgl. J. Oporin, Die erste Ascetische Rede nach der frohen INAVGVRATION der Königl. Georg-Augusts-Universität, Darin ein astrologisch Prognosticon, nach Anleitung des Propheten Bileams, Num. XXIV,17 seq. der Theologischen Catheder gestellet wird, 1737. – Unkritisches Inhaltsreferat bei K. Knoke, aaO., 77–79.

[85] M. Schian, Orthodoxie und Pietismus im Kampf um die Predigt, 1912, 157: „Wir haben in dieser Theorie ein klassisches Beispiel aus der Übergangsperiode vor uns: eine homiletische Theorie, die orthodoxe(,) pietistische und aufklärerisch-philosophische Elemente enthält. Pietistische in der Anwendung, orthodoxe in der Stabilisierung der Autorität der heil. Schrift, der die Vernunft nur zu dienen habe, aufklärerisch-philosophische in der ziemlich weitgehenden Benutzung der Vernunft zur Demonstration."

[86] Zu dieser Vorstellung vgl. J. Baur, aaO., 26–33.55f.

[87] J. Oporin, aaO., 7. – Vgl. (J. L. Schmidt,) Die göttlichen Schriften von den Zeiten des Messie Jesus. Der erste Theil, 1735, 772f. – Oporin will mit seiner Deutung noch über J. J. Rambach hinausgehen, der „theils expresse, theils typice Christum in dieser Weissagung zu suchen" scheine (aaO., 6). In Wirklichkeit ist Oporin hier ganz abhängig von Rambach; vgl. J. J. Rambach, Christus in Mose oder Betrachtungen über die vornehmsten Weissagungen und Vorbilder in den fünf Büchern Mosis auf Christum, Zweyte Auflage 1761, 649–656.

[88] J. Oporin, aaO., 21.

[89] AaO., 20: „... obgleich die Heil. Schrifft nichts in sich fasset, so mit der Vernunft streitet; so glauben wir die Heil. Schrifft nicht darum, weil sie mit der Vernunft übereinkommt, sondern weil sie unwidersprechliche Kennzeichen ihres göttlichen Ursprungs in und an sich selbst aufweiset."

heißung Num 24,17 ff. und ihrer heilsgeschichtlichen Erfüllung in Christus hermeneutisch allererst ermöglicht. Der Weg, den sie dann nimmt, endet aber – zumindest in Oporins eigener, optimistischer Sicht – nicht einfach in der Sackgasse eines aut – aut, in der zwischen der Hl. Schrift und der Vernunft eine Entscheidung getroffen werden müßte[90]. Trotz seiner Polemik gegen den „Naturalismus", gegen das „Irrlicht menschlicher Ausschweifung", das den „Stern aus Jakob" durch vernünftelndes Verdrehen des Wortes Gottes zu verdunkeln drohe[91], macht er selbst sehr wohl Gebrauch von der Vernunft. Die apologetische Intention, in der dies geschieht, stellt das aufklärerische Moment in Oporins Rede dar. Die in der Schrift geoffenbarte Wahrheit des Wortes Gottes soll und kann mit der Vernunft, so diese nur richtig benutzt wird, bewiesen und demonstriert werden[92].

Pietistische Elemente finden sich erwartungsgemäß in der Applicatio dieser asketischen Rede. Allerdings ist die Aufforderung an die Zuhörer, mit der erkannten Wahrheit nun auch die Gottseligkeit zu verbinden, doch in sehr gemäßigt pietistischen Tönen gehalten. Daß Gott „mit der Erkänntniß den Glauben und die Erfahrung wircken" wolle, daß die Studenten im Lichte Christi als des „Sterns aus Jakob" wandeln sollten, daß sie mit ihrem „Studiren das Gebet und ein bußfertig, gläubig und gehorsam Hertz verbinden" sollten[93], – diese Formulierungen verraten zwar Anklänge an die Sprache der Erweckten, sind aber wiederum auch nicht so spezifisch pietistisch, daß man aus ihnen gleich auf einen eindeutig pietistischen Charakter der Lectiones asceticae überhaupt schließen könnte. Auch sonst wird Knokes einseitig auf das pietistische Moment abhebende Erklärung den differenziert zu betrachtenden Lectiones asceticae nicht gerecht. Einige aus seiner Deutung zwangsläufig sich ergebende Probleme wie die offensichtliche Spannung der von der Regierung angeordneten, angeblich rein pietistischen Erbauungsstunden in Göttingen zu den von derselben Regierung erlassenen Pietistenedikten von 1703, 1711 und 1734, durch die u. a. pietistische Konventikel in Privatwoh-

---

[90] Vgl. aaO., 21.

[91] AaO., 17; gemeint ist der Wertheimer Übersetzer.

[92] OPORIN erklärt (aaO., 17–19), daß „eine gesunde Vernunfft-Lehre nebst andern menschliche Wissenschaften bey der Erklärung Heil. Schrifft unentbehrlich, wenigst höchstnützlich sey, doch daß diese allein noch lange keinen tüchtigen Ausleger der Heil. Schrifft darstellen, vielweniger die göttlichen Wahrheiten entscheiden können". In seiner Homiletik unterscheidet OPORIN den Gebrauch der Vernunft in der Predigt „zum Beweiß oder Demonstration" von demjenigen „zur Erläuterung oder Illustration der geoffenbarten göttlichen Wahrheiten" (J. OPORIN, Die Alte und eintzige Richtschnur überzeugend und erwecklich zu predigen, erläutert durch zwey kurtze Abhandlungen, daneben auch durch drey Predigten, 1737, 25); vgl. dazu ausführlich M. SCHIAN, aaO., 156 f.

[93] J. OPORIN, Die erste Ascetische Rede …, 21 f. – Nach seiner eigenen Einschätzung vertrat Oporin unter Berufung auf V. L. VON SECKENDORFF, Christen-Stat, 1686, eine ebenso orthodoxe wie pietistische Position in jeweils moderater Spielart; vgl. seine Erklärung gegenüber Münchhausen, in: E. F. RÖSSLER, aaO., B 240 f.

nungen verboten wurden, lassen sich im Rahmen dieser Hypothese jedenfalls nicht befriedigend auflösen. Immerhin hat Knoke selbst eingeräumt, daß die Göttinger Veranstaltung unterschieden werden muß von den pietistischen Konventikeln, die sich seit etwa 1700 im benachbarten Harz gebildet hatten und die durch ihre separatistischen Tendenzen die antipietistischen Maßnahmen des absolutistischen Staates ausgelöst hatten[94].

Hinter den Göttinger Lectiones asceticae verbirgt sich ein vielschichtiger Sachverhalt, der nicht monokausal erklärt werden kann. Was zunächst ihre theologiegeschichtliche Ableitung angeht, hat schon J. D. Michaelis in ihnen „eine Nachahmung von Halle" gesehen[95]. Zutreffend an dieser Behauptung ist freilich nur dies, daß August Hermann Francke (1663–1727) seit 1693 über dreißig Jahre lang in Halle ein von ihm sogenanntes „Collegium paraeneticum" gehalten hat, eine teilweise im Druck erschienene Vorlesungsreihe, in der er eine erbaulich-paränetische Schriftauslegung, insbesondere der neutestamentlichen Briefe, bot. Mit diesem Kolleg, dem im Zusammenhang seiner Bemühungen um eine Reform des Theologiestudiums eine hohe Bedeutung zukommt, wollte Francke seine Studenten zur Praxis pietatis, zu einer Studien– und Lebensführung im Geiste persönlicher Herzensfrömmigkeit anleiten[96]. Schon Philipp Jakob Spener (1635–1705) hatte ja in seinen Pia desideria von 1675, im Rahmen seiner Vorschläge zur Reform des Theologiestudiums, angeregt, daß die Professoren mit ihren Studenten an den Universitäten akademische Collegia pietatis einrichten sollten. Unter Anleitung eines Professors sollten die studentischen Mitglieder dieses universitären Collegium pietatis eine Schriftauslegung betreiben, die weniger der Wissensvermittlung als vielmehr der Einübung in die Praxis pietatis dienen sollte[97]. In welchem Verhältnis die paränetischen Vorlesungen Franckes zu dem Reformvorschlag Speners stehen, kann hier außer acht bleiben, da eine Klärung dieser Frage für unseren Problemzusammenhang nichts austragen würde. Zu berücksichtigen ist lediglich, daß Oporin als einer der Initiatoren der Göttinger asketischen Reden während seines kurzen Studienaufenthaltes in Halle Franckes Collegium paraeneticum gehört haben könnte[98]. Aber auch dann,

---

[94] Vgl. K. Knoke, aaO., 79.

[95] J. D. Michaelis, aaO., 133.

[96] Vgl. Fr. de Boor, A. H. Franckes paränetische Vorlesungen und seine Schriften zur Methode des theologischen Studiums, ZRG 20 (1968), 300–320. Auch Franckes Freunde und Kollegen J. J. Breithaupt und P. Anton hielten „neben den Vorlesungen akademische Collegia pietatis mit Theologiestudenten" (J. Wallmann, Der Pietismus, 1990, 73).

[97] Vgl. Ph. J. Spener, Pia desideria, hg. von K. Aland, 3. Aufl. 1964, 77,13–78,26; dazu J. Wallmann, aaO., 47 f.

[98] Zu Oporins Studiengang vgl. J. Baur, aaO., 27. Ob Oporin und Cruse während ihrer Kieler Studienzeit ähnliche Veranstaltungen kennengelernt haben, ist unklar. Allerdings beherrschte der Einfluß des mit Spener befreundeten Christian Kortholt, eines Vertreters der lutherischen Reformorthodoxie, der auch Lehrer des jungen A. H. Francke war, noch nach seinem Tod die Kieler Theologische Fakultät. Vgl. E. Peschke, Die Reformideen Christian

wenn dies zutreffen sollte, läßt sich eine unmittelbare Abhängigkeit der Göttinger Lectiones asceticae von Franckes Kolleg nicht nachweisen. Außer dem sehr moderaten pietistischen Einschlag in der Theologie Oporins spricht ein wesentlicher Unterschied zwischen der Hallischen Vorlesung und der Göttinger Veranstaltung gegen diese Vermutung. Während nämlich Francke ein exegetisches Kolleg mit paränetischem Charakter hielt, haben wir es in Göttingen mit predigtähnlichen Schriftauslegungen zu tun, für die der gottesdienstliche Rahmen konstitutiv gewesen ist[99].

Dazu kommt noch, daß nicht Oporin, sondern Heumann den ersten quellenmäßig für uns erfaßbaren Vorschlag zur Abhaltung der später Lectiones asceticae genannten Bibelauslegungen gemacht hat. Schon 1733 empfiehlt er Münchhausen, an der geplanten Universität „wöchentlich eine Moral-Predigt, die allein vom thätigen Christentum handelt", halten zu lassen. Ihr Zweck sei es, daß „nicht nur der Verstand junger Leute erleuchtet, sondern auch ihr Wille gebeßert und zur Ausübung der Tugend angeleitet" werde[100]. Heumann kann nun schlechterdings nicht als Pietist gelten. Als Schüler des Jenenser Johann Franz Buddeus (1667–1729), der eine dogmatisch gemäßigte Orthodoxie mit einer ebenso abgeklärten Integration pietistischer Motive und mit der Zuwendung zu den durch die frühe Aufklärung gestellten Fragen verband, ist Heumann auch in Göttingen ein ausgesprochener Eklektizist geblieben. Man hat ihn sogar pointiert als einen kryptoradikalen Vertreter der von Thomasius geprägten Aufklärung bezeichnet[101]. Der zitierte Vorschlag Heumanns läßt denn auch in Inhalt und sprachlicher Diktion viel eher Tendenzen der Frühaufklärung als solche des Pietismus erkennen. In diesem Kontext ist ein Text zu sehen, der von Heumanns Lehrer Buddeus stammt und den ich als eindeutigen literarischen Beleg dafür ansehe, daß eine Veranstaltung in Jena als unmittelbares Vorbild für die Göttinger Lectiones asceticae anzunehmen ist.

Im Anhang zu seiner Schrift „Erbauliche Gedancken Von Predigten" hat Buddeus 1724 eine die Nachmittagspredigten in der Jenaer Kollegienkirche

---

Kortholts, in: DERS., Bekehrung und Reform, 1977, 41–64; dazu die Erwägungen bei Fr. DE BOOR, aaO., 301.

[99] Daß sich die Göttinger Lectiones asceticae aus Speners Vorschlag (s. Anm. 97) nicht ableiten lassen, erhellt schon daraus, daß in Göttingen allein Professoren die asketischen Reden hielten, während Spener eine kollegiale Schriftauslegung von Professoren und Studenten im Sinne seiner Collegia pietatis im Blick hatte.

[100] Brief Heumanns an Münchhausen vom 9.4.1733, in: E. BODEMANN, aaO., 207.

[101] Vgl. G. MÜHLPFORDT, Ein kryptoradikaler Thomasianer: C. A. Heumann, der Thomasius von Göttingen, in: W. SCHNEIDERS (Hg.), Christian Thomasius 1655–1728, 1989, 305–334; I. MAGER, Die theologische Lehrfreiheit in Göttingen und ihre Grenzen, in: B. MOELLER (Hg.), Theologie in Göttingen, 1987, 41–57; J. BAUR, aaO., 38–41; W. SPARN, Philosophische Historie und dogmatische Heterodoxie. Der Fall des Exegeten Christoph August Heumann, in: H. GRAF REVENTLOW u. a. (Hg.), Historische Kritik und biblischer Kanon in der deutschen Aufklärung, 1988, 171–192.

betreffende Neuregelung vorgestellt und erläutert. Bisher habe er, schreibt Buddeus, aus eigener Initiative in der Kollegienkirche gepredigt und dabei vor allem die Lehre von der Person Christi, vom doppelten Stand und vom dreifachen Amt Christi so vorgetragen, daß er die Lebenspflichten des Menschen, die Früchte des Glaubens als notwendige Folge der zentralen christlichen Wahrheit entwickelt habe[102]. Wegen des Erfolges seiner Bemühungen und trotz seiner sonstigen Verpflichtungen wolle er seine Predigttätigkeit fortsetzen, nunmehr allerdings im Wechsel mit anderen Professoren der Universität, die sich zur Übernahme der Predigtaufgabe in der Kollegienkirche bereiterklärt hätten. Ziel der gemeinsam verantworteten Einrichtung der Nachmittagspredigten sei es, die studentische Jugend „von den Wegen des Todes auf die Wege des Lebens zu führen"[103]. Dabei gelte es, den Studenten ihre sittlichen Pflichten einzuschärfen und alles, „was zur wahren Buß und Bekehrung erfordert wird, ja alle und jede Glaubens-Lehre, nach Beschaffenheit der Sprüche heiliger Schrifft, mit einfliessen"[104] zu lassen sowie auf dieses paränetische Ziel hin den erbaulichen und gründlichen Vortrag des Wortes Gottes einzurichten. Hier, in der Einrichtung der Jenaer Nachmittagspredigten sind exakt alle Strukturelemente enthalten, die auch für die Göttinger Lectiones asceticae als charakteristisch anzusehen sind: In beiden Fällen geht es um Predigten mit einer betont erbaulich-paränetischen Abzweckung, die im Nachmittagsgottesdienst in der Universitätskirche von den dazu bereiten Professoren gehalten werden. Vergleicht man in theologiegeschichtlicher Perspektive die von Buddeus genannten Zielvorstellungen mit der referierten asketischen Rede Oporins, so ergeben sich ganz offenkundig Gemeinsamkeiten gerade in der eigentümlichen Verbindung orthodoxer, pietistischer und frühaufklärerischer Momente. Diese traditionsgeschichtliche Herleitung der Göttinger Lectiones asceticae aus den Jenaer Nachmittagspredigten läßt sich schließlich mit der Annahme abstützen, daß der Buddeus-Schüler Heumann das Jenaer Modell nach Göttingen vermittelt haben dürfte. Möglicherweise kommt hierfür auch Oporin in Betracht, der – für kurze Zeit – ebenfalls in Jena unter Buddeus studiert hat.

    Generell bleibt noch anzumerken, daß auch in der Spätphase der lutherischen Orthodoxie paränetische Lektionen oder Predigten, durch die den Studenten Bedeutung und Notwendigkeit der sittlichen Konsequenzen der dogmatisch festgestellten Glaubenswahrheit nahegebracht werden sollten, einen festen Bestandteil des Theologiestudiums bilden konnten[105]. Ohnehin

---

[102] Vgl. J. Fr. BUDDEUS, Erbauliche Gedancken Von Predigten, Nebst Einer kurtzen Antzeige, Wie es ferner In den Nachmittags-Predigten des Sonntags in der Collegen-Kirchen soll gehalten werden, 1724, 29.

[103] AaO., 31.

[104] AaO., 32.

[105] Vgl. V. E. LÖSCHER, Tessera fidei et diligentiae in munere docendi publico Theologiae Studiosis data, in: Initia academica, 1707, M 3v (zitiert nach R. MAU, aaO., 83 Anm. 145).

berührten sich lutherische Orthodoxie, Pietismus und frühe Aufklärung in der grundsätzlichen Anschauung, daß der christliche Glaube praktisch sein müsse, auch wenn im einzelnen unterschiedliche Akzente gesetzt wurden in Begründung und Entfaltung der Forderung nach den Glaubensfrüchten des frommen Subjekts. Wie unstrittig demzufolge etwa die Auffassung Speners sein mußte, daß die Theologie ein „Habitus practicus" sei und daß im geistlichen Stand „alles zu der praxi des Glaubens und Lebens gerichtet werden" müsse[106], zeigt sich schon daran, daß Spener in dem von der Reform des Theologiestudiums handelnden Abschnitt der Pia desideria eine ganze Reihe orthodoxer Theologen zustimmend zitiert. Es lag also gewissermaßen ein allgemeiner Konsens den Göttinger Lectiones asceticae zugrunde, ein Konsens, den Heumann und Oporin vor Ort personell repräsentierten.

Und es war – ich kehre damit zum Ausgangspunkt meiner Überlegungen zurück – gerade dieses praktisch-moralische Profil, welches die Lectiones asceticae für Münchhausen als akzeptabel erscheinen ließ. Hätte es sich bei ihnen lediglich um konventikelhafte Erbauungsstunden mit ausschließlich pietistischer Prägung oder gar mit separatistischen Tendenzen gehandelt, hätte der Kurator ihrer institutionell – rechtlichen Absicherung in den Statuten der Theologischen Fakultät[107] kaum zugestimmt. Das tatsächliche Motiv für die Ein- bzw. Weiterführung der Lectiones asceticae an der Universitätskirche, ihre moralisch-pädagogische Funktion, entsprach aber genauestens Münchhausens Vorstellungen von der Rolle der Theologie in Göttingen. Sollte diese doch einen wesentlichen Beitrag zur moralischen Bildung leisten, wobei Münchhausen den Begriff „moralisch" konform zum Sprachgebrauch des 18. Jahrhunderts[108] im sittlich-religiösen Sinne verstanden haben dürfte. Den gemäßigten Gießener Pietisten Johann Jakob Rambach (1693–1735) hatte er zur Berufung auf eine theologische Professur in Göttingen nicht zufällig mit der Begründung vorgeschlagen, daß dieser „ein vortrefflicher Moralist" sei. Im gleichen Atemzug lobte er den ebenfalls für Göttingen auserkorenen Mosheim, weil dessen Hauptabsicht dahin gehe, „die Wahrheit der christlichen Religion wider die sogenanndten Freydencker zu befestigen, die Moral zu beszern und die Menschen durch vernünftige Vorstellungen auf einen guten Wandel zu führen"[109].

Im Umkreis dieser Aussagen über die der Theologie in Göttingen zugedachte Rolle müssen zweifellos auch Münchhausens Motive für die Gründung der Universitätskirche angesiedelt werden. Beim Versuch, seine Beweggründe noch etwas genauer zu bestimmen und theologiegeschichtlich zu verorten, stößt man freilich alsbald auf Schwierigkeiten, die von zweifacher

---

106 Ph. J. SPENER, aaO., 69,8 f.; vgl. den ganzen Abschnitt 67,5–78,33.
107 Vgl. W. EBEL (Hg.), Die Privilegien und ältesten Statuten ..., aaO., 91 (§ 13 der Statuten der Theol. Fakultät).
108 Vgl. dazu E. HIRSCH, aaO., IV. Bd., 55 Anm. 1.
109 Votum Münchhausens vom 16. 4. 1733, in: E. F. RÖSSLER, aaO., B 34.

Art sind. Einmal müssen wir für die erste Hälfte des 18. Jahrhunderts damit
rechnen, daß die eindeutige Rückführung bestimmter theologischer Anschauungen und, wie es in unserem Fall zutrifft, religiös fundierter politischer
Entscheidungen auf eine der mit den Begriffen Orthodoxie, Pietismus und
frühe Aufklärung gekennzeichneten Strömungen keineswegs immer einfach
ohne weiteres durchführbar ist. Wie verwickelt sich theologiegeschichtliche
Zusammenhänge in jener Zeit des Übergangs darstellen konnten, hat unsere
Analyse der Göttinger Lectiones asceticae darzulegen versucht. Zum anderen
haben wir es bei Münchhausen mit einem Mann zu tun, der es – mit W. Buff
zu reden – nicht liebte, „seine Seele zu dem glänzenden Spiegel zu machen,
in dem alle Erscheinungen sich auffingen und in bunter Mannigfaltigkeit
schillerten"[110]. Dies gilt nicht nur für die persönlichen religiösen Überzeugungen des Universitätskurators, sondern trifft mutatis mutandis auch auf die
Ideen zu, die hinter seinen universitätspolitischen Plänen und Handlungen
standen. Es ist kein Zufall, daß im Blick auf die Institutionalisierung der
Göttinger Universitätskirche ein Memorandum oder irgendwelche andere
Quellen, die uns direkt und erschöpfend Aufschluß über Münchhausens
Motive gewähren könnten, nicht vorliegen. Wir bleiben also darauf angewiesen, die Zielvorstellungen Münchhausens aus seinen Aktivitäten und aus
gelegentlichen, meist von praktischen Erfordernissen diktierten Äußerungen
zu rekonstruieren. Dabei muß, was an den Lectiones asceticae deutlich geworden ist, im Grunde auch für Münchhausen selbst konstatiert werden. Daß
der Universitätsgottesdienst die Studenten und Universitätsangehörigen zu
einer betont praktischen Religiosität führen und auf der Grundlage der
christlichen Religion zu einem vernunftgeleiteten sittlichen Handeln bewegen sollte, läßt sich allein schon von der Quellenlage her nicht einfach alternativ auf orthodoxe, pietistische oder frühaufklärerische Anteile an den
religiösen Überzeugungen Münchhausens zurückführen. Solche eindeutige
Zuweisung würde wohl auch den eigenen Intentionen Münchhausens zu-
widerlaufen, der die Göttinger Theologische Fakultät ja gerade mit solchen
Männern besetzt zu sehen wünschte, die „weder an der einen Seite dem
rigiden Orthodoxismo, noch an der anderen Seite dem sogenannten Pietismo
zugethan wären, damit durch Erwehlung der Mittelstrasze eines Theils die
Erbauung und anderen Theils die frequentz der Studirenden desto gröszer
seyn mögte"[111].
    Allerdings wäre zu erwägen, ob nicht die praktisch-moralische Zielsetzung
des Universitätsgottesdienstes, speziell der Lectiones asceticae, darauf hindeu-
ten könnte, daß für Münchhausens Bestrebungen stärker als bisher angenom-

---

[110] W. Buff, aaO., 5.
[111] Brief Münchhausens an J. E. von Hattorf vom 12. 10. 1734, in: E. F. Rössler, aaO., B
422.

men ein pietistischer Hintergrund zu veranschlagen ist. Bekanntlich vertrat Münchhausen im Unterschied zum Konsistorium eine maßvolle Politik zumal gegenüber dem „kirchlichen" Pietismus in den hannoverschen Stammlanden. Auch duldete er, daß seine Ehefrau im pietistischen Leben der Stadt Hannover eine zentrale Rolle spielte[112]. Andererseits ließ er J. J. Rambach in den Berufungsverhandlungen mit ihm vorsorglich wissen, „dasz alhier auf die Richtigkeit der Lehre vornehmlich gesehen und dasjenige, was Pietisterey heisze, nicht tolerirt werde, zu welchem ende ihm die disfals herausgekommene Verordnungen zugeschickt worden, um ihn darüber zu exploriren"[113]. Da Münchhausen im gleichen Kontext aber positiv hervorhebt, daß Rambach „wider den Schismaticum Dippel eine überaus feine Schrifft von der Genugthuung Christi herausgegeben" habe, bezeichnet er mit dem Begriff „Pietisterey" hier ganz offensichtlich separatistische Kräfte innerhalb der pietistischen Bewegung[114]. Während er den radikalen Pietismus schon aus Gründen der Staatsräson ablehnte[115], scheint er nach allem, was wir wissen, den Pietismus in seiner gemäßigten, kirchlich integrierfähigen Gestalt akzeptiert zu haben. In völligem Einklang mit dieser sorgfältig differenzierenden Grundhaltung steht Münchhausens Reaktion auf eine Kritik, die B. D. von Negendanck, ein Landrat aus dem Mecklenburgischen, 1737 an den von Cruse im Vorlesungsverzeichnis angekündigten Lectiones asceticae äußerte. Daß der Landrat in offenkundiger Unkenntnis des Sachverhalts die Lectiones asceticae mit „einigen zu Göttingen, bey dortigen Einwohnern einschleichenden pietistischen Misbräuchen" in Verbindung brachte[116], wies Münchhausen als unbegründeten Vorwurf zurück. Er machte in diesem Zusammenhang ausdrücklich darauf aufmerksam, daß die für die Studenten gehaltenen Lectiones asceticae auf den Raum der Universität beschränkt sein und bleiben sollten und daß insbesondere „dabey kein promiscuus concursus populi verstattet" sei[117]. Ausschlaggebendes Kriterium seiner Haltung war letztlich, daß die Vermittlung pietistischen Gedankenguts im universitären Kontext und der Universitätsgottesdienst überhaupt mit der Idee vom praktischen Nutzen

---

[112] Vgl. R. Ruprecht, aaO., 134–159.

[113] S. Anm. 111, B 423. Ob mit den genannten Verordnungen neben den Pietistenedikten von 1703 und 1711 auch dasjenige vom 18.5./8.6.1734 gemeint ist, läßt sich nicht mehr ermitteln.

[114] Vgl. zur Begriffsgeschichte J. Wallmann, Art. Pietismus, HWP 7 (1989), 972–974.

[115] Vgl. die wohl nicht von Münchhausen selbst stammenden, aber in seinem Sinne formulierten Bemerkungen über Johann Jacob Mosers Rede, in: E. F. Rössler, aaO., B 475: „Denken mag jeder in Religionssachen, über Gegenstände der Staatsklugheit und Moral, wie er will, aber seine Gedanken darf er nicht öffentlich vortragen, besonders wenn er sich darinn verrufenen Secten nähern sollte."

[116] Brief B. D. von Negendancks an Münchhausen vom 21.4.1737, in: E. F. Rössler, aaO., B 141 f.

[117] So Münchhausen gegenüber Gebauer, in: E. F. Rössler, aaO., B (140–) 141.

der Universität kompatibel zu sein hatten[118]. Mehr läßt sich über den pietistischen Anteil an den Motiven, die Münchhausen bei der Einrichtung des
Universitätsgottesdienstes bewegten, nicht ermitteln. Es wird aber noch gezeigt werden, daß die von Münchhausen der Göttinger Universitätskirche
zugrundegelegte institutionell-rechtliche Konzeption sich bewußt unterscheiden sollte von dem, was unter wesentlichem Einfluß des Pietismus bei den
zeitlich vor Göttingen entstandenen Universitätsgottesdiensten in Halle, Leipzig und Jena versucht worden war.

Am Ende dieses Paragraphen sei noch kurz auf einige Formalia verwiesen.
Der Prorektor Gebauer und die Professoren Feuerlein, Cruse, Richter und
Treuer gaben der akademischen Bürgerschaft im Herbst 1738 offiziell be-
kannt, daß „S. Königl. Majestät ... einen öffentlichen Gottesdienst in hiesiger
Universitätskirche zu verordnen beliebt" habe. Der Beginn des Vormittagsgottesdienstes wurde auf ½ 10 Uhr festgelegt. Im ersten Jahr sollten die
Professoren die Evangelien in ihren Predigten auslegen. Alle Studenten sollten
die Gottesdienste „fleißig besuchen und bis an das Ende, da derselbe ja nicht
lange dauert, ohne unzeitiges Herausgehen, als Hierdurch andere in ihrer
Andacht nur gehindert und geärgert zu werden pflegen, ... bleiben"[119]. Damit war die Planungsphase für den Universitätsgottesdienst vorerst abgeschlossen, und man konnte sich ans Werk machen.

---

[118] Vgl. dazu W. Buff, aaO., 30 f.
[119] Bekanntmachung vom 29. 11. 1738, UAG, K 21, Vol. I, Bl. 10; auch K 21, Vol. CC,
Bl. 9.

§3 Die Anfänge des Universitätspredigeramtes

Die nach mancherlei Schwierigkeiten bei der Besetzung der Theologischen Fakultät schließlich nach Göttingen berufenen ordentlichen Professoren der Theologie Jakob Wilhelm Feuerlein (1689–1766), Magnus Cruse (1697–1751) und Joachim Oporin (1695–1753) sowie der Ordinarius für orientalische Sprachen und Extraordinarius der Theologie Johann Friedrich Cotta (1701–1779), allesamt heute weithin vergessene Vertreter ihres Faches, hatten sich zunächst die Predigtaufgabe in der Paulinerkirche zu teilen. Als unbedeutendster unter ihnen hat zweifellos Cruse zu gelten, den Mosheim Münchhausen empfohlen hatte, freilich nur für „die Professionem Histor. eccles.". Cruse weise „Wiszenschafft, Erfahrung und Gelehrsamkeit" auf, aber die von Mosheim im gleichen Atemzug geäußerte Einschränkung spricht Bände über das Format Cruses: „Allein am Ingenio fehlt es, und daher fällt ihm das Predigen sehr sauer."[1] Cruse fiel nicht nur das Predigen schwer, ihm war in Göttingen auch kein sonderlicher Lehrerfolg beschieden, weswegen er bereits 1747 nach Harburg auf den Posten des Generalsuperintendenten versetzt wurde.

Aber auch Feuerlein, als Primarius der Theologischen Fakultät akademisch ungleich gebildeter als Cruse, war „kein besonders leuchtender Anfänger der Theologie in Göttingen"[2]. Seine Bemühungen um einen Ausgleich zwischen Glaube und Vernunft, Offenbarung und Erfahrung lassen ihn als eine „Gestalt des späten Barock" erkenntlich werden[3]. Dabei war es ihm letztlich nicht gegeben, die durch den theologischen Wolffianismus gestellte Herausforderung der Zeit anzunehmen und produktiv zu verarbeiten. Das Predigen scheint – einem Gutachten der Theologischen Fakultät in Halle zufolge – auch nicht zu den Stärken Feuerleins gehört zu haben[4].

Obwohl er neben seiner Professur das Amt des Generalsuperintendenten in Göttingen bekleidete, erstreckten sich seine theologischen Interessen nicht

---

[1] Mosheim an Münchhausen am 15.12.1734, bei E. F. Rössler, aaO., B 172; vgl. dazu J. Baur, aaO., 25 f.; R. Steinmetz, Die General-Superintendenten von Harburg, ZGNKG 36 (1931), (178–290) 217–224.

[2] J. Baur, aaO., 54.

[3] AaO., 48; vgl. R. Steinmetz, Die Generalsuperintendenten von Göttingen, ZGNKG 40 (1935), (83–155) 110–119.

[4] Vgl. J. Meyer, Geschichte der Göttinger theologischen Fakultät, ZGNKG 42 (1937), (7–107) 15.

auf den praktischen Bereich. Bezeichnenderweise sind weder von Feuerlein noch von Cruse m. W. gedruckte Predigten überliefert.

Ein ausgesprochen homiletisches Profil weist dagegen der bibeltreue Oporin auf, dem wir im Zusammenhang mit der Erörterung der Lectiones asceticae bereits begegnet sind. Oporin hat seine Auffassung von der Aufgabe der Predigt in drei Schriften deutlich herausgestellt. Von Mosheim als „ein Mann von einer gesetzten Gottseligkeit, zarten Gewiszen, wahrer Demut und gründlicher Gelehrsamkeit"[5] für die Besetzung einer theologischen Professur vorgeschlagen, hatte Oporin vor seiner Berufung in Beantwortung eines ihm von Münchhausen vorgelegten Fragenkatalogs die Predigt zum zentralen Gegenstand seiner theologischen Bemühungen erklärt. In einer Art homiletischer Grundsatzerklärung ließ er Münchhausen wissen, daß er besonders darauf bedacht sei, „wie die Predigt mehr zur Ueberzeugung und Erweckung eingerichtet werden könne und müsze, als gewöhnlich geschieht". Dabei erkläre er „eine generale Regel … mit Fleisz, nemlich wie kein Gedanke oder digression sich in der Predigt finden musz, welcher nicht den Sinn des heil. Geistes im Text entweder heller oder demonstrativer machen kan. Alles übrige sind homiletische Weitläufftigkeiten, die der Ueberzeugung mehr hindern, als helffen."[6]

Die im selben Votum angekündigte literarische Ausführung seines homiletischen Programms hat Oporin in seiner 1736 in erster Auflage erschienenen Abhandlung „Die Alte und eintzige Richtschnur überzeugend und erwecklich zu Predigen" vorgelegt; die schon 1737 von Oporin herausgebrachte zweite Auflage ist eine ganz neue Bearbeitung seiner homiletischen Erstlingsschrift[7]. Überzeugung und Erweckung sind die homiletischen Leitbegriffe, an denen sich Oporins „Richtschnur" orientiert. Ihr Verfasser kämpft hauptsächlich an zwei Fronten um die Wiedergewinnung einer biblisch begründeten Predigtmethode. Einmal kritisiert er scharf die übliche orthodoxe Predigtweise, die mit ihrer „affectirten Kunst"[8], mit ihren „schädliche(n) Arten zu amplificiren, und illustriren" allzu häufig „der Ueberzeugung des Geistes und der Krafft auf der Kantzel"[9] im Wege stehe. Auf der anderen Seite wendet sich Oporin gegen die Anwendung der mathematisch-logischen Methode in der Predigt, die überhand zu nehmen drohe, und mahnt die Rückkehr der Predigtargumentation zum prophetischen und apostolischen Wort der Bibel an. Das derzeit gängige Philosophieren und Moralisieren auf

---

5 Mosheims Brief an Münchhausen vom 29. 12. 1734, bei E. F. Rössler, aaO., B 178.

6 Oporin an Münchhausen, bei E. F. Rössler, aaO., B 241 f.

7 J. Oporin, Die Alte und eintzige Richtschnur überzeugend und erwecklich zu predigen, erläutert durch zwey kurtze Abhandlungen, daneben auch durch drey Predigten, 1737; vgl. dazu Schian, aaO., 155 Anm. 4.

8 J. Oporin, Die Alte und eintzige Richtschnur überzeugend und erwecklich zu Predigen, 1736, 8.52 f.; vgl. die ausführliche Analyse bei M. Schian, aaO., 111–113.

9 J. Oporin, aaO., 51.

der Kanzel vermöge allenfalls die moralischen Pflichten – und seien es auch
die christlich gebotenen – einzuschärfen, nicht aber die „Heils-Ordnung, die
zu der Übung der Pflichten geschickt macht"[10], hinreichend darzustellen.
Diese Absage an das Eindringen des theologischen Wolffianismus in die Predigtpraxis brachte Oporin alsbald die Kritik des Superintendenten an St.
Johannis, Georg Heinrich Riebow, eines entschiedenen Wolffianers, ein; in
dem sich anschließenden Streit spielte die Theologische Fakultät keine besonders glückliche Rolle[11].

Trotz seiner Polemik gegen die orthodoxe Predigtweise steht Oporin selbst
insofern auf orthodoxem Boden, als er die Notwendigkeit der Erkenntnis der
„zum Grund und Ordnung des Heils gehörigen Wahrheiten"[12] betont. Diese
Wahrheiten überzeugend und erwecklich aus der Schrift heraus zu entwik-
keln, sie zeit- und hörergemäß vorzutragen, das ist die Aufgabe der nach der
„biblischen Methode" verfahrenden Predigt[13]. Dabei werden die natürlich
bekannten Wahrheiten durch das Zeugnis der Schrift „aufgekläret und be-
festiget" und erhalten so „das übernatürliche Siegel" der biblischen Offenbarungsreligion[14]. Die für das lumen naturale nicht erkennbaren Wahrheiten,
die in der genuinen, christlichen Heilsoffenbarung beschlossen liegen, bilden
den anderen Teil des überzeugenden Kanzelvortrags. Ihr göttlicher Ursprung
wird an den Gewissen der Menschen aufgewiesen und durch göttliche Wunder bekräftigt. In diesem Kontext führt Oporin natürlich auch seinen Lieb-
lingsgedanken von der supranaturalen Einheit zwischen Bibel und Heilsge-
schichte ins Feld[15]. Die erweckliche Funktion der Predigt, deren Betonung
dieser Homiletik neben ihrer orthodoxen zugleich eine pietistische Note
verleiht, leitet Oporin ebenfalls unmittelbar aus der Bibel ab. Das Schrift-
zeugnis ist seinem Inhalt nach erwecklich, denn es offenbart den Abgrund der
menschlichen Sünde und Verderbnis wie auch das unermeßliche Geheimnis
der göttlichen Barmherzigkeit, Gericht und Gnade[16]. Die Schrift weist aber

---

[10] AaO., 100.

[11] Der Eintritt Riebows als Extraordinarius in die Theol. Fakultät 1742 – und daneben die
Berufung des Wolffianers Christian Ernst Simonetti zum theol. Extraordinarius 1746 – ließ
sich auf Dauer nicht verhindern. Münchhausen, der den „dissensum circa methodum concio-
nandi vor nichts reelles" hielt (vgl. W. BUFF, aaO., 23), protegierte Riebow in dieser Auseinandersetzung und auch später; vgl. J. MEYER, aaO., 18; J. BAUR, aaO., 35.

[12] J. OPORIN, aaO., 10.

[13] AaO., 8.

[14] AaO., 9 f.

[15] Vgl. aaO., 11–13, auch 14 f.: „Wir haben noch heutiges Tages das festere Prophetische
Wort, festerer, als was Petrus auf dem Berge mit den Augen gesehen hatte 2. Petr. 1,19 … Wir
haben annoch zum Innhalt unsers überzeugenden Vortrages auf der Kantzel dasjenige Wort der
Apostel, welches bekräftiget worden mit göttlichen Zeichen und Wundern, die da alle Natur-
Kräfte, sie gehen so weit sie wollen, nothwendig übersteigen. Wir haben endlich noch das
Wort GOttes, welches durch seine inwendige göttliche Krafft an den Seelen der nicht muth-
willig wiederstrebenden Menschen sein göttlich Ansehen allemal deutlich behauptet."

[16] Vgl. aaO., 16 f.

auch in die rechte Methode erwecklicher Predigt ein: „Die biblische Art zu erwecken bestehet überhaupt darinnen, daß sie alle göttliche Lehren, Geheimnisse und Wahrheiten den Menschen als practisch ans Gewissen legt, sintemahl die Christliche Theologie eine Erkänntniß der Wahrheit ist, welche die Gottseeligkeit zum Zweck hat."[17] Insbesondere legt die erweckliche Predigt den Weg der „grossen und täglichen Buße" als Zugang zum Heil nahe[18].

Daß Oporins homiletische Anschauungen der Übergangstheologie zuzurechnen sind, erweist sich spätestens an der 2. Auflage seiner „Richtschnur", in der er einige in der 1. Auflage noch offen gebliebene Fragen aufgreift. Das Problem der Textbindung der Predigt behandelt er noch von einem traditionellen Standpunkt aus, wenn er die bestehende Perikopenordnung verteidigt und die textgemäße Predigt zur prinzipiell gebotenen erklärt. Zugleich läßt seine Empfehlung, daß man den gleichen Text über Jahre hinweg in den Exordien thematisch durchaus variabel auslegen könne, eine gewisse Flexibilität erkennen, die ein starres Festhalten an einer nur äußerlich verstandenen Textbindung der Predigt vermeiden möchte[19]. Oporin geht darüber hinaus auf die durch die frühe Aufklärung gestellte Frage nach dem Verhältnis von Glaube und Vernunft unter homiletischen Aspekten ausführlich ein. Unter der Überschrift „Von den Gerechtsahmen und dem Gebrauch der Vernunfft auf der Kanzel"[20] präzisiert er, was er zur Sache in der 1. Auflage seiner „Richtschnur" einseitig überspitzt und in polemischer Wendung gegen die Anwendung der mathematisch-philosophischen Methode im Kanzelvortrag dargelegt hatte[21].

Fest steht ihm nach wie vor, daß die Vernunft in Glaubensdingen lediglich eine dienende, nicht aber eine herrschende Funktion haben könne[22]. Eindringlich warnt er vor einem Mißbrauch der Vernunft auf der Kanzel, den er für den Fall konstatiert, daß der Prediger statt zur Schrift hinzuführen von ihr

---

[17] AaO., 21.

[18] AaO., 29. – Oporins Bemerkung, daß die Bibel an 600 Stellen im Zusammenhang von Buße und Glaube die Bekehrung erwähne (vgl. ebd.), findet sich schon in seinem Votum gegenüber Münchhausen, bei E. F. Rössler, aaO., B 241.

[19] Vgl. J. Oporin, Die Alte und eintzige Richtschnur ..., 1737 (s. Anm. 7), 94–105 („Von der Möglichkeit und Zulänglichkeit des zu aller Zeit Textmäßigen Predigens über die ordentliche Evangelien und Episteln"); dazu M. Schian, aaO., 156 f.

[20] Vgl. J. Oporin, aaO., 11–94.

[21] Vgl. J. Oporin, Die Alte und eintzige Richtschnur ..., 1736, 82 f. – Oporins Auseinandersetzung mit dem „Wertheimischen Hrn. Übersetzer der 5. Bücher Mosis" (aaO., 53–80.133 f.) spitzt sich vor allem auf das Verständnis des sog. Protevangeliums Gen 3,15 zu. Oporins materiale Beweisführung zeigt, daß er wie die gesamte zeitgenössische Theologie die Aporien nicht konstruktiv zu verarbeiten vermochte, die durch J. L. Schmidts rationale Bibeldeutung, seine Eliminierung des Wunder- und Weissagungsbeweises und seine Kritik am christologischen Verständnis des Alten Testaments aufgedeckt worden waren. Vgl. zum Problem E. Hirsch, aaO., II. Bd., 432–436.

[22] Vgl. J. Oporin, Die Alte und eintzige Richtschnur ..., 1737, 13 f.

wegführe oder daß die Vernunft zum Kriterium für die Legitimität des doch in sich selbst suffizienten Wortes Gottes erhoben werde[23]. Innerhalb solcher Begrenzungen kann Oporin freilich auch von einem sinnvollen Gebrauch der Vernunft in der Predigt sprechen. Daß und wie er dies tut, macht deutlich, daß er sich trotz aller Kritik dem Einfluß der philosophischen Predigtmethode nicht völlig verschlossen hat. Oporin unterscheidet zwischen einem ordentlichen und einem außerordentlichen Usus der Vernunft in der Predigt. Der ordentliche besteht in der notwendig rationalen Erklärung der im Wort Gottes verborgenen Begriffe[24] und in der rational anzulegenden Beweisführung der Predigt. „Denn die gantze Predigt ist eigentlich ein syllogismus, dessen major, als ohne dem bekannt, voraus gesetzet wird: Nemlich alles, was GOtt in seinem Worte saget, dem muß man glauben und folgen. Der minor aber ist die tractation, beweisend: Dies oder jenes saget GOtt: daher die conclusio ist: das glaube und thue."[25] Der außerordentliche Gebrauch der Vernunft dient insbesondere dem apologetischen Zweck, „in einer gewissen Art der Aufklärung der geoffenbahrten Wahrheiten aus der Vernunfft"[26] die Ungläubigen und Zweifler unter den Zuhörern vom Wahrheitsgehalt der göttlichen Lehre zu überzeugen.

Den Erwartungen, die der aus der Tradition des Hallischen Eklektizismus kommende Münchhausen an die Predigten in der Göttinger Universitätskirche richtete, dürfte der Homiletiker und Prediger[27] Oporin weitgehend entsprochen haben. Die Verbindung von orthodoxen, pietistischen und aufklärerisch-philosophischen Elementen in seiner Predigtlehre stand freilich stets unter dem unbedingten Primat des biblischen Offenbarungszeugnisses. Es war der „alte Apostolische Beweiß des Geistes und der Kraft"[28], dem Oporins vordringliches Interesse galt. Da der Vernunft im Rahmen dieses Ansatzes lediglich eine untergeordnete Funktion für die Predigt zugemessen wurde, legt es sich nahe, Oporins homiletische Anschauungen historisch im anfänglichen Stadium des Übergangs zur Aufklärungshomiletik anzusiedeln[29].

Oporin griff in seinem Kampf um eine bibelorientierte Predigt 1741 noch einmal zur Feder, diesmal veranlaßt durch den anonym[30] publizierten

---

23 Vgl. aaO., 75–79.
24 Vgl. aaO., 16.
25 AaO., 18 f.
26 AaO., 22.
27 S. o. 45–47 die Analyse der asketischen Rede Oporins.
28 AaO., 87.
29 Vgl. schon die zeitgenössische Einschätzung der „Richtschnur" bei J.J. Moser, Beytrag zu einem LEXICO der jetztlebenden Lutherisch- und Reformirten Theologen in und um Teutschland, 1740, 631: „Indeß, wann man diese Arbeit gegen das hält, was der Herr Abt Mosheim in seiner Sitten-Lehre von der Art zu predigen einschärffet, so scheinen diese beyden Theologi nicht von Einerley Geschmack in dieser Sache zu seyn."
30 Wie A. Tholuck, Geschichte des Rationalismus. 1. Abt. Geschichte des Pietismus und des ersten Stadiums der Aufklärung, 1865, 143, hält auch J. Baur, aaO., 34 bes. 37, J. Chr.

„Grund-Riß einer Lehr-Arth ordentlich und erbaulich zu predigen nach dem Innhalt der königlichen Preußischen allergnädigsten CABINETS-ORDRE vom 7. Martii 1739. entworffen"[31]. Der von dem gemäßigten Wolffianer J. G. Reinbeck (1683–1741) 1740 herausgegebene „Grundriß" gilt als „die umfassendste, sorgfältigste und praktischste Predigtanweisung der ersten Hälfte des 18. Jahrhunderts"[32]. Sein unbekannter Verfasser befürwortete nachhaltig die Anwendung Wolffscher Denkformen in der Predigt, wie sie durch die von König Friedrich Wilhelm I. erlassene und wohl unter dem Einfluß Reinbecks entstandene Kabinettsorder vom 7.3.1739 empfohlen worden war[33]. Die Order hatte die Kandidaten der Theologie angewiesen, auf die umfassende Textpredigt zu verzichten und statt ihrer eine rational argumentierende, transparent gegliederte und inhaltlich am Sittlichen orientierte Predigtweise zu pflegen. Die homiletische Umsetzung der Wolffschen Philosophie, die in dem als Erläuterung der preußischen Kabinettsorder gedachten „Grundriß" extensiv propagiert wurde, rief Oporins „Theologisches Bedencken"[34] hervor. Seine Kritik entzündete sich vor allem daran, daß im „Grundriß" die Differenz zwischen der Offenbarungswahrheit der christlichen Lehre und der menschlich-vernünftigen Weltweisheit nivelliert werde. Auf diese Weise fördere man die ohnehin schon verbreiteten Mißbräuche auf der Kanzel[35]. Neues im Vergleich zu seinen früheren Äußerungen zum Thema hatte Oporin hier indes nicht zu bieten.

Wir kommen nun schließlich zu Cotta, dem vierten im Bunde derer, die zuerst im Göttinger Universitätsgottesdienst predigten. Den Schwaben hielt es nicht lange in Göttingen. Seine Rückberufung nach Tübingen im Frühjahr 1739 löste die erste Krise für den gerade erst eingerichteten Universitätsgottesdienst aus, eine Krise, an deren Ende dann die Berufung des ersten Universitätspredigers erfolgen sollte. Schon bevor Cotta Göttingen verlassen

---

Gottsched für den Verfasser des anonym erschienenen „Grundrisses". BAUR hat freilich übersehen, daß M. SCHIAN, aaO., 160 Anm. 2, bereits 1912 mit guten Gründen gezeigt hat, daß Gottsched nicht der Verfasser des „Grundrisses" gewesen sein kann, daß der Autor vielmehr unbekannt ist.

[31] Bei M. SCHIAN, aaO., 160–162.168, nach der 2. Aufl. 1743 zitiert.

[32] M. SCHIAN, aaO., 160.

[33] Auszüge aus dem Text der Kabinettsorder teilt M. SCHIAN, aaO., 159 Anm. 1, mit (vgl. insbesondere die Punkte 2 und 3). Die wichtigsten Gedanken aus dem „Grundriß" sind wiedergegeben bei M. SCHIAN, aaO., 160–162.

[34] Vgl. J. OPORIN, Theologisches Bedencken über den Grund-Riß einer Lehr-Arth ordentlich und erbaulich zu predigen, nach dem Innhalt der Königlichen Preußischen allergnädigsten Cabinets-Ordre Vom 7. Martii 1739, 1741.

[35] Nach OPORIN, aaO., 86, wird die im „Grundriß" empfohlene philosophische Predigtart „auf solche Weise denen heutiges Tages schon einreissenden Misbräuchen auf der Kanzel mehr und mehr den Weg bahnen, da man bisweilen kaum mehr das Herz zu haben scheint, etwas überhaupt aus dem göttlichen Wort vorzubringen, woferne man nicht vorher einige Beweis-Gründe aus der Welt-Weisheit angebracht hat, und mithin die H. Schrift fast nur ad concensum cum oraculis rationis anführet".

hatte, setzten die ersten Überlegungen ein, wer die bisher von ihm gehaltene 4. „Maß-Predigt" übernehmen könne. Die Kirchendeputation teilte dem Geheimratskollegium am 16. 3. 1739 mit, Feuerlein, Cruse und Oporin sähen sich außerstande, diese Predigt mit zu übernehmen, und sie schlug vor, hierfür einen geeigneten Kandidaten aus dem Predigerkollegium heranzuziehen. Dies sei allerdings nur dann erfolgversprechend, wenn ihm und den übrigen Mitgliedern des Predigerkollegiums für die Nachmittagsgottesdienste und Katechisationen angemessene finanzielle Vergütungen bewilligt würden[36]. Münchhausen zeigte sich diesem Vorschlag gegenüber zunächst nicht abgeneigt, forderte aber präzise Angaben über die den Prädikanten in Aussicht zu stellenden finanziellen Anreize ein und bat die Theologieprofessoren, Cottas Predigt zumindest zwischenzeitlich zu übernehmen[37]. Diese beharrten jedoch auf ihrer Weigerung und zogen sich auf einen konkreten Personalvorschlag zurück: der Magister Broestedt möge mit der 4. Predigt betraut werden und solle dafür eine Senioratsstelle an einem der Freitische erhalten[38].

In diesem Verhandlungsstadium brachte Münchhausen eine andere Lösungsvariante ins Spiel. Cruse, dessen „gutes Talent und Fertigkeit im Predigen wohl bekannt" sei, solle die 4. Predigt „ad interim", bis zu einer endgültigen Regelung also, übernehmen[39], wozu Cruse anfangs auch bereit war[40]. Die Kirchendeputation bestand allerdings weiterhin auf einer baldigen Klärung des Problems und teilte der Regierung am 30. 7. 1739 mit, daß Cruse nunmehr doch von der 4. Predigt entlastet werden wolle, zumal er sie ja nur für eine kurze Zeit übernommen habe[41]. Inzwischen waren 5 Monate verstrichen, ohne daß es zu einer prinzipiellen Lösung der durch den Abgang Cottas ausgelösten Schwierigkeit gekommen wäre. In Hannover mühte man sich immerhin darum, das Problem aus der Welt zu schaffen. Am 8. 10. 1739 konnten die Geheimen Räte nach Göttingen melden, sie seien „nun bereits würcklich im Begriff, hierinnen eine Änderung zu treffen", brauchten aber noch Zeit „biß zu(r) Bewerckstelligung Unserer Absicht"[42]. Aus dem Schriftwechsel zwischen der Staatsregierung und der Kirchendeputation geht nicht unmittelbar hervor, welche Absicht die Regierung dabei in concreto ver-

---

[36] Vgl. UAG, K 21, Vol. I, Bl. 11; UAG, 10 b 1/1, Bl. 40.

[37] Vgl. das Schreiben Münchhausens an die Kirchendeputation vom 22. 3. 1739, UAG, K 21, Vol. I, Bl. 12.

[38] Vgl. das Schreiben der Kirchendeputation an die Regierung vom 15. 4. 1739, UAG, K 21, Vol. I, Bl. 13; für die Mitglieder des Predigerkollegiums, die die Nachmittagspredigten halten sollten, schlug die Kirchendeputation ebenfalls die Berücksichtigung bei den Freitischen sowie die Gewährung von Stipendien aus der Königl. Klosterkasse vor.

[39] Vgl. das Schreiben Münchhausens an die Kirchendeputation vom 25. 4. 1739, UAG, K 21, Vol. I, Bl. 14; UAG, 10 b 1/1, Bl. 42.

[40] Vgl. das Schreiben der Kirchendeputation an die Regierung vom 4. 5. 1739, UAG, K 21, Vol. I, Bl. 18.

[41] Vgl. UAG, K 21, Vol. I, Bl. 19.

[42] Vgl. UAG, K 21, Vol. I, Bl. 20; UAG, 10 b 1/1, Bl. 48.

folgte. Und aus der in Aussicht gestellten Frist bis zur Verwirklichung der
Pläne Hannovers wurde schließlich ein Zeitraum von 2½ Jahren, denn erst
durch die Bestellung eines Universitätspredigers im Jahre 1742 konnten die
Schwierigkeiten in der kontinuierlichen Durchführung des Universitätsgottesdienstes behoben werden. Wie die Institution der Göttinger Universitätskirche verdankt sich mithin auch das Amt des Universitätspredigers der Initiative der durch Münchhausen vertretenen hannoverschen Staatsregierung.
Folgen wir den referierten äußeren Vorgängen, dann war diese Initiative
veranlaßt durch die Weigerung der Theologieprofessoren Feuerlein, Cruse
und Oporin, eine interne Regelung zur regelmäßigen Fortführung des Universitätsgottesdienstes zu finden, und auch dies wirft ein bezeichnendes Licht
auf die eher bescheidenen Anfänge der Theologie in Göttingen.

Es muß allerdings einschränkend festgestellt werden, daß die durch Cottas
Wechsel nach Tübingen bedingte Situation an der Universitätskirche lediglich
als auslösendes Moment für die Institutionalisierung des Universitätspredigeramtes angesehen werden kann. Wie entschieden Münchhausen seinen Plan,
einen besonderen Universitätsprediger zu berufen, verfolgt und schließlich
auch verwirklicht hat, zeigt sich indirekt schon daran, daß er die aus Göttingen kommenden Vorschläge hinsichtlich der Übernahme der 4. Predigt gar
nicht ernsthaft in seine Überlegungen mit einbezog. Darüber hinaus gibt es
einen Hinweis, daß sich Münchhausen schon sehr früh, nämlich bereits in der
Planungsphase für den Universitätsgottesdienst, mit dem Gedanken getragen
haben muß, an der neuen Universität eine Universitätspredigerstelle zu installieren. In einem Brief vom 3.11.1735 teilte Mosheim dem Kurator -
offensichtlich auf dessen Bitte hin – mit, was er von den Fähigkeiten des
damals in Leipzig als Privatdozenten tätigen Christian Kortholt halte. Kortholt habe, wenn er sich weiterhin auf die Sache der Theologie konzentriere,
durchaus das Talent zum Professor. „Ob er eine Gabe zu predigen habe",
schreibt Mosheim, wisse er nicht. Er könne aber einen ihm bekannten Pfarrer
aus der näheren Umgebung Göttingens als geeigneten Kandidaten vorschla-
gen, „wenn ein geschickter Prediger in Göttingen verlanget werden" solle[43].
Münchhausen versuchte trotz dieses zurückhaltenden Votums Mosheims,
Kortholt als ao. Professor und Universitätsprediger für Göttingen zu gewinnen. Die Berufungsverhandlungen gestalteten sich freilich als schwierig, weil
Kortholt darauf bestand, daß ihm das von Münchhausen angebotene Gehalt
von 200 Talern um 100 Taler erhöht werde. Sie waren vorerst gescheitert, als
Kortholt im Frühjahr 1736 die Berufung zum dänischen Legationsprediger in
Wien annahm[44].

---

[43] Mosheim an Münchhausen am 3.11.1735, UB Göttingen, Cod. hist. litt. 83, Bl. 882f.

[44] Vgl. den Brief C.D. Knoches, eines Onkels Kortholts aus Medingen, an Münchhausen
vom 31.12.1735, UB Göttingen, Cod. hist. litt. 83, Bl. 1362f.; nach Knoche sprach sich der
Leipziger Historiker J.J. Mascov für eine Berufung Kortholts nach Göttingen aus. – Zum

Nach dem Abgang Cottas intensivierte die Regierung ihre Bemühungen, um eine geeignete Persönlichkeit für die Besetzung des geplanten Universitätspredigeramtes zu finden. 1739 und 1740 zog man mehrfach Kandidaten in die engere Wahl, doch jedesmal zerschlugen sich die Hoffnungen auf einen erfolgreichen Abschluß der Berufungsverhandlungen[45]. Als weitere Interimslösung sah die Regierung im Frühjahr 1740 vor, Christian Ernst Simonetti (1700–1782), der seit 1739 als Pfarrer an St. Jakobi und o. Professor der Philosophie tätig war, sowie Georg Heinrich Riebow (1703–1774), der seit 1736 als Superintendent an St. Johannis und ab 1739 als o. Professor der Philosophie in Göttingen wirkte, an den Predigten in der Universitätskirche zu beteiligen[46]. Sowohl Simonetti als auch Riebow bekundeten ihr lebhaftes Interesse daran, in den Predigtturnus der Ordinarien eingebunden zu werden, bemühten sie sich doch auch seit 1739 um das Recht, theologische Vorlesungen zu halten. Aber wie sich die Theologische Fakultät gegen den Eintritt der beiden dezidierten Wolffianer in die akademische Lehrtätigkeit aussprach, so wehrte sich nun insbesondere Oporin dagegen, daß namentlich Riebow der Zutritt zur Kanzel der Universitätskirche ermöglicht werden sollte. Oporins entsprechende Eingaben an Münchhausen müssen vor dem Hintergrund der grundsätzlichen theologischen Differenzen gesehen werden, die zwischen ihm und Riebow hinsichtlich der Auffassung von der Aufgabe und Methode der Predigt bestanden[47]. Obwohl der „Gebrauch der Wolfischen Philosophie" in der Predigt angeblich „nur allein die harmoniam fidei et rationis intendiren soll, so kan dennoch dieselbe rationalismum, pelagianismum und mehren grosse excessus includiren", begründete Oporin gegenüber Münchhausen seinen Protest gegen die geplante Einbeziehung Riebows in den Predigtdienst an der Universitätskirche[48]. Allein, es gelang Oporin und der Theologischen Fakultät in den folgenden Monaten nicht, Münchhausen von seinem Vorhaben abzubringen[49]. Der Kurator hatte sich darauf festgelegt, daß zwar „die Christl. Religion aus der Schrifft vorgetragen und erwiesen werden

---

Wechsel Kortholts nach Wien vgl. die Mitteilung J. J. Mascovs an Münchhausen vom 5. 5. 1736, UB Göttingen, Cod. hist. litt. 83, Bl. 1517.

[45] Vgl. die Mitteilungen der Regierung an die Universität vom 25. 8. 1739, UAG, 10 b 1/1, Bl. 44, sowie an Feuerlein vom 14. 4. und 23. 4. 1740, UAG, 10 b 1/1, Bl. 63–65.

[46] Vgl. das Schreiben der Regierung an die Theol. Fakultät vom 7. 3. 1740, UAG, 10 b 1/1, o. P.

[47] Zu Oporins Auseinandersetzung mit der philosophischen Predigtmethode s. o. 56–60; zur literarischen Kontroverse zwischen Oporin und Riebow vgl. J. MEYER, aaO., 17–19; J. BAUR, aaO., 33–37.

[48] Oporin an Münchhausen am 24. 3. 1740, UAG, 10 b 1/1, Bl. 16; vgl. auch Oporins Stellungnahmen in dieser Sache gegenüber den Göttinger Professoren vom 16. 3. 1740 (aaO., Bl. 6) und gegenüber Münchhausen vom 17. 3. 1740 (aaO., Bl. 11). – In der zitierten Akte sind aus Versehen verschiedene Stücke, die nicht zu verwechseln sind (vgl. zu §2, Anm. 4.17.36.38.60), ebenfalls mit Nr. 1 usw. paginiert worden.

[49] Die Auseinandersetzung um den Predigtauftrag Riebows an der Universitätskirche zog sich von März bis Juli 1740 hin; vgl. UAG, 10 b 1/1, Bl. 1–23.

müßte, dabei aber ob naturam Seculi nostri eine harmonia rationis cum revelatione" aufzuzeigen durchaus sinnvoll sei[50], und auf der Basis dieser vermittelnden Position setzte er die interimistische Beteiligung Riebows und Simonettis an den Predigten im akademischen Gottesdienst durch[51].

Diese akute Auseinandersetzung um die Verteilung der Predigten im akademischen Gottesdienst dürfte die Einsicht der Regierung in die Notwendigkeit einer dauerhaften Regelung verstärkt haben. Es gelang Münchhausen schließlich 1742, den schon früh gefaßten Plan der Installierung eines eigenständigen Universitätspredigeramtes in die Realität umzusetzen. Die nunmehr – im zweiten Anlauf – geglückte Berufung Christian Kortholts zum ersten Universitätsprediger in Göttingen markiert den historischen Beginn eines Amtes, das zum damaligen Zeitpunkt ein Novum in der deutschen protestantischen Universitätsgeschichte darstellte. Zugleich bildet die Einrichtung des Universitätspredigeramtes so etwas wie den krönenden Abschluß in der dem Göttinger Universitätsgottesdienst zugrundeliegenden Gesamtkonzeption Münchhausens.

Als Kortholt im Frühjahr 1742 seinen Dienst an der Universitätskirche antreten sollte, war man sich in der Universitätskirchendeputation darin einig, daß eine besondere Introduktion Kortholts in das Universitätspredigeramt nicht erforderlich sei[52]. Vom Ansatz Münchhausens her war das ganz folgerichtig gedacht, denn nach seiner Konzeption war das Universitätspredigeramt ein geistlich–theologisches Institut an der staatlichen Universität, nicht aber ein genuin kirchliches Amt wie etwa das Pfarramt in einer Kirchengemeinde. Dieser durch den besonderen Status der Universitätskirche bedingte eigentümliche Charakter des Universitätspredigeramtes ist im 18. Jahrhundert u. a. auch dadurch zum Ausdruck gekommen, daß wenigstens zwei Universitätsprediger nachweislich nicht ordiniert waren[53].

Unklar war sich die Kirchendeputation hinsichtlich der Frage, ob Kortholt als Extraordinarius der Theologie mit dem Eid belegt werden solle, den die ordentlichen Theologieprofessoren abzulegen hatten, oder ob für ihn und für seine Nachfolger im Universitätspredigeramt ein eigenes Bekenntnis-Formular zu entwerfen sei[54].

Die entsprechende Anfrage in Hannover[55] führte dazu, daß Münchhausen dem von Göttingen vorsorglich unterbreiteten Vorschlag zustimmte, eine besondere Bekenntnisverpflichtung für die Universitätsprediger zu entwerfen

---

[50] Münchhausen an die Theol. Fakultät am 21.3.1740, UAG, 10 b 1/1, Bl. 13; zu Münchhausens Eintreten zugunsten Riebows vgl. auch W. Buff, aaO., 23.

[51] Vgl. UAG, 10 b 1/1, Bl. 22 f.

[52] Vgl. das Sitzungsprotokoll vom 18.5.1742, UAG, K 1, Bl. 16.

[53] Es handelte sich dabei um J. B. Koppe und J. G. Marezoll.

[54] Vgl. UAG, K 1, Bl. 16.

[55] Vgl. das Schreiben der Kirchendeputation an die Regierung vom 28.5.1742, UAG, K 35, Bl. 1a.

und diese Kortholt bei seinem Amtsantritt vorzulegen[56]. Dieses Formular, das in verschiedenen, sachlich unerheblich voneinander abweichenden Varianten überliefert ist[57], hat folgenden Wortlaut[58]: „Auch da Se. Königl. Majestet Euch zum Professore extraordinario und Prediger bey der Universitaets-Kirche ernannt haben und bestellet wissen wollen, daß ihr dann anhero alles, was in eurem Vermögen ist, zur Aufnahme und zum Besten solcher Universitat gerne beytragen, solcher zum Nachtheil nichts unternehmen, der studierenden Jugend mit einem guten Exempel vorgehen, und mit collegiis einträchtig sein, als auch auf der Kanzel und in Schriften nichts vortragen und lehren, welches der heiligen göttl. Schrifft Alten und Neuen Testaments, und denen von der gesamten Evangelisch-Lutherischen Kirche und allen Academien wirklich angenommenen Symbolischen Büchern entgegen, und dem gemeinen Wesen nachtheilig, oder denen kündbaren Rechten und Vorzügen Sr. Königl. Majestaet und des Chur- und Fürstl. Landes Braunschweig u. Lüneburg zuwieder vortragen; auch überhaupt alles das ienige thun und beobachten wollet, was einem treuen und gewissenhaften ordentlichen Lehrer und Prediger zukomt, ansteht und gebührt."

In der Sache stimmt diese Lehrverpflichtung im wesentlichen überein mit derjenigen, die die Göttinger Theologieprofessoren abzulegen hatten[59], nur daß hier einige kleine Erweiterungen angefügt worden sind, die sich auf die spezielle Aufgabe des Universitätspredigers beziehen. Auf jeden Fall dürfte deutlich sein, daß die Bekenntnisbindung der Göttinger Universitätsprediger entsprechend der der Theologieprofessoren ganz in der irenisch-moderaten Tradition des Helmstedter Calixtinismus gehalten ist. Diese − zumal vom Standpunkt lutherischer Orthodoxie aus betrachtet − sehr offen und weit gefaßte Bekenntnisverpflichtung, in die die Konkordienformel nicht mit einbezogen worden ist, bestätigt auf ihre Weise für den besonderen Fall der Universitätsprediger, was Münchhausen schon vor der Gründung der Göttinger Universität verlangt hatte, daß nämlich „... die Theologische Facultät

---

[56] Vgl. das Schreiben Münchhausens an die Kirchendeputation vom 31.5.1742, UAG, K 35, Bl. 1b.

[57] Dies hängt damit zusammen, daß die Lehrverpflichtung in handschriftlicher Fassung dem jeweiligen Universitätsprediger neu zur Unterschrift vorgelegt wurde. Zu korrigieren ist die unzutreffende Darstellung von K. KNOKE, Der lutherische Bekenntnisstand ..., 97f., der − ohne genaue Quellenangaben −einen ursprünglich kurzen von einem später erweiterten Eid unterscheiden will. Das angeblich erweiterte Formular, das KNOKE in einer Akte des Jahres 1822 gefunden haben will, ist daher im wesentlichen identisch mit dem Formular, das schon Kortholt vorgelegt wurde (UAG, K 35, Bl. 1c) und das im folgenden zitiert wird. Die wörtlich fast gleiche Bekenntnisformel wurde von P.J. Förtsch am 27.5.1751 unterschrieben (vgl. UAG, K 35, Bl. 1e). − Im übrigen sind KNOKES Ausführungen zum lutherischen Bekenntnisstand der Göttinger Universitätsprediger zu sehr vom Standpunkt des konfessionellen Luthertums des frühen 20. Jahrhunderts bestimmt; der faktischen Situation im Göttingen des 18. Jahrhunderts werden sie nicht gerecht.

[58] UAG, K 35, Bl. 1c (ohne Datum).

[59] Vgl. W. EBEL, Die Privilegien ..., 90 (§ 15 der Statuten der Theol. Fakultät).

weder mit solchen Männern zu besetzen, deren Lehren zum Atheismo und
Naturalismo leiten oder auch die Articulos fundamentales religionis evange-
licae anfechten und den Enthusiasmum einführen, noch dasz in Göttingen
solche Theologi zu beruffen, welche ein evangelisches Pabsthum behaupten,
ihre gantzes Systema andern aufdringen, diejenigen so in gewiszen das Fun-
damentum fidei nicht concernirenden quaestionibus mit ihnen kein gleiches
Sentiment führen, nicht verketzern, und die Libertatem conscientiae samt der
Tolerantz als unleidentlich ansehen, woraus nichts als unnöthiger Streit und
innerliche Unruhe zu entstehen pflegt"[60]. Ähnliche Erwartungen waren auch
an die Göttinger Universitätsprediger gerichtet. Die Bekenntnisvorgabe für
die Universitätsprediger belegt freilich auch, daß der Grundsatz der Toleranz
und Liberalität des Denkens und Redens in Göttingen „zwar der Wissen-
schaftlichkeit der Theologie zugute kommen, sie aber nicht aus ihrer dogmatischen Überlieferung und aus ihren institutionellen Verbindlichkeiten lösen
sollte"[61]. Im gesamtuniversitären Rahmen unterstreicht die Schaffung des
Universitätspredigeramtes die wesentliche Rolle, die der Theologie von den
Gründungsvätern der Universität zugedacht worden ist. Unbeschadet der
faktischen Beschneidung ihrer früheren Vorrangstellung[62] wurde der Theologie nicht nur ein hervorgehobener Platz im Göttinger Haus der Wissenschaften eingeräumt, sondern darüber hinaus fiel ihr auch die Aufgabe zu, die
Universitätskirche als einen gesamtuniversitären Ort religiös-ethischer „Erbauung" zu gestalten.

Das Göttinger Universitätspredigeramt an sich stand, wie die Entwicklung
in den ersten Jahrzehnten seines Bestehens zeigen sollte, durchaus in einer
inneren Kongruenz zu dem immer deutlicher sich herauskristallisierenden
Interesse der Aufklärungshomiletik, den jeweiligen Bildungs- und Erfah-
rungshorizont der Hörer im Predigtgeschehen angemessen zu berücksichtigen. Was spätestens in der 2. Hälfte des 18. Jahrhunderts andernorts zur
Konzipierung spezieller Predigten für Dorf- und Stadtbewohner oder für
die Aufarbeitung bestimmter profaner, allgemeinmenschlicher Erfahrungen
(Predigten für die Jahreszeiten, für Kriegszeiten, für Lebensalter und Krank-

---

[60] E. F. RÖSSLER, aaO., B 33 f.
[61] W. SPARN, Vernünftiges Christentum. Über die geschichtliche Aufgabe der theologischen Aufklärung im 18. Jahrhundert in Deutschland, in: R. VIERHAUS (Hg.), Wissenschaften
im Zeitalter der Aufklärung, 1985, (18–57) 31.
[62] Vgl. dazu mit m. E. sehr weitgehenden Schlußfolgerungen H.-W. KRUMWIEDE, Kirchliches Bekenntnis und akademische Lehrfreiheit, in: B. MOELLER (Hg.), aaO., (213–231) 216–
219; etwas zurückhaltender J. BAUR, aaO., 10–15. Gegenüber KRUMWIEDE bleibt zu fragen, ob
die Göttinger Universitätsgründung nicht doch noch „in den Bereich ‚konfessioneller Typen-
bildung'" gehört (R. WITTRAM, Die Universität und ihre Fakultäten, 1962, 7; cf. R. SMEND).
Vorausgesetzt ist dabei, daß der Begriff des Konfessionellen nicht so eng gefaßt ist, wie es bei
KRUMWIEDE den Anschein hat. Schon der faktische Umgang mit der Lehrnorm in einzelnen
strittigen Fällen in der weiteren Universitätsgeschichte (vgl. die Hinweise bei R. WITTRAM,
aaO., 7–9.13–19) relativiert die Interpretation KRUMWIEDES.

heitssituationen etc.) führte, dem war in Göttingen im Blick auf die akademische Zuhörerschaft der Boden bereits bereitet durch die beizeiten getroffene Entscheidung für den akademischen Gottesdienst und das Universitätspredigeramt. So sollte auch die Kanzel der Göttinger Universitätskirche im 18. Jahrhundert immer dezidierter zu einem „Katheder der Aufklärung"[63] in deren moderater Göttinger Fassung werden.

Unter Beachtung der zuletzt berührten Aspekte ist Münchhausen als Begründer der Göttinger Universitätskirche jenen Männern zuzurechnen, die an ihrem jeweiligen geschichtlichen Ort dazu beigetragen haben, daß sich die Aufklärung in Deutschland – im Unterschied zur westeuropäischen Aufklärung mit ihren kirchenfeindlichen und christentumskritischen Tendenzen – nicht von der Religion emanzipiert hat. Als Vertreter des Territorialsystems ließ sich Münchhausen bei seinem Engagement für die Universitätskirche von dem Gedanken leiten, daß die die religiösen und kirchlichen Belange mit einschließende Fürsorgepflicht des Staates sowohl dem Wohl des Gemeinwesens[64] als auch der in der christlichen Kirche ausgeübten Religion zum Besten diene. Obwohl Münchhausen „ein fast ausschließlich öffentlicher Charakter"[65] war, sind seine intensiven Anstrengungen bezüglich der Göttinger Universitätskirche nur dann ganz verständlich, wenn auch seine persönlichen religiösen Überzeugungen als Antriebskräfte seines politischen Handelns berücksichtigt werden. Daß er den Göttinger Staatsrechtler J. J. Schmauß ermahnte, er solle den „cultum externum divinum nicht verabsäumen"[66], mag man noch als einen von der Universitätsräson gebotenen Akt interpretieren. Außer Zweifel steht jedoch, daß der Minister, der die Universitätsgründung als „ein sehr wichtiges Werck" bezeichnet hatte, „deßen vornehmster success auf die göttliche Providence ankömt"[67], ein starkes persönliches Interesse an einem gut organisierten akademischen Gottesdienst und an guten Predigten gehabt hat.

So ließ er sich von Mosheim fachkundig beraten, wenn es um die Predigtfähigkeiten möglicher Kandidaten für ein Göttinger Amt ging[68]. Über den französischen Predigtstil ließ er sich von einem Unbekannten ein Kurzgutachten erstellen[69]. Von seinem allen Extremen abgeneigten religiösen

63 Vgl. W. Schütz, Die Kanzel als Katheder der Aufklärung, WSA 1 (1974), 137–171.
64 Die wohl nicht von Münchhausen stammende Aussage, daß „gute Predigeranstalten" zu den universitären Einrichtungen zu zählen seien, „die mehr als alles übrige zu Erhaltung der Ruhe und Ordnung unter den Studierenden würken" (E. F. Rössler, aaO., B 483), dürfte Münchhausens Meinung gut wiedergeben.
65 W. Buff, aaO., 5.
66 W. Buff, aaO., 64.
67 Münchhausen an Heumann am 3.4.1733, in: E. Bodemann, aaO., 205.
68 Vgl. Mosheims Briefe an Münchhausen vom 10.11.1735 und vom 4.12.1735, die Vorschläge für die Besetzung der Göttinger Superintendentur enthalten, UB Göttingen, Cod. hist. litt. 83, Bl. 897–900.912 f., sowie seine Gutachten für die Besetzung des Universitätspredigeramtes nach dem Abgang Fr. W. Krafts aus den Jahren 1750/51, UAG, 10 b 1/1, o. P.
69 Vgl. UB Göttingen, Cod. hist. litt. 83, Bl. 435 f.

Standpunkt her beurteilte er Rambachs Predigten als „etwas oratorisch und voll verblümter Redensarten, die zuweilen mehr als einen Verstand leiden, daher man leicht Zweifel herausziehen kan"[70]. Später hat Münchhausen auf Grund seiner eigenen Hörerfahrung bei einer Predigt einen Universitätsprediger berufen[71]. In seiner Person verband sich ein schlichtes Gottvertrauen[72] mit dem pragmatischen Sinn für das politisch Gebotene, lutherisches Berufsethos mit dem pietistischen Motiv praktischer Religiosität wie auch mit dem aufklärerischen Gedanken vom Nutzen allen Handelns. Selbst das Universitätspredigeramt sollte noch einen über seine eigentliche Funktion hinausgehenden Nutzen für die Universität erbringen, wurde doch der erste Universitätsprediger zugleich zum ao. Professor der Theologie ernannt und damit als potentieller Kandidat aus den eigenen Reihen für eine ordentliche Professur ins Auge gefaßt[73].

Zwischenresümee

Ich fasse die wichtigsten Ergebnisse der in den §§ 2 und 3 vorgelegten Untersuchung über die institutionellen Anfänge der Göttinger Universitätskirche zusammen:

1. Der Göttinger Universitätsgottesdienst ist von der hannoverschen Staatsregierung eingerichtet worden. Führender Kopf des ganzen Unternehmens sowohl in konzeptioneller als auch in administrativer Hinsicht war der Universitätskurator G. A. Frhr. von Münchhausen.

2. Die drei tragenden Elemente der Göttinger Konstruktion, die Universitätskirche, die Universitätskirchendeputation und das Universitätspredigeramt, sind in zeitlich kurzen Abständen nacheinander entstanden. Wenn auch – zum geringeren Teil – örtliche Gegebenheiten eine Rolle gespielt haben, so geht die Gründung der Universitätskirche doch eindeutig auf den politischen Willen Münchhausens in bezug auf die Funktion der Theologie an der Universität Göttingen zurück.

---

[70] Münchhausen an Gebauer am 3.1.1733, bei E. F. RÖSSLER, aaO., B 82; charakteristisch auch die Fortsetzung des Zitats: „... es kan aber dergl. auch mit einer jeden Epistel Pauli geschehen, wenn man sie auf solche ahrt anatomiren, und über den Scholastischen leisten schlagen will. Es ist höchstens zu beklagen, dasz in unserer Evangl. Kirche solche erschreckliche Trennungen, und solche gottlose und unchristliche Theologi seyn."

[71] S. u. 265.

[72] Münchhausen am 30.8.1737 an Heumann, in: E. BODEMANN, aaO., 241 (im Zusammenhang seiner Einschätzung der Wolffschen Philosophie): „... klare und deutliche Begriffe zu machen, ist in allen disciplinen gut, ob man gleich in theologicis piano gehen und das scire und credere nicht confundiren muß." Auch die Wolffianer wissen, „daß in denen credendis der Maßstab unserer Vernunft zu kurz ist, dieselben auszumeßen ...".

[73] Insbesondere seine eigenen Erfahrungen bei den schwierigen Berufungen auswärtiger Kräfte nach Göttingen bewegten Münchhausen dazu, die Einrichtung von Extraordinariaten zu forcieren, um den akademischen Nachwuchs an der eigenen Universität zu fördern. Vgl. die Begründung im Brief Münchhausens an Gebauer vom 12.7.1739, bei E. F. RÖSSLER, aaO., B 151–153.

3. Münchhausen hat seine Konzeption realisiert, indem er nach Grundsätzen des kirchenrechtlichen Territorialsystems verfahren ist. Die Geschlossenheit seiner Konzeption beruht vor allem auf der vollständigen institutionellen Eingliederung der Universitätskirche in die anstaltlich verfaßte Universität des absolutistischen Staates.

4. Im einzelnen lassen sich als charakteristische Merkmale des Göttinger Modells die folgenden benennen: Bei der Resakralisierung der Paulinerkirche zur Universitätskirche wurde darauf Wert gelegt, daß die Parochialrechte der Göttinger Stadtpfarreien unangetastet blieben. Der Universität wurde unbeschadet ihres anstaltlichen Charakters durch die Bestellung der Universitätskirchendeputation in eingeschränktem Maß das korporative Recht der Selbstverwaltung des Universitätsgottesdienstes eingeräumt; damit war die Durchführung des akademischen Gottesdienstes in die Verantwortung der Universität als ganzer gestellt. Mit der Einrichtung des von der kirchlichen Aufsichtsbehörde exemten, mithin staatlichen Universitätspredigeramtes wurde der besondere Rechtsstatus der Universitätskirche betont und zugleich die hervorgehobene Rolle der Theologie an der Göttinger Universität bekräftigt.

5. Bestimmte man die Ehre Gottes und die Erbauung der akademischen Gemeinde zu den generellen Zielen des Universitätsgottesdienstes, so sollten daneben im Rahmen der praktisch-theologischen Ausbildung an der Universität den angehenden Pfarrern durch Musterpredigten wichtige Elemente ihrer beruflichen Qualifikation vermittelt werden. Nicht zuletzt sollte der akademische Gottesdienst einen konkreten Beitrag zur religiös-sittlichen Bildung und insofern zur Realisierung eines betont ethisch-praktisch verstandenen Christentums leisten.

6. Es steht außer Frage, daß die mit der Universitätskirche verknüpften Zielvorstellungen innerhalb der vom absolutistischen Staat vorgegebenen Rahmenbedingungen verwirklicht werden sollten. Freilich könnte hier in Erwägung gezogen werden, ob Münchhausen nicht darüber hinaus im Göttinger Universitätsgottesdienst so etwas wie ein Instrument der Sozialdisziplinierung gesehen hat. Gerhard Oestreich hat mit dem von ihm in die Diskussion eingeführten Begriff der Sozialdisziplinierung versucht, den „Fundamentalvorgang" der durch den monarchischen Absolutismus herbeigeführten sozialen Strukturveränderung in der frühneuzeitlichen Gesellschaft zu erklären[74]. Der alle Lebensbereiche umfassende Disziplinierungswille des absolutistischen Staates habe seinen Ausdruck u. a. in den staatlichen Landes- und Polizeiordnungen gefunden, die vom 16. bis 18. Jahrhundert neben die religiös-moralischen Disziplinierungsordnungen der Kirchen getreten seien. Überprüft man Oestreichs These an dem partiellen Bereich der Göttinger Universitätskirche, so wird man kaum sagen können, daß deren Institutio-

---

[74] Vgl. G. Oestreich, Strukturprobleme des europäischen Absolutismus, Vierteljahrschr. f. Sozial– u. Wirtschaftsgesch. 55 (1968), 329–347.

nalisierung primär der – vertikal von oben nach unten verlaufenden – Disziplinierung der Universitätsangehörigen durch den absolutistischen Staat dienen sollte. Gewiß – die Studenten wurden zum regelmäßigen Besuch des Gottesdienstes angehalten, und der Gottesdienst sollte durch die Vermittlung ethischer Normen auch zur „Erhaltung der Ruhe und Ordnung unter den Studierenden würken"[75], also im universitären Kontext einen Beitrag zu dem leisten, was der absolutistische Staat als einen seiner Daseinszwecke verstand. Dennoch würde der Begriff der Sozialdisziplinierung, wollte man ihn auf die Göttinger Institution anwenden, entschieden zu hoch greifen. Münchhausen jedenfalls ordnete das religiöse Engagement des Staates[76] bei der Einrichtung der Göttinger Universitätskirche nicht einfach nur den Zwecken des absolutistischen Gemeinwesens unter, sondern gestand der Religion, ihrer Ausübung und der sie reflektierenden Theologie von vornherein ein Eigengewicht zu. Seine Vorstellungen von der Rolle der Theologie in Göttingen erschöpften sich nicht darin, sie zur Handlangerin des Staates zu funktionalisieren. In einer gewissen Kongruenz zu frühaufklärerischen Ansichten sah er ihre essentielle Aufgabe vielmehr darin, „die Wahrheit der christlichen Religion wider die sogenanndten Freydencker zu befestigen, die Moral zu beszern und die Menschen durch vernünftige Vorstellungen auf einen guten Wandel zu führen"[77]. Damit aber setzte Münchhausen nicht auf das Mittel obrigkeitlicher Disziplinierung der Universitätsangehörigen, sondern auf die Überzeugungskraft eines auf dem Boden der überlieferten Dogmatik stehenden und zugleich rational nachvollziehbaren ethischen Diskurses. Ob und inwieweit die Göttinger Universitätsprediger im 18. Jahrhundert diesem Anspruch gerecht geworden sind, wird die Analyse ihrer Predigten zu klären haben.

7. Gehört die Gründung der Göttinger Universitätskirche unter theologiegeschichtlichem Aspekt in die Übergangszeit zwischen Orthodoxie und Pietismus auf der einen und früher theologischer Aufklärung auf der anderen Seite, so ist sie – wie die Göttinger Universitätsgründung überhaupt – in profanhistorischer Perspektive deutlich noch vor jenem um 1750 einsetzenden Umbruch anzusiedeln, der – gekennzeichnet durch einen alle Bereiche des privaten und öffentlichen Lebens umfassenden Mentalitätenwandel – schließlich bis etwa 1830/50 die Ablösung des Ancien Régime durch die Moderne herbeiführte[78]. Das religiöse Engagement an sich, das der Staat

---

[75] S. Anm. 64.

[76] Vgl. den Überblick bei H. LEHMANN, Das Zeitalter des Absolutismus. Gottesgnadentum und Kriegsnot, 1980, 93–104; dazu Chr. DIPPER, Volksreligiosität und Obrigkeit im 18. Jahrhundert, in: Volksreligiosität in der modernen Sozialgeschichte, hg. von W. SCHIEDER, 1986, 73–96.

[77] Votum Münchhausens vom 16. 4. 1733, in: E. F. RÖSSLER, aaO., B 34.

[78] Vgl. dazu exemplarisch R. KOSELLECK, Kritik und Krise. Eine Studie zur Pathogenese der bürgerlichen Welt, 2. Aufl. 1973; DERS. (Hg.), Studien zum Beginn der modernen Welt, 1977.

bei der Institutionalisierung der Göttinger Universitätskirche an den Tag
legte, stellt sich mitsamt seinen Implikationen im Blick auf die gewichtige
Rolle, die der Theologie an der neuen Universität zugemessen wurde, als ein
Werk des Ancien Régime dar. Freilich, es kann gefragt werden, ob in der
spezifischen Göttinger Konzeption vom Gottesdienst an der Universität nicht
auch Indizien dafür wahrzunehmen sind, daß hier eine neue Sicht des Verhältnisses von Universität und Kirche wirksam geworden ist. In der politischen Entscheidung des aufgeklärt-absolutistischen Staates, die Universitätskirche eben nicht in bestehende kirchliche Organisationsstrukturen einzubin-
den, sondern vollständig in die als staatliche Anstalt verfaßte Universität zu
integrieren, dürfte sich doch wohl schon das „moderne" Bewußtsein spiegeln, daß Universität und Kirche etwas je Verschiedenes seien. Von daher und
nicht zuletzt angesichts des historischen Befundes, daß sich die ursprüngliche
Konstruktion der Göttinger Universitätskirche – im Kern jedenfalls – bis zur
Gegenwart erhalten hat, wäre zu überlegen, ob nicht die Anfänge dieser
Institution präzise an der Schwelle zu jener epochalen Übergangszeit anzusiedeln sind, die man mit dem strukturgeschichtlichen Begriff der europäischen „Sattelzeit" zu erfassen gesucht hat.

§ 4 Das Göttinger Gesangbuch

Am 5.4.1777 schlägt der 1. Universitätsprediger Gottfried Leß der Universitätskirchendeputation vor, sie möge beschließen, im akademischen Gottesdienst ein neues Gesangbuch in Gebrauch zu nehmen. Er begründet seinen Antrag damit, daß in dem bisher benutzten Hannoverschen Gesangbuch (von 1740) „die erhabensten Wahrheiten der Religion, durch manche halb wahre Säze entstellet, und durch äussert unschickliche Ausdrücke beinahe verächtlich und lächerlich gemacht werden". Meint Leß demnach am alten Gesangbuch dogmatische und ästhetische Mängel feststellen zu müssen, so sieht er für die Einführung eines neuen Gesangbuches den gegenwärtigen Zeitpunkt als günstig an, da inzwischen eine Menge neuer und verbesserter Gesänge vorliege. Etwaigen Bedenken im Blick auf die Rechtmäßigkeit der Realisierung des Projekts tritt er vorsorglich mit dem Hinweis entgegen, daß die Universitätskirche nicht dem Konsistorium unterstehe, sondern in die alleinige Verantwortung der Kirchendeputation falle[1].

Die Kirchendeputation reagierte am 6.5.1777 mit lebhafter Zustimmung auf die Initiative Leß' und erteilte diesem sowie Johann Peter Miller (1725 – 1789) den Auftrag, das neue Gesangbuch gemeinsam zu erarbeiten[2]. Zwei Jahre später legten Leß und Miller das Ergebnis ihrer editorischen Bemühungen unter dem Titel „Neues christliches Gesangbuch. Nebst einer Anleitung zur Gebetsübung" vor. Die Koproduktion der beiden Göttinger Theologen stellt in der Geschichte des akademischen Gottesdienstes im deutschen Protestantismus insofern eine Besonderheit dar, als hier erstmals ein Gesangbuch eigens für einen Universitätsgottesdienst zusammengestellt worden ist[3]. Frei-

---

[1] G. Less, Gelehrte Vorstellung … wegen Einführung eines neuen Gesangbuchs an der Universität vom 5.4.1777, UAG, K 21, Vol. III, Bl. ad 1. – Bei dem von Less kritisierten, bisher verwendeten Gesangbuch handelt es sich um: Vermehrtes Hannoverisches Kirchen-Gesang-Buch …, 1740; vgl. dazu I. Mager, Die Rezeption der Lieder Paul Gerhardts in niedersächsischen Gesangbüchern, JGNKG 80(1982), (121–146) 136 f. – Über dieses Gesangbuch äußerte sich schon um 1770 ein studentisches Mitglied des Predigerkollegiums ähnlich kritisch wie Less; vgl. V. Sallentien, Ein Göttinger Student der Theologie in der Zeit von 1768–71, 1912, 47.

[2] UAG, K 21, Vol. III, Bl. 1.

[3] Neues christliches Gesangbuch. Nebst einer Anleitung zur Gebetsübung, 1779 (im folgenden: NCG). – In Leipzig erschien 1784 immerhin ein kleines Liederheft für den Universitätsgottesdienst, das freilich auf Grund seines geringen Umfangs 1809/10 auf die Kritik des zuständigen sächsischen Ministeriums stieß; vgl. O. Kirn, Die Leipziger theologische Fakultät in fünf Jahrhunderten, 1909, 188.

lich erhofften sich die beiden Herausgeber, daß das neue Gesangbuch nicht allein in der Göttinger Universitätskirche Verwendung finden werde – dies legen der Titel und andere Indizien nahe –, obwohl rein rechtlich gesehen zunächst einmal nur an die Einführung des Gesangbuchs an der Universitätskirche zu denken war. Dort erfuhr es jedenfalls, wie die drei bis 1788 bei Johann Christian Dieterich (Göttingen) gedruckten Auflagen belegen, eine ungeteilt positive Resonanz[4]. Das Göttinger Gesangbuch läßt sich von seiner ganzen Anlage und von den in ihm enthaltenen Kirchenliedern her als ein typisches Produkt der Aufklärungszeit charakterisieren. Es gibt sich deutlich als Dokument der Gesangbuchreform der Aufklärung zu erkennen, und ihm haftet daher auch die Ambivalenz der aufklärerischen Bestrebungen an, das öffentliche kirchliche Leben und die private Religiosität entsprechend den theologischen Erkenntnissen und dem ästhetischen Empfinden der Zeit umzugestalten.

Die Absicht der verantwortlichen Herausgeber, die religiöse Praxis im Umfeld der Universität mittels des neuen Gesangbuches möglichst umfassend zu befördern, kommt nicht nur in der Bestimmung zum Ausdruck, das Gesangbuch solle sowohl der öffentlichen als auch der häuslichen Erbauung dienen[5], sondern auch in der Entscheidung, dem Buch einen Gebetsanhang beizugeben. Indem sie durch das Gesangbuch öffentliche und private Frömmigkeitspraxis miteinander zu verbinden suchten, knüpften Leß und Miller zumindest der Intention nach an die Gesangbuchtradition der lutherischen Orthodoxie an, in der dem Gesangbuch eine herausragende Rolle als Medium individueller und kollektiver religiöser Identitätsbildung zugekommen war[6]. Inhaltlich freilich setzt das Göttinger Gesangbuch neue Akzente, die bereits hinsichtlich des Gebetsteils unübersehbar die Differenz zwischen der 2. Hälfte des 18. Jahrhunderts und der von ca. 1550 bis 1700 reichenden Epoche der Gesangbuchgeschichte markieren.

Der 34 Druckseiten umfassende Gebetsanhang zum NCG enthält, abgesehen vom Herrengebet, keine überlieferten oder von den Herausgebern neu formulierten Gebete im engeren Sinn, sondern in Form von „allerley Betrachtungen und Herzensergiessungen" lediglich „Stoff zu dem täglichen Gebete; auch der Selbstprüfung an jedem Tag, und bey dem Genuß des h. Abendmahls"[7]. Wird hier also statt einer Sammlung gebundener Gebete eine Anleitung zum freien Beten gegeben, so spiegelt sich in dieser Fassung des Gebetsteils des NCG die frömmigkeitsgeschichtliche Entwicklung seit ca. 1650, die unter dem Einfluß des Pietismus dazu geführt hatte, daß neben die weit verbreiteten Gebetbücher verstärkt auch Hinführungen zum freien,

---

[4] 2. Aufl. 1781; 3. Aufl. 1788.

[5] Vgl. NCG, Bl. 3r (Vorrede Less').

[6] Vgl. P. Veit, Das Gesangbuch in der Praxis Pietatis der Lutheraner, in: H.-Chr. Rublack (Hg.), Die lutherische Konfessionalisierung in Deutschland, 1992, 435–454.

[7] NCG, Bl. 6v u. 295.

persönlichen Gebet getreten waren[8]. Allerdings enthalten etliche Gesangbücher, die in der Aufklärungszeit herausgegeben wurden, durchaus noch geprägte Gebete. Leß begründet nun den Verzicht auf den Abdruck von Gebetsformularen für jeden Wochentag und für besondere Anlässe damit, daß der Gefahr eines gedankenlosen Mechanismus beim Beten vorgebeugt werden solle. Mit der Gebetsanleitung hingegen verknüpft er die Erwartung, daß man durch sie den echten Geist christlicher Andacht verbreiten und das Beten zu dem machen könne, „was es seyn soll, nämlich einem Übungsmittel christlicher Tugend"[9].

Angesichts dieser Definition des Gebets kann es kaum überraschen, daß bestimmte Themen wie Anfechtung, Kreuz und Trübsal, Krankheit und Vorbereitung auf das Sterben, Furcht vor Gefahren für das individuelle und kollektive Leben einerseits und Trost, Gewißheit des Glaubens, Beistand und Hilfe Gottes andererseits im Anhang zum NCG eine ganz untergeordnete Rolle spielen, wenn sie nicht völlig ausgeblendet bleiben. Statt auf diese Themen, die die Gebetsliteratur des von Krisen erschütterten 17. Jahrhunderts beherrschten, bezieht sich das NCG fast ausschließlich auf moralische Werte. Dabei nimmt gegenüber dem „Nachdenken über das heilige Abendmahl" (II) und dem „Kirchen-Gebet", einer Kurz-Paraphrase des Vaterunser (III), der „Wandel vor Gott: Spiegel des Christen" (I) den weitaus größten Raum ein. Hier kommen die christlichen Tugenden in 10 Punkten ausführlich zur Darstellung[10], hier finden auch die Motive sittlicher Lebensgestaltung ihre Berücksichtigung[11]. Dank und Bitte, Klage und Fürbitte werden vor diesem Horizont thematisiert, und dem Gebet als solchem wird hauptsächlich eine Funktion im Prozeß der Ausbildung der persönlichen Sittlichkeit des frommen Subjekts beigemessen. „Ich ermuntere mich dazu durch …" – so heißt es bezeichnenderweise jeweils zu Beginn der Aufzählung der verschiedenen Motive, die den Leser zum rechten Lebenswandel bewegen sollen.

Das Göttinger Gesangbuch erreicht mit 412 Liedern nicht einmal die Hälfte der 1020 Gesänge, die im Hannoverschen Kirchen-Gesangbuch von 1740 aufgenommen worden waren. Im Grobaufriß enthält das NCG wie die

---

[8] Vgl. B. Vogler, Die Gebetbücher in der lutherischen Orthodoxie (1550–1700), in: H.-Chr. Rublack (Hg.), aaO, 424–434.

[9] NCG, Bl. 6v.

[10] NCG, 297–308: 1) Vertrauen auf Gott und himmlischer Sinn; 2) Keuschheit und Mäßigkeit; 3) Demutsübung; 4) Brüderliche Mitfreude und Mitleid; 5) Nachsicht, Sanftmut, Leutseligkeit und Langmut; 6) Christliche Gefälligkeit und Freundschaft; 7) Christliche Liebe der Feinde; 8) Heiligung des Redens und ganzen Betragens; 9) Christlicher Gebrauch der Vergehungen, Torheiten und Laster meiner Nebenmenschen; 10) Christlicher Gebrauch der Zeit, Kräfte und Gaben Gottes.

[11] NCG, 309–312: Aufmunterung zu solchem Wandel vor Gott durch 1) die kindliche Liebe und Dankbarkeit gegen Gott; 2) die christliche Ehr-Begierde; 3) die christlich erleuchtete Selbstliebe; 4) das lebhafte Andenken der Gegenwart Gottes; 5) das Ziel aller christlichen Wünsche, Hoffnungen und Bestrebungen, die selige Ewigkeit.

meisten aufklärerischen Gesangbücher einen dogmatischen Teil (Lieder über die christlichen Glaubenslehren; Nr. 1–225), den Miller bearbeitete, und einen ethischen Teil (Lieder über den christlichen Gottesdienst; Nr. 226–412), für den Leß verantwortlich zeichnete. Schon in dieser systematisierenden Anordnung des Liedguts, die die Aufklärung u. a. vom Pietismus übernommen hat – als Modell wäre insonderheit J. J. Rambachs „Theologia dogmatica und moralis in hymnis" von 1733 zu nennen[12] –, deutet sich an, daß Leß und Miller das Programm einer aufgeklärten Frömmigkeit vertraten. Die Feingliederung des neuen Gesangbuchs bestätigt diese Tendenz. Die Lieder über die christlichen Glaubenslehren werden nach Art einer Schuldogmatik in folgende Abschnitte rubriziert:

Von Gott/ Von der heiligen Dreieinigkeit/ Von der Schöpfung/ Von Gottes Vorsehung und Weltregierung/ Von dem Menschen und seiner Bestimmung/ Von dem menschlichen Sündenelende/ Von der Erlösung des Menschen durch Christum/ Von der Person des Erlösers/ Von der Menschwerdung des Sohnes Gottes/ Von dem Leben Jesu in dieser Welt/ Von dem Leiden, Tode und Begräbnisse Jesu/ Von der Auferstehung Jesu/ Von Jesu Himmelfahrt und seeligen Regierung/ Vom heiligen Geiste/ Von der biblischen Gottes- und Tugendlehre/ Von der heiligen Taufe/ Vom heiligen Abendmahle/ Von der christlichen Kirche/ Vom Tode/ Von der Auferstehung der Todten/ Von dem allgemeinen Weltgerichte/ Vom ewigen Leben/ Neujahrslieder/ Morgenlieder/ Abendlieder.

Die Lieder über den christlichen Gottesdienst sind in folgenden Rubriken untergebracht:

Von der Bekehrung/ Dankbahre Liebe gegen Gott/ Christliche Gewissenhaftigkeit/ Vertrauen auf Gott/ Christliche Ehrbegierde/ Erleuchtete Selbstliebe/ Evangelische Menschenliebe/ Seel-Sorge/ Sorge für das Leben/ Mäßigkeit/ Keuschheit/ Ehrerbietiges Betragen gegen Gott/ Arbeitsamkeit/ Gerechtigkeit/ Wohltätigkeit/ Aufrichtigkeit/ Christliche Feindes-Liebe/ Christliche Tugend-Mittel/ Vom Gebet/ Christliche Todes-Betrachtung/ Beharrung und Wachsthum in der christlichen Tugend bis an den Tod/ Lied eines Jünglinges/ Lied eines jungen Frauenzimmers/ Betrachtung des künftigen Lebens: Für die Jugend besonders/ Freude über die Allgegenwart Gottes.

In diesem Aufriß schlägt sich unmittelbar nieder, was Leß in seiner Vorrede als leitendes Prinzip der Liedersammlung ausgegeben hat: „... was den Inhalt oder die Materien selbst betrift, so kömt es dabey auf nichts geringeres als auf die Lehren, sowol der natürlichen, als biblischen Religion und Moral an"[13]. In der Konsequenz eines solchen Ansatzes mußte die Auswahl und Rubrizierung der Lieder nach ihrem Bezug zum Kirchenjahr oder nach ihrer

---

[12] Vgl. J. J. Rambach (Hg.), Neu-eingerichtetes Hessen-Darmstädtisches Kirchen-Gesang-Buch, 1733, Vorrede (o. P.); zu der bereits im 17. Jahrhundert beginnenden Entwicklung, den Gesangbuchaufbau zunehmend unter dem bestimmenden Faktor der „Lehre" theologisch zu systematisieren, vgl. I. Röbbelen, Theologie und Frömmigkeit im deutschen evangelisch-lutherischen Gesangbuch des 17. und frühen 18. Jahrhunderts, 1957, 30–66; A. Völker, Art. Gesangbuch, TRE 13 (1984), (547–565) 553.555 f.

[13] NCG, Bl. 4r.

liturgischen Funktion zwangsläufig zurücktreten[14], mußten die Lieder zu den Tageszeiten mit einem Platz im „Anhang" zum dogmatischen Teil vorliebnehmen. Entsprechend wird man eine Rubrik "Kreuz- und Trost-Lieder", wie sie das Hannoversche Kirchen-Gesangbuch von 1740 noch aufgewiesen hatte[15], im NCG vergeblich suchen. Hinsichtlich der Liedauswahl verlagerten Leß und Miller im Vergleich zum bisher verwendeten Gesangbuch die Gewichte erheblich zugunsten des 1. Artikels und der Ethik[16]. Der ganz überwiegende Teil der Lieder des NCG intoniert den Lobpreis des gütigen und liebenden Vatergottes, rühmt seine gütige Vorsehung und allweise Weltregierung, lädt zur Anbetung des Schöpfers ein und ermuntert den Sänger zu einem tugendhaften Leben, zur Erfüllung seiner Pflichten gegen Gott, gegen sich selbst und gegen andere Menschen.

Unter kirchenmusikalischen Aspekten ist das Göttinger Gesangbuch als völlig unkreativ zu bewerten. In der äußeren Aufmachung ohnehin anspruchslos gehalten – das klare Druckbild verrät immerhin einen gewissen praktischen Realismus –, bietet es keine Notenbeigaben zu den Liedtexten, sondern beschränkt es sich auf die Angabe von Melodien. Das entspricht freilich dem damals allgemein üblichen Verfahren in der Gesangbuch-Gestaltung. Zumal nachdem sich in der ersten Hälfte des 18. Jahrhunderts neben den Gesangbüchern spezielle, nur für die Organisten bestimmte Choralbücher etabliert hatten, verzichtete man weitgehend auf die Notation der Lieder. Das NCG mutete der akademischen Gemeinde ohnehin keine neuen Melodien zu, sondern begnügte sich durchgehend – also auch für die neuen Lieder – mit den alten, bekannten Weisen. Daher kam es, auch hierin anderen aufklärerischen Gesangbüchern vergleichbar[17], mit relativ wenigen Melodien aus. Allein die Melodie zu „Wer nur den lieben Gott läßt walten" von Georg Neumark (1621–1681) wird für 43 Lieder, d. h. ca. 10% des gesamten Liedbestandes, angegeben, die von Johann Crüger (1598–1662) nach einer Vorlage Guillaume Francs geschaffene Weise zu „Herzliebster Jesu" muß 24 mal, d. h. für ca. 5% aller Lieder, als Lehnmelodie herhalten, und die Melodie zu „O Gott, du frommer Gott"[18] bringt es auch noch auf 18

---

[14] Der Bezug zum Kirchenjahr ist zumindest teilweise festgehalten, da das NCG die Lieder zu Advent, Weihnachten, Epiphanias, Passion und Ostern in den entsprechenden christologischen Rubriken unterbringt.

[15] Vgl. Vermehrtes Hannoverisches Kirchen-Gesang-Buch …, 1740, unter VI.

[16] Von den 412 Liedern des NCG sind 44 dem 1. Artikel und 195 der Ethik zuzuordnen. Im Vergleich dazu enthält es nur 7 Lieder über den Heiligen Geist, während dem profanen Ereignis des Jahreswechsels immerhin 6 Lieder gewidmet sind.

[17] Das NCG gibt für seine 412 Lieder 126 Melodien an. Der Mylius, das nach seinem Verleger August Mylius bezeichnete „Gesangbuch zum gottesdienstlichen Gebrauch in den Königlich-Preußischen Landen", 1780, bringt es bei 447 Liedern gar nur auf 90 Melodien, unter ihnen 50 mal die Weise zu „Wer nur den lieben Gott läßt walten".

[18] Dabei ist freilich unklar, um welche Melodie es sich handelt (vgl. die beiden im EG Nr. 495 notierten Melodien).

Nennungen. Eine gewisse, von den Herausgebern allerdings bewußt in Kauf
genommene Inkonsequenz besteht darin, daß einige alte Melodien mehrfach
angegeben werden, die ihnen ursprünglich zugrundeliegenden Liedtexte aber
keine Verwendung finden, wie es z. B. für Philipp Nicolais (1556–1608)
„Wie schön leuchtet der Morgenstern" und „„Wachet auf', ruft uns die
Stimme" zutrifft.

Mehr als die Hälfte der im NCG aufgenommenen Lieder stammt von
Dichtern des 18. Jahrhunderts, wobei mit J. J. Rambach und J. A. Freyling-
hausen (1670–1739) u. a. auch einige pietistische Autoren berücksichtigt
sind. Die geistliche Lyrik des 18. Jahrhunderts ist erwartungsgemäß vor allem
durch aufklärerisch gesonnene Dichter wie J. A. Cramer (1723–1788), J. S.
Diterich (1721–1797), J. A. Schlegel (1721–1793) und G. J. Zollikofer
(1730–1788) vertreten. Enthält das NCG nur 3 Lieder Fr. G. Klopstocks
(1724–1803), so läßt es Chr. F. Gellert (1715–1769) mit 36 Liedbeiträgen
extensiv zu Wort kommen. Auch wenn eine ganze Reihe der neuen Lieder
aus heutiger Sicht fragwürdige theologische Aussagen enthält, so drückt sich
doch andererseits in der besonderen Wertschätzung der Poesie Gellerts, die
Leß und Miller mit der zeitgenössischen Bildungsöffentlichkeit teilten, ein
deutliches ästhetisches Urteilsvermögen aus. Nicht zufällig fanden die Lieder
Gellerts diese breite Zustimmung, können sie doch mit ihrer authentischen
Verbindung von aufgeklärtem Denken, bibelorientierter Frömmigkeit und
gefühlvoller Bildungssprache als gültiger Ausdruck aufklärerischen Liedschaf-
fens gelten. Nur in wenigen Fällen griffen Leß und Miller in den Textbestand
der Lieder aufklärerischer Dichter ein, und wenn, dann in der Regel so
behutsam, daß sich daraus keine gravierenden Veränderungen des ursprünglichen Sinnes ergaben.

Ganz anders sieht das Bild aus, wenn man sich den Liedern des 16. und
17. Jahrhunderts zuwendet. Sie mußten sich, von verschwindend geringen
Ausnahmen abgesehen[19], z. T. radikale Eingriffe in den Text gefallen lassen.
Selbst Luthers Lieder, die andere aufklärerische Gesangbuchreformer bisweilen aus Respekt vor der Bedeutung des Reformators in ihrer ursprünglichen
Gestalt beließen[20], wurden erheblichen Änderungen unterzogen. Unter rein
quantitativen Gesichtspunkten fällt zunächst einmal auf, daß im NCG z. B.
nur 8 Lieder von Paul Gerhardt (1607–1676) aufgenommen worden sind –
das Hannoversche Kirchen-Gesangbuch von 1740 hatte immerhin noch 28
Gerhardt-Lieder abgedruckt. Johann Heermann (1585–1647), ein weiterer
Liederdichter des 17. Jahrhunderts, ist lediglich mit 3, Luther auch nur mit 9

---

19 Eine Ausnahme bildet z. B. J. Heermanns Lied „O Gott, du frommer Gott" (NCG Nr.
394; vgl. EG Nr. 495). Wie hier der Gedanke der Heiligung entfaltet wird, dürfte dem
aufklärerischen Ethos kompatibel gewesen sein. Less ersetzt lediglich „in meinem Amt" (Str.
3) durch „nach meiner Pflicht".

20 Vgl. Chr.-E. Schott, Das Gesangbuch des Breslauer Kircheninspektors David Gottfried
Gerhard, JSKG 69 (1990), 19–41.

Liedern vertreten. Auf die Lieder eines Philipp Nicolai mit ihrer mystischen, verinnerlichten Bildersprache verzichteten Leß und Miller ganz. Nun war die Umdichtung von Kirchenliedern keine Erfindung der rationalistischen Hymnologie, sondern – nach ersten Anfängen im 16. Jahrhundert – spätestens seit der Mitte des 17. Jahrhunderts ein durchaus übliches Verfahren[21]. Der Gedanke, daß diese Lieder als urheberrechtlich zu schützende literarische Werke einzelner Autoren anzusehen seien, war dem 17. und 18. Jahrhundert fremd. Obschon also nicht ohne Vorbilder in der Gesangbuchgeschichte, sind freilich die Liederveränderungen in den zwischen 1760 und 1810 entstandenen Gesangbüchern auf Grund ihres Umfangs und der mit ihnen verbundenen Sinnverschiebungen zu dem hervorstechenden Charakteristikum der Gesangbuchreform der Aufklärung geworden; zugleich markieren sie den Punkt, an dem sich bereits im ausgehenden 18. Jahrhundert Kritik an dieser Reform entzündete.

Leß hat sich zum Problem in seiner Vorrede zum NCG eingehend geäußert[22]. Er nennt folgende Kriterien für die Aufnahme alter und neuer Lieder in das Göttinger Gesangbuch: Die Lieder müssen prinzipiell den Lehren der natürlichen und biblischen Religion und Moral entsprechen. Ihre Sprache hat Wahrheit und höchste Simplizität aufzuweisen. Um diesem Maßstab zu genügen, sind gegebenenfalls anstößige Wörter, veraltete Redewendungen usw. zu berichtigen. Auch biblisch geprägte Sprache in den Liedern muß, da sie Ausdruck einer vergangenen Zeit ist, in die Sprache der Gegenwart übersetzt werden. Dies scheint Leß nicht nur erlaubt, sondern geradezu geboten zu sein, zumal „die Worte überhaupt nicht die Sachen selber, sondern nur Zeichen derselben" sind[23]. Konkret müssen etwa „orientalische" Ausdrücke und Anspielungen auf Land, Lebensart und gottesdienstliche Gebräuche der Juden vermieden werden. Insbesondere ist es notwendig, die von manchen Liedautoren aus dem AT übernommenen „anthropopathischen, ganz menschlichen und sinnlichen Ausdrücke von Gott, seinen Eigenschaften, Gesinnungen und seinem Verhalten gegen die Menschen so zu berichtigen, und gleichsam zu spiritualisieren, wie sie den vollkomnern, reinern, geistigern und erhabnern Vorstellungen, welche uns die Vernunft und das Neue Testament von Gott, dem allervollkommensten Geiste, machen, gemäs, und einem aufgeklärten Verehrer des Christenthums wirklich erbaulich sind"[24]. Im übrigen wollen sich Leß und Miller bei ihren Liederveränderungen an den Ge-

---

[21] Vgl. z. B.: Das Hannoverische ordentliche, vollständige Gesangbuch …, (hg. von J. GESENIUS u. D. DENICKE,) 1657; dazu I. MAGER, aaO., 122–125.

[22] Vgl. NCG, Bl. 4r–6r.

[23] NCG, Bl. 5r. – In dieser Aussage wirkt offenbar die alte augustinische Signifikationshermeneutik mit ihrer Unterscheidung von res und signum nach; zu den Konsequenzen s. u. 85.

[24] NCG, Bl. 5v–6r.

sängen Gellerts orientieren, um so „wirklich religiöse und erbauliche Empfindungen und Gedanken erwecken" zu können[25].

Der eigene Anteil der beiden Herausgeber an den Umdichtungen der alten
Lieder im NCG ist eher als gering einzuschätzen. Die Überprüfung von ca.
25% der betroffenen Lieder ergibt, daß Leß und Miller die „Verbesserungen"
größtenteils aus dem von dem Berliner Oberkonsistorialrat J. S. Diterich 1765
herausgegebenen Anhang zum Porstschen Gesangbuch und aus der 1766 erschienenen Liedersammlung des Leipziger reformierten Predigers G. J. Zollikofer übernommen haben. Als Vorlage benutzten die Göttinger Theologen
ferner den zweiten, 1769 erschienenen Band der „Geistliche(n) Lieder" Fr. G.
Klopstocks, in einigen wenigen Fällen möglicherweise auch die Liedersammlung des Hannoverschen Pastors J. A. Schlegel. Eine eindeutige literarische
Ableitung der im NCG enthaltenen Umdichtungen ist oft nicht mehr möglich, weil z. B. Zollikofer auf Diterich basiert und weil Leß und Miller gelegentlich selbst übernommene Versionen geringfügig überarbeiteten[26]. An den
„verbesserten" Liedern des NCG ließe sich ohne weiteres das gesamte Spek-
trum aufklärerischer Frömmigkeit aufzeigen[27]. Um einen Eindruck von der
Eigenart des Projekts zu gewinnen, genügt es, exemplarisch einige Liedver-
änderungen zu betrachten[28].

In der 1. Strophe seines Adventsliedes „Wie soll ich dich empfangen" läßt
Paul Gerhardt die Eingangsfrage in die Bitte des Sängers einmünden, daß
Jesus ihm zeigen möge, was ihn, Jesus, ergötzt. Während der Dichter so
den weiten Raum behutsam öffnet, in dem sich dann Jesu Kommen dem
Gläubigen vergegenwärtigen kann, löst die Fassung des NCG die offene
Situation auf, indem hier der Sänger sofort seine eigene Bereitschaft zum
freudigen Dienst erklärt. Damit bekommt die Strophe einen ganz neuen,
dem Urtext fernliegenden ethischen Ton (NCG Nr. 69,1; vgl. EG Nr. 11,1):

---

25 Ebd. – Vgl. dazu Chr. F. GELLERT, Geistliche Oden und Lieder, 1757, Vorrede.

26 LESS selbst gibt keine Gewährsmänner für die akkommodierten Lieder an. – Vgl. J. S.
DITERICH (Hg.), Lieder für den öffentlichen Gottesdienst, 1765; dazu J. Fr. BACHMANN, Zur
Geschichte der Berliner Gesangbücher, 1856, 204–206; G. J. ZOLLIKOFER (Hg.), Neues Gesangbuch, oder Sammlung der besten geistlichen Lieder und Gesänge, zum Gebrauch bey dem
öffentlichen Gottesdienste, 1766; Fr. G. KLOPSTOCK, Geistliche Lieder. Zweyter Theil, 1769;
J. A. SCHLEGEL, Sammlung Geistlicher Gesänge, zur Beförderung der Erbauung, 1766. – Das
von mir am NCG beobachtete Problem, die Abhängigkeit der Liedversionen von den genannten Vorlagen nicht immer exakt nachweisen zu können, wird hinsichtlich der Gesangbuchgeschichte der Aufklärung allgemein bestätigt von W. I. SAUER-GEPPERT, Sprache und Frömmigkeit im deutschen Kirchenlied, 1984, 162 f. Anm. 91.

27 Vgl. dazu allgemein P. STURM, Das evangelische Gesangbuch der Aufklärung, 1923; P.
GRAFF, Geschichte der Auflösung der alten gottesdienstlichen Formen in der evangelischen
Kirche Deutschlands, II. Bd., 1939, 187–195.

28 Dabei verzichte ich jeweils auf die Wiedergabe der Originalfassung und verweise statt
dessen auf das EG, obwohl das EG ja auch nicht immer den Originaltext wortgetreu bietet.

> Wie soll ich dich empfangen,/ da du dich nahst zu mir?
> Dich aller Welt Verlangen!/ o freudig will ich dir
> mein Herz zum Tempel weihen!/ nur zeig mir selber an:
> womit ich dich erfreuen,/ wie ich dir dienen kann.

Wer die 2. Strophe desselben Liedes singt, sieht sich quasi unmittelbar in den Einzug Jesu in Jerusalem hineinversetzt. Die neue Version hebt diese Unmittelbarkeit auf, indem sie das Präsens im 1. Vers durch das Imperfekt ersetzt und so die Distanz zwischen dem damaligen Geschehen und der Gegenwart feststellt. Und wo P. Gerhardt dem Lobpreis des einziehenden Herrn durch die Verwendung der Pflanzenmetaphorik („Palmen" – „grüne Zweige" – „Mein Herze soll dir grünen") höchste situative Anschaulichkeit zu verleihen vermag, da bietet die neue Fassung nurmehr aneinandergereihte abstrakte Begriffe (NCG Nr. 69,2; vgl. EG Nr. 11,2):

> Dir streute Zion Palmen/ und grüne Zweige hin.
> Auch ich will dir mit Psalmen/ bereiten Herz und Sinn.
> Dir, König, will ich bringen/ Lob, Ehre, Dank und Preis,
> dein großes Heil besingen,/ so gut ich kann und weiß.

Von Nikolaus Hermanns (1500–1561) Weihnachtslied „Lobt Gott, ihr Christen alle gleich" sind im NCG nur die Strophen 1, 4 und 5 aufgenommen. Dabei wird in die 4. Strophe das aufklärerische Theologumenon von der Unsterblichkeit des Menschen eingetragen. Das Staunen über den durch den menschgewordenen Gottessohn herbeigeführten „fröhlichen Wechsel", das den Sänger der 5. Strophe ergreift, wird nun in das aufgeklärte Bild vom Menschen und der ihm von Gott verliehenen Würde überführt (NCG Nr. 74,2 + 3; vgl. EG Nr. 27,4 + 5):

> O Wunder, seiner Liebe voll
> dich faßt der Glaub allein!
> er selbst wird sterblich; und ich soll
> durch ihn unsterblich seyn.

> Er wird ein Knecht, ein Herr werd ich:
> mit welchem hohen Rang
> beglückt der HErr des Himmels mich!
> sing ihm, o mein Gesang!

In welch starkem Maß der aufklärerische Reformwille die ursprüngliche künstlerische und theologische Substanz eines Liedes zu etwas Neuem modifizieren konnte, läßt sich auch an Luthers „Gelobet seist du, Jesu Christ" zeigen. Die Strophen 1,3,5 und 7 der Neubearbeitung lauten (NCG Nr. 72; vgl. EG Nr. 23):

> Gelobet seyst du, Jesu Christ,
> daß du Mensch gebohren bist!
> es folgte dir von deinem Thron
> der Engel Schaar, besang den Sohn,
> des Menschen Sohn!

Den nie der Weltenkreis umschloß,
liegt in seiner Mutter Schoos;
er weint in unsrer Sündenwelt,
der alle Ding allein erhält:
lobsinget ihm!

Der Sohn des Vaters, Gott von Gott,
nimmt auf sich der Sünder Noth:
nach dieser Vorbereitungszeit
erhebt er uns zur Herrlichkeit!
lobsinget ihm!

Gelobet seyst du, Jesu Christ!
daß du Mensch gebohren bist!
dir sind die Welten unterthan;
dich beten alle Geister an!
lobsinget ihm!

Schon die Ersetzung der Bitte „Kyrieleis" durch eine allgemeine Aufforderung zum Lob führt dazu, daß das ganze Lied seinen – von Luther aus der
Vorlage Str. 1 übernommenen – „mittelalterlichen Charakter als Leise"[29]
verliert. Eliminiert wird in der 1. Strophe die aufklärerischem Denken anstößige Jungfrauengeburt, vor allem aber werden alle Ausdrücke ersetzt, mit
denen Luther die Menschwerdung des präexistenten Gottessohnes in der
Armut des Kindes von Bethlehem ebenso prägnant wie schlicht beschreibt.
Das Interesse gilt nicht mehr dem „Kindlein … klein" „in Marien Schoß",
es richtet sich vielmehr – in dogmatischer Überhöhung und sentimentaler Aus-
drucksweise zugleich – auf den, der „in unsrer Sündenwelt" (sc. über diese)
„weint" (Str. 3). Der direkte Eintrag des Sündengedankens in Str. 3 und 5
wiederum bereitet die Ablösung des aussagekräftigen Bildgegensatzes „Jam-
mertal" – „in seim Saal" durch das unanschauliche und in der Intention
ethisierende Begriffspaar „Vorbereitungszeit" – „Herrlichkeit" vor (Str. 5).
Während Luther mit der mittelalterlichen Leise das „heute" der Menschwerdung Gottes und des aus ihr erwachsenden Lobes hervorhebt, wird in
der neuen Version das heilsgeschichtliche Ereignis bewußt in die Vergangenheit verlegt, indem hier das Singen der Engel entgegen dem ursprünglichen
Text im Imperfekt formuliert wird (Str. 1). Umgekehrt reicht den aufgeklärten Hymnologen nicht mehr, daß sich „alle Christenheit" an der Liebe des
armen Christus freuen kann – statt dessen streichen sie mit gewolltem Pathos
die kosmologische Relevanz des Weihnachtsgeschehens heraus: … dir sind
die Welten unterthan; dich beten alle Geister an!" (Str. 7) Berücksichtigt man
zudem, daß einerseits der einheitliche Strophenschluß des Liedes aufgegeben
ist, andererseits die Strophen 1 und 7 nun vom Text her deutlich miteinander
korrespondieren und den Interpretationsrahmen der Neufassung bilden, dann

[29] W. I. SAUER-GEPPERT, aaO, 159 (anhand anderer Umdichtungen des Liedes).

wird die Verlagerung der ursprünglichen theologischen Aussage des Liedes
offenkundig: Der einst von seinem Thron in die Sphäre des Menschlichen
eintrat, ist kein anderer als der Weltenherr, dem als solchem nunmehr alle
Anbetung gebührt.

Auch zur Passionsfrömmigkeit des 17. Jahrhunderts mit ihren bildhaft-me-
ditativen Zügen, mit ihrer verinnerlichten Vergegenwärtigung des Leidens
Christi verhielt sich die aufgeklärte Religiosität überaus distanziert. Während
sich z. B. bereits in der 1. Strophe des Heermannschen Passionsliedes „Herzliebster Jesu" abzeichnet, daß die meditative Versenkung in das Leiden und
Sterben Christi schließlich zur persönlichen Aneignung des durch Christus
erworbenen Heils führt, äußert sich in der neuen Version zunächst einmal
rationales Unverständnis über die rätselhaften Umstände des Todes Jesu (NCG
Nr. 107,1; vgl. EG Nr. 81,1):

> Unschuldger Jesu! was hast du verbrochen?
> Dein Todesurtheil haben sie gesprochen?
> Abscheulich sollst du HErr, am Kreuze sterben?
> Wie Mörder sterben?

Die Differenz zwischen Original und Bearbeitung des Passionsliedes „O
Haupt voll Blut und Wunden" von P. Gerhardt bestätigt die bisher gemachten
Beobachtungen, was sich anhand der folgenden Liedstrophen zeigen läßt
(NCG Nr. 109, 1+5+6+10; vgl. EG Nr. 85, 1+4+6+10)[30]:

> Der du voll Blut und Wunden/ für uns am Kreuze starbst,
> und unsern letzten Stunden/ den grösten Trost erwarbst;
> der du dein theures Leben,/ noch eh ich war, auch mir
> zur Rettung hingegeben:/ mein Heil! wie dank ich dir?
>
> Mein Heil, was du erduldet,/ das ist auch meine Last;
> ich habe mit verschuldet,/ was du getragen hast.
> Sieh gnädig auf mich Armen,/ der Straf verdienet hat,
> und hilf mir aus Erbarmen/ von meiner Missethat.
>
> Ich will auf dich nur sehen/ mit aller Zuversicht:
> wohin sollt ich sonst gehen?/ Verwirf nur du mich nicht!
> wo sollt ich Ruhe finden,/ wenn du mich, HErr, nicht liebst?
> wo Reinigung von Sünden,/ wenn du sie mir nicht giebst?
>
> Erhebe dann mein Hoffen,/ zur bessern Welt zu gehn,
> und laß im Geist mich offen,/ HErr, deinen Himmel sehn:
> dahin laß mit Entzücken/ mich streben, glaubensvoll
> nach dir, mein Heiland, blicken!/ wer so stirbt, der stirbt wohl!

Während P. Gerhardt den Sänger zu Beginn des Liedes in dem „Haupt voll
Blut und Wunden" das konkrete Bild des leidenden Christus schauen läßt,

---

[30] Da die Fassung des NCG unbeschadet einiger weniger Wortveränderungen eindeutig
von der Version J. S. DITERICHS, aaO., Nr. 63, abhängig ist, beziehe ich mich im folgenden auf
die eingehende Analyse der Diterichschen Fassung bei W. I. SAUER-GEPPERT, aaO, 228–232.

hebt die Bearbeitung sogleich darauf ab, die Bedeutung des Todes Jesu für den Menschen zu reflektieren und in dogmatischen Formeln wiederzugeben. Dabei wird die von Gerhardt erst in den letzten Liedstrophen beschriebene tröstliche Wirkung dieses Todes im Blick auf den eigenen Tod unmittelbar in die erste Strophe hineingenommen. Diese Änderung schränkt den Wirkungsbereich der nunmehr ohnehin ganz in die Vergangenheit verlegten Passion Jesu von vornherein empfindlich ein. Die Aussage, daß Jesus sein Leben „‚auch' mir zur Rettung hingegeben" habe (Str. 1), soll zwar der allgemeinen Bedeutung seines Opfers Rechnung tragen, erreicht aber gerade so nicht mehr die Tiefe der von Gerhardt betonten existentiellen Erfahrung des Glaubenden, der in der Begegnung mit dem Gekreuzigten seine eigene Schuld erkennt und zugleich die fremde Gnade Christi annimmt. Diesen Verlust dokumentiert spätestens Str. 5, denn hier wird durch die Verwendung der Konjunktionen „auch" und „mit" die Radikalität der personalen Erfahrung von Sünde und Gnade nivelliert.

Die Verdrängung der bildhaften Züge, mit denen der Dichter den Kreuzestod Christi vergegenwärtigt, führt zum einen dazu, daß die Kreuzesnachfolge im ursprünglich gemeinten Sinne ersetzt wird durch das beispielhaft verstandene Verhalten des Menschen[31]. Wo das konkrete Bild des Gekreuzigten verblaßt, ist zum anderen die Möglichkeit ausgeschlossen, daß der unter dem Kreuz stehende Sänger sich mit dem sterbenden Christus geistlich identifizieren kann. Will P. Gerhardt bei dem leidenden Heiland stehen, um ihn im Tod umfassen zu können, so setzt die Bearbeitung an die Stelle dieser Erfahrung geistlicher Gemeinschaft mit Jesus ein allgemeines Sehen „mit aller Zuversicht", dem der Bezug zum Kreuz freilich fehlt. Dazu treten mit „Ruhe" und „Reinigung von Sünden" wieder formelhafte Erläuterungen der Bedeutung des Todes Jesu (Str. 6). Dieser Tendenz entsprechend ist das „Bild" Jesu in seiner „Kreuzesnot", das P. Gerhardt in der letzten Strophe sehen möchte, um sich in der eigenen Todesnot des tröstlichen Charakters des Sterbens Jesu vergewissern zu können, in der neuen Version ganz verschwunden. Sie redet unanschaulich von der Hoffnung auf die bessere Welt und betont ein Sehen im Geist, das den offenen Himmel vor Augen hat (Str. 10)[32]. Der Verherrlichte hat hier den Gekreuzigten gleichsam abgelöst, und eine allgemeine Zukunftshoffnung ist an die Stelle jener spezifischen Trost-

---

[31] Am deutlichsten wird dies in Str. 8. Ermuntert das Original dazu, sich zu Jesus und zu seiner Treue zu halten, so liegt im NCG die Betonung auf der eigenen Treue des Menschen, mit der dieser die Bedingung dafür erfüllt, einst „ganz nur der Deine" sein zu können (NCG Nr. 109,8; vgl. EG Nr. 85,8):

...

Ach! gieb daß ich mich halte/ zu dir mit aller Treu
und, bis ich einst erkalte,/ ganz nur der Deine sey!

[32] W. I. SAUER-GEPPERT, aaO., 232, konzediert, daß das Bild des offenen Himmels (cf. Apg 7,55) anspruchsvoller als das des Originals sei. Der Zusammenhang zwischen Sterbetrost und Kreuz Jesu ist durch das neue Bild freilich aufgegeben.

erfahrung getreten, die nach P. Gerhardt dem angefochtenen Glauben (vgl. Str. 9) in der Begegnung mit dem Gekreuzigten zuteil wird.

Bisweilen kann man in der Umdichtung eines alten Liedes nur mit sehr viel Phantasie das zugrundeliegende Original erkennen, wie es etwa für das von den aufgeklärten Gesangbuchherausgebern wohl hauptsächlich aus ästhetischen Gründen gänzlich umgestaltete Passionslied P. Gerhardts „Ein Lämmlein geht und trägt die Schuld" (NCG Nr. 93; vgl. EG Nr. 83) zu konstatieren ist. In anderen Fällen sind gewisse Inkonsequenzen zu beobachten wie die, daß „Ein feste Burg" in einer neuen Fassung dargeboten wird (NCG Nr. 161; vgl. EG Nr. 362) und daß neben dieser Version, der die Sprachkraft Luthers völlig abgeht, auch noch Gellerts Lied zu Ps 46 „Wenn Christus seine Kirche schützt" (NCG Nr. 162) abgedruckt wird. Als eklatant erweisen sich zumal die Eingriffe in P. Gerhardts Trostlied „Befiehl du deine Wege". In der Bearbeitung ist die Kunstform des Akrostichon ganz zerstört – so läßt sich nicht mehr entdecken, daß die Anfangswörter der 12 Strophen der Urfassung hintereinander gelesen Ps 37,5 wiedergeben. Die neue Version der 1. Strophe verwandelt den vom Dichter kunstvoll gestalteten Trostzuspruch an den einzelnen in den Aufruf zu einem allgemein gültigen Vorsehungsglauben (NCG Nr. 320,1; vgl. EG Nr. 361,1):

> Befiehl du deine Wege/ und was dein Herze kränkt,
> der treuen Vaterpflege deß,/ der den Weltkreis lenkt:
> er zeichnet Stern und Winden/ die abgemeßne Bahn;
> sollt er nicht Wege finden,/ wo dein Fuß wandeln kann?

Und wo der Dichter im selben Lied von Gottes Handeln, von seiner Treue und seinem Werk redet, da verlagert die neue Fassung das Gewicht auf das Handeln des Menschen, auf dessen Treue und dessen Werk – so z. B. in Str. 2 und 11 (NCG Nr. 320,2+9).

Ein Morgenlied P. Gerhardts soll am Ende unseres Ganges durch das Göttinger Gesangbuch stehen. Die Bearbeitung von „Wach auf, mein Herz, und singe" spart die 2. Strophe ganz aus, in der der Dichter an die mit Gottes Hilfe überstandenen nächtlichen Anfechtungen und Sorgen sowie an das hinter ihnen stehende Begehren des Satans erinnert – weder die Anfechtung des Glaubens noch der Satan haben in der optimistischen, allem Aberglauben abgewandten Frömmigkeit der Aufklärung einen Platz. Deshalb schläft der Sänger des 18. Jahrhunderts, wie die folgende Strophe zeigt, ohne jegliches Grauen und bedarf auch nicht mehr des göttlichen Zuspruchs, den Gerhardt in seinem Text gegen die Machenschaften des Satans aufbietet (NCG Nr. 210,2; vgl. EG Nr. 446,3):

> Mit göttlichem Erbarmen/ beschüztest du mich Armen;
> so schlief ich ohne Grauen,/ und kann die Sonne schauen.

Wie die meisten zeitgenössischen Gesangbuchreformer nahmen also auch Leß und Miller keinerlei Rücksicht mehr auf die geprägte Sprache tradierter

Religiosität, zumal wenn diese sich mit dem Christentumsverständnis und dem ästhetischen Empfinden der Aufklärung nicht vermitteln ließ. Aus heutiger Perspektive kann man als ein Ergebnis dieses Umgangs mit dem überkommenen Liedgut des reformatorischen und nachreformatorischen Christentums den Verlust der symbolischen Tiefendimension in der Frömmigkeitssprache feststellen und bedauern[33]. Gewiß konnten das verbale Pathos und die sentimentale Rührseligkeit der aufklärerischen Liedsammlungen diesen Verlust nicht wieder wettmachen. Gleichwohl gilt es unter historischen Aspekten zu berücksichtigen, daß die Gesangbuchreform der Aufklärung die Lieder eines Luther, eines Heermann oder eines P. Gerhardt gar nicht als sakrosankte Zeugnisse evangelischer Frömmigkeit betrachten konnte, weil sie dem Grundsatz verpflichtet war, Religion sei die unvertretbare Angelegenheit des einzelnen frommen Subjekts. Wer wie Leß in der Sprache und den Worten der religiösen Tradition „überhaupt nicht die Sachen selber, sondern nur Zeichen derselben"[34] zu erkennen vermochte, der mußte zwangsläufig die Lieder vergangener Zeiten durch textliche Veränderungen den Erfordernissen des vernünftigen Christentums anpassen.

Von daher hat man nun auch zu beachten, daß es den Herausgebern des Göttinger Gesangbuchs darum ging, den Kirchengesang dem freigeistigen Gespött der Gebildeten zu entziehen und ihm durch zeitgemäße Liedtexte unter der akademischen Jugend, aber auch in Schulen und selbst in den entlegensten Dorfgemeinden zu größerer Akzeptanz zu verhelfen, als sie offenbar vorhanden war[35]. Insofern spiegelt sich im NCG das praktisch-pädagogische Grundanliegen der deutschen theologischen Aufklärung. Da dem hymnologischen Reinigungsprozeß ja auch gewisse Erscheinungsformen des Aberglaubens, eine überzogene Blut- und Wundenfrömmigkeit und allzu naive Jenseitsvorstellungen zum Opfer fielen, wird man seiner Realisierung eine partielle Berechtigung nicht absprechen können. Wenn nach neologischem Verständnis die christliche Religion als eine mit der natürlichen Vernunft kompatible Größe zu begreifen und ihre Legitimität primär nicht durch den Glauben oder eine dogmatische Lehrtradition, sondern durch das Leben, die religiös-sittliche Praxis des frommen Subjekts zu erweisen war, dann wirkte sich das natürlich auf die Gestalt eines unter solchen Vorzeichen zustandegekommenen Gesangbuchs aus. Wurde der vornehmliche Zweck der Religion in der Beförderung der ewigen Glückseligkeit des Menschen und in der zeitlichen Besserung seiner selbst und seiner Welt gesehen, so drückte demgemäß das Liebesgebot in seiner dreifach verstandenen Ausprä-

---

[33] Vgl. dazu am Beispiel des Mylius H.-Chr. PIPER, Der Verlust einer Dimension. Beobachtungen zum rationalistischen Gesangbuch, JLH 16 (1971), 85–104.

[34] NCG, Bl. 5r.

[35] So LESS in seinem Antrag vom 5.4.1777, UAG, K 21, Vol. III, Bl. ad l; vgl. auch LESS' Vorrede zum NCG, Bl. 2v.

gung als Gottes-, Menschen- und (christlich geläuterte) Selbstliebe der Auswahl und textlichen Darbietung der Lieder im NCG seinen Stempel auf[36].

Von seiner hymnologischen Grundkonzeption her und unter den formalen
und materialen Einzelaspekten der in ihm aufgenommenen Lieder läßt sich
das Göttinger Gesangbuch ohne weiteres mit dem 1780 erschienenen „Mylius", dem wohl bekanntesten Gesangbuch der Aufklärung, auf eine Stufe
stellen. Was das NCG indessen von der Liedersammlung der Berliner Neologie[37] unterscheidet, ist seine Rezeption, die ohne Schwierigkeiten vonstatten ging. Die Einführung des Berliner Gesangbuchs dagegen rief nicht allein
in gebildeten Kreisen literarische Kritik, sondern vor allem in vielen Gemeinden erheblichen Widerstand hervor; auch andernorts entzündeten sich an der
aufklärerischen Reform des Kirchengesangs regelrechte Gesangbuchstreite[38].
Wie es scheint, zeigen diese Konflikte – ungeachtet ihrer verschiedenen
Ursachen, ihres jeweiligen Verlaufs und ihrer je spezifischen politischen, reli-
giös-kulturellen und sozialen Rahmenbedingungen – für die betroffenen
Regionen eine deutliche „Diskrepanz zwischen der religiösen Anschauung
der gebildeten Elite und einer volkstümlichen Frömmigkeit"[39] an. Dort, wo
sich in einzelnen Städten und Territorien die Bevölkerung oder Teile derselben zu Protestbewegungen gegen den obrigkeitlich verordneten und kirch-
lich-theologisch sanktionierten Gesangbuchaustausch formierte(n), trat die
enge emotionale Bindung der Laien an das bislang gebräuchliche Gesangbuch
und damit dessen Funktion als ein herausragendes Medium der kulturellen
und religiösen Identität im Protestantismus gleichsam eruptiv zutage. Man
muß freilich einschränkend hinzufügen, daß die historiographisch erschlosse-
nen Gesangbuchstreite des späten 18. Jahrhunderts keinesfalls pauschalisierend

---

[36] Aus der Fülle der in diesen Kontext gehörenden Lieder sei nur auf die Umdichtung von
Luthers „Nun bitten wir den Heiligen Geist" verwiesen. Die Neufassung hebt nicht nur die
von Luther aus der mittelalterlichen Vorlage übernommene Form der Leise auf, sondern trägt
auch den ursprünglich nur in Str. 3 enthaltenen Gedanken der aus der göttlichen Liebe erwachsenden christlichen Liebe gleich in zwei weitere Strophen hinein (vgl. NCG Nr. 133;
dazu EG Nr. 124).

[37] Hinter dem Myliusschen Gesangbuch standen mit J. S. DITERICH als dem eigentlichen
Bearbeiter, J. J. SPALDING (1714–1804) und W. A. TELLER (1734–1804) die Berliner Protagonisten der Neologie; alle drei gehörten dem Oberkonsistorium an. Vgl. J. Fr. BACHMANN, aaO.,
208–217.

[38] Vgl. J. Fr. BACHMANN, aaO., 210–217; Chr.-E. SCHOTT, aaO., 31–35; H. LEHMANN, Der
politische Widerstand gegen die Einführung des neuen Gesangbuchs von 1791 in Württemberg. Ein Beitrag zum Verhältnis von Kirchen- und Sozialgeschichte, BWKG 66/67 (1966/
67), 247–263; H. SCHMIDT, „Aufgeklärte" Gesangbuch-Reform und ländliche Gemeinde.
Zum Widerstand gegen die Einführung neuer Gesangbücher im Herzogtum Oldenburg und
der Herrschaft Jever am Ende des 18. Jahrhunderts, in: E. HINRICHS u. G. WIEGELMANN (Hg.),
Sozialer und kultureller Wandel in der ländlichen Welt des 18. Jahrhunderts, 1982, 85–115; Kl.
LEDER, aaO., 259–262.

[39] Chr. MAURER, Aufgeklärte Gesangbücher und ,gemeine Leute': Äußerungen und Inhalte
der Gesangbuchstreite des ausgehenden 18. Jahrhunderts im protestantischen Deutschland, in:
H. E. BÖDEKER u. a. (Hg.), Le livre religieux et ses practiques, 1991, (269–288) 282.

als Indikatoren einer allgemeinen Ablehnung der aufgeklärten Gesangbuchreform gewertet werden können. Diese Annahme hat eine Kirchengeschichtsschreibung, die die Aufklärung aus theologischen Motiven von vornherein ablehnte, gern als schlagendes Argument für ihre – ja wiederum nicht
von der Hand zu weisende – These vom problematischen Ansatz der aufklärerischen Gesangbuchreform angeführt[40]. Gegen jenes Hilfsargument
spricht jedoch schon der Umstand, daß die uns bekannten Konflikte rein
numerisch, d.h. gemessen an der immensen Zahl der zwischen 1760 und
1810 zum öffentlichen Gebrauch neu eingeführten Gesangbücher, durchaus
nicht den Eindruck erwecken können, es habe sich hier um einen breiten,
flächendeckenden Protest gehandelt[41].

Vor diesem Hintergrund läßt sich das Ausbleiben von Kontroversen bei der
Einführung des NCG an der Göttinger Universitätskirche zwanglos damit
erklären, daß es auf Grund der besonderen Konstellation der akademischen
Gemeinde eine über Jahrzehnte und Jahrhunderte hin gewachsene Frömmig-
keitstradition wie in herkömmlichen Parochialgemeinden an der Universitätskirche gar nicht geben konnte. Umgekehrt legt die unkomplizierte Aufnahme des Gesangbuchs den Schluß nahe, daß sich unter den Besuchern der
Kirche der Göttinger Gelehrtenrepublik jener moderat aufgeklärte Geist, dem
das neue Gesangbuch seine Entstehung verdankte, um 1780 längst durchgesetzt hatte[42]. Im übrigen war das NCG das einzige aufklärerische Gesangbuch
überhaupt, das in den hannoverschen Stammlanden zum öffentlichen Gebrauch herausgebracht wurde[43], was einmal mehr den besonderen Status
der Göttinger Universitätskirche unterstreicht. Wie selbstbewußt die Universitätskirchendeputation den ihr zur Verfügung stehenden Spielraum bei der
Einführung des Gesangbuchs ausnutzte, mag man schließlich auch daraus

---

[40] Vgl. z.B. J. Fr. Bachmann, aaO., 210–217; P. Graff, aaO., 195–199.

[41] Insofern verdiente das Thema – angesichts mancher methodischer und inhaltlicher
Mängel der Studie von Chr. Maurer (s. Anm. 39) – eine neuerliche frömmigkeits- und
sozialgeschichtliche Bearbeitung auf breiter Quellenbasis.

[42] Vgl. exemplarisch die positive Vorstellung des Gesangbuchs durch den Göttinger Philo-
sophie-Professor J. G. H. Feder in GAGS 1779, 33 f.

[43] Nur für den Privatgebrauch bestimmt waren die Liedersammlung des Hannoverschen
Pastors J. A. Schlegel von 1766 (s. Anm. 26) sowie die aus 278 durchweg neuen Liedern
bestehende Sammlung des vormaligen Göttinger Universitätspredigers J. B. Koppe (Christliches
Gesangbuch, 1789). Koppe wollte das von ihm herausgegebene Gesangbuch unter Verweis auf
die Schwierigkeiten bei der „Einführung neuer verbesserter Gesangbücher zum öffentlichen
Gottesdienst" ausdrücklich als einen lediglich für die häusliche Andacht gedachten Anhang
zum Hannoverschen Gesangbuch von 1740 verstanden wissen (aaO, Vorrede). Immerhin
brachten Schlegel und Koppe 1792 dann noch einen weiteren, offiziellen Anhang zum
bestehenden Gesangbuch heraus, der dieses freilich nicht völlig verdrängen konnte; vgl. dazu
I. Mager, aaO., 137. – Als in Nürnberg 1789 ff. ein neues Gesangbuch vorbereitet wurde,
empfahl übrigens J. Ph. Gabler (Altdorf) das Göttinger Gesangbuch als ein besonders gelun-
genes Muster; vgl. D. Wölfel, Nürnberger Gesangbuchgeschichte (1524–1791), 1971, 236.

ersehen, daß sie darauf verzichtete, beim Konsistorium in Hannover ein Druck- und Genehmigungsprivileg einzuholen[44].

---

[44] Seit 1699 bedurften im Hannoverschen neue Gesangbücher oder Zusätze zu den bestehenden, sofern sie für den öffentlichen Gebrauch bestimmt waren, der Genehmigung des Konsistoriums; vgl. dazu I. MAGER, aaO., 125. Weder dem Titelblatt des NCG noch den Akten sind Hinweise auf ein solches Privileg zu entnehmen. Die Kirchendeputation hat sich also offensichtlich der Einschätzung der Rechtslage durch LESS (s. Anm. 1) angeschlossen.

§ 5 Die Universitätskirche und ihr Umfeld

Anhand zweier Themenbereiche soll im folgenden die Beziehung der Göttinger Universitätskirche zu ihrem lokalkirchlichen und universitären Umfeld geklärt werden. Mit der Betrachtung des Verhältnisses zwischen der Universitätskirche und den Göttinger Stadtkirchen ist die Absicht verbunden, die Tragfähigkeit der institutionell-rechtlichen Konstruktion der Universitätskirche an einem besonders sensiblen Punkt zu überprüfen. Der Bedeutung der Universitätskirche für die akademische Öffentlichkeit wird sodann am Beispiel einiger ausgewählter Predigten zu besonderen Anlässen nachzugehen sein.

1. Die Universitätskirche und die Stadtkirchen

Für den Deutschen Orden, der sich mit dem Magistrat der Stadt Göttingen das Patronat über die St. Marien-Kirche teilte, äußerte am 20.10.1739 der Landkomtur Grote gegenüber der hannoverschen Staatsregierung die Befürchtung, die der Universität soeben von der Regierung in Aussicht gestellte Berufung eines eigenen Predigers könnte zu einer Einschränkung der Parochialrechte der Pfarrei St. Marien führen. Offenkundig vermochte sich Grote die damals geplante Einrichtung des Universitätspredigeramtes nur so vorzustellen, daß damit zugleich die Universitätskirche in den Status einer Parochialkirche erhoben werden sollte. Dagegen legte er unter Berufung auf das Kompatronat des Deutschen Ordens über St. Marien vorsorglich seinen Widerspruch ein und wies die Regierung auf die schädlichen Folgen hin, die die Errichtung einer Universitätspfarrei insbesondere für die in unmittelbarer Nachbarschaft der Paulinerkirche gelegene Pfarrei von St. Marien nach sich ziehen würde[1]. Obgleich der Besorgnis Grotes jeglicher Anhaltspunkt an den tatsächlichen Plänen der Regierung fehlte − diese teilte ihm denn auch umgehend mit, es sei keinesfalls daran gedacht, der Universitätskirche Parochialrechte zu verleihen[2] −, macht seine Eingabe doch deutlich, daß auch in Göttingen die bestehenden Parochien gegebenenfalls ihre Rechte verteidigt hätten, wären diese durch die Universitätskirche tangiert worden. Daß sich jedoch − im Unterschied zu den Gegebenheiten an anderen Universi-

---

[1] Vgl. das Schreiben des Landkomturs Grote an die Regierung vom 20.10.1739, UAG, 10 b 1/1, Bl. 49.

[2] Vgl. das Schreiben der Regierung an Grote vom 24.10.1739, UAG, 10 b 1/1, Bl. 50.

täten[3] – an der Universitätskirche in Göttingen während des Bearbeitungszeitraums kein einziger Konflikt zwischen der Universität und den Stadtpfarreien entzündet hat, ist auf die wohlüberlegte Entscheidung Münchhausens zurückzuführen, die Universitätskirche neben dem überkommenen Parochialsystem zu etablieren und den Stadtkirchen ihre Rechte zu belassen.

Zu Unstimmigkeiten zwischen der Universität und einer städtischen Parochie kam es nur in einem Fall, der aber bezeichnenderweise nicht die Universitätskirche, sondern die der Universität 1735 in der St. Johannis-Kirche eingeräumten Stände für Professoren, adelige Studenten und sonstige Studierende
betraf. Der Kirchenvorstand von St. Johannis forderte 1776 die säumige Universität zur Zahlung der Miete für diese Stände auf und verlangte außerdem, die
Universität solle einen Teil des seit längerem nur schwach frequentierten Gra-
fenstandes für die Nutzung durch die Gemeinde freigeben. Nach anfänglichem
Widerstand gab die Universität schließlich ihren Rechtsanspruch auf den betroffenen Stand auf, zumal sie sich davon überzeugt hatte, daß unter den Universitätsangehörigen kein wirklicher Bedarf an diesen Plätzen mehr bestand[4].

Ansonsten entwickelte sich zwischen der Universitätskirche und den Stadtkirchen ein durchaus positives Verhältnis. Als im Sommer 1791 die St. Johannis-Kirche einer Innenrenovierung unterzogen wurde, gestattete die Universitätskirchendeputation der St. Johannis-Gemeinde, ihre Gottesdienste in der
Universitätskirche abzuhalten[5]. Umgekehrt nahm die St. Johannis-Gemeinde
in ihrer Kirche 1803 ff. den Universitätsgottesdienst auf, nachdem dieser auf
höhere Anordnung hin seine ursprüngliche Heimstatt verloren hatte[6]. Da es
den Universitätsangehörigen freigestellt war, den akademischen Gottesdienst
oder den Gottesdienst der Pfarrgemeinde, der sie angehörten, zu besuchen,
nahmen natürlich etliche von ihnen auch an den Gottesdiensten in den Stadtkirchen teil[7]. Auf der anderen Seite beteiligten sich nicht selten auch Göttinger Bürger am Universitätsgottesdienst: „Schuster und Schneider, Becker
und Tischler mit ihren Gesellen, ja gar Laquayen …" hätten sich eingefunden
und „allerhand Handwerker jährliche Plätze gemiethet", notiert die Kirchendeputation in einem Bericht von 1743[8].

---

3 S. u. 157–211.

4 Vgl. den Schriftwechsel zwischen dem Kirchenvorstand von St. Johannis und der Uni-
versität vom 7.5.1776–24.2.1777, UAG, K 19, o. P.; dazu auch L. SCHAAR, Baugeschichte der
St. Johanniskirche in Göttingen, ihrer inneren Einrichtungen und des Kirchhofs bis 1865, 1.
Teil, 1937, 85 (als Typoskript vorhanden KKA Göttingen, Z:1611).

5 Vgl. den Beschluß der Kirchendeputation vom 9.12.1790, UAG, K 27, Vol. VIII, Bl. 5.

6 S. u. 108–111.

7 Vgl. exemplarisch den Anschlag des Prorektors vom 26.2.1788, UAG, K 21, Vol. I, Bl.
25, in dem die Studenten aufgefordert werden, die Gottesdienste in den Stadtkirchen nicht
durch zu spätes Kommen oder zu frühes Gehen zu stören. Anlaß des Anschlags waren entsprechende Klagen aus verschiedenen Stadtgemeinden.

8 Umlauf der Kirchendeputation vom 9.10.1743, UAG, K 20, Vol. IX, Bl. 9. – Vgl. auch
aus diesem Jahrhundert den Bericht des Universitätspredigers Carl STANGE über die Zusam-

Das unkomplizierte Verhältnis zu den Stadtkirchen kam der Universitätskirche in einer akuten personellen Notsituation zugute. Als 1784 der 1. Universitätsprediger Koppe und 1785 der 2. Universitätsprediger Richerz Göttingen verließen, gelang es der Regierung nicht, die beiden verwaisten Stellen mit geeigneten Kräften neu zu besetzen. Bei der Überbrückung der bis 1789 bzw. 1794 währenden Vakanzen halfen dann neben den beiden Theologieprofessoren Leß und Schleusner der Pastor an St. Albani Heinrich Philipp Sextro (1746–1838)[9] und der Pastor an St. Nikolai Johann Carl Volborth (1748–1796)[10] mit, so daß zwischenzeitlich das Universitätspredigeramt gemeinsam von Universitätstheologen und Gemeindepfarrern kommissarisch versehen wurde. Diese personelle Verflechtung führte in einer der Stadtkirchen 1787 zu einer bemerkenswerten Würdigung des 50jährigen Bestehens der Universität. Volborth nämlich machte das Universitätsjubiläum eigens zum Gegenstand einer Predigt im Gemeindegottesdienst von St. Nikolai – wohl auch ein Zeichen für das über die offiziellen Feierlichkeiten noch hinausgehende Interesse der kirchlichen Öffentlichkeit an der Universität[11].

Hinsichtlich der Begräbnisse von Universitätsangehörigen hatte die Regierung im Einvernehmen mit dem Konsistorium frühzeitig die Regelung getroffen, daß jeder verstorbene Universitätsangehörige von dem für ihn zuständigen Gemeindepfarrer beerdigt werden sollte. Waren damit den Stadtgeistlichen die Einnahmen aus den anfallenden Stolgebühren fest garantiert, so konnten Trauerfeiern auf besonderen Wunsch hin aber auch in der Universitätskirche stattfinden[12]. Von diesen – freilich nicht allzu häufig in der

---

mensetzung der Zuhörerschaft im akademischen Gottesdienst, in: Fr. NIEBERGALL, Die moderne Predigt. Kulturgeschichtliche und theologische Grundlage, 1929, 139.

[9] Geb. 28.3.1746 in Bissendorf, gest. 12.6.1838 in Hannover. – 1765 Studium Göttingen, 1768 Konrektor Hameln, 1772 Rektor Hannover, 1778 Pastor an St. Albani/Göttingen, daneben 1783 Leiter des Pastoralinstituts u. 1784 ao. Prof. d. Theol. Göttingen, 1785–89 mit der kommissarischen Versehung des Universitätspredigeramtes beauftragt, 1789 o. Prof. d. Theol. Helmstedt, 1798 Konsistorialrat und Generalsuperintendent Hannover. – Vgl. die Personalakte Sextros, UAG, 4 II b/30; zum Biographischen zuletzt H. HOLZE, aaO., 99–105.

[10] Geb. 24.11.1748 in Nordhausen, gest. 29.8.1796 in Gifhorn. – 1776 Repetent Göttingen, 1778 Pastor an St. Nikolai/Göttingen, daneben 1785 ao. Prof. d. Theol. Göttingen, 1785–89 mit der kommissarischen Versehung des Universitätspredigeramtes beauftragt, 1792 Superintendent Gifhorn. – Vgl. die Personalakte Volborths, UAG, 4 II b/29; zum Biographischen A. SAATHOFF, aaO., 200.

[11] Vgl. J. C. VOLBORTH, Von der gnädigen und wohlthätigen Aufsicht Gottes über die hohe Schule zu Göttingen, eine Predigt in der St. Nicolai Kirche am Dankfeste (15. Sonntag nach Trinitatis 1787) wegen der funfzigsten Jahrsfeier seit der Einweihung der Georgaugustuniversität, o. J. (1787). Auch sonst nahm VOLBORTH in seinen Gemeindepredigten auf die Universität und sie betreffende Ereignisse Bezug; vgl. sein predigendes Gedenken an Chr. W. Fr. Walch 1784, in: J. C. VOLBORTH, Christliche Predigten, 1786, 177–192.

[12] Vgl. das Reskript des Konsistoriums vom 13.4.1736, UAG, K 26, Bl. 1, und das Reskript der Regierung vom 27.3.1741, UAG, K 26, o. P.

Paulinerkirche begangenen – Trauerfeiern für Universitätsangehörige[13] vermittelt lediglich eine einzige im Druck erhaltene Begräbnisrede des Universitätspredigers Chr. Fr. Ammon einen Eindruck. Seine Leichenpredigt für den langjährigen Göttinger Professor der Jurisprudenz Georg Ludwig Böhmer (1715–1797) vom 20. 8. 1797 steht partiell durchaus noch in Kontinuität zu der – in sich differenziert ausgeformten – Gattung der Leichenpredigt des 17. und frühen 18. Jahrhunderts[14], sie läßt freilich auch spezifische Züge aufklärerischer Grabreden erkennen.

Wie in der Tradition der klassischen Leichenpredigt bildet auch bei Ammon der Lebenslauf des Verstorbenen ein wesentliches Integral der Leichenpredigt[15]. Der durchgängige Bezug auf das Leben und die Verdienste des Toten dient zunächst seelsorgerlichen Absichten, soll doch den Angehörigen und der Trauergemeinde die Gewißheit vermittelt werden, daß dem Verstorbenen auf Grund seines exemplarischen Lebens die Teilhabe an der Ewigkeit ermöglicht werde. In diesem Kontext ist auch der Hinweis des Predigers auf das selige Ende des Verstorbenen zu verstehen: Böhmer „starb, nachdem er alle seine Angelegenheiten auf das pünktlichste geordnet, und besonders die Absolution seines Beichtvaters … vor dem letzten Genuße des Abendmahls auf seinem Todtenbette mit einem rührenden Religionsbekenntniße erwiedert hatte"[16]. An das Ende und vor allem an das Leben des Verstorbenen erinnert Ammon freilich zugleich deshalb, um der Gemeinde ein konkretes Modell christlicher Lebensgestaltung vor Augen zu führen, dem es nachzueifern gilt[17].

Gleichwohl unübersehbar sind die Partien in Ammons Grabrede, die sich nicht aus der orthodoxen Leichenpredigt herleiten lassen, die vielmehr als genuine Momente aufklärerischer Religiosität angesichts des Todes zu begreifen sind. Dazu gehört bereits das quantitative Übergewicht, das die Beschreibung der Verdienste des Verstorbenen in Familie, Beruf und Gesellschaft

---

[13] Die von der Universität am 28.12.1770 für ihren Gründer G. A. von Münchhausen begangene Trauerfeier, bei der Chr. G. Heyne die Gedenkrede hielt, kann hier außer acht bleiben.

[14] Zum Traditionshintergrund vgl. E. WINKLER, Die Leichenpredigt im deutschen Luthertum bis Spener, 1967; R. LENZ (Hg.), Leichenpredigten als Quelle historischer Wissenschaften, Bd. 1, 1975.

[15] Vgl. Chr. Fr. AMMON, Die Religion als Trösterin und Lehrerin am Grabe ihres vollendeten Freundes. Eine Standrede am Sarge des Herrn Dr. Georg Ludwig Böhmer … in der Universitätskirche zu Göttingen gehalten, 1797, 3 f.passim (abgedruckt auch in: Chr. Fr. AMMON, Predigten zur Beförderung eines reinen moralischen Christenthums, 1. Bd., 1798, 477–499).

[16] AaO., 4; vgl. auch aaO., 11 f.

[17] AaO., 13 f.: „Können wir hinblicken auf den segensvollen Lauf seines langen thätigen Lebens, ohne, von einem edlen Zutrauen zu uns gestärkt, es bei uns selbst zu beschließen, so wie er über unsere Kräfte zu wachen, sie mit dem Eiferer (!) unserem Berufe zu widmen, sie mit der Beharrlichkeit zur Vollkommenheit zu entwickeln, und die Früchte derselben mit der dahingebenden Wohlthätigkeit dem Besten der Gesellschaft darzubringen?"

im Rahmen der gesamten Leichenrede hat[18]. Charakteristisch dürfte ferner neben der Textwahl – einer Kompilation von 2. Tim 4,7–8a und Apk 14,13b – die entschlossene Ausdeutung dieser Texte vom Verdienstgedanken her sein. Dem Sola gratia dagegen kommt in der Grabrede Ammons keinerlei Bedeutung zu, auch die Härte des Todes wird nicht thematisch gemacht. Statt dessen versteht der aufgeklärte Prediger den Tod als ein Durchgangsstadium, das dem irdischen Leben des betagten Juristen seine krönende Vollendung habe zuteil werden lassen und das ihm zugleich ungebrochen die Perspektive eines noch besseren und glückseligeren Seins in der ewigen Perfektibilität eröffne[19]. Gerade so wird der Tote zum Bürgen für die Zukunftshoffnung auch der Lebenden[20], zum Mittler zwischen Diesseits und Jenseits, der als solcher sogar in einer langen, gebetsähnlichen Passage am Schluß der Leichenpredigt angerufen wird[21]. Die Elemente der Religiosität des Verstorbenen, die Ammon neben seinen bürgerlich-gesellschaftlichen Verdiensten lobend hervorhebt, bestätigen den aufklärerischen Charakter dieser Leichenpredigt. Die in äußeren Handlungen und in innerer Gesinnung gleichermaßen dokumentierte Gottesverehrung des Verstorbenen diente ihm nämlich hauptsächlich als unentbehrliche Antriebskraft seines sittlichen Verhaltens in Familie, Beruf und Gesellschaft[22], auch half ihm der Glaube an die Providenz Gottes, die Unglücksfälle des persönlichen Lebens zu verarbeiten[23]. Dieser gelebten Religiosität mißt Ammon gerade deshalb eine exemplarische Bedeutung für die Zuhörerschaft in der Universitätskirche bei, weil Böhmer als Wissenschaftler – im Unterschied zu nicht wenigen gebildeten Zeitgenossen – den engen Zusammenhang zwischen Religion und Moral als eine essentielle Notwendigkeit betrachtet habe[24].

---

[18] Vgl. aaO., 7–10.

[19] Vgl. aaO., 6f.13. – AMMON versteht den Tod traditionell als Trennung von Leib und Seele und setzt die Vorstellung von der Unsterblichkeit der Seele dabei voraus; vgl. aaO., 7.9.12f.

[20] Vgl. aaO., 8.13f.

[21] Vgl. aaO., 14–16.

[22] AaO., 10f.: „… der Verewigte wußte, daß er außer den Rechten, zu deren Erforschung und Vertheidigung ihn sein Beruf aufforderte, auch Pflichten zu erfüllen habe, die ihm Gott durch sein Gewissen und durch die Offenbarung vorschrieb; er wußte, daß wir, bei den mächtigen Reitzen unserer sinnlichen Natur, an diesen Pflichten niemals mit Reinigkeit und Zuversicht des Herzens festhalten, wenn sie nicht durch den Glauben an Gott und seine Vorsehung geheiligt und durch die äußeren Mittel der Religion in uns verstärkt und zur Ausübung gebracht werden."

[23] Vgl. aaO., 11.

[24] AaO., 14: „Können wir den Einfluß wahrer, geläuterter Religiosität auf die Glückseligkeit des öffentlichen und häuslichen Lebens an seinem Beispiele wahrnehmen, ohne unser Herz von dem Geiste des Zeitalters abzurufen, der sich, von einer falschen wissenschaftlichen Bildung getäuscht, zu einer Moral ohne Religion neigt, die im wirklichen Leben von jeder reißenden Begierde in bloße Klugheit und Vernünftelei verwandelt werden kan?" Vgl. auch aaO., 12.

Aus dem 18. Jahrhundert gibt es, wie gesagt, außer Ammons Grabrede keine weitere gedruckte Leichenpredigt eines Göttinger Universitätspredigers. Dies hängt wohl nicht nur mit der geringen Zahl der in der Universitätskirche abgehaltenen Trauerfeiern zusammen, sondern darin dürfte sich auch der massive Rückgang des Druckes von Leichenpredigten seit der Mitte des 18. Jahrhunderts niederschlagen[25]. Insofern ist Ammons Leichenpredigt mit ihrer erbaulichen Intention, die Gemeinde anhand des Exempels eines Verstorbenen zu christlicher Lebensführung anzuleiten, ein Beispiel (unter anderen), das gegen den allgemeinen Trend steht. Die veränderte Situation, in der sich die religiöse Erbauungsliteratur in der 2. Hälfte des 18. Jahrhunderts neu zu orientieren hatte, spiegelt sich in Hinsicht auf die Todesproblematik vielleicht deutlicher noch als in Ammons Rede in einer Trostschrift, die G. Leß 1778 anläßlich des Todes seiner Stieftochter verfaßte und seiner Frau widmete[26]. In der nur vor dem Hintergrund der aufklärerischen Kommunikationskultur[27] zu verstehenden Form des Dialogs sind hier persönlichste Empfindungen angesichts des Verlustes der 12jährigen Tochter und allgemeine biblisch-religiöse Erwägungen über die Grundlage und den Gegenstand christlicher Zukunftshoffnung in erbaulicher Absicht miteinander verknüpft, wird hier die Privatheit subjektiver Befindlichkeit so in die Öffentlichkeit publizistischer Kommunikation überführt, daß durch die Herstellung dieser Beziehung der Anspruch des Verfassers deutlich wird, die von ihm selbst gefundene und verantwortete Wahrheit des Trostes der Religion nicht nur seiner Frau mitzuteilen, sondern auch einem breiteren Leserkreis zugänglich zu machen. –

Die die Rechte der Stadtpfarreien wahrende Regelung hinsichtlich der Begräbnisse von Universitätsangehörigen von 1736/41 wurde im 19. Jahrhundert ausdrücklich bestätigt[28], so daß auch in einer Zeit, in der die Zahl der von Universitätspredigern gehaltenen Trauerfeiern zunahm – insbesondere Hermann Schultz (1836–1903) war ein gern in Anspruch genommener akademischer Beerdigungsprediger –, Konflikte zwischen der Universitätskirche und den städtischen Parochien weiterhin vermieden werden konnten.

---

[25] Zu den Hintergründen, die m. E. freilich noch genauer eruiert werden müßten, vgl. R. MOHR, Das Ende der Leichenpredigten, in: R. LENZ (Hg.), Leichenpredigten als Quelle historischen Wissenschaften, Bd. 3, 1984, 293–330.

[26] Vgl. G. LESS, Trost bei dem Grabe eines einzigen Kindes Dorothea Salome Leß-Imlin. An meine liebe Frau, 1778.

[27] Eine nähere Analyse, die hier nicht geleistet werden kann, würde nachhaltig bestätigen, daß LESS' Trostschrift im Kontext der aufklärerischen Kommunikationskultur, wie sie sich in der 2. Hälfte des 18. Jahrhunderts etwa in Form der Gesprächs– und Briefkultur entwickelt hat, gelesen werden muß. Vgl. allgemein R. VAN DÜLMEN, Kultur und Alltag in der Frühen Neuzeit, Dritter Bd.: Religion, Magie, Aufklärung 16.–18. Jahrhundert, 1994, 236–240.

[28] Vgl. das Memorandum des Universitätsrats Fr. ROSE vom 23. 9. 1871, UAG, K 26, o. P. (Bl. 1–47; hier: Bl. 43).

2. Die Universitätskirche als Ort der Feier besonderer Ereignisse

In Göttingen diente – entsprechend den allgemein üblichen akademischen Gepflogenheiten – die Universitätskirche im 18. Jahrhundert als Raum nicht nur für den regelmäßigen Universitätsgottesdienst, sondern auch für die verschiedenen akademischen Solennitäten. Die Promotionen und turnusmäßigen Prorektoratswechsel, die jährliche Wiederkehr des Inaugurationstages und besondere Gedenk- und Festakte wurden hier feierlich begangen; gelegentlich fanden in der Paulinerkirche auch Konzerte auswärtiger Künstler statt[29]. Während im Rahmen der akademischen Festakte zur Inauguration der Universität am 17. 9. 1737 und gelegentlich zur jährlichen Wiederkehr des Inaugurationstages Gottesdienste gefeiert wurden, bot sich den Universitätspredigern ansonsten wiederholt die Gelegenheit, neben und innerhalb ihrer regulären Predigttätigkeit zu besonderen Anlässen Predigten zu halten. In diesen Zusammenhang gehören Dank- und Jubelpredigten sei es über aktuelle politische Ereignisse[30] und an den von der Obrigkeit angeordneten Gedenk- und Rettungstagen des Königs, sei es am Reformationsfest oder am Neujahrstag, des weiteren Ordinationsansprachen und Leichenpredigten sowie Predigten, die in biographisch bedingten Umständen der Universitätsprediger ihren Anlaß hatten.

Umfaßt der Gesamtbestand der selbständigen Druckausgaben der im Universitätsgottesdienst während des Bearbeitungszeitraums gehaltenen Predigten (Einzeldrucke und Predigtsammlungen) 69 Titel, so kommen die Ausgaben mit Predigten zu besonderen Anlässen immerhin auf einen Anteil von 34 Titeln. Auf ihren speziellen Situationsbezug ist es wohl zurückzuführen, daß sie in der Regel als Einzeldrucke oder in Predigtsammlungen mit vergleichsweise geringem Umfang erschienen sind. Trotz ihrer ausgeprägten Situationsbedingtheit lassen sich diese Predigten von den gewöhnlichen Sonntagspredigten der Universitätsprediger nicht so scharf unterscheiden, wie man etwa die im konfessionellen Zeitalter von Rostocker Theologieprofessoren zu besonderen Ereignissen gehaltenen Predigten deutlich von der sich in den Postillenwerken Simon Paulis und Heinrich Müllers niederschlagenden „lutherische(n) Normalpredigt‘‘[31] des ausgehenden 16. und 17. Jahrhunderts abheben kann. Für das 18. Jahrhundert sind zwischen dem Typus der „Normalpredigt‘‘ und dem der „Kasualpredigt‘‘ im weitesten Sinne eher fließende

---

[29] So gaben z.B. Wilhelm Friedemann Bach 1773 und der französische Kapellmeister Vogler 1783 Orgelkonzerte in der Universitätskirche. Vgl. UAG, K 27, Vol. VIII, Bl. 3 f.; dazu D. Garbe u. a., aaO., 86.

[30] Hierher gehört z.B. P. J. Förtsch, Dankpredigt wegen des grossen Sieges welcher von Sr. Königl. Grosbritannischen Majestät Trouppen über die Französische Armee am 1sten August erfochten worden in der Universitätskirche zu Göttingen gehalten, 1759 (NLB Hannover, C 2560/3).

[31] Vgl. dazu Th. Kaufmann, aaO., 572–602 (Zitat: 572).

Übergänge zu konstatieren. Denn die für das lutherische Predigtwesen des konfessionellen Zeitalters konstitutive Bindung der regulären Sonn- und Feiertagspredigt an die durch das Perikopensystem vorgegebenen biblischen Texte ist jedenfalls in der 2. Hälfte des 18. Jahrhunderts (auch) von den Göttinger Universitätspredigern gelockert, ja zunehmend sogar ganz aufgegeben worden. Umgekehrt sahen die aufklärerischen Prediger ein zentrales Ziel ihrer Predigttätigkeit darin, die der Gemeinde zu vermittelnden religiössittlichen Wahrheiten grundsätzlich in der Erfahrungswelt ihrer Hörer zu verorten und aus diesen lebensweltlichen Bezügen heraus zu entwickeln. Dies führte in der Praxis dazu, daß man in dem Bestreben, den Hörern die Predigtinhalte möglichst lebensnah zu akkommodieren[32], bevorzugt an äußere − säkulare oder kirchliche − Ereignisse anknüpfte. Das in der Aufklärungshomiletik gelegentlich aufgestellte Postulat, eigentlich müsse jede Predigt eine Kasualrede sein[33], ist der theoretische Reflex eines weitverbreiteten praktischen Phänomens[34].

Eine der Universitätspredigten zu besonderen Anlässen ist in dieser Untersuchung bereits behandelt worden[35], einige von ihnen sollen noch an anderer Stelle Berücksichtigung finden[36]. Im folgenden wende ich mich der Predigt Leß' zum Universitätsjubiläum von 1787 sowie verschiedenen Predigten, die an Reformationsfesttagen und an Gedenktagen der Obrigkeit gehalten wurden, unter der Fragestellung zu, wie die Universitätsprediger an diesen Feiertagen das kollektive Selbstverständnis der Universität, der protestantischen Religion und der Gesellschaft in der akademischen Öffentlichkeit interpretiert haben.

Unter den zahlreichen Veranstaltungen, mit denen die Universität im September 1787 ihr 50jähriges Stiftungsfest glanzvoll feierte, kam der im Festgottesdienst von Leß gehaltenen Predigt eine zentrale Funktion zu, brachte doch der Senior der Theologischen Fakultät das wissenschaftliche Selbstver-

---

[32] Natürlich zielte schon das Bestreben der lutherisch−orthodoxen Predigt darauf ab, die christliche Heilswahrheit der Hörergemeinde zu akkommodieren und in deren häusliche, soziale, gesellschaftliche und politische Lebenswelt hinein auszulegen. Dabei blieb die Integration dieser lebensweltlichen Bezüge in der lutherisch-orthodoxen Predigt prinzipiell verankert in der persönlichen Zusage des in der Person Jesu Christi erschienenen Heils. Demgegenüber dürfte die verstärkte Anwendung und „Verabsolutierung" des Akkommodationsprinzips durch die aufklärerische Predigt (vgl. R. KRAUSE, aaO., 116 ff.) u. a. auch damit zu erklären sein, daß die „christologische Reflexionsarbeit" der Orthodoxie (Th. KAUFMANN, aaO., 573) unter den veränderten geistes- und theologiegeschichtlichen Bedingungen des 18. Jahrhunderts zunehmend an Bedeutung verlor.

[33] Vgl. Ph. H. SCHULER, aaO., Bd. III, 1794, 181.

[34] Wie durchlässig die Grenzen zwischen der regulären Sonntagspredigt und der Predigt zu besonderen Anlässen im Göttingen des 18. Jahrhunderts waren, zeigt sich mittelbar auch daran, daß 3 der Predigten mit ausgeprägtem Situationsbezug sowohl in Einzeldrucken als auch innerhalb größerer Predigtsammlungen publiziert wurden.

[35] S. o. 91–93 zur Leichenpredigt Ammons.

[36] Vgl. z. B. zur Antritts- und zur Abschiedspredigt Krafts u. 245.250, zur Predigt Förtschs anläßlich des Todes eines Studenten u. 258 f.

ständnis der noch jungen, aber erstaunlich rasch zu hohem Ansehen aufge-
stiegenen Hochschule, ihr Selbstwertgefühl im Medium der religiösen Rede
zur Darstellung[37]. Seiner Jubelpredigt legte Leß die paulinische Doxologie
Röm 11,33–36 zugrunde. Ohne sich lange mit den theologischen Tiefen des
Textes auseinanderzusetzen, stellt er in der Narratio die Beziehung zwischen
dem aus dem Text entwickelten Gedanken von der Providenz Gottes und der
Geschichte der Universität dergestalt her, daß daraus als Predigtthema die
„Unermeßliche Grösse Gottes; in der wundervollen Grösse des Menschen"
unmittelbar hervorgeht[38]. Wie der biblische Text letztlich nur das Motto der
Predigt abgibt, so liegt der Schwerpunkt in der Durchführung des Predigt-
themas eindeutig auf der Beschreibung der Größe des Menschen[39].

Schon den Rückblick auf die schwierigen Bedingungen, unter denen die
Universität ihre Arbeit aufnahm – es „fehlte, fast kan man sagen, Alles: was
eine solche Anstalt voraussetzt"[40] –, gestaltet Leß bewußt als düsteres Bild,
vor dem er dann das Licht der Universitätsgründer um so heller erstrahlen
läßt. Der unansehnliche Ort, die fehlenden Räumlichkeiten, die an Besseres
gewöhnten und daher mißvergnügten ersten Professoren, die mehr durch
Grobheiten, ja sogar Morde denn durch milde Sitten auffallenden Studenten,
der auswärtige Neid – diese traurigen Umstände des Anfangs konnten den
glänzenden Aufschwung der von König Georg II. und zumal Münchhausen
eingerichteten Anstalt nicht verhindern[41]. Der unbestreitbaren historischen
Leistung Münchhausens gedenkt Leß dabei mit einem Pathos, das nur aus der
Situation heraus zu erklären ist, in der die Predigt gehalten wurde[42]. Der
verstorbene Staatsminister war der Konstrukteur der vollkommenen „Maschine" Universität, die – einmal in Gang gesetzt – wie von selbst die herr-
lichsten Wirkungen hervorbrachte[43].

---

[37] Vgl. als zeitgenössischen Bericht [Chr. G. HEYNE,] Die Jubelfeyer der Georg Augustus
Universität zu Göttingen an ihrem funfzigsten Stiftungsfeste …, 1787; dazu interpretierend N.
HAMMERSTEIN, 1787 – die Universität im Heiligen Römischen Reich, in: B. MOELLER (Hg.),
Stationen der Göttinger Universitätsgeschichte, 1988, 27–45.

[38] Vgl. G. LESS, Predigt am Fünfzigjährigen Jubel-Feste der Universitaet Göttingen. Nebst
Einem Anhange, 1787, 4–7; abgedruckt auch bei HEYNE (s. Anm. 37), 12–21. – Vgl. als
weiteres Beispiel G. Tr. ZACHARIAE, akademische Dankpredigt, am 32ten Stiftungsfeste der
königl. Georg-Augustus-Universität den 17. Sept. 1769, o. J. (1769).

[39] G. LESS, aaO., 7: „So ist es denn; ein Jeder von Euch, M. Z., das Thema meiner Predigt.
Von Der Natur will ich reden: die wir Alle; der Niedrigste mit dem Vornehmsten, der Aermste
mit dem Reichen Gemein haben! Die Erhabenheit, Grösse, und Stärke des Menschen will ich
beschreiben …"

[40] AaO., 8.

[41] Vgl. aaO., 8–11. Die kritischen Aussagen LESS' über die sittenlose Studentenschaft der
ersten Jahre (aaO., 9 f.) hält G. VON SELLE, aaO., 343 f., für historisch nicht belegbar, eher für
eine pädagogisch motivierte Passage, mit der Leß die Studenten von 1787 zu gesittetem
Verhalten habe auffordern wollen.

[42] Vgl. G. LESS, aaO., 10 f.

[43] AaO., 12: „Die Räder des grossen Kunstwerks; wurden, nach einem weisen Plane
bereitet. Eben so planmässig; sezte mann sie zusammen. Alles ward inniglich verbunden. Das

Daß die von Frankreich und England ausgegangene Aufklärung nunmehr „ihren vornehmsten Siz, in Teutschland" habe, rechnet Leß hauptsächlich dem Anteil Göttingens „an dieser Ehrenvollen und Glücklichen Revolution" zu[44]. Genauerhin war es das spezifische Profil der Universität, an der man dem Dogmatismus und der Spekulation den Abschied gab und sich statt dessen allein „auf Erfahrung" gründete, waren es neben der empirischen Ausrichtung der Wissenschaften ihr Zug zum Praktischen und zum Historischen zugleich[45], die den internationalen Ruf der Georgia Augusta begründeten. Zum Vorteil gereichte es der Hochschule ferner, daß – bei nur einer Ausnahme – in 50 Jahren keiner ihrer Lehrer „Säze behauptete, welche die Ruhe und Wohlfarth der Menschlichen Gesellschaft, in ihren Fundamenten erschüttern konten"[46]. In allen Disziplinen vermied man extreme Positionen. Juristen, Mediziner, Historiker und Philosophen ließen die Moral und die göttliche Offenbarung unangetastet, und kein Theologe schloß sich den „modischen Neuerungen; welche den Sturz der Göttlichkeit unsrer heiligen Bücher, zur Absicht haben", an[47].

So sehr sich der Ruhm der Universität Menschen und ihren Fähigkeiten verdankt, so sehr gilt es nun – „durchs Christenthum belehrt" – doch auch zu beachten, daß in diesen Menschen der Schöpfer am Werk war und ist. Und wie etwa die Kunst des Künstlers an seinen Kunstwerken zu erkennen ist, so manifestiert sich die Größe Gottes in seinem „Meisterstück", dem Menschen[48]. Da also Gott selbst durch die an der Universität tätigen Menschen wirkt, sind alle: Regenten, Lehrer, Studenten, Stadt und Land, verpflichtet, Gott für die Existenz und Erhaltung der Universität zu danken und ihr Leben auf Gott und die Ewigkeit auszurichten[49].

Gewiß hat Leß in manchen Passagen seiner Jubelpredigt die Vorrangstellung der Göttinger Universität unter den deutschen Universitäten im aus-

---

Eine Rad, griff in das Andere ein. Die Triebfeder wirkte. Und, die künstliche, erstaunliche Maschine, war nun – in voller Bewegung!" Zum praktischen Nutzen der aufklärerisch bestimmten Universität für die gesamte Gesellschaft vgl. aaO., 14.

[44] AaO., 14.

[45] Vgl. exemplarisch aaO., 13: „Die Geschichte ward nun, auch in Teutschland; was sie schon vorher bei einigen neuern Nationen, und bei jenen uralten Meistern der Kunst war. Nicht, ein verworrener Haufe von Nahmen und Zahlen. Nicht Erzählungen, von Kriegen und Schlachten: oder kindisches Anstaunen, königlichen und kaiserlichen Flitterstaats. Sondern, ein Lehrer der Weißheit; durch Exempel: welcher in dem Vergangenen und Gegenwärtigen, das Zukünftige lesen macht."

[46] AaO., 15. – Bei der Ausnahme denkt Less offenbar an Heumann, den er freilich noch in Schutz nimmt (ebd.): „Selbst bei diesem Einen: lag der Fehler, mehr im Ausdruck, als in der Lehre." Zu Heumanns Amtsenthebung vgl. I. Mager, in: B. Moeller (Hg.), Theologie in Göttingen, 1987, 41–57.

[47] G. Less, aaO., 15.

[48] Vgl. aaO., 17f.

[49] Vgl. aaO., 18–22; sowie das Gebet, aaO., 23–26.

gehenden 18. Jahrhundert etwas zu euphorisch betont[50], aber das von ihm gezeichnete Bild dürfte gerade so als ein getreuer Spiegel der Vorstellungen anzusehen sein, die die Göttinger Professorenschaft von der Bedeutung ihrer Akademie hatte. Mit seinen systemkonformen Äußerungen zur gesellschaftsstabilisierenden Funktion der Universität dürfte Leß nicht zuletzt bei den anwesenden Vertretern der hannoverschen Staatsregierung und den übrigen, in großer Zahl versammelten Repräsentanten des Ancien Régime Anklang gefunden haben[51]. Die Art und Weise schließlich, wie Leß aus anthropologischen Gegebenheiten das im Geschick der Universität zutage tretende providentielle Handeln Gottes ableitete, ist als ein typisches Strukturmerkmal aufklärerischer Predigt zu betrachten. Insgesamt dokumentiert diese Jubelpredigt nachdrücklich den am Erscheinungsbild der Göttinger Universität exemplarisch aufgewiesenen religionsfreundlichen Charakter der deutschen Aufklärung.

Das Reformationsfest ist in der Universitätskirche zumindest in der 2. Hälfte des 18. Jahrhunderts regelmäßig begangen worden[52]. Die vier im Druck erhaltenen Reformationspredigten von Göttinger Universitätspredigern geben fast stereotyp die Grundzüge des aufklärerischen Luther- und Reformationsverständnisses zu erkennen[53]. Zuvörderst begreifen unsere Prediger die Reformation als ein sämtliche Lebensbereiche tangierendes Ereignis der Befreiung. Befreit wurden die Protestanten durch die Reformation Luthers aus der Sklaverei, in der die Christenheit, ja die ganze Welt jahrhundertelang durch die ungehemmte Herrschaft des Papsttums und einer „gierigen, gefräßigen, blutdürstigen Pfaffenheerde" gehalten worden war[54], befreit wurden sie zumal von all den religiösen Praktiken des Mittelalters, die aufgeklärte Geister nur als Ausdruck peinlichsten Aberglaubens und religiöser Wahnvorstellungen bezeichnen können[55]. Indes ist – etwa für Leß – mit

---

[50] Vgl. etwa die am Erscheinungsbild der Göttinger Jurisprudenz im 18. Jahrhundert orientierte zurückhaltende Auffassung von W. SELLERT, aaO., 79–83.

[51] Zur zahlenmäßig hohen Beteiligung von Vertretern des Ancien Régime an den Universitätsfeierlichkeiten vgl. die bei Chr. G. HEYNE, aaO., 62 f., abgedruckte Ordnung der Prozession am 17. 9. 1787.

[52] Nachdem im Calenbergischen bereits seit 1617 das Reformationsfest jeweils am 21. Sonntag nach Trinitatis gefeiert worden war (vgl. P. GRAFF, aaO., Bd. I, 145), wurde es im ganzen Kurfürstentum Hannover auf Grund einer Verfügung von 1769 stets am 21. Sonntag nach Trinitatis begangen (vgl. P. GRAFF, aaO., Bd. II, 107). Den gedruckten Predigten zufolge haben sich die Göttinger Universitätsprediger an diese Vorgabe gehalten.

[53] Vgl. dazu H. STEPHAN, Luther in den Wandlungen seiner Kirche, 2. Aufl. 1951, 35–49; H. BORNKAMM, Luther im Spiegel der deutschen Geistesgeschichte, 1955, 14–16; V. MEHNERT, Protestantismus und radikale Spätaufklärung. Die Beurteilung Luthers und der Reformation durch aufgeklärte deutsche Schriftsteller zur Zeit der Französischen Revolution, 1982.

[54] G. LESS, Vortheile und Rechter Gebrauch der Reformation Lutheri, 1775, 15 (abgedruckt auch in: G. LESS, Christliche Lehre von den gesellschaftlichen Tugenden. In Predigten, 1777, 587–604); vgl. auch die ausführliche Darstellung bei J. C. VOLBORTH, Christliche Predigten, 1786, (1–26) 8–16 (Predigt zum Reformationsfest 1786).

[55] Vgl. G. LESS, Vortheile, 14 f. 20.

dem „Ablaß-Kram", der Vorstellung von einem „Fegefeuer, worinnen Seelen gereiniget" werden, und „hundert ähnlichen Ungereimtheiten" auch die reformatorische Kritik an den Auswüchsen spätmittelalterlicher Frömmigkeit längst zur historischen Makulatur geworden[56]. Die Göttinger Prediger sehen ihr Ziel ohnehin nicht mehr darin, wie noch die Vertreter der orthodoxen Predigt die konfessionelle Identität der Zuhörerschaft zu festigen, weswegen sie in ihren Reformationspredigten auch weder auf konfessionsspezifische Lehrvorstellungen noch überhaupt auf genuin theologische Anliegen Luthers rekurrieren[57].

Nicht als Theologe, sondern als Vorkämpfer für Glaubens- und Gewissensfreiheit wird Luther der Gemeinde vor Augen gestellt. Der kleine, unbedeutende Mönch, der 1517 aus seiner Zelle hervortrat und sich an die Öffentlichkeit wandte, um „die Aufklärung, den Geist und die ächten Gesinnungen des Christenthums" ans Tageslicht zu bringen, der sich gegen den Kaiser, den Papst und die ganze Welt erhob, um die Menschen „zur Wahrheit und Tugend, Freiheit und Glück, zurücke zu führen", ausschließlich dieser Luther ist es, dem das Interesse der Göttinger Prediger gilt[58]. Die entscheidende Errungenschaft der Reformation sehen sie in „der Wiederherstellung des freien Gebrauchs der Bibel"[59], mit dem in der Reformationszeit freilich nur erst ein Anfang gemacht war. Denn der Gegenwart bleibt es vorbehalten, den im 16. Jahrhundert gebahnten Weg hin zu einer von Fremdbestimmungen freien, eigenverantworteten Religiosität konsequent zu Ende zu gehen[60]. Neben der Entdeckung des Prinzips der religiösen Subjektivität schreiben die Prediger der Reformation wohltätige Einflüsse auf ein dem Willen Gottes entsprechendes Ethos und vorteilhafte Wirkungen auf das gesamte bürgerliche und häusliche Leben sowie die Grundlegung der modernen Bildung, Kunst und Wissenschaft zu[61]. In der Reformation ging, einem 2. Schöpfungsakt vergleichbar, wie Leß resümiert, „aus jenem finstern Chaos" des Mittelalters „durch das Wort des Allmächtigen, Es werde Licht! unsre jetzige Regelmäßige und Schöne Welt hervor!"[62] Nicht zuletzt die Göttinger Uni-

---

[56] G. Leß, Christliche Lehre von den gesellschaftlichen Tugenden. In Predigten, 1777, (605–621) 616 (Reformationspredigt 1776); ders., Vortheile, 14 f.

[57] J. C. Volborth, aaO., 8 f., erklärt ausdrücklich, er wolle seine Darstellung der historischen Voraussetzungen der Reformation von jeder konfessionellen Polemik freihalten.

[58] J. C. Volborth, aaO., 17; G. Leß, Vortheile, 10 f.

[59] G. Leß, Vortheile, 11; vgl. ders., Gottgefälliger Dank für die Wohlthat der Reformation, eine Predigt am Reformationsfest 1772, 1772, passim; J. C. Volborth, aaO., 20.

[60] G. Leß, Vortheile, 17: „Nun lassen die Menschen selbst, die Bibel. Der Geistliche konte nun nicht mehr mit der Religion Wucher treiben; auch der, der sonst Laie hieß, sahe nun mit eignen Augen, ward selbst Lehrer der Religion. Auf diesem Wege kam man immer weiter! ... Auf solche Art ward Freie Untersuchung, und Reine Religionskenntniß besonders in dem wichtigsten Theil derselben, der Moral, in die Welt gebracht!"

[61] Vgl. G. Leß, Vortheile, 16–19; J. C. Volborth, aaO., 21.

[62] G. Leß, Vortheile, 18.

versität mit der sie auszeichnenden Denkfreiheit muß man als eine Folgeerscheinung der reformatorischen Bemühungen Luthers und Melanchthons um
die Hebung wissenschaftlichen Geistes begreifen[63].

Die Deutung der Reformation als der den neuzeitlichen Fortschritt allererst ermöglichenden Epoche ist bei den Göttinger Universitätspredigern im
religiösen Gedanken von der Providenz Gottes verankert. Auf die göttliche
Vorsehung führen sie die historischen Voraussetzungen der Reformation mit
all ihren Einzelheiten ebenso zurück wie das Auftreten Luthers in einer
bestimmten geschichtlichen Stunde, so daß sich mit einer inneren Zwangsläufigkeit die gottgewollte Freiheit des Denkens und Glaubens durchsetzen
mußte[64]. In dieser genuin aufklärerischen Interpretation der historischen
Sachverhalte mit Hilfe des Providenzglaubens dürfte wissenschaftsgeschicht-
lich der Ursprung der „Pulverfaßtheorie" zu sehen sein, jenes in diversen
Varianten bis heute wirksamen Erklärungsmodells, das die Reformation als
notwendige historische Konsequenz der vermeintlichen religiösen Krise des
Spätmittelalters zu begreifen sucht und das Luther für den Prozeß der Reformation eine zwar notwendige, aber letztlich doch ersetzbare Funktion
zuschreibt[65]. So sehr die Göttinger Prediger das in der Aufklärung erwachte
Bewußtsein teilten, die Reformation habe als ein Geschehen von welthisto-
rischer Bedeutung die Genese der Neuzeit überhaupt erst ermöglicht[66], so
unübersehbar ist zugleich dies, daß sie für die ureigenen religiösen Anliegen
Luthers kein Verständnis mehr entwickelten. Ihre in der Universitätskirche
vorgetragene Luther- und Reformationsdeutung war allzu stark von ihren
eigenen aufgeklärten Vorstellungen vom Wesen der christlichen Religion
bestimmt, als daß in diesem Rahmen etwa Luthers Rechtfertigungslehre hätte
Berücksichtigung finden können. Selbstkritische Töne, wie sie Fr. V. Reinhard in seiner Reformationspredigt von 1800 anschlug, als er der gängigen
Auffassung der zeitgenössischen Theologie, das fromme Subjekt vermöge sich
mittels der Erfüllung der Tugendpflichten gleichsam selbst zu erlösen, mit der

---

[63] Vgl. J. C. VOLBORTH, aaO., 21.

[64] Vgl. LESS' Predigt „Spuren der Vorsehung in der Reformation" (1776), in: DERS.,
Christliche Lehre von den gesellschaftlichen Tugenden. In Predigten, 1777, 605–621; DERS.,
Vortheile, 20–22; J. C. VOLBORTH, aaO., 17–20.

[65] G. LESS, aaO., 614, behauptet, daß Luther vergeblich gepredigt hätte, wenn auch nur
eine der mittelalterlichen Ursachen der Reformation entfallen wäre. Luther war für ihn der
eine Mutige, der den Brand entfachte, und seine reformatorische Tat war „Gleich einem
Feuer-Funken. Laßt ihn auf die Erde fallen; so verlischt er in einem Augenblick, ohne alle
Wirkung. Aber ihr werft ihn in den Pulver-Thurm. Und nun entzündet er ein Feuer, welches
hundert Häuser zerstört" (aaO., 616). – B. MOELLER, Die Rezeption Luthers in der frühen
Reformation, in: B. HAMM, B. MOELLER, D. WENDEBOURG, Reformationstheorien, 1995, (9–
29) 13, meint noch, die Pulverfaßtheorie begegne „schon bei Friedrich Engels". Zur Kritik an
heutigen Ausprägungen dieses Erklärungsmodells vgl. B. MOELLER, aaO., 22 ff.

[66] Vgl. H. BORNKAMM, aaO., 15; zur kritischen Beurteilung des aufklärerischen Lutherbil-
des vgl. H. BORNKAMM, aaO., 14; H. STEPHAN, aaO., 36.44.47.49.

Mahnung entgegentrat, die Kirche dürfe den reformatorischen Grundsatz von der freien Gnade Gottes in Christus nicht vergessen[67], findet man in den Göttinger Reformationspredigten jedenfalls nicht.

Verschiedene von der Obrigkeit angeordnete Dank- und Jubelfeste in der Regierungszeit des Königs Georg III. boten den Universitätspredigern die Gelegenheit, ihr Verständnis von der Obrigkeit und vom Verhältnis der Bürger zum Staat und zur Regierung darzustellen. Anlässe dieser Dankgottesdienste waren im einzelnen die Genesung Georgs III. von einer langwierigen Krankheit 1789 sowie seine Rettung vor zwei Attentaten in den Jahren 1786 und 1800[68]. Da diese aktuellen Ereignisse den Bezugsrahmen der Dankpredigten abgaben, wird man zwar naturgemäß nicht erwarten dürfen, daß die Universitätsprediger hier ihre gesamte politische Ethik entfalteten. Gleichwohl sind ihren Predigten wesentliche Hinweise auf ihre Position zum absolutistischen Staat und zur Staatsräson zu entnehmen.

Sowohl die Gesundung des Königs nach seiner schweren Krankheit als auch das Mißlingen der beiden Attentatsversuche gehen für die Universitätsprediger auf die gnädige Vorsehung Gottes zurück. Leß nimmt die Erkrankung und Wiederherstellung Georgs III. sogar zum Anlaß, um in einer Reihe von vier Predigten 1788–89 die christliche Lehre von der Vorsehung, ihre biblische Begründung (Mt 10,29–31; Ps 139,1–5) und ihre Verifikation in Natur und Geschichte sowie in der persönlichen Erfahrung jedes einzelnen Christen darzulegen[69]. Die Bewahrung des Königs vor dem Tod begreifen unsere Prediger als eine väterliche Wohltat Gottes, die nicht allein der Person des Regenten, sondern vor allem seinen Untertanen zugute kommen sollte. Daher muß sich die Dankbarkeit aller vernünftigen Staatsbürger angesichts des fürsorglichen Handelns Gottes vornehmlich in der Erfüllung ihrer Pflichten als Untertanen und in einer verstärkten Liebe und Verehrung gegenüber dem

---

[67] Zur Reformationspredigt Reinhards von 1800 und zu der durch sie ausgelösten literarischen Kontroverse vgl. Chr.-E. Schott, Möglichkeiten und Grenzen der Aufklärungspredigt, 1978, 250–263.

[68] Zur Erkrankung Georgs III. an Porphyrie, einem seltenen Stoffwechselleiden, zwischen Oktober 1788 und Februar 1789 vgl. R. Oberschelp, Niedersachsen 1760–1820. Wirtschaft, Gesellschaft, Kultur im Land Hannover und Nachbargebieten, Bd. 1, 1982, 12.16. – Zum Attentatsversuch, den am 2.8.1786 die später von den Behörden für geistig verwirrt erklärte Margaret Nicholson unternahm, vgl. R. Oberschelp, aaO., 279. – Zu dem Anschlag auf den König, den am 31.5.1800 in einem Londoner Theater ein Invalide namens Hathfield durchführte – auch er wurde später für wahnsinnig erklärt –, vgl. E. Vehse, Geschichte der Höfe des Hauses Braunschweig in Deutschland und England, Zweiter Theil, 1853, 163f.

[69] Vgl. G. Less, Christliche Predigten veranlaßt zum Theil, durch die Krankheit und Wiederherstellung des Königs, 1790. Less dürfte die vier dem Providenzglauben gewidmeten Predigten, von denen drei auf das Geschick des Königs Bezug nehmen, freilich erst nach der Genesung Georgs III. für den Druck zu einer Predigtreihe zusammengestellt haben. Die Predigtsammlung ist den seit 1786 in Göttingen studierenden Söhnen des Königs, den Prinzen Ernst August, August Friedrich und Adolf Friedrich gewidmet.

Regenten konkretisieren[70]. Umgekehrt konnte es sich bei den Anschlägen auf das Leben des Königs nur um die Taten von Verblendeten handeln, die das vorbildliche Eintreten Georgs III. für die Wohlfahrt des Gemeinwesens völlig verkannt hatten, als sie sich in frevlerischer Absicht gegen den König und damit gegen die heilige, von Gott gesetzte Ordnung des Staates erhoben[71].

Das bestehende Herrschaftssystem des aufgeklärten Absolutismus wird von den Göttinger Predigern voll bejaht und gegen verschiedene Einwände vehement verteidigt. Das Bild, das sie zunächst von ihrem Landesherrn zeichnen, ist freilich nicht mehr von den höfischen Leitvorstellungen vom absolutistischen Herrscher geprägt, wie sie noch bis in die Mitte des 18. Jahrhunderts propagiert wurden[72]. Die Prediger stellen ihrer Gemeinde vielmehr das Idealbild des aufgeklärten, weisen „Bürgerfürsten" vor Augen, der selbst durch seine persönlichen Tugenden, die besonnene Ausführung seiner Regierungsgeschäfte und nicht zuletzt durch seine exemplarische Religiosität den Beweis dafür liefert, daß er der legitime „Statthalter Gottes" an der Spitze des staatlichen Gemeinwesens ist[73]. Gewiß bleibt jeder König ein fehlbarer Mensch, sein Verstand und seine Tugenden sind eingeschränkt, und nicht selten umgeben ihn eigennützige und listige Leute als Ratgeber. Gerade deshalb ist das Land glücklich zu schätzen, dessen Herrscher die wenigsten Fehler aufweist[74]. Daß eben dies für das Kurfürstentum Hannover und seinen Landesherrn zutreffe, versucht Leß anhand eines Fürstenspiegels zu belegen, in dessen Einzelbestimmungen das bürgerliche Herrschaftsideal der Aufklärung voll zum Tragen kommt[75]. Danach sorgt ein guter Regent 1. für Ruhe und Frieden in der Gesellschaft. Im vorstaatlichen, asozialen Naturzustand war ein Mensch dem anderen ein Wolf, ein Raubtier, erklärt Leß im offenkundigen Rekurs auf Gedanken Thomas Hobbes'. Erst der freiwillig geschlossene Gesellschaftsvertrag und die auf ihm beruhende Herrschaftsvollmacht eines ein-

---

[70] Vgl. G. Less, Dank-Predigt am Oeffentlichen Dank-Feste; wegen Erhaltung des Lebens, und der Gesundheit des Königes, 1786, 28 f.; Chr. Fr. Ammon, Zwei Predigten am 20. Julius als dem Rettungsfeste des Königs und am Pfingstfeste 1800, o. J. (1800), (5–30) 11.22–27.

[71] Vgl. Chr. Fr. Ammon, aaO., 16 f. bes. 18 f. Ammon führt den Anschlag von 1800 auf die religiösen Wahnvorstellungen des Attentäters zurück und folgert daraus, daß „eine vernünftige und gleichförmige Liebe und Ehrfurcht gegen das Vaterland und die Obrigkeit nur von einer unermüdeten Aufklärung und Läuterung unserer Religionsbegriffe erwartet werden" könne (aaO., 20).

[72] Vgl. zum folgenden auch A. Schlingensiepen-Pogge, aaO., 30–39; Kl. Scholder, aaO., 481–483.

[73] Vgl. G. Less, Dank-Predigt (s. Anm. 70), 16.28; Chr. Fr. Ammon, aaO., 28. Für Ammon erwies sich Georg III. nicht zuletzt wegen seiner besonnenen Reaktion auf das Attentat als wahrhaft christlicher Weiser (vgl. aaO., 12 f.).

[74] Vgl. G. Less, Dank-Predigt (s. Anm. 70), 14 f.

[75] Vgl. G. Less, Christliche Predigten (s. Anm. 69), 88–98. – Zum traditionsgeschichtlichen Hintergrund vgl. Br. Singer, Art. Fürstenspiegel, TRE 11 (1983), 707–711; W. Sommer, Gottesfurcht und Fürstenherrschaft. Studien zum Obrigkeitsverständnis Johann Arndts und lutherischer Hofprediger zur Zeit der altprotestantischen Orthodoxie, 1988, 221.245.297 u. ö.

zelnen vermochte die schreckliche Plage des Krieges zu beenden. 2. schützt und bewahrt der Landesherr das Eigentum seiner Staatsbürger. Zwar kann man die ungleiche Verteilung der materiellen Güter beklagen, jedoch sind die Träume von einem goldenen Zeitalter mit gleichen Besitzverhältnissen für alle als illusorisch zu betrachten. Vielmehr behält das Leistungs-Lohn-Prinzip, durch das die unterschiedlichen Eigentumsverhältnisse bedingt sind, schon um der äußeren gesellschaftlichen Wohlfahrt willen seine Berechtigung. 3. garantiert der vorbildliche Fürst auch das Recht des letzten Willens, d. h., er schützt die bürgerliche Konvention, im Todesfall das Eigentum vererben zu können. Die 4. Aufgabe des Regenten besteht in der Sicherung der Freiheit des einzelnen, die durch eine entsprechende Gesetzgebung vor Willkür, Ungerechtigkeit und Tyrannei geschützt wird. Wie die gesamte Aufklärungstheologie[76] denkt Leß hier nicht etwa an ein politisches, verfassungsmäßig abgestütztes Freiheitsrecht des Staatsbürgers, sondern ausschließlich an die sittliche Freiheit, die den Untertan nach vernünftigen Maximen handeln läßt. Schließlich befördert der gute Herrscher 5. den Wohlstand und die gesamte irdische Wohlfahrt der Gesellschaft: Künste und Wissenschaften, Handel und Gewerbe, häusliches Leben und Reisefreiheit, ökonomische und gesellschaftliche Kommunikation sind seiner Fürsorgepflicht anvertraut.

Daß die Obrigkeit von Gott eingesetzt sei, wird von den Göttinger Predigern durchgehend vorausgesetzt[77]. Freilich legitimieren sie das Herrschaftssystem des aufgeklärten Absolutismus weniger im Rückgriff auf biblische Texte als vielmehr durch die Anwendung naturrechtlicher Überlegungen, wie sie im staatstheoretischen Denken seit dem 16. Jahrhundert zugunsten des sich kontinuierlich ausbildenden frühneuzeitlichen Absolutismus geltend gemacht worden waren[78]. Dabei verbindet sich gelegentlich eudämonistisches Gedankengut der Aufklärung mit der traditionellen sakralrechtlichen Begründung der Obrigkeit. Wenn sich ein König wie Georg III. nach Leß als „größter Wohltäter" zugunsten der gesellschaftlichen Glückseligkeit erweist und „wenn, – im Wohlthun und Beglücken, die Grund-Vollkommenheit Gottes besteht: so ist Er, als Regent betrachtet; ein wahrer Statthalter, ein wahres Bild Gottes!"[79]

---

[76] Vgl. Kl. SCHOLDER, aaO., 483; A. SCHLINGENSIEPEN–POGGE, aaO., 160 f.

[77] Vgl. G. LESS, aaO., 102; Chr. Fr. AMMON, aaO., 24; dazu G. LESS, Christliche Lehre von den gesellschaftlichen Tugenden. In Predigten, 2. Aufl. 1785, 390.392 f.403 f.

[78] Die auffallend spärlichen Bezüge auf die einschlägigen biblischen Texte in den Göttinger Obrigkeitspredigten dürften einen der Punkte markieren, an denen sich die Göttinger Aufklärungsprediger etwa von den lutherischen Hofpredigern im Zeitalter der Orthodoxie unterschieden. Bei letzteren hatte die biblische Tradition – insbesondere der sog. Regentenpsalm 101 – konstitutive Bedeutung für ihr Obrigkeitsverständnis und ihre Obrigkeits- und Sozialkritik. Vgl. dazu W. SOMMER, aaO., passim. – Zur Entwicklung naturrechtlicher Staatstheorien in der Frühen Neuzeit vgl. z. B. E. HIRSCH, aaO., Bd. I, 3–110; H. MÖLLER, Fürstenstaat oder Bürgernation. Deutschland 1763–1815, 1989, 281–293.

[79] G. LESS, Christliche Predigten (s. Anm. 69), 102; vgl. auch Chr. Fr. AMMON, aaO., 17; dazu mit weiteren Belegen A. SCHLINGENSIEPEN–POGGE, aaO., 156.

Der christlichen Religion kommt in diesem Zusammenhang eine wesentliche Funktion zu. Zwar lehrt sie nicht unmittelbar, was zu einer zweckmäßigen Regierungskunst gehört[80], aber sie vermittelt durch ihre Bildungsarbeit breiten Volksschichten die unentbehrliche Einsicht, daß die der Obrigkeit gebührende Verehrung seitens der Untertanen sich vordringlich in der Erfüllung der gesellschaftlichen Pflichten zu realisieren hat[81]. Wie sich der Regent selber durch seine vorbildliche Frömmigkeit als Glück für das von ihm geleitete Gemeinwesen erweist[82], so tragen die Staatsbürger durch die Annahme reiner Religionsbegriffe zur gedeihlichen Entwicklung des Vaterlandes bei[83]. Die Religion nämlich befähigt den einzelnen Bürger überhaupt erst dazu, gegenüber Andersdenkenden die Toleranz aufzubringen, die die Grundbedingung für die Entstehung gesellschaftlichen Gemeinsinnes darstellt, und auf diese Weise jeglichen schädlichen Parteigeist zurückzudrängen[84]. Immerhin muß auch dem Monarchen seine natürliche Würde „wichtiger und herrlicher" erscheinen, „wenn Er sie aus dem Gesichtspuncte der Religion betrachtet, die auch den niedrigsten seiner Unterthanen als seinen Bruder und Mitbürger im Reiche Gottes seiner Achtung und seinem Schutze empfiehlt"[85]

Die vollständige Akzeptanz des Herrschaftssystems des aufgeklärten Absolutismus durch die Göttinger Universitätsprediger kann als repräsentativ für die Haltung der gesamten deutschen Aufklärungstheologie zum Staat angesehen werden. Im Rahmen dieser die bestehende gesellschaftlich–politische Ordnung stabilisierenden politischen Ethik blieb für eine positive Wertung des Widerstandsrechts des Bürgers gegenüber dem Staat oder gar der Revolution kein Raum. Leß gesteht dem Bürger durchaus auch Rechte zu – er kann von der Obrigkeit Schutz und Förderung seines Glücks fordern und diese Rechtsgüter im Falle des Versagens der Obrigkeit auf dem Rechtsweg einklagen. Der Bürger darf aber, wenn sich dieser Weg als erfolglos herausstellen sollte, keinesfalls – schon gar nicht mit gewaltsamen Mitteln – Widerstand leisten. Ihm bleibt außer der Möglichkeit der Emigration nur die leidende Duldung der Anordnungen der Obrigkeit[86]. Für Ammon, der in seiner Jubelpredigt von 1800 bereits auf die Französische Revolution zurückblickt,

---

80 Vgl. G. Less, aaO., 103.

81 Vgl. Chr. Fr. Ammon, aaO., 22–25.

82 Vgl. G. Less, aaO., 104 f.; Chr. Fr. Ammon, aaO., 27 f.

83 Vgl. Chr. Fr. Ammon, aaO., 20 f.

84 Vgl. Chr. Fr. Ammon, aaO., 25 f. – Ammon hebt in diesem Kontext hervor, daß es nicht darum gehe, eine vollkommene Übereinstimmung der Gesinnungen und Meinungen zu verlangen. Im Gegenteil – die Gesellschaft kann „durch eigene Ansichten des Wahren" nur gewinnen (aaO., 25). Allerdings muß sich die subjektive Überzeugung im Rahmen des Toleranzpostulats dem gesamtgesellschaftlichen Endzweck unterordnen. Vgl. auch G. Less, Christliche Lehre von den gesellschaftlichen Tugenden, 405.

85 Chr. Fr. Ammon, aaO., 27.

86 Vgl. G. Less, Christliche Moral, 1777, 346; dazu Kl. Scholder, aaO., 482 f.

haben die revolutionären Ereignisse am Ende des 18. Jahrhunderts lediglich
zum Mißbrauch der Freiheit, zur Übertretung der Gesetze und zur unverant-
wortlichen Mißhandlung der Obrigkeiten geführt. Ammon stellt überdies
einen Kausalzusammenhang zwischen der Verbreitung des Aberglaubens in
einem Land – gemeint ist die Vorherrschaft des katholischen Christentums in
Frankreich – und dem Ausbruch der Revolution ebendort her und schreibt
den Umstand, daß die deutschen Territorien von revolutionären Umtrieben
weitgehend verschont blieben, den hier bereits erzielten Fortschritten in der
Bekämpfung des Aberglaubens und in der Entwicklung einer vorurteilsfreien
Religions- und Sittenlehre zu[87]. Dabei erhält die jüngste geschichtliche Erfahrung mit der Revolution und ihrer zerstörerischen Wirkung unmittelbare
Beweiskraft für die These von der Überlegenheit der aufgeklärten Monarchie
sowohl gegenüber fürstlichem Despotismus als auch gegenüber einer Herrschaft des Volkes[88].

Die Reflexion der von den Göttinger Universitätspredigern in ihren Obrigkeitspredigten vorgetragenen Auffassungen vom Staat und vom Verhältnis
zwischen Obrigkeit und Untertanen wird verschiedene Aspekte zu berücksichtigen haben. Vordergründig betrachtet, legten ja die konkreten Anlässe
dieser Predigten – die Errettung des Landesherrn aus Todesgefahren – alles
andere als Kritik an der Person des Fürsten und an der durch ihn repräsentierten politischen Ordnung nahe. Nicht von ungefähr stellten freilich die
Göttinger Universitätsprediger – wie die anderen deutschen Aufklärungstheologen überhaupt – auch bei anderen Gelegenheiten das bestehende
Herrschaftssystem niemals in Frage. Dieser generelle Befund bestätigt, was
schon Kl. Scholder im Blick auf die politische Ethik der deutschen Aufklärungstheologie konstatiert hat: „Der Neologie fehlt jede radikale, theoretische
Position; sie will die Reform, nicht die Revolution"[89]. Im übrigen befanden
sich speziell die Göttinger Prediger mit ihrer Option für den im Prinzip als
reformfähig angesehenen aufgeklärten Absolutismus und mit ihrer Ablehnung
der Französischen Revolution in bester Gesellschaft mit fast der gesamten
zeitgenössischen deutschen Bildungselite, die – in Göttingen und von hier
aus publizistisch besonders wirksam durch August Ludwig von Schlözer
(1735–1809) vertreten – die Parole ausgab, nicht die politische Revolution,
sondern die essentiell geistig zu begreifende Reform sei der für Deutschland
einzig gebotene Weg in die freie Gesellschaft der Zukunft[90].

---

[87] Vgl. Chr. Fr. Ammon, aaO., 21 f.; dazu J. G. Marezoll, Predigten vorzüglich in Rücksicht auf den Geist und die Bedürfnisse unsers Zeitalters, Bd. II, 1792, 188.

[88] Vgl. Chr. Fr. Ammon, aaO., 27.

[89] Kl. Scholder, aaO., 481; vgl. auch A. Schlingensiepen-Pogge, aaO., 160, die am
Beispiel Bahrdts zeigt, daß auch „die radikale Aufklärung in Deutschland im wesentlichen
unpolitisch war". Ähnlich urteilt W. Sparn, aaO., 51 f.

[90] Zur Deutung und Rezeption der Französischen Revolution in der deutschen Bildungselite vgl. H. Möller, aaO., 522–525.527–529; bei Möller auch der Nachweis für die

Die vergleichsweise unkritische Nähe der Göttinger Universitätsprediger
zum zeitgenössischen Staat resultierte letztlich aus dem Bestreben der aufgeklärten Theologen, den Wirklichkeitsbezug der christlichen Religion auf
allen Gebieten herauszustellen und also auch die politische Sicherung und
Förderung der allgemeinen gesellschaftlichen Wohlfahrt religiös zu fundieren.
Da sie sich in dem Willen, dieser Zielsetzung zu dienen, mit dem wahrhaft
aufgeklärten Regenten einig glaubten, entfiel für sie im Grunde von vornherein die Möglichkeit einer kritischen Opposition gegen die Obrigkeit. Im
konkreten Fall der Göttinger Obrigkeitspredigten dürfte die religiöse Sank-
tionierung des absolutistischen Staates auch deshalb besonders intensiv ausgefallen sein, weil die Person des Königs seinen hannoverschen Untertanen
weit entrückt war – Georg III. stattete dem Kurfürstentum zeit seines Lebens
keinen einzigen Besuch ab. Bedingt durch diese Distanz, mußte sich wohl die
– nicht nur bei den Göttinger Universitätspredigern zu beobachtende –
Tendenz noch verstärken, auf der Grundlage der optimistischen aufklärerischen Anthropologie vom Regenten, von seiner Religiosität wie auch seiner
Regierungskunst ein Idealbild zu entwerfen, dessen Realitätsbezug sich von
seinen Untertanen schwerlich überprüfen ließ[91]. Mit ihren Predigten an den
Gedenktagen der Obrigkeit realisierten Leß und Ammon jedenfalls auf ihre
Weise, was Mosheim in einer Rede anläßlich des Besuchs von König Georg
II. am 1. August 1748 in Göttingen für die Universität so formuliert hatte:
„Die Wissenschaften nähern sich unter uns mit aller Freyheit dem Throne:
Noch mehr: Der Thron nähert sich, so zu reden, den Wissenschaften: Er wird
in dem Schoose der Wissenschaften aufgeschlagen"[92].

Realitätsnähe der von Schlözer u. a. vertretenen Auffassung, die reformorientierten deutschen
Territorien – zumal Preußen – hätten Ende des 18. Jahrhunderts von vornherein die Möglichkeit (und die Notwendigkeit) einer Revolution in Deutschland ausgeschlossen. Zur Sicht
der Dinge bei Schlözer und anderen Göttinger Professoren um die Wende vom 18. zum
19. Jahrhundert vgl. ausführlich L. MARINO, Praeceptores Germaniae. Göttingen 1770–1820,
1995, 363–409, bes. 385–393. MARINO kennzeichnet die staatstheoretische Position der Göttinger Aufklärung mit dem Begriff „Reformkonservatismus" (aaO., 392).
    91 Vgl. dazu R. OBERSCHELP, aaO., 281–283, der eine kritische, auf persönlicher Kenntnis
beruhende zeitgenössische Charakteristik Georgs III. den unkritischen Lobeshymnen gegen-
übergestellt.
    92 J. L. v. MOSHEIM, Beschreibung der grossen und denckwürdigen Feyer die bey der
Allerhöchsten Anwesenheit Des … Herren George des Anderen, … auf Deroselben Georg
Augustus hohen Schule in der Stadt Göttingen Im Jahre 1748 … begangen ward, 1749, 45.

§ 6 Die vorläufige Einstellung des Gottesdienstes 1803/05

In den Räumen des ehemaligen Dominikanerklosters, die bis 1734 das Gymnasium academicum beherbergt hatten, war seit der Gründung der Göttinger Universität u. a. auch die Universitätsbibliothek untergebracht[1]. Der stetig wachsende Buchbestand machte während des 18. Jahrhunderts mehrmals Erweiterungen der Bibliotheksflächen erforderlich, so daß schon seit 1764 der erste Stock des Universitätsgebäudes ausschließlich als Bibliothekssaal genutzt wurde. Insbesondere dank der umsichtigen Einkaufspolitik Heynes, der die Bibliothek von 1763 bis 1812 leitete, vermehrten sich die Bestände derart, daß in den 1780er Jahren der Ostflügel des Klostervierecks verlängert werden mußte. Obwohl dieser Erweiterungsbau zum Universitätsjubiläum 1787 fertiggestellt werden konnte, litt die Bibliothek weiter an notorischem Platzmangel. Zwischenzeitlich erwog man daher, die Paulinerkirche abzureißen und an ihrer Stelle einen neuen Gebäudeflügel sowie daneben eine neue, im Vergleich zur alten stark verkleinerte Universitätskirche im klassizistischen Stil zu errichten. Seit 1802 aber nahmen die Planungen einen anderen Verlauf. Im Auftrag des hannoverschen Staatsministers Grote erarbeitete der Karlsruher Baumeister Friedrich Weinbrenner einen Entwurf, der die Einbeziehung der Paulinerkirche in die Bibliothek vorsah. Nach dem Konzept Weinbrenners sollte die Universitätskirche durch eine Zwischendecke in zwei Geschosse unterteilt werden; das obere Geschoß sollte den Bibliothekssaal aufnehmen, das untere das Auditorium.

Nachdem die Staatsregierung den Entwurf Weinbrenners genehmigt hatte, informierte sie am 3. 3. 1803 den 1. Universitätsprediger Christoph Friedrich Ammon und den Göttinger Generalsuperintendenten Gottfried Wilhelm Wagemann über die getroffene Entscheidung und ordnete zugleich an, daß der Universitätsgottesdienst mit dem Gottesdienst der St. Johannis-Gemeinde zusammengelegt werden solle, solange keine besondere Universitätskirche zur Verfügung stünde. Zu diesem Zweck sollten Ammon und Wagemann gemeinsam Vorschläge über die Verteilung der Predigten in der Johanniskirche unterbreiten[2]. Ammon und Wagemann legten daraufhin am 8. 3. 1803 ein Regulativ über die „interimistische Verlegung des Universitäts-Gottesdienstes in die Johannis-Kirche" vor, nach dem von den Vormittagsgottesdiensten an

---

[1] Vgl. Chr. KIND-DOERNE, Die Niedersächsische Staats- und Universitätsbibliothek Göttingen, 1986, 136–138.

[2] Vgl. UAG, 10 b 1/17, o. P.

fünf aufeinander folgenden Sonntagen drei der Generalsuperintendent und je einen der 1. und 2. Universitätsprediger zu besorgen hatten, während die Predigtübungen des Predigerseminars nach Absprache mit dem 2. Pfarrer an St. Johannis in den Nachmittagsgottesdiensten stattfinden sollten[3]. Nachdem die Regierung und das Konsistorium dieser Regelung zugestimmt hatten, erteilte die Regierung Ammon und Wagemann am 29.3.1803 den Auftrag, den selbständigen Universitätsgottesdienst in der Paulinerkirche aufzuheben[4].

Am 1. Ostertag 1803 hielt Ammon zum letzten Mal in der Paulinerkirche den Universitätsgottesdienst. Danach begann sofort die Räumung der Universitätskirche. Die Orgel wurde ausgebaut und zunächst in der Nikolaikirche eingelagert; von dort brachte man sie aber bald – während der Besetzung Göttingens durch französische Truppen – wieder zurück in die Paulinerkirche. Am 25.4.1806 konnte die ev.-luth. Gemeinde in Wittingen die Orgel für die dortige St. Stephani-Kirche zum Preis von 950 Reichstalern käuflich erwerben[5]. Das Gestühl, die Bänke und die Empore wurden 1809 an die in jenen Jahren entstehende lutherische Diasporagemeinde St. Martini in Heiligenstadt verkauft[6]. Nachdem die Sakristei und der Dachreiter schon 1803 abgerissen worden waren, überließ die Universität die nun ebenfalls überflüssig gewordene Glocke 1815 der katholischen Gemeinde in Göttingen. G.J. Planck begründete diese Entscheidung gegenüber der Regierung damit, daß es im gegenwärtigen Augenblick einen vorteilhaften Eindruck machen würde, die – im übrigen nicht besonders wertvolle – Glocke der katholischen Kirche zu schenken[7]. Bedingt durch die französische Fremdherrschaft, kamen die Umbauarbeiten in der Paulinerkirche ansonsten nur schleppend voran. Erst 1812 konnte die Kirche ihrer neuen Bestimmung als Bibliothekssaal übergeben werden.

Der 1803 in die St. Johannis-Kirche verlegte Universitätsgottesdienst wurde gemäß der von Ammon und Wagemann ausgehandelten Regelung noch bis mindestens Ende 1804 gehalten und spätestens nach dem Wechsel des 2. Universitätspredigers Meyer in eine Altdorfer Professur zu Beginn des Jahres 1805 eingestellt. Denn weder für Meyer noch für den zuvor nach Erlangen zurückberufenen 1. Universitätsprediger Ammon bestellte die Regierung einen Nachfolger. Der Universitätsgottesdienst ging auf diese Weise sang- und klanglos ein. An seine Weiterführung war gerade unter den politischen Veränderungen, die während der französischen Herrschaft über das Kurfür-

---

[3] Vgl. UAG, 10 b 1/17, o. P.

[4] Vgl. UAG, 10 b 1/17, o. P.

[5] Vgl. UAG, K 29, Vol. VII, Bl. 8 f.; 10 b 1/18, o. P.; dazu L. SELLE, Die Orgelbauerfamilie Gloger (2), Acta organologica 5 (1971), (31–86) 58 f.; DIES., Die Orgel der St.-Stephanus-Kirche zu Wittingen, o.J. (1966), 9.

[6] Vgl. UAG, K 29, Vol. VII, Bl. 3–5.

[7] Vgl. Plancks Schreiben an die Regierung vom 2.3.1815, UAG, K 29, Vol. VI, Bl. 5; dazu aaO., Bl. 1–4.6–9.

stentum Hannover zwischen 1803 und 1814 auch für Göttingen und seine Universität erhebliche Konsequenzen nach sich zogen[8], nicht ernsthaft zu denken. So in etwa stellt sich der äußere Verlauf der Ereignisse dar, die zur vorläufigen Einstellung des Göttinger Universitätsgottesdienstes führten. Die referierten Fakten bedürfen freilich der Interpretation, dabei sind die Hintergründe und maßgeblichen Faktoren für den Niedergang des Gottesdienstes zu eruieren.

Was zunächst die Rolle der hannoverschen Staatsregierung angeht, so wird man hinter ihrer Entscheidung, die Universitätskirche zu entsakralisieren, nicht von vornherein religiöses Desinteresse vermuten dürfen. Denn die Regierung ging 1803, als sie die Verlegung des akademischen Gottesdienstes in die St. Johannis-Kirche anordnete, noch davon aus, daß dies eine interimistische Behelfslösung sei, die zu gegebener Zeit durch eine dauerhafte Regelung wieder abgelöst werden sollte. Mit der in Sachzwängen begründeten Einbeziehung der Paulinerkirche in die Universitätsbibliothek hatte die Regierung allerdings aus der ursprünglichen Konstruktion des Universitätsgottesdienstes ein ganz wesentliches Element herausgebrochen, bot doch letztlich nur eine universitätseigene Kirche die unabdingbare räumliche Voraussetzung für die ungestörte Kontinuität des Universitätsgottesdienstes. Gegenüber der in sich geschlossenen Konzeption, mit der einst Münchhausen den akademischen Gottesdienst institutionell-rechtlich fest in der Universität verankert hatte, muß die Anbindung des Gottesdienstes an die St. Johannis-Kirche historisch gesehen als Rückschritt bezeichnet werden. Nicht von ungefähr erwies sich diese Maßnahme schon bald als verhängnisvoll für den Bestand der Einrichtung, als 1804/05 – wohl vor allem auf Grund der unsicheren politischen Rahmenbedingungen – die Ernennung neuer Universitätsprediger unterblieb.

Allerdings hat man auch in Göttingen selbst in keiner Weise zu erkennen gegeben, daß man an der Fortführung des Gottesdienstes ein dezidiertes Interesse gehabt hätte. Die von der Regierung mit der ganzen Angelegenheit ohnehin nicht befaßte Universitätskirchendeputation zog es in den entscheidenden Jahren vor, sich verstärkt den Geschäften der Professoren-Witwen- und -Waisenkasse zuzuwenden[9]. Weder die Verlegung des Universitätsgottes-

---

[8] Vgl. dazu ausführlich G. VON SELLE, aaO., 210–233, der die Auswirkungen der ersten Phase der französischen Besatzung auf die Universität so zusammenfaßt (aaO., 212): „Weder Hannover, noch die Franzosen haben sich in jenen Jahren bis 1805 um die Hochschule bekümmert." Das gilt mutatis mutandis auch für den Universitätsgottesdienst. Die damalige hannoversche Staatsregierung stellte im Zweifelsfall ihre eigenen Interessen ganz pragmatisch über die Verpflichtung, die ordnungsgemäße Durchführung des Gottesdienstes zu gewährleisten. Z. B. votierte sie schon 1803, als der Wechsel des 2. Universitätspredigers Meyer in ein Pfarramt erwogen wurde, aus finanziellen Gründen für den Wegfall des 2. Universitätspredigeramtes; vgl. das Schreiben der Regierung an das Konsistorium vom 20. 12. 1803, UAG, 10 b 2/14, o. P.

[9] Vgl. UAG, 10 b 1/19.

dienstes in die St. Johannis-Kirche 1803 noch seine Einstellung 1804/05 wurde von der Kirchendeputation thematisiert, geschweige denn daß sie eine Initiative ergriffen hätte, um die unglückliche Entwicklung aufzuhalten[10]. Hier allerdings kann man durchaus fragen, ob sich in diesem mangelnden Engagement nicht Anzeichen eines wie auch immer zu bestimmenden religiösen Indifferentismus bemerkbar machen.

Irgendeine kritische Anmerkung zur Aufhebung des selbständigen Universitätsgottesdienstes wird man auch in der letzten Predigt, die der 1. Universitätsprediger am 1. Ostertag 1803 in der Paulinerkirche hielt, nicht finden. Noch einmal beschwört Ammon den genius loci, noch einmal stellt er seinen Zuhörern die wechselvolle Geschichte der Kirche von ihren Anfängen als Klosterkirche der Dominikaner über ihre bedeutsame Rolle in der Reformationszeit, als Friedrich Hüventhal und Heinrich Winckel von ihrer Kanzel aus der evangelischen Predigt in Göttingen zum Durchbruch verhalfen, bis hin zur jüngsten Vergangenheit, in der Prediger wie Förtsch, Leß, Koppe und Marezoll durch ihre Kanzelvorträge der Göttinger Universitätskirche eine glanzvolle, auf „ganz Deutschland" sich erstreckende Reputation erwarben, vor Augen[11]. Das Ende dieser Tradition rechnet Ammon zu jenen Wechselfällen des Lebens, die den einzelnen und die Gemeinschaft geradezu schicksalhaft ereilen und die symbolhaft „unser schnell dahineilendes Daseyn auf Erden und die ganze Geschichte unserer Pilgerschaft" anzeigen[12]. Die solchermaßen in den allgemeinen Wandel und die Vergänglichkeit menschlicher Lebensverhältnisse eingeordnete Verdrängung des Universitätsgottesdienstes aus der Universitätskirche versucht Ammon weiterhin religiös zu überhöhen, indem er die Erfahrung der Vergänglichkeit als entscheidende Antriebskraft für die Belebung des Gedankens an die Unvergänglichkeit und den „ewigen Verstand eines unvergänglichen und höchsten Geistes" interpretiert[13]. Insofern meint der Prediger, daß die akademische Gemeinde gute Gründe habe, im Bewußtsein der Unvergänglichkeit die bisherige Stätte ihrer Gottesverehrungen getrost verlassen zu können[14].

In seiner Predigt erklärt Ammon ausdrücklich das Anwachsen der Universitätsbibliothek zur einzigen Ursache für die Verlegung des akademischen

---

[10] Das geht aus den Sitzungsprotokollen der Kirchendeputation in den Jahren 1803–05 hervor; vgl. UAG, K 1, Vol. CCV, Bl. 64 ff.

[11] Chr. Fr. AMMON, Religionsvorträge im Geiste Jesu für alle Sonn- und Festtage des Jahres zur Erbauung gebildeter Familien und zur Vorbereithung angehender Kanzelredner aus allen christlichen Partheien, 1804, (431–454) 444 f.

[12] AaO., 438.

[13] AaO., 446; ähnlich aaO., 448: Der „Dienst der Vergänglichkeit" zeigt uns, „daß der Schöpfer unser Daseyn auf Erden auf unvergängliche Endzwecke berechnet hat". Dabei ist Jesus als Erstgeborener seiner Brüder der Bürge dafür, daß wir durch „den in uns wohnenden Geist der Wahrheit und der Liebe einen freien Zutritt zu dem Alles beglückenden Vater" haben (aaO., 451).

[14] Vgl. aaO., 452.

Gottesdienstes[15]. Allerdings gibt er implizit einen weiteren Hinweis, dem wir auf der Suche nach den möglichen Hintergründen für die Einstellung des Gottesdienstes 1804/05 nachzugehen haben. Ammon beklagt sich nämlich über eine zunehmende „Gleichgültigkeit, Andachtslosigkeit, … oder die vornehme Kälte …, mit welcher wir an religiösen Verbindungen theil nehmen, oder uns gänzlich von ihnen zurückgezogen haben"[16]. Angesichts dieses Lamentos drängt sich natürlich die Frage auf, ob und inwieweit die Göttinger Universitätskirche selber von dem von Ammon beklagten Rückgang an gelebter Religiosität betroffen war.

Diese Frage in die Analyse der maßgeblichen Faktoren für die Einstellung des Gottesdienstes mit einzubeziehen, erhält insofern eine besondere Dringlichkeit, als Ammon bereits in seiner Neujahrspredigt 1801 in der Universitätskirche eine ähnliche Klage über den Zustand der öffentlichen Religionsausübung und des kirchlich-religiösen Bewußtseins unter den Zeitgenossen angestimmt hatte. Die betreffende Passage soll hier im Wortlaut wiedergegeben werden, ist sie doch in kirchengeschichtlichen Darstellungen immer wieder gern als aussagekräftiger Beleg für die zunehmende Entkirchlichung innerhalb der protestantisch geprägten Gesellschaft des ausgehenden 18. Jahrhunderts angeführt worden[17]: „Nicht genug, daß die Tempel verlassen stehen, nicht genug, daß die gottesdienstlichen Gebräuche und Handlungen, welcher die Menschen als sinnliche Wesen nie werden ganz entbehren können, mehr als jemals an der allgemeinen Theilnahme verloren haben; nicht genug endlich, daß der kirchliche Gemeingeist der Christen, der sonst Heere bekämpfte und die Gewalt der mächtigsten Staaten besiegte, beinahe ganz verschwunden ist: auch der Glaube an die wesentlichsten Wahrheiten der Religion hat bei unendlich Vielen seine Gewißheit und Stärke verloren. Zweifelsucht und Gleichgültigkeit sind häufig an seine Stelle getreten, der Geist der Andacht und des Gebetes, ja selbst der Gedanke an Gott und eine künftige Welt ist ganzen Familien und Gesellschaften fremd geworden, und die gegenwärtige sinnliche Stimmung der Gemüter würde nur noch ein Jahrzehnt fortdauern dürfen, um das ganze künftige Geschlecht dem namenlosen Elend preiszugeben, das von einem herrschenden religiösen Unglauben unzertrennlich ist." Dieses trostlose Erscheinungsbild der christlichen Religion hat Ammon in seinen beiden Predigten von 1801 und 1803 zumindest expressis verbis nicht in einen direkten Zusammenhang mit dem Göttinger Universitätsgottesdienst

---

15 Vgl. aaO., 445.

16 AaO., 442.

17 Chr. Fr. Ammon, Predigten zur Beförderung eines reinen moralischen Christenthums, Dritter Bd., 1802 (Ex. KMB Celle, 5 Ld 1831), 15; zitiert z. B. bei R. Seeberg, Die Kirche Deutschlands im neunzehnten Jahrhundert (ders., An der Schwelle des zwanzigsten Jahrhunderts, 4. Aufl.), 1903, 3; Chr.-E. Schott, Möglichkeiten und Grenzen der Aufklärungspredigt. Dargestellt am Beispiel Franz Volkmar Reinhards, 1978, 29; ders., Predigtgeschichte als Zugang zur Predigt, 1986, 102 Anm. 186; J. Wallmann, Kirchengeschichte Deutschlands seit der Reformation, 3. Aufl. 1988, 184 (dort ungenau wiedergegeben).

gebracht, so daß es geboten erscheint, nach weiteren Anhaltspunkten dafür zu suchen, ob dem Prozeß der Entkirchlichung im ausgehenden 18. Jahrhundert möglicherweise eine Bedeutung für die Einstellung des Universitätsgottesdienstes zukommt. Dabei gehe ich so vor, daß ich zunächst – in der gebotenen Kürze – allgemein auf das Phänomen der Entkirchlichung im 18. Jahrhundert eingehe, um danach einen vergleichenden Blick auf die Entwicklung der anderen damals existierenden Universitätsgottesdienste zwischen 1770 und 1820 zu werfen. Vor diesem übergreifenden Horizont ist sodann das vorhandene Quellenmaterial hinsichtlich der Göttinger Verhältnisse zu analysieren. Schließlich bleibt in einem letzten Schritt zumindest ansatzweise die Frage zu erörtern, welche Rolle die Aufklärungstheologie gerade auch in Göttingen in jenem Prozeß gespielt hat, der sich vielleicht in der vorläufigen Sistierung des Universitätsgottesdienstes partiell ausgewirkt hat.

Mit dem sozialgeschichtlichen Begriff der Entkirchlichung wird im folgenden – im Anschluß an L. Hölscher – „der historische Prozeß einer zunehmenden Distanzierung sozialer Gruppen bzw. einer Gesellschaft insgesamt vom kirchlichen Leben" bezeichnet, wobei „unter dem kirchlichen Leben ... eine Vielzahl sozialer Aktivitäten" zu subsumieren ist[18]. Obwohl der Erosionsprozeß bezüglich des Teilnahmeverhaltens an traditionellen kirchlichen Lebensformen im 18. Jahrhundert unter territorial– und sozialgeschichtlichen Aspekten bisher nur in Ausnahmefällen exakt untersucht worden ist[19], können einige Grunddaten der Entwicklung als gesichert gelten. Unbeschadet vereinzelter territorialer Sonderentwicklungen, die mit ihren frömmigkeits– und sozialgeschichtlich bedingten Eigenprägungen durchaus beharrende Momente gegenüber dem generellen Trend darstellen[20], läßt sich eine deutliche Entkirchlichung innerhalb der deutschen protestantischen Gesellschaft seit der Mitte des 18. Jahrhunderts feststellen. Wie es scheint, war dieser Prozeß bereits in der Frühen Neuzeit insofern vorbereitet, als sich ländliche und städtische Unterschichten nur sehr unregelmäßig an Gottesdiensten und

---

[18] Vgl. zum folgenden grundlegend (auch für das 18. Jahrhundert) L. Hölscher, Die Religion des Bürgers. Bürgerliche Frömmigkeit und protestantische Kirche im 19. Jahrhundert, HZ 250 (1990), (595–630) bes. 596–604; zur Leistungsfähigkeit und Problematik des Begriffs „Entkirchlichung" vgl. Hölscher, aaO., 596–598.

[19] Vgl. die bei Hölscher, aaO., 598 Anm. 10; 600 Anm. 12; 602 Anm. 17, angegebene ältere Literatur. Darüber hinaus wäre zu nennen Fr. Valjavec, Geschichte der abendländischen Aufklärung, 1961, 169–172.348–350, der zwar nur vereinzelt auf empirische Daten zurückgreift, aber gleichwohl wichtige geistes-und sozialgeschichtliche Faktoren für das Nachlassen traditioneller Kirchlichkeit im 18. Jahrhundert benennt.

[20] Darauf weist Fr. Valjavec, aaO., 172, im Anschluß an W. Maurer zu Recht hin. Vgl. auch die umsichtige Bestandsaufnahme bei Ph. Meyer, Der Quellenwert der Kirchen- und Schulberichte für eine Darstellung der Geschichte des kirchlichen Lebens unserer Heimat im Zeitalter der Aufklärung, ZGNKG 19 (1914), 80–146; dazu Fr. W. Kantzenbach, Das Phänomen der Entkirchlichung als Problem kirchengeschichtlicher Forschung und theologischer Interpretation, NZSTh 13 (1971), (58–87) 80f.

Abendmahlsfeiern beteiligten; auch Angehörige des Adels und der akademisch geschulten administrativen Elite des frühneuzeitlichen Staates entzogen sich mitunter bereits vor dem 18. Jahrhundert dem normativen Druck der kirchlichen Sozialordnung[21]. Zu einer gravierenden Abnahme des regelmäßigen Gottesdienst- und Abendmahlsbesuches kam es freilich erst ab der Mitte des 18. Jahrhunderts, und zwar nachweislich insbesondere in der städtisch-bürgerlichen Bevölkerung. Nicht nur zeitgenössische literarische Zeugnisse, sondern vor allem die Reduzierung der nurmehr schwach besuchten Wochengottesdienste[22] und der erhebliche Rückgang der Abendmahlsbeteiligung[23] in den Städten während der 2. Jahrhunderthälfte sind als Indikatoren dieser Entwicklung anzusehen.

Setzt der historische Vorgang der Entkirchlichung prinzipiell das sukzessive Auseinandertreten von kirchlicher und weltlicher Sozialordnung voraus[24], so läßt sich kaum exakt bestimmen, welches Gewicht die verschiedenen Faktoren der massiven Distanzierung namentlich urbaner Gesellschaftsschichten von der überkommenen kirchlichen Sitte ab 1750 im einzelnen tatsächlich besaßen. Man wird hier mit einem Zusammenwirken religiöser, kultureller und sozialer Faktoren zu rechnen haben. Die Lockerung der Kirchenzucht, die Ablösung des vorgegebenen kollektiv-kirchlichen Religionsverständnisses durch eine individuell bestimmte Religiosität im gebildeten Bürgertum und die Erweiterung des kulturellen und literarischen Angebots als Konkurrenz für den sonntäglichen Gottesdienstbesuch sind ebenso zu nennen wie die zunehmende Breitenwirkung der seit ca. 1700 einsetzenden Kirchen- und Religionskritik oder die wachsende Mobilität des städtischen Bildungsbürgertums[25].

Wenn man das Phänomen der Entkirchlichung im ausgehenden 18. Jahrhundert an der Entwicklung der damals im deutschen Protestantismus bestehenden eigenständigen Universitätsgottesdienste überprüft, erfährt der bisher allgemein konstatierte Trend insgesamt eine deutliche Bestätigung. Denn abgesehen vom Leipziger Universitätsgottesdienst, über dessen Akzeptanz unter den Universitätsangehörigen freilich keine gesicherten Informationen vorliegen[26], gerieten alle anderen akademischen Gottesdienste während des

---

[21] Vgl. L. Hölscher, aaO., 597; Ph. Meyer, aaO., 136–139 (mit Beispielen aus hannoverschen Landgemeinden).

[22] Vgl. Fr. Valjavec, aaO., 169. – Auch die Aufhebung bzw. Verlegung von Marienfesten, Apostel- und sonstigen Heiligentagen im 18. Jahrhundert gehört in diesen Zusammenhang. Vgl. P. Graff, aaO., II. Bd., 74f.80f.87–90.

[23] Zur Entwicklung der Abendmahlsbeteiligung in den Städten zwischen ca. 1700 und 1880 und zu ihrem Wert als Indikator der Entkirchlichung vgl. mit empirischem Material L. Hölscher, aaO., 598–600.628f.

[24] Vgl. L. Hölscher, aaO., 598.

[25] Vgl. Fr. Valjavec, aaO., 171f.; L. Hölscher, aaO., 602–604.

[26] Möglicherweise deuten aber Probleme bei der Sicherung einer regelmäßigen kirchenmusikalischen Ausgestaltung des Leipziger Universitätsgottesdienstes um 1778 (vgl. H. Hof-

zur Debatte stehenden Zeitraums in die Krise. In Jena beklagte sich der Prorektor gegenüber der zuständigen Regierung 1783 darüber, daß die „Collegien-Kirche … immer weniger beyfall" gefunden habe und „daß in der letzten Zeit zuweilen kaum 12 Zuhörer sich einfanden, und man Mühe hatte, Studenten ausfindig zu machen, die bei einem so kleinen und noch dazu so ungemässen Auditorio" sich im Predigen üben wollten, so daß die „Hauptabsicht" des akademischen Gottesdienstes nicht erfüllt worden sei[27]. Auch im pietistisch geprägten Halle ließ der Besuch des Universitätsgottesdienstes ab 1770 stark nach[28]. Die Entscheidung, Inspektoren des Waisenhauses und ältere Studenten mit der Predigtaufgabe zu betrauen, beschleunigte letztlich nur den Verfall des Gottesdienstes. Zwar bemühte sich A. H. Niemeyer zwischen 1782 und 1785, den zuvor eingeschlafenen Gottesdienst wiederzubeleben, aber er vermochte seinen Niedergang nicht aufzuhalten. Die Theologische Fakultät beschloß im Dezember 1799, den jahrelang nicht in Anspruch genommenen Gottesdienst offiziell einzustellen. Erst mit der Berufung Schleiermachers nach Halle 1804 setzte dann unter veränderten geistig-religiösen Rahmenbedingungen ein neuerlicher Versuch ein, den Gottesdienst auf eine sichere Grundlage zu stellen, – ein Unternehmen, dem freilich vorerst kein Erfolg beschieden war[29]. In Erlangen schließlich führte die Aufhebung der Universitätsparochie durch die bayerische Regierung 1814 dazu, daß die Tätigkeit des Universitätspredigers in der Folgezeit mehr und mehr der faktischen Bedeutungslosigkeit anheimfiel[30].

Dieser Befund bestätigt – ungeachtet der unterschiedlichen lokalen Hintergründe für die Schwierigkeiten der Universitätsgottesdienste – im ganzen die oben konstatierte Abnahme des Gottesdienstbesuches im gebildeten Bürgertum. Wie sieht es nun mit der Entwicklung der Beteiligung am Göttinger Universitätsgottesdienst aus? Hat sie womöglich die Einstellung des Gottesdienstes 1803/05 mit beeinflußt? Leider lassen die vorhandenen Quellen nur sehr bedingt Antworten auf diese Fragen zu. Denn wie andernorts wurden auch an der Göttinger Universitätskirche im 18. Jahrhundert noch keine Zählungen der Gottesdienstbesucher durchgeführt. Als möglicher Indikator entfällt hier zudem die über Kommunikantenregister zu erschließende Abendmahlsbeteiligung, da ja an der Universitätskirche aus Rücksicht auf die Rechte der Göttinger Parochialgemeinden bis in das 19. Jahrhundert hin-

---

MANN, Gottesdienst und Kirchenmusik in der Universitätskirche zu St. Pauli–Leipzig seit der Reformation [1543–1918], Beitr. z. sächs. Kirchengeschichte, H. 32 [1919], [118–151], 124 f.) darauf hin, daß auch der Universitätsgottesdienst von der Entkirchlichung, die sich in Leipzig an den Stadtkirchen ohnehin in einem geringen Gottesdienstbesuch niederschlug (vgl. Fr. VALJAVEC, aaO., 171.350), tangiert war.

[27] Vgl. den Bericht des Prorektors vom 25.3.1783, UAJ, Loc. III Fach 107 Nr. 1371, Bl. 9v.10v.

[28] Zum folgenden vgl. ausführlich H. HERING, aaO., 95–102.

[29] S. dazu u. 180 ff.

[30] S. dazu u. 175 f.

ein keine Abendmahlsfeiern stattfanden. So können über die Akzeptanz des Universitätsgottesdienstes lediglich verstreute zeitgenössische Berichte Auskunft geben, deren indikatorischer Wert für ein exaktes Gesamtbild freilich von vornherein durch zwei Vorbehalte eingeschränkt wird. Zum einen handelt es sich um einzelne Aussagen eher zufälliger Provenienz, zum anderen ist ihnen, genau genommen, nur die subjektive Einschätzung der Gottesdienstbeteiligung durch den jeweiligen Berichterstatter, nicht aber die tatsächliche Frequenz der Teilnahme am Universitätsgottesdienst zu entnehmen.

In den ersten Jahrzehnten seines Bestehens ist der Gottesdienst offenbar gut besucht worden. Das berichtet jedenfalls Chr. A. Heumann 1750 und 1751 der Regierung[31], das geht implizit auch aus einer Eingabe Leß' an die Regierung vom 28.10.1776 hervor, in der Leß die rasche Wiederbesetzung des 2. Universitätspredigeramtes mit der Begründung fordert, andernfalls würden die Professoren in die Stadtkirchen gehen und die ihrer Aufsicht beraubten Studenten ihren sonntäglichen Gottesdienstbesuch überhaupt vernachlässigen[32]. Der ursprünglich aus den Lectiones asceticae hervorgegangene Nachmittagsgottesdienst allerdings wurde mangels Beteiligung in den 1770er Jahren eingestellt. Nach Heynes Auffassung war dies in erster Linie die Folge der schlechten Predigten der Mitglieder des Predigerkollegiums[33]. Der Besuch des Vormittagsgottesdienstes nahm immerhin zwischenzeitlich 1789 ff. zu; immer wenn J. G. Marezoll predigte, war die Paulinerkirche gut gefüllt[34]. Über das Teilnahmeverhalten einzelner Professoren liegen ein paar Zeugnisse vor, die natürlich nicht verallgemeinert werden können. Über Heyne berichtet sein Biograph, er habe „das Aeußere der Religion nicht ängstlich" beobachtet, aber auch nicht vernachlässigt: „Sah man ihn gleich nicht jeden Sonntag in der Kirche, so sah man ihn doch oft dort, wenn es ihm irgend die Geschäfte erlaubten …"[35]. Michaelis wurde von Heumann bei Münchhausen mit der Bemerkung angeschwärzt: „Er kömmt in keine Kirche"[36]; auch Lichtenberg war ein „notorischer Nicht-Kirchgänger"[37]. Demgegenüber hielt es der Philosoph J. G. H. Feder stets für die „Pflicht des guten Menschen und Bürgers" und also auch für die eigene, den „öffentlichen

---

[31] Vgl. Heumanns Schreiben an die Regierung vom 21.12.1750 und vom 3.6.1751, UAG, 10 b 1/3, Bl. 15 u. 18.

[32] Vgl. UAG, K 35, Bl. 13.

[33] Vgl. Heynes Gutachten vom 25.9.1777, UAG, 4 II f 2. – Während die Nachmittagsgottesdienste zuletzt vom Predigerkollegium zu Übungszwecken genutzt wurden, hatten die Nachmittags- bzw. 2. Universitätsprediger seit 1773 im Wechsel mit dem 1. Universitätsprediger die Vormittagsgottesdienste zu besorgen.

[34] Vgl. den Bericht der Regierung an den König vom 13.11.1789, UAG, 10 b 2/11, Bl. 2.

[35] A. H. L. Heeren, Christian Gottlob Heyne, 1813, 417 f.

[36] Heumann an Münchhausen am 16.4.1753, bei: E. Bodemann, aaO., 246.

[37] J. Ringleben, „Was sollen die Heiligen in der Physik?" Beobachtungen zu Lichtenbergs Religiosität, Lichtenberg-Jb. 1993, (107–126) 117.

Gottesverehrungen durch fleißige Theilnahme Achtung zu bezeugen"[38]. Gleichfalls in diesem Sinne dachte und handelte der Mathematiker A. G. Kästner[39].

1799 registriert der in Göttingen immatrikulierte englische Dichter, Philosoph und Theologe Samuel Taylor Coleridge (1772–1834) eine „abominable neglect of religious worship" und klagt im gleichen Atemzug über die englischen und deutschen Studenten in Göttingen: "No one ever thougt of going to church."[40] Ebenfalls 1799 schreibt ein anderer englischer Student seiner Familie, auf dem Kontinent sei das wahre Christentum auf einen Tiefstand herabgesunken. In Göttingen bekenne sich als einzige Persönlichkeit von Rang der Historiker und Jurist Pütter offen zur Religion; er besitze auch die Festigkeit, den ihn deswegen treffenden Spott souverän zu übergehen. Ansonsten aber sei sogar der Atheismus in den höheren, bisweilen auch in den unteren gesellschaftlichen Ständen salonfähig geworden[41]. Auch wenn die Voten der beiden Engländer nicht ausdrücklich die Universitätskirche berühren, auch wenn sie möglicherweise ein überzogen negatives Bild von der Gottesdienstbeteiligung in Göttingen zeichnen, scheinen sie doch zu belegen, daß sich um 1800 im Umfeld der Universität religiöser Indifferentismus festgesetzt hatte. Dieser Bestandsaufnahme religiösen Verhaltens steht nun allerdings eine Aussage des 2. Universitätspredigers Meyer aus dem Jahre 1804 entgegen, der seinerseits zwar auch nicht über die Besuchsfrequenz des Universitätsgottesdienstes Auskunft gibt, aber immerhin in Abrede stellt, daß der andernorts unter akademischen Kreisen zu beobachtende Rückgang des Gottesdienstbesuches auch auf Göttingen zutreffe. In seinem Nekrolog auf den 1804 verstorbenen Göttinger Generalsuperintendenten G. W. Wagemann hebt Meyer als eines der Verdienste des Kirchenmannes hervor, daß „zu einer Zeit, wo von andern Orten her die Klagen über Vernachlässigung der öffentlichen Gottesverehrungen immer allgemeiner vernommen werden, und wo besonders auf mehreren Universitäten die Kirchen immer sparsamer besucht werden sollen, auf unserer Landesuniversität Gelehrte und Ungelehrte, Gebildete und Ungebildete immerfort sich zahlreich bey dem Manne einfanden, und immerfort mit gleicher Aufmerksamkeit und Theilnahme bey den Vorträgen des Mannes verweilten, den sie schon so viele Jahre gehört hatten …"[42].

---

[38] J. G. H. Feder's Leben, Natur und Grundsätze, hg. von K. A. L. FEDER, 1825, 179.

[39] Vgl. die Notiz bei J. C. VOLBORTH, Christliche Predigten über die Evangelischen Texte aller Sonn- und Fest-Tage, 1791, Bl. 2r.

[40] C. CARLYON, Early years and late reflections, 1836, 100.

[41] Vgl. C. CARLYON, aaO., 100 Anm. ★.

[42] Vgl. G. W. MEYER, Nekrolog auf G. W. Wagemann, in: J. Chr. SALFELD (Hg.), Monathliche Nachrichten von Kirchen- und Schulsachen 1804, (168–174) 168; ähnlich 172f. – Da der Universitätsgottesdienst seit Ostern 1803 mit dem Gottesdienst in St. Johannis verbunden war, kann man vielleicht auf ähnliche Verhältnisse an der Universitätskirche zurückschließen.

Es fällt schwer, aus den verschiedenen, z. T. widersprüchlichen Berichten ein eindeutiges Resümee zu ziehen. Mehr als einigermaßen begründete Mutmaßungen über die Entwicklung des Besuches des Universitätsgottesdienstes in den Jahren vor seiner Einstellung lassen die referierten Quellen nicht zu. Es scheint, daß auch der Göttinger Gottesdienst von den Auswirkungen der Entkirchlichung speziell des akademisch gebildeten Bürgertums tangiert wurde, selbst wenn der Rückgang des Gottesdienstbesuches hier ein geringeres Ausmaß als an anderen Universitäten aufgewiesen haben sollte. Der Sachverhalt, daß sich kein aktenmäßig belegbarer Widerstand zunächst gegen die Verlegung des Universitätsgottesdienstes in die St. Johannis-Kirche und dann gegen seine Einstellung in der französischen Besatzungszeit regte, dürfte jedenfalls als Anzeichen dafür zu bewerten sein, daß in Göttingen zu Beginn des 19. Jahrhunderts ein breites Bedürfnis nach einem eigenständigen Universitätsgottesdienst offenkundig nicht mehr bestand. Von daher gesehen, hatte der seit 1791 für die Unterrichtsangelegenheiten zuständige hannoversche Kabinettssekretär Ernst Brandes schon 1802 die nähere Zukunft der Universitätskirche gewissermaßen ungewollt vorweggenommen, als er in seiner umfangreichen Zustandsbeschreibung der Göttinger Universität und ihrer Einrichtungen mit keinem Satz des Universitätsgottesdienstes gedachte, wohl aber nachdrücklich auf die Notwendigkeit einer räumlichen Erweiterung der Universitätsbibliothek hinwies[43].

Wenn es zutrifft, daß die Einstellung des Göttinger Universitätsgottesdienstes 1804/05 nicht nur auf die schwierige politische Lage und ihre negativen Auswirkungen auf die Universität zurückzuführen ist, sondern zumindest partiell auch als ein Reflex der Entkirchlichungstendenzen im akademisch gebildeten Bürgertum begriffen werden kann, dann stellt sich zum Schluß die Frage nach der Rolle der Aufklärungstheologie in diesem langfristig angelegten Prozeß. Ich begnüge mich mit einigen wenigen Bemerkungen, die sich sowohl auf die Aufklärungstheologie allgemein als auch auf ihre Göttinger Spielart beziehen[44]. Die Erweckungsbewegung und das konfessionelle Luthertum des 19. Jahrhunderts haben ihre antiaufklärerischen Positionen ja u. a. historisch damit zu legitimieren versucht, daß sie die theologische Aufklärung für die zunehmende Entkirchlichung seit dem 18. Jahrhundert verantwortlich machten. Diese nicht selten stereotyp wiederholte, bis in die neuere Literatur hinein[45] prolongierte Schuldzuweisung wird aber dem kom-

---

[43] Vgl. E. Brandes, Ueber den gegenwärtigen Zustand der Universität Göttingen, in: Neues Hannöverisches Magazin, Stück 11– 29, 1802, 313. – Brandes' Schweigen in Sachen Universitätskirche und seine ganz passive Rolle im Zusammenhang mit der Einstellung des Gottesdienstes legen es nahe, zumindest für diesen Bereich das Urteil G. von Selles, aaO., 190, Brandes habe (gemeinsam mit Heyne) „die Universität im Sinne Münchhausens durch so und so viele Fährnisse hindurch gebracht, ihrem Geist die Stetigkeit bewahrt", in Zweifel zu ziehen.

[44] Zur Begründung der folgenden Ausführungen verweise ich pauschal auf die §§ 13–16.

[45] Vgl. z. B. Chr.-E. Schott, Predigtgeschichte als Zugang zur Predigt, 1986, 102.

plexen Erosionsprozeß kirchlich-gottesdienstlichen Regelverhaltens wie auch dem Selbstverständnis und dem praktischen Impetus der Aufklärungstheologie nicht gerecht. Hinsichtlich des Phänomens der Entkirchlichung übersieht jenes – seinerseits theologisch und kirchenpolitisch bedingte – positionelle Vorurteil die kultur- und sozialgeschichtlichen Faktoren, die den Rückgang des regelmäßigen Kirchgangs in bestimmten gesellschaftlichen Schichten maßgeblich beeinflußten. Gegen jene Annahme spricht auch, daß es in Landeskirchen, die unter der Vorherrschaft der theologischen Aufklärung standen, keineswegs zwangsläufig zu einer Abnahme der Beteiligung am Gottesdienst kommen mußte[46].

Die Aufklärungstheologie versuchte, die ihr als Herausforderung des Zeitalters gestellte Aufgabe einer Transformation der christlichen Tradition im praktisch-theologischen Bereich u. a. dadurch zu lösen, daß sie Gottesdienst und Predigt als Mittel zur Realisierung einer erfahrungs- und zeitbezogenen Religiosität verstand, die gleichermaßen in ewiger Glückseligkeit und zeitlicher Besserung des frommen Subjekts ihren authentischen Ausdruck finden sollte. In der „öffentlichen Gottesverehrung" und in der „Kanzelrede" ging es daher, verkürzt gesagt, nicht mehr wie noch im Altprotestantismus um Heil oder Unheil, Sünde und Gnade, sondern um die Begründung und Entfaltung der moralisch-innerlichen Religion und ihrer sozialethischen Implikationen. Auch wenn die Aufklärungstheologie bestrebt war, dem Rückgang des regelmäßigen Gottesdienstbesuches entgegenzuwirken[47], barg doch ihr Gottesdienst- und Predigtverständnis die Gefahr einer Funktionalisierung, ja Instrumentalisierung des Kultes und der religiösen Rede in sich[48], eine Gefahr, die mitunter die Meinung nach sich ziehen konnte, zur Ausbildung seiner moralisch-innerlichen Religion bedürfe der mündige Christ eigentlich nicht einmal mehr des äußeren Anstoßes durch die Predigt[49]. Selbst die Intensität, mit der demgegenüber (andere) Göttinger Universitätsprediger immer wieder betonten, die äußere Gottesverehrung stelle für den noch nicht ganz vollkommenen Menschen die unabdingbare Voraussetzung dar, um sich auf dem Weg zur moralisch-innerlichen Religion perfektionieren zu können[50],

---

[46] Vgl. exemplarisch zu Oldenburg R. SCHÄFER, Beobachtungen zur Kirchlichkeit im 19. Jahrhundert, JGNKG 90 (1992), 117–124; zu hannoverschen Landgemeinden zwischen 1794 und 1814 Ph. MEYER, aaO., 119–123; zum Predigterfolg Fr. V. Reinhards in Dresden Chr.-E. SCHOTT, Möglichkeiten und Grenzen …, 15.

[47] Vgl. die Voten AMMONS und MEYERS (s. o. Anm. 16,17 u. 42); dazu u. 339f.355–357.

[48] Zum folgenden vgl. P. CORNEHL, Art. Gottesdienst VIII, TRE 14 (1985), (54–85) 62–64.

[49] So der 2. Universitätsprediger J. N. SCHRAGE, Predigten bei der Veränderung seines Amtes, 1790, 125f.: „Er bedarf nicht erst der Ermunterungen, sich oft zur Nahrung und Stärkung seiner Seele mit den Wahrheiten der Religion zu beschäftigen. Er bedarf auch des Predigers nicht, der ihm im Laufe seines Lebens, in den Zerstreuungen seiner Geschäfte und seiner Freuden, ins Herz und an die Seele es rufe: Eins, Eins ist Noth! Er ist sich selbst, oder, daß ich eigentlich rede, Gott selbst ist ihm in der Leitung seines Lebens dieser Prediger."

[50] Vgl. pars pro toto Chr. Fr. AMMON (s. Anm. 17).

scheint ein Indiz dafür zu sein, daß hier Mißverständnisse ausgeräumt werden sollten, die im theologischen Ansatz grundsätzlich angelegt waren.

Freilich, zu einer Vernachlässigung der äußeren Gottesverehrung mußte die Bejahung aufklärerischer Subjektivität in concreto wiederum nicht von vornherein führen, wie sich am Beispiel des alten Pütter belegen läßt. Pütter nämlich vermochte in seiner Person beides miteinander zu verbinden, die Pflege der „äußerlichen" Religion in Gestalt regelmäßigen Gottesdienstbe-suches und die Realisierung der „innerlichen" Religion in Gestalt eines eigenen Religionssystems. In seiner Autobiographie schreibt Pütter: „Ich hatte seit mehreren Jahren mir ein Geschäft daraus gemacht und besonders jeden Sonntag dazu angewandt, mittels fleißigen Gebrauchs der Bibel und Benutzung aller Belehrungen, die ich sowohl aus Predigten als auch aus Schriften oder Gesprächen bewährter Gottesgelehrten mir zu eigen machen konnte, ein Religionssystem zusammenzufassen, wie es mir am zweckmäßig-sten schien, um das Ganze in einer richtigen Ordnung zu übersehen und auf meinen Zustand anwenden zu können."[51]

Die kirchlich-gottesdienstliche Vermittlung des Christentums und die Ausarbeitung einer privaten Religion wie Pütter in Einklang miteinander bringen zu können, scheint freilich unter seinen gebildeten Zeitgenossen eher die Ausnahme gewesen zu sein. Der von der theologischen Aufklärung be-tonte Grundsatz des Individualismus religiöser Auffassungen dürfte, aufs Gan-ze gesehen, den Entkirchlichungsprozeß beschleunigt haben. Denn nunmehr waren Kirche und Christentum nicht mehr ohne weiteres identische Größen. Daß aufklärerische Theologen – auch in Göttingen – den Wandel von der „altprotestantische(n) Kirchen– und Staatsreligion" zur „neuprotestantischen bürgerlichen Familienreligion" unterstützten[52], konnte letztlich nur die vor-handenen Tendenzen zur selektiven Gottesdienstteilnahme an den hohen Feiertagen des Jahres und an den hohen Familienfesten verstärken, nicht aber die volkskirchliche Sitte des regelmäßigen Kirchgangs aufrechterhalten. So wird man unter Berücksichtigung aller aufgeführten Aspekte zusammenfas-send sagen können, daß die vorläufige Einstellung des Göttinger Universitäts-gottesdienstes 1804/05 wohl auch eine Folgeerscheinung der allgemeinen Krise der Religion des ausgehenden 18. Jahrhunderts war.

---

[51] J. St. Pütter, Selbstbiographie zur dankbaren Jubelfeyer seiner 50jährigen Professoren-stelle zu Göttingen, 1798, 599f.; vgl. dazu H. E. Bödeker, aaO., 155f. – Vgl. als Ergebnis J. St. Pütter, Die christliche Religion, 1779; dazu ders., Die christliche Religion, 1786 (als knappe tabellarische Übersicht).

[52] P. Cornehl, aaO., 64. – Für Göttingen vgl. exemplarisch den Titel der Predigtsamm-lung von Chr. Fr. Ammon, Religionsvorträge im Geiste Jesu für alle Sonn- und Festtage des Jahres zur Erbauung gebildeter Familien … (s. Anm. 11). Bezeichnend ist auch, daß die Anordnung der in dieser Sammlung abgedruckten Predigten sich nicht am Kirchenjahr, son-dern am profanen Jahreszyklus orientiert.

C) Die Göttinger Institution
in der Geschichte des Universitätsgottesdienstes
im deutschen Protestantismus

Vorbemerkung

Schon die ungewöhnlich geschlossene Konzeption, auf der die Göttinger Universitätskirche beruht, legt die Frage nahe, ob wir es hier mit einem Novum in der Geschichte des Universitätsgottesdienstes im deutschen Protestantismus zu tun haben. Da das in der Gründungsphase der Göttinger Universität realisierte Modell in seinen Grundzügen bis heute fortbesteht, kann man noch weiter fragen: Gibt es an anderen Universitäten strukturell gleiche Einrichtungen, oder handelt es sich bei der Göttinger Universitätskirche um eine singuläre Erscheinung? Wenn die Göttinger Konstruktion in diesem Kapitel mit den Gegebenheiten an anderen deutschen Universitäten verglichen werden soll, dann kann es nicht das Ziel dieses Vergleichs sein, die Verhältnisse andernorts extensiv in allen Einzelheiten ihrer geschichtlichen Entwicklung vorzuführen. Das Schwergewicht der Darstellung liegt vielmehr auf der Erfassung der institutionellen und rechtlichen Strukturen, in denen der Universitätsgottesdienst und das Universitätspredigeramt im einzelnen etabliert sein konnten. Daß dabei den jeweils zur Wirkung gekommenen frömmigkeits- und theologiegeschichtlichen Kräften nachzugehen ist, bedarf kaum eigener Erwähnung. Auch mit diesem vergleichenden Überblick betreten wir ein bisher fast gänzlich unbearbeitetes Feld kirchengeschichtlicher Forschung. Nur für wenige Universitäten liegen Spezialuntersuchungen zum Thema vor. Zwei knappe, allgemein gehaltene Lexikonartikel zum Stichwort „Universitätsgottesdienst" erweisen sich als wenig ergiebig, so daß ich es auch von daher als gerechtfertigt ansehe, die Analyse der lokalen Göttinger Verhältnisse auf übergreifende Zusammenhänge hin auszuweiten[1].

Das Ziel dieses Schrittes im Rahmen der gesamten Untersuchung bestimmt die Methode des Vorgehens. Weil die Göttinger Universitätskirche mit der ihr eigentümlichen Verfassung an ihrem historischen Ort zu profilie-

---

[1] Vgl. K. Eger, Art. Universitätsgottesdienst (Akademischer Gottesdienst), RGG, 2. Aufl., V. Bd., 1393–1395; W. Jannasch, Art. Universitätsgottesdienst, RGG, 3. Aufl., VI. Bd., 1172–1174.

ren ist, ergibt sich zunächst eine Präzisierung der Fragestellung. Erst in zweiter Linie sollen die Verhältnisse an den Universitäten bzw. Theologischen Fakultäten behandelt werden, die im 19. und 20. Jahrhundert gegründet worden sind. Freilich sind sie nicht völlig auszublenden; zumal in der Erörterung möglicher Wirkungen des Göttinger Modells sollen sie Beachtung finden. In erster Linie möchte ich den Blick jedoch auf jene Universitäten richten, die schon vor Göttingen existierten oder in zeitlicher Nähe zu Göttingen gegründet worden sind. Hinsichtlich des Verfahrens scheint mir weder eine einfache additive Durchmusterung der verschiedenen lokalen Gegebenheiten noch ein rein chronologisches Vorgehen, das sich etwa an der Entstehungszeit des jeweiligen Universitätsgottesdienstes orientieren könnte, sinnvoll zu sein. Diesen beiden Möglichkeiten ziehe ich ein Mischverfahren vor, das die Darstellung der Entstehung und Entwicklung von besonderen Universitätsgottesdiensten in der Geschichte des neuzeitlichen deutschen Protestantismus mit ihrer Eingruppierung anhand bestimmter struktureller Merkmale zu verbinden sucht. Daß sich diese Methode im Gang der Untersuchung von der Sache her zu legitimieren hat, versteht sich von selbst.

Der Begriff „Universitätsgottesdienst" oder „akademischer Gottesdienst", mit dem man gemeinhin einen öffentlichen evangelischen Gottesdienst bezeichnet, „der kraft staatlicher oder kirchlicher Beauftragung oder herkömmlich von Universitätstheologen in Räumen der Universität oder einer Kirchengemeinde mit gewisser Regelmäßigkeit gehalten wird"[2], läßt sich m. W. erst im 18. Jahrhundert nachweisen[3]. Diese begriffsgeschichtliche Beobachtung korrespondiert mit dem noch zu erläuternden historischen Befund, daß besondere Universitätsgottesdienste frühestens gegen Ende des 17. Jahrhunderts aufgekommen sind. Zwar kann man, wenn auch mit erheblichen Einschränkungen, den Satz gelten lassen: „Die Sache ist älter als der Begriff."[4] Was mit dieser Behauptung gemeint sein könnte, bedarf jedoch der historischen Präzisierung, die ich im folgenden vorzunehmen versuche. Die Geschichte des Universitätsgottesdienstes im deutschen Protestantismus läßt sich ohne die Berücksichtigung seiner Vorgeschichte nicht erfassen. Diese Vorgeschichte hat sich nämlich in der Retrospektive einerseits weithin als hemmend, andererseits für einige lokale Entwicklungen als förderlich für die Etablierung von Universitätsgottesdiensten im engeren Sinne erwiesen. Was zunächst wie ein Widerspruch anmutet, läßt sich erklären, wenn man genauer in Augenschein nimmt, wie seit dem Mittelalter die Verbindung von (theologischer) Universitätsprofessur und kirchlichem Amt Gestalt annehmen konnte.

---

[2] W. Jannasch, aaO., 1172f.

[3] Für das 17. Jahrhundert habe ich keinen Beleg für die Verwendung dieses Begriffs gefunden. Vgl. auch H. Hering, aaO., 1.

[4] W. Jannasch, aaO., 1173.

§7 Die Verbindung von Universitätsprofessur und Kollegiatstiftskanonikat

Die Ausstattung der mittelalterlichen Universitäten mit kirchlichen Pfründen und Stiftungen machte einen wesentlichen Bestandteil ihrer ökonomischen Grundlage aus. In Heidelberg, der ältesten, 1386 gegründeten Universität Deutschlands, wurde neben einigen auswärtigen Pfarreien 1400 die Heidelberger Pfarrkirche St. Peter der Universität inkorporiert, um deren finanzielle Basis zu sichern. Bis 1554 – in diesem Jahr ging das Patronat der Peterskirche an den Landesherrn zurück – übte der Pfarrer von St. Peter zugleich ein theologisches Lehramt an der Universität aus[5]. Nachdem noch 1390 die bisherige Synagoge zur Universitätskapelle geweiht worden war, machte man bald darauf die Heiliggeistkirche zur Universitätskirche, in der nunmehr alle offiziellen Akte und Festgottesdienste stattfanden. Sie wurde 1400 durch Papst Bonifaz IX. von der Mutterkirche St. Peter gelöst und in den Rang einer Kollegiatstiftskirche erhoben[6]. Mit der Gründung des Heiliggeiststifts 1413 durch Kurfürst Ludwig III. konnte die finanzielle Ausstattung der Universität endgültig geregelt werden. Zunächst mit zwölf Kanonikaten versehen (je drei für Theologen, Juristen und Mitglieder der artistischen Fakultät sowie je eins für die medizinische Fakultät und die Pfarrer von Heiliggeist und St. Peter), wurde das Heiliggeiststift 1418 mit einer dreizehnten Pfründe für den Stiftsdekan vervollständigt. Die Errichtung des Stifts unterstrich den geistlichen Charakter der Hochschule. Die Inhaber der auf die Stiftspfründen fundierten Lehrstühle waren im Prinzip zum Chordienst verpflichtet; für den Fall, daß Lehrverpflichtungen die tägliche Teilnahme der Kanoniker am Chorgebet verhinderten, regelten Einzelbestimmungen die Wahrnehmung ihrer Amtspflichten durch Vikare[7]. Mithin darf man die Verbindung von Universität und Heiliggeiststift nicht ausschließlich auf ökonomische Motive zurückführen. Die Verpflichtung von Universitätsprofessoren zum Gottesdienst machte den frommen Zweck der Einrichtung des Stiftes, ja der Universität überhaupt augenfällig[8].

---

[5] Vgl. E. Wolgast, Die Universität Heidelberg 1386–1986, 1986, 7.29; A. Seeliger-Zeiss, Ev. Peterskirche Heidelberg (Schnell Kunstführer Nr. 1595), 1986, 6–8. – Zur Nutzung der Peterskirche als Universitätskirche seit dem 19. Jahrhundert s. u. 189 Anm. 34.

[6] Zum folgenden vgl. G. Ritter, Die Heidelberger Universität, I. Bd., 1936, 131–133.149–151; E. Wolgast, aaO., 7 f.; H. Weisert, Universität und Heiliggeiststift. Die Anfänge des Heiliggeiststifts zu Heidelberg, in: Ruperto Carola 32 (H. 64), 1980, 55–73; 33 (H. 65/66), 1981, 72–87.

[7] Vgl. G. Ritter, aaO., 150; H. Weisert, aaO. (Ruperto Carola 32), 61.

[8] Wie sich das in der Steigerung der Frömmigkeitspraxis an Heiliggeist auswirkte, zeigt G. Ritter, aaO., 149 Anm. 3. – Zur Veränderung des traditionellen Stiftungsgedankens im Zusammenhang der Universitätsgründungen des späten Mittelalters vgl. E. Schubert, Motive und Probleme deutscher Universitätsgründungen des 15. Jahrhunderts, in: P. Baumgart – N. Hammerstein (Hg.), aaO., (13–74) 26 f.

Daß geistliche und ökonomische Interessen in einer dem späten Mittelalter unproblematischen Weise derart Hand in Hand gehen konnten, zeigt auch der Blick auf die Verhältnisse in Tübingen. Schon 1446 hatte eine Katharina Vetter der Stadt Tübingen ihren Hof in Hirschau mit der Auflage verkauft, daß die Stadt nach ihrem Tod für eine Prädikatur in Tübingen finanziell aufkommen solle[9]. Diese Prädikatur konnte freilich erst nach der Universitätsgründung 1477 besetzt werden. Sie wurde vom jeweiligen Pfarrer an der dann zur Stiftskirche erhobenen Pfarrkirche St. Georg, der sowohl Ehrenmitglied des Tübinger Chorherrenstifts als auch Professor der Theologie war, versehen. Die Stiftung solcher Prädikaturen lag ganz im Gefälle spätmittelalterlicher Frömmigkeit. Der spätmittelalterliche Priester konnte zwar die Messe lesen und damit seiner Hauptpflicht Genüge leisten, hatte aber in aller Regel kein Theologiestudium absolviert, und die Fähigkeit zum Predigen war bei ihm nur wenig ausgebildet[10]. Eine rege Predigttätigkeit übten hingegen die Angehörigen der Bettelorden aus, daneben studierte Theologen als Inhaber eben jener Prädikaturen, die im 15. Jahrhundert sei es als Domprädikaturen von Bischöfen oder Domkapiteln, sei es als einfache Prädikaturen von einzelnen Bürgern, dem Stadtrat oder von religiösen Körperschaften vornehmlich in den Städten gestiftet wurden. Motiviert vom Bestreben nach der Steigerung des individuellen bzw. des kollektiven Heils einerseits und vom Reformwillen des 15. Jahrhunderts andererseits, sollten diese Prädikaturen dem unter dem Einfluß des Humanismus gestiegenen Bedürfnis der städtischen Bevölkerung nach besseren Predigten Rechnung tragen[11].

Für die Tübinger Verhältnisse hat sich von weitreichender Bedeutung erwiesen, daß man 1476/77 das Sindelfinger St. Martinstift mit acht seiner zehn Pfründen an die Tübinger Pfarrkirche St. Georg verlegte[12]. Selbstverständlich sollte das Tübinger Chorherrenstift seinen Teil zur wirtschaftlichen Konsolidierung der neuen Universität beitragen, und ebenso selbstverständlich sollte die mit dem Widmungszweck der Pfründen verknüpfte gottesdienstliche Verpflichtung der Chorherren-Professoren dem frommen Zweck der Universität gemäß dem Willen ihres Gründers, des Grafen Eberhard im Barte, einen angemessenen Ausdruck verleihen. Während jedoch in Heidelberg mit der

⁹ Vgl. J. Rauscher, Die Prädikaturen in Württemberg vor der Reformation, Württ. Jbb. f. Statistik u. Landeskunde 1908/2, (152–211) 195; H. Jantzen, Stiftskirche in Tübingen, 1993, 104 f.

¹⁰ Vgl. F. W. Oediger, Über die Bildung der Geistlichen im späten Mittelalter, 1953.

¹¹ Vgl. E. Lengwiler, Die vorreformatorischen Prädikaturen der deutschen Schweiz, 1955, 18–29.

¹² Vgl. H. Hermelink, Die theologische Fakultät in Tübingen vor der Reformation 1477–1534, 1906, 5–10; H.-U. Schwarz, Von den „Fleischtöpfen" der Professoren. Bemerkungen zur Wirtschaftsgeschichte der Universität Tübingen, in: Beiträge zur Geschichte der Universität Tübingen 1477–1977, Bd. I, hg. von H. Decker-Hauff, G. Fichtner u. H. Schreiner, 1977, (85–104) 86 f.; W. Jetter, Akademische Frühprediger an der Tübinger Stiftskirche, unveröffentlichtes Vortragstyposkript vom 1.10.1978, 6 ff.; H. Jantzen, aaO., 99–104.

Aufhebung des Heiliggeiststiftes im 16. Jahrhundert auch die Verbindung von Lehr- und Gottesdienstamt vorerst für lange Zeit erlosch, hat sich diese Verbindung in Tübingen durchgängig bis zur Gegenwart erhalten, wenn auch in modifizierter Form. Da sich das Amt des akademischen Frühpredigers an der Tübinger Stiftskirche heute als eine durchaus singuläre Erscheinung innerhalb des deutschen Protestantismus darstellt, seien Entwicklung und Struktur dieser Institution hier in der gebotenen Kürze skizziert.

In den Anfängen der Tübinger Universität ordnete man die Beziehungen zwischen dem Chorherrenstift und der Universität genauerhin so, daß der erste Theologieprofessor das Amt des Stiftspropstes (und zugleich das des Universitätskanzlers) erhielt, die zweite theologische Professur mit dem Amt des Stiftsdekans verbunden wurde und der dritte theologische Professor die Funktion des leitenden Pfarrers der Stiftskirchenpfarrei, die inzwischen in das Chorherrenstift integriert worden war, wahrzunehmen hatte. Dieses Verbundsystem zwischen Universität und Stiftskirche ist weder durch die Zusammenlegung der Pfründen des Chorherrenstifts zu Beginn des 16. Jahrhunderts noch durch das Erlöschen des Stifts im Zuge der Reformation bzw. nach dem Tod der letzten altgläubigen Chorherren aufgelöst worden. Vielmehr erneuerte Herzog Christoph in Ausübung des landesherrlichen Kirchenregiments durch die 2. Ordination vom 16. 9. 1561 die Verbindung der drei theologischen Professuren mit den alten geistlichen Ämtern, und die Universitätsstatuten von 1752 und 1770 bestätigten diese Ämterverbindungen[13]. Freilich wurden seit 1561 die Ämter des Stiftspropstes und des Stiftsdekans zu reinen Ehrentiteln bzw. württembergischen Kirchenämtern; immerhin blieb die erste theologische Professur bis 1817 mit dem Kanzleramt verbunden, während dem zweiten Theologieprofessor die Aufsicht über das herzogliche Stipendium im ehemaligen Augustinerkloster übertragen wurde.

Vor allem aber bedeutete seit der Reformation „Gottesdienst halten schier ausschließlich: Predigten halten"[14]. Dabei kamen die Tübinger Theologieprofessoren ihrer Predigtverpflichtung bevorzugt in den Morgengottesdiensten nach, an denen teilzunehmen Gemeinde und Universitätsangehörige verpflichtet waren. Den Titel "Frühprediger" hat wohl als erster Christian Binder 1798 literarisch verwendet[15]. Die besondere Bestellung einzelner Theologen zu diesem Amt erwies sich seit dem 19. Jahrhundert infolge der Ausweitung und zunehmenden Spezialisierung der theologischen Lehrstühle

---

13 Vgl. A. L. Reyscher (Hg.), Vollständige, historisch und kritisch bearbeitete Sammlung der württembergischen Gesetze, Bd. 11,3: Universitätsgesetze, 1843, Nr. 25, bes. 149 ff. (2. Ordination von 1561); Nr. 63, Kap. 3 u. 8 (Universitätsstatuten von 1752); dazu W. Jetter, aaO., 7 f.; S. Holtz, Theologie und Alltag. Lehre und Leben in den Predigten der Tübinger Theologen 1550–1750, 1993, 16.18.

14 W. Jetter, aaO., 8.

15 Vgl. Chr. Binder, Wirtembergs Kirchen- und Lehraemter, 1. Theil. I. Abschnitt, 1798, 376–380. – Zur Entwicklung des Frühpredigeramtes bis ca. 1800 vgl. S. Holtz, aaO., 18 f.

(ab 1817) als erforderlich. In diesem Jahrhundert schließlich hat sich die Regelung durchgesetzt, daß das Amt des akademischen Frühpredigers in Tübingen als offizieller Predigtauftrag der Kirche von der württembergischen Kirchenleitung im Einvernehmen mit dem Kirchengemeinderat der Stiftskirchengemeinde vergeben wird[16]. Die Kontinuität, die das Tübinger akademische Frühpredigeramt bei allen Wandlungen von seinen spätmittelalterlichen Wurzeln bis hin zur Gegenwart aufweist, läßt es heute als einen Sonderfall unter den verschiedenen Möglichkeiten der Verbindung von universitärem Lehr- und kirchlichem Verkündigungsamt erscheinen. Genau in dieser historischen Kontinuität dürfte der Grund dafür zu suchen sein, weshalb es in Tübingen einen nominellen Universitätsgottesdienst bis heute nicht gibt[17].

Kehren wir in das späte Mittelalter zurück, so vervollständigt sich das recht einheitliche Bild, das wir bisher gewonnen haben. Denn auch an den mitteldeutschen Universitäten Leipzig und Wittenberg lassen sich ähnliche Konstellationen wie in Heidelberg und Tübingen feststellen. In Leipzig waren je zwei Domherrenstellen in Meißen, Merseburg und Naumburg-Zeitz zur Vergabe an Theologen und Juristen der Universität vorbehalten, außerdem einige weitere Kollegiatstiftungen[18]. Seit 1502 sollten ferner zwei Dominikaner aus dem Leipziger Paulinerkloster als Doktoren der Theologie regelmäßig an der Universität lesen, was sich aber nur höchst unzureichend realisieren ließ[19]. Daß es überhaupt zu diesem Plan kam, hängt damit zusammen, daß in Leipzig – aber nicht nur dort! – die Inhaber der Kollegiaturen, die zu regelmäßigen Vorlesungen verpflichtet waren, oft über Jahre hin absent waren, weil sie andernorts die Einkünfte ihrer Pfründen verzehrten oder diese gar durch Pfründen-Kumulation zu vermehren suchten. An diesem Mißstand wird eine Schwachstelle im Fundationssystem der spätmittelalterlichen Universitäten signifikant. In Leipzig behalf man sich zeitweilig damit, daß auch der Propst des Augustinerchorherrenstifts St. Thomae als Professor der Theologie an der Universität tätig wurde. Die Missa universitatis und weitere Messen zu festlichen Anlässen wurden von den Anfängen der Universität bis 1540, als die Universitätsmessen im Zuge der Reformation eingestellt werden mußten, freilich weder in St. Pauli noch in St. Thomae, sondern in St. Nikolai gefeiert.

---

[16] Derzeit haben die drei akademischen Frühprediger – zumeist Professoren für Systematische und Praktische Theologie – je sechs Predigten pro Jahr im Gemeindegottesdienst der Stiftskirchengemeinde zu halten.
[17] So auch P. Volz (als Dekan der Ev.-Theol. Fakultät Tübingen) in seinem Brief vom 20. 2. 1925 an die Marburger Theol. Fakultät, StA Marburg, 307a Acc. 1950/1 Nr. 52, Bl. I. N. 164; ähnlich W. Jetter, aaO., 10–12.
[18] Vgl. O. Kirn, Die Leipziger theologische Fakultät in fünf Jahrhunderten, 1909, 3 ff.; H. Helbig, Die Reformation der Universität Leipzig im 16. Jahrhundert, 1953, 8 ff.
[19] Zum folgenden vgl. O. Kirn, aaO, 24 f.

Als sich nach einem langwierigen Prozeß zwischen 1540 und 1542 die Reformation an der Leipziger Universität durchsetzen konnte, wurden die alten Kollegiaturen und Kanonikate sämtlich zur Besoldung der Professoren eingezogen[20]. Gegen den Widerstand des Rates der Stadt Leipzig, der Besitzansprüche auf alle im Stadtgebiet liegenden Klöster geltend machte, überließ Herzog Moritz der Universität das Paulinerkloster als fürstliche Stiftung. Noch in der Nikolaikirche fand am 10. Oktober 1543 die erste Promotion von fünf Doktoren der nun evangelisch gewordenen Theologischen Fakultät statt. Die zur Universitätskirche bestimmte Paulinerkirche wurde ab 1542 umgebaut und am 12. August 1545 mit einem Gottesdienst, in dem Luther die Predigt hielt, eingeweiht. Die Leipziger Universitätskirche diente danach – bis zum Beginn des 18. Jahrhunderts – allerdings nicht der regelmäßigen Feier von Gottesdiensten, die Universität nutzte sie in diesem Zeitraum lediglich für akademische Festakte, Promotionen und Leichenfeiern[21].

Den Grundstock für die finanzielle Ausstattung der 1502 von Friedrich dem Weisen nach dem Vorbild Tübingens gegründeten Universität Wittenberg bildete das um 1340 unter den Askaniern eingerichtete Allerheiligenstift[22]. Bei der Universitätsgründung wurden die vorhandenen sechs Stiftsherrenpfründen auf zwölf erhöht und dem Stift weitere geistliche Pfründen zugewiesen. Daneben hatten das Wittenberger Franziskanerkloster und das eigens um der Universität willen nach Wittenberg gezogene Kloster der Augustinereremiten je eine theologische Professur zu besetzen. Die vom Kurfürsten 1496 ff. neu errichtete Stifts- bzw. Schloßkirche fungierte zugleich als Universitätskirche. Daß Friedrich der Weise, selbst tief in der spätmittelalterlichen Frömmigkeit verwurzelt, den geistlich-kirchlichen Charakter des Stifts trotz dessen Eingliederung in den universitären Kontext wahren wollte, zeigt sich an der Entschlossenheit und Intensität, mit der er die Stiftskirche zu einem religiösen Zentrum extremen Zuschnitts ausbauen ließ. Zwar scheint mir die Vermutung G. Heinrichs, es „habe der sächsische Kurfürst, auch ohne Luthers Auftreten, mit dem Einbau des Kapitels in den Organismus der neuen Universität die Axt an dessen Wurzeln und damit letztlich auch an sein ver-

---

20 Vgl. O. Kirn, aaO, 40–49; H. Helbig, aaO, 50–99.

21 Vgl. E. Hütter, Die Pauliner-Universitätskirche zu Leipzig, 1993, 119 f. – Zu Luthers Predigt am 12. 8. 1545 s. u. 134 f. – Der Rat der Stadt Leipzig sah es nicht gern, daß in der Paulinerkirche gepredigt wurde. Luthers Predigt rief folgende Reaktion des Rates hervor: „... seinetwegen könne die Universität in der Kirche ‚tanzen lassen, nicht aber predigen‘" (E. Friedberg, Die Universität Leipzig in Vergangenheit und Gegenwart, 1898, 30). – Zu der sich schwierig gestaltenden Fundation der 1506 gegründeten Universität Frankfurt/O., an der sich die Stadt, der Bischof von Lebus und Kurfürst Joachim I. von Brandenburg beteiligten, vgl. im einzelnen G. Heinrich, Frankfurt und Wittenberg. Zwei Universitätsgründungen im Vorfeld der Reformation, in: P. Baumgart – N. Hammerstein (Hg.), aaO, (111–129) 112–119.

22 Zum folgenden vgl. W. Friedensburg, Geschichte der Universität Wittenberg, 1917; G. Heinrich, aaO, 122 f.; H. Scheible, Gründung und Ausbau der Universität Wittenberg, in: P. Baumgart – N. Hammerstein (Hg.), aaO, 131–147; R. Schwarz, Luther, 1986, 23 f. (Lit.).

gleichsweise riesenhaftes Schloßkirchenprojekt gelegt", ja es seien das Stift
und die Stiftskirche „mit einer gewissen Zwangsläufigkeit zum Mutterschoß
der Universität und – der reformatorischen Anfänge" geworden[23], durchaus
den Charakter einer fragwürdigen Hypothese zu haben. Noch war ja in den
beiden ersten Jahrzehnten des 16. Jahrhunderts die geschichtliche Situation
auch in Wittenberg „ein Raum … offener Entscheidung"[24], und es bedurfte
eben doch erst des epochalen Ereignisses Luther, damit die von G. Heinrich
in der Retrospektive gestellte Zukunftsprognose für das Allerheiligenstift von
der historischen Entwicklung tatsächlich eingeholt wurde.

Bestritten werden soll mit diesem Einwand aber nicht der Zusammenhang
zwischen der Stiftskirche, diesem exemplarischen Ort übersteigerter spätmittelalterlicher Religiosität, der von Friedrich dem Weisen bis 1520 stetig erweiterten Reliquiensammlung, den mit ihr verbundenen Ablässen von exor-
bitanter Reichweite und den zahllosen Meßstiftungen auf der einen[25] und
Luthers theologischem Widerspruch gegen das Ablaßwesen mit seinen kir-
chenkritischen Implikationen auf der anderen Seite. Luther hat, wohl aus
Rücksicht auf seinen Landesherrn, dessen Lieblingsschöpfung in seine öffentliche Kritik am Ablaß zunächst nicht direkt mit einbezogen. Im Zuge der
reformatorischen Neuordnung des kirchlichen Lebens in Wittenberg drängte
er jedoch seit dem Mai 1521 – noch von der Wartburg aus – auf eine
Reform auch am Allerheiligenstift, stieß dabei in der Folgezeit freilich nicht
nur auf die reservierte Haltung des Kurfürsten, sondern vor allem auf den
Widerstand des Stiftskapitels, das sich als einzige Institution der mittelalterlichen Kirche in Wittenberg der Reformation verweigerte. Hintergründe und
Verlauf dieser Auseinandersetzung sind bekannt und brauchen hier nicht
erneut referiert zu werden[26]. Der Konflikt endete damit, daß die Reliquien
1523 zum letzten Mal aus- und die stillen Messen ab Weihnachten 1524
eingestellt wurden, während das Allerheiligenstift erst nach dem Tode Friedrichs des Weisen im Herbst 1525 aufgehoben werden konnte. Seitdem flossen
die Einkünfte des Stifts der Universität zu, und die ihrer ursprünglichen
Hauptfunktion beraubte Stiftskirche diente nunmehr vor allem als Universitätskirche. Mit der Auflösung des Allerheiligenstifts erlosch auch in Wittenberg die seit 1521 ohnehin schon personell ausgedünnte Verbindung von
universitärem Lehramt und gottesdienstlicher Verpflichtung in ihrer typisch
mittelalterlichen Ausprägung. Wie die Wittenberger Reformation unter An-

[23] G. Heinrich, aaO, 122 f.

[24] A. Esch, Die Anfänge der Universität im Mittelalter, 1985, 28.

[25] Vgl. mit Zahlenangaben H. Junghans, Wittenberg als Lutherstadt, 2. Aufl. 1982, 48–
51; B. Moeller, Eine Reliquie Luthers, in: ders., Die Reformation und das Mittelalter, aaO.,
(249–262) 255 f.

[26] Vgl. R. Schwarz, aaO, 118–123; B. Moeller, aaO, 257–261; H. Junghans, aaO, 116;
ders., Wittenberg und Luther – Luther und Wittenberg, FZPhTh 25 (1978), (104–119) 112.

knüpfung an diese und an eine weitere spätmittelalterliche Tradition dem Doppelamt eine neue institutionelle Gestalt verliehen hat, wird uns noch zu beschäftigen haben.

Von den bislang behandelten Universitäten Heidelberg, Tübingen, Leipzig und Wittenberg, die sämtlich durch den jeweiligen Landesherrn gegründet worden sind, heben sich die beiden hansischen Universitäten Greifswald und Rostock insofern ab, als an ihrer Gründung drei Institutionen gleichermaßen beteiligt waren: Kirche, Stadt und Territorialfürstentum[27]. Das Zusammenwirken dieser Kräfte mit ihren unterschiedlichen Interessen und Motiven prägte die Gründungsphase beider Universitäten nachhaltig. Es hatte sich damit zugleich ein sensibles Kräftefeld gebildet, in dem die Möglichkeit von Spannungen und Konflikten zwischen den beteiligten Parteien von vornherein mit angelegt war. In Greifswald bewegte man sich hinsichtlich der Fundation der Universität ganz in den gewohnten mittelalterlichen Bahnen, nur daß Herzog Wartislaw IX., Bischof Henning Iwen von Cammin, die Stadt und Heinrich Rubenow, der eigentliche Initiator der Universität, gemeinsam die finanziellen Lasten trugen[28]. Verschiedene Klöster verliehen der Universität das Nominationsrecht für einige ihrem Patronat unterstehende Pfarrkirchen, unter anderem für die Greifswalder Pfarrkirchen St. Jakobi, St. Marien und St. Nikolai. Dazu traten finanzielle Leistungen sowie etliche Präbenden und Benefizien, die der Herzog, die Stadt und Rubenow für die Universitätslehrer stifteten. Die wichtigste Maßnahme zur Sicherstellung der ökonomischen Grundlage der Universität bestand in der Erhebung der Pfarrkirche St. Nikolai zur Kollegiatstiftskirche, die – bereits im Vorfeld der Gründung der Universität geplant – 1457, ein Jahr nach deren offizieller Inauguration also, realisiert werden konnte[29]. An der Einrichtung des zunächst mit 20, bald mit 28 Kanonikatspräbenden ausgestatteten Nikolaistifts lassen sich die gemeinsamen Aktivitäten von Bischof, Herzog und Stadt exemplarisch aufzeigen, wobei die Stadt und Rubenow den Hauptanteil der finanziellen Aufwendungen für das Stift übernahmen.

Eine noch größere Rolle als in Greifswald hatte der Rat der Stadt allem Anschein nach bei der 1419 erfolgten Gründung der Universität in Rostock gespielt[30]. Die ersten Stiftungen zugunsten der Universität stammten von Klerikern, die teils als Pfarrer an den Rostocker Stadtkirchen, teils zugleich als Notar des Rates oder als Vertreter des Schweriner Bischofs in Rostock

---

[27] Vgl. R. SCHMIDT, Rostock und Greifswald. Die Errichtung von Universitäten im norddeutschen Hanseraum, in: P. BAUMGART – N. HAMMERSTEIN (Hg.), aaO, 75–109.

[28] Vgl. R. SCHMIDT, aaO, 83f., DERS., Die Anfänge der Universität Greifswald, in: Festschrift zur 500-Jahrfeier der Universität Greifswald, Bd. 1, 1956, (9–52) 23–27.

[29] Vgl. R. SCHMIDT, aaO., 26f.; J. ALLENDORFF, Das Kollegiatkapitel zum hl. Nikolaus in Greifswald, Wichmann Jahrbuch 8 (1954), 69–76.

[30] Vgl. den Nachweis bei E. SCHNITZLER, Die Gründung der Universität Rostock 1419, 1974, passim; dazu R. SCHMIDT, Rostock und Greifswald (s. Anm. 27), 86ff.

wirkten[31]. Die personelle Verflechtung dieser Stifter[32] mit wohlhabenden Rostocker Kaufmannsfamilien ermöglichte jene Schenkungen allererst. Zwar besaß Rostock 1419 noch keine Kollegiatstiftskirche, doch scheint es, wie E. Schnitzler gezeigt hat, schon 1418/19 erste Pläne zur Bildung eines Kollegiatstiftes in Rostock gegeben zu haben[33]. Der Stadtrat hatte jedenfalls seit den Anfängen der Universität ein Mitbestimmungsrecht an sämtlichen Professuren, und er besaß, was für die weitere Entwicklung bedeutsam werden sollte, das Nominationsrecht für die vier Rostocker Pfarrkirchen; die Landesherrschaft hatte hier das Kompatronat inne.

Freilich erwies sich die finanzielle Grundlage der Rostocker Universität in den ersten Jahrzehnten ihres Bestehens alles andere als gesichert. Als sich die Stadt nach der Rückkehr der Universität aus dem Greifswalder Exil (1437 – 1443) weigerte, die 1419 der Universität zur Besoldung der Professoren zugestandene Summe von jährlich 800 Gulden weiterhin zu zahlen, sahen sich die Mecklenburger Herzöge veranlaßt, entsprechend dem Vorbild Greifswalds und anderer Universitäten die Pläne zur Errichtung eines Kollegiatstifts in Rostock wieder aufzugreifen, was von Anfang an auf erbitterten Widerstand in der Stadt stieß. Das auf Betreiben Herzog Magnus' II. am 27. 11. 1484 von Papst Innozenz VIII. ausgestellte Fundationsprivileg für das Kollegiatstift sah vor, daß die Rostocker Pfarrkirche St. Jakobi in ein Kollegiatstift umzuwandeln sei. Die vier höchsten Ämter des Stiftes – das Propst-, Dekans–, Kantoren- und Scholasteramt – sollten durch die vier Stadtpfarrer von St. Marien, St. Jakobi, St. Petri und St. Nikolai in dieser Rangfolge besetzt und die für die Dotation dieser Kanonikate erforderlichen Mittel aus den bisherigen Pfarreieinkünften aufgebracht werden. Die Mecklenburger Herzöge verpflichteten sich zur Einrichtung und finanziellen Ausstattung weiterer acht Domherrenstellen, für die sie das Präsentations- und Patronatsrecht erhalten sollten[34].

Der nicht unbegründete politische Verdacht, die Mecklenburger Herzöge wollten unter dem Vorwand der Gründung einer geistlich-religiösen Institution letztlich nur ihre eigenen Macht– und Herrschaftsinteressen innerhalb der Stadt auf Kosten der Freiheit der Bürger durchsetzen, nährte unter vielen Rostocker Bürgern den Widerstand gegen das Domstiftsprojekt. Anhaltspunkte für diesen Verdacht fand man nicht nur darin, daß St. Jakobi zukünftig

---

[31] Vgl. im einzelnen E. Schnitzler, aaO., 22 f. 28 f.

[32] Exemplarisch zu nennen wäre Nikolaus Türkow, der „lange Jahre Protonotar der Stadt Rostock … gewesen war und 1419 als Pfarrer der Ratskirche St. Marien vielleicht selbst das bischöfliche Offizialat innehatte" (E. Schnitzler, aaO., 25; vgl. dazu R. Schmidt, aaO., 89 f.).

[33] Vgl. E. Schnitzler, aaO., 45; dazu B.-U. Hergemöller, „Pfaffenkriege" im spätmittelalterlichen Hanseraum, Teil 1, 1988, 194–199.

[34] Vgl. B.-U. Hergemöller, aaO., 214. – Zum folgenden vgl. die ausführliche Rekonstruktion und Analyse der Rostocker Domfehde bei Hergemöller, aaO., 194–266. 325–343. 380–388. 422–425.

auch als herzogliche Grablege fungieren sollte, sondern vor allem in der Absicht, alle vier Pfarrkirchen dem neuen Kollegiatstift zu inkorporieren. Letzteres wäre der Zentralisierung des bestehenden sakralen Versorgungssystems auf eine Hauptkirche, den Dom, gleichgekommen und mit erheblichen ökonomischen Konsequenzen verbunden gewesen. So kam es schon zwei Tage nach der feierlichen Domweihe am 12. 1. 1487 zu tumultartigen Protesten von Teilen der Bevölkerung gegen die Errichtung des Domstifts. Sie weiteten sich in der Folgezeit zu einer gewaltsamen Auseinandersetzung zwischen den Mecklenburger Herzögen und der Stadt Rostock aus, wobei die Domangelegenheit, die den Konflikt ausgelöst hatte, alsbald von weiteren Faktoren überlagert wurde. Es durchdrangen sich nämlich in der Rostocker Domfehde der Machtkampf zwischen den Landesherren (und den mit ihnen verbündeten städtischen Hochklerikern als den designierten Stiftsherren) und der Stadt mit innerstädtischen politischen und sozialen Konflikten. Die Domfehde führte nach mehrjährigem Verlauf dazu, daß die Stadt eine schwere Niederlage hinnehmen mußte. Was die uns interessierende Fragestellung betrifft, stimmte die Stadt im Wismarer Vergleich vom 20. 5. 1491 der Errichtung des Domstifts gemäß dem Fundationsprivileg vom 27. 11. 1484 zu. Jedoch wurden der Stadt nun – im Unterschied zu der Regelung von 1484 – alle Universitäts- und Stiftspfründen aufgelastet.

Mit einigen wenigen Bemerkungen sei noch das gottesdienstliche Leben an der spätmittelalterlichen Universität vorgestellt. Den Höhepunkt ihrer Inauguration bildete in der Regel die Feier des Pontifikalamtes, das meist vom zuständigen Bischof zelebriert wurde. Die Missa universitatis fand allgemein mindestens zweimal im Jahr statt, zur Eröffnung des Sommer- und des Winterhalbjahres[35]. Weitere Universitätsmessen waren z. B. in Heidelberg für alle Marienfeste, die Tage zu Ehren der hl. Katharina von Alexandria, des hl. Nikolaus von Myra sowie der Apostel Petrus und Paulus vorgesehen. In Leipzig wurde die Missa universitatis während des 15. und frühen 16. Jahrhunderts regelmäßig an den Donnerstagen nach den Quatembern gefeiert, daneben an Ostern, Pfingsten und Michaelis, wahrscheinlich auch an Weihnachten und an verschiedenen Heiligenfesten. Ferner nahm man gelegentlich einen persönlichen Gedenktag des Landesherrn oder des Universitätsrektors zum Anlaß, um eine Universitätsmesse abzuhalten.

Einen festen Bestandteil des spätmittelalterlichen Universitätsbetriebes machten auch die Sermones ad clerum aus. Bei ihnen handelte es sich nicht etwa, wie man auf Grund ihrer Bezeichnung annehmen könnte, um Predig-

---

[35] Vgl. zum folgenden G. Buchwald, Die Leipziger Universitätspredigt in den ersten Jahrzehnten des Bestehens der Universität, ZKG 36 (1916), 62–98 (mit Belegen für Leipzig, Erfurt und Heidelberg); dazu E. Schnitzler, aaO., 46 ff. (mit Angaben zu Erfurt, Greifswald, Köln und Rostock). Über das gottesdienstliche Leben an der Universität Tübingen im Spätmittelalter informiert J. Haller, Die Anfänge der Universität Tübingen 1477–1537, Erster Teil, 1927, 92 f.

ten vor dem kirchlichen Klerus, sondern um Übungspredigten im Rahmen des regulären Studiums. An etlichen Universitäten waren Doktoren und insbesondere Bakkalare dazu verpflichtet, ein- oder zweimal pro Jahr solche Sermones zu halten. Diese Bakkalarpredigten wurden entweder als Sonderveranstaltung in einem Disputiersaal der Universität oder innerhalb der Missa universitatis in einer Kirche vorgetragen. Schließlich sind noch die Kasualpredigten zu erwähnen, die zu den verschiedensten Anlässen gehalten werden konnten. Für die ersten Jahrzehnte der Leipziger Universität sind beispielsweise als solche Kasus bezeugt der Besuch des Kölner Erzbischofs in Leipzig, der Tod eines Doktors, das Gedächtnis der Gründer und Wohltäter der Universität, die Feier des Abendmahls, der Tag des Thomas von Aquin u. a.

Der konstatierten Vielfalt gottesdienstlicher Aktivitäten zum Trotz hat es an der spätmittelalterlichen Universität einen regelmäßigen Sonntagsgottesdienst noch nicht gegeben. Die Horae canonicae, Jahresgedächtnisse für Verstorbene und Konventsmessen, die das religiöse Leben an einem Kollegiatstift prägten[36], standen als solche nicht in einem unmittelbaren Zusammenhang mit der Universität, auch wenn die Professoren, die eine Stiftspräbende innehatten, zur Teilnahme zumal am Chorgebet verpflichtet waren. Indes konnten sich die Kanoniker von ihren Pflichten befreien und durch Vikare vertreten lassen, was im übrigen eine verbreitete Praxis nicht nur an den Kollegiatstiften[37], sondern symptomatisch für das spätmittelalterliche Kirchenwesen überhaupt war[38].

An den Universitäten der Städte und Territorien, in denen sich die Reformation durchsetzen konnte, sind die Kollegiatstifte entweder aufgelöst oder einer neuen Bestimmung zugeführt worden. Daß damit auch die Verbindung von (theologischer) Universitätsprofessur und Kollegiatstiftskanonikat erlosch, war eine unaufhaltsame Folge der Reformation, ja dies entsprach der inneren Logik des reformatorischen Verständnisses von der Funktion der universitären Theologie und vom Sinn des christlichen Gottesdienstes. Als zukunftsträchtig für die protestantischen Universitäten der Frühen Neuzeit sollte sich hingegen jene Gestalt der Verbindung von Universitätsprofessur und kirchlichem Amt erweisen, in der bereits im 15. Jahrhundert vereinzelt

---

[36] Vgl. für das Erfurter Marienstift, das durch zwei Lektoralpräbenden mit der Erfurter Universität verbunden war, F. P. SONNTAG, Das Kollegiatstift St. Marien zu Erfurt von 1117–1400, 1962, 64.95–100.
[37] S. o. 126f. zu Leipzig; zum Fall Karlstadts und des Wittenberger Allerheiligenstifts vgl. U. BUBENHEIMER, Consonantia Theologiae et Iurisprudentiae. Andreas Bodenstein von Karlstadt als Theologe und Jurist zwischen Scholastik und Reformation, 1977, 26–30; zu den rechtlichen Bestimmungen hinsichtlich der Residenzpflicht bzw. der Möglichkeit der Bestellung von Vikaren vgl. F. P. SONNTAG, aaO., 63f.
[38] Vgl. B. MOELLER, Spätmittelalter, 1966, 39.

theologische Professuren und Prädikaturen an Stadt- oder Bischofskirchen miteinander verknüpft worden waren[39].

---

[39] In Basel z. B. waren die 1455/56 gestiftete Münsterprädikatur, eine Hilfsprädikatur am Münster sowie Prädikaturen an St. Peter und an der Nikolauskapelle mit Universitätsprofessuren verknüpft; vgl. E. LENGWILER, aaO., 20.38 u. ö.; dazu B. STIERLE, Capito als Humanist, 1971, 35–37. – Vereinzelt gab es auch Prädikaturen an Kollegiatstiftskirchen, wie die Beispiele Tübingen (s. o. 124 f.) und Greifswald, wo im letzten Drittel des 15. Jahrhunderts an der Nikolaikirche eine Prädikatur errichtet wurde (dazu J. ALLENDORFF, aaO., 72 f.), zeigen.

§ 8 Das Doppelamt des Theologieprofessors und Pfarrers

Als am 12. 8. 1545 die Paulinerkirche in Leipzig mit einem Gottesdienst ihrer neuen Bestimmung als Universitätskirche übergeben wurde, nutzte Luther als Prediger des Tages die Gelegenheit, um den durch die Reformation herbeigeführten Wandel im Verständnis und in der Praxis des Gottesdienstes gewissermaßen noch einmal nachträglich zu rechtfertigen. Seine Predigt über das Weinen Jesu über Jerusalem und die Tempelreinigung Lk 19,41−48, eine einzige Abrechnung mit der spätmittelalterlichen Gottesdienst-und Frömmigkeitspraxis, verfolgte zugleich die Absicht, die reformatorischen Neuerungen, genauer: „die rechte alte Lere und Gottesdienst"[1], nun auch für die Leipziger Universitätskirche programmatisch zu erläutern und theologisch zu begründen. Luther versteht die Geschichte von der Tempelreinigung als „Göttliche Visitatio oder Heimsuchung" und bezieht sie unmittelbar auf seine geschichtliche Gegenwart. Wie Jesus damals insbesondere diejenigen aus dem Tempel vertrieben hat, die durch ihren auf den jüdischen Opferkult bezogenen Handel das Haus Gottes „zu einem schendlichen Kauffhaus, ja zur Mordgruben der Seelen"[2] gemacht haben, so gilt es heute, die religiöse Fehlorientierung der Frömmigkeit und des Gottesdienstes in der Papstkirche aufzudecken und den Gottesdienst nunmehr so zu feiern, „wie Christus in seiner Kirchen wil gepredigt und gethan haben"[3]. Diesem Kriterium entspricht weder das Gebet der sieben Horae canonicae in den Klöstern und Stiften[4] noch die Messe, sofern sie stiftungswidrig als Opferhandlung und als zum Heil verdienstliches Werk vollzogen wird[5]. Luther versteht nun die Heimsuchung Gottes in einem doppelten Sinn: Einmal offenbart sie, noch vor der endgültigen Überwindung der depravierten Papstkirche am Jüngsten Tage[6], die überlieferte Auffassung vom Gottesdienst und damit das Heilsverständnis der mittelalterlichen Kirche als widerchristlichen „jrthum und Abgötterey"[7]. Zum anderen aber erweist sie sich als „gnedige Heimsuchung unsers lieben HERrn"[8], der

---

[1] WA 51,(22−41) 38,27.
[2] WA 51,31,41.
[3] WA 51,36,37f.
[4] Vgl. WA 51,34,24−35.
[5] Vgl. WA 51,29,25−36; 34,36−35,18.
[6] Vgl. WA 51,39,20−41; dazu K. HAMMANN, Ecclesia spiritualis. Luthers Kirchenverständnis in den Kontroversen mit Augustin von Alveldt und Ambrosius Catharinus, 1989, 211−219.
[7] WA 51,38,29−33.
[8] WA 51,38,34f.

die Christen zur Erkenntnis der Wahrheit und zum rechten Gottesdienst führt: „Denn es wird ja durch Gottes gnade rein und lauter gepredigt von rechtem Gottes erkentnis und Gottesdienst, wie wir sollen Christen werden und unsern Heiland Christum im hertzen haben durch den Glauben(.) Und darnach aus solchem hertzlichen vertrawen Gott anruffen in allem anliegen und nöten."[9] Von daher haben nach Luthers Auffassung die neue Universitätskirche und das Universitätsstudium der angehenden Seelsorger und Prediger dazu beizutragen, daß Lehrer und Schüler die Gegenwart als Zeit der gnädigen Heimsuchung Gottes erkennen, „Gottes wort gerne hören und lieb haben"[10] und so die Fähigkeit erwerben, um am Aufbau der am Evangelium orientierten Kirche mitwirken zu können.

Luthers Predigt zur Einweihung der Leipziger Universitätskirche verdeutlicht augenfällig den durch die Reformation herbeigeführten Wandel im christlichen Heilsverständnis, insbesondere im Blick auf die Auffassung vom Gottesdienst, von der Aufgabe des Pfarrers und von der Funktion des Theologiestudiums[11]. Einerseits bestritt die Reformation die überkommene Funktion der Kirche als sakramentaler Heilsanstalt, in der den Gläubigen das Heil durch den besonderen Priesterstand mittels der Sakramente und der an diese gekoppelten Forderung nach guten Werken garantiert wurde. Andererseits gelangte sie zu einem grundlegend neuen Verständnis des christlichen Heils, indem sie den Glauben an die geschichtliche Person Jesu Christi als den für jeden Christenmenschen offenen Weg zur Gnade Gottes behauptete. Während die Reformation die Meinung ablehnte, es bedürfe zum Zustandekommen der Gottesbeziehung der priesterlich-sakramentalen Heilsvermittlung, legte sie umgekehrt alles Gewicht auf die exegetisch gewonnene Einsicht, daß der den Christen sola gratia rechtfertigende Glaube durch das Wort, durch die Predigt der in der Bibel bezeugten Heilszusage Gottes, hervorgerufen und je und dann aktualisiert werde. Weil die von Luther ausgehende Reformation dem Geschehen von Wort und Glaube diese für die individuelle christliche Existenz wie für die kirchliche Gemeinschaft der Christen konstitutive Bedeutung beigemessen hat, ist sie auch zu einem neuen Verständnis von der Aufgabe des Pfarrers gekommen. Hatte die spätmittelalterliche Kirche das Priesteramt primär von seinen sakramentalen Vollzügen her definiert, so bestimmte die Reformation nun die Predigt zur zentralen Aufgabe des evangelischen Pfarrers. In weit höherem Maße als das Lesen der Messe setzte die Predigt als ein geistiger Akt bestimmte Fähigkeiten voraus, was mit einer inneren Folgerichtigkeit seit der Reformation zu einer Veränderung des Bildungsprofils des Geistlichen führte. Schon historisch gesehen war dieser Zusammenhang nicht etwa zufälliger Natur, denn die in der Rechtfertigungser-

---

9 WA 51,34,15–19.
10 WA 51,40,33; vgl. den ganzen Abschnitt 40,32–41,25.
11 Vgl. B. MOELLER, Pfarrer als Bürger, 1972, 14–18.

kenntnis des Theologieprofessors Luther wurzelnde Wittenberger Reformation hatte ja in ihrem ersten Stadium zu einer Erneuerung der Theologie und unter maßgeblicher Beteiligung Melanchthons zu einer Studienreform an der Wittenberger Universität geführt[12]. Wenn auch nicht sofort, so wurde das Universitätsstudium doch nach und nach in den protestantischen Kirchentümern durchgängig zu der Einrichtung, die dem evangelischen Pfarrer die für die Predigt notwendige theologische Bildung vermittelte[13].

In Kongruenz zu dieser Entwicklung setzte sich an den protestantischen Universitäten in der Frühen Neuzeit eine Ämterverbindung durch, die die mittelalterliche Verknüpfung von Universitätsprofessur und Kollegiatstiftskanonikat auf breiter Front ablöste: das Doppelamt des Theologieprofessors und Pfarrers bzw. Predigers an einer Gemeindekirche. Gewiß konnte die Reformation hier, wie sich am Beispiel Luthers demonstrieren läßt, an die vorreformatorische Tradition der Verbindung von Theologieprofessur und Prädikatur an einer Stadtkirche anknüpfen. Allein daran freilich, daß dieses im späten Mittelalter doch nur vereinzelt etablierte Doppelamt seit der Reformation für mindestens zwei Jahrhunderte an fast allen deutschen protestantischen Universitäten institutionalisiert war, läßt sich ermessen, daß wir es bei dieser Verknüpfung von Lehr- und Predigtamt mit einem genuin protestantischen Phänomen zu tun haben. Daß Kanzel und Katheder derart eng zusammenrückten, wird man in seiner Bedeutung für die protestantische Kirchen- und Theologiegeschichte, ja für die Kulturgeschichte der Frühen Neuzeit überhaupt schwerlich überschätzen können. Ohne auf diese umfassende Thematik hier eingehen zu können, berücksichtige ich im folgenden vor allem die Aspekte, die die Bedeutung dieser Ämterverbindung für die Frage nach der Entstehung und Entwicklung von besonderen Universitätsgottesdiensten ausmachen.

Luther war von seinem Ordensvorgesetzten Johannes von Staupitz dazu bestimmt worden, neben seiner Universitätsprofessur auch das Amt des Konventspredigers im Wittenberger Augustinerremitenkloster wahrzunehmen. Zusätzlich hat Luther von 1513, spätestens von 1514 an eine Prädikatur an der Wittenberger Stadtkirche St. Marien versehen[14]. Diese Prädikatur bestand seit dem 15. Jahrhundert und wurde wohl vom Rat der Stadt Wittenberg besetzt und unterhalten, obgleich die Stadtkirche dem Allerheiligenstift inkorporiert war. Luther selbst jedenfalls hat 1522 angegeben, er sei vom Rat in

---

[12] Vgl. K. Bauer, Die Wittenberger Universitätstheologie und die Anfänge der Deutschen Reformation, 1928; L. Grane, Modus loquendi theologicus. Luthers Kampf um die Erneuerung der Theologie (1515–1518), 1975; R. Schwarz, aaO., 24–41.54–56.

[13] Vgl. B. Moeller, aaO., 17 f.; Th. Kaufmann, Universität und lutherische Konfessionalisierung, 1997, 251–365.

[14] Zum folgenden vgl. H. Junghans, aaO., 107; R. Schwarz, aaO., 39; M. Brecht, Martin Luther. Sein Weg zur Reformation 1483–1521, 1981, 150–154; dazu E. Vogelsang, Zur Datierung der frühesten Lutherpredigten, ZKG 50 (1931), 112–143.

diese Prädikatur berufen worden[15]. Die Vokation zum Prädikanten des Rats bildete die rechtliche Voraussetzung dafür, daß Luther bis zu seinem Lebensende eine überaus intensive und fruchtbare Predigttätigkeit ausüben konnte; die meisten seiner uns bekannten ca. 2000 Predigten hielt er in der Stadtkirche. Deren Kanzel eröffnete dem Universitätstheologen Luther einen wesentlichen, über den Hörsaal hinausgehenden Bereich öffentlicher Wirksamkeit, nicht zuletzt den Zugang zur Wittenberger Stadtgemeinde und damit ab 1521 die Möglichkeit, hier mit der reformatorischen Neugestaltung des kirchlichen Lebens in Wittenberg anzusetzen. Luther war mithin der „erste evangelische Prädikant"[16], zugleich der erste evangelische Universitätstheologe, der mit seiner Professur ein festes Predigtamt verband.

Das Doppelamt eines Theologieprofessors und Pfarrers an einer Stadtkirche hat in Wittenberg als erster Johannes Bugenhagen ausgeübt, nachdem er 1535 zum Professor der Theologie ernannt worden war. In das Pfarramt an der Wittenberger Stadtkirche war er unter denkwürdigen Umständen schon 1523 gekommen. Als die Stelle des Stadtpfarrers im Herbst 1523 neu zu besetzen war, schlug das Kapitel des Allerheiligenstifts zunächst Nikolaus von Amsdorf und dann Wenzeslaus Link vor. Beide waren Anhänger Luthers, lehnten die Berufung jedoch ab. Als die Stiftsherren daraufhin die Besetzung der Stelle verzögerten, weil sie einen Altgläubigen kaum durchsetzen konnten, ergriff der Rat der Stadt die Initiative und ließ Johannes Bugenhagen von der Gemeinde zum Stadtpfarrer wählen. Dieser zögerte zuerst, die Berufung anzunehmen; allein Luther bestätigte ihn von der Kanzel herab als geeigneten und rechtmäßig gewählten Prediger der Gemeinde[17]. Damit war das Stiftskapitel entmachtet worden; das Besetzungsrecht ging in der Folgezeit von diesem auf den Stadtrat und zwei Vertreter der Universität über. Der durch die Ernennung Bugenhagens zum Universitätsprofessor 1535 hergestellte Zusammenhang zwischen dem Amt des Stadtpfarrers (und Superintendenten) und der vierten theologischen Professur ist schon im Jahr darauf in der durch Kurfürst Johann Friedrich erlassenen Fundationsurkunde der Universität Wittenberg ausdrücklich bestätigt worden[18].

Darüber hinaus wurde im Rahmen der Neuorganisation der Wittenberger Universität durch die Fundationsurkunde von 1536 auch die Verbindung zwischen der dritten theologischen Professur und dem Amt des ersten Predigers an der Schloß- und Universitätskirche auf eine rechtliche Basis gestellt[19]. Justus Jonas, der letzte Propst des Allerheiligenstifts, hat bis 1541 die Tradition

---

[15] Vgl. WA 10 III,10,12f.

[16] H. Junghans, aaO., 107.

[17] Vgl. H. Bornkamm, Martin Luther in der Mitte seines Lebens, 1979, 244f.; H.-G. Leder, Die Berufung Johannes Bugenhagens in das Wittenberger Stadtpfarramt, ThLZ 114 (1989), 481–504.

[18] Vgl. W. Friedensburg, aaO., 195.

[19] Vgl. W. Friedensburg, aaO., 180f.183.

dieser weiteren Ämterverbindung in Wittenberg begründet. Es ist hier nicht der Ort, der späteren Entwicklung beider Doppelämter im einzelnen nachzugehen. Noch in der Endphase der Wittenberger Universität, die 1817 aufgelöst bzw. mit der Universität Halle zusammengelegt wurde, vertrat der nach seiner Wittenberger Zeit berühmt gewordene Aufklärungsprediger Franz Volkmar Reinhard von 1784–1791 das Amt des Schloßpropstes und eine theologische Professur (seit 1782) in Personalunion, während Karl Ludwig Nitzsch zwischen 1790 und 1817 neben seiner Universitätsprofessur das Amt des Pfarrers an der Wittenberger Stadtkirche und zugleich das des Generalsuperintendenten des Kurkreises versah[20].

Nur in einer weiteren Stadt ist in einer gewissen Analogie zur Wittenberger Reformation die reformatorische Bewegung aus der Universität hervorgegangen – das war in Basel der Fall[21]. Dort hatte der Rat der Stadt 1523 zwei scholastischen, reformationsfeindlich gesonnenen Universitätstheologen die Besoldung entzogen und an ihrer Stelle die humanistisch gebildeten und mit Luther sympathisierenden Johannes Oekolampad und Konrad Pellikan zu Theologieprofessoren ernannt[22]. Oekolampad war zu diesem Zeitpunkt als Predigtvikar an der Basler Pfarrkirche St. Martin tätig, von 1525 an als Leutpriester ebendort. Im Zuge der Basler Reformation erhielt er 1529 das Münsterpfarramt. Ähnlich wie Luther hat auch Oekolampad, der führende Mann der Reformation in Basel, vor und nach der Neuordnung des kirchlichen Lebens Lehr- und Predigtamt gleichermaßen ausgeübt, und wie Luther in Wittenberg hat Oekolampad der Reformation in Basel gerade als Universitätsprofessor und Prediger entscheidend zum Durchbruch verholfen; „deren geistige Statur"[23] verdankt sich maßgeblich seinem Wirken.

Die Verbindung einzelner oder mehrerer theologischer Professuren mit Pfarr- bzw. Predigtämtern läßt sich an fast allen Universitäten der evangelischen Territorien im 16. und 17. Jahrhundert nachweisen. Von Kiel bis Basel, von Straßburg bis Königsberg, vornehmlich an lutherischen, aber auch an reformierten Universitäten finden wir dieses Doppelamt vor. Insbesondere durch die theologische Aufklärung seit dem 18. Jahrhundert in die Kritik gezogen, hat es sich gleichwohl an einer ganzen Reihe von Universitäten bis weit ins 19. Jahrhundert hinein, vereinzelt wie in Leipzig und Greifswald noch bis zum Ausgang des 19. Jahrhunderts halten können, was gleichsam nachträglich seine einstige Bedeutung für den deutschen Protestantismus im konfessionellen Zeitalter dokumentiert. Versucht man den vorerst nur generell konstatierten Befund zu erklären, so läßt sich zunächst unter rein prag-

---

[20] Vgl. W. FRIEDENSBURG, aaO., 558–560.

[21] Vgl. den Hinweis von B. MOELLER, Die Basler Reformation in ihrem stadtgeschichtlichen Zusammenhang, in: DERS., Die Reformation und das Mittelalter, aaO., (182–195) 190f.

[22] Zum folgenden vgl. E. STAEHELIN, Das theologische Lebenswerk Johannes Oekolampads, 1939, 189f.220.429f.488f.

[23] B. MOELLER, aaO., 195.

matischen Aspekten darauf verweisen, daß sich hier für die Träger der Universitäten gewisse ökonomische Vorzüge anboten, sei es daß die Dotation der betroffenen Professuren teilweise aus den Einkünften der mit ihnen verbundenen Pfarrstellen bestritten wurde, sei es daß das Professorengehalt durch die Einnahmen aus dem Pfarramt erhöht werden konnte, wovon man sich gegebenenfalls finanzielle Anreize für neu zu berufende Kräfte versprach[24]. Aber so sehr dieses vordergründige Motiv in der Praxis eine Rolle gespielt haben mag, erklärt es doch noch nicht viel. Freilich bedarf auch die demgegenüber zu Recht stärker am Theologischen orientierte Auskunft, die Verbindung von Lehr- und Predigtamt habe dem prinzipiellen Bezug der wissenschaftlichen Theologie auf den kirchlichen Verkündigungsauftrag in den von der Reformation bestimmten Kirchentümern einen unmittelbaren institutionellen Ausdruck verliehen, der historischen Konkretion.

Dabei ist insbesondere die Funktion der Theologischen Fakultäten im Zusammenhang mit dem Aufbau und der Konsolidierung des Kirchenwesens in den evangelischen Territorien zu berücksichtigen[25]. Zweifellos hat sich die schon im Mittelalter vorhandene Verflechtung der Theologischen Fakultäten mit der Kirche durch die Reformation weiter verstärkt. Wie oben bereits erwähnt, wird spätestens seit dem Ende des 16. Jahrhunderts das universitäre Theologiestudium durchgehend zur unerläßlichen Voraussetzung des Pfarrerberufs in den evangelischen Landeskirchen. Von dieser Bestimmung her wächst den Theologischen Fakultäten die Aufgabe zu, die Eignung der zukünftigen Geistlichen examinatorisch festzustellen. Ebenso erhalten sie vielerorts das Recht der Ordination zum geistlichen Amt, wie sie auch Mitglieder zur Durchführung von Visitationen abstellen. Eine weitere wichtige Funktion der Theologischen Fakultäten besteht darin, in den (inner-) konfessionellen Lehrstreitigkeiten die reine Lehre gemäß dem jeweils geltenden landeskirchlichen Bekenntnis gutachterlich zu erheben. Wo im Rahmen des landesherrlichen Kirchenregiments konsistoriale Leitungsstrukturen etabliert werden, kommt es häufig zur Verbindung von Theologieprofessuren und

---

[24] Dazu exemplarisch einige Zahlen: In Wittenberg erhält der Stadtpfarrer als solcher 1536 200 Gulden jährlich, dazu Naturalien und für die Professur 60 Gulden, während die übrigen Theologieprofessoren je 200 Gulden bekommen (vgl. W. Friedensburg, aaO., 183). Der zweite Theologieprofessor in Königsberg erhält 1586 zu seinem Professorengehalt als Pfarrer am Dom weitere 500 Mark (vgl. A. R. Gebser, Geschichte der Domkirche zu Königsberg und des Bisthums Samland, 1835, 345 f.). 1806 bezieht der Primarius der Theologie in Altdorf 200 Gulden für die Professur, Emolumente (Promotionsgebühren und Naturalien) in Höhe von 391 Gulden sowie 1058 Gulden an Einnahmen aus dem Pastorat (vgl. Kl. Leder, Universität Altdorf, 1965, 23 f. Anm. 40). In Jena erhält der dritte Theologieprofessor 1844 500 Taler, daneben Einkünfte aus geistlichen Ämtern (vgl. K. Heussi, aaO., 260). Weitere Auskünfte bei A. Tholuck, Das akademische Leben des siebzehnten Jahrhunderts. Erste Abth., 1853, 69–85.

[25] Zum folgenden vgl. W. Maurer, Art. Fakultäten, Theologische, in Deutschland, RGG, 3. Aufl., Bd. II, (859–862) 859; E.–L. Solte, Art. Fakultäten, Theologische, TRE 10 (1982), (788–795) 789; exemplarisch zu Jena K. Heussi, aaO., 173–175.

konsistorialen oder anderen kirchlichen Aufsichtsämtern. Kurz, über eine
Vielzahl von Tätigkeitsfeldern erstreckt sich die Mitarbeit der Theologischen
Fakultäten am Aufbau der evangelischen Landeskirchen; ihre enge Bindung
an die Territorialkirchen bleibt mindestens bis zum 18., teilweise bis zum
19. Jahrhundert erhalten. Parallel zur Konsolidierung der territorialen Kir-
chentümer unter dem landesherrlichen Kirchenregiment entwickeln sich die
Universitäten in der Frühen Neuzeit mehr und mehr zu territorialen Aus-
bildungsanstalten, die den Bedarf des Territorialstaates und der von ihm ab-
hängigen Landeskirche an gut ausgebildeten Staats- und Kirchendienern ab-
decken sollen. Schon im 16. Jahrhundert werden zu diesem Zweck in den
evangelischen Territorien etliche Universitäten gegründet, und vollends die
zumeist unbedeutenden Neugründungen des 17. Jahrhunderts verdanken sich
diesem pragmatischen Interesse der Landesherren. Schließlich sichert der
Territorialstaat seine religiös-konfessionelle Einheit durch die Kirchenordnung ab, die auch die Universität an das landeskirchliche Bekenntnis bindet.

In diesen Kontext mannigfacher Beziehungen zwischen Theologischen
Fakultäten und Landeskirchen ist auch die Ämterverbindung von Theologieprofessur und Pfarr- bzw. Predigtamt eingebettet. Sie konnte im einzelnen auf
Grund lokaler Bedingungen unterschiedliche Formen erhalten. Vergleichsweise selten wurden theologische Professuren mit begrenzten Predigtaufträgen an einer Gemeindekirche verknüpft. Neben dem bereits besprochenen
akademischen Frühpredigeramt in Tübingen wäre hierfür als weiteres Beispiel
die besondere Konstellation an der seit 1653 reformierten Universität Marburg zu nennen. Von 1676 an war dort ein Theologieprofessor damit beauftragt, im Vierwochen-Rhythmus die Predigt in der reformierten Stadt- und
Universitätskirche zu halten[26]. Die Landgräfin Hedwig Sophie von Hessen-
Kassel hatte diesen Predigtauftrag ursprünglich in der Absicht erteilt, die
infolge der „Zweiten Reformation" in Hessen-Kassel als landesherrliche
Gründung entstandene reformierte Gemeinde in Marburg in ihrem Bestand
zu sichern. Die Bevölkerung Marburgs war nämlich trotz der obrigkeitlich
verordneten Einführung der reformierten Konfession in Hessen-Kassel dem
lutherischen Bekenntnis treu geblieben. Angesichts dieses Umfeldes bedurfte
die reformierte Gemeinde, die sich hauptsächlich aus der Beamtenschaft, dem
universitären Lehrkörper und dem Militär rekrutierte, offensichtlich jeder nur
denkbaren Unterstützung durch die Territorialherrschaft.

Indessen hat sich aus dem Predigtauftrag von 1676 im Laufe des 19. Jahrhunderts nominell der Universitätsgottesdienst und mit ihm das Universitätspredigeramt, das von dem bzw. den Praktischen Theologen zu versehen war,
entwickelt. Von der ursprünglichen Regelung hat sich als wesentliches Struk-

---

[26] Vgl. J. V. Bredt, Das Amt des Universitäts-Predigers in Marburg, 1923 (Typoskript, StA
Marburg 307a Acc. 1950/1 Nr. 52); K. Hammann, Rudolf Bultmann und der Universitätsgottesdienst in Marburg, ZThK 90 (1993), (87–116) 101–104.

turmoment – übrigens bis heute – erhalten, daß der Marburger Universitätsgottesdienst alle vier Wochen während der Semester als Gemeindegottesdienst der reformierten Gemeinde bzw. heute der Universitätskirchengemeinde gefeiert wird. Nicht von ungefähr führte allerdings gerade diese historisch gewachsene Verbindung des akademischen Gottesdienstes mit dem Gemeindegottesdienst wiederholt zu Konflikten zwischen der Marburger Theologischen Fakultät und der reformierten Ortsgemeinde. Als die Fakultät gegen Ende des 19. Jahrhunderts ihre Autonomie auch im sensiblen Bereich des akademischen Gottesdienstes durchsetzen wollte, kam es aus Anlaß der Ernennung Ernst Christian Achelis' zum Universitätsprediger zu ersten Auseinandersetzungen über den Status des Universitätsgottesdienstes. Noch Rudolf Bultmann hat, geleitet von der Intention, dem Gedanken der gottesdienstlichen Gemeinschaft im universitären Lebenszusammenhang eine angemessene Gestalt zu verleihen, in mehreren Anläufen versucht, den akademischen Gottesdienst aus seiner Bindung an den Gottesdienst der reformierten Ortsgemeinde zu lösen. Seinen Bemühungen war jedoch nicht zuletzt deshalb kein Erfolg beschieden, weil man in Marburg 1923 die Rechtslage des Universitätsgottesdienstes ausschließlich von dessen historischen Anfängen her definierte[27].

Daß theologische Lehrstühle seit dem 15. Jahrhundert weitaus häufiger mit Pfarrämtern als nur mit reinen Predigtaufträgen[28] verbunden worden sind, hängt vordergründig natürlich mit den erwähnten ökonomischen Aspekten zusammen. Doch läßt die ebenfalls oft anzutreffende Verbindung von Universitätsprofessur und Superintendentur deutlich erkennen, welch große Bedeutung diesem Doppelamt im Rahmen des Aufbaus und der Konsolidierung des evangelischen Kirchenwesens beigemessen wurde. Ohne Anspruch auf Vollständigkeit gebe ich einige Beispiele, die später unter einer besonderen Fragestellung ergänzt werden sollen. Die theologischen Professuren an der 1544 durch Herzog Albrecht von Preußen nach dem Vorbild Wittenbergs gegründeten Universität Königsberg werden schon 1548 mit den Pfarrämtern der drei Königsberger Stadtkirchen verbunden. Bis in die Mitte des 19. Jahrhunderts übt ein Universitätstheologe zugleich das Amt des Superintendenten und Pfarrers an der Domkirche zu Königsberg aus[29]. In Marburg versieht –

---

[27] Vgl. dazu ausführlich K. Hammann (s. Anm. 26).

[28] Einen Predigtauftrag hatten auch die Theologieprofessoren in Jena an der Stadtkirche an den 2. Tagen der hohen Feste, am Karfreitag und am Buß- und Bettag wahrzunehmen (vgl. K. Eger, aaO., 1393). Der dritte Jenaer Theologieprofessor war bis zur Berufung J. Ph. Gablers nach Jena (1804) damit beauftragt, die wöchentlichen Freitagspredigten in der „Stadtkirche für eine Versammlung von drei bis sechs Zuhörern (!) teils durch Studierende, welche für ihre Mühe meistens bezahlt sein wollen (!), zu besorgen, teils auch selbst persönlich zu halten" (zit. nach K. Heussi, aaO., 215).

[29] Vgl. G. von Selle, Geschichte der Albertus-Universität zu Königsberg in Preussen, 1944, 29f.; A. R. Gebser, aaO., 332–346.363. Zur veränderten Rechtslage im 17. Jahrhundert

unabhängig von dem referierten Predigtauftrag – ein Professor der Theologie 1653–1735 und 1764–1767 ein Pfarramt der reformierten Gemeinde[30]. Ähnlich wie in Wittenberg wird – auf Anregung der Wittenberger Theologen[31] – in Leipzig die Superintendentur mit einem universitären Lehramt (1544) bzw. mit einer ordentlichen Professur (1549) verknüpft. Erst 1888 erlischt die jahrhundertealte Verbindung der Leipziger Pfarrämter von St. Thomas und St. Nikolai und damit der Leipziger Superintendentur mit Professuren an der Theologischen Fakultät[32]. Auch in Jena wird eine Universitätsprofessur häufig mit der Superintendentur der Stadt verbunden – als letzter versieht Eduard Schwarz (1802–1870) bis 1865 beide Ämter in Personalunion[33]. An der 1607 eröffneten Universität Gießen besteht die feste Verbindung eines theologischen Lehrstuhls mit der Stadtsuperintendentur bis 1806[34]. An der Universität Altdorf ist bis zu ihrer Aufhebung 1809 jede theologische Professur mit einer Pfarrei verknüpft. Der erste Professor wirkt dabei als Pfarrer der Stadt- und Landgemeinde Altdorf sowie als Vorsteher des geistlichen Ministeriums in Altdorf, der zweite Professor übt das Amt des Archidiakons und der dritte Professor das des Diakons aus, so daß die Rangfolge der Professoren durch ihre kirchlichen Ämter zur Darstellung kommt[35].

Man wird wohl sagen können, daß das Doppelamt des Universitätsprofessors und Pfarrers dem Theologieverständnis zumal der lutherischen Orthodoxie in exemplarischer Weise entsprach. Daß die Theologie ein Habitus practicus sei, dieser Grundkonsens der nachreformatorischen Theologie des 16. und 17. Jahrhunderts nahm überall dort eine unmittelbare institutionelle Gestalt an, wo Katheder und Kanzel, akademisch-wissenschaftliche Theologie und kirchlich-fromme Predigtpraxis in das Verhältnis fruchtbarer und spannungsvoller Nähe rückten[36]. Auf dieser Linie bewegt sich etwa die Bestim-

---

vgl. die präzisen Angaben bei Th. KAUFMANN, Königsberger Theologieprofessoren im 17. Jahrhundert, Jb. d. Albertus-Universität zu Königsberg/Pr. XXIX (1994 [1995]), (49–86) 57–60. Zur Auflösung der drei Doppelämter in Königsberg (1855; 1868; 1875) vgl. W. HUBATSCH, Geschichte der evangelischen Kirche Ostpreußens, Bd. I, 1968, 405–408.

[30] Vgl. K. HAMMANN, aaO., 102.

[31] Vgl. G. WARTENBERG, Landesherrschaft und Reformation. Moritz von Sachsen und die albertinische Kirchenpolitik bis 1546, 1988, 254.

[32] Vgl. O. KIRN, aaO., 72; W. CLASSE, Die kirchlichen Rechtsbeziehungen zur theologischen Fakultät der Universität Leipzig in ihrer rechtshistorischen Entwicklung und nach der gegenwärtigen Rechtslage, Diss. iur. masch. 1952, 98 f.; Fr. LAU, Art. Leipzig, Universität, RGG, 3. Aufl., Bd. IV, 310.

[33] Vgl. K. HEUSSI, aaO., 241.260 f.

[34] Vgl. Die Universität Gießen von 1607–1907. Festschrift zur dritten Jahrhundertfeier, Erster Bd., 1907, 391.

[35] Vgl. Kl. LEDER, aaO., 24–29.

[36] Vgl. J. WALLMANN, Der Theologiebegriff bei Johann Gerhard und Georg Calixt, 1961. W. SPARN, Die Krise der Frömmigkeit und ihr theologischer Reflex im nachreformatorischen Luthertum, in: H.-Chr. RUBLACK (Hg.), Die lutherische Konfessionalisierung in Deutschland, 1992, (54–82) 71 ff., führt die Ausformung eines dreifach differenzierten Verständnisses vom

mung in der die Universitäten Leipzig und Wittenberg betreffenden Verordnung des Kurfürsten August von Sachsen vom 1.1.1580, daß „keiner zum Professor der heiligen Schrift angegeben, vociret noch angenommen werden soll, der nicht zugleich auch ein geübter Prediger sey ... [und] keiner zu solcher Profession zugelassen worden, der nicht zugleich ein Priester gewesen und öffentlich gepredigt [habe]"[37]. Wo hingegen ein Theologieprofessor seiner Predigtverpflichtung nicht nachkam, wie das bei dem eigenwilligen Tübinger Christoph Matthäus Pfaff (1686–1760) der Fall war, erinnerte die Obrigkeit den Betroffenen und seine Fakultät mit Nachdruck an ihre Amtspflichten[38].

Nicht zu übersehen ist ferner, daß bestimmte Funktionen, die später im Umfeld spezieller Universitätsgottesdienste wahrgenommen werden sollten, zumindest partiell schon vorher zum Tragen kommen konnten – eben dort, wo Theologieprofessoren ein Pfarr- oder Predigtamt innehatten. Vielfach belegen läßt sich, daß Universitätstheologen in ihren im Gemeindegottesdienst gehaltenen Predigten die Studenten als eigenständige Zielgruppe der Verkündigung berücksichtigten und ansprachen[39]. Daneben konnte bereits im 16. und 17. Jahrhundert verschiedentlich das Doppelamt des Professors und

---

professionellen akademischen Theologen im konfessionellen Zeitalter (78 ff.) zurück auf die „Professionalisierung der theologischen Praxis" (76), die er als Antwort auf die Frömmigkeitskrise im Luthertum des späten 16. Jahrhunderts begreift.

[37] Verordnung Churfürstens Augusti zu Sachsen, wie es in beyden Universitäten zu Leipzig und Wittenberg mit Lehr, Disziplin und sonsten allenthalben gehalten werden soll (vom 1.1.1580), in: J. Chr. Lünig (Hg.), Codex Augusteus, 1724, (715–759) 725; bei E. Sehling, Die evangelischen Kirchenordnungen des XVI. Jahrhunderts, Bd. 1/1, 1902, (359–457) 457, ist diese Universitätsordnung nicht abgedruckt. – Vgl. allgemein W. Friedensburg, aaO., 311–315.

[38] In diesem Sinne ermahnte der Württembergische Visitationsrezeß von 1751 die Theologische Fakultät in Tübingen, daß sie „hauptsächlich unter anderem darauf zu sehen habe, wie die Studiosi in ihrem künftigen Hauptwerk des Predigens und Catechisirens nicht zurückbleiben, sondern vornehmlich auch durch Dero eigenes und lebendiges Exempel geleitet ... werden mögen. Weßwegen Wir, da es sich zumalen gezeigt, was es für einen widrigen Eindruck gemacht, daß die älteste Professores Theologi von dem Predigen dispensiret worden, vest entschlossen sind, das Predigtamt auf dem alten Fuß nach und nach dergestalten wiederherzustellen, daß alle Professores Theologiae auf eine leidentliche Art zu predigen und Sacrament zu administrieren verbunden werden" (zit. nach W. Jetter, aaO., 9). Zum historischen Kontext vgl. S. Holtz, aaO., 18 f.

[39] Ich begnüge mich mit zwei Beispielen. Simon Pauli (1534–91), Theologieprofessor und Pfarrer an St. Jakobi zu Rostock, bemühte sich darum, Lehr- und Predigtamt konstruktiv miteinander zu verbinden und in seinen Gemeindepredigten neben anderen Gruppen insbesondere auch die akademische, studentische Zuhörerschaft anzusprechen. Zu Paulis seit 1567 in lateinischen und deutschen Ausgaben weitverbreiteter Postille und ihrem Verhältnis zu seiner Predigtpraxis vgl. die eingehende Analyse bei Th. Kaufmann, aaO. (s. Anm. 13), 475–477.508–538. Auch der gemäßigte Pietist J. J. Rambach war als Theologieprofessor und Superintendent in Gießen bestrebt, mit seinen in der dortigen Stadtkirche 1731–35 gehaltenen Predigten dezidiert auf die Studenten einzuwirken. Vgl. M. Schian, Johann Jakob Rambach als Prediger und Predigttheoretiker, Beitr. z. Hess. Kirchengeschichte 4 (1909), 89–149.

Pfarrers zum naheliegenden institutionellen Haftpunkt für homiletische Übungen der Theologiestudenten werden. Das Aufkommen solcher homiletischer Exerzitien an einigen Universitäten läßt sich erklären mit der Entwicklung der zunehmenden Professionalisierung des evangelischen Pfarrerberufs, die sich von der Mitte des 16. bis zur Mitte des 17. Jahrhunderts vollzog[40]. Bereits während des Universitätsstudiums sollte dem zukünftigen Pfarrer die Möglichkeit eingeräumt werden, sich durch praktische Predigtübungen die für seinen Beruf erforderliche Kompetenz zu erwerben.

Sehe ich recht, hat als erster Andreas Gerhard Hyperius (1511–1564) in Marburg mit seinen Studenten solche praktisch-homiletischen Übungen durchgeführt[41]. Auf der Grundlage eines am humanistischen Bildungsideal orientierten Verständnisses von Theologie betrieb Hyperius, den man – freilich nicht ganz zu Recht – als „Vater der praktischen Theologie nach heutiger Fassung des Begriffs"[42] apostrophiert hat, in Marburg forciert den Ausbau einer dezidiert praktisch-theologischen Ausbildung. Unter seinem maßgeblichen Einfluß wurde schon in der ersten Ordnung der Marburger Stipendiatenanstalt von 1546 festgelegt, daß die Baccalaurii der Theologie in Anwesenheit des Präfekten der Stipendiatenanstalt und des Dekans der Theologischen Fakultät sei es in Marburg selbst, sei es in nahegelegenen Dörfern predigen und das Altarsakrament darreichen sollten[43]. Aus dieser Bestimmung erwuchs die feste Einrichtung der „Stipendiatenpredigt", die 1560 erneut statutenmäßig verankert wurde. Danach hatte aus dem Kreise der fortgeschrittenen Studenten jeweils einer in Marburg und Umgebung an jedem Feiertag „extraordinarie ein predigt" zu halten[44]; diese Predigtübungen sollten vom Rektor der Universität, vom Dekan und von den Professoren der Theologischen Fakultät begleitet und überwacht werden.

Während Hyperius' Auffassung der praktischen Theologie vor allem in der reformierten Orthodoxie eine beträchtliche Wirkung entfaltet hat, ist die

[40] H. Holze, aaO., 11 f., geht auf die Bemühungen der Orthodoxie um eine praktisch-theologische Ausbildung an der Universität nicht ein. Dies auch sonst in der Literatur festzustellende Defizit belegt, daß oft letztlich das Selbstverständnis der Aufklärungstheologie ungeprüft zum Maß heutiger wissenschaftlicher Bewertung der praktisch-theologischen Ansätze in der lutherischen Orthodoxie genommen wird. Vgl. aber D. Rössler, Grundriß der Praktischen Theologie, 1986, 22–27; Th. Kaufmann, aaO., 251–318.
[41] Vgl. W. Orth, Oratio de vita ac obitu D. Andreae Hyperii, 1564, in: G. Krause, Andreas Gerhard Hyperius. Leben – Bilder – Schriften, 1977, (10–46) 30; G. Krause, Andreas Hyperius in der Forschung seit 1900, ThR 34 (1969), (262–341) 331 f.
[42] E. Chr. Achelis, Lehrbuch der Praktischen Theologie, Bd. I, 3. Aufl. 1911, 10 f.; kritisch dazu G. Krause, aaO., 304 ff.
[43] Vgl. die Stipendiatenordnung von 1546, in: E. Sehling, aaO., Bd. 8/1, 1965, (155–160) 158. Diese Ordnung beruht auf einem Gutachten der Marburger Theologieprofessoren vom 22.3.1546, das die Billigung Melanchthons fand. Vgl. G. Müller, Philipp Melanchthon und die Studienordnung für die hessischen Stipendiaten vom Mai 1546, ARG 51 (1960), 223–242.
[44] Vgl. die Stipendiatenordnung von 1560, in: E. Sehling, aaO., Bd. 8/1, (166–176) 172.

Institution der Stipendiatenpredigt mit der Marburger Stipendiatenanstalt nach Gießen gewandert, als 1607 die dortige lutherische Universität in Konkurrenz zum reformierten Marburg eröffnet wurde. Konnten die Stipendiatengottesdienste – phasenweise unter erheblichen Mühen – während der Herrschaft der lutherischen Orthodoxie in Gießen aufrechterhalten werden[45], so brachte die pietistische Periode in der Geschichte der Gießener Theologischen Fakultät für sie einen neuen Aufschwung. Neben anderen bemühte sich namentlich Johann Jakob Rambach (1693–1735) um die Pflege der Exercitia homiletica, wobei die Verbindung seiner theologischen Professur mit der Gießener Stadtsuperintendentur den institutionellen Rahmen für die studentischen Predigten bildete[46]. Letztere Feststellung erhält ihre Bestätigung nicht zuletzt dadurch, daß die praktischen Homiletikübungen in Gießen unter Chr. M. Pfaff ausgerechnet zu dem Zeitpunkt verfielen, als dieser dort vehement für die Auflösung der Ämterunion eintrat[47].

Für Rostock sind Predigtübungen von Theologiestudenten schon um 1560 nachweisbar. Johannes Draconites (1494–1566), vom Rat der Stadt berufener Superintendent und Theologieprofessor, beaufsichtigte diese auf studentischen Wunsch hin begonnenen Exerzitien, die mit Erlaubnis des Rates in der ehemaligen Dominikanerkirche St. Johannis stattfanden[48]. Da Draconites 1534–1547 als Professor der Theologie und Pfarrer in Marburg tätig gewesen war, dürfte er – diese Vermutung legt sich nahe – die Rostokker Predigtübungen nach dem Marburger Vorbild eingerichtet haben[49]. Um 1570 versuchten sich Rostocker Theologiestudenten auch in Gemeindekirchen der Stadt im Predigen[50]. Allerdings wurden diese homiletischen Übungen nicht von Professoren, sondern von verschiedenen Pfarrern beaufsichtigt; sie scheinen aber als praktisch ausgerichtete Veranstaltungen, die das offizielle Universitätsstudium ergänzten, von den Theologieprofessoren gebilligt worden zu sein[51]. Daß seit 1560 der überwiegende Teil der Rostocker Theologiestudenten tatsächlich in Rostocker Pfarrkirchen gelegentliche Predigten

---

45 Vgl. P. DREWS, Der wissenschaftliche Betrieb der praktischen Theologie in der theologischen Fakultät zu Gießen, in: Die Universität Gießen von 1607–1907. FS zur dritten Jahrhundertfeier, 2. Bd., 1907, (245–292) 253 ff.; zu DREWS' These vom Ursprung der praktischen Theologie in der reformierten Konfession (aaO., 249) vgl. kritisch G. KRAUSE, aaO., 314.

46 Vgl. P. DREWS, aaO., 256–266; M. SCHIAN, aaO., 96–98. 102 f.

47 Vgl. P. DREWS, aaO., 272 f.

48 Vgl. Th. KAUFMANN, aaO., 439–441.

49 Die Vermutung KAUFMANNS (aaO., 439 Anm. 18), die zur Zeit des Draconites in St. Johannis abgehaltenen Gottesdienste bildeten „so etwas wie die ‚Vorgeschichte' des im 19. Jahrhundert eingeführten Universitätsgottesdienstes", ist m. E. auf Grund der fehlenden traditionsgeschichtlichen Verbindung und der strukturellen Unterschiede zwischen beiden Einrichtungen abwegig.

50 Vgl. E. SEHLING, aaO., Bd. 5, 291.

51 Die 1660 unter dem Titel „Brevis Manuductio" erschienene Studienanweisung der Rostocker Theologischen Fakultät sieht u. a. homiletische Exerzitien vor. Vgl. dazu Th. KAUFMANN, aaO., (311–318) 314 Anm. 323.

gehalten hat, geht aus den von Th. Kaufmann entdeckten sog. Testimonia hervor. Es handelt sich hierbei um gutachterliche Berichte über die Lebens- und Studienführung von Studenten, die diesen auf ihren Wunsch hin beim Verlassen der Universität von den Rostocker Theologieprofessoren ausgestellt wurden[52]. Die Testimonia dokumentieren die herausragende Bedeutung, die der Predigt innerhalb des theologischen Universitätsstudiums im Rostock des 17. Jahrhunderts beigemessen wurde.

In Greifswald hat der streng orthodoxe Professor der Theologie, Stadt- superintendent und Generalsuperintendent Johann Friedrich Mayer (1650– 1712) zu Anfang des 18. Jahrhunderts homiletische Übungen eingeführt[53]. Als der pietistisch gesonnene Theologieprofessor und Stadtpfarrer Michael Christian Rußmeyer (1686–1745) 1725 versuchte, ein Collegium pietatis nach Spenerschem Muster, das einige Theologiestudenten zunächst privat abgehalten hatten, zu einer offiziellen Veranstaltung an der Universität zu erheben, führte dies zu erheblichen Konflikten mit dem Konsistorium und schließlich zum Verbot des pietistischen Konventikels. In der Begründung des Verbots und in der sich daran anschließenden literarischen Kontroverse wurde u. a. darauf verwiesen, daß die bereits existierenden homiletischen Praktika völlig genügten, um die Theologiestudenten auf das Predigtamt vorzuberei- ten und in ihrer Frömmigkeit zu fördern[54]. Man wird damit zu rechnen haben, daß im Zeitalter der Orthodoxie auch andernorts Theologiestudenten schon während des Studiums predigten[55]. Mit jenen Predigtübungen ist in der Geschichte der praktisch-theologischen Ausbildung ein gewichtiger Schritt nach vorn getan worden – deutlich über die auf Melanchthon zu- rückgehenden Rhetorik-Kollegs und -Übungen hinaus, die im 16. und 17. Jahrhundert zum Grundbestand universitärer Bildung gehörten und die zumeist in den artistischen Fakultäten angeboten wurden. Nach dem Gesag- ten läßt sich das Urteil der älteren Forschung, die Orthodoxie habe kein

---

[52] Vgl. im einzelnen Th. KAUFMANN, aaO., 354–365.

[53] Vgl. H. G. THÜMMEL, Art. Greifswald, Universität, TRE 14 (1985), (209–213) 210; zu J. Fr. Mayer, der anfänglich dem Pietismus zuneigte, aber schon vor seiner Greifswalder Zeit zu einem erbitterten Gegner des Pietismus wurde und dies zeitlebens blieb, vgl. H. LOTHER, Pietistische Streitigkeiten in Greifswald, 1925, 9–46.

[54] Zu M. Chr. Rußmeyer und dem Streit um das Collegium pietatis an der Universität Greifswald vgl. H. LOTHER, aaO., 76–88. 146–154.241–249 u. ö.

[55] So bestand im streng lutherisch-orthodoxen Leipzig seit 1624 ein Predigerkollegium an der Universität, daneben gab es verschiedene Predigergesellschaften. Vgl. H. HOFMANN, Got- tesdienst und Kirchenmusik in der Universitätskirche zu St. Pauli-Leipzig seit der Reformation (1543–1918), Beitr. z. sächs. Kirchengesch. H. 32 (1919), (118–151) 123. – In Jena wurden homiletische Übungen in einer Sozietät studentischer Prädikanten durchgeführt, aktenmäßig nachweisbar ab 1689. Vgl. dazu UAJ, Bestand J Nr. 2, Bl. 111–114. – Vgl. allgemein auch A. THOLUCK, aaO., 118f.; P. DREWS, Der evangelische Geistliche in der deutschen Vergangenheit, 1905, 82.

sonderliches Interesse an Predigtübungen der Studenten entwickelt[56], in dieser generellen Form jedenfalls nicht aufrechterhalten.

Dem Pietismus kommt jedoch das unbestrittene Verdienst zu, die in der Orthodoxie partiell durchaus vorhandenen Bemühungen um eine praktische Predigtausbildung an den Universitäten intensiviert zu haben. Neben dem erwähnten Gießener Beispiel Rambachs und anderer wäre hier auf die stark pietistisch geprägte Theologische Fakultät in Kiel zu verweisen. In der Kieler Klosterkirche hielt Paul Sperling (1605–1679), Theologieprofessor und Propst der Bordesholmer Klosterschule, von 1668–1675 regelmäßig Predigtübungen mit Studenten ab. Auch Joachim Justus Breithaupt (1658–1732) legte schon während seiner Kieler Wirksamkeit auf einer eigens geschaffenen ao. Professur für Homiletik sein besonderes Augenmerk darauf, den Studenten durch homiletische Exerzitien die Praxis fidei als entscheidende Zweckbestimmung der Predigt nahezubringen[57]. 1691 nach Halle berufen, setzte Breithaupt in der Hochburg des Pietismus homiletische und katechetische Übungen in dem von ihm geleiteten theologischen Seminar fort.

Man kann die homiletischen Exerzitien des 16., 17. und frühen 18. Jahrhunderts zur Vorgeschichte besonderer Universitätsgottesdienste in einem weitgefaßten Sinne rechnen, freilich nur insofern, als solche praxisbezogenen Veranstaltungen später auch mit Universitätsgottesdiensten gelegentlich verknüpft worden sind. Als unmittelbare Vorform der Universitätsgottesdienste hingegen kommen die studentischen Predigtübungen schon allein deswegen nicht in Betracht, weil ein kausaler institutionsgeschichtlicher Zusammenhang zwischen beiden Einrichtungen nirgends nachweisbar ist[58]. Dieser Befund wiederum ergibt sich nicht von ungefähr, denn es handelte sich – abgesehen von weiteren Differenzen – bei den Exercitia homiletica um spezielle Veranstaltungen im begrenzten Rahmen des theologischen Universitätsstudiums, während mit der Einrichtung von Universitätsgottesdiensten umfassendere, weil alle Universitätsangehörigen inkludierende Zielvorstellungen realisiert werden sollten.

Indem wir den eigentlichen thematischen Faden dieses Abschnitts wieder aufnehmen, wenden wir uns nun noch den bisher mit Bedacht ausgesparten Rechtsverhältnissen hinsichtlich der Verbindung von theologischer Professur

---

[56] So P. Drews (s. Anm. 45), 6 ff.; M. Schian, Orthodoxie und Pietismus …, 62; falsch auch die Behauptung von J. Wallmann, Der Pietismus, 1990, 73, „die Einrichtung homiletischer Übungen" durch den Hallischen Pietismus stellten „ein Novum im akademischen Unterricht" dar.

[57] Vgl. W. Bülck, Geschichte des Studiums der praktischen Theologie an der Universität Kiel, 1921, 13 f. 17 f.; weitere Beispiele bei M. Schian, aaO., 62–64; vgl. auch P. Drews (s. Anm. 55), 115 f.

[58] Zu Halle, das nur scheinbar eine Ausnahme bildet, s. u. 159 ff. – In Kiel scheiterte 1816 der Versuch des Professors f. Praktische Theologie Johann Christoph Schreiter (1770–1821), aus dem homiletischen Seminar heraus einen akademischen Gottesdienst zu etablieren. Vgl. dazu W. Bülck, aaO., 58.

und Pfarramt in Frankfurt/O., Rostock, Kiel und Greifswald unter einem besonderen Aspekt zu. In diesen vier Städten ist nämlich dem Doppelamt als gemeinsames Strukturmoment eigentümlich gewesen, daß verschiedene Institutionen das Besetzungsrecht für die entsprechenden theologischen Professuren und die mit ihnen verbundenen Pfarrämter besaßen oder beanspruchten. Und in allen vier Fällen führte diese Konstellation zu Konflikten, die unübersehbare Parallelen aufweisen, auch wenn Anlaß und Verlauf jener Auseinandersetzungen im einzelnen von unterschiedlichen Faktoren bestimmt wurden.

Eine verwickelte Rechtslage an der Pfarrkirche St. Marien in Frankfurt/O. begünstigte langjährige Streitigkeiten zwischen dem Stadtpfarrer und Theologieprofessor Andreas Musculus (1514–1581), dem Rat der Stadt und Kurfürst Joachim II. von Brandenburg. Einem Privileg von 1401 zufolge besaß allein der Rat das Recht der Berufung von Pfarrern und Kaplänen[59]. Dagegen sah die reformatorische Kirchenordnung für die Stadt Frankfurt vom 11.9.1540 vor, daß dem Dekan der Theologischen Fakultät und dem Stadtrat zu gleichen Teilen das Präsentationsrecht für die Pfarrei zustand, während dem Kurfürsten das Prüfungs- und Ernennungsrecht vorbehalten war[60]. Ihre besondere Schärfe erhielten die jahrzehntelangen Auseinandersetzungen durch die Streitsucht des auf Orthodoxie bedachten Musculus, der kaum eine Gelegenheit ausließ, um sich die Universität, insbesondere die Studenten, und den Magistrat zu Feinden zu machen[61]. Dabei waren die institutionellen Probleme der Ämterverbindung mit zahlreichen anderen Auseinandersetzungen verquickt. So hielt Musculus etwa in seinen Bußpredigten den Ratsherren die Vernachlässigung ihrer sozialen Aufgaben und ihrer Verpflichtungen gegenüber den vom Rat zu besoldenden Kaplänen kritisch vor[62]. Verwahrte sich der Rat beim Kurfürsten letztlich erfolglos gegen die nicht enden wollenden Schmähreden des Stadtpfarrers, so konnte er sich im Falle des Musculus-Sohnes Johannes durchsetzen und dessen Absetzung als Kaplan erreichen, nachdem dieser bei der Abendmahlskommunion Wein verschüttet hatte[63]. Steten Anlaß zum Konflikt bot vor allem die rechtlich nicht hinreichend geklärte Frage der Berufung von Kaplänen und Predigern an St. Marien. Wiederholt setzte Musculus gegen den Willen des Magistrats eigenmächtig Kapläne ein und, sofern sie ihm wegen Heterodoxie mißliebig geworden waren, wieder ab[64]. Der Rat, der das Berufungsrecht für die Kapläne

[59] Vgl. Chr. W. SPIEKER, Lebensgeschichte des Andreas Musculus, 1858, 27.

[60] Vgl. E. SEHLING, aaO., Bd. 3, (208–211) 208.

[61] Vgl. zusammenfassend E. KOCH, Andreas Musculus und die Konfessionalisierung im Luthertum, in: H.-Chr. RUBLACK (Hg.), aaO., (250–270) 250–252.

[62] Vgl. Chr. W. SPIEKER, aaO., 72.75.95.98 f. 189 f. 286–291.296.

[63] Vgl. Chr. W. SPIEKER, aaO., 77.

[64] Vgl. Chr. W. SPIEKER, aaO., 43–45.72–77.89 f. (1562); 97–99 (1563); 116–126 (1568); 133–135 (1569).

und Prediger für sich reklamierte, konnte zwar bei dem im übrigen auf Vermittlung zwischen den Konfliktparteien bedachten Kurfürsten Joachim II. von Brandenburg mehrfach Abmahnungen Musculus' erreichen, diesen langfristig aber nicht etwa zum Einlenken bewegen. Erst Kurfürst Johann Georg vermochte per Rezeß vom 17. 4. 1600 eine dauerhafte rechtliche Regelung herbeizuführen, nach der dem Landesherrn das Patronat für St. Marien ,immediate" zustand, während der Rat der Stadt und die Theologische Fakultät das Nominations- und Präsentationsrecht gemeinschaftlich ausüben sollten. Das Berufungsrecht für die Kapläne hingegen hatten seitdem der Pfarrer von St. Marien und der Magistrat inne[65].

Wie schon im 15. Jahrhundert entbrannten nach der Einführung der Reformation in Rostock von neuem Kämpfe zwischen den Mecklenburgischen Herzögen und dem Stadtrat, die als politische Machtauseinandersetzung zwischen der auf ihrer Autonomie bestehenden Hansestadt und dem erstarkenden frühneuzeitlichen Territorialstaat zu begreifen sind. Und wie seinerzeit in der Domfehde war auch im Reformationszeitalter das Ringen um den Einfluß auf die Rostocker Universität naturgemäß von weiteren kontroversen Themen überlagert. Der Verlauf der jahrzehntelangen Auseinandersetzungen braucht hier nicht im Detail nachgezeichnet zu werden; es genügen einige wenige Hinweise, die für unsere Fragestellung von Interesse sind[66]. Der Streit um die Universität entzündete sich u. a. an der Frage, wer die Professuren zu besetzen habe, sowie am Patronatsrecht über einzelne Rostocker Stadtkirchen. Als die Mecklenburgischen Herzöge 1542 Heinrich Smedenstede zum Professor der Theologie und gleichzeitig zum Pfarrer an St. Nikolai ernannten, um durch diese Maßnahme der evangelischen Lehre auch an der Rostocker Universität zum Durchbruch zu verhelfen, erhob der Rat seinen Widerspruch, da er den Herzögen das Patronatsrecht für St. Nikolai bestritt. Wenn er auch die Berufung Smedenstedes nicht verhindern konnte, so gelang es dem Rat doch, dem ersten evangelischen Professor in Rostock die Aufnahme in das Konzil der Universität zu verwehren[67]. Die andauernden Streitigkeiten um die ökonomischen Grundlagen und die Privilegien der Universität nahmen dann im Falle des Tileman Heshusius (1527–1597) und des Peter Eggerdes schärfere Formen an. Bereits die Umstände ihrer Berufungen lassen deutlich erkennen, daß in den Jahren unmittelbar nach Einführung der Reformation in Rostock das Aufsichtsrecht über die Stadtkirchen umstritten, jedenfalls nicht ausreichend geklärt war. Dem einen – Eggerdes – sprach der Rat 1555 die Bestallung zum

---

[65] Vgl. E. Sehling, aaO., Bd. 3, 212.

[66] Vgl. O. Krabbe, Die Universität Rostock im funfzehnten und sechzehnten Jahrhundert, 1854, 397–577; (K.-Fr. Olechnowitz, in:) Geschichte der Universität Rostock 1419–1969, hg. von G. Heidorn, G. Heitz u. a., 1969, 21–36.

[67] Vgl. O. Krabbe, aaO., 440–442; G. Willgeroth, Die Mecklenburg-Schwerinschen Pfarren seit dem dreißigjährigen Kriege, 3. Bd., 1925, 1427. Zu Smedenstede vgl. Th. Kaufmann, aaO, 49.71–73.

Prediger an St. Jakobi aus, den anderen – Heshusius – beriefen dagegen die Herzöge 1556 zum Professor der Theologie und Pastor an St. Jakobi[68]. Nachdem Heshusius und Eggerdes sich aus vergleichsweise nichtigem Anlaß mit dem Rat überworfen hatten[69], wurden sie vom Rat kurzerhand ihrer Ämter enthoben und aus der Stadt verwiesen. Dies wiederum rief den Protest der Herzöge hervor, die sich nach Klage und Gegenklage in dieser Sache 1558 vor dem Reichshofgericht erfolgreich gegen die Stadt durchsetzen konnten. Auch die vom Rat berufenen Superintendenten Johannes Draconites und Johannes Kittel konnten sich nicht in Rostock halten, da ihre Einsetzung in die Superintendentur von den Herzögen nicht bestätigt wurde und da sie zudem von der Geistlichkeit der Stadt erbittert bekämpft wurden[70].

Der all diesen Vorfällen zugrundeliegende Konflikt zwischen der Stadt und den Herzögen, der teilweise auch von innerstädtischen Auseinandersetzungen um die Beteiligung der Bürgerschaft am Stadtregiment begleitet wurde[71], konnte schließlich nach langwierigen Verhandlungen durch die Unterzeichnung der „Formula Concordiae" am 11.5.1563 beigelegt werden[72]. Der Kompromiß sah neben dem landesfürstlichen Patronat ein rätliches Kompatronat über die Universität sowie die Einrichtung zweier Professorenkollegien vor, eines fürstlichen und eines städtischen, die zusammen das Konzil der Universität bildeten. Beiden Kollegien gehörten je zwei Theologieprofessoren an. Im ausgehenden 16. und im 17. Jahrhundert verwalteten die meisten rätlichen Theologieprofessoren neben ihrem universitären Lehramt das Pfarramt an St. Marien oder gelegentlich das Pfarramt an St. Jakobi, oft auch die Rostocker Stadtsuperintendentur, die auf Grund einer Vereinbarung vom 21.9.1573 neben der fürstlichen Superintendentur des Rostocker bzw. des Mecklenburgischen Kirchenkreises installiert worden war[73]. Theologen wie

---

68 Vgl. G. WILLGEROTH, aaO, 1399 f.1406 f.; gegenüber den präzisen Ausführungen WILLGEROTHS zur Berufung Eggerdes' ist die Angabe KRABBES (aaO., 487), Eggerdes sei von Herzog Ulrich angestellt worden, zu ungenau.

69 Vgl. O. KRABBE, aaO, 487 ff.; G. WILLGEROTH, aaO., 1399 f. 1406 f.

70 Vgl. O. KRABBE, aaO, 501–511; G. WILLGEROTH, aaO, 1393 Anm. 1; Th. KAUFMANN, aaO, 578–586.

71 Vgl. K.-Fr. OLECHNOWITZ, aaO., 34 f.

72 Zum folgenden vgl. O. KRABBE, aaO, 557–611; K.-Fr. OLECHNOWITZ, aaO, 35; Th. KAUFMANN, aaO, 52–57.

73 Vgl. die Aufstellungen bei G. WILLGEROTH, aaO, 1393–1398; dazu Th. KAUFMANN, aaO, 185–195. – WILLGEROTHS Angaben, die Herzöge hätten das Patronat für die Stadtkirchen St. Jakobi, St. Nikolai und St. Petri innegehabt, während St.. Marien unter rätlichem Patronat gestanden habe, bedürfen der Präzisierung. Das ergibt sich schon daraus, daß der Rat die Stadtsuperintendenten aus dem Kreis der Pfarrer aller Rostocker Stadtkirchen nominierte und die Herzöge die Nominierung anschließend bestätigten. Dies Verfahren legt eher die Vermutung nahe, daß die Herzöge im 16. und 17. Jahrhundert für alle Stadtkirchen das Patronat im Sinne des Bestätigungs- und Ernennungsrechts besaßen, während der Rat das Kompatronat im Sinne des Nominations- bzw. Präsentationsrechts ausübte. Vgl. im einzelnen Th. KAUFMANN, aaO, 178–190.195–197.

Simon Pauli (1534–1591), Lucas Bacmeister (1530– 1608), Johann Quistorp (1584–1648) und Heinrich Müller (1631–1675), die die Rostocker Orthodoxie in ihrer Blütezeit maßgeblich mitprägten, verbanden Universitäts- und Kirchenamt in Personalunion[74]. Seit dem Anfang des 18. Jahrhunderts ist das bis dahin relativ fest institutionalisierte Doppelamt des Theologieprofessors und Pfarrers in Rostock allerdings nicht mehr kontinuierlich, sondern nur noch sporadisch ausgeübt worden.

Auch in Kiel kam es nach der Gründung der Universität durch Herzog Christian Albrecht im Jahre 1665 zu Konflikten, nur daß diese bezeichnenderweise einen etwas anderen Ausgang nahmen als ein Jahrhundert zuvor die Rostocker Kontroversen. Im Zuge der Reformation hatte das Kloster der regulierten Chorherren zu Bordesholm das ihm seit 1322 zustehende Patronat über die Kieler Pfarrkirche St. Nikolai 1534 an den Rat der Stadt abtreten müssen[75]. Der Magistrat nahm in der Folgezeit die Patronatsrechte allein wahr, teilte sich aber das Wahlrecht in einer Wahlkurie mit dem Kollegium der Sechzehn-Männer, das die gesamte Bürgerschaft repräsentierte. Hatten die Herzöge von Holstein-Gottorf seit dem Anfang des 17. Jahrhunderts zunächst vergeblich versucht, Einfluß auf die Besetzung der Pfarrei zu nehmen, so intensivierten sie ihre entsprechenden Anstrengungen nach der Eröffnung der Universität. Auf die Forderung des Herzogs Christian Albrecht, die Theologieprofessoren bei Vakanzen des Hauptpastorats an St. Nikolai bevorzugt zu berücksichtigen und dem akademischen Senat ein Stimmrecht bei den Predigerwahlen einzuräumen, reagierte der Magistrat 1677 teils ablehnend, teils hinhaltend. Obwohl der Magistrat also die drohende Einschränkung seiner Patronatsrechte nicht widerstandslos hinzunehmen gedachte, mußte er binnen zwei Jahren dem wachsenden Druck des absolutistischen Staates nachgeben. In einer wesentlich vom Herzog diktierten Vereinbarung zwischen Magistrat und Universität vom 20.10.1679 wurde dem akademischen Senat das Stimmrecht in der Wahlkurie zugestanden[76].

Allein der Kontrakt von 1679 führte nicht zu einer dauerhaften Befriedung, sondern erwies sich im Gegenteil als Quelle weiterer Querelen. Denn

---

[74] Für die Vertreter der lutherischen Orthodoxie an der Rostocker Universität, aber auch an anderen Universitäten wäre zu erwägen, ob nicht die Verbindung von Universitäts- und Kirchenamt einen natürlichen Ansatzpunkt dafür bot, daß sie ihre Reformvorstellungen vom kirchlichen Leben und von der praktischen Frömmigkeit des einzelnen Christen entwickeln konnten. Außer der Auflistung der aus dem Doppelamt resultierenden Belastungen für viele Universitätstheologen des 16./17. Jahrhunderts bieten A. THOLUCK, aaO., 80–83, und H. LEUBE, Die Reformideen in der deutschen lutherischen Kirche zur Zeit der Orthodoxie, 1924, 147, dazu nichts.

[75] Vgl. F. VOLBEHR, Kieler Prediger-Geschichte seit der Reformation, 1884, 1–13. – Die Schleswig-Holsteinische Kirchenordnung von 1542, hg. von W. GÖBELL, 1986, 105–107.109–111 Anm. 171, hat generell den in der Reformationszeit erreichten Stand hinsichtlich des Patronatsrechts festgeschrieben.

[76] Vgl. F. VOLBEHR, aaO., 21–24.

als 1696 das durch den Tod des bisherigen Inhabers erledigte Hauptpastorat an St. Nikolai neu zu besetzen war, setzte Herzog Friedrich IV. durch, daß mit Heinrich Muhlius (1666–1733) erstmals ein Theologieprofessor die Pfarre erhielt. Hatte der Magistrat dabei dem Landesherrn immerhin noch das Zugeständnis abringen können, daß diese Vokation nicht als Präjudiz für die Zukunft zu werten sei, so ließ sich freilich auch auf diesem Wege nicht verhindern, daß der Magistrat das Patronat und die Wahlkurie das Besetzungsrecht für die Nikolaikirche im weiteren Verlauf der Entwicklung gänzlich an den Herzog verloren[77]. Anders als in Rostock konnte der Territorialherr in diesem Fall also seinen Machtanspruch gegenüber dem Magistrat durchsetzen, was ohne Zweifel auf die Umgewichtung des politischen Kräfteverhältnisses zwischen Stadt und Landesherrschaft im absolutistischen Zeitalter zurückzuführen ist. Es verdient aber festgehalten zu werden, daß es in einem weiteren Fall der Universität trotz anfänglicher Unterstützung durch den Landesherrn nicht gelang, dem Magistrat das Mitbestimmungsrecht an der Predigerwahl für die Kieler Klosterkirche abzutrotzen[78]. Auch wenn die feste Verbindung zwischen einer theologischen Professur und dem Hauptpastorat an St. Nikolai schon 1723 wieder aufgelöst wurde, predigten Theologieprofessoren bis ins 19. Jahrhundert hinein regelmäßig in der Schloßkirche und in der Klosterkirche zu Kiel[79].

In der Darstellung der Universitäten, an denen es auf Grund des verwickelten Besetzungsrechts für die mit theologischen Professuren verknüpften Pfarrämter zu eigentümlichen Regelungen kam, soll Greifswald den Abschluß bilden. Nachdem dort im Zuge der reformatorischen Neuordnung des kirchlichen Lebens das Kollegiatstift an St. Nikolai aufgelöst worden war[80], wurden an der 1539 im lutherisch-melanchthonischen Geist neu eröffneten Universität[81] die drei theologischen Professuren im Jahre 1558 fest mit den Pastoraten an den Stadtkirchen St. Nikolai, St. Marien und St. Jakobi verbunden. Der Pfarrer von St. Nikolai fungierte seitdem zugleich als Greifswalder Stadtsuperintendent und als Generalsuperintendent von Vorpommern[82]. Hinsichtlich des Berufungsverfahrens bestand die folgende Rechts-

---

[77] Vgl. F. Volbehr, aaO., 24–29.

[78] Zu den von 1708–1749 sich abspielenden Vorgängen vgl. F. Volbehr, aaO., 51–53; W. Bülck, aaO., 14 Anm. 19.

[79] Vgl. W. Bülck, aaO., 40–79. – Zur Einrichtung eines eigenständigen Universitätsgottesdienstes in Kiel s. u. 190.

[80] Vgl. J. G. L. Kosegarten, Geschichte der Universität Greifswald mit urkundlichen Beilagen, Erster Theil, 1857, 192; J. Allendorff, aaO. (s. o. 129 Anm. 29), 75 f.

[81] Vgl. H. G. Thümmel, aaO., 209–212.

[82] Vgl. den Auszug aus dem Visitationsrezeß des Herzogs Philipp I. von Pommern vom 2.5.1558, in: J. G. L. Kosegarten, aaO., Zweiter Theil, 1856, 128. Daß bereits die von J. Bugenhagen verfaßte Kirchenordnung für Pommern von 1535 den Greifswalder Stadtsuperintendenten als Dozenten der Theologischen Fakultät vorgesehen habe, wie H. Heyden, Art. Greifswald, Universität, RGG, 3. Aufl., Bd. II, (1850–1853) 1851 f., behauptet, läßt sich dem Text der Kirchenordnung nicht entnehmen. Vgl. E. Sehling, aaO., Bd. 4, 328–344.

lage: Der Landesherr hatte das Patronat für die drei Stadtkirchen inne, während dem Magistrat und der Universität das Kompatronat in der Weise zustand, daß Magistrat und Universität gemeinschaftlich das Präsentationsrecht für die Stadtsuperintendentur und die Pastorate an den genannten Kirchen ausübten[83]. Im 19. Jahrhundert erfolgte die Präsentation eines Kandidaten in der Regel erst auf einen Personalvorschlag der Theologischen Fakultät hin, die das Nominationsrecht besaß.

Dieses Verfahren scheint über drei Jahrhunderte lang ohne größere Probleme praktiziert worden zu sein – bis es zum „Fall Cremer"[84] kam. Hermann Cremer (1834–1903) nahm 1870 den Ruf auf den Lehrstuhl für systematische Theologie und in das mit diesem verbundene Hauptpastorat an, und zwar in Unkenntnis des komplizierten Berufungsrechts und der internen Greifswalder Auseinandersetzungen, die seiner Berufung vorausgegangen waren. Die Theologische Fakultät hatte 1869, dem Vorschlag des positiven Kirchenhistorikers O. Zöckler folgend, mehrheitlich den ebenfalls positiv ausgerichteten Cremer zur Besetzung des erledigten Doppelamtes nominiert. Nur der dem liberalen Protestantenverein angehörende Praktische Theologe J. W. Hanne[85] schloß sich der Majorität der Fakultät nicht an und reichte ein Separatvotum ein. Das Konzil der Universität, in dem die Anhänger des Protestantenvereins in der Mehrzahl waren, suchte nun den Vorschlag der Fakultät zu hintertreiben, indem es zunächst – vergeblich – die Trennung der Professur vom Pastorat an St. Marien beantragte und dann zusammen mit dem Magistrat eine eigene Berufungsliste beim preußischen Kultusministerium einreichte. Dieses entschied sich freilich nach einigem Hin und Her für den von der Fakultät nominierten Cremer, und König Wilhelm I. unterzeichnete am 9.11.1870 in Versailles Cremers Berufungsurkunde.

Für Cremer war damit die Angelegenheit mitnichten erledigt. Kaum in Greifswald eingetroffen, schien er mit seiner Familie zum Opfer der andau-

---

[83] Vgl. die Vereinbarung zwischen Herzog Philipp I. und dem Greifswalder Stadtrat vom 16.3.1553, in: J. G. L. Kosegarten, aaO., Zweiter Theil, 127; dazu N. de Bruyn, Wie kam es in Greifswald zur Einrichtung des Akademischen Gottesdienstes?, unveröffentlichtes Vortrags-Typoskript aus dem Mai 1989, 1 f.

[84] Zum folgenden vgl. J. Haussleiter, Art. Cremer, August Hermann, RE, 3. Aufl., Bd. 23, (329–335) 331; E. Cremer, Hermann Cremer. Ein Lebens- und Charakterbild, 1912, 78–89.170–179; H. Beintker, Art. Cremer, Hermann, TRE 8 (1981), (230–236) 230 f.; R. Stupperich (Hg.), Hermann Cremer – Haupt der „Greifswalder Schule": Briefwechsel und Dokumente, 1988, 11–15.551–558. – Eine wissenschaftlichen Ansprüchen genügende Untersuchung der Vorgänge um Hermann Cremers Berufung nach Greifswald ist ein Desiderat. E. Cremer hat seine Darstellung ohne Quellennachweise und allzu deutlich aus der Sicht des dem Vater verbundenen Sohnes gegeben. Der in vielerlei Hinsicht unbefriedigend edierte Quellenband Stupperichs bietet zum „Fall Cremer" keine wirklich neuen Erkenntnisse.

[85] Zu Hanne vgl. O. Zöckler, Art. Hanne, Johann Wilhelm, RE, 3. Aufl., Bd. 7, 403–406; zum Protestantenverein vgl. H. Hohlwein, Art. Protestantenverein, Deutscher, RGG, 3. Aufl., Bd. V, 645–647.

ernden theologischen und kirchenpolitischen Richtungskämpfe zwischen der liberalen und der positiven Partei zu werden. Der Magistrat focht nämlich die Entscheidung der Regierung an – formaljuristisch nicht einmal zu Unrecht, denn sein Kompatronatsrecht war bei der Berufung Cremers übergangen worden. Auch händigte der Magistrat Cremer die zunächst zurückgehaltenen Schlüssel des Pfarrhauses erst nach einer Intervention des Ministers aus und sperrte ihm zudem das Pfarrgehalt, obwohl der Minister die Königliche Regierung in Stralsund am 2. 11. 1871 zur Einziehung des Gehalts auf dem Exekutionsweg angewiesen hatte. Da Cremer in dieser höchst beschwerlichen Lage die Hilfe weder der Universität noch seiner Gemeinde noch des Konsistoriums zuteil wurde, mußte er sich selbst seine Position auf dem Rechtsweg sichern. In dritter Instanz entschied das Obertribunal in Berlin am 13. 11. 1874 endgültig zu seinen Gunsten, daß das Patronatsrecht des Landesherrn nach den alten Verträgen unstrittig und die auf dieser Basis ausgesprochene Berufung Cremers legitim sei[86].

Machen die Begleitumstände der Berufung Cremers nach Greifswald noch einmal signifikant, welche Schwierigkeiten für den Fall eintreten konnten, daß die am Patronat beteiligten Instanzen sich nicht über die Besetzung einer mit einer Professur verbundenen Pfarrei einigen konnten, so kommt Hermann Cremer noch in einer anderen Hinsicht eine besondere Bedeutung zu. Er war der letzte deutsche theologische Ordinarius, der Pfarramt und Theologieprofessur in Personalunion versah[87]. Daß er sich dann je länger, desto mehr für eine Trennung der beiden Ämter einsetzte, lag weniger an den Erfahrungen, die er bei seinem Amtsantritt hatte machen müssen, auch nicht an prinzipiellen theologischen Vorbehalten. Im Gegenteil, Cremer sah durchaus die positiven Möglichkeiten, die mit dem wechselseitigen Bezug beider Tätigkeitsfelder zueinander gegeben waren. Allein pragmatische Erwägungen, insbesondere die im Verlauf von 20 Jahren gewonnene Einsicht, in seinem Doppelamt weder den Ansprüchen der großen städtischen Gemeinde noch den Erfordernissen der akademischen Lehrtätigkeit vollauf gerecht werden zu können, ließen ihn für die Trennung der beiden Ämter eintreten[88]. Nach langen Verhandlungen zwischen Ministerium, Magistrat und Universität wurde die Verbindung zwischen dem systematisch-theologischen Lehrstuhl und dem Pfarramt von St. Marien schließlich am 31. 10. 1889 aufgelöst. Nunmehr war auch in Greifswald der Weg frei für die Einrichtung eines akademischen

---

86 Zum juristischen Verfahren vgl. E. CREMER, aaO., 85 f.

87 In Leipzig erlosch das Doppelamt des Theologieprofessors und Pastors an St. Thomas (= Stadtsuperintendenten) 1888, drei Jahre früher als in Greifswald, mit dem Tode G. V. Lechlers. Vgl. W. CLASSE, aaO., 98 f.; Fr. LAU, aaO., 310.

88 Vgl. H. CREMER, Bericht über die Verbindung von Professuren der Theologie mit Pastoraten der Stadt Greifswald [,] speziell über die Verbindung der Professur für systematische Theologie mit dem Pfarramt von St. Marien (vom 17. 4. 1883), in: R. STUPPERICH (Hg.), aaO., 551–557.

Gottesdienstes, der von 1890 an hauptsächlich in St. Jakobi stattfand, sowie für die Installation des Universitätspredigeramtes[89].

Andernorts hatte man die Koppelung von universitärem Lehr- und kirchlichem Pfarr- bzw. Predigtamt längst aufgehoben. Auch wenn dabei im einzelnen lokale Faktoren eine Rolle gespielt haben mögen, lassen sich doch hauptsächlich zwei Gründe für diesen allgemeinen Trend anführen. Einmal wird schon im 18. Jahrhundert mit der immensen Arbeitsbelastung, die das Doppelamt seinen Trägern in aller Regel auferlegt, die Forderung nach seiner Abschaffung begründet[90]. Johann Salomo Semler (1725–1791), um nur ein Beispiel zu nennen, zieht 1752 den Ruf nach Halle dem Verbleiben in Altdorf vor, weil er die „Beschwerlichkeiten" eines Theologieprofessors in Altdorf, der zugleich ein Pfarramt verwalten muß, nicht auf sich nehmen möchte[91]. Und J. D. Michaelis gibt 1768 in aufklärerischer Perspektive der Forderung nach Lösung der Ämterverbindung die quasi theoretische Begründung: „Der academische und der Canzelvortrag sind so sehr verschieden, wenn sie gut sind, daß der eine den andern gemeiniglich mit der Zeit verderben wird."[92] Zum anderen plädieren im 19. Jahrhundert vereinzelt Theologische Fakultäten im Zuge ihrer Bestrebungen, sich unter Berufung auf ihre Lehrfreiheit von den Landeskirchen zu emanzipieren, auch für die Auflösung der Ämterverbindung[93].

---

[89] Die beiden anderen Doppelämter in Greifswald waren faktisch schon vorher getrennt worden. Vgl. H. CREMER, aaO., 552. 556. – Zur Einführung des akademischen Gottesdienstes in Greifswald vgl. knapp E. CREMER, aaO., 178; N. DE BRUYN, aaO. (s. Anm. 83), 5–11, geht zwar auf einige der dabei aufgetretenen personellen und institutionellen Probleme ein, vermag diese freilich nicht überzeugend in ihrem historischen Kontext zu verorten.

[90] Vgl. exemplarisch mit Angaben über die Verpflichtungen der Pastoren-Professoren in Altdorf Kl. LEDER, aaO., 24 f.

[91] J. S. SEMLER, Lebensbeschreibung von ihm selbst verfaßt, 1. Bd., 1782, 167.

[92] J. D. MICHAELIS, Raisonnement über die protestantischen Universitäten in Deutschland, Erster Theil, 1768, 130; die Begründung aaO., 129–133. Ähnlich forderte Chr. M. Pfaff schon 1757 die Abtrennung der Gießener Superintendentur von einer theologischen Professur. Vgl. dazu P. DREWS, aaO., 272. – Fr. D. E. SCHLEIERMACHER allerdings schrieb 1810 einem seiner Schüler aus Halle: „Wie ich mir für mein Leben nichts Schöneres zu wünschen weiß als die Vereinigung des Katheders und der Kanzel ..." (Aus Schleiermacher's Leben. In Briefen, hg. v. W. DILTHEY, Bd. 4, 1863, 176.) Zum Zeitpunkt dieser Aussage war Schleiermacher freilich (nur) Universitätsprediger und Theologieprofessor, bekanntlich verband er erst in Berlin Pfarramt und Professur miteinander. Vgl. dazu A. REICH, Friedrich Schleiermacher als Pfarrer an der Berliner Dreifaltigkeitskirche 1809–1834, 1992.

[93] Als Fallbeispiel diene der Versuch der Leipziger Theol. Fakultät 1857 ff., die alte Verbindung zwischen einer Theologieprofessur und der Stadtsuperintendentur aufzulösen. Der Versuch scheiterte damals am Widerstand des Leipziger Stadtrats, dem sich das Kultusministerium anschloß. Vgl. O. KIRN, aaO., 206 f.; W. CLASSE, aaO., 98 f.; zur Aufhebung der Ämterverbindung 1888 s. o. Anm. 87. – Umgekehrt versagte in Jena freilich der Kirchenvorstand 1870 der Aufrechterhaltung der Verbindung zwischen Superintendentur und Theologieprofessur die Zustimmung. Da er sich damit gegen die Theol. Fakultät durchsetzen konnte, wurde der vorgesehene Amtsinhaber, Otto Pfleiderer (1839–1908), lediglich Ordinarius für Prakt. Theologie und Universitätsprediger, nicht aber Superintendent. Vgl. K. HEUSSI, aaO., 296 ff.

Welches Resümee läßt sich nun aus der Erörterung der Vorgeschichte[94] besonderer Universitätsgottesdienste ziehen? Der dargestellte Befund belegt die zu Eingang dieses Paragraphen vorweg aufgestellte These, daß diese Vorgeschichte sich weitgehend als hemmend für die Einrichtung von Universitätsgottesdiensten ausgewirkt hat. Die spätmittelalterliche Konzeption der Verbindung von Universitätsprofessur und Kollegiatstiftskanonikat ist durch die Reformation erledigt worden. Lediglich in Tübingen hat sich aus der spätmittelalterlichen Institution das Amt des akademischen Frühpredigers entwickelt, der seinen Predigtauftrag freilich bis heute nicht in einem Universitätsgottesdienst, sondern im Rahmen des Gottesdienstes der Stiftskirchengemeinde ausübt. Wo die seit dem 16. Jahrhundert weitverbreitete Verbindung von Theologieprofessur und Pfarr- bzw. Predigtamt bestand, ließ sich fast ausnahmslos erst nach Auflösung jener Ämterunion ein akademischer Gottesdienst etablieren. Nur in Marburg ist aus einem Predigtauftrag des 17. Jahrhunderts im Laufe des 19. Jahrhunderts der Universitätsgottesdienst entstanden, der aber bezeichnenderweise bis zur Gegenwart in Verbindung mit dem Gemeindegottesdienst gefeiert wird. Und nur in drei Fällen, nämlich in Halle, Leipzig und Jena, wurde, wie noch aufzuzeigen ist, ein separater Universitätsgottesdienst eingerichtet und das dort bestehende Doppelamt des Theologieprofessors und Pfarrers gleichwohl fortgeführt[95].

---

[94] Was ich als Vorgeschichte besonderer Universitätsgottesdienste bezeichne, hat sich an einigen Orten zeitlich nach dem Aufkommen der ersten separaten akademischen Gottesdienste in Halle, Jena, Leipzig und Göttingen abgespielt. Hier gilt es natürlich unter lokalen Aspekten zu differenzieren.

[95] Was dies für die Struktur der Universitätsgottesdienste in Halle, Jena und Leipzig besagt, wird noch zu klären sein.

§9 Die ersten Universitätsgottesdienste und die Sonderstellung Göttingens

Daß die hannoversche Staatsregierung in der Planungsphase des Göttinger Universitätsgottesdienstes die Entscheidung traf, aus der Universitätskirche „weder ein Collegiat-Stifft, noch eine Parochial-Kirche, zu machen"[1], verrät schon vor dem skizzierten Hintergrund ein erhebliches historisches Problembewußtsein. Hatte die Regierung doch damit sowohl die mittelalterliche Konzeption der Verbindung von Professur und Kollegiatstiftskanonikat als auch die seit der Reformation im Protestantismus allgemein übliche Union von universitärem Lehr- und kirchlichem Pfarramt für Göttingen von vornherein ausgeschlossen. Um so dringlicher stellt sich dann die Frage, ob Münchhausen mit dem von ihm zielbewußt realisierten, konzeptionell völlig geschlossenen Göttinger Modell auf Vorbilder zurückgreifen konnte, ob also die Göttinger Universitätskirche in der Geschichte des deutschen Protestantismus eine institutionelle Neuschöpfung darstellt oder nicht.

Was läßt sich dazu ermitteln? W. Jannasch hat die Reihe der ersten eigenständigen Universitätsgottesdienste mit dem Marburger Predigtauftrag von 1676 beginnen lassen[2], freilich zu Unrecht, denn aus jenem Predigtauftrag hat sich, wie oben erwähnt, erst in der 2. Hälfte des 19. Jahrhunderts der Marburger akademische Gottesdienst entwickelt[3]. Da die Göttinger Universität auch als Konkurrenzunternehmen zur Universität Helmstedt gegründet worden war und da Münchhausen sich an Calixt und den „andere(n) friedliebende(n) Männer(n) in Helmstedt"[4] orientieren wollte, als an der neuen Akademie die Besetzung der Theologischen Fakultät anstand, möchte man am ehesten erwarten, daß analog dazu eine Helmstedter Einrichtung für die Göttinger Universitätskirche Pate gestanden haben könnte.

Die Universität Helmstedt verfügte mit der auf Anordnung des Herzogs von Wolfenbüttel ab 1701 wieder instand gesetzten ehemaligen Augustinerkirche über eine eigene Kollegienkirche, in der zunächst einzelne Professoren private Predigtübungen für die Studenten anboten. Nach der offiziellen Ein-

---

[1] So die regierungsamtliche Erklärung von J. D. GRUBER, Unvorgreiffliche Gedancken, wie der Gottes-Dienst in der Universitäts Kirche zu Göttingen ... eingerichten werden könte, 1737, UB Göttingen, Cod. hist. litt. 77, Bl. 233r.

[2] Vgl. W. JANNASCH, aaO., 1173.

[3] Vgl. K. HAMMANN, aaO., passim.

[4] Votum Münchhausens vom 16.4.1733, in: E. F. RÖSSLER, aaO., B 34.

weihung der Kollegienkirche (14.–16.1.1704) richtete die Theologische
Fakultät dort auf Ersuchen des Herzogs Anton Ulrich (1633–1714) hin
öffentliche Gottesdienste ein, über deren Charakter ein von der Fakultät am
7.10.1704 erlassenes Statut hinreichend Auskunft gibt[5]. Es handelte sich um
Gottesdienste, Gebetsandachten und Katechisationen, die fortgeschrittene
Studenten an drei Wochentagen unter Aufsicht der Theologischen Fakultät
zu halten hatten. Die Fakultät faßte die beteiligten Studenten in drei Kollegien zusammen und unterstellte diese der Leitung jeweils eines Professors, der
die studentischen Predigten und Katechesen kritisch begutachten sollte.

Aus der konzeptionellen Anlage der Helmstedter Einrichtung geht eindeutig hervor, daß wir es hier nicht mit einem regulären sonntäglichen Universitätsgottesdienst, sondern lediglich mit homiletisch-katechetischen Exerzitien im begrenzten Rahmen des Theologiestudiums zu tun haben. Deren
weitere Entwicklung bestätigt diesen Befund. Von den ursprünglich drei
Kollegien wurde eines noch 1704 mangels Beteiligung wieder aufgelöst, in
der Folgezeit fanden sich kaum Zuhörer in der Kollegienkirche ein, auch die
zum Predigen eingeladenen Studenten ließen es am nötigen Engagement
fehlen, und 1728 ordnete die Regierung an, die Predigtübungen seien zukünftig ohne den bisher üblichen gottesdienstlichen Rahmen durchzuführen.
1737 schließlich, im Jahr der Gründung der Göttinger Universität, mußte das
letzte noch bestehende praktisch-theologische Kollegium in Helmstedt geschlossen werden. Man unternahm zwar danach noch verschiedene Versuche,
das Predigerkollegium neu zu beleben, aber diese Bestrebungen blieben letztlich ohne Erfolg – auch dies ein Zeichen für den Niedergang der Universität
Helmstedt im 18. Jahrhundert.

Anders als in Göttingen gab es demnach in Helmstedt weder einen von
Theologieprofessoren regelmäßig gehaltenen sonntäglichen Universitätsgottesdienst noch das Amt eines Universitätspredigers noch ein der Göttinger
Universitätskirchendeputation vergleichbares Gremium. Professoren predigten in der Helmstedter akademischen Kirche nur selten, meist zu besonderen
Anlässen. Nicht zufällig befinden sich z.B. unter den 39 „Heilige(n) Reden",
die Mosheim drucken ließ, gerade einmal 2 Predigten, die er nachweislich in
der Helmstedter Kollegienkirche gehalten hat. Es verbleiben somit als mögliche Anknüpfungspunkte für die Göttinger Universitätskirche noch die Gegebenheiten in Halle, Jena und Leipzig, denen unsere Aufmerksamkeit nun
zu gelten hat.

---

[5] Vgl. Descriptio Ordinationum, secundum quas cultus divini in templo Academico, quod
Porta Coeli dicitur, sunt peragendi (7.10.1704), in: Nova Literaria Germaniae, 1705, 115–
118. – H. HOLZE, aaO., 60 f., hat zwar diese Ordnung übersehen, referiert aber zuverlässig
über die Vorgeschichte und weitere Entwicklung der Predigtübungen in Helmstedt. – Die
Angaben zu Mosheim nach J. L. MOSHEIM, Heilige Reden über wichtige Wahrheiten der
Lehre Jesu Christi, Erster – Sechster Theil, 1725 ff.; DERS., Heilige Reden, Die bey außerordentlichen Fällen und Gelegenheiten sind gehalten worden, 2. Aufl. 1751.

Der erste akademische Gottesdienst in Deutschland ist an der preußischen Reformuniversität Halle[6] entstanden. Nicht durch eine planmäßige Stiftung seitens des Kurfürsten Friedrich III. als des Universitätsgründers eingerichtet, sondern vielmehr am Ende einer Kette von institutionellen Zufälligkeiten, lokalen Verlegenheiten und Problemen sowie des persönlichen Engagements eines Mannes stehend, geht der Hallische Universitätsgottesdienst in seinen Anfängen zurück auf das Jahr 1691[7]. Drei Jahre vor der offiziellen Universitätsgründung 1694 wird auf die Empfehlung Ph. J. Speners hin Joachim Justus Breithaupt (1658–1732)[8] als erster Professor der Theologie, Direktor des theologischen Seminars und (luth.) Konsistorialrat nach Halle berufen. Mit diesem Ruf verbunden ist ein Predigtauftrag am Dom, der Hofkirche des Landesherrn. Die Domkanzel stand damals außer Breithaupt dem streng orthodox-lutherischen Konsistorialrat Schrader zur Verfügung. Zusätzlich hatte der Große Kurfürst den Dom der von ihm geförderten reformierten Gemeinde in Halle zur gottesdienstlichen Nutzung überlassen. Der Simultangebrauch der Kirche entsprach ganz der auf Frieden und Parität zwischen den Konfessionen bedachten Toleranzpolitik des Kurfürsten und war durch praktische Bestimmungen im einzelnen geregelt. Jedoch erhob die reformierte Gemeinde Einspruch gegen den Predigtauftrag Breithaupts. Wohl weniger befürchtete sie, damit könne der zumal von Schrader schroff betonte konfessionelle Gegensatz verschärft werden[9], eher führte sie praktische Notwendigkeiten zur Begründung an. Die reformierte Gemeinde sei gewachsen, Amtshandlungen und Katechisationen hätten erheblich zugenommen, daher wünsche sie den alleinigen Gebrauch des Gotteshauses. Sogar einen Alternativvorschlag konnte sie ins Gespräch bringen und mit mancherlei vorteilhaft erscheinenden Argumenten untermauern: Man möge Breithaupt für seine Predigten die derzeit weitgehend ungenutzte Schulkirche zuweisen, die auch für die von ihm zu leitenden homiletischen Übungen ein trefflich geeigneter Ort sein werde.

Die Regierung machte sich diesen Vorschlag des reformierten Dompresbyteriums zu eigen und wies den Rat der Stadt Halle per Reskript vom 11. 3. 1692 an, Breithaupt die Schulkirche zum Predigen und für die studentischen Praktika bereitzustellen[10]. Durch diese Verfügung kann man den Halli-

---

6 Vgl. W. Schrader, Geschichte der Friedrichs-Universität zu Halle, 2 Bde., 1894; N. Hammerstein, Jus und Historie, 1972, 148 ff.; ders., Die Universitätsgründungen im Zeichen der Aufklärung (s. o. 28 Anm. 18), 263 ff.

7 Zum folgenden vgl. grundlegend H. Hering, aaO., 1–58. Eine fehlerhafte Kurzdarstellung bietet P. Keyser, Der akademische Gottesdienst, in: 250 Jahre Universität Halle. Streifzüge durch ihre Geschichte in Forschung und Lehre, 1944, 115–118.

8 Vgl. Dryander (G. Müller), Art. Breithaupt, Joachim Justus, RE, 3. Aufl., Bd. 3, 369–372; W. Schrader, aaO., Bd. 1, 47 f.; H. Hering, aaO., 2–4.13–17.

9 Vgl. H. Hering aaO., 6 f.

10 Textauszug des Reskripts bei H. Hering, aaO., 9. – Die von den Professoren gehaltenen Sonntagsgottesdienste sind zu unterscheiden von den Predigtübungen, die Breithaupt mittwochs und samstags mit den Studenten abhielt (Hering, aaO., 11).

schen akademischen Gottesdienst begründet sehen, nur muß man dabei in Rechnung stellen, daß Breithaupt und die anderen Professoren, die gleich ihm in der Schulkirche predigten, ihre Predigttätigkeit durchweg als einen freiwillig übernommenen Dienst verstanden[11]. Als erschwerend stellte sich für Breithaupt freilich sogleich heraus, daß der Magistrat nicht bereit war, der Anweisung der Regierung Folge zu leisten, da seine Rechte übergangen worden waren. Die Schulkirche, ehemals Kirche des Franziskanerklosters, stand nämlich unter dem Patronat der Stadt und wurde vom lokalen Scholarchat zu lateinischen Rhetorikexerzitien des städtischen Gymnasiums genutzt. Die notwendig gewordenen Verhandlungen führten am 16.6.1692 zu einem Vergleich: Magistrat und Scholarchat stellten Breithaupt die Kirche zum sonntäglichen Gottesdienst in den Nachmittagsstunden zur Verfügung, Breithaupt auf der anderen Seite mußte sich verpflichten, aus der ihm gastweise eingeräumten Nutzung der Kirche keinerlei Rechtsansprüche erheben zu wollen und die Rechte der städtischen Parochien nicht anzutasten.

Schon in diesem ersten Disput zeichneten sich die Fronten ab, an denen in den folgenden Jahren so erbittert um die Schulkirche gestritten werden sollte, daß die weitere Entwicklung des akademischen Gottesdienstes mehr als einmal ernsthaft bedroht war. Auf der einen Seite wehrte sich der Stadtrat gegen den Eingriff des brandenburg-preußischen Territorialstaats in die mit der Schulkirche verbundenen städtischen Rechte. Verbündete fand der Rat dabei in der orthodoxen Geistlichkeit Halles, die den lutherischen Konfessionsstand und das bestehende Parochialrecht zumal gegenüber dem Vorgehen des reformierten Landesfürsten zu sichern bestrebt war. Auf der anderen Seite standen die Protagonisten der vom Herrscherhaus begünstigten pietistischen Bewegung, die u. a. gerade ihre landesherrlich abgesicherte Predigttätigkeit in der Schulkirche nutzen wollten, um ihre Reformvorstellungen gegen den erbitterten Widerstand der Hallischen Orthodoxie durchzusetzen. Daß August Hermann Francke, 1692 zum Pfarrer in Glaucha und Universitätsprofessor in Halle berufen, noch im selben Jahr erstmals mit der städtischen Geistlichkeit die Klingen kreuzte, dürfte auch im Hintergrund der ersten Kontroverse um die Schulkirche eine Rolle gespielt haben[12]. Zwar gelang

---

[11] Die Annahme, die Hallenser Professoren hätten ihre Predigttätigkeit als Pflicht verstanden (so H. Hering, aaO., 14 Anm. 2), hat aus den Quellen widerlegt M. Schian, Rambach, 93; ders., Orthodoxie und Pietismus, 36 Anm. 1. Über Schian hinaus läßt sich der freiwillige Charakter der Predigttätigkeit der Professoren in der Schulkirche auch mit der weiteren Entwicklung des akademischen Gottesdienstes während des 18. Jahrhunderts belegen. Daß die Theologieprofessoren nach 1771 – unterbrochen nur durch ein kurzes Intermezzo A. H. Niemeyers 1782–85 – nicht mehr in der Schulkirche predigten und der akademische Gottesdienst infolgedessen einschlief, ohne daß das zuständige Konsistorium und die Regierung Anstoß daran nahmen, zeigt, auf welch unsicherem rechtlichen Boden der Universitätsgottesdienst in Halle von Beginn an stand.

[12] Vgl. H. Hering, aaO., 12. Daß Francke in den ersten Jahren seines Wirkens in Halle

es einer vom Kurfürsten eingesetzten Kommission unter der behutsam vermittelnden Leitung des Universitätskanzlers Veit Ludwig von Seckendorff,
Franckes ersten Konflikt mit der Hallischen Orthodoxie gütlich beizulegen,
die prinzipiellen Gegensätze jedoch blieben weiterhin bestehen und entluden
sich in neuerlichen Auseinandersetzungen[13].

Im Umfeld der kirchlich-theologischen Richtungskämpfe zwischen Pietismus und Orthodoxie sind auch die Querelen zu begreifen, die die institutionellen Anfänge des Universitätsgottesdienstes in Halle belasteten. Ohne in
Einzelheiten gehen zu müssen, seien hier einige Stationen des Kampfes um
die Schulkirche knapp referiert[14]. 1698 stellte die Theologische Fakultät den
Antrag, neben der bereits zugestandenen Nachmittagspredigt auch eine Frühpredigt halten zu dürfen. Die Regierung genehmigte das Vorhaben, doch im
Verein mit dem Stadtrat wandten sich Geistliche und Laienvertreter der
Pfarrkirchen namentlich unter Berufung auf ihre Parochialrechte energisch
gegen das Ansinnen der pietistisch bestimmten Fakultät. Der im September
1698 zum Theologieprofessor ernannte Francke hatte soeben mit einer
schroffen Kanzelpolemik gegen die Hallische Geistlichkeit die Atmosphäre
zusätzlich vergiftet. Unbeirrt von dem aus der Stadt kommenden Widerstand
setzte die Regierung jedoch im Frühjahr 1699 durch, daß die Frühpredigt in
der Schulkirche gehalten werden durfte[15]. Damit gab sich der Magistrat noch
lange nicht geschlagen und nahm nun die Veranstaltung einer Kollekte zugunsten bedürftiger Studenten zum Anlaß, erneut sein Patronat über die
Schulkirche in die Waagschale zu werfen. Den unrühmlichen Streit um die
Kollekte, in dessen Verlauf die Universität vergeblich versuchte, dem Magistrat das Patronatsrecht streitig zu machen, beendete die Regierung wieder
mit einem Vergleich. Er sah vor, daß der Ertrag des Klingelbeutels zwischen
Universität und Magistrat zur Erfüllung der sozialen Verpflichtungen aufzuteilen sei. Zum letzten, vermeintlich entscheidenden Schlag gegen den Gottesdienst der pietistischen Professoren holte der Magistrat im Frühjahr 1713
aus. In der Annahme, der soeben an die Regierung gelangte Friedrich Wilhelm I. sei den Pietisten abgeneigt, verlangte der Rat aus vergleichsweise
nichtigem Anlaß vom neuen Landesherrn die Zurücknahme des den Professoren 1692 gewährten Rechts auf Benutzung der Schulkirche. Doch das
Kalkül des Magistrats ging nicht auf. Der Soldatenkönig zeigte sich gleich
bei seinem ersten Besuch in Halle im April 1713 beeindruckt von Franckes

---

auch in der Schulkirche gepredigt hat (so die Vermutung H. HERINGS, aaO., 17 f.), läßt sich
quellenmäßig nicht belegen.

[13] Vgl. H. HERING, aaO., 12 f.; W. SCHRADER, aaO., Bd. 1, 26 f.; J. WALLMANN, Der Pietismus, 1990, 68.

[14] Eine minutiöse Darstellung der Vorgänge bietet H. HERING, aaO., 21−39.49−58.

[15] Seither hielt Breithaupt die Frühpredigt, während Francke und der ebenfalls von Spener
geprägte Paul Anton (seit 1695 Theologieprofessor in Halle) die Nachmittagspredigten besorgten.

Waisenhaus, erwies sich fortan als Förderer des Hallischen Pietismus und lehnte es auch ab, der Forderung des Stadtrats nachzukommen, was einer Aufhebung des Universitätsgottesdienstes gleichgekommen wäre.

Hatte sich der Pietismus in Halle mit dem Regierungsantritt Friedrich Wilhelms I. endgültig durchgesetzt[16], so waren damit die Probleme für den Gottesdienst in der Schulkirche noch keineswegs erledigt. Denn 1718 forderten Offiziere der Garnison für die Militärgemeinde das Recht auf Mitgebrauch der Schulkirche. Erneut kam es zu Auseinandersetzungen, in deren Verlauf die Theologische Fakultät nur mit erheblichen Zugeständnissen an die Garnison verhindern konnte, daß der akademische Gottesdienst ganz aus der Schulkirche verdrängt wurde[17]. Wie unzureichend die Rechtsgrundlage des Hallischen Universitätsgottesdienstes beschaffen war, zeigte sich schließlich in der zweiten Hälfte des 18. Jahrhunderts. Die frischen Kräfte der pietistischen Bewegung, die ihn ins Leben gerufen und seine Existenz mit ihrem persönlichen Engagement gegen mancherlei Widerstände verteidigt hatten, waren längst nicht mehr vorhanden. So verfiel der einst heftig umstrittene Gottesdienst ziemlich sang- und klanglos, als sich die Hallenser Theologieprofessoren nach 1771 von den Predigten in der Schulkirche zurückzogen[18].

Versuchen wir, ein Fazit aus dem dargebotenen Material zu ziehen! Der akademische Gottesdienst[19] in Halle verdankt seine Entstehung nicht der Initiative kirchlicher oder staatlicher Behörden. Daß die Predigten in der Schulkirche 1692 durch eine offizielle Regierungsverfügung abgesichert wurden, spricht nicht gegen den freiwilligen Charakter des Predigtdienstes der Professoren in der Schulkirche. Im Gegenteil, die entscheidenden Anschubkräfte für den ersten Universitätsgottesdienst im deutschen Protestantismus gingen von den Vertretern des Hallischen Pietismus, hauptsächlich von Breithaupt, aus. Freilich ließen es sowohl die pietistischen Professoren als auch die preußische Regierung daran ermangeln, den Hallischen Universitätsgottesdienst auf eine irgendwie befriedigende institutionell-rechtliche Basis zu stellen[20]. Gerade das Fehlen einer solchen Konzeption ist in der Retrospektive

---

[16] Über das Verhältnis des Hallischen Pietismus zum absolutistischen preußischen Militärstaat informiert ausgewogen J. WALLMANN, aaO., 78 f.

[17] Vgl. H. HERING, aaO., 49–58.

[18] S. Anm. 11; ausführlich H. HERING, aaO., 95–102.

[19] Der Begriff taucht zwar in den Anfängen nicht auf, doch kann kein Zweifel daran sein, daß es sich bei dem Hallischen Gottesdienst um den ersten separaten Universitätsgottesdienst handelt. Breithaupt bezeichnet sich selber 1696 auf dem Titelblatt einer Predigtsammlung u. a. als „Prediger auf der Friedrichs-Universität zu Halle"; vgl. dazu H. HERING, aaO., 14 Anm. 2.

[20] So sehr H. HERING in der besten Tradition der Geschichtsschreibung des Historismus die Vorgänge um den akademischen Gottesdienst in Halle in all ihren Verzweigungen darzustellen vermocht hat, so wenig läßt sich übersehen, daß ein entscheidendes Manko seines Buches in der Vernachlässigung der Frage nach der institutionell-rechtlichen Konzeption des Hallischen Gottesdienstes liegt. Daher gerät bei HERING nicht in den Blick, daß in den vorgegebenen Strukturen eine wesentliche Voraussetzung für die Kontroversen um den Universitätsgottesdienst lag.

auf die andauernden Konflikte als Hauptursache dafür verantwortlich zu machen, daß der akademische Gottesdienst unter den in Halle gegebenen Konstellationen zwangsläufig in schwere Turbulenzen geraten mußte und schließlich, ohne daß er von außen unter Druck geraten wäre, gegen Ende des 18. Jahrhunderts eingestellt wurde.

Etwas günstiger als in Halle gestalteten sich die konstituierenden Bedingungen für den Universitätsgottesdienst in Leipzig, weil dort mit der Kirche des ehemaligen Dominikanerklosters seit 1543 ein universitätseigener gottesdienstlicher Raum zur Verfügung stand. Die durch Luthers Predigt am 12.8.1545 offiziell eingeweihte Universitätskirche nutzte man bis 1709 hauptsächlich zu Doktorpromotionen, Leichenbegängnissen und akademischen Festakten. Unbeschadet des Vorzugs, daß die Universität im Besitz einer eigenen Kirche war, weisen die Anfänge des Leipziger Universitätsgottesdienstes allerdings deutliche Parallelen zu den Verhältnissen in Halle auf. Das gilt zumal für die institutionell-rechtlichen Strukturen des Universitätsgottesdienstes[21].

Die Leipziger Theologische Fakultät hatte schon 1671 einen ersten Versuch unternommen, um vom Landesherrn die Erlaubnis zu regelmäßigen öffentlichen Predigten in der Paulinerkirche zu erhalten, war damals aber am Widerstand des Leipziger Konsistoriums gescheitert[22]. Auch 1702 – die vormals streng lutherisch-orthodoxe Fakultät hatte sich inzwischen vorsichtig pietistischen Einflüssen geöffnet – blieb dem erneut aufgekommenen Wunsch nach Gottesdiensten in der Universitätskirche die Erfüllung versagt. Diesmal legte der Rat der Stadt Leipzig vorsorglich seinen heftigen Widerspruch bei Kurfürst Friedrich August I. von Sachsen ein, der zum Zeitpunkt der städtischen Eingabe am 20.3.1702 noch gar keine Kenntnis von den in der Universität, besonders in der Theologischen Fakultät, intern diskutierten Plänen hatte[23]. Daraufhin kam es zu einem erbitterten Streit zwischen Uni-

---

[21] Vgl. O. Kirn, aaO., 145, der sich mit einer kurzen Notiz über die Einrichtung des akademischen Gottesdienstes 1710 begnügt. Auf die Baugeschichte der Leipziger Universitätskirche beschränken sich E. Windisch, Mittheilungen aus den Akten über das Innere der Pauliner Kirche, 1896, und E. Hütter, Die Pauliner-Universitätskirche zu Leipzig, 1993. – Eine chronikartige Darstellung der Entwicklung des gottesdienstlichen Lebens ohne wissenschaftlichen Anspruch und ohne Quellennachweise bietet H. Hofmann, aaO., 118–151. Einige rechtliche Fragen im Zusammenhang mit dem Universitätsgottesdienst behandelt A. Schultze, Gutachtliche Äußerung über die Rechtslage der Universitätskirche zu St. Pauli vom 18.5.1934 (als Typoskript vorhanden UAL, Rektorat 442, Bl. 11–15). Auf den Ausführungen Windischs und Schultzes fußt W. Classe, aaO., 111–113.139 f.161–170, der sich aber auf die kirchenrechtlichen Probleme der Predigttätigkeit der Leipziger Theologieprofessoren in der Universitätskirche zwischen 1874 und 1951 konzentriert. Ich verzichte darauf, in der folgenden Darstellung eigens anzumerken, an welchen Stellen ich auf Grund des Rückgangs auf die Quellen im Vergleich zu der genannten Literatur zu weiterführenden Ergebnissen gelange.

[22] Vgl. H. Hofmann, aaO., 123.

[23] Vgl. die Voten des Professorenkollegiums und der Theologischen Fakultät, jeweils ohne

versität und Stadtrat, der sich bis in den Juni 1702 hinzog. Aus den verschiedenen Eingaben, Gesuchen und Stellungnahmen, die die beiden Konfliktparteien an den Landesherrn richteten, lassen sich ihre gegensätzlichen Positionen zusammenfassend wie folgt wiedergeben[24].

Der Rat begründete seine ablehnende Haltung damit, daß die ehemalige Dominikanerkirche 1543 der Universität nicht zum Zwecke regelmäßiger gottesdienstlicher Nutzung geschenkt worden sei und daß daher der Landesherr schon 1671 den Antrag auf Einrichtung öffentlicher Gottesdienste in der Paulinerkirche zu Recht abgelehnt habe. Auch genüge die kirchliche Versorgung der Stadt den bestehenden Bedürfnissen vollauf. Vor allem berief sich der Rat darauf, daß ihm seit 1543 das Besetzungsrecht für sämtliche Kirchen der Stadt Leipzig und ihrer Vorstädte zustehe. Das entscheidende Motiv für den Widerstand des Rates gegen den geplanten Universitätsgottesdienst lag also in der Beanspruchung des Patronatsrechts auch für die der Universität gehörende Kirche.

Demgegenüber machte die Universität geltend, daß für viele Universitätsangehörige seit Jahren in den Stadtkirchen Platzmangel herrsche, da die Kirchenstühle anderweitig vergeben seien. Mit Gottesdiensten in der leerstehenden Paulinerkirche könne man diesen untragbaren Zustand beenden. Im übrigen habe Herzog Moritz von Sachsen die Kirche 1543 der Universität sehr wohl zur gottesdienstlichen Nutzung überlassen[25]. Die Universität scheint zwar am 26. 6. 1702 in einem Vergleich dem Rat und dem Leipziger Konsistorium das Zugeständnis zum Abhalten von Universitätsgottesdiensten abgerungen zu haben[26], es wurden damals gleichwohl noch keine Gottesdienste gefeiert, offenbar weil sich der Kurfürst nicht zu einer Entscheidung durchringen konnte.

Datum, UAL, Rep. II/III B II Nr. 2, Bl. 1 u. 2; dazu die Eingabe des Leipziger Stadtrats vom 20. 3. 1702, UAL, Rep. II/III B II Nr. 2, Bl. 3.

[24] Vgl. die Stellungnahmen des Stadtrats vom 3. 4. 1702, UAL., Rep. II/III B II Nr. 2, Bl. 8 – 18, und vom 9. 6. 1702, aaO., Bl. 26 – 38, sowie das Gesuch der Universität vom 15. 4. 1702, aaO., Bl. 19 – 24.

[25] Dem Text der Schenkungsurkunde vom 22. 4. 1543, der in Auszügen bei H. Hofmann, aaO., 119 f., abgedruckt ist, läßt sich eine ausdrückliche Bestimmung über eine regelmäßige gottesdienstliche Nutzung der Paulinerkirche nicht entnehmen. Nur so ist zu erklären, daß Universität und Stadtrat die Urkunde für ihre gegensätzlichen Positionen in Anspruch nehmen konnten. Wenn H. Hofmann, aaO., 126, hinsichtlich der Interpretation der Urkunde die Partei der Universität ergreift, läßt sich dies auf sein persönliches Interesse am Leipziger Universitätsgottesdienst zurückführen – Hofmann war zum Zeitpunkt seines Berichtes Kantor an der Leipziger Universitätskirche. Allerdings wird seine Akzentsetzung den historischen und rechtlichen Verwicklungen nicht gerecht. Indem Hofmann den Konflikt zwischen Universität und Stadtrat fast durchgängig psychologisch zu erklären versucht, verbaut er sich von vornherein einen sachgemäßen Zugang zu den institutionell-rechtlichen Problemen, die den zentralen Gegenstand der Auseinandersetzungen um den Leipziger Universitätsgottesdienst in seiner Anfangsphase bildeten.

[26] So H. Hofmann, aaO., 127; in den Akten des UAL habe ich diesen Vergleich freilich nicht finden können.

Allem Anschein nach löste dann die in der Paulinerkirche begangene Feier des 300jährigen Universitätsjubiläums 1709 eine erneute Initiative für die Einrichtung eines Universitätsgottesdienstes aus[27]. Ein undatiertes Gesuch der Universität[28], zur allgemeinen Erbauung der Universitätsverwandten und zu Übungszwecken der Theologiestudenten öffentliche Gottesdienste zu gestatten, wurde von der Kurfürstlichen Regierung am 20.8.1710 positiv beschieden. Das entsprechende Reskript sah vor, daß kein besonderer Geistlicher zu den Gottesdiensten in der Universitätskirche zu bestellen sei, daß diese vielmehr von den Doktoren, Professoren und Baccalaurii der Theologie sowie den Senioren der Predigerkollegien besorgt werden sollten. Unter ausdrücklicher Bezugnahme auf die Parochialrechte der Leipziger Stadtpfarreien traf man die Bestimmung, daß in der Universitätskirche keine „Actus Ministeriales" vollzogen werden dürften[29]. Obwohl das Leipziger Konsistorium gegen die Entscheidung der Regierung umgehend Protest einlegte, konnte die Universität am 20.8.1710 ihren ersten Gottesdienst in der Paulinerkirche feiern[30].

Hatte auch die Regierung der Universität das Recht zur Feier eigener Gottesdienste gewährt, so führte dies durchaus nicht zu einer Beilegung des Konfliktes um die Universitätskirche. Der Streit setzte sich vielmehr mit unverminderter Härte fort, als die Universität bereits in der Woche nach dem ersten Universitätsgottesdienst bei der Regierung den Antrag stellte, einem ordinierten Geistlichen der Stadt die Erteilung des Segens im Universitätsgottesdienst zu erlauben sowie für homiletische Exerzitien die Abhaltung von zusätzlichen Nachmittagsgottesdiensten durch Baccalaurii der Theologie und Senioren der Predigerkollegien zu gestatten[31]. Wieder suchten der Leipziger Stadtrat – unter Berufung auf sein Patronatsrecht über alle Leipziger Kirchen – und das lokale Konsistorium, das das Aufsichtsrecht über die Paulinerkirche für sich beanspruchte, das Ansinnen der Universität zu hintertreiben. Der Konflikt wurde im Blick auf seinen konkreten Anlaß erst nach 12 Jahren dadurch beendet, daß die Regierung am 20.5.1722 der Universität die Genehmigung erteilte, auch Nachmittagsgottesdienste abhalten zu dür-

---

[27] Dafür sprechen umfangreiche Baumaßnahmen an St. Pauli, die 1709 begannen und 1712 abgeschlossen waren. Vgl. E. WINDISCH, aaO., 2–13. – Der Festgottesdienst anläßlich des Universitätsjubiläums 1709 fand noch in St. Nikolai statt. Vgl. G. OLEARIUS, Jubel-Predigt (,) Wie solche an dem dritten JUBILAEO der Academie zu Leipzig ... in der St. Nicolai Kirche daselbst gehalten worden, 1709.

[28] UAL, Rep. II/III B II Nr. 3, Bl. 1–2.

[29] Vgl. UAL, Rep. II/III B II Nr. 3, Bl. 3. Der Text des Reskripts ist (mit falscher Signaturangabe) abgedruckt bei E. WINDISCH, aaO., 2f.

[30] Vgl. die Eingabe des Konsistoriums vom 29.8.1710, UAL, Rep. II/III B II Nr. 3, Bl. 20–22. – Gottfried Olearius hielt im ersten Universitätsgottesdienst die Predigt.

[31] Vgl. den Antrag der Universität an die Regierung vom 4.9.1710, UAL, Rep. II/III B II Nr. 3, Bl. 6–9 (bei E. WINDISCH, aaO., 14, mit falscher Signaturangabe abgedruckt) sowie die Eingabe gleichen Inhalts vom 12.11.1710, UAL, Rep. II/III B II Nr. 3, Bl. 22–33.

fen[32]. Hinsichtlich der Kernfrage des Streits konnte gar erst 1767 per Kur-
fürstliches Reskript eine endgültige Lösung zugunsten der Universität herbeigeführt werden, wonach die Universitätskirche als von der Aufsicht des
Leipziger Konsistoriums exemt zu betrachten war[33].

Anders als in Halle legten die Verantwortlichen in Leipzig offenkundig
stärkeren Wert darauf, den Gottesdienst in der Paulinerkirche als eine Institution der ganzen Universität zu begreifen und ihn so gegen die Angriffe des
Stadtrats und des Konsistoriums zu verteidigen. Diese Tendenz läßt sich u. a.
daran ablesen, daß zumindest in den ersten Jahrzehnten die organisatorischen
Belange des Universitätsgottesdienstes im Konzil der Professoren bzw. insbesondere in der Universitätsdeputation verhandelt und entschieden wurden[34].
Ein in sich stimmiges Gesamtkonzept, wie wir es für die Göttinger Universitätskirche konstatiert haben, lag allerdings dem Leipziger Universitätsgottesdienst noch nicht zugrunde. Erhebliche Unklarheiten in der Rechtslage spiegeln sich schon in den referierten Kontroversen, die sich leicht ergänzen
ließen durch den Hinweis auf die Auseinandersetzungen um die musikalische
Gestaltung des Universitätsgottesdienstes, die sogleich 1710 einsetzten und in
die seit 1723 übrigens auch der Thomaskantor Johann Sebastian Bach involviert war[35]. Daneben zeigen einige weitere Anhaltspunkte das Fehlen einer
geschlossenen institutionell-rechtlichen Konzeption des Leipziger Universitätsgottesdienstes auf. Zwar hatte die Universität es bis 1767 erreicht, die ihr
gehörende Kirche der eigenen Inspektion zu unterstellen, mithin der geistlichen Aufsicht durch das Leipziger Konsistorium zu entziehen, aber die
Universitätsgottesdienste als solche standen gleichwohl seit 1712 − mit ausdrücklicher Zustimmung der Universität − unter der Aufsicht des Oberkonsistoriums in Dresden[36]. Uneinheitlich gestaltete sich in der Praxis auch,
welches Organ der Universität letztlich für den akademischen Gottesdienst
verantwortlich war. Bis in das 19. Jahrhundert hinein scheint die Universität
durch den Rektor bzw. durch den akademischen Senat ihre (Mit-) Verantwortung für den Universitätsgottesdienst wahrgenommen zu haben. Nach der
Institutionalisierung der Ämter des 1. und 2. Universitätspredigers im Laufe
des 19. Jahrhunderts scheinen jedoch deren Inhaber faktisch die Funktion der
lehrmäßigen und liturgischen Aufsicht über den Gottesdienst vor Ort übernommen zu haben. Ferner muß noch die exponierte Rolle der Theologischen Fakultät berücksichtigt werden, der schon 1712 die „Inspektion" über

---

[32] Vgl. UAL, Rep. II/III B II Nr. 2, Bl. 67.69.

[33] Vgl. A. Schultze, aaO., Bl. 11 f.

[34] Vgl. die entsprechenden Sitzungsprotokolle beider Gremien ab 1710, UAL, Rep. II/III
B II Nr. 4 u. 8. Die in den ersten Jahren unter Leitung des Theologen Gottfried Olearius
tagende Universitätsdeputation hatte freilich über den Universitätsgottesdienst hinaus weitere
Funktionen zu erfüllen. Sie läßt sich insofern mit der Göttinger Universitätsdeputation, nicht
aber mit der Göttinger Universitätskirchendeputation vergleichen.

[35] Vgl. dazu im einzelnen H. Hofmann, aaO., 135−142.

[36] Vgl. A. Schultze, aaO., Bl. 11.

die in der Universitätskirche predigenden Personen zugestanden worden war und die selbst den Universitätsgottesdienst als ihre ureigene Domäne betrachtete[37]. Die in staatskirchenrechtlicher Sicht nicht gerade klaren Verhältnisse, deren Wurzeln in die Anfänge des Leipziger Universitätsgottesdienstes zurückreichen, führten zwar bis weit in das 20. Jahrhundert hinein in der Praxis nicht zu wesentlichen Beeinträchtigungen des akademischen Gottesdienstes, offenbaren sich als solche aber deutlich nach dem Auseinandertreten von Staat und Kirche seit dem 19. Jahrhundert, insbesondere nach der Trennung von Staat und Kirche durch die Weimarer Reichsverfassung von 1919[38].

In unserer Darstellung ist bisher die Frage ausgespart geblieben, welche Personen als Initiatoren des Leipziger Universitätsgottesdienstes anzusehen sind und welche Motive hinter seiner Institutionalisierung standen. In den Akten aus der Anfangsphase tritt in der Regel die Universität als diejenige Institution auf, die den Plan eines eigenen Gottesdienstes bei der Regierung vorlegte und schließlich auch realisieren konnte. Es läßt sich aber noch mehr ausmachen. Ein erster Hinweis ist der Eingabe des Stadtrats an die Regierung vom 3. 4. 1702 zu entnehmen. In ihr behauptet der Rat, „nicht die gesambten Professores, sondern nur eine gewiße Parthey derselben" betreibe die Einrichtung universitätseigener Gottesdienste[39]. So bewußt vage diese Aussage auch gehalten ist und so unverkennbar ihre polemische Spitze hervortritt, weist sie doch in die Richtung, in der nach den eigentlichen Initiatoren des Leipziger Gottesdienstes gesucht werden muß. Ohne Zweifel gehen schon die ersten Anregungen von 1702 auf Mitglieder der Theologischen Fakultät zurück[40]. In

---

[37] Vgl. A. SCHULTZE, aaO., Bl. 13 f. – Die Rolle der Theol. Fakultät erhellt u. a. der Tatbestand, daß sie mindestens seit 1918 „ohne Mitwirkung des Akademischen Senats, des Ministeriums, des Landeskonsistoriums aus ihrer Mitte den Ersten und den Zweiten Universitätsprediger" ernannte (A. SCHULTZE, aaO., Bl. 13). Vor der Bestellung von Universitätspredigern waren verschiedene Personen aus der Theologischen Fakultät und ihrem Umkreis mit dem Halten der Predigten beauftragt. 1823 z. B. sind 9 Vormittags- und 8 Nachmittagsprediger an St. Pauli tätig (vgl. W. CLASSE, aaO., 112 Anm. 3). Nach W. CLASSE, aaO., 165–168, kann man für die erste Hälfte des 20. Jahrhunderts davon ausgehen, daß alle Professoren der Theologie das Recht besaßen, im Universitätsgottesdienst zu predigen. Ähnlich äußerte sich schon H. Achelis in einem Antwortbrief vom 24. 2. 1925 auf eine Umfrage, die Rudolf Bultmann im Auftrag der Marburger Theologischen Fakultät veranstaltet hatte, daß alle Ordinarien der Theologie Universitätsprediger seien und daß zwei von ihnen die Titel Erster und Zweiter Universitätsprediger trügen (vgl. StA Marburg, 307a Acc. 1950/1 Nr. 52, Bl. I. N. 177; zur Umfrage Bultmanns vgl. K. HAMMANN, aaO., 110 f.).

[38] Nur vor diesem Hintergrund ist der nicht mehr genau eruierbare Anlaß zur Erstellung des Gutachtens von A. SCHULTZE zu erklären. – Zum Ende der Leipziger Universitätskirche, die das SED-Regime in einem zynischen Akt der Barbarei und machtpolitischen Willkür am 30. 5. 1968 sprengen ließ, vgl. Cl. ROSNER (Hg.), Die Universitätskirche zu Leipzig. Dokumente einer Zerstörung, 1992; Chr. WINTER, Gewalt gegen Geschichte. Der Weg zur Sprengung der Universitätskirche Leipzig, 1998.

[39] UAL, Rep. II/III B II Nr. 2, Bl. 9r. v.

[40] Vgl. das undatierte Gutachten der Theologischen Fakultät, UAL, Rep. II/III B II Nr. 2, Bl. 2.

jenem Jahr gehörten der Fakultät mit Johannes Olearius (1639–1713) und Adam Rechenberg (1642–1721), dem Schwiegersohn Speners, zwei überzeugte Vertreter des Pietismus an. Der ao. Prof. theol. Gottlieb Friedrich Seligmann (1654–1707) läßt sich keiner der damaligen theologischen Richtungsparteien eindeutig zuordnen. Allein Thomas Ittig (1643–1710) vertrat innerhalb der Fakultät eine betont orthodoxe Linie, konnte sich aber zumal im sog. terministischen Streit gegenüber Olearius und Rechenberg nicht entscheidend durchsetzen[41]. Das überwiegend pietistische Profil der Fakultät um 1700 legt den Schluß nahe, daß pietistisches Gedankengut den Nährboden bildete, in dem der Wunsch nach einem besonderen Universitätsgottesdienst in Leipzig heranreifen konnte.

1710 war der Pietismus, der längst weite Teile der Leipziger Bürgerschaft erfaßt hatte, auch an der Theologischen Fakultät fest etabliert[42]. Nach dem Tode Ittigs im Frühjahr 1710 prägten allein Olearius und Rechenberg den Charakter der Fakultät, die noch im selben Jahr ihre Position durch ein propietistisches Gutachten öffentlich dokumentierte[43]. Nicht daß die Leipziger Theologieprofessoren keinen Wert auf Orthodoxie in der Lehre gelegt hätten – , nur suchten sie eine moderate orthodoxe Grundhaltung mit ebenso gemäßigten pietistischen Motiven anzureichern, was ihnen im übrigen mehrfach Angriffe der streng orthodoxen Wittenberger Theologischen Fakultät einbrachte. Angesichts dieses geistigen Klimas dürfte die an sich nicht besonders aussagekräftige Angabe des Universitätsrektors Christian Friedrich Börner (1683–1753), der Gottesdienst in der Paulinerkirche solle „fürnehmlich zur Erbauung derer Universitäts Verwandten" und zur Förderung der homiletischen Fertigkeiten der Theologiestudenten abgehalten werden[44], im Sinne der pietistischen Betonung der Praxis pietatis zu deuten sein. Daß A. H. Francke anläßlich eines Besuchs in Leipzig im Frühsommer 1719 auf Bitten der Theologischen Fakultät in der Universitätskirche predigte und daß A. Rechenberg den Auftritt Franckes gegenüber der Kritik des Dresdner Oberkonsistoriums verteidigte[45], zeigt mittelbar die prägende Bedeutung pietisti-

---

[41] Vgl. allgemein O. Kirn, aaO., 136–139; vor allem die eindringliche Untersuchung von H. Leube, Die Geschichte der pietistischen Bewegung in Leipzig (1921), in: Orthodoxie und Pietismus. Gesammelte Studien von Hans Leube, hg. von D. Blaufuss, 1975, (153–267) 228 ff.

[42] Nachdem Ittig im Frühjahr 1710 verstorben war, bestand die Theologische Fakultät aus dem Senior Johannes Olearius, dessen dem Pietismus ebenfalls wohlgesonnenen Sohn Gottfried Olearius, Rechenberg und dem wenig bedeutenden Johannes Cyprian.

[43] Vgl. im einzelnen H. Leube, aaO., 230 f.

[44] Antrag der Universität ohne Datum (1710), UAL, Rep. II/III B II Nr. 3, Bl. 1 f. – In seiner Autobiographie rechnet es sich Börner selbst zum Verdienst an, während seines Rektorats die Initiative zur Einrichtung des Leipziger Universitätsgottesdienstes ergriffen zu haben. Vgl. Chr. Fr. Boerneri(,) Vitae suae descriptio, 1753, XIX–XXI; zu Börner vgl. O. Kirn, aaO., 144–146. Die Angabe Börners ist übernommen worden von J. A. H. Tittmann, Predigt bei der ersten Jubelfeier der Universitätskirche zu Leipzig, am 11ten Sonntage nach Trinitatis 1810, 1810, 4 (Vorrede).

[45] Zum Hintergrund und zu den Folgen der Predigt Franckes vgl. H. Leube, aaO., 231 f.

scher Intentionen für die Anfangsphase des Leipziger Universitätsgottesdienstes an.

Die Universität Jena verfügte seit ihrer Gründung 1548 (Hohe Schule bzw. Akademisches Gymnasium)/1557 (Erhebung zur Universität durch Kaiserliches Privileg) mit der Kirche des säkularisierten Dominikanerklosters über eine eigene Kollegienkirche, die 1594 restauriert wurde und in der seit 1595 die Festakte der Universität stattfanden[46]. Über die Entstehung des Universitätsgottesdienstes lassen sich, da die Quellen nicht gerade reichlich sprudeln, nur wenig gesicherte Daten ermitteln. Mitte des 18. Jahrhunderts taucht in der Literatur die Notiz auf, in der Jenaer Kollegienkirche seien seit 1683 regelmäßig Frühpredigten gehalten worden[47]. Falls diese Angabe B. Chr. B. Wiedeburgs die Existenz von Universitätsgottesdiensten implizieren würde, wäre nicht in Halle, sondern in Jena der erste Universitätsgottesdienst im deutschen Protestantismus eingerichtet worden. Eben dies läßt sich aber quellenmäßig nicht verifizieren[48]. Zu belegen ist hingegen die Existenz homiletischer Übungen der Theologiestudenten in der Kollegienkirche während der beiden letzten Jahrzehnte des 17. Jahrhunderts[49]. Daß die von Wiedeburg erwähnten Frühpredigten nicht mit dem späteren Universitätsgottesdienst in Jena zu verwechseln sind, ergibt sich zweifelsfrei aus dem gedruckten Programm, mit dem der Professor der Geschichte Caspar Sagittarius (1643–1694) 1683 interessierte Studenten zur Beteiligung am Halten und Hören jener Frühpredigten einlud[50].

Der seit 1671 in Jena dozierende Sagittarius amtierte ab 1674 ebenda als Professor der Geschichte. Nachdem er 1678 zum Doktor der Theologie promoviert worden war, wollte er im Jahr darauf auch über die Kirchengeschichte lesen, was aber zunächst am Widerstand der Theologischen Fakultät scheiterte. Indes scheint Sagittarius sich in dieser strittigen Frage langfristig durchgesetzt zu haben, denn seit 1682 hielt er kirchengeschichtliche Kollegs.

---

[46] Vgl. K. Heussi, Geschichte der Theologischen Fakultät zu Jena, 1954, 91 f.; allgemein auch E. H. Pältz, Art. Jena, Universität, TRE 16 (1987), 559–563.

[47] Vgl. [B. Chr. B. Wiedeburg,] Ausführliche Nachricht von dem gegenwärtigen Zustande der jenaischen Akademie, 1751, 79; Wiedeburgs Angabe ist übernommen bei G. A. von Wette, Evangelisches Jena oder gesamlete Nachrichten von den sämtlichen evangelischen Predigern in Jena und der darzu gehörigen Diözes von der geseegneten Reformation bis auf unsere Zeiten mit einer Vorrede von J. F. Hirt, 1756, 48.

[48] In den einschlägigen, freilich sehr lückenhaften Akten des UAJ zum Universitätsgottesdienst ist ein entsprechender Beleg nicht zu finden. Die Dekanatsakten der Theologischen Fakultät 1681–1723 enthalten ebenfalls keine Hinweise auf den Beginn des Universitätsgottesdienstes (vgl. UAJ, Bestände J Nr. 2 u. 2a).

[49] Vgl. UAJ, Bestand J Nr. 2a, Bl. 111–114.164.198–200.

[50] Vgl. zum folgenden C. Sagittarius, Programma sacrarvm orationvm singvlis diebvs festis ac dominicis hora matvtina sexta in templo academico habendarvm index, o. J. (1683), in: Ders., Historia templi Ienensis academici, 1690, 35–38 (die angeführten Zitate sämtlich aaO., 38). – Zu Sagittarius vgl. K. Heussi, aaO., 149 f.; (Wagenmann-) P. Tschackert, Art. Sagittarius, Kaspar, RE, 3. Aufl., 17. Bd., 334–337.

Seine theologischen Ambitionen unterstrich er 1683 durch die Ankündigung, in der Kollegienkirche Frühpredigten anzubieten. Er habe sich, schreibt Sagittarius, dazu entschlossen, „consentiente ac approbante Venerabili Facultate Theologica" in der Kollegienkirche „scholas ... aperire concionatorias". Und zwar würden er selbst an besonderen Sonntagen und dann − seinem Beispiel folgend − „Collegae ... ex Studiosis juvenibus" mal dienstags, mal samstags in der Frühe Predigten halten. Alle, die an diesem Kollegium teilnehmen wollten, hätten sich mit ihren Predigten einer angemessenen Prüfung zu unterziehen. Daß er als ein der Theologischen Fakultät nicht angehörender Professor das Recht zur Einrichtung von Übungspredigten habe, begründet er mit alten Dekreten der fürstlichen Träger der Universität, nach denen „non modo Proff. verum etiam alii Theologiam ac Oratoriam sacram docti viri juvenesque ejusmodi exercitia ibidem possunt instituere". Schon vor einigen Jahren habe ein Jenaer Stadtpfarrer eine ähnliche Veranstaltung an der Universität angeboten.

Diesen Angaben zufolge handelte es sich bei den 1683 eingerichteten Frühpredigten also eindeutig um privat initiierte homiletische Exerzitien, durch die den Studenten insbesondere der Theologie die Gelegenheit gegeben werden sollte, sich im Predigen zu üben. Ob Sagittarius, der später − 1691 ff. − wegen seines Eintretens für den Pietismus in die pietistischen Streitigkeiten verwickelt wurde, schon bei der Einrichtung seiner Übungspredigten 1683 von pietistischen Motiven geleitet war, läßt sich heute nicht mehr ausmachen. Jedenfalls stellt sein homiletisches Übungskolleg noch nicht den Beginn des Jenaer Universitätsgottesdienstes dar.

Die Anfänge des Jenaer Universitätsgottesdienstes können demgegenüber mit an Sicherheit grenzender Wahrscheinlichkeit im ersten Jahrzehnt des 18. Jahrhunderts angesetzt werden. Denn J. Fr. Buddeus berichtet 1724, er habe seit dem Antritt seiner Professur in Jena − 1705 − „freywillig, jedoch beständig, alle 14. Tage, des Sonntags, wenn in der Stadt-Kirche der Gottes-Dienst geendiget, in der Collegen-Kirche geprediget"[51]. Die von Buddeus hier ausdrücklich vermerkte Rücksicht auf den Vormittagsgottesdienst in der Stadtkirche läßt darauf schließen, daß zu dem Zeitpunkt, als Buddeus mit seinen Nachmittagspredigten begann, ein vormittäglicher Universitätsgottesdienst noch nicht bestanden haben kann. So dürfte es auf die Initiative weniger der Theologischen Fakultät insgesamt als vielmehr allein Buddeus' zurückzuführen sein, daß in Jena ein Universitätsgottesdienst etabliert werden konnte[52]. Zu den Gründen, die Buddeus zur Einführung der Universitäts-

---

[51] J. Fr. Buddeus, Erbauliche Gedancken Von Predigten, Nebst Einer kurtzen Anzeige, Wie es ferner In den Nachmittags-Predigten des Sonntags in der Collegen-Kirchen soll gehalten werden, 1724, 28.

[52] Bereits bei der Einführung der Übungspredigten 1683 spielte die Theol. Fakultät eine passive Rolle; s. o. den Bericht Sagittarius' (mit Anm. 50).

predigten bewegten, kann man folgende Erwägungen anstellen. Die Jenaer Theologische Fakultät befand sich um 1700 in einer schwierigen Situation. Bis auf Johann Wilhelm Beier (1647–1695), der die Kräfte der traditionell irenisch ausgerichteten Jenaer Orthodoxie noch einmal zu mobilisieren suchte, gehörten ihr nur unbedeutende Mitglieder an. Erst die Berufung Buddeus' weckte die Fakultät aus ihrer Agonie. Er verlieh ihr die Impulse, die die Kontinuität der lutherischen Orthodoxie in den durch den Pietismus und die frühe Aufklärung bewirkten Wandlungen zu gewährleisten vermochten. Im Geist der orthodoxen Tradition am Vorrang der Offenbarung festhaltend, öffnete sich Buddeus gleichermaßen philosophischen Fragestellungen der Frühaufklärung wie auch der pietistischen Wertschätzung des Lebensbezugs der Lehre[53]. Letzterem Moment, das im Prinzip auch von der Orthodoxie immer schon betont worden war, wollte Buddeus durch seine Predigten in der Kollegienkirche zur Wirkung unter den Studenten verhelfen. Er habe, so teilt Buddeus 1724 im Anhang zu einem homiletischen Traktat mit, in seinen Jenaer Universitätspredigten nicht nur „die nöthigen Glaubens Lehren" – namentlich die „Haupt-Lehre von Christo" – ausgeführt, sondern auch „mit nicht weniger Sorgfalt gezeiget, wie alles zur Ausübung müsse gebracht werden; ... wie sich die Früchte des Glaubens, nach allen Pflichten der Menschen, in einem göttlichen Wandel zeigen müssen"[54]. In der seinen Mitteilungen über den Jenaer Nachmittagsgottesdienst vorangestellten homiletischen Abhandlung hat Buddeus diese beiden essentiellen Aufgaben der Predigt eingehend erläutert, die Förderung der – nicht einseitig intellektualistisch aufgefaßten – Erkenntnis der Glaubenslehren einerseits und, darauf basierend, die Unterweisung in den Lebenspflichten als den Glaubensfrüchten andererseits[55]. Die Zielsetzung eines praktischen Christentums, wie sie bei Buddeus in der Konvergenz orthodoxer und pietistischer Motive greifbar wird, dürfte auch für die Einrichtung des Jenaer Universitätsgottesdienstes die entscheidende Antriebskraft gewesen sein.

Eine institutionell-rechtliche Konzeption lag dem Jenaer Universitätsgottesdienst von seinen Anfängen an nicht zugrunde – seine Existenz und seine Kontinuität beruhte ausschließlich auf der Bereitschaft der Theologieprofessoren zur Predigttätigkeit in der Kollegienkirche[56]. Auseinandersetzungen um

---

53 Zur Situation der Fakultät um 1700 vgl. K. Heussi, aaO., 145–151; zu Buddeus vgl. K. Heussi, aaO., 154–162; E. H. Pältz, Art. Buddeus (Budde), Johann Franz (1667–1729), TRE 7 (1981), 316f.; W. Sparn, Auf dem Wege zur theologischen Aufklärung in Halle: Von Johann Franz Budde zu Siegmund Jakob Baumgarten, in: N. Hinske (Hg.), Zentren der Aufklärung I. Halle. Aufklärung und Pietismus, 1989, 71–89; Fr. Nüssel, Bund und Versöhnung. Zur Begründung der Dogmatik bei Johann Franz Buddeus, 1996.

54 J. Fr. Buddeus, aaO., 29.

55 Vgl. J. Fr. Buddeus, aaO., 3–27; dazu das Inhaltsreferat des homiletischen Teils dieser Schrift bei M. Schian, Orthodoxie und Pietismus, 106–108.

56 Dieser Sachverhalt ist in allen verfügbaren Quellen und Nachrichten greifbar. Vgl. J. Fr. Buddeus, aaO., 28; UAJ, Loc. III Fach 107 Nr. 1371, Bl. 9rv; für die Ara Walch, in der – um

den Universitätsgottesdienst sind uns aus Jena in dem Ausmaß, wie wir es für Halle und Leipzig konstatiert haben, merkwürdigerweise nicht überliefert. Das mag daran gelegen haben, daß man in Jena extrem pietistische Positionen vermied und in praktischen Fragen von vornherein Rücksicht auf die Gottesdienste in der Stadtkirche und die Parochialrechte der Stadtpfarrei nahm[57]. Immerhin versah ja bis 1878 in aller Regel ein Theologieprofessor in Personalunion das Amt des Jenaer Stadtsuperintendenten. Zudem war die Theologische Fakultät dazu verpflichtet, in der Stadtkirche die Predigten an Karfreitag und an den 2. Feiertagen der hohen Feste sowie – bis 1853 – die wöchentlichen Freitagspredigten zu besorgen[58]. Es gab also eine Reihe von institutionalisierten Verbindungen zwischen der Theologischen Fakultät und dem lokalen Kirchenwesen. Sobald es Professoren aber an der Bereitschaft fehlen ließen, sich des Universitätsgottesdienstes anzunehmen, gefährdete dies zwangsläufig dessen Fortbestehen, wie das gegen Ende des 18. Jahrhunderts der Fall war[59].

Die Sichtung des dargebotenen Materials läßt deutliche Parallelen, strukturelle und theologiegeschichtliche Übereinstimmungen zwischen den ersten Universitätsgottesdiensten in Halle, Jena und Leipzig erkennen. In allen drei Fällen geht die Initiative von einzelnen Theologieprofessoren oder von den Theologischen Fakultäten aus, während die zuständigen Territorialherren erst daraufhin in Aktion treten und in Ausübung des landesherrlichen Kirchenregiments den betroffenen Fakultäten bzw. Universitäten das Recht zum Abhalten eigenständiger Universitätsgottesdienste gewähren[60]. In der Ein-

---

1750 – verstärkt zum einen homiletische Übungen in der Kollegienkirche angeboten wurden, während zum anderen die Theologieprofessoren im Nachmittagsgottesdienst „Musterpredigten" für die Theologiestudenten hielten, vgl. [B. Chr. B. WIEDEBURG,] Ausführliche Nachricht (s. Anm. 47), 79 f.; K. HEUSSI, aaO., 177. – Noch 1925 beklagte der Dekan der Theol. Fakultät W. Staerck es, daß dem akademischen Gottesdienst jegliche rechtliche Grundlage fehle. So habe z. B. der Inhaber des seit 1878 bestehenden Universitätspredigeramtes unter Berufung auf den herkömmlichen Brauch die Mitwirkung anderer Fakultätsmitglieder am Universitätsgottesdienst verhindern können (vgl. den Brief W. Staercks an die Theol. Fakultät Marburg vom 20./21. 2. 1925, StA Marburg, 307a Acc. 1950/1 Nr. 52, Bl. I. N. 165). – Universitätsprediger war traditionell – ohne rechtliche Festlegung – der jeweilige Praktische Theologe.

[57] Das gilt etwa für die zeitliche Ansetzung des Universitätsgottesdienstes, der nicht mit dem Gottesdienst in der Stadtkirche kollidieren sollte (vgl. UAJ, Loc. III Fach 107 Nr. 1371, Bl. 1–7), oder für die Kollekte des akademischen Gottesdienstes, die nach einer Verfügung des zuständigen Konsistoriums aus dem Jahre 1783 an den Armenkasten der Stadtkirche abzuführen war (vgl. aaO., B. 18–25).

[58] Vgl. UAJ, Loc. III Fach 107 Nr. 1372.

[59] Vgl. den Bericht des Prorektors vom 25. 3. 1783, „daß in der letzten Zeit zuweilen kaum 12 Zuhörer sich einfanden, und man Mühe hatte, Studenten ausfindig zu machen, die bei einem so kleinen und noch dazu so ungemässen Auditorio" sich im Predigen üben wollten, so daß die „Hauptabsicht" des Universitätsgottesdienstes nicht erfüllt worden sei (UAJ, Loc. III Fach 107 Nr. 1371, Bl. 10).

[60] Auch wenn für Jena eine entsprechende Genehmigung der Regierung von Sachsen-Weimar oder des Weimarer Konsistoriums nicht ausfindig zu machen ist, kann man davon ausgehen, daß es eine solche Verfügung gegeben haben muß.

richtung der ersten Universitätsgottesdienste im deutschen Protestantismus nimmt das Drängen des Pietismus auf eine Erneuerung des religiösen Lebens auch im universitären Kontext eine unmittelbare Gestalt an. Ist das pietistische Motiv einer Lebensgestaltung im Geist der Praxis pietatis für den Hallischen Universitätsgottesdienst als alleinige Antriebskraft zu betrachten, so bildet es für die Verhältnisse in Leipzig und Jena einen wesentlichen, wenn nicht gar den maßgeblichen Faktor. Die Institutionalisierung der ersten Universitätsgottesdienste erfolgt allerdings in unzureichenden Rechtsformen. Entweder mangelt es ganz an überzeugenden rechtlichen Konzeptionen, die dem akademischen Gottesdienst einen institutionellen Sitz im Leben der Universität hätten sichern können – so in Halle und Jena –, oder der Versuch, den Universitätsgottesdienst als eine Veranstaltung der Universität rechtlich abzustützen, wird – wie in Leipzig – nur halbherzig und unter Inkaufnahme widersprüchlicher Strukturen realisiert. Dies führt wiederum in Halle und Leipzig zu erheblichen Belastungen des akademischen Gottesdienstes durch jahrzehntelange Konflikte mit dem bestehenden Kirchenwesen vor Ort, wobei die Auseinandersetzungen in Halle eine zusätzliche Schärfe durch den theologischen Richtungsstreit zwischen Orthodoxie und Pietismus erhalten.

Auf Grund der weitgehend übereinstimmenden Strukturmerkmale lassen sich die Universitätsgottesdienste in Halle, Leipzig und Jena einer Gruppe gleichen Typs zuordnen. Eben darin, daß ihre Institutionalisierung unter teilweise heftigen Kontroversen vonstatten geht, spiegelt sich ihr historischer Ort: die von Unklarheiten geprägte Situation der Anfänge einer neuen Einrichtung. Genauso deutlich aber hebt sich die Göttinger Universitätskirche von den Gegebenheiten in Halle, Leipzig und Jena ab. Hinsichtlich der mit dem Universitätsgottesdienst intendierten Förderung eines praktischen Christentums konvergiert das Göttinger Modell durchaus noch mit seinen Vorläufern. Ansonsten aber haben wir es hier mit einer neuen Konstruktion zu tun, deren hervorstechende Charakteristika die Differenz zu den Universitätsgottesdiensten in Halle, Leipzig und Jena klar markieren. Neu am Göttinger Modell sind nicht nur einzelne Elemente wie die Universitätskirchendeputation oder das Universitätspredigeramt, als neu und singulär stellt sich vor allem die institutionelle Gesamtkonzeption der Universitätskirche dar. Das kommt nicht von ungefähr, denn nicht einzelne Theologen oder die Theologische Fakultät haben hier die Initiative ergriffen, vielmehr hat der absolutistische Staat die mit der Göttinger Universitätsgründung gegebene Chance entschlossen genutzt, um dem Universitätsgottesdienst eine eigenständige Bestimmung als Institution der Universität zu verleihen. Wie behutsam und überlegt der verantwortliche Staatsminister Münchhausen dabei im einzelnen vorgegangen ist, mag man exemplarisch daran ablesen, daß es im Unterschied zu Halle und Leipzig in Göttingen Auseinandersetzungen zwischen Universität und dem lokalen Kirchenwesen bzw. übergeordneten kirchenleitenden Instanzen nie gegeben hat. Dieser Sachverhalt erscheint als logische Folge der klaren Verfassung der Göttinger Universitätskirche, bei der mögliche Konflikte mit den städtischen Parochien von vornherein vermieden worden sind.

Gerade der Vergleich mit den Gegebenheiten in Halle, Leipzig und Jena macht den historischen Rang der Leistung Münchhausens, auf den die Göttinger Universitätskirche konzeptionell und administrativ zurückgeht, sichtbar. Zusätzlich zu den bereits dargestellten politischen und religiösen Motiven Münchhausens wird man nun noch eines sagen können. Er hat für Göttingen bewußt etwas anderes gewollt als das, was man in Halle versucht hatte. Während seines Studiums in Halle dürfte er Zeuge der Auseinandersetzungen zwischen Pietismus und Orthodoxie gewesen sein; in seine Studienzeit fallen etwa die Kontroversen um die Schulkirche 1710 ff. So legt sich die Vermutung nahe, daß der auf Ausgleich zwischen den theologischen Parteien bedachte Münchhausen die Vorfälle in Halle zum Anlaß nahm, um bei der Gründung der Göttinger Universitätskirche andere Wege zu gehen als die, die man in Halle beschritten hatte.

Was wir zur Sache ermittelt haben, widerlegt ganz eindeutig die in der Literatur zur Göttinger Universitätsgeschichte wiederholt vertretene Ansicht, die Gründungsväter der Universität hätten der Theologie im Göttinger Haus der Wissenschaften lediglich ein Hinterzimmer eingeräumt[61]. Neben anderem, was dazu festzustellen wäre, verweist die Institutionalisierung der Universitätskirche mitsamt der ihr zugrundeliegenden Konzeption diese Annahme ins Reich der Legenden. Aus heutiger Sicht kann man allenfalls fragen, ob nicht der Staat seine Kompetenzen überschritten habe, als er damals in Anwendung des Territorialsystems den Universitätsgottesdienst einrichtete. Gewiß, die Auffassung vom Verhältnis zwischen Staat und Kirche, wie sie sich im ausgehenden 20. Jahrhundert darstellt, unterscheidet sich fundamental von der Sichtweise, die dem Thomasius-Schüler Münchhausen das staatskirchenrechtliche Instrumentarium an die Hand gab, um den Gottesdienst an der Göttinger Universität als staatliche Stiftung etablieren zu können. Überführt man die gestellte Frage jedoch in die historische Dimension, von der her sie primär zu beantworten ist, dann haben wir zunächst positiv zu werten, daß der absolutistische Staat mit der Einrichtung der Göttinger Universitätskirche nicht nur seine eigenen Zwecke verfolgte, sondern daß er mit dieser Maßnahme den politischen Willen kundtat, der Entfaltung religiösen Bewußtseins und christlicher Lebensgestaltung an der Universität einen eigenständigen Raum zu eröffnen[62]. Ob sich das Göttinger Modell bewährt hat, werden

---

[61] Vgl. G. VON SELLE, Die Georg-August-Universität zu Göttingen 1737–1937, 1937, 40 f.; C. HAASE, Die ersten Stufen der Entwicklung der Georgia Augusta zu Göttingen, GGA 235/6 (1983/84), (271–289) 272.283; DERS., Bildung und Wissenschaft von der Reformation bis 1803, in: H. PATZE (Hg.), Geschichte Niedersachsens, Bd. III/2, 1983, (261–493) 343.

[62] Zur allgemeinen Würdigung des Territorialsystems vgl. E. HIRSCH, aaO., I. Bd., 108 f.

wir darüber hinaus an seiner weiteren geschichtlichen Entwicklung zu überprüfen haben.

Die These von der Singularität der Göttinger Universitätskirche läßt sich
für das 18. Jahrhundert bestätigen, wenn wir einen Blick auf die Verhältnisse
an der in zeitlicher Nähe zu Göttingen gegründeten Universität Erlangen
werfen[63]. Wie bei der Gründung der Universität 1743 im allgemeinen, so
gingen die Verantwortlichen in Erlangen auch im besonderen traditionelle
Wege, als sie die drei theologischen Professuren mit Pfarrämtern verbanden.
Der erste Professor versah zugleich das Amt des leitenden Pfarrers an der
Neustädter Kirche und damit die Erlanger Superintendentur, dem zweiten
Professor wurde das Pfarramt in der Altstadt übertragen, der dritte theologi-
sche Ordinarius schließlich hatte als Universitätsprediger die Universitätspfar-
rei zu versorgen. Dieses Doppelamt hatte als erster Caspar Jakob Huth inne[64].
Zur Universitätskirche bestimmte man die im Universitätsbezirk gelegene
Sophienkirche. Hinsichtlich des Umfangs der Universitätsparochie galt die
Regelung, daß ihr alle Angehörigen der Universität unbeschadet ihres jeweiligen Wohnsitzes angehörten. Die Universitätsgemeinde war vom Typus her
mithin eine Personalgemeinde, deren Existenz dem Sachverhalt entsprach,
daß die Universität eine Körperschaft eigenen Rechts bildete[65].

Im Prinzip handelte es sich in Erlangen um eine Neuauflage der alten
Ämterverbindung von theologischer Professur und Pfarramt unter umgekehr-
ten Vorzeichen − nicht eine bestehende Stadtpfarrei, sondern die neu geschaffene Universitätspfarrei wurde dem Universitätsprediger zugeordnet.
Diese Lösung erwies sich jedoch nicht als dauerhaft. Bereits 1804 versuchte
die preußische Regierung, die unter Raummangel leidende Universitätsbi-

---

Zu Recht faßt HIRSCH, aaO., 109, zusammen: „Kirche und Theologie sind unter dem Ter-
ritorialsystem nicht schlecht gefahren."

[63] W. JANNASCH, aaO., 1173, schreibt: „Göttingen hatte seit 1742 einen Universitätsprediger, Erlangen seit der Gründung 1743 sogar ein Universitätspfarramt …". Damit suggeriert er,
in Erlangen sei man noch über Göttingen hinausgegangen. Daß dem nicht so ist, zeigt die
folgende Darstellung. − Zur Gründung der Universität Erlangen vgl. N. HAMMERSTEIN, Die
Universitätsgründungen …, aaO., 280−291; HAMMERSTEIN kommt zu dem Ergebnis: Die
Gründung der Universität Erlangen „war ein Rückgriff auf die ältere, eigentlich durch Halle
und Göttingen überwundene Universitätstradition, die es dem absolutistischen Territorialherren erlauben sollte, die Bedürfnisse seines sich verweltlichenden Staatswesens mit den Mitteln
christlicher Obrigkeit zu erfüllen" (aaO., 290).

[64] Vgl. G. W. A. FIKENSCHER, Geschichte der Königlich Preussischen Friedrich-Alexanders-
Universität zu Erlangen, 1795, 469. − Zu Caspar Jakob Huth vgl. H. JORDAN, Die Stellung des
ersten Erlanger Universitätspredigers zu den kirchlichen Bekenntnissen, NKZ 28 (1917), 457−
468.

[65] Vgl. den Brief des Leiters des Landeskirchlichen Archivs Nürnberg M. SIMON an den
Ev.-Luth. Landeskirchenrat München vom 11.12.1956, betr. Universitätsgottesdienste und
Universitätspredigerstelle Erlangen, Arch. d. Ev.-Luth. Landeskirchenamts München, 14785,
Bl. 2.

bliothek in der Universitätskirche unterzubringen und den Universitätsgottesdienst in die Neustädter Kirche zu verlegen, scheiterte aber am Widerstand der Universität. Die Universität beharrte auf dem eigenständigen Charakter des Universitätsgottesdienstes, der durch die geplante Veränderung verlorengehe. Auch führte sie zugunsten des Erhaltes der Universitätskirche praktische Argumente an, etwa den Hinweis auf die Notwendigkeit eines Lokals für die homiletischen Übungen des Predigerseminars[66]. Das Aus für die Universitätspfarrei kam dann wenig später, als der Staat – inzwischen gehörte Erlangen zum Königreich Bayern – am 8.3.1814 ohne Mitwirkung kirchlicher Stellen die Aufhebung der Universitätsparochie verfügte und zugleich das Universitätspersonal in die Neustädter Kirche einpfarrte[67]. Im Hintergrund dieser Entscheidung dürfte einmal gestanden haben, daß die Professoren, die das Universitätspredigeramt zu verwalten hatten, dieser Aufgabe nicht immer positiv gegenüberstanden. Bedeutsamer noch scheint zum anderen gewesen zu sein, daß die Aufhebung der Universitätsgerichtsbarkeit und damit der Universität als einer eigenständigen politischen Körperschaft, die am 10.4.1814 erfolgte, die Auflösung der Universitätsparochie provoziert haben dürfte[68].

In der Folgezeit gerieten der Universitätsgottesdienst und das Universitätspredigeramt in Erlangen institutionell und personell in die Krise. Es fehlte eine verbindliche Rechtsgrundlage, es fehlte wohl auch das nötige Engagement der Universitätsprediger Veit Engelhardt und J. W. Fr. Höfling, und es fehlte nach der Säkularisierung der Universitätskirche 1826 an einer befriedigenden Klärung der Raumfrage – der Universitätsgottesdienst und die homiletischen Übungen fanden zunächst übergangsweise in der deutsch-reformierten Kirche, dann in der Kirche der französisch-reformierten Gemeinde statt[69]. Erst als 1836 Adolf Harleß (1806–1879) zum Universitätsprediger ernannt wurde, kam es zu einer organisatorischen Neuregelung des Universitätsgottesdienstes, der nunmehr – seit dem 25.6.1837 – im Wechsel mit dem Gemeindegottesdienst in der Neustädter Kirche abgehalten wurde[70]. Über die im Zuge der Neuordnung auftretenden praktischen Probleme wie die Anzahl der Abendmahlsgottesdienste für die Universitätsangehörigen, Beichtgelder und Stolgebühren ließ sich noch verhältnismäßig rasch mit der Neustädter Pfarrei Einvernehmen herstellen, aber aus der Verbindung des Universitätsgottesdienstes mit dem Gemeindegottesdienst resultierten doch

---

[66] Vgl. Th. KOLDE, Die Universität Erlangen unter dem Hause Wittelsbach 1810–1910, 1910, 41 f.

[67] Der Text der Verfügung ist wiedergegeben bei M. SIMON, aaO., Bl. 3.

[68] Vgl. Th. KOLDE, aaO., 130 f.; M. SIMON, aaO., Bl. 4.

[69] Vgl. Th. KOLDE, aaO., 303 f.; M. KIESSIG, Johann Wilhelm Friedrich Höfling. Leben und Werk, 1991, 55 f.

[70] Vgl. Th. KOLDE, aaO., 304; M. KIESSIG, aaO., 56. – Die Ministerialverfügung vom 31.10.1836 ist abgedruckt bei M. SIMON, aaO., Bl. 5.

etliche Rechtsunsicherheiten. Daß sie als solche offenbar wurden, hängt natürlich auch mit der allgemeinen Entwicklung zusammen, daß im Rahmen der grundsätzlichen Aufrechterhaltung des Staatskirchentums die Kirche seit Beginn des 19. Jahrhunderts eine zunehmende Unabhängigkeit vom Staat erlangen konnte. Erst jetzt, da die Kirche in einer gewissen Selbständigkeit gegenüber dem Staat zu existieren begann, konnten der eigentümliche Ort des Universitätsgottesdienstes und des Universitätspredigeramtes im Spannungsfeld zwischen Staat und Kirche sowie die sich daraus ergebenden Probleme erkannt werden.

Solche strittigen Fragen, die die für Erlangen zuständigen Gremien bis weit ins 20. Jahrhundert hinein immer wieder beschäftigt haben, bezogen sich etwa auf die parochiale Zuordnung der Universitätsangehörigen, für die der Universitätsprediger als Sprengelgeistlicher innerhalb der Pfarrei Erlangen-Neustadt zuständig war oder sein konnte, auf den präzisen Umfang der „Universitätsgemeinde", die zwar nominell, aber nicht im rechtlichen Vollsinne bestand, u. a. m.[71]. All dies ist in unserem Kontext nicht in extenso zu repetieren. Im Kern hat sich die Regelung von 1836 bis heute erhalten. Der Erlanger Universitätsgottesdienst wird nach wie vor in Verbindung bzw. im Wechsel mit dem Gemeindegottesdienst in der Neustädter (Universitäts-) Kirche gefeiert. Der vom Staat im Einvernehmen mit der Ev.-Luth. Kirche in Bayern ernannte Universitätsprediger trägt für den Gottesdienst die Verantwortung und ist qua Amt als Pfarrer an der Neustädter Kirche berechtigt, nach Bedarf und mit Ausnahme der Konfirmation Kasualhandlungen an Universitätsangehörigen vorzunehmen[72].

Die aufgewiesene historische Sonderstellung der Göttinger Universitätskirche tritt noch in einer weiteren, übergreifenden Perspektive prägnant hervor. J. Wallmann hat gelegentlich darauf hingewiesen, daß die „Epochen der neuzeitlichen Kirchen- und Theologiegeschichte ... in eigentümlicher Weise ... mit den Namen von Universitäten" verknüpft seien. Luthers Reformation und Wittenberg, der Pietismus und Halle, die theologische Aufklärung inklusive der historischen Bibelwissenschaft und Göttingen, der deutsche Idealismus sowie die Theologiegeschichte des 19. Jahrhunderts von Schleiermacher bis Harnack und Berlin – in diesen Verbindungen deute sich das Gemeinte schlaglichtartig an. Wallmann folgert: „Es scheint in der deutschen Kirchengeschichte – jedenfalls gilt das bis ins 19. Jahrhundert – fast so etwas wie ein historisches Gesetz zu geben, daß sich epochale Neudurchbrüche nicht an alten Universitäten, sondern an den jeweiligen Neugründungen

---

[71] Für diese Fragen vgl. ausführlich M. SIMON, aaO., Bl. 5–15.
[72] Vgl. den Brief des Dekans der Theol. Fakultät H. Strathmann an die Theol. Fakultät Marburg vom 25. 2. 1925, StA Marburg, 307a Acc. 1950/1 Nr. 52, Bl. I. N. 179; dazu den Brief des Universitätspredigers Prof. M. Seitz an den Vf. vom 31. 7. 1992 sowie K. FRÖR, Status und Praxis des Universitätspredigers in den Jahren 1964–1973, unveröffentlichtes Typoskript aus dem Februar 1973.

vollziehen."[73] Überträgt man dieses Interpretationsmuster auf unseren Gegenstand, so drängen sich frappierende Analogien zu den skizzierten epochalen Stationen auf. Von Wittenberg ausgehend, setzt sich das Doppelamt des Theologieprofessors und Pfarrers bzw. Predigers an einer Gemeindekirche im deutschen Protestantismus der Frühen Neuzeit weitgehend durch. An der preußischen Reformuniversität Halle bringt der Pietismus den ersten Universitätsgottesdienst überhaupt hervor. An der Universitätsneugründung Göttingen schließlich stellt der absolutistische Staat erstmals den Universitätsgottesdienst auf die Basis einer in sich stimmigen Konzeption, die aus den Einzelelementen Universitätskirche, Universitätskirchendeputation und Universitätspredigeramt besteht und die dem Universitätsgottesdienst eine eigenständige Bestimmung als Institution der Universität verleiht. Ob auch von der Universität Berlin Impulse für die weitere geschichtliche Entwicklung der Universitätsgottesdienste ausgegangen sind, gehört zu den Fragen, die uns im nächsten Paragraphen zu beschäftigen haben.

---

[73] J. WALLMANN, Zwischen Reformation und Humanismus, ZThK 74 (1977), (344–370) 344.

§ 10 Entwicklungslinien in der Geschichte der Universitäts-
gottesdienste im 19. und 20. Jahrhundert

Wenn nun auch das 19. und 20. Jahrhundert in die Analyse mit einbezogen werden, mag es nicht überflüssig sein, nochmals an die vordringliche Aufgabenstellung dieses Paragraphen zu erinnern. Es sollten der historische Ort und das institutionelle Profil der Göttinger Universitätskirche im Vergleich mit den Gegebenheiten an anderen deutschen Universitäten näher bestimmt werden. Primär ist also die Frage zu bearbeiten, ob es möglicherweise zu einer Rezeption des Göttinger Modells – in welchem Umfang auch immer - gekommen ist oder ob der für das 18. Jahrhundert herausgearbeitete Sonderstatus der Göttinger Institution auch von der weiteren Entwicklung der akademischen Gottesdienste im 19. und 20. Jahrhundert nicht mehr eingeholt worden ist. In diesem Rahmen scheint es daher weder notwendig noch sinnvoll zu sein, die Anfänge der in diesem Zeitraum neu entstandenen Universitätsgottesdienste je für sich ausführlich darzustellen. Um jedoch eine gewisse Abrundung in der Stoffdarbietung zu erreichen, sollen wenigstens die wichtigsten Tendenzen in der Institutionsgeschichte der Universitätsgottesdienste im deutschen Protestantismus seit ca. 1800 aufgezeigt werden[1].

Setzen wir zunächst ein mit einer statistischen Übersicht über die jeweilige Ersteinrichtung der Universitätsgottesdienste![2]

Ende 17./18. Jhdt.		19. Jhdt.		20. Jhdt.	
1692	Halle	1822	Bonn	1914	Münster
ca. 1705	Jena	1827	Breslau	1946/47	Mainz
1710	Leipzig	1838	Heidelberg	1926/55	Hamburg
1737	Göttingen	1841	Rostock	1968	München
1743	Erlangen	1847	Berlin	1975	Bochum
		1847	Dorpat		
		1848	Gießen		
		1869	Königsberg		
		1871/82/84	Marburg		
		1888	Straßburg		
		1888	Kiel		
		1890	Greifswald		

---

[1] Grundsätzlich gilt die Forderung von U. STUTZ, Das Amt des evangelischen Universitätspredigers an der Rheinischen Friedrich-Wilhelms-Universität in Bonn während des ersten

Dieser Tabelle lassen sich einige vorläufige Hinweise entnehmen. Die meisten Universitätsgottesdienste sind im 19. Jahrhundert entstanden, nämlich 12 gegenüber 5 im 17./18. Jahrhundert und 5 im 20. Jahrhundert. Von den im 19. Jahrhundert eingerichteten akademischen Gottesdiensten wurden 4 an Universitätsneugründungen desselben Jahrhunderts (Bonn, Breslau, Berlin, Dorpat), dagegen 8 an bestehenden Universitäten institutionalisiert. Anders sieht das Bild im 20. Jahrhundert aus. Abgesehen von den Gottesdiensten, die nach längeren Pausen erneut eingerichtet wurden (z. B. Berlin 1916/91; Gießen 1917/18), handelt es sich ansonsten um Gottesdienste, deren Existenz in der Regel im Zusammenhang mit der Errichtung neuer Theologischer Fakultäten steht. Die Zunahme der Universitätsgottesdienste seit dem 19. Jahrhundert vermutungsweise auf „Emanzipationsbestrebungen der theol. Fakultäten oder ein allgemeines ‚akademisches‘ Geltungsbedürfnis"[3] zurückzuführen, greift als Erklärung offenkundig zu kurz. Neben den religiösen Gründen, die von den Theologischen Fakultäten für die Notwendigkeit von Universitätsgottesdiensten angeführt wurden, wird man das Engagement zumal des Königreichs Preußen bei der Institutionalisierung etlicher Universitätsgottesdienste im 19. Jahrhundert nicht vernachlässigen dürfen.

Am Anfang des vorigen Jahrhunderts kam es zunächst einmal unter denkwürdigen Umständen zur Neubelebung des spätestens 1785 eingeschlafenen akademischen Gottesdienstes in Halle[4]. Die langwierigen Verhandlungen, die der Realisierung des Projekts vorausgingen, die Ereignisse, die den seit 1806 wieder gefeierten Gottesdienst begleiteten und behinderten, und nicht zuletzt die Predigttätigkeit Schleiermachers in Halle üben auf den heutigen Betrachter eine gewisse Faszination aus. Gleichwohl haben wir uns dem Sog des Faktischen zu entziehen und uns auf eine äußerst komprimierte Darstellung der Geschehnisse zu beschränken. Nicht von der Theologischen Fakultät Halle, sondern zuerst vom Magdeburger Konsistorium und dann insbesonde-

---

Jahrhunderts ihres Bestehens, ZRG 41 Kan. Abt. 10 (1920), (1–50) 2 Anm. 1: „Für jede Universität bedürfte … die Geschichte des Universitätsgottesdienstes und seines Rechtes einer besonderen Behandlung."

2 Nicht berücksichtigt wird in der folgenden Tabelle, daß z. B. die 1865 bzw. 1870 sistierten Universitätsgottesdienste in Gießen und Berlin 1917/18 bzw. 1916/91 wieder eingerichtet wurden; vgl. dazu die u. Anm. 26 und 80 angegebene Literatur. – Zum Problem, den Beginn des Marburger akademischen Gottesdienstes genau zu terminieren, vgl. K. HAMMANN, ZThK 90 (1993), 102–104.

3 So W. JANNASCH, aaO., 1173. – Gelegentlich konnte es dazu kommen, daß Theologische Fakultäten ihre Autonomie gegenüber den Landeskirchen auch im Bereich des akademischen Gottesdienstes demonstrieren wollten, so gegen Ende des 19. Jhdts. im liberalen Marburg; vgl. dazu K. HAMMANN, aaO., 103–106. Dies Motiv scheint aber aufs Ganze gesehen eher die Ausnahme zu sein.

4 Zum folgenden vgl. W. SCHRADER, aaO., Bd. 1, 574f.; in jeder Hinsicht erschöpfend H. HERING, aaO., 102–251; völlig unzureichend P. KEYSER, aaO., 116; im Anschluß an Hering zuletzt W. VON MEDING, Schleiermachers theologische Promotion, ZThK 87 (1990), (299–322) 306–312.

re von dem seit 1798 für die Universitätsangelegenheiten zuständigen Minister von Massow ging 1799 die Initiative aus, dem brachliegenden Gottesdienst zu neuem Leben zu verhelfen. Die Fakultät reagierte auf den an sie herangetragenen königlichen Wunsch erst nach zehn Monaten (!) und zudem äußerst reserviert. Nie habe es eine Verpflichtung der Professoren zum Halten der Predigten gegeben, ohnehin sei eine tiefe, im Geist der Zeit wurzelnde Gleichgültigkeit gegenüber der öffentlichen Gottesverehrung festzustellen, die Schulkirche könne ihres schlechten Zustandes wegen besonders im Winter zu gesundheitlichen Schäden führen, die bestehenden Pflichten der Professoren erlaubten eine weitere Belastung nicht – die Liste der Einwände, mit denen sich die Fakultät der Wiederaufnahme der Predigten zu entziehen suchte, ließe sich leicht erweitern[5]. Die Regierung zeigte sich nicht bereit, diese offene Verweigerungshaltung der Theologieprofessoren zu akzeptieren, und brachte daher am 21.1.1800 den Gedanken ins Spiel, den Universitätsgottesdienst mit den homiletischen Seminarübungen der Studenten zu verbinden. Damit wäre dem Argument der zusätzlichen Belastung der Professoren der Wind aus den Segeln genommen und dem akademischen Gottesdienst zugleich ein scheinbar unmittelbarer praktischer Nutzen beigemessen worden[6].

In diesem kritischen Stadium gelang es August Hermann Niemeyer (1754–1828), sowohl seine Fakultät als auch die Regierung mit einem Konzept zu überzeugen, das in der Substanz nach einigem Hin und Her schließlich auch realisiert wurde. Niemeyer lehnte die Verbindung des Gottesdienstes mit den studentischen Predigtübungen ab, äußerte starke Vorbehalte gegenüber der Schulkirche als Lokal der geplanten Veranstaltung und betonte die Notwendigkeit, wie in Göttingen einen eigenen Universitätsprediger zu berufen. Wie dort, so könnten auch in Halle daneben die übrigen Fakultätsmitglieder gelegentlich predigen. Nach vier Jahren, am 10.4.1804, beendete König Friedrich Wilhelm III. die anhaltenden Diskussionen mit dem Bescheid, man habe „einen bewährten Mann als akademischen Prediger anzustellen"[7].

Den „bewährten Mann" hatte die Regierung inzwischen schon ausgemacht: Friedrich Schleiermacher. Der reformierte Prediger zu Stolpe hatte soeben den Ruf auf eine Professur in Würzburg erhalten, um seine Entlassung aus dem preußischen Staatsdienst nachgesucht und sich im gleichen Zug die Option offengehalten, in Preußen zu bleiben, falls man ihm eine günsti-

---

[5] Vgl. H. HERING, aaO., 104 f.

[6] Vgl. H. HERING, aaO., 106 f. – von Massow dachte daran, den Universitätsgottesdienst durch die Senioren des theologischen Seminars halten zu lassen. Kritisch zur geplanten Verbindung des akademischen Gottesdienstes mit homiletischen Übungen hat sich HERING, passim, geäußert.

[7] UAH, Rep. 27 IV/A 2 Nr. 2, Bd. 1; vgl. W. VON MEDING, aaO., 307; H. HERING, aaO., 107–111.

gere, seinen Neigungen entsprechende Wirkungsstätte offerieren könne[8]. Die Verantwortlichen – u. a. der reformierte Oberkonsistorialrat Sack, von Massow, der Kabinettsrat von Beyme und der König selbst – wollten Schleiermacher Preußen erhalten. Er sei als vorzüglicher Kanzelredner bekannt und werde als Gelehrter sehr geschätzt, lautete die vom König selbst als Randvermerk notierte Begründung[9]. Nach entsprechenden Beratungen wurde Schleiermacher die Stelle des Universitätspredigers und Theologieprofessors in Halle angeboten. Der König verband mit der Berufung des reformierten Theologen an die lutherische Landesuniversität die Absicht, seine Pläne zur Union der „jetzt nur in Nebendingen verschiedenen protestantischen Religions-Partheien" voranzubringen[10]. Die zuvor um ihre Stellungnahme gebetene Theologische Fakultät erklärte sich mit dem Personalvorschlag zurückhaltend einverstanden. Sie befürwortete Schleiermachers Ernennung zum akademischen Prediger, äußerte Vorbehalte gegen seine Berufung zum Ordinarius – alle ordentlichen Professuren seien besetzt, man solle Schleiermacher auf Probe vorerst eine außerordentliche Professur übertragen –, verlangte außerdem, der Universitätsgottesdienst solle unter Aufsicht der Fakultät stehen, und reklamierte das Recht zu predigen für alle Fakultätsmitglieder[11]. Letztlich zeigte sich die lutherische Fakultät doch reserviert gegenüber dem reformierten Universitätsprediger und den durch ihn verkörperten Unionstendenzen[12].

Schleiermacher, mit Wirkung vom 15.8.1804 nach Halle berufen, nimmt im WS 1804/05 seine Vorlesungstätigkeit auf, kann jedoch noch lange nicht predigen. Wie das? Eigens dazu ist er doch in das nach Göttinger Vorbild errichtete Universitätspredigeramt berufen worden! Darüber hinaus bildet man in Halle am 27.8.1805 gar eine besondere Kirchendeputation, die in ihrer personellen Zusammensetzung und vom Zuschnitt ihres Aufgabenbereichs her ebenfalls dem Göttinger Modell entspricht[13]. Aber noch fehlt ein

---

[8] Zu Schleiermachers Ruf nach Würzburg und zu seiner Berufung nach Halle vgl. W. DILTHEY, Leben Schleiermachers, Bd. I/2, 3. Aufl., hg. von M. REDEKER (= W. DILTHEY, Ges. Schr., XIII/2), 1970, 85–96; H. HERING, aaO., 111–133; E. MÜHLENBERG, Der Universitätslehrer, in: D. LANGE (Hg.), Friedrich Schleiermacher 1768–1834, 1985, (24–46) 27–29.

[9] Vgl. W. DILTHEY, aaO., 91; H. HERING, aaO., 124. Das günstige Urteil des Königs mag teils auf dem persönlichen Eindruck, den Schleiermacher als Prediger in Berlin hinterließ, teils auf seine Berater und deren Lektüre der ersten Predigtsammlung Schleiermachers aus dem Jahre 1801 zurückgegangen sein; vgl. H. HERING, aaO., 112 f.

[10] Kabinettsordre vom 10.5.1804, UAH, Rep. 27 IV/A 2 Nr. 2, Bd. 1; abgedruckt bei W. SCHRADER, aaO., Bd. 2, 529 Anlage 36.

[11] Vgl. W. DILTHEY, aaO., 93 f.; H. HERING, aaO., 127 f.

[12] Vgl. die Deutung von W. VON MEDING, aaO., 307–309.

[13] Vgl. H. HERING, aaO., 158. – Schleiermacher als dem Universitätsprediger verwehrte man die Mitgliedschaft in der Kirchendeputation zunächst mit der Begründung, er sei nur ao. Prof. d. Theologie. Der Vorfall zeigt, in welch kleinlicher Weise die lutherische Fakultät gegenüber dem reformierten Schleiermacher Vorbehalte geltend machte. Erst nach seiner Ernennung zum Ordinarius am 7.2.1806 wurde Schleiermacher Mitglied der Kirchendeputation.

tragendes Element der Göttinger Konstruktion in Halle: ein geeigneter Raum. Die Probleme, die der Ort des akademischen Gottesdienstes aufwirft, hindern Schleiermacher fast zwei Jahre an der Aufnahme seiner Predigttätigkeit. Dabei wiederholen sich zum Teil die Schwierigkeiten, die den Hallischen Universitätsgottesdienst bereits in seiner Anfangsphase 1692 ff. belastet hatten[14].

Der zunächst in Vorschlag gebrachte Dom schied als mögliches Lokal aus, nachdem sich die reformierte Domgemeinde gegen Gottesdienste der Universität in ihrer Kirche ausgesprochen hatte. Die im November 1804 vom Minister als Alternative präsentierte Schulkirche befand sich Schleiermachers eigenem Bericht zufolge in einem unwürdigen Zustand. Erst im August 1805 einigte man sich auf die Schulkirche und begann nach Absprache mit dem Magistrat mit Umbauarbeiten, in die auch die vom König geschenkte Orgel mit einbezogen werden mußte. Noch im Dezember requirierte freilich das Militär angesichts der politischen Bedrohung des Landes die Kirche und richtete in ihr über den Winter ein Magazin ein. Nach Beseitigung der gröbsten Schäden konnte Schleiermacher endlich am 3.8.1806 den ersten akademischen Gottesdienst halten. Nur zwei Wochen später begann ein neuerlicher Konflikt mit dem Militär, das seine Gottesdienste ebenfalls in der Schulkirche abhielt. Ging es zunächst nur um die Benutzung der heizbaren Kirchenstühle auf der Empore und um die Einhaltung der Gottesdienstzeiten, so weitete sich der Streit aus, als der General Graf Wartensleben entgegen dem von der Fakultät vorsorglich eingeholten Befehl des Königs, die Schulkirche nicht zum Magazin zu machen, am 5.9.1806 ein Versorgungsdepot in der Kirche anlegte. Zwei Tage später mußte der Gottesdienst daher ausfallen. Zwar unterschrieben umgehend über 300 Studenten eine Petition für die Fortführung des Gottesdienstes in der Schulkirche, zwar legte Schleiermacher selbst am 11.9.1806 seinen Protest gegen den eigenmächtigen Schritt des Militärs ein, doch vergeblich[15] – die Schulkirche war für den akademischen Gottesdienst unwiderruflich verloren. Die Besetzung Halles durch die Franzosen am 17.10.1806 besiegelte ihren Niedergang[16].

Damit war auch Schleiermachers zweijähriger Kampf um die Wiedereinrichtung des Universitätsgottesdienstes gescheitert[17]. Für den Ausgang der

---

[14] Zum folgenden vgl. ausführlich H. HERING, aaO., 133–215; W. VON MEDING, aaO., 311 f.

[15] Unzutreffend die Behauptung SCHRADERS, aaO., Bd. 1, 575, die Kirche sei am 11.9.1806 auf Vorstellung der Universität hin wieder freigegeben worden. Den Gottesdienst am 14.9. hielt Schleiermacher aber in der Ulrichskirche. Vgl. H. HERING, aaO., 212–216, der nachweist, daß sich die Universität gerade dem Diktat des Militärs beugte.

[16] Die Franzosen machten die Kirche zunächst zum Heumagazin. Die westfälische Regierung verschenkte sie 1810 an den Prof. d. Medizin Reil als Theatergebäude. 1828 wurde sie abgerissen, um Platz für das neue Universitätsgebäude zu schaffen.

[17] Schleiermacher predigte bis zum Ende seines Aufenthaltes in Halle im Dom, jedoch nicht in seiner Eigenschaft als akademischer Prediger. Vgl. J. BAUER, Schleiermacher als patriotischer Prediger, 1909; H. HERING, aaO., 223–243.

Entwicklung sind gewiß hauptsächlich die politisch−militärischen Ereignisse verantwortlich zu machen. Aber die Dinge nahmen doch auch deshalb ihren unguten Gang, weil Schleiermacher mit Ausnahme von Johann Severin Vater in der Theologischen Fakultät keine Mitstreiter fand, die sich für den akademischen Gottesdienst engagiert eingesetzt hätten. So blieben in Halle vorerst die Pläne im Ansatz stecken, mit denen man in partieller Anknüpfung an das Göttinger Modell den Universitätsgottesdienst auf eine sichere Basis hatte stellen wollen[18].

Schleiermachers Übergang nach Berlin legt wie von selbst die Frage nahe, ob an der Berliner Universität, deren Gründung in so vieler Hinsicht die Realisierung einer neuen, in der deutschen Universitätsgeschichte noch nicht dagewesenen Idee von der Universität bedeutete, auch der akademische Gottesdienst das Siegel des Neuen trug. Um die Antwort vorwegzunehmen: Dem Berliner Universitätsgottesdienst kommt weder in institutioneller Hinsicht noch vom faktischen Verlauf seiner Geschichte her eine innovatorische Relevanz für die Gesamtentwicklung der akademischen Gottesdienste zu. Obwohl Schleiermacher in einer Denkschrift vom 25. 5. 1810 die Notwendigkeit eines akademischen Gottesdienstes eingehend dargelegt und Vorschläge zu seiner Organisation unterbreitet hatte[19], konnte dieser Plan zunächst nicht verwirklicht werden, weil die Suche nach einem geeigneten Raum für den Gottesdienst erfolglos blieb[20]. Angesichts des Umstandes, daß sowohl Schleiermacher als auch Philipp Konrad Marheineke (1780−1846), die ja beide neben ihrer Lehrtätigkeit ein reguläres Pfarramt verwalteten, durch ihre Predigten die an einen akademischen Gottesdienst gerichteten Erwartungen erfüllten, scheint man die Angelegenheit nicht weiter verfolgt zu haben.

---

[18] Zur weiteren Entwicklung nur soviel: Seit Wiedereröffnung der Universität fand der akademische Gottesdienst zunächst unter Leitung von A. H. Niemeyer in der Ulrichskirche statt. Deren Oberdiakonus B. A. Marks wurde 1815 zum ao. Prof. d. Theologie und Universitätsprediger ernannt. Ihm zur Seite trat 1829 F. A. G. Tholuck, der − seit 1836 alleiniger Universitätsprediger − dann den Gottesdienst im Dom hielt. Die Grundlage hierfür bildete ein Vertrag mit der reformierten Domgemeinde. Der Gottesdienst wurde von 1900 an gelegentlich, ab 1929 ganz in der Magdalenenkapelle der Moritzburg gefeiert. Die 1805 ins Leben gerufene Kirchendeputation bestand aber schon in der 1. Hälfte des 20. Jahrhunderts nicht mehr. Vgl. H. HERING, aaO., 251−255; W. SCHRADER, aaO., Bd. 2, 203 f.; P. KEYSER, aaO., 117 f.; K. EGER, aaO., 1394; ders., Brief an die Theol. Fakultät Marburg vom 18. 2. 1925, StA Marburg, 307a Acc. 1950/1 Nr. 52, Bl. I. N. 158.

[19] Vgl. SCHLEIERMACHERS Entwurf zur Errichtung eines Universitätsgottesdienstes in Berlin (vom 25. 5. 1810), in: R. KÖPKE, Die Gründung der Königlichen Friedrich-Wilhelms-Universität zu Berlin, 1860, 214−216.

[20] Im Gespräch waren die Kirche der französischen Gemeinde auf dem Gendarmenmarkt und die lutherische Kirche auf dem Werder. Beide Möglichkeiten scheiterten am Widerspruch der betroffenen Gemeindevorstände. Zum folgenden vgl. R. KÖPKE, aaO., 86.291 f.; M. LENZ, Geschichte der Königlichen Friedrich-Wilhelms-Universität zu Berlin, Bd. 1, 1910, 283; Bd. 2/2, 1918, 121.

Initiativ wurden die Verantwortlichen erst wieder, nachdem 1846 auf der 11. Sitzung der evangelischen Generalsynode in Berlin die Forderung nach Einführung des Universitätspredigeramtes für alle preußischen Universitäten, an denen ein solches noch nicht existierte, erhoben worden war. Karl Heinrich Sack (1789–1875) begründete diese Forderung auf der Synode damit, daß die „Idee" des Universitätspredigeramtes „ohne Zweifel die Darstellung und Wirksamkeit des religiösen und kirchlichen Geistes innerhalb der Universität als solcher" sei, daß ihre Realisierung aber darüber hinaus auch der beruflichen Vorbildung der Theologiestudenten dienen könne. Mit der Empfehlung, der Universitätsprediger solle als „Universitätspfarrer" zudem mit der Aufgabe der Seelsorge und Sakramentsverwaltung an den „der Universität angehörigen Familien als Parochie" betraut werden, suchte die von Sack geleitete Kommission den Gemeindegedanken kräftig zur Geltung zu bringen[21]. Sacks Freund Carl Immanuel Nitzsch (1787–1868), damals noch Theologieprofessor und Universitätsprediger in Bonn, hob in seinem Beitrag auf der Synode noch den Gedanken hervor, der Universitätsprediger habe sein Amt vornehmlich als Seelsorger der Studenten aufzufassen. Da die Studenten auf Grund des Wechsels aus dem häuslichen Lebenskreis in die Universitätsstadt gerade im Blick auf ihre „Cultusbedürfnisse" unter Vereinsamung litten, solle der Universitätsgottesdienst das unter ihnen bestehende Bedürfnis nach Seelsorge und kirchlicher Gemeinschaft befriedigen und also „einen gemeinsamen Mittelpunkt für ihr religiöses Leben" darstellen[22].

Sacks Empfehlungen – zum einen die Verbindung des Universitätsgottesdienstes mit homiletischen Übungen und zum andern die Betonung des Gemeindeprinzips durch die Bildung einer Universitätsparochie – waren an sich traditionell und fanden jedenfalls in Berlin keine Berücksichtigung. Nitzsch dagegen reflektierte mit seinem Votum deutlich erkennbar die Herausforderung, die sich der kirchlichen Verkündigung im Blick auf die Situation der Studenten um die Mitte des 19. Jahrhunderts stellte. Nach Nitzsch sollte der Universitätsgottesdienst letztlich mit dazu beitragen, die Auswirkungen des durch die Industrialisierung bedingten Modernisierungs- und Säkularisierungsschubes auf die Studentenschaft aufzufangen. Im Sinne seiner seelsorgerlich orientierten Vorstellungen wirkte Nitzsch dann auch in Berlin, nachdem er 1847 auf den Lehrstuhl Marheinekes und zugleich zum Universitätsprediger berufen worden war. Der Universitätsgottesdienst fand in der

---

[21] Verhandlungen der evangelischen Generalsynode zu Berlin vom 2.6. bis 29.8.1846, Teil II, 1846, 32 (Anhang); vgl. K.H. SACK, Darstellung der Verhandlungen und Ergebnisse der Generalsynode vom Jahre 1846 über die Vorbildung der Kandidaten und die Bekenntnisfrage, Monatsschr. f. d. evang. Kirche der Rheinprovinz und Westphalens 1846, H. 12, (268–315) 272f. – Die Behandlung des Themas durch die Synode fand vor dem Hintergrund der Konflikte um den Universitätsgottesdienst in Bonn (s. u. 199–201) statt; vgl. H. THEURICH, Theorie und Praxis der Predigt bei Carl Immanuel Nitzsch, 1975, 139f.

[22] Verhandlungen … (s. Anm. 21), Teil I, 1846, 74; vgl. dazu H. THEURICH, aaO., 140f.

Dorotheenstädtischen Kirche statt, „dem schlechtesten, kältesten, baufälligsten Kirchenlokal, das es in Berlin gibt"[23].

Zu einer institutionell-rechtlichen Konzeption, die den Gottesdienst in den Organismus der Universität eingebunden hätte, fand man in Berlin jedoch so gut wie gar nicht. Dieser Sachverhalt spiegelt sich in der Entwicklung, die der akademische Gottesdienst nach dem Ausscheiden Nitzschs aus dem Universitätspredigeramt (1855) nahm[24]. Seinem Nachfolger Lehnerdt wurde nur die allgemeine Leitung des Gottesdienstes übertragen; einige Privatdozenten der Theologie hatten die Hauptlast der Predigtaufgabe zu tragen. Die Teilnahme am Gottesdienst ging stark zurück, was wohl auch durch das großstädtische Milieu Berlins bedingt gewesen sein mag. Zwischenzeitlich ganz eingestellt, erfuhr der Gottesdienst infolge der Ernennung Franz Karl Ludwig Steinmeyers (1811–1900) zum Universitätsprediger ab 1858 einen begrenzten Aufschwung. Nachdem Steinmeyer 1870 die Entlassung aus dem Universitätspredigeramt mit der Begründung beantragt hatte, „in Berlin sei dafür kein Bedürfnis"[25], wurde der Gottesdienst wieder sistiert. In der Ära Harnack lehnte die Theologische Fakultät 1893 die vom Ministerium angeregte Wiedereinrichtung des Gottesdienstes ab. 1916 schließlich setzten – wohl unter dem Eindruck des Krieges – die Mitglieder der Fakultät aus eigener Initiative Universitätsgottesdienste an, die in Verbindung mit dem Gemeindegottesdienst der Kaiser-Friedrich-Gedächtniskirche gefeiert wurden, allerdings in den 1930er Jahren wieder eingeschlafen zu sein scheinen[26].

Unter institutionellen und personellen Aspekten weisen die im 19. und 20. Jahrhundert entstandenen Universitätsgottesdienste im Detail eine große Vielfalt an Gestaltungsmöglichkeiten auf. Diese unterschiedlichen Formen, deren Charakteristika meist auf die jeweiligen lokalen Rahmenbedingungen zurückzuführen sind, haben sich zudem im Einzelfall nicht selten im Lauf der Zeit gewandelt. Um eine Übersicht zu gewinnen, die sowohl allgemeine Tendenzen deutlich werden läßt als auch lokalen Besonderheiten gerecht zu werden vermag, gehe ich von Schleiermachers Entwurf zur Errichtung eines Universitätsgottesdienstes in Berlin vom 25. 5. 1810 aus. Der 1860 erstmals publizierte Text hat zwar faktisch weder auf den Berliner Gottesdienst noch auf die Geschichte des akademischen Gottesdienstes andernorts einen unmittelbaren Einfluß gehabt, aber er bietet sich gleichwohl als interpretatorischer

---

[23] So C. I. Nitzsch, zitiert nach H. Theurich, aaO., 141.

[24] Zum folgenden vgl. R. Köpke, aaO., 292; M. Lenz, aaO., Bd. 2/2, 1918, 121 Anm. 1.

[25] G. Kawerau, Art. Steinmeyer, Franz, RE, 3. Aufl., Bd. 18, (794–800) 798.

[26] Zur Vorgeschichte vgl. den Brief K. Holls an A. Schlatter vom 12. 8. 1912, in: R. Stupperich (Hg.), Briefe Karl Holls an Adolf Schlatter (1897–1925), ZThK 64 (1967), (169–240) 208; Br. Violet, Der akademische Gottesdienst in Berlin und der Professorendienst an der Kirche, ChW 31 (1917), 51–55; dazu kritisch E. Simons, Prediger-Professoren?, ChW 31 (1917), 305–309. – K. Eger, aaO., 1393, setzt die Existenz des Berliner Universitätsgottesdienstes 1931 noch voraus.

Leitfaden der Analyse an. Schleiermacher hat nämlich in seinem Entwurf theologische, institutionell-rechtliche und organisatorisch-praktische Fragen des Universitätsgottesdienstes in einer Weise miteinander verknüpft, die in weiten Teilen als zukunftsweisend für die Entwicklung der akademischen Gottesdienste in den beiden letzten Jahrhunderten angesehen werden kann.

Schleiermacher setzt in seinen Überlegungen mit einer Erörterung der Funktion des Universitätsgottesdienstes ein[27]. Den in allen gesellschaftlichen Schichten, insbesondere auch in den akademisch gebildeten Führungseliten des Gemeinwesens zu konstatierenden „Mangel an religiösem Sinn" gilt es zu überwinden. Die Wiederbelebung des religiösen Bewußtseins in der akademischen Jugend hat bei diesem Vorhaben an erster Stelle zu stehen, ist doch von der nachwachsenden Generation der leitenden Klasse der Gesellschaft am ehesten zu erwarten, daß sie die erforderlichen „Verbesserungen des Kirchenwesens" in die Wege leitet oder zumindest fördert. „Wenn man also hier die Vereinigung des wissenschaftlichen Geistes mit dem religiösen Sinn zu bewürken und zu einer anschaulichen Thatsache zu machen weiß, so wird dadurch der beste Grund gelegt zur Aufhebung jenes scheinbaren Zwiespaltes zwischen Religion und wissenschaftlichem oder Geschäftsleben und zu einer innern Verbesserung derer, die sich diesem gewidmet haben." Diesem Zweck dient vorzugsweise „ein wohleingerichteter Universitäts-Gottesdienst", der als universitätseigene Anstalt sowohl den Ansprüchen der Studenten zu genügen als auch „den vorhandenen religiösen Sinn auf Einem Punkte" zusammenzuhalten vermag[28].

Unschwer zu erkennen ist, daß Schleiermacher mit dieser Bestimmung das Programm aufgreift, das er 1799 in den „Reden über die Religion an die Gebildeten unter ihren Verächtern" entwickelt und zwei Jahre später in seiner ersten Predigtsammlung in gleichsam praktischen Variationen durchgeführt hat[29]. Die vorrangige Aufgabe des Universitätsgottesdienstes besteht darin, die Einheit von wissenschaftlichem Geist und religiösem Bewußtsein so zur Darstellung zu bringen, daß den Gebildeten der Zugang zur Sphäre religiöser Erfahrung und dann auch zum genuin christlichen Selbstbewußtsein neu erschlossen wird. Schleiermacher hat sich mit seinen eigenen Predigten ganz diesem Ziel verschrieben, aber auch die Geschichte der akademischen Predigt im 19. Jahrhundert läßt sich weithin als stets neuer Versuch begreifen, dies Postulat zu erfüllen. Natürlich bestätigen auch hier Ausnahmen die Regel, und gelegentlich ist schon im 19. Jahrhundert Kritik an „akademischen Standespredigten" geübt worden. C. I. Nitzsch z. B. hat unter Berufung auf das Gemeindeprinzip einen eigenständigen akademischen Gottesdienst als Aus-

---

[27] Vgl. Schleiermachers Entwurf vom 25. 5. 1810 (s. Anm. 19); knappe Inhaltsreferate des Textes ohne Problemanalysen bieten R. Köpke, aaO., 86, und M. Lenz, aaO., Bd. 1, 221–223.

[28] Fr. D. E. Schleiermacher, aaO., 214 f.

[29] Vgl. dazu die Bemerkungen von W. Trillhaas, Der Berliner Prediger, in: D. Lange (Hg.), aaO., (9–23) 13–17.

druck eines unevangelischen Partikularismus verworfen[30]. Solche Stimmen
waren freilich nur vereinzelt zu hören; den Trend der Zeit konnten sie nicht
aufhalten.

Bezeichnenderweise hat Schleiermacher in seinem Entwurf von 1810 ein
Motiv überhaupt nicht berücksichtigt, den für das 18. Jahrhundert charakteristischen Gedanken nämlich, daß die Universitätspredigten als Muster für
die spätere Predigttätigkeit des theologischen Nachwuchses anzulegen seien.
Sein Schweigen an diesem Punkt dürfte als Resultat einer bewußt vollzogenen Entscheidung gegen die Verbindung des Universitätsgottesdienstes mit
der praktisch-homiletischen Ausbildung der Theologiestudenten zu werten
sein. Nach Schleiermacher sollten homiletische Exerzitien unabhängig vom
Universitätsstudium in Predigerseminaren unter Anleitung von Geistlichen
durchgeführt werden[31].

Das Angebot homiletischer und katechetischer Übungen innerhalb des
Theologiestudiums konnte sich freilich vielerorts halten, auch wenn die weitere Entwicklung im 19. Jahrhundert dazu führte, daß sich dem Universitätsstudium eine zweite, praktisch orientierte Ausbildungsphase anschloß. Als
Beispiel für die Zuordnung von Universitätsgottesdienst und homiletischen
Übungen läßt sich die Universität Rostock anführen. Dort wurden 1841 ein
homiletisch-katechetisches Seminar und zugleich der Universitätsgottesdienst
gegründet. Otto Krabbe (1803–1873) verband als erster in Personalunion die
Leitung der homiletischen Abteilung des Seminars und das Universitätspredigeramt. Dem Rostocker Universitätsgottesdienst wies man in seinen Anfängen als eine wesentliche Aufgabe zu, der theologischen Jugend als homiletisches und liturgisches Muster zu dienen, eine Zweckbestimmung, die besonders intensiv verfolgt werden konnte, nachdem 1899 die Kirche des Klo-
sters zum Heiligen Kreuz der Universität zum Mitgebrauch eingeräumt worden war[32]. In diesem Sachzusammenhang bildet Heidelberg insofern einen
Sonderfall, als das 1838 ebenda eröffnete Predigerseminar bis zur Gegenwart
eng mit der Universität, d. h. mit dem Praktisch-Theologischen Seminar der

---

[30] Vgl. K. Hammann, aaO., 112. Auch R. Rothe, Nitzschs Nachfolger als Bonner Universitätsprediger, lehnte 1852 die Abtrennung des Universitätsgottesdienstes vom Gemeindegottesdienst ab. Ein separater Gottesdienst für Studenten und Professoren sei nicht wünschenswert:
„Man geht doch nicht als Professor zur Kirche, sondern als Christ, und man will nicht so sehr
eine Predigt hören als mit der ganzen Gemeinde vereint Gott verehren." (Zitat nach U. Stutz
[s. Anm. 1], 22.) Ähnlich kritisch auch E. Simons, aaO., 308; vgl. K. Hammann, aaO., 95 f.

[31] Vgl. Schleiermachers Denkschrift über die Einrichtung der theologischen Fakultät
vom 25. 5. 1810, in: R. Köpke, aaO., (211–214) 213 Anm. *.

[32] Vgl. S. Pauli, Geschichte der theologischen Institute an der Universität Rostock, WZ
(R).GS 17 (1968), (310–365) 316 ff. 323 ff. – Auch in Leipzig war das 1862 eingerichtete
Predigerkollegium zu St. Pauli engstens mit dem Universitätsgottesdienst verbunden. Vgl. D.
Schenkel, Die Bildung der evang. Theologen für den praktischen Kirchendienst, 1863,
82 f.193–197.

Theologischen Fakultät, verbunden geblieben ist[33]. In direkter sachlicher und zeitlicher Nachbarschaft zum Predigerseminar wurde 1838 auch der Heidelberger Universitätsgottesdienst ins Leben gerufen. Während das Amt des 2. Universitätspredigers einem Stadtgeistlichen übertragen wurde, fungierte der Direktor des Predigerseminars – zuerst war dies Richard Rothe (1799–1867) – zugleich als 1. Universitätsprediger[34].

Aus den Erfahrungen, die er als Universitätsprediger in Halle hatte machen müssen, hat Schleiermacher in seinem Gutachten zum Berliner Universitätsgottesdienst am deutlichsten dort Konsequenzen gezogen, wo er auf den kirchenrechtlichen Status der Universitätskirche und ihr Verhältnis zum bestehenden Parochialsystem zu sprechen kommt. Seine Ausführungen sind von dem Bemühen geleitet, Konflikte wie die in Halle erlebten von vornherein auszuschalten. Mit der Universitätskirche soll prinzipiell kein Parochialzwang verknüpft werden. Schleiermacher sieht es zwar als sinnvoll an, daß dem Universitätsprediger das Recht zustehen müsse, auf Verlangen alle Kasualhandlungen an den Universitätsangehörigen vollziehen zu dürfen. Damit will er aber keineswegs einer Einschränkung der Parochialrechte der hier tangierten Pfarrei(en) das Wort reden, was er durch die Forderung unterstreicht, der Universitätskirche sei weder die Erhebung von Stolgebühren noch die Einführung eines Klingelbeutels zu gestatten. Der Konfliktvermeidung dient auch die Bestimmung, man habe bei der zeitlichen Ansetzung des Universitätsgottesdienstes tunlichst auf den Gottesdienst der Gemeinde Rücksicht zu nehmen, in deren Kirche der Gottesdienst der Universität stattfinde. Schleiermacher verhehlt freilich nicht, daß es – um allen Kollisionen aus dem Weg zu gehen – am besten wäre, wenn der Universität eine Kirche zu ihrem völligen Eigentum überwiesen würde[35].

Nach der Auflösung der Erlanger Universitätspfarrei 1814 hat man im 19. Jahrhundert nur noch zweimal den Versuch unternommen, den – von Schleiermacher aus guten Gründen verworfenen – Gedanken einer Universitätsparochie zu realisieren. Während den Verantwortlichen in Dorpat die Gründung einer Universitätsgemeinde gelang, blieb entsprechenden Bemü-

[33] Zum folgenden vgl. ausführlich D. Schenkel, aaO., 103–105.197–199; W. Eisinger, Das Heidelberger Praktisch-Theologische Seminar, in: W. Doerr (Hg.), Semper Apertus. Sechshundert Jahre Ruprecht-Karls-Universität Heidelberg 1386–1986, Bd. IV, 1985, 29–48.

[34] Vgl. Fr. Nippold, Richard Rothe, Bd. 2, 1874, 114–119; A. Hausrath, Richard Rothe und seine Freunde, Bd. 2, 1906, 76–81. – Die Universitätsgottesdienste fanden zunächst in der Heiliggeistkirche, später in der Providenzkirche statt. Die Seminargottesdienste des Predigerseminars wurden seit 1838 in der Peterskirche abgehalten. Daß auf Betreiben des Praktischen Theologen Heinrich Bassermann die Peterskirche seit 1896 auch für die Universitätsgottesdienste und für kirchenmusikalische Übungen zur Verfügung gestellt wurde (vgl. A. Seeliger-Zeiss, aaO., 4–8), dokumentiert auch von dieser Seite her den engen historischen Zusammenhang zwischen dem akademischen Gottesdienst und dem Predigerseminar im Petersstift. – Zu den rechtlichen Fragen des Gottesdienstes s. u. 209.

[35] Vgl. Fr. D. E. Schleiermacher, aaO. (s. Anm. 19), 215 f.

hungen in Kiel der Erfolg versagt. Als Gustav Kawerau (1847–1918) unmittelbar nach seiner Berufung zum Professor für Praktische Theologie
1886 in der Kieler Theologischen Fakultät den Antrag stellte, sie möge sich
im akademischen Konsistorium für die Einrichtung eines Universitätsgottesdienstes einsetzen, fand sich in der Fakultät zunächst keine Mehrheit, die sein
Anliegen unterstützt hätte[36]. So sah Kawerau sich genötigt, seinen Plan selbständig weiter zu verfolgen, was ihm schließlich auch erfolgreich gelang. Der
preußische Kultusminister von Goßler genehmigte, nachdem sich zwischenzeitlich auch die Theologische Fakultät zustimmend erklärt hatte, am
21. 3. 1888 die Abhaltung des Gottesdienstes. Nicht durchsetzen konnte sich
Kawerau dagegen mit seinem Vorschlag, eine eigene Universitätsgemeinde
innerhalb der Landeskirche zu bilden und dem Ordinarius der Praktischen
Theologie das Universitätspredigeramt im Sinne eines landeskirchlichen
Pfarramtes zu verleihen. Dieser Plan scheiterte bereits im Vorfeld der Verhandlungen, zumal man in Kiel auf die absehbaren Spannungen hinwies, die
die Verbindung zwischen dem akademischen und dem kirchlichen Amt des
Professors für praktische Theologie unweigerlich nach sich gezogen hätte[37].

Daß sich im Unterschied zu Kiel in Dorpat eine reguläre Universitätsgemeinde bilden konnte, hängt ganz wesentlich mit der eigentümlichen Situation der Universität Dorpat im Russischen Reich und der Bedeutung ihrer
Theologischen Fakultät für die evangelisch-lutherischen Gemeinden in Rußland zusammen[38]. Schon bald nach der Wiedergründung der Universität
1802 setzten in Dorpat die Versuche ein, einen akademischen Gottesdienst

---

[36] Vgl. im einzelnen W. BÜLCK, Geschichte des Studiums der praktischen Theologie an der
Universität Kiel, 1921, 79 f.; ohne dies kenntlich zu machen, hat J. ALWAST, Geschichte der
Theologischen Fakultät. Vom Beginn der preußischen Zeit bis zur Gegenwart (Geschichte der
Christian-Albrechts-Universität Kiel 1665–1965, Bd. 2/2), 1988, 110 f., die Ergebnisse BÜLCKS
übernommen.
[37] Vgl. W. BÜLCK, aaO., 80. – Amt und Titel eines Universitätspredigers sind in der
Anfangsphase des Kieler Universitätsgottesdienstes also noch nicht verliehen worden. Vgl. dazu
auch J. Ficker, Brief an die Theol. Fakultät Marburg vom 25. 2. 1925, StA Marburg, 307a Acc.
1950/1 Nr. 52, Bl. I. N. 187. – In den Akten zum Bonner Universitätsgottesdienst aus dem 19.
Jhdt. ist gelegentlich von einer „Universitätsparochie" die Rede. Dieser Begriff trifft jedoch
nicht die tatsächliche Rechtslage, wie U. STUTZ, aaO., 14–23, gezeigt hat. Wohl führten die
Universitätsprediger Nitzsch und Rothe für evangelische Universitätsangehörige Krankenbe-
suche, Beichtvorbereitungen, Abendmahlsfeiern und Begräbnisse durch, doch die rechtliche
Grundlage für diese kirchlichen Handlungen bildete nicht das Universitätspredigeramt, sondern das 1822–1854 bestehende Gemeindevikariat (dazu U. STUTZ, aaO., 12–14). In bestimmten Fällen vertraten sich der evangelische Gemeindpfarrer und der Universitätsprediger
gegenseitig bei Gottesdiensten und Amtshandlungen.
[38] Zum folgenden vgl. ausführlich H. WITTRAM, Glaube und Wissenschaft. Die Geschichte
der Universitätskirche und -gemeinde in Dorpat 1847–1921, ZfO 41 (1992), 543–566. In
dieser instruktiven Darstellung ist lediglich der von G. HOERSCHELMANN übernommene Satz,
Dorpat sei „die einzige Universität in Europa" gewesen, „deren Angehörige auch eine kirchliche Gemeinde bildeten"(aaO., 544), unter Verweis auf das Beispiel Erlangens (1743–1814) zu
relativieren.

einzurichten. Sie scheiterten zunächst vor allem an der russischen Regierung, die die nötigen finanziellen Mittel zur Wiederherstellung der alten Domruine nicht bereitstellen wollte, aber auch an der reservierten Haltung der städtischen Parochien gegenüber dem Ansinnen der Universität. Erst 1847 konnte der erste Universitätsgottesdienst in der St. Johannis-Kirche gefeiert werden. Die Stadt Dorpat, die die Patronatsrechte an St. Johannis besaß, hatte ihre Zustimmung dazu nur unter der Auflage erteilt, daß keine separate Universitätsgemeinde gegründet werden dürfe und daß dem Universitätsprediger die Verwaltung der Sakramente und der Vollzug von Kasualhandlungen versagt bleiben müsse.

Den Verantwortlichen der Universität ging es freilich um mehr. Als sich um die Jahrhundertmitte Anzeichen einer beginnenden Russifizierung der Universität verdichteten, drängten sie darauf, die Eigenständigkeit und den konfessionellen Charakter der Universität institutionell durch die Konstituierung einer evangelisch-lutherischen Universitätsgemeinde zu unterstreichen. Die vom Rat der Stadt Dorpat 1849 und 1852 wiederholt ausgesprochenen Einschränkungen in der Mitnutzung der St. Johannis-Kirche — auch bei den Gottesdienstzeiten hatte sich die Universität nach der Stadtgemeinde zu richten — verliehen diesem Vorhaben zusätzliche Dringlichkeit. Es war dann maßgeblich dem Zusammenwirken des für den Dorpater Lehrbezirk zuständigen Kurators Georg von Bradke (1796–1862), des Praktischen Theologen Arnold Christiani (1807–1886) und des Physiologen und zeitweiligen Rektors der Universität Friedrich von Bidder (1819–1864) zu verdanken, daß 1855 die Dorpater Universitätsgemeinde gegründet werden konnte. Nur Angehörige der Universität und ihre Familien durften ihr beitreten, der gewählte Kirchenrat bedurfte der Bestätigung des livländischen Konsistoriums, und die Gemeinde war der Kirchenordnung der evangelisch-lutherischen Kirche in Rußland unterstellt. Nachdem das zuständige Ministerium in St. Petersburg die Gemeindegründung genehmigt hatte, wurde A. Christiani Anfang 1856 als erster Pfarrer der Universitätsgemeinde durch den livländischen Generalsuperintendenten eingeführt. Fortan stellte die Dorpater Universitätsgemeinde ein Institut der Universität und zugleich eine Kirchengemeinde innerhalb der lutherischen Kirche Rußlands dar.

Hatte die Gemeinde ihre Gottesdienste 1855–1860 im Provisorium der Bibliotheks-Apsis des Doms feiern müssen, so fand sie 1860 in der neu errichteten Universitätskirche eine dauerhafte Bleibe. Eine 1864 verabschiedete Ordnung für die Wahl der Prediger sorgte für die erforderliche Rechtskontinuität bis zum Ende der Universitätsgemeinde. Danach wurde der Universitätsprediger von der Gemeindeversammlung aus dem Kreis der Professoren und Dozenten gewählt; die Wahl mußte sodann durch das livländische Konsistorium bestätigt werden. Die von der russischen Regierung im Rahmen ihrer Nationalisierungspolitik ab 1880 forciert betriebene Russifizierung der Universität Dorpat vermochte die Stellung der Universitätsgemeinde in der

Universität zwar noch nicht zu erschüttern, führte aber dazu, daß die Gemeinde zur Wahrung ihres personellen Bestandes zunehmend auch ortsansässige Baltendeutsche, die nicht der Universität angehörten, als Mitglieder aufnahm.

Nachdem der aus den politischen Umwälzungen 1918/19 hervorgegangene estnische Freistaat 1919 die Universität Tartu neu eröffnet hatte, wurden in der Universitätskirche – ab 1921 – auch estnische akademische Gottesdienste gehalten. Die von der estnischen Universitätsleitung im März 1921 vorgeschlagene Gründung zweier autonomer Universitätsgemeinden wurde allerdings nicht realisiert. Statt dessen verständigten sich Esten und Deutsche im Oktober 1921 auf die Bildung einer einzigen, nunmehr aus zwei „Beichtkreisen" mit gleichen Rechten und Pflichten bestehenden Universitätsgemeinde. Im Zuge der Umsiedlung der Baltendeutschen 1939 löste sich der deutsche Beichtkreis auf, und mit dem Ende des estnischen Beichtkreises 1940 bzw. 1944 infolge der Liquidierung der Theologischen Fakultät durch den Sowjetstaat erlosch die Dorpater Universitätsgemeinde endgültig. Ihre eigentümliche Rechtskonstruktion wird nur von der ethnischen und konfessionellen Eigenprägung der Universität Dorpat her verständlich.

Schleiermachers Wunsch nach einer eigenen Universitätskirche in Berlin ließ sich, wie wir sahen, nicht erfüllen. Auch die anderen im 19. und 20. Jahrhundert entstandenen Universitätsgottesdienste wurden und werden überwiegend in Kirchen gefeiert, die sich nicht in universitärem Besitz befanden oder befinden. Wo in Ermangelung einer Universitätskirche der akademische Gottesdienst auf eine Gemeindekirche ausweichen mußte, mag der so hergestellte Bezug zur Parochialgemeinde unguten elitären Tendenzen des Universitätsgottesdienstes entgegengewirkt haben. Auf der anderen Seite konnte die Raumfrage gelegentlich die kontinuierliche Fortführung von Universitätsgottesdiensten in Frage stellen. Das ist hier nicht näher auszuführen, ergibt sich aber andeutungsweise schon aus der folgenden tabellarischen Übersicht. Von den seit 1800 eingerichteten Universitätsgottesdiensten fanden bzw. finden 15 in Gemeinde-, Anstalts- oder Klosterkirchen statt[39]:

Bonn: (1822–71 Schloßkirche, die der preußische König 1816 – offiziell 1817 – der Bonner ev. Gemeinde zur Nutzung überlassen hatte; seit 1818 im Besitz der Universität, stand die Kirche der ev. Gemeinde weiterhin zur Verfügung,) 1871–1913 Kirche am Hofgarten, (1914 Schloßkirche,) 1918 ff. zunächst Kirche am Kaiserplatz und Poppelsdorfer Kirche (, später wieder Schloßkirche).

Breslau: 1827–70. 1881–ca. 1944 Kirche des Reichelschen Spitals, Trinitatiskirche, Hofkirche, (Musiksaal der Universität,) Kapelle des Johanneums, Lutherkirche.

---

[39] Die mit Mängeln behaftete Auflistung bei K. EGER, aaO., 1393 f., wird im folgenden stillschweigend korrigiert.

Heidelberg:	1838–96 Heiliggeistkirche, Providenzkirche, ab 1896 Peterskirche = Universitätskirche (im Besitz nicht der Universität, sondern der Ev. Pflege Schönau).
Rostock:	1841–99 St. Marien-Kirche, gelegentlich St. Jakobi-Kirche, 1899–1920 Klosterkirche zum Hl. Kreuz, die bis 1920 im Besitz des Klosterkonvents war.
Berlin:	1847 (mit Unterbrechungen) – ca. 1944 Dorotheenstädtische Kirche, Französische Kirche auf dem Gendarmenmarkt, Kaiser-Friedrich-Gedächtniskirche, Dreifaltigkeitskirche, seit 1991 Dom am Lustgarten.
Gießen:	1848–65 Stadtkirche, 1917–36 (Aula der Universität,) Stadtkirche, St. Johannis-Kirche, Friedhofskapelle.
Königsberg:	1869–91 Steindammer Kirche, 1891 – ca. 1944 Schloßkirche der reformierten Gemeinde.
Marburg:	ab 1871/82/84 Reformierte Stadtkirche = Universitätskirche (im Besitz der reformierten Gemeinde bzw. später der Universitätskirchengemeinde).
Straßburg:	1888–1918 Thomaskirche, interimistisch Reformierte Kirche.
Greifswald:	ab 1890 St. Jakobi-Kirche und St. Jakobi-Turmkirche, nur 1957–61 (wegen Brandschäden in der St. Jakobi-Kirche) St. Marien-Kirche.
Münster:	1914–61 Apostelkirche, Kirche des Diakonissenmutterhauses.
Hamburg:	ab ca. 1926 bzw. ab 1955 St. Katharinen-Kirche, St. Jakobi-Kirche, St. Michaelis-Kirche.
Mainz:	(1946–58 Kapelle der Theol. Fakultät,) ab 1958 Christuskirche, gelegentlich (ökumen. Semestereröffnungsgottesdienste) Dom und St. Johannis-Kirche.
München:	ab 1968 Markuskirche.
Bochum:	ab 1975 Apostelkirche, deren Bau wegen der Mitnutzung durch den Universitätsgottesdienst vom Land Nordrhein-Westfalen finanziell unterstützt wurde.

Nur für 5 der in den beiden letzten Jahrhunderten entstandenen Universitätsgottesdienste standen bzw. stehen universitätseigene Kirchen zur Verfügung:

Bonn:	1822–71.1914. Ab 1918 Schloßkirche = Universitätskirche, die freilich im 19. Jahrhundert zugleich für den Gemeindegottesdienst genutzt wurde (s. o.).
Dorpat:	(1847–55 St. Johannis-Kirche,) 1855–60 Apsis des Doms, 1860–1940 bzw. 1944 Universitätskirche (Neubau 1860).
Rostock:	ab 1920 Klosterkirche = Universitätskirche (seit 1920 im Besitz des Staates).
Münster:	ab 1961 Ev. Universitätskirche = ehemalige Observantenkirche.
Kiel:	(1888–1965 Aula der Universität, Klosterkirche u. a.,) ab 1965 Universitätskirche (einziger Neubau einer Universitätskirche im 20. Jahrhundert).

In seinem Berliner Gutachten von 1810 hat Schleiermacher des weiteren die Erwartung ausgesprochen, daß der Universitätsgottesdienst als eine „Normal-Anstalt" konzipiert werden solle, „wo wünschenswerthe Verbesserungen des Cultus am leichtesten können zur Darstellung gebracht werden, und sich von dort aus allmählig weiter verbreiten". Die gewünschte Vorreiterrolle des Universitätsgottesdienstes für eine allgemeine Liturgiereform erläutert Schleiermacher zum einen anhand der gottesdienstlichen Gesänge. Für den Universitätsgottesdienst kommt nach seiner Einschätzung „kein bekanntes Gesangbuch noch weniger ein hier eingeführtes" in Betracht[40]. Daher sollen die Lieder jeweils auf einem besonderen Blatt gedruckt und ausgeteilt werden, damit man auf diese Weise allmählich zu einem geeigneten Gesangbuch gelangt[41]. Mit seinen hier nur wenig detailliert ausgeführten Vorstellungen von einer Gesangbuchreform hat Schleiermacher indes kaum eine nennenswerte, über Berlin hinausgehende Wirkung erzielt. Immerhin wurde sein Gesamtverständnis vom Gottesdienst als Feier, als Fest der Freiheit später für die liturgische und musikalische Gestaltung nicht weniger akademischer Gottesdienste fruchtbar gemacht. Am eindrucksvollsten gelang dies wohl Friedrich Spitta (1852–1924) und Julius Smend (1857–1930) in dem 1888 eingerichteten Straßburger Universitätsgottesdienst[42]. An der im „Reichsland" 1872 neu eröffneten deutschen Universität Straßburg war die Institutionalisierung eines evangelischen akademischen Gottesdienstes wie andernorts zunächst am Widerstand der städtischen Pfarrer gescheitert. Erst der 1887 als Neutestamentler nach Straßburg berufene Spitta vermochte durch sein Engagement den in der Theologischen Fakultät bestehenden Wunsch nach einem Universitätsgottesdienst zu realisieren. Dabei kam ihm zustatten, daß sich auf Grund der Invalidität eines der drei Pfarrer von St. Thomas die Gelegenheit ergab, den akademischen Gottesdienst im dreiwöchigen Turnus anstatt des Gemeindegottesdienstes in der St. Thomas-Kirche feiern zu können.

Nachdem Spitta sogleich im Sommersemester 1888 einen akademischen Kirchenchor ins Leben gerufen hatte, wurde im folgenden Semester der erste Universitätsgottesdienst am Reformationsfest in St. Thomas gehalten. Damit war der Grund für eine überaus reiche gottesdienstliche Tradition gelegt, die

---

[40] Fr. D. E. SCHLEIERMACHER, aaO., 215. Mit seiner Absage an das in Berlin eingeführte Gesangbuch dürfte SCHLEIERMACHER auf das sog. Myliussche Gesangbuch, erschienen 1780, die wohl bekannteste Liedersammlung der Neologie, anspielen. Dazu s. o. 87 mit Anm. 37 f. – Zu Schleiermachers Liturgik vgl. E. JÜNGEL, Der Gottesdienst als Fest der Freiheit, ZdZ 38 (1984), 264–272.

[41] Schleiermacher selbst hielt es später so als Pfarrer an der Berliner Dreifaltigkeitskirche; aus seinen Liederblättern erwuchs sogar ein neues Gesangbuch, das allerdings nur kurzzeitig in Berlin Verbreitung fand. Vgl. A. REICH, aaO., 312–315.

[42] Zum folgenden vgl. Fr. SPITTA, Der Akademische Gottesdienst in Straßburg. Ein Kapitel aus der deutschen Zeit in Elsaß-Lothringen, MGKK 24 (1919), 115–119.133–136; DERS., Programme der Straßburger Akademischen Gottesdienste, MGKK 24 (1919), 173–177.220–222.268–270.303 f.; dazu K. KLEK, Erlebnis Gottesdienst. Die liturgischen Reformbestrebungen um die Jahrhundertwende unter Führung von Friedrich Spitta und Julius Smend, 1996, passim.

erst infolge des Ausgangs des 1. Weltkriegs 1918 ein jähes Ende fand. Namentlich Spitta und sein zwischen 1893 und 1914 als Praktischer Theologe in Straßburg wirkender Freund J. Smend verstanden es in fruchtbarer kollegialer Zusammenarbeit, die Straßburger Universitätsgottesdienste zu Höhepunkten liturgischer und musikalischer Gottesdienstgestaltung werden zu lassen. Das diesen Gottesdiensten zugrundeliegende Konzept berücksichtigte die durch den Kirchenraum von St. Thomas vorgegebenen liturgischen Möglichkeiten ebenso sorgfältig, wie es darauf bedacht war, den akademischen Kirchenchor, den Liturgen, den Prediger und die Gemeinde als gottesdienstliche Organe mit jeweils selbständigen Aufgaben zu einer lebendigen und organischen Einheit zusammenzuführen. Dabei nutzten Spitta und Smend ausgiebig den Freiraum, den ihnen einerseits die eigentümliche, bis ins 16. Jahrhundert zurückreichende liturgische Tradition Straßburgs, andererseits die junge, von den restauratorischen Agendenreformen des 19. Jahrhunderts ganz unberührte Straßburger Theologische Fakultät bot. Der als darstellendes Handeln der feiernden Gemeinde angelegte Straßburger akademische Gottesdienst wurde so auch zum unmittelbaren Quellort für viele publizistische Aktivitäten, durch die Spitta und Smend der sog. älteren liturgischen Reformbewegung den Weg bahnten. Smend brachte das Straßburger Erbe ab 1914 im Universitätsgottesdienst zu Münster neu zur Geltung[43]. Dort beruhte die Breitenwirkung des akademischen Gottesdienstes über den engeren universitären Bereich hinaus ebenfalls auf seiner reformorientierten liturgisch-musikalischen Gestaltung. Bis in die Gegenwart erfährt die Pflege gehaltvoller Kirchenmusik auch in vielen anderen Universitätsgottesdiensten eine besondere Wertschätzung.

Noch an einem zweiten Punkt hat Schleiermacher die Vorbildfunktion des Universitätsgottesdienstes für eine generelle Gottesdienstreform als möglich erachtet. Er fordert nämlich, das Abendmahl müsse als „ein wesentlicher Bestandtheil des christlichen Cultus … auch in der Universitäts-Kirche wenigstens alle Vierteljahr einmahl gehalten werden". Schleiermacher stellt diese Forderung ganz in den Kontext seiner Unionsbestrebungen, für deren exemplarische Realisierung ihm der Universitätsgottesdienst – „der religiöse Vereinigungspunkt für die ganze Universität" – das geeignete Forum zu sein scheint. So sollen am Abendmahl alle Universitätsangehörigen ungeachtet ihrer

---

[43] Vgl. Fr. MERKEL, Gedanken des Universitätspredigers bei der Wiedereröffnung der Universitätskirche (Münster), Privatdruck 1986, 3 f.; zu Smends Gottesdienstverständnis vgl. außer KLEK (s. Anm. 42) E. JÜNGEL, Der evangelisch verstandene Gottesdienst, in: DERS., Wertlose Wahrheit. Theologische Erörterungen III, 1990, (283–310) 290 ff. 296 ff. – Als Nachfolger Smends im Universitätspredigeramt setzte Wilhelm Stählin (1883–1975) ab 1926 die Tradition liturgischer Reformversuche in der Apostelkirche Münster fort. Vgl. W. STÄHLIN, Via Vitae, 1968, 250–252; J.-Fr. MOES, Die Apostelkirche als Ort geistlicher Erneuerung, in: 700 Jahre Apostelkirche Münster, hg. vom Presbyterium der Apostel-Kirchengemeinde, 1984, 261–273. – S. u. 202 Anm. 61–63.

konfessionellen Zugehörigkeit teilnehmen können, weshalb ein Ritus der Feier einzuführen ist, der von beiden Konfessionen akzeptiert werden kann[44].

Weniger mit der speziellen Empfehlung, die gewünschten Abendmahlsfeiern in der Universitätskirche im Geist der Union zu gestalten, als vielmehr mit der Forderung nach Einführung des Abendmahls überhaupt hat Schleiermacher die weitere Entwicklung der Universitätsgottesdienste antizipiert[45]. Immerhin wurde das Abendmahl ab 1822 sowohl in Bonn als auch in Halle nach uniertem Ritus gefeiert[46]. 1806 war in Halle der Versuch, den soeben wiedereröffneten akademischen Gottesdienst durch die Feier des Abendmahls gemäß Schleiermachers Vorstellung von der interkonfessionellen Kommuniongemeinschaft zu vollenden, noch am Widerstand der Fakultät gescheitert. Dabei hatten allerdings nicht konfessionelle Bedenken, wohl aber die Rücksicht auf die Rechte der Stadtkirchen die Hauptrolle gespielt[47]. Das Verlangen nach besonderen Abendmahlsfeiern im Rahmen des Universitätsgottesdienstes hat etwa in Jena Johann Philipp Gabler (1753–1826) exemplarisch begründet. Es sei, so beantwortete Gabler 1824 eine Anfrage des Oberkonsistoriums in Weimar zu den Abendmahls– und Beichtgepflogenheiten der Studenten, nicht ratsam, die akademische Jugend mittels gesetzlicher Vorschriften zur Beichte und zum Abendmahlsbesuch in der Stadtkirche anzuhalten. Jeder erzwungene Kultus gründe letztlich nur im Aberglauben und in falschen Ansichten vom opus operatum, wohingegen die wahre Gottesverehrung aus innerer Überzeugung erfolgen müsse. Um den in der deutschen Jugend seit 10 Jahren neu erwachten Sinn für das Religiöse weiter zu fördern, solle den Theologieprofessoren das Recht gewährt werden, den Studenten in der Universitätskirche das Abendmahl zu reichen; eine solche Regelung biete am ehesten die Gewähr dafür, daß sich die Studenten ohne Zwang an der Kommunion beteiligen könnten[48].

Hinter der Einführung des Abendmahls in etlichen Universitätsgottesdiensten bereits während des 19. Jahrhunderts[49] mag verschiedentlich das Bestre-

---

[44] Fr. D. E. Schleiermacher, aaO., 215.

[45] Vgl. aber zur Gestaltung des Abendmahls nach der Einführung der Union an der Berliner Dreifaltigkeitskirche A. Reich, aaO., 149–154.161.

[46] In Bonn beteiligte sich der Universitätsprediger auch an der Austeilung des Abendmahls, was insofern unproblematisch war, als der Universitätsgottesdienst ab 1822 in Verbindung mit dem Gottesdienst der unierten evangelischen Ortsgemeinde gehalten wurde. Vgl. U. Stutz, aaO., 13. – Zu Halle vgl. W. Schrader, aaO., Bd. 2, 203.

[47] Vgl. H. Hering, aaO., 206–208.

[48] Vgl. die von J. Ph. Gabler verfaßte gutachtliche Äußerung der Theol. Fakultät Jena, den Genuß des Abendmahls von seiten der Studierenden betr., UAJ, Loc. III Fach 107 Nr. 1373. Auch in Bonn lehnten C. I. Nitzsch und R. Rothe einen Vorschlag des Kölner Konsistoriums ab, nach dem die Studenten zum Besuch des akademischen Gottesdienstes, der Beichtvorbereitung und des Abendmahls verpflichtet werden sollten. Vgl. U. Stutz, aaO., 14–23; H. Theurich, aaO., 135–138.

[49] Ohne Anspruch auf Vollständigkeit nenne ich einige Beispiele für die Einführung des Abendmahls in Universitätsgottesdiensten: Halle 1814, ab 1822 nach uniertem Ritus (Ulrichs-

ben einzelner Theologischer Fakultäten gestanden haben, den akademischen
Gottesdienst aufzuwerten — bislang war er ja lediglich als reiner Predigtgottesdienst gehalten worden. Man wird diesen Vorgang jedoch nicht ausschließlich als einen Akt der Emanzipation der Theologischen Fakultäten vom bestehenden Kirchenwesen zu werten haben. Von der Quellenlage her besteht
jedenfalls kein Anlaß, die mit seelsorgerlichen Intentionen und zuweilen mit
liturgischen Reformansätzen verbundenen genuin religiösen Motive, die hier
seitens der Theologischen Fakultäten geltend gemacht wurden, in Frage zu
stellen. Freilich stieß die Ansetzung von Abendmahlsfeiern für die Studenten
und Universitätsangehörigen in Einzelfällen auf den Widerstand der Stadtgeistlichen. So wurden in Leipzig 1836 die 1834 vom Ministerium geneh-
migten vier Abendmahlsfeiern pro Jahr auf zwei reduziert, nachdem die Vertreter der städtischen Parochien Beschwerde gegen das Abendmahl in der
Universitätskirche eingelegt hatten[50]. In Rostock gelang es 1901 dem Geistlichen Ministerium der Stadt gar, seinen Einfluß auf den Herzog dahingehend
geltend zu machen, daß dieser dem Wunsch der Universität nach eigenen
Abendmahlsfeiern einstweilen nicht stattgab. Die Rostocker Pastoren begründeten ihre ablehnende Haltung insbesondere damit, daß „die Universitätsangehörigen in bezug auf Beichte und Abendmahl ihrem geordneten Seelsorger" entzogen würden, falls die Landesregierung dem Antrag der Universität
entsprechen würde[51]. In solchem Protest meldete sich im Grunde der gleiche
Argwohn zu Wort, mit dem sich die auf ihre angestammten Rechte bedachten Stadtpfarreien seinerzeit schon gegen die Institutionalisierung der ersten
Universitätsgottesdienste zur Wehr gesetzt hatten. Freilich vermochten sie
weder in Rostock noch anderswo auf Dauer zu verhindern, daß die Feier
des Abendmahls durchgängig zu einem festen Bestandteil des Universitätsgottesdienstes geworden ist.

Eine jede Konzeption, mit der der Anspruch verbunden war, die institutionell-rechtliche Grundlage eines Universitätsgottesdienstes zu sichern, hatte
nicht nur die Frage nach dem rechtlichen Status der Universitätskirche zu
klären, sondern vordringlich auch den Rechtscharakter des Amtes des Universitätspredigers näher zu bestimmen. Schleiermacher hat mit sicherem Blick

---

kirche), nach der Übersiedlung des Gottesdienstes in den Dom (1836) wieder ab 1859 Abendmahlsfeiern; Bonn 1822 nach uniertem Ritus; Breslau im 19. Jhdt. zeitweilig Kommunion
(vgl. Fr. ARNOLD, Die evangelisch-theologische Fakultät, in: G. KAUFMANN [Hg.], Festschrift
zur Feier des hundertjährigen Bestehens der Universität Breslau, Zweiter Teil, 1911, [175–
199] 193); Leipzig 1834 (vgl. H. HOFMANN, aaO., 131); Erlangen ab 1836 jährlich 1–2 mal
Kommunion, ohne daß die Stolgebühren für die Stadtgeistlichen beschnitten wurden (vgl. M.
SIMON, aaO., 5); Rostock 1923 (vgl. S. PAULI, aaO., 323). – Zu Göttingen s. u. 380–383.

50 Vgl. H. HOFMANN, aaO., 131. – In Heidelberg unterblieb 1853 die von der Kirchenbehörde vorgeschlagene Einführung einer Abendmahlsfeier im Universitätsgottesdienst, weil
die Stadtgemeinde „dieselbe als Versuch eines unbefugten Uebergriffes in die bestehenden
Parochialverhältnisse" ansah und ablehnte (D. SCHENKEL, aaO. [s. Anm. 32], 119 f. 123).

51 Zitat nach S. PAULI, aaO., 324.

die zentrale Bedeutung dieses Amtes für die Institution Universitätsgottesdienst erkannt und in seinem Entwurf von 1810 einen Vorschlag unterbreitet,
in dem seine eigenen Erfahrungen als Universitätsprediger in Halle deutlich
erkennbar verarbeitet sind. Der Universitätsprediger soll danach aus dem
Kreis der ordentlichen Professoren der Theologie berufen oder zumindest
auf die gleiche Weise wie diese ernannt werden. Um eine gedeihliche Entwicklung des Universitätsgottesdienstes gewährleisten zu können, muß „der
Universitätsprediger mit Liebe zur Sache in reinem zuverlässigem Geist und
mit einer angemessenen Freiheit" arbeiten können. Daher „darf er auch nicht
unter derselben Aufsicht wie andere Prediger gehalten werden, sondern ist
lediglich der Section für den Cultus und für den öffentlichen Unterricht
gemeinschaftlich untergeordnet, mit der er entweder unmittelbar oder durch
die theologische Fakultät communicirt"[52]. Sieht man von der letzten Teilbe-
stimmung ab, die ein ähnliches Gremium wie die Göttinger Universitätskirchendeputation nicht vorsieht, so hat Schleiermacher doch dem Universitätspredigeramt als solchem offenkundig eine Fassung geben wollen, wie sie der
Struktur des 1742 erstmals in Göttingen realisierten Amtes entsprach. Zu
Beginn des 19. Jahrhunderts war dies angesichts des zumal in Preußen unan-
gefochten herrschenden Staatskirchentums faktisch die einzig denkbare Lösung, die der eigentümlichen Konstellation Rechnung trug, daß an der staatlichen Einrichtung Universität ein staatlich bestallter Theologieprofessor
geistliche Funktionen ausüben sollte.

Das Universitätspredigeramt hat sich im 19. und 20. Jahrhundert fast überall installieren lassen, wo ein akademischer Gottesdienst bestand bzw. besteht.
Seine Institutionalisierung erfolgte entweder zeitgleich mit der Einrichtung
des Universitätsgottesdienstes oder – wie in Jena, Leipzig, Königsberg, Kiel
und Bochum[53] – phasenverschoben zu dem bereits bestehenden Universitätsgottesdienst. Der kirchenrechtliche Status des Universitätspredigeramtes
konnte als besonderes Problem naturgemäß freilich überhaupt erst dann in
den Blick geraten, als im Zuge des sukzessiven Auseinandertretens von Staat
und Kirche während des 19. Jahrhunderts die Kirche Formen der Selbstverwaltung zu realisieren begann. Daß der Staat den Universitätsprediger berief,
galt dabei im 19. Jahrhundert ganz unbestritten, hatte doch in aller Regel der
Minister für die geistlichen und Unterrichtsangelegenheiten als ausführendes

---

[52] Fr. D. E. Schleiermacher, aaO., 215.

[53] Die folgenden Daten zur Errichtung des Universitätspredigeramtes nach der Institutionalisierung des Universitätsgottesdienstes sind mit der zu Beginn dieses Paragraphen erstellten
Tabelle zu vergleichen: Jena 1870 (vgl. K. Heussi, aaO., 297); Leipzig 1918 (vgl. A. Schultze,
aaO., 13); Breslau 1853–1922 (vgl. G. Kawerau, aaO. [s. Anm. 25], 796; L. Zscharnack, Brief
an die Theol. Fakultät Marburg vom 25.2.1925, StA Marburg, 307a Acc. 1950/1 Nr. 52,
Bl. I. N. 178); Königsberg 1871 (vgl. W. Hubatsch, aaO., 407); Kiel wohl erst nach dem 2.
Weltkrieg (vgl. J. Ficker, Brief an die Theol. Fakultät Marburg vom 25.2.1925, StA Marburg,
307a Acc. 1950/1 Nr. 52, Bl. I. N. 187); Bochum 1994.

Organ des Landesfürsten und Summepiskopus der Landeskirche, mithin als Staats- und Kirchenbehörde zugleich, die Besetzung der Professur und des Predigtamtes zu besorgen. Gleichwohl waren schon in der Spätphase des Staatskirchentums einige Probleme latent vorhanden, wie die strittige Frage nach der Einführung des Universitätspredigers etwa aufzeigt. Manifest wurden diese Fragen spätestens nach dem Ende des Staatskirchentums und des landesherrlichen Summepiskopats 1918 bzw. 1919. Es ist kein Zufall, daß mehrere kirchenrechtliche Gutachten zum Universitätspredigeramt gerade in der Zeit erstellt worden sind, in der Staat und Kirche auf der Grundlage der Verfassung des Deutschen Reiches vom 11. 8. 1919 ein neues Verhältnis zueinander auszubilden begannen[54].

Das Problem, um das es geht, soll im folgenden zunächst am Beispiel des Bonner Universitätspredigeramtes in der gebotenen Kürze erläutert werden. Im Anschluß daran ist der Frage nachzugehen, welche rechtlichen Vereinbarungen zwischen Staat und Kirche im 20. Jahrhundert getroffen worden sind, um den besonderen Status des Universitätspredigeramtes im Spannungsfeld zwischen Staat und Kirche hervorzuheben.

Die spezifischen Rahmenbedingungen für den evangelischen Universitätsgottesdienst in Bonn, dessen Einrichtung durch König Friedrich Wilhelm III. in der Stiftungsurkunde der Bonner Universität vom 18. 10. 1818 angeordnet worden war und dessen Existenz durch die Universitätsstatuten vom 1. 9. 1827 bestätigt wurde, machten seine engen Beziehungen zur evangelischen Diasporagemeinde in Bonn aus. Zum einen feierte man den akademischen Gottesdienst in der Reihe der Gottesdienste der unierten Ortsgemeinde, zunächst (ab 1822) in der im Besitz der Universität befindlichen Schloßkapelle, später (1871–1913) in der Hauptkirche der evangelischen Gemeinde am Hofgarten. Zum anderen standen der Universitätsprediger (C. I. Nitzsch, später R. Rothe) und der Bonner Gemeindepfarrer (K. H. Sack) zwischen 1822 und 1854 in einem wechselseitigen Vikariatsverhältnis, dessen nähere Ausgestaltung in einem 1822 abgeschlossenen Abkommen genau geregelt worden war. Von den Intentionen der preußischen Regierung her betrachtet, sollte die Installierung der Universitätspredigerstelle an der paritätisch mit zwei Theologischen Fakultäten ausgestatteten Bonner Universität vornehmlich drei Mo-

---

[54] Vgl. U. Stutz (s. Anm. 1). Bei dieser Studie handelt es sich um die erweiterte Fassung eines Gutachtens, das Stutz bereits 1914 im Auftrag der Ev.-Theol. Fakultät Bonn angefertigt hatte. Wichtige Ergebnisse dieser Studie sind eingegangen in die Akademievorlesung von Stutz, Das Bonner evangelische Universitätspredigeramt in seinem Verhältnis zu Staat, Kirche und Gemeinde, SPAW.PH 1921, 171–193. – Zu einer ähnlichen kirchenrechtlichen Sicht wie Stutz gelangt J. V. Bredt, Das Amt des Universitäts-Predigers in Marburg, 1923 (Typoskript, StA Marburg, 307a Acc. 1950/1 Nr. 52); zu dem von der Marburger Theol. Fakultät in Auftrag gegebenen Gutachten Bredts vgl. K. Hammann, aaO., 100–108. – Nicht ganz das Niveau des bei Stutz und Bredt erkennbaren Problembewußtseins erreicht A. Schultze, Gutachtliche Äußerung über die Rechtslage der Universitätskirche zu St. Pauli vom 18. 5. 1934 (Typoskript, UAL, Rektorat 442, Bl. 11–15).

menten zur Geltung verhelfen: der Stärkung des kirchlich-religiösen Bewußtseins der evangelischen Studenten, der Realisierung des Unionsgedankens
und daneben auch der Förderung der kleinen evangelischen Diasporagemeinde[55].

Bedingt durch die eigentümliche Konstruktion des Bonner Universitätspredigeramtes, haben sich schon im 19. Jahrhundert wiederholt verwickelte
Fragen zum Verhältnis dieses Amtes zur Landes-und Provinzialkirche einerseits sowie zum Staat andererseits ergeben, deren klare Beantwortung u. a.
dadurch erschwert wurde, daß sich um die Mitte des 19. Jahrhunderts die
rheinisch-westfälische Provinzialkirche mit der presbyterial-synodalen Ordnung von 1835 wie auch die altpreußische Landeskirche mit dem Evangelischen Oberkirchenrat und der Generalsynodalordnung (1850/1876) neue,
relativ selbständige Kirchenverfassungen gaben. Rechtliche Klarheit konnte
nach teilweise längeren Verhandlungen einigermaßen befriedigend darin hergestellt werden, daß der Universitätsprediger nicht als solcher der Kreis- bzw.
der Provinzialsynode angehörte, daß seine Mitgliedschaft in beiden Körperschaften vielmehr auf dem mit dem Universitätspredigeramt verbundenen
Gemeindevikariat beruhte (so bis 1854) bzw. (später) gegebenenfalls durch
seine Wahl zum Vertreter der Theologischen Fakultät in der Synode ihre
Legitimation erhielt. Mit diesen Bestimmungen suchte man dem Sachverhalt
gerecht zu werden, daß der Universitätsprediger seiner Rechtsstellung nach
kein Geistlicher der Provinzialkirche war und infolgedessen persönlich weder
dem zuständigen Konsistorium noch dem Evangelischen Oberkirchenrat un-
terstand[56].

Gleichwohl wurden sämtliche Bonner Universitätsprediger zwischen 1822
und 1914 in ihr Amt durch den Generalsuperintendenten eingeführt, der den
Auftrag dazu vom Kultusminister, gelegentlich auf dessen Anzeige hin vom
Evangelischen Oberkirchenrat, erhielt. U. Stutz hat diese Praxis, die in einer
gewissen Spannung zur alleinigen ressortmäßigen Zuständigkeit des Kultusministers für das Universitätspredigeramt zu stehen schien, kirchenrechtlich
mit den besonderen Funktionen des Universitätspredigers gerechtfertigt.
Wiewohl kein Geistlicher der Provinzial- und Landeskirche, übe der Universitätsprediger doch „ein Kirchenamt der rheinischen Provinzialkirche und der
evangelisch-unierten Landeskirche der älteren preußischen Provinzen" aus
und unterstehe, was die Ausübung der geistlichen Funktionen seines Amtes
– öffentliche Wortverkündigung und Verwaltung des Abendmahls – betreffe,
der Rechtsordnung der Provinzial- und Landeskirche[57]. Insbesondere habe er
sich nach den geltenden liturgischen Ordnungen der Landeskirche zu richten.

---

[55] Zum folgenden vgl. U. STUTZ (s. Anm. 1 und 54).
[56] Vgl. U. STUTZ (s. Anm. 1), 39–44; DERS. SPAW.PH 1921, 179 f.
[57] U. STUTZ (s. Anm. 1), 41; vgl. DERS., SPAW.PH 1921, 177–180; mit STUTZ in der Sache
übereinstimmend die kirchenrechtliche Beurteilung des Universitätspredigeramtes bei BREDT,
aaO., 27–33; vgl. dazu K. HAMMANN, aaO., 106 f.

Da demnach der Universitätsprediger mit seinem staatlichen Hauptamt − der Universitätsprofessur − ein kirchliches Nebenamt verbinde, bedürfe er der Amtseinführung durch den Vertreter des zuständigen Konsistoriums[58].

Stutz hat also der in Bonn herrschenden Einführungspraxis prinzipiell zugestimmt, jedoch leise Kritik daran angemeldet, daß der Auftrag zur Einführung des Universitätspredigers auch dann noch vom preußischen Kultusminister erteilt wurde, als sich mit dem Evangelischen Oberkirchenrat zwischenzeitlich die für die Einführung eigentlich kompetente oberste Kirchenbehörde konstituiert hatte. Auf der Linie dieser Argumentation unternahm die durch den früheren Breslauer Universitätsprediger Gustav Kawerau als Referenten vertretene Kirchenbehörde 1913 selbst einen Vorstoß, um für alle Universitätspredigerstellen an preußischen Universitäten eine einheitliche Regelung zu erreichen. Geplant war, daß der Kultusminister die Berufung des Universitätspredigers dem Evangelischen Oberkirchenrat mitteilen und letzterer sodann den Auftrag zur Einführung des Universitätspredigers aussprechen sollte. Mit diesem Modus wäre die vom Oberkirchenrat geteilte Auffassung Stutz', der öffentlich veranstaltete Universitätsgottesdienst sei an die liturgischen und rechtlichen Ordnungen der Landeskirche gebunden, in der Praxis rechtswirksam geworden und zudem ein erster Schritt auf dem Weg zur Überweisung des Universitätspredigeramtes unter die Aufsicht der obersten Kirchenbehörde erfolgt. Obwohl der Plan Ende 1913 die Zustimmung des preußischen Kultusministers fand, scheiterte seine Realisierung am Widerstand der Theologischen Fakultäten bzw. Universitätssenate in Breslau, Greifswald, Halle und Königsberg[59]. Anders als in Bonn war dort die Einführung des Universitätspredigers bisher nicht üblich gewesen; in Breslau hatte man sich schon seit 1853 wiederholt mit der Begründung, der Universitätsprediger verwalte kein Amt der schlesischen Provinzialkirche und bedürfe daher einer landeskirchlichen Beauftragung nicht, erfolgreich gegen die beabsichtigte Einführung durch den Generalsuperintendenten zur Wehr gesetzt[60].

Auch in Münster kam es in der Einführungsangelegenheit zu Meinungsverschiedenheiten zwischen dem Evangelischen Oberkirchenrat und der Theologischen Fakultät, als im Zuge der Errichtung der Evangelisch-Theo-

---

[58] Diese von Stutz bejahte Auffassung steht freilich im Widerspruch zu seiner Feststellung (s. Anm. 1, 42 f.; SPAW.PH 1921, 184): „Nur für die Fähigkeit, nicht für das Recht der Predigt- und Abendmahlsverwaltung des Universitätspredigers kann die rheinisch-westfälische Kirchenordnung als maßgebend erachtet werden." Darin und in weiteren Widersprüchen kommt letztlich nur zum Ausdruck, daß die besondere Stellung des Universitätspredigeramtes im Spannungsfeld zwischen Staat und (sich verselbständigender) Kirche rechtlich vollständig klare Bestimmungen fast unmöglich machte.

[59] Vgl. U. Stutz, aaO. (s. Anm. 1), 48−50; ders., SPAW.PH 1921, 180−182. − Zum Widerstand der Bonner Ev.-Theol. Fakultät gegen die geplante Regelung vgl. U. Stutz, aaO. (s. Anm. 1), 50 Anm. 1.

[60] Vgl. G. Kawerau, aaO. (s. Anm. 25), 796 f.

logischen Fakultät Münster 1914 Julius Smend zum Universitätsprediger berufen wurde[61]. Der Oberkirchenrat gab der eben gegründeten Fakultät sogleich seine Auffassung zu verstehen, daß der Universitätsprediger ordiniert sein müsse und in sein Amt einzuführen sei, da der Universitätsgottesdienst als regulärer Gottesdienst der Kirche gefeiert werde. Die Theologische Fakultät lehnte diese Forderung jedoch unter Berufung auf eine Eingabe der Theologischen Fakultät Halle an den preußischen Kultusminister vom 21. 10. 1914 ab[62]. Der akademische Gottesdienst unterliege als Veranstaltung der Universität allein der Aufsicht des Ministers. Die akademische Lehrfreiheit der Professoren der Theologie schließe nach altem Herkommen auch das Recht zu predigen ein. Wenn der Kirchenbehörde das Aufsichtsrecht über den Universitätsgottesdienst eingeräumt würde, käme dies einer Gefährdung der evangelischen Freiheit der Fakultät gleich. Dem Anliegen der Kirchenbehörde werde schon dadurch Genüge geleistet, daß der Universitätsprediger auf Grund seiner Ordination als Amtsträger der Landeskirche in Erscheinung trete. In Münster konnte der akute Konflikt um die Einführung des Universitätspredigers erst beigelegt werden, nachdem das Konsistorium Münster vorgeschlagen hatte, der Generalsuperintendent Zoellner solle den Universitätsprediger Smend wenn nicht einführen, dann doch begrüßen. Dieser Kompromißregelung entsprechend verfuhr man 1914, beim Amtsantritt Wilhelm Stählins 1926 jedoch unterblieb sogar die Begrüßung des Universitätspredigers durch einen Vertreter der kirchlichen Behörde. Weder der Evangelische Oberkirchenrat noch das Konsistorium noch die lokale Kirchengemeinde wurden vom Ministerium über die Ernennung Stählins offiziell in Kenntnis gesetzt[63]. Letzterer Vorfall belegt im übrigen, daß auch 1926 de facto eine befriedigende Lösung bezüglich der Rechtsstellung des Universitätspredigers an den preußischen Hochschulen noch nicht in Sicht war.

Der preußische Kultusminister hatte 1914 unter dem Eindruck des Widerstandes der Theologischen Fakultäten in Breslau, Greifswald, Halle, Königsberg und Münster beschlossen, die Einführungsfrage für die Dauer des Krieges zu sistieren, da er die organische Entwicklung der Universitätsgottesdienste nicht durch eine Verschärfung des Konfliktes um die Einführung des Universitätspredigers belastet sehen wollte. Das Problem war damit nicht erledigt, sondern nur vertagt. Es stellte sich unter veränderten Vorzeichen mit neuer Dringlichkeit, nachdem das Ende des landesherrlichen Summepiskopats und damit auch das Ende der letzten kirchenleitenden Befugnisse des Kultusministers durch die Weimarer Reichsverfassung vom 11. 8. 1919 besiegelt worden war. Stutz hat, ohne die möglichen Konsequenzen der neuen

---

[61] Vgl. M. Jacobs, Die evangelisch-theologische Fakultät der Universität Münster 1914–1933, in: W. H. Neuser (Hg.), Die Evangelisch-Theologische Fakultät Münster 1914 bis 1989, 1991, (42–71) 51.

[62] Vgl. den bei M. Jacobs, aaO., 51, zitierten Text der Eingabe.

[63] Vgl. W. Stählin, aaO., 250–252; M. Jacobs, aaO., 65.

Reichsverfassung für den rechtlichen Status des Universitätspredigers eingehend zu reflektieren, dafür plädiert, daß nach der Auflösung des Staatskirchentums die sich neu konstituierende Kirche die Einführung, möglicherweise auch die Ernennung des Universitätspredigers zu besorgen habe. Art. 141 der Reichsverfassung, der die Zulassung der Religionsgesellschaften zur Vornahme religiöser Handlungen an öffentlichen Anstalten vorsieht, könne bei vorliegendem Bedürfnis den Universitätsgottesdienst sichern, freilich offenkundig nur als eine „kirchenamtliche Veranstaltung"[64].

Zu einer breit angelegten Debatte über die von Stutz als notwendig erachtete Neubestimmung der Rechtslage des Universitätsgottesdienstes und des Universitätspredigeramtes ist es in den frühen 1920er Jahren nicht gekommen. Kirche und Theologie waren durch gewichtigere Themen in Beschlag genommen; die Kirchen hatten vordringlich die Aufgabe zu lösen, sich selbst neue verfassungsmäßige Ordnungen zu geben, die Theologie bemühte sich sei es in der von Karl Holl ausgegangenen Lutherrenaissance, sei es in dem mit dem Namen Karl Barths verbundenen Aufbruch der Dialektischen Theologie um eine neue theologische Grundlegung ihrer wissenschaftlichen Arbeit. Auf der anderen Seite konnte man von dem jungen, weder im öffentlichen Bewußtsein noch in den gesellschaftlichen Institutionen gefestigten demokratischen Staat am wenigsten erwarten, daß er das anstehende Problem, das ja nur ein kleines Detail des neu zu ordnenden Verhältnisses zwischen Staat und Kirche bildete, von sich aus angehen würde. So beließen es Staat und Kirche hinsichtlich des Universitätsgottesdienstes und des Universitätspredigeramtes zunächst einmal beim Status quo[65], der im übrigen nach wie vor lokal bedingte Differenzen aufwies. Auch wenn Art. 149 Abs. 3 der Weimarer Reichsverfassung den Bestand der Theologischen Fakultäten garantierte, ließ sich daraus keinesfalls eine staatliche Gewährleistungspflicht für den Erhalt des Universitätsgottesdienstes und des Universitätspredigeramtes ableiten. Der Staat, in diesem Fall: der preußische Kultusminister, hat allerdings dadurch, daß er auch nach 1919 die – nunmehr lediglich auf Gewohnheitsrecht beruhende – Praxis der Ernennung von Universitätspredigern fortsetzte, faktisch die mit Art. 149 Abs. 3 unzweifelhaft verknüpfte Bindung der Theologischen Fakultäten an die Kirche[66] unterstrichen und bejaht[67].

---

[64] U. STUTZ, SPAW.PH 1921, 192. – In seinem Marburger Gutachten schließt J. V. BREDT, aaO., 40, aus § 141 der neuen Reichsverfassung zu Recht, daß der Staat durch diese Bestimmung keinesfalls dazu verpflichtet werde, den akademischen Gottesdienst aufrechtzuerhalten. Allenfalls „müßte der Staat es dulden, wenn die Kirche einen akademischen Gottesdienst einrichtet" (ebd.).

[65] Dies geht eindeutig aus dem Ergebnis der von Bultmann 1925 veranstalteten Umfrage zum Universitätsgottesdienst hervor. Vgl. Bultmanns tabellarische Auflistung, StA Marburg, 307a Acc. 1950/1 Nr. 52, 2 Bl. o. P.; dazu K. HAMMANN, ZThK 90 (1993), 111.

[66] Zur Interpretation von Art. 149 Abs. 3 der Weimarer Reichsverfassung vgl. W. HUBER, Kirche und Öffentlichkeit, 1973, 301–308.

[67] So zu Recht J. V. BREDT, aaO., 40.

Wenn ich recht sehe, hat als einziger H. Frhr. von Soden 1921 mit der
Vorlage eines knapp umrissenen Konzepts versucht, aus der veränderten ver-
fassungsrechtlichen Lage für den Universitätsgottesdienst und das mit diesem
verbundene Predigtamt eindeutige Konsequenzen zu ziehen. Obwohl von
Soden sich mit seinem Vorschlag letztlich nicht durchsetzen konnte, sollen seine
Ausführungen hier kurz referiert werden, weil sie nämlich gewisse Aporien der
von Stutz angedeuteten Neufassung des rechtlichen Status des Universitätspredigeramtes offenlegen. In einer scharfsinnigen Rezension der Stutzschen Akademievorlesung hat von Soden es abgelehnt, die Bonner Konstruktion mit ihrer
historisch in lokalen Eigentümlichkeiten wurzelnden Einführungspraxis als
Präzedenzfall einer allgemeinen Neuregelung des Universitätsgottesdienstes
und des Universitätspredigeramtes anzunehmen[68]. Wenn man sich andernorts
erfolgreich gegen die beabsichtigte Einführung des Universitätspredigers durch
Organe der Landeskirche gewehrt habe und wenn das Ministerium 1853 für
Breslau in Anerkennung der Auffassung, daß der Universitätsprediger kein
geistliches Amt innerhalb der Landeskirche ausübe, expressis verbis auf die
Einführung verzichtet habe, so sei der Schluß unumgänglich, daß der Universitätsprediger schon vor 1918 „mit seiner Professur kein kirchliches, sondern ein
staatliches Nebenamt" verbunden habe. Der von Stutz behauptete partielle
kirchliche Charakter des Universitätspredigeramtes könne auch nicht aus seinen geistlichen Funktionen abgeleitet werden, denn es gelte grundsätzlich, wie
von Soden kategorisch erklärt: „Die Abhaltung von Gottesdiensten und die
Spendung des Abendmahls ist kein Monopol der Landeskirche."[69]

Das Ende des Staatskirchentums und des landesherrlichen Summepiskopats
begreift von Soden als eine tiefe Zäsur, die „zunächst die ganze Institution des
Universitätsgottesdienstes und des Universitätspredigers in Frage" stelle[70]. Mit
Stutz und Bredt ist er sich darin einig, daß die Art. 141 und 149 der neuen
Reichsverfassung nicht im Sinne einer staatlichen Garantie für den Erhalt des
Universitätsgottesdienstes in Anschlag gebracht werden könnten. Stutz' Vorschlag, die Berufung des Universitätspredigers in Änderung der bisherigen Regelung der Kirche zu überlassen, eröffne aber keinen Ausweg aus dem Dilem-
ma, da die Möglichkeit bestehe, daß verschiedene evangelische Religionsgesellschaften um die Zulassung von Kandidaten für das Universitätspredigeramt
konkurrieren könnten[71]. Als Alternative schlägt von Soden vor, den Universitätsgottesdienst nunmehr „den theologischen Fakultäten zu überweisen, die
dabei von der allgemeinen Religions- und Kultusfreiheit Gebrauch machen,

---

[68] Vgl. H. VON SODEN, Rez. über U. STUTZ, Das Bonner evangelische Universitätspredigeramt in seinem Verhältnis zu Staat, Kirche und Gemeinde (SPAW.PH 1921, 171–193), Korre-
spondenzblatt d. Gesamtvereins d. dt. Geschichts- u. Altertumsvereine 96 (1921), 262–264. –
Im folgenden habe ich einige Formulierungen aus ZThK 90 (1993), 109 f., übernommen.
[69] H. VON SODEN, aaO., 263.
[70] Ebd.
[71] H. VON SODEN, aaO., 263 f.

und ihnen Staatsmittel auf Grund des von ihnen befriedigten Bedürfnisses nach akademischen Gottesdiensten zur Verfügung zu stellen, falls ein solches durch den Gebrauch nachgewiesen wird"[72]. Die akademische Lehrfreiheit muß sich nach von Soden auch in der Ausübung geistlicher Funktionen im akademischen Gottesdienst niederschlagen, weshalb sich der Universitätsgottesdienst z. B. durch eine freiere liturgische Form von „dem mit guten Gründen fester geordneten Gemeindegottesdienst" unterscheiden könne. Am Universitätsgottesdienst sollten sich „in der Regel alle Universitätsprofessoren der Theologie beteiligen", wozu sie jedoch keiner Ordination bedürften, da diese „nach evangelischem Kirchenrecht nicht Weihe-, sondern Berufungscharakter" habe[73].

Man würde der Konzeption von Sodens zweifellos nicht gerecht werden, wollte man seinen Widerspruch gegen die durch Stutz nahegelegte Überweisung des Universitätspredigeramtes unter die Aufsicht der Landeskirche ausschließlich darauf zurückführen, daß von Soden die akademische Lehrfreiheit auch im Bereich des Universitätsgottesdienstes vor möglichen Einschränkungen durch die Kirche bewahrt wissen wollte. Dies gewiß auch, aber daneben forderte von Soden die alleinige Verantwortung der Theologischen Fakultäten für den Universitätsgottesdienst vor allem deshalb, weil er für die Fakultäten von vornherein die volle kirchliche Kompetenz in Fragen der Lehre und der Verkündigung reklamierte[74]. Der Gegensatz zwischen Stutz und von Soden ist mithin als ein ekklesiologischer zu begreifen. Während sich Stutz die Ausübung der geistlichen Funktionen der Wortverkündigung und Abendmahlsverwaltung durch den Universitätsprediger nur im Rahmen der verfaßten Landeskirche und ihrer Ordnung denken konnte, sah von Soden im kirchlichen Charakter der Theologischen Fakultäten die hinreichende Legitimation für einen Universitätsgottesdienst, der exemt von der Aufsicht der kirchlichen Verwaltungsbehörde durchgeführt werden sollte. Insofern hat von Soden übrigens mit seinem Vorschlag von 1921 für den partiellen Bereich des Universitätsgottesdienstes vorweggenommen, was 10 Jahre später die Marburger Theologische Fakultät unter seiner Mitwirkung zum Veto gegen das im Entwurf des preußischen Kirchenvertrags vorgesehene Mitspracherecht der verfaßten Kirche bei der Besetzung theologischer Lehrstühle veranlassen sollte – in beiden Fällen wurde die Forderung nach Autonomie der Theologischen Fakultäten gegenüber landeskirchlichen Behörden pointiert aus dem kirchlichen Charakter der Fakultäten abgeleitet[75].

---

[72] H. VON SODEN, aaO., 264.

[73] Ebd.

[74] Vgl. das unter Anm. 69 angeführte Zitat, dazu die entsprechenden Bemerkungen VON SODENS, aaO., 264.

[75] Zum Marburger Widerspruch gegen den Entwurf des preußischen Kirchenvertrags vgl. KARL BARTH – RUDOLF BULTMANN. Briefwechsel 1922–1966, hg. von B. JASPERT, 1971, 116–134.240–257; dazu W. HUBER, aaO., 308–316; H. LIEBING, Die Marburger Theologische Fakultät im preußischen Staate, JHKGV 28 (1977), (42–55) 51–55.

Der preußische Kirchenvertrag vom 11. 5. 1931 hat nicht nur das Mitspracherecht der jeweils zuständigen Kirchenbehörde bei der Berufung
eines Theologieprofessors durch eine komplizierte Vereinbarung, die in
begrenztem Umfang die Einwände der Marburger Theologischen Fakultät
berücksichtigt hat, festgeschrieben[76], sondern auch eine einheitliche Regelung für das Universitätspredigeramt an den preußischen Universitäten
getroffen, an denen eine Evangelisch-Theologische Fakultät bestand. Die
demnach auch für Göttingen rechtswirksam gewordene Bestimmung hat
folgenden Wortlaut (Art. 11 Abs. 3 preuß. Kirchenvertrag): „Die Ernennung der evangelischen Universitätsprediger geschieht durch die Staatsbehörde im Einvernehmen mit der Kirchenbehörde." Im Schlußprotokoll zu
Art. 11 Abs. 3 preuß. Kirchenvertrag wird dazu näher ausgeführt: „(1) Der
Universitätsprediger wird aus den ordinierten Mitgliedern der Fakultät ernannt. Mit seiner Einführung wird die Kirche einen ihrer obersten Geistlichen beauftragen. (2) Wird aus besonderen Gründen von der Ernennung
eines Universitätspredigers abgesehen, so wird Sorge getragen werden, daß
auf Grund besonderer Vereinbarung der evangelische akademische Gottesdienst von Mitgliedern der evangelisch-theologischen Fakultät abgehalten
wird."[77]
Diese Regelung des preußischen Kirchenvertrags stellt sich als ein Kompromiß dar, der deutlich um einen Ausgleich zwischen den staatskirchenrechtlichen Positionen bemüht ist, die Stutz auf der einen und von Soden
auf der anderen Seite schon 1921 vertreten hatten. Stutz konnte sich mit
seinem Plädoyer für den kirchlichen (im Sinne von: landeskirchlichen) Charakter des Universitätspredigeramtes durchsetzen; bereits in den Vorverhand-
lungen zum preußischen Kirchenvertrag trat der preußische Kultusminister
der Auffassung bei, daß das Universitätspredigeramt ein kirchliches Nebenamt
des betreffenden, vom Staat berufenen Theologieprofesors sei[78]. Infolgedessen ernennt nach dem preußischen Kirchenvertrag der Staat den Universitätsprediger im Einvernehmen mit der jeweiligen Landeskirche; die Kirche
nimmt durch einen Vertreter die gottesdienstliche Einführung des Universitätspredigers vor. Da es sich um ein kirchliches Amt handelt, kann nur ein
ordinierter Universitätstheologe zum Universitätsprediger ernannt werden.
Aber auch von Sodens Argumentation ist insofern aufgenommen worden,
als der Staat seinen Einfluß auf die Besetzung des Universitätspredigeramtes

---

[76] Vgl. Art. 11 Abs. 2 und Schlußprotokoll zu Art. 11 Abs. 2 preußischer Kirchenvertrag,
in: W. WEBER, Die deutschen Konkordate und Kirchenverträge der Gegenwart, 1962, 171.175;
dazu W. HUBER, aaO., 312–315.
[77] Art. 11 Abs. 3 und Schlußprotokoll zu Art. 11 Abs. 3 preußischer Kirchenvertrag, in: W.
WEBER, aaO., 171.176.
[78] Vgl. Chr. MAHRENHOLZ, Kirche und theologische Fakultät, in: DERS., Musicologica et
Liturgica, 1960, (649–658) 657.

weiterhin beibehält[79]. Zudem erklärt sich der Staat ausdrücklich dazu bereit, die Fortführung des akademischen Gottesdienstes durch Mitglieder der Theologischen Fakultät für den Fall zu gewährleisten, daß aus welchen Gründen auch immer die Ernennung eines Universitätspredigers nicht erfolgt.

Es wäre ein lohnendes Unternehmen, der Frage nachzugehen, welche Rolle die Universitätsgottesdienste im Kirchenkampf gespielt haben und wie sich die nationalsozialistische Hochschul- und Kirchenpolitik auf die Institution Universitätsgottesdienst zwischen 1933 und 1945 ausgewirkt hat. Dies kann im Rahmen unserer Untersuchung ebensowenig geleistet werden wie eine Aufarbeitung der Geschichte der akademischen Gottesdienste an den Universitäten im Bereich der DDR zwischen 1948 und 1989/90. Für unsere Zwecke genügt die summarische Feststellung, daß es in beiden totalitären Herrschaftssystemen auf Grund staatlichen Druckes in verschiedenen Fällen zu erheblichen Beeinträchtigungen des Universitätsgottesdienstes gekommen ist[80]. Unnötig zu erwähnen, daß sowohl im NS-Staat als auch in der DDR an eine institutionell-rechtliche Weiterentwicklung der Bestimmungen des preußischen Kirchenvertrags nicht zu denken war.

Freilich ist schon 1931 erkannt worden, daß die staatliche Berufung des Universitätspredigers in einem gewissen Widerspruch zum verfassungsmäßig garantierten Recht der Kirche auf freie Besetzung ihrer Ämter steht[81]. Im preußischen Kirchenvertrag hat man diese Spannung ein wenig durch die Bestimmung auszugleichen versucht, daß für die Ernennung des Universitätspredigers das kirchliche Einvernehmen herzustellen sei. Dabei kann davon ausgegangen werden, daß nach evangelischem Kirchenrecht die Einverständniserklärung der Kirche genügt, um der kirchlichen Vokation des Universitätspredigers Ausdruck zu verleihen[82]. Daher sind in den im Geltungsbereich des preußischen Kirchenvertrags nach dem 2. Weltkrieg neu abgeschlossenen Kirchenverträgen die Bestimmungen des preußischen Kirchenvertrags zum Universitätspredigeramt übernommen worden. Allerdings hat man, um den kirchlichen Charakter des Universitätspredigeramtes noch deutlicher hervorzuheben, zunächst im niedersächsischen Kirchenvertrag (Loccumer Vertrag) von 1955, dann auch im schleswig-holsteinischen Kirchenvertrag von 1957 sowie im hessischen Kirchenvertrag von 1960 darüber hinaus vereinbart, daß die Universitätsprediger nicht allein vom zuständigen Minister ernannt, son-

---

[79] Dies erscheint um so bemerkenswerter, als ja „die historische Legitimation für das staatliche Ernennungsrecht (der Minister für die geistlichen und Unterrichtsangelegenheiten war als Staats- und Kirchenbehörde sowohl für die Besetzung der Professur wie des Predigtamtes zuständig)" nach 1918 entfallen war (E.-L. Solte, Theologie an der Universität, 1971, 290).

[80] Vgl. dazu exemplarisch K. Hammann, Der Gießener Universitätsgottesdienst 1917–1936, JHKGV 45 (1994), 99–123; Chr. Winter, Gewalt gegen Geschichte. Der Weg zur Sprengung der Universitätskirche Leipzig, 1998.

[81] Vgl. Chr. Mahrenholz, aaO., 657; E.-L. Solte, aaO., 291.

[82] Vgl. Chr. Mahrenholz, aaO., 657.

dern zusätzlich vom Bischof der betreffenden Landeskirche bestallt werden[83]. Diese gegenüber 1931 nur geringfügig modifizierte Rechtslage gilt in Göttingen, Kiel und Marburg, während die Bestimmungen des preußischen Kirchenvertrags nach wie vor als Rechtsgrundlage für die Universitätspredigerämter in Münster[84], mit gewissen Einschränkungen in Bonn[85] sowie neuerdings auch in Berlin, wo 1991 nach dem Zusammenbruch der DDR wieder ein Universitätsprediger ernannt wurde[86], dienen.

Das Zusammenwirken zwischen dem weltanschaulich neutralen Staat und der Kirche bei der Berufung des Universitätspredigers, wie es im preußischen Kirchenvertrag und in den neueren Kirchenverträgen geregelt worden ist, hat sich in der Praxis ganz überwiegend bewährt. Vereinzelt wurde freilich nach wie vor als unbefriedigend empfunden, daß die Kirche im Besetzungsverfahren lediglich mitwirkt; W. Jannasch hat unter Verweis auf den „kirchlichen Charakter auch dieses Predigtamtes" gefordert, ganz auf die staatliche Einsetzung des Universitätspredigers zu verzichten. Um „das Ineinandergreifen kirchlichen Dienstes und körperschaftlicher oder staatlicher Ordnung" zu betonen, reiche die „Anzeige der − sei es durch die Fakultät, sei es durch die Kirche − getroffenen Wahl des Universitätspredigers an den Rektor oder das Ministerium" aus[87]. Auf der Linie dieser Argumentation sind entsprechende, im einzelnen nur unwesentlich voneinander abweichende Regelungen für die Universitätspredigerämter in Mainz, München und Heidelberg getroffen worden. In Mainz, wo W. Jannasch wesentlichen Anteil am Aufbau der Ev.-Theol. Fakultät und an der Errichtung des Universitätspredigeramtes hatte, wird der ev. Universitätsprediger „von der Evangelischen Landeskirche

---

[83] Vgl. Art. 3 Abs. 3, die Begründung zu Art. 3 und die Zusatzvereinbarung § 3 (zu Art. 3 Abs. 3) niedersächsischer Kirchenvertrag, in: W. Weber, aaO., 214.222.228; Art. 4 Abs. 3 und die Zusatzvereinbarung § 4 (zu Art. 4 Abs. 3) schleswig-holsteinischer Kirchenvertrag, in: W. Weber, aaO., 235.244; Art. 13 Abs. 3 und Schlußprotokoll zu Art. 13 Abs. 3 hessischer Kirchenvertrag, in: W. Weber, aaO., 276.282.

[84] Lt. freundlicher Auskunft von Prof. Dr. Fr. Merkel; vgl. Fr. Merkel, Gedanken des Universitätspredigers bei der Wiedereröffnung der Universitätskirche (Münster), unveröffentlichter Privatdruck 1986.

[85] Die derzeit gültige Fakultätsordnung der Ev.-Theol. Fakultät Bonn führt dazu näher aus: „Der Universitätsprediger wird nach UV 3 73 (1) aus der Reihe der ordinierten Mitglieder der Fakultät, die Professoren auf Lebenszeit sind, auf Beschluß des erweiterten Fakultätsrates (unbeschadet des Preußischen Staatskirchenvertrages vom 11.5.1931 § 11 [3]) benannt." (Briefl. Mitteilung von Prof. Dr. Fr. Wintzer vom 12.8.1993.)

[86] In Berlin findet seit dem 1. Advent 1991 wieder ein Universitätsgottesdienst statt, der von der Theologischen Fakultät in Verbindung mit dem Gottesdienst der Domgemeinde im Dom am Lustgarten veranstaltet wird. Das Universitätspredigeramt beruht auf folgender Vereinbarung: „Unter Bezug auf Art. 11, Abs. 3 des preußischen Kirchenvertrages vom 11.5.1931 stellt das Ev. Konsistorium Berlin-Brandenburg das Einvernehmen dazu her, daß der Fakultätsrat der Theologischen Fakultät der Humboldt-Universität Herrn Prof. Dr. Henkys mit Wirkung vom 1.10.91 zum Universitätsprediger ernennt." (Briefl. Mitteilung von Prof. Dr. R. Henkys vom 25.8.1993.)

[87] W. Jannasch, aaO., 1174.

Hessen [-Nassau] im Einvernehmen mit den drei anderen Landeskirchen und der Fakultät berufen und vom Rektor bestätigt"[88]. − In München wird der Universitätsprediger gemäß einer Vereinbarung vom 9. 11. 1979 „auf Vorschlag der Evangelisch-Theologischen Fakultät vom Landeskirchenrat [der Ev.-Luth. Kirche in Bayern] und dem Rektor der Universität gemeinsam ernannt"[89]. In Heidelberg schließlich, wo genaugenommen weder die Universität noch die Theologische Fakultät, sondern die Peterskirchengemeinde (als Personalgemeinde) den Universitätsgottesdienst veranstaltet, ist nach der Gemeindesatzung für die Peterskirche vom 1. 10. 1987 ein kompliziertes Verfahren in Kraft. Hier wählt der Predigerkonvent, dessen Mitglieder vom Kapitel (= Kirchenvorstand der Peterskirche) „aus dem Lehrkörper der Theologischen Fakultät berufen" werden und zu dem kraft Amtes auch der Studentenpfarrer gehört (§ 3 Abs. 1 Gemeindesatzung), „im Benehmen mit dem Landesbischof aus seiner Mitte für jeweils drei Jahre einen ordinierten Professor der Theologie" zum Universitätsprediger (§ 3 Abs. 2). Der Bischof kann die Einführung des Universitätspredigers vornehmen, besitzt freilich nicht das Bestallungsrecht im eigentlichen Sinne. Der Universität wird die Wahl des Universitätspredigers lediglich angezeigt[90].

Nach dem Beitritt der DDR zur BRD im Jahre 1990 sind zwischen den neuen Bundesländern und den evangelischen Landeskirchen im Gebiet der ehemaligen DDR Staatskirchenverträge abgeschlossen worden, in denen auch das Universitätspredigeramt an den betroffenen Universitäten auf eine neue rechtliche Basis gestellt worden ist. Danach ist für Halle (-Wittenberg), Jena, Greifswald, Leipzig und Rostock eine Mitwirkung des Staates bei der Berufung und Ernennung der evangelischen Universitätsprediger nicht vorgesehen. Vielmehr werden die Universitätsprediger an diesen Universitäten von den Kirchenleitungen der zuständigen Landeskirchen im Einvernehmen mit der jeweils betroffenen Theologischen Fakultät „aus dem Kreis der ordinierten Mitglieder der Fakultät" berufen[91]. Daß in diesen Fällen der Staat bei der

---

[88] § 5 der Vereinbarung über die Berufung von Hochschullehrern der Evangelisch-Theologischen Fakultät der Johannes-Gutenberg-Universität in Mainz vom 22. 4. 1947, abgedruckt in: K. DIENST, Aus der Gründungszeit der Evangelisch-Theologischen Fakultät der Johannes-Gutenberg-Universität in Mainz, JHKGV 43 (1992), (335−369) 353; zur Rolle Jannaschs bei der Einrichtung des Universitätspredigeramtes vgl. K. DIENST, aaO., 362f.; dazu G. OTTO, Der Mainzer Universitätsgottesdienst, in: Christuskirche Mainz 1903 bis 1978, vorgelegt vom Evangelischen Kirchenvorstand am 2. Juli 1978, 51−57.

[89] Briefl. Mitteilung von Prof. Dr. W. Steck vom 28. 7. 1993.

[90] Gemeindesatzung für die Ev. Peterskirche in Heidelberg vom 1. 10. 1987; für briefliche Auskünfte danke ich Prof. Dr. G. Seebaß (9. 6. 1992) und Prof. Dr. A. M. Ritter (18. 4. 1993).

[91] Art. 3 Abs. 5 Ev. Kirchenvertrag Sachsen-Anhalt vom 15. 9. 1993; sachlich damit übereinstimmend Art. 4 Abs. 6 Ev. Kirchenvertrag Mecklenburg-Vorpommern vom 20. 1. 1994; Art. 3 Abs. 5 Ev. Kirchenvertrag Thüringen vom 15. 3. 1994 und Art. 3 Abs. 5 Ev. Kirchenvertrag Sachsen vom 24. 3. 1994. − A. HOLLERBACH, Vertragsstaatskirchenrecht als Instrument im Prozeß der deutschen Wiedervereinigung, KuR 1 (1995), 1−12, geht auf diese Regelungen zum Universitätspredigeramt nicht ein.

Besetzung des Universitätspredigeramtes gar nicht in Erscheinung tritt, hängt einerseits damit zusammen, daß die Verantwortlichen hier ausdrücklich betonen, die Universitätsprediger hätten „im Sinne eines repräsentativen Ehrenamtes kirchliche Aufgaben für die Universität" wahrzunehmen[92]. Andererseits dürften die Erfahrungen der evangelischen Kirchen in der ehemaligen DDR mit der SED-Diktatur und ihrer restriktiven Kirchenpolitik auch eine Rolle dabei gespielt haben, den Staat nicht in das Besetzungsverfahren für das Universitätspredigeramt mit einzubeziehen.

Am Ende des Weges angelangt, auf dem wir den Entwicklungslinien in der Geschichte der akademischen Gottesdienste während der beiden letzten Jahrhunderte nachgegangen sind, läßt sich nun auch die Frage nach der Bedeutung des Göttinger Modells in dieser und für diese Geschichte zusammenfassend beantworten. Was die theologische Legitimation des besonderen Universitätsgottesdienstes sowie die mit ihm verknüpften homiletischen, liturgischen und poimenischen Intentionen angeht, haben sich in diesem Zeitraum zweifellos die Akzente gegenüber den ersten Universitätsgottesdiensten verschoben. Die pietistischen Motive, die die Anfangsphase der Institution maßgeblich prägten, sind in den Hintergrund gerückt, andere Momente an ihre Stelle getreten. In diesen Gewichtsverlagerungen spiegeln sich natürlich die allgemeinen Veränderungen in der Theologie- und Predigtgeschichte. Im Blick auf die institutionell-rechtlichen Gestaltungsmöglichkeiten ist für das 19. und 20. Jahrhundert im einzelnen eine sei es auf lokale Bedingtheiten, sei es auf übergreifende kirchliche und politische Faktoren zurückzuführende Vielfalt zu konstatieren.

Von der Verfassung der Göttinger Universitätskirche ging zunächst einmal zu Beginn des 19. Jahrhunderts eine unmittelbare Wirkung auf die Verhältnisse in Halle aus, wo man bei der Wiederbelebung des akademischen Gottesdienstes nach Göttinger Vorbild das Universitätspredigeramt und eine Universitätskirchendeputation institutionalisierte. Zu einer vollständigen Rezeption der Göttinger Konstruktion kam es in Halle jedoch nicht, da eine universitätseigene Kirche nicht zur Verfügung stand, was wiederum – zusammen mit den referierten politischen Ursachen – dazu führte, daß Schleiermachers Kampf um den Universitätsgottesdienst in Halle letztendlich scheiterte. Weitgehend durchsetzen konnte sich im 19. und 20. Jahrhundert das erstmals in Göttingen geschaffene Universitätspredigeramt[93]. Dabei haben sich nach der Trennung von Kirche und Staat zwei Besetzungsverfahren ausgebildet, die in unterschiedlicher Weise dem kirchlichen Charakter des Universitätspredigeramtes Rechnung tragen. Inzwischen gibt es auch an einigen weiteren Uni-

---

[92] Begründung zu Art. 3 Abs. 5 Ev. Kirchenvertrag Sachsen vom 24.3.1994.

[93] Eine Ausnahme bildet Gießen, wo 1917/18 im Zuge der Neubelebung des Universitätsgottesdienstes ein Universitätspredigeramt, wie es im 19. Jahrhundert zeitweise bestanden hatte, nicht eingerichtet werden konnte. Vgl. K. HAMMANN, JHKGV 45 (1994), 99–123.

versitäten Gremien, die ähnlich der ebenfalls zuerst in Göttingen eingerichteten Universitätskirchendeputation die interfakultative Verantwortung für die Durchführung des Universitätsgottesdienstes vor Ort wahrnehmen[94]. Universitätseigene Kirchen stehen derzeit nur in Göttingen, Bonn, Rostock, Münster und Kiel zur Verfügung. Die Probleme, die im Zusammenhang mit der Raumfrage in der Vergangenheit viele akademische Gottesdienste belasteten, brauchen hier nicht noch einmal rekapituliert zu werden. Es verdient freilich festgehalten zu werden, daß die Universitätskirchen in Jena (1945 durch Kriegszerstörung) und in Leipzig (1968 durch die von der SED angeordnete Sprengung) verlorengingen, während Münster seit 1961 mit der ehemaligen Observantenkirche über eine eigene evangelische Universitätskirche verfügt. In Kiel, wo zwischen dem 1. und 2. Weltkrieg die Klosterkirche zum Heiligen Geist (bis zu ihrer Zerstörung 1944) für die Feier von jährlich 15 akademischen Gottesdiensten zur Verfügung gestanden hatte[95], wurde 1965 sogar eine Universitätskirche neu errichtet[96].

Die institutionell-rechtliche Sonderstellung der Göttinger Universitätskirche, die wir für das 18. Jahrhundert aufgezeigt haben, wird durch die weitere Entwicklung der Universitätsgottesdienste im 19. und 20. Jahrhundert dahingehend bestätigt, daß einzelne Elemente des Göttinger Modells andernorts übernommen und in unterschiedlichen Varianten realisiert worden sind. Der Göttinger Gesamtkonzeption mit ihren Einzelkomponenten Universitätskirche, Universitätspredigeramt und Universitätskirchendeputation haben sich nach dem 2. Weltkrieg am weitesten Bonn, Kiel und Münster angenähert, auch wenn für die dortigen Verhältnisse nach wie vor graduelle Differenzen zur Göttinger Konstruktion zu vermerken sind[97]. Abschließend kann gesagt werden, daß es die konzeptionelle Geschlossenheit der Göttinger Universitätskirche ist, die ihre hervorgehobene Rolle in der Institutionsgeschichte des Universitätsgottesdienstes im deutschen Protestantismus ausmacht, und dies in einer historischen Kontinuität, die zwar zu Beginn des 19. Jahrhunderts kurzzeitig unterbrochen wurde (vgl. §§ 6 und 17), ansonsten aber vom 18. Jahrhundert bis zur Gegenwart reicht.

---

[94] So z. B. in Bonn, Heidelberg, Kiel und Münster.

[95] Vgl. M. REDEKER, Das Kieler Kloster und die Theologische Fakultät in der Geschichte Schleswig-Holsteins und seiner Landesuniversität, 2. Aufl. 1964, 87.

[96] Vgl. H. BRAUNERT, Die Universitätskirche. Gedanken zum Plan und seiner Verwirklichung, in: Christiana Albertina. Kieler Universitäts-Zeitschrift, H. 1 (1966), 17–19.

[97] Die Universitätsgottesdienste in Bonn, Kiel und Münster finden in universitätseigenen Kirchen statt. In Bonn gibt es einen interfakultativen Beirat der Schloßkirche, in Kiel ein Universitätskirchenkollegium (briefl. Mitteilung von Prof. Dr. R. Preul vom 22.12.1992) und in Münster einen Kirchenvorstand der Universitätskirche. Im Unterschied zu Göttingen, wo seit Gründung der Universitätskirche die Universität für den Gottesdienst verantwortlich zeichnet, veranstalten in Bonn, Kiel und Münster die Theologischen Fakultäten (z. T. durch den Universitätsprediger) den akademischen Gottesdienst. Zur Rolle der Ev.-Theol. Fakultät Bonn bei der Besetzung des Universitätspredigeramtes s. o. 208 Anm. 85.

D. Die Universitätsprediger

§ 11 Die Predigtpraxis in der Universitätskirche und die Drucküberlieferung der Predigten

In dem besonderen Status der Göttinger Universitätskirche war es begründet, daß sich hier ein so reichhaltiges gottesdienstliches Leben wie an einer Parochialkirche nicht entfalten konnte. Mit Ausnahme der erwähnten gelegentlichen Trauergottesdienste für verstorbene Universitätsangehörige entfielen von vornherein sämtliche Kasualgottesdienste, die weiterhin in den Stadtkirchen gehalten wurden. Aber auch Wochengottesdienste, wie sie in St. Johannis bis mindestens zur Jahrhundertmitte üblich waren[1], oder Gottesdienste an Apostel-, Marien- und sonstigen Heiligentagen, sofern diese in die Woche fielen, fanden in der Universitätskirche nicht statt[2].

Das gottesdienstliche Angebot beschränkte sich auf die regulären Sonntage, die 3 großen Buß- und Fasttage, die 1. und 2. Feiertage der kirchlichen Hauptfeste sowie den Neujahrstag und Christi Himmelfahrt[3]. Dabei fanden an den Sonntagen und an den 1. Feiertagen der hohen Feste sowohl am Vormittag als auch nachmittags Gottesdienste statt. Die Nachmittagsgottesdienste, die ursprünglich aus den Lectiones asceticae hervorgegangen waren, wurden allerdings wegen mangelnder Akzeptanz um 1777 aufgegeben[4].

---

[1] Vgl. Chr. E. SIMONETTI, Gesammlete Gedanken des Glaubens und der Gottseligkeit über die lezten Reden der Mittlerliebe JESU am Kreuz, 1749, Vorrede, Bl. 3r. Nach diesem Bericht wurden die Wochengottesdienste in St. Johannis von Studenten vor spärlichem Publikum gehalten.

[2] Daß Apostel- und Heiligentage, Marienfeste sowie die 3. und 4. Feiertage der hohen Feste in der Universitätskirche mit Vormittagsgottesdiensten begangen wurden – so schrieb es das Reglement Münchhausens für den Universitätsgottesdienst vom 11.9.1737 vor (s. o. 34) –, scheint mir ganz unwahrscheinlich zu sein. Jedenfalls finden sich in den Quellen keine Anhaltspunkte dafür. Ohnehin wurden die Apostel-, Marien- und sonstigen Heiligentage im Kurfürstentum Hannover 1769 offiziell aufgehoben bzw. auf den jeweils folgenden Sonntag verlegt. Vgl. P. GRAFF, aaO., II. Bd., 74f.88f.

[3] Im Kurfürstentum Hannover galt dabei seit 1769 der Karfreitag als Bußtag; ebenfalls 1769 wurden die 3. Feiertage der hohen Feste aufgehoben. Vgl. P. GRAFF, aaO., II. Bd., 76.89.

[4] Vgl. das wohl von Chr. G. HEYNE verfaßte Gutachten vom 25.9.1777, UAG, 4 II f 2; dazu H. HOLZE, aaO., 93. – Es bleibt vergleichsweise zu vermerken, daß in den Göttinger Stadtkirchen mit Ausnahme der St. Johannis-Kirche – hier predigten die Stadtpfarrer im

Während des Bearbeitungszeitraums kam es nur einmal zu einer Unterbrechung der ansonsten kontinuierlich gefeierten Universitätsgottesdienste, als nämlich im Siebenjährigen Krieg französische Besatzungstruppen neben anderen Göttinger Kirchen am 16. April 1761 auch die Paulinerkirche requirierten. Die Franzosen entfernten das Gestühl aus der Kirche, um sie als Getreide- und Mehlmagazin nutzen zu können. Der infolgedessen eingestellte Gottesdienst konnte erst nach der Befreiung Göttingens im August 1762 wiederaufgenommen werden. Die endgültige Behebung der durch die Franzosen verursachten Schäden zog sich bis in den Oktober 1762 hin[5].

In den ersten Jahren nach der Einrichtung des Universitätsgottesdienstes teilten sich die Theologieprofessoren nach einem intern vereinbarten Turnus die Predigtaufgabe. Seit 1742 predigten dann hauptsächlich die eigens zu diesem Zweck nach Göttingen berufenen Universitätsprediger, die ab 1769 durch die Nachmittags- bzw. 2. Universitätsprediger unterstützt wurden. Letzteren war zunächst das Halten der Nachmittagspredigten aufgetragen; schon ab 1773 wechselten sie sich freilich mit den 1. Universitätspredigern in der Versehung der Vormittagsgottesdienste ab, während zum gleichen Zeitpunkt die Nachmittagspredigten den studentischen Mitgliedern des erstmals 1737 eingerichteten Predigerkollegiums anvertraut wurden[6]. Ältere Studenten, Magister und die Mitglieder des 1765 an der Göttinger Universität eröffneten Repetentenkollegiums zog man auch sonst aushilfsweise zum Predigen heran, etwa in Vakanzzeiten oder im Krankheitsfalle eines Universitätspredigers[7]. Von diesen studentischen Predigten sind nur einige wenige im Druck erhalten; dabei handelt es sich fast ausnahmslos um die Predigten, die in einem von Ammon initiierten, zwischen 1795 und 1804 jährlich neu ausgeschriebenen Wettbewerb für Theologiestudenten von der Theologischen Fakultät mit Preisen bedacht wurden. Ammon verband mit der Stiftung dieses Preises die Hoffnung, die homiletischen Fertigkeiten des akademischen Nachwuchses heben und so auf lange Sicht auch einen bescheidenen Beitrag dazu leisten zu können, um der von ihm konstatierten Abnahme des Gottesdienstbesuchs in vielen Gemeinden entgegenzuwirken[8].

---

turnusmäßigen Wechsel auch am Sonntagnachmittag – um die Mitte des 18. Jahrhunderts keine Nachmittagspredigten gehalten worden. Vgl. Chr. E. SIMONETTI, aaO., Bl. 2v.

[5] Vgl. UAG, K 1, Vol. CCV, Bl. 43; dazu A. SAATHOFF, aaO., 202 f. – Während der ersten Besetzung Göttingens durch die Franzosen 1757 konnte sich die Universität noch erfolgreich dagegen wehren, daß in der Paulinerkirche französische Gottesdienste abgehalten wurden. Vgl. Die Universität Göttingen im siebenjährigen Kriege. Aus der handschriftlichen Chronik des Professor SAMUEL CHRISTIAN HOLLMANN (1696–1787) mit Erläuterungen und Beilagen hg. von A. SCHÖNE, 1887, 30.

[6] Zur Geschichte des Predigerkollegiums an der Universität Göttingen ab 1737 vgl. H. HOLZE, aaO., 58 f. 91–95.112 f.

[7] Vgl. UAG, 10 b 1/3, Bl. 1–19; zum Repetentenkollegium vgl. H. HOLZE, aaO., 85–87.

[8] Vgl. Chr. Fr. AMMON, Ideen zur Verbesserung der herrschenden Predigtmethode, 1795, 3 f. bes. 17–19. – Die Angaben über die im Rahmen dieses Wettbewerbs erstellten Predigten

Den gedruckten Predigten zufolge hielten sich die Göttinger Universitätsprediger bis in die frühen 1760er Jahre hinein weitgehend an die Perikopenordnung, so daß in dieser Phase vormittags die Evangelien- und nachmittags
die Episteltexte der Perikopenreihe ausgelegt wurden. Da gerade Fr. W. Kraft
und mit Abstrichen auch P. J. Förtsch in ihren homiletischen Veröffentlichungen für die freie Textwahl bzw. für eine Lockerung des im Luthertum geltenden Perikopenzwangs eintraten, dokumentiert ihre weiterhin an den Perikopen orientierte Predigtpraxis signifikant das Beharrungsvermögen der
überlieferten Perikopenordnung gegenüber allen Vorbehalten der homiletischen Theorie[9]. Eine grundlegende Änderung im Umgang mit den Perikopen trat erst ein, als 1763 G. Leß das Universitätspredigeramt übernahm. Bei
Leß wie auch bei allen seinen Nachfolgern bis 1805 überwogen quantitativ
die frei gewählten Predigttexte ganz eindeutig die durch die Perikopenordnung vorgegebenen Texte. Jetzt, in der Ära Leß, zog man an der Göttinger
Universitätskirche die praktischen Konsequenzen aus der seit Speners Kritik
am Perikopensystem innerhalb des Luthertums sowohl von pietistischen als
auch frühaufklärerischen Homiletikern intensiv geführten Debatte um den
durch die Kirchenordnungen sanktionierten Perikopenzwang für die Sonn-
und Festtagspredigten.

Zwar predigten Leß und die ihm folgenden Universitätsprediger sporadisch auch über die alten Perikopen, aber das Übergewicht der frei gewählten
Texte in ihrer Predigtpraxis markiert doch eine deutliche Zäsur in der Geschichte des Göttinger Universitätsgottesdienstes. Abgesehen von den – noch
zu erläuternden[10] – aufklärungstheologischen Hintergründen dieses Wandels
bedarf die Emanzipation vom geltenden Perikopensystem auch unter recht-
lichem Aspekt einer Erklärung. Das Konsistorium in Hannover hatte nämlich
1769 im Zuge einer Reform des Gottesdienstes u. a. verfügt, daß die altkirchlichen Perikopen zu ergänzen bzw. zu verlängern seien, um so eine größere
Transparenz und Vielfalt der im Gottesdienst zu vermittelnden biblischen
Lehren zu gewährleisten. Ferner erteilte das Konsistorium den Pfarrern die
Erlaubnis, in den sonntäglichen Vormittagspredigten neben den Evangelien-
texten wechselweise auch die Episteltexte behandeln zu dürfen. Die Behörde
lehnte es aber unter Hinweis auf den hohen Bekanntheitsgrad der Perikopen

---

bei H. HOLZE, aaO., 112 f., sind ungenau. Nur die zwischen 1795 und 1804 mit Preisen
ausgezeichneten Predigten von Studenten wurden gehalten und gedruckt. Zu den Drucken
s. u. die Bibliographie; bei E. WILLNAT, Johann Christian Dieterich. Ein Verlagsbuchhändler
und Drucker in der Zeit der Aufklärung, AGB 39 (1993), (1–254) 167 f., sind nur die von
J. Chr. Dieterich besorgten Drucke verzeichnet. – Unabhängig davon erschienen 2 weitere
studentische Predigten von A. WIRSING und H. LUDEN sowie eine 6 Predigten und 1 erneut
abgedruckte Preispredigt enthaltende Sammlung des Studenten Ph. C. MARHEINEKE, des späteren Berliner Professors und Kollegen Schleiermachers, im Druck. S. dazu die Bibliographie.

[9] Zur Perikopenfrage und ihren theologiegeschichtlichen Hintergründen vgl. ausführlich
u. 237 f. 252 f.

[10] S. dazu u. 280–282.

ab, diese ganz abzuschaffen; lediglich die erwähnten Modifikationen sollten gegebenenfalls gestattet sein. Umgekehrt sollte unter keinen Umständen „dem Gutdünken und der Neigung eines jeden Predigers die Wahl der Fest- und Sonntäglichen Texte ... überlassen" werden[11]. Die Göttinger Stadtpfarrer hatten sich nach dieser Verordnung zu richten und taten dies offenkundig auch[12]. Die Universitätsprediger dagegen brauchten sich der konsistorialen Maßgabe nicht verpflichtet zu fühlen, da sie ja nicht der Aufsicht des Konsistoriums, sondern unmittelbar der Staatsregierung unterstanden. Wann immer sie sich nicht an die Perikopenordnung hielten, nutzten die Universitätsprediger also faktisch den Spielraum, den der besondere rechtliche Status der Universitätskirche ihnen auch hier anbot.

Dem Umfeld der Universitätskirche sind schließlich sämtliche Druckerzeugnisse zuzurechnen, deren Veröffentlichung unmittelbar oder mittelbar in einem Zusammenhang mit dem Universitätsgottesdienst stand. Außer dem Göttinger Universitätsgesangbuch und vor allem den gedruckten Predigten können hier auch alle selbständigen homiletischen Schriften Göttinger Universitätstheologen Berücksichtigung finden (s. Tabelle 1). Denn 12 dieser insgesamt 21 zwischen 1736 und 1804 publizierten homiletischen Werke wurden von nominellen Universitätspredigern verfaßt, 3 weitere von H. Ph. Sextro, der immerhin zeitweise das Universitätspredigeramt kommissarisch mitverwaltete, und die 3 homiletischen Abhandlungen Oporins erschienen zu einer Zeit, als das Universitätspredigeramt noch nicht installiert war. Unter den 12 von Universitätspredigern verfaßten homiletischen Schriften befinden sich 3 ausgeführte Lehrbücher der Homiletik. 3 kleinere Traktate waren veranlaßt durch die wiederholte Eröffnung des Predigerkollegiums bzw. -seminars, das seine Übungen in der Universitätskirche durchführte und dessen Mitglieder teilweise am Halten der Universitätsgottesdienste beteiligt waren. 2 weitere Abhandlungen über Einzelfragen der Predigttheorie von Chr. Kortholt und P. J. Förtsch kamen als Vorlesungsankündigungen in kleinen Auflagen heraus[13]. Daß die meisten der selbständigen homiletischen Publikationen Göttinger Universitätstheologen im 18. Jahrhundert in Göttin-

---

[11] Ausschreiben des Konsistoriums vom 10.11.1769, in: Chr. H. Ebhardt (Hg.), Gesetze, Verordnungen und Ausschreiben für den Bezirk des Königl. Consistorii zu Hannover, welche in Kirchen- und Schulsachen ergangen sind, II. Bd., 1845, (58–69) 62f.; vgl. dazu P. Graff, aaO., II. Bd., 95.

[12] Z. B. predigte J. C. Volborth in St. Nikolai nachweislich regelmäßig über die vorgeschriebenen Perikopen. Vgl. J. C. Volborth, Christliche Predigten über die Evangelischen Texte aller Sonn- und Fest-Tage, 1791; ders., Christliche Predigten über die Epistolischen Texte aller Sonn- und Fest-Tage, 1793. In der Universitätskirche dagegen legte Volborth seinen Predigten frei gewählte Texte zugrunde. Vgl. J. C. Volborth, Christliche Predigten, 1786.

[13] Für die Annahme kleiner Auflagen spricht, daß diese Texte für einen begrenzten Adressatenkreis bestimmt waren und daß sie bibliothekarisch selten nachzuweisen sind (s. Bibliographie).

gen gedruckt worden sind, hatte natürlich naheliegende praktische Gründe. Darin spiegelt sich im übrigen das durch die hannoversche Staatsregierung seit den Anfängen der Universität geförderte enge Zusammenwirken zwischen den Professoren und den Göttinger Druckern und Verlagsbuchhändlern im 18. Jahrhundert[14].

Tabelle 1: Selbständige homiletische Schriften Göttinger Universitätstheologen 1736–1804

Gesamtzahl	Druckorte nach Drucken		Drucker bzw. Verleger	
21 Titel in 23 Drucken	Göttingen	18	Johann Christian Dieterich	6
			Victorin Bossiegel	3
			Johann Michael Fritsch	2
			Anna Vandenhoeck	1
			Vandenhoeck u. Ruprecht	1 } 2
			Johann Friedrich Hager	1
			Daniel Friedrich Kübler	1
			Johann Friedrich Röwer	1
			Johann Heinrich Schulze	1
			Königl. Universitätsbuchhandlung (= Michael Türpe)	1
	Bremen	1	Friedrich Wilmans	1
	Hannover	1	G. L. Försters Erben	1
	Jena	1	Peter Fickelscher	1
	Leipzig	1	Georg Joachim Göschen	1
	Leipzig/Göttingen	1	Weygandsche Buchhandlung	1

Zur Tabelle 2, die eine numerische Übersicht über die selbständigen Druckausgaben der von 1737–1804 im Göttinger Universitätsgottesdienst gehaltenen Predigten bietet, ist vorweg zu bemerken, daß hier auch die – wenigen – Predigtsammlungen berücksichtigt sind, die neben Universitätspredigten auch andernorts gehaltene Predigten Göttinger Universitätsprediger und -theologen enthalten. Berücksichtigung finden ebenfalls die von der Theologischen Fakultät zwischen 1795 und 1804 ausgezeichneten studentischen Predigten. Auch wenn es sich bei diesen gedruckten Preispredigten um ein Sonderphänomen handelt, gehören sie doch zum Gesamtbild der publizistischen Verbreitung der Göttinger Universitätspredigten im 18. Jahrhundert hinzu[15]. In

---

[14] Vgl. P. RAABE, Universität und Buchhandel. Göttingen im 18. und frühen 19. Jahrhundert, in: DERS., Bücherlust und Lesefreuden. Beiträge zur Geschichte des Buchwesens im 18. und frühen 19. Jahrhundert, 1984, 36–50.

[15] Es handelt sich um 14 Titel mit insgesamt 18 Predigten, die von J. Chr. und H. Dieterich, J. D. G. Brose und Ph. G. Schröder verlegt wurden. Ohne Berücksichtigung dieser studentischen Preispredigten würden übrigens die Zahlen der von den Firmen Dieterich und Vandenhoeck (u. Ruprecht) herausgebrachten Predigtdrucke nach Titeln fast genau übereinstimmen (s. Tabelle 2).

die Übersicht nicht mit einbezogen sind dagegen die in der Universitätskirche vorgetragenen Predigten, die in diversen Prediger-Magazinen und Sammelbänden mit Kanzelreden verschiedener Autoren publiziert wurden.

Tabelle 2: Selbständige Druckausgaben der im Göttinger Universitätsgottesdienst 1737–1804 gehaltenen Predigten

Gesamtzahl	Druckorte nach Titeln		Drucker bzw. Verleger	Titel			Bde.
69 Titel bzw. 82 Bände	Göttingen	62	Johann Christian Dieterich	21	} 27		30
			Heinrich Dieterich	6			
			Abraham Vandenhoeck	1	} 16		22
			Anna Vandenhoeck	13			
			Vandenhoeck u. Ruprecht	2			
			Victorin Bossiegel	5			5
			Johann Wilhelm Schmidt	3			3
			Philipp Georg Schröder	3			3
			Joh. Daniel Gotthelf Brose	2			2
			Johann Michael Fritsch	2			2
			Johann Friedrich Röwer	2			2
			Johann Georg Rosenbusch	1			1
			nicht nachweisbar	1			1
	Jena	3	Joh. Rudolph Crökers Witwe	2			2
			Christian Heinrich Cuno	1			1
	Erlangen	2	Johann Jakob Palm	2			6
	Hannover	2	Helwing's Hofbuchhandlung	1			1
			Nicol. Förster u. Sohn Erb.	1			1

Wie die meisten homiletischen Publikationen Göttinger Universitätstheologen vor Ort gedruckt und verlegt wurden, so erschien in Göttingen auch der ganz überwiegende Teil der Druckausgaben der im 18. Jahrhundert gehaltenen Universitätspredigten. In der Verteilung der Predigttitel auf die einzelnen Göttinger Druckereien und Verlagsbuchhandlungen schlagen sich die während des Bearbeitungszeitraums unter den Göttinger Buchfirmen bestehenden Größenverhältnisse deutlich erkennbar nieder. Allein 43 der insgesamt 69 Titel wurden von den beiden führenden Firmen Dieterich und Vandenhoeck (u. Ruprecht) verlegt[16]. Bei den übrigen Göttinger Verlegern bzw. Druckern, die Universitätspredigten herausbrachten, handelt es sich um kleinere Unternehmen, die teilweise nur kurzzeitig in Göttingen tätig waren, teilweise aber auch – wie Victorin Bossiegel – über Jahrzehnte hin mit einem kontinuierlichen Angebot an Büchern präsent blieben[17]. Daß 7 Sammlungen mit Universitätspredigten außerhalb Göttingens erschienen, wird man ungezwungen

---

[16] Zu J. Chr. Dieterich vgl. die vorzügliche Untersuchung von E. Willnat (s. Anm. 8); zu Anna Vandenhoeck vgl. B. Lösel, Die Frau als Persönlichkeit im Buchwesen. Dargestellt am Beispiel der Göttinger Verlegerin Anna Vandenhoeck (1709–1787), 1991.

auf die persönlichen Beziehungen ihrer Verfasser zu den auswärtigen Verlagsbuchhandlungen zurückführen können[18].

Über die Auflagenhöhe der gedruckten Universitätspredigten lassen sich
leider nur in einem Fall präzise Angaben machen. Im übrigen sind die Ver-
lagsverträge mit den Autoren nicht mehr vorhanden[19], und weitere auskunfts-
fähige Quellen stehen nicht zur Verfügung. Um hinsichtlich der Auflagen-
stärke zu einigermaßen begründeten Vermutungen zu gelangen, kann man
sich an folgenden Anhaltspunkten orientieren. Nach der Schätzung R. van
Dülmens kam ein Buch Ende des 18. Jahrhunderts im Durchschnitt in einer
Auflage von etwa 600 Exemplaren heraus, ausgenommen die vielgelesenen
belletristischen Werke, die um 1800 in Auflagen von ca. 3000–4000 Stück,
z. T. auch mehr, gedruckt wurden[20]. W. Ruprecht nimmt bei „gangbaren
Büchern" seines Hauses im 18. Jahrhundert Auflagen von durchschnittlich
1000 Stück an; zwei Lehrbücher des Theologieprofessors und Universitätspredigers G. Leß erreichten nachweislich sogar Auflagen von 1500 bzw. 2000
Exemplaren[21]. Das erhaltene Subskribentenverzeichnis für einen Band mit
Gemeindepredigten des Göttinger Pfarrers J. C. Volborth führt 140 Subskriptionen auf, eine postum publizierte Predigtsammlung des Pfarrers an St.
Albani J. A. Chr. Nöbling brachte es auf 392 Subskriptionen[22]. Freilich kamen Universitätsprediger wie Leß, Koppe, Marezoll und Ammon auf einen
höheren Bekanntheitsgrad als die beiden Gemeindepfarrer von St. Nikolai
und St. Albani. Bei den Universitätspredigern kann man davon ausgehen, daß
ihre Predigtsammlungen nicht nur vom lokalen akademischen Publikum,
sondern auch außerhalb Göttingens gekauft und gelesen wurden. Die postum
in 2 Bänden erschienenen Kanzelreden des Universitätspredigers und späteren
Generalsuperintendenten in Gotha und Hannover J. B. Koppe z. B. stießen,
wie 1604 Subskriptionen von 1421 Subskribenten belegen, auf eine vergleichsweise hohe Nachfrage[23]. Allerdings kann man von diesen Zahlen her
wiederum nicht ohne weiteres auf ähnlich hohe Auflagen der Predigtausgaben der anderen Universitätsprediger schließen, denn die Predigtsammlung

---

17 Zum Göttinger Verlagswesen im 18. Jahrhundert vgl. P. Raabe, aaO., 41–43; E. Willnat, aaO., 11–15; W. Ruprecht, Väter und Söhne. Zwei Jahrhunderte Buchhändler in einer
deutschen Universitätsstadt, 1935, 18–37.

18 Das gilt für Krafts Jenaer Predigtpublikationen und für Ammons in Erlangen erschienenen Predigtsammlungen.

19 Dies ergaben meine Nachforschungen im Verlagsarchiv Vandenhoeck u. Ruprecht.

20 Vgl. R. van Dülmen, aaO., 245.

21 W. Ruprecht, aaO., 91.

22 Vgl. J. C. Volborth, Christliche Predigten über die Evangelischen Texte aller Sonn-
und Fest-Tage, 1791, Bl. 1r–3v; J. A. Chr. Nöbling, Predigten. Aus dessen Nachlasse hg. von
Chr. Fr. Ammon u. K. A. M. Schlegel, 1803, IX–XVIII.

23 Vgl. das Subskribentenverzeichnis in: J. B. Koppe, Predigten. Nach seinem Tode herausgegeben [von L. T. Spittler], Erste Sammlung, 1792, XXIX–LXXI; Zweite Sammlung,
1793, XV.

Koppes wurde dem Subskribentenverzeichnis zufolge von Personen, Institutionen und Buchhandlungen erworben, die in etwa zu gleichen Teilen dem Umfeld seiner Wirkungsstätten Göttingen, Gotha und Hannover zuzurechnen sind. Nimmt man alle Anhaltspunkte zusammen, wird man für die großen Predigtsammlungen der Göttinger Universitätsprediger im 18. Jahrhundert durchschnittliche Auflagenzahlen von 600–800 Stück annehmen können, während für die einzeln gedruckten Predigten zu besonderen Anlässen mit meist ausgeprägtem lokalen Bezug Auflagen von 300, höchstens 400 Exemplaren realistisch sein dürften.

Daß die gedruckten Predigten tatsächlich auch Absatz fanden, läßt sich in den Fällen, in denen Predigtsammlungen mehrere Auflagen erfuhren, direkt nachweisen[24]. Einen interessanten indirekten Beleg hierfür stellt das kaiserliche Druckprivileg dar, das Leß in vielen seiner von J. Chr. Dieterich und A. Vandenhoeck verlegten Predigtbände abdrucken ließ und durch das der Nachdruck des betreffenden Buches ausdrücklich verboten wurde[25]. Mit dieser Maßnahme versuchten Leß und seine Verleger Raubdrucke seiner Werke zu verhindern – insbesondere im süddeutschen Raum wurden nämlich in der 2. Hälfte des 18. Jahrhunderts zunehmend illegal billige Nachdrucke von Büchern norddeutscher Verlagsfirmen hergestellt[26].

Wenn man die Druckausgaben der Universitätspredigten nach ihren Erscheinungsjahren drei zeitlichen Perioden zuordnet, ergibt sich folgendes Bild:

Tabelle 3: Aufgliederung der Predigtausgaben nach Erscheinungsjahren

	1737–1763	1764–1790	1790–1805
Titel	14	27	28
Bände	14	33	35

Diese Periodisierung basiert auf der noch zu begründenden Annahme, daß man die Göttinger Universitätsprediger im 18. Jahrhundert den drei Phasen, in denen sich die theologische Aufklärung formiert und aufgefächert hat, zuordnen kann. Der erste, 27 Jahre umfassende Zeitraum beginnt mit der

---

24 4 Predigtbände LESS' und 1 Sammlung MAREZOLLS erfuhren 2 Auflagen, 2 Bände LESS' erschienen sogar in 3 Auflagen. Unberücksichtigt bleiben dabei die zahlreichen „Anhänge" und „Zusätze", die LESS bereits publizierten Predigtbänden folgen ließ. Diese „Anhänge" bzw. „Zusätze" werden in Tabelle 2 als eigenständige Bände, nicht jedoch als selbständige Titel gezählt.

25 Das Original des Druckprivilegs des Kaisers Joseph II. vom 18.12.1778, das für sämtliche von J. Chr. Dieterich und A. Vandenhoeck verlegten Bücher LESS' ausgestellt war, befindet sich im Verlagsarchiv Vandenhoeck u. Ruprecht.

26 Den Hintergrund für die Zunahme dieser Raubdrucke in der 2. Hälfte des 18. Jahrhunderts bildeten Auseinandersetzungen zwischen den norddeutschen und süddeutschen Verlegern um die geschäftliche Neuordnung des Buchhandels nach dem Siebenjährigen Krieg. Vgl. dazu B. LÖSEL, aaO., 29–36.

Eröffnung der Universität und reicht bis zum Ende des Siebenjährigen Krieges. Von ihrem theologischen und homiletischen Profil her sind die Prediger dieser Periode als Vertreter der sog. Übergangstheologie anzusehen. Mit 14 gedruckten Predigtausgaben, darunter allein 7 Einzelpredigten, fällt das literarische Ergebnis ihres Wirkens eher bescheiden aus.

Wesentlich mehr Predigtausgaben sind für die zweite Periode in den ebenfalls 27 Jahren zwischen 1764 und 1790 (bis zum Ende des Wirkens Leß') zu verzeichnen. Die Prediger dieser Phase, die allesamt als gemäßigte Anhänger der Neologie in Erscheinung traten, profitierten offenkundig von dem Aufschwung, den das Göttinger Buch- und Verlagswesen nach dem Siebenjährigen Krieg nahm. Insbesondere die seit 1766 in Göttingen tätige Verlagsbuchhandlung von J. Chr. Dieterich belebte als Konkurrenz zu den bestehenden Firmen – namentlich zu A. Vandenhoeck – das Geschäft[27]. Die im Vergleich zur niedrigen Quote der ersten Periode hohe Zahl an Predigtpublikationen während der Zeit von 1764–1790 dokumentiert aber auch den dezidierten Anspruch eines einzigen Autors, mit gedruckten Predigten im aufklärungstheologischen Sinne auf das religiöse Bewußtsein der literarisch gebildeten Öffentlichkeit einzuwirken. Denn allein von G. Leß stammen 18 der insgesamt 27 Predigtausgaben dieser Phase (nach Titeln). Zur neologischen Periode müßten eigentlich auch die Predigtsammlung Koppes und der Predigtband Richerz' gezählt werden, die jeweils erst postum erschienen und hier nun nach ihren Erscheinungsjahren zur dritten Periode gerechnet werden.

Dieser dritte, von 1790 (ab dem Beginn der Predigtpublikationen Marezolls) bis zur vorläufigen Einstellung des Universitätsgottesdienstes 1805 reichende Zeitraum ist geprägt durch Prediger, die den doppelten Ausgang der theologischen Aufklärung im Rationalismus einerseits und im aufgeklärten Supranaturalismus andererseits exemplarisch repräsentieren. Obwohl diese Phase lediglich 16 Jahre umfaßt, kommen die 28 Titel bzw. 35 Bände auf einen Wert, der die hohe Publikationsrate des zweiten Zeitabschnitts sogar noch geringfügig übertrifft. Allerdings hat man dabei einschränkend festzuhalten, daß den studentischen Preispredigten mit 14 Titeln ein erheblicher Anteil an diesem Ergebnis zukommt.

Das im Umfeld der Göttinger Universitätskirche entstandene religiöstheologische Schrifttum – die homiletischen Abhandlungen, das Gesangbuch und die gedruckten Predigten – trug entscheidend mit dazu bei, daß im 18. Jahrhundert die theologische Literatur nach der Zahl der Titel die erste Stelle der Verlagsproduktionen von J. Chr. Dieterich und Vandenhoeck (u. Ruprecht) einnahm[28]. Dies erscheint um so bemerkenswerter, als in Deutsch-

27 Vgl. W. RUPRECHT, aaO., 76–81; E. WILLNAT, aaO., 15 ff.
28 E. WILLNAT, aaO., 223 (Tab. 1), gibt für die Theologie einen Anteil von 13,27% an der Verlagsproduktion J. Chr. Dieterichs an. Wenn man die von WILLNAT gesondert rubrizierten 15 theologischen Preisschriften (aaO., 204 f.), LESS' Predigt zum Universitätsjubiläum 1787 (aaO., 188) und die Trauerpredigt AMMONS (aaO., 189) noch hinzurechnet, kommt man für die

land ansonsten vor allem in der 2. Hälfte des 18. Jahrhunderts der Anteil der theologischen und Erbauungsliteratur an der gesamten Buchproduktion sukzessive zurückging[29]. Zwar konnte die religiöse Literatur im Laufe des 18. Jahrhunderts ihren angestammten Platz auf dem Buchmarkt durchaus behaupten, wenn man die absoluten Zahlen der jährlich neu produzierten religiös-theologischen Titel zugrundelegt. Gemessen an der Summe aller erschienenen Bücher verlor sie jedoch erheblich an Boden gegenüber anderen Sparten wie etwa dem popularphilosophischen Schrifttum und vor allem der schöngeistigen Literatur, die am stärksten von der im Aufklärungszeitalter kontinuierlich zunehmenden „Lesewut" und der infolgedessen immens expandierenden Bücherproduktion profitierten. Vor diesem Hintergrund kann man aus dem hohen Anteil religiös-theologischer Werke an den Göttinger Verlagsproduktionen vorsichtig auf ein anhaltendes Interesse an religiösen Themen schließen. Das im Umkreis der Göttinger Universitätskirche entstandene Schrifttum steuerte einen nicht unwesentlichen Beitrag zur Weckung und zum Wachhalten dieses Interesses im 18. Jahrhundert bei. Nicht zuletzt trug dieses Schrifttum mit dazu bei, daß das Buch- und Verlagswesen der Universitätsstadt Göttingen auf dem deutschen Buchmarkt des 18. Jahrhunderts eine bedeutsame Rolle spielte[30].

---

theologische Literatur sogar auf einen Anteil von 15,83%. Der Anteil der theologischen Titel am Verlagsprogramm A. Vandenhoecks dürfte noch etwas höher liegen. Genaue Zahlen lassen sich einstweilen nicht vorlegen, da die von B. Lösel, aaO., 86 ff., erstellte Verlagsbibliographie aus verschiedenen Gründen unbefriedigend bleibt.

[29] Zum folgenden vgl. R. van Dülmen, aaO., 240–245 (mit ausführlichen Zahlen zur Entwicklung des Buchmarkts im 18. Jahrhundert); P. Raabe, Buchproduktion und Lesepublikum 1770–1780, in: ders., Bücherlust und Lesefreuden, 51–65.

[30] Vgl. dazu P. Raabe, Zum Bild des Verlagswesens in der Spätaufklärung, in: ders., Bücherlust und Lesefreuden, 66–88.

§ 12 Die ersten Universitätsprediger

1. Christian Kortholt

Die Reihe der Göttinger Universitätsprediger, die in diesem Kapitel nach den in der Einleitung entwickelten interpretatorischen Grundsätzen vorgestellt werden sollen, wird eröffnet durch Christian Kortholt (1709–1751)[1]. Der erste Universitätsprediger in Göttingen und damit an einer deutschen Universität überhaupt stammte aus einer Kieler Professorenfamilie. Der Großvater gleichen Namens hatte als Theologieprofessor in Kiel gewirkt und mit Ph. J. Spener in freundschaftlichem Kontakt gestanden. Der junge A. H. Francke hatte drei Jahre lang bei Chr. Kortholt d. Ä., dem Vertreter eines reformorientierten Luthertums, Theologie studiert[2]. Der Vater Chr. Kortholts d. J., Sebastian Kortholt, lehrte in Kiel die Kunst der Beredsamkeit und der Poesie.

Daß die Wahl Münchhausens auf Christian Kortholt fiel, als die Besetzung des Universitätspredigeramtes anstand, hat offenkundig mit den alten Kieler Verbindungen der Göttinger Theologieprofessoren Cruse und Oporin sowie des Münchhausen-Beraters Mosheim zu tun. Cruse und Kortholt hatten gleichzeitig in Kiel studiert, Kortholt war dort bei Oporin in die exegetische und homiletische Schule gegangen[3] und hatte vielleicht sogar noch Mosheim in seinen letzten Kieler Dozentenjahren erlebt. Nachdem ein erster Versuch, Kortholt als Universitätsprediger für Göttingen zu gewinnen, 1735/6 gescheitert war[4], trat die hannoversche Staatsregierung im Frühjahr 1741 erneut in

---

[1] Geb. 30.3.1709 in Kiel als Sohn des Prof. d. Phil. Sebastian Kortholt, gest. 21.9.1751 in Göttingen. – 1723 Studium Kiel, 1728 Mag. phil. Kiel, 1728 Studium Wittenberg, 1729 Studium Leipzig, 1730 Privatdozent Leipzig, 1731 Mitglied des Predigerkollegiums Leipzig, 1733 Bildungsreise nach Holland und England, 1736 dänischer Legationsprediger in Wien, 1742 Universitätsprediger u. ao. Prof. d. Theol. Göttingen, 1748 Pastor an St. Jakobi/Göttingen und Superintendent für den Aufsichtsbezirk Harste. – Zum Biographischen vgl. J. St. Pütter, aaO., 1. Th., 34 f.; unter Berücksichtigung eigener Angaben Kortholts ausführlich E. Fr. Neubauer, Nachricht von den itztlebenden Lutherischen und Reformirten Theologen in und um Deutschland, Th. 2, 1746, 681–691.

[2] Vgl. P. Tschackert, Art. Kortholt, Christian, RE, 3. Aufl., 11. Bd., 47 f.; E. Peschke, Die Reformideen Christian Kortholts, in: ders., Bekehrung und Reform, 1977, 41–64.

[3] Vgl. E. Fr. Neubauer, aaO., 682; ähnlich Chr. A. Heumann am 28.7.1741 gegenüber E. Bartholomäi, in: Th. Wotschke, Die niedersächsischen Berichterstatter für die Acta historico-ecclesiastica, ZGNKG 32/33 (1927/28), (218–276) 229.

[4] S. o. 62.

Verhandlungen mit ihm ein[5]. Diesmal gelang es ihr, Kortholt in das neu geschaffene Amt zu berufen[6]. Der zugleich zum ao. Professor der Theologie ernannte Universitätsprediger fügte sich gut in das etwas blasse Erscheinungsbild der noch in ihren Anfängen befindlichen Göttinger Theologischen Fakultät ein. Sein Schrifttum[7], das zu einem gut Teil eng mit seinen biographischen Wegstationen verknüpft war, weist Kortholt als einen Theologen ohne hervorstechende eigene Konturen aus, der zwar durchaus auf die Fragen der Zeit eingeht, dabei aber kaum zukunftsträchtige Antworten anzubieten hat.

Wohl schon während seiner Tätigkeit als dänischer Gesandtschaftsprediger in Wien war Kortholt auf das Thema des Islam gestoßen. In seiner Dissertation „De Enthusiasmo Mohammedis", auf Grund deren er am 17.9.1745 in Göttingen zum D. theol. promoviert wurde, griff er dies Thema mit der Zielsetzung auf, die islamische Religion und vor allem einige zeitgenössische christliche Autoren, die den Islam um seines vermeintlich vernünftigen Theismus willen nach seiner Einschätzung zu positiv bewerteten, zu widerlegen[8]. In Wien wurde Kortholt auch auf die bedrückende Situation der Protestanten im Königreich Ungarn aufmerksam, denen zwar nach geltendem Recht Religionsfreiheit zustand, denen diese aber von römisch-katholischer Seite aus de facto immer wieder entzogen wurde. Gemeinsam mit dem aus Preßburg stammenden Mathematiker J. A. von Segner (1704–1777) richtete er 1745 ein Bittgesuch an den preußischen König, damit dieser darauf hinwirke, daß den Protestanten in Ungarn die ungehinderte öffentliche Ausübung ihres Gottesdienstes wieder möglich werde[9]. Schon zuvor war Kortholt mit einem ausführlichen Bericht über die Lage der bedrängten evangelischen Christen in Ungarn an die Öffentlichkeit getreten[10].

Als Theologen lernen wir Kortholt am besten anhand einer dogmatischen Abhandlung über die Wahrheit der christlichen Religion kennen, einer Schrift mit apologetischer Tendenz, die ganz die Merkmale der deutschen Frühaufklärung trägt[11]. Kortholt hatte 1734 gelegentlich einer Bildungsreise

---

5 Vgl. UAG, 10 b 2/1, Bl. 1–4.

6 Vgl. die Ernennungsurkunde Kortholts zum Universitätsprediger und zum ao. Prof. d. Theol. vom 30.3.1742, UAG, K 35, Bl. 1; auch 10 b 2/1, Bl. 5. – Daß Kortholt erst ein Jahr nach Beginn der Verhandlungen berufen werden konnte, ist darauf zurückzuführen, daß die dänische Regierung ihn erst freigab, nachdem ein Nachfolger in seinem Amt als dänischer Legationsprediger in Wien gefunden war.

7 Vgl. die Bibliographien bei J. St. Pütter, aaO., 34f.; E. Fr. Neubauer, aaO., 689–691.

8 Vgl. Chr. Kortholt, De Enthusiasmo Mohammedis, 1745; dazu die Anzeige in GAGS 1745, 632. – Zum christlichen Islambild im 18. Jahrhundert vgl. H. Bobzin, Art. Islam II, TRE 16 (1987), (336–349) 344.

9 Vgl. J. Baur, aaO., 47 Anm. 234.

10 Vgl. Chr. Kortholt, Kurze und zuverläßige Nachricht von dem Zustande der Protestantischen Kirche in dem Königreich Ungarn, (1. Aufl. 1743,) 2. Aufl. 1746 (mit drei Beilagen 1745/6).

11 Vgl. Chr. Kortholt, Gründlicher Beweis der Wahrheit der Christlichen Religion, und derer wichtigsten Lehren, 1737.

nach England deistische und antideistische Literatur englischer Autoren studiert, als theologischer Extraordinarius in Göttingen hielt er später mehrfach Vorlesungen über die religiöse und theologische Situation in England[12]. Besagte Schrift aus dem Jahre 1737 richtet sich gegen die „thörichte(n) Einwendungen derer Deisten" und „ihre ungereimte(n) Einfälle"[13] – Kortholt nennt namentlich John Tolands Zweifel am Glauben an eine supranaturale Offenbarung, Th. Woolstons Bestreitung der Historizität der Wunder Jesu, A. Collins' Infragestellung der messianischen Weissagungen des Alten Testaments und M. Tindals These, die Vernunft sei zu einer vollständig natürlichen Gotteserkenntnis fähig und bedürfe keiner besonderen geschichtlichen Offenbarung[14]. Kortholt seinerseits erkennt zwar als einen Vorzug der Gegenwart die Erweiterung der Erkenntnisse der Weltweisheit an, warnt aber vor ihrem Mißbrauch im Sinne eines Angriffs auf die christliche Religion. Als Intention seiner Darlegungen gibt er an, „andere zu überführen, daß es nicht nur wohl beysammen stehen kann, ein vernünftiger Mensch und ein rechtschaffner Christ zu seyn, sondern, daß man auch ein Christ werden müsse, wenn man mit aufgeklärter Vernunft von den Schriften Neues Testaments urtheilen wolle"[15]. Unter dieser Voraussetzung macht Kortholt dann formaliter durchaus Konzessionen an die Weltweisheit (, die er in Leipzig ausgiebig studiert hatte[16]), wenn er die Möglichkeit einer von der Erleuchtung durch die Natur unterschiedenen göttlichen Offenbarung (II. Teil, §§ 1–4), die Ursachen für die Notwendigkeit einer besonderen Offenbarung des Willens Gottes (II. Teil, §§ 5–12) oder die Eigenschaften einer Gott angemessenen besonderen Offenbarung (II. Teil, §§ 13–19) quasi remota fide erörtert. Allerdings läuft die ganze Argumentation materialiter doch auf eine supranaturalistische Position hinaus. Denn die Wahrheit der christlichen Religion wird bewiesen aus den Taten und Wundern Jesu (II. Teil, §§ 93–107), wie sie in der Geschichte des Neuen Testaments mit glaubwürdiger Autorität bezeugt werden (II. Teil, §§ 64–92). Um diese Wahrheit erkennen zu können, bedarf der Christ des inneren Zeugnisses des Heiligen Geistes[17].

Die Mischung aus biblisch-heilsgeschichtlicher und vernünftiger Argumentation begegnet uns auch in Kortholts später, dem Vater zum 50jährigen

---

[12] Zu seiner Bildungsreise nach England vgl. ausführlich E. Fr. NEUBAUER, aaO., 684 f.; zu seinen Vorlesungen vgl. H.-J. MÜLLENBROCK, Aufklärung im Zeichen der Freiheit – das Vorbild Englands, in: J. v. STACKELBERG (Hg.), aaO., (144–166) 149.

[13] Vgl. Chr. KORTHOLT, aaO., Bl. 8r.

[14] Vgl. aaO., Bl. 7r.

[15] AaO., Bl. 8r.

[16] AaO., Bl. 7v; vgl. E. Fr. NEUBAUER, aaO., 683 f. – KORTHOLT veranstaltete von 1733–1742 eine vierbändige Ausgabe von Briefen LEIBNIZ', auf den er sich auch sonst öfter bezieht.

[17] AaO., Vorbereitung, § 23: „Es darf uns dahero nicht fremde vorkommen, wenn in der Christlichen Religion ein innerliches Zeugniß des heiligen Geistes, welches mit einer göttlichen Kraft die Herzen zu rühren verbunden ist, erfordert wird, wofern iemand von der Göttlichkeit der Lehre JEsu soll überzeuget werden."

Amtsjubiläum gewidmeten Schrift „Die Vortheile eines langen Lebens"[18], nur daß das Pendel jetzt mehr und mehr zur Seite der natürlichen Vernunft hin ausschlägt. Insbesondere in seinen Überlegungen zur Relation von Sünde und Tod knüpft Kortholt noch an die biblische Überlieferung an und interpretiert er beispielsweise die Verheißung des „Schlangenzertreters" (Gen 3,15), das sog. Protevangelium, wie Oporin, auf dessen „Kette" der messianischen Weissagungen des Alten Testament er sich beruft, und wie fast die ganze kirchliche Auslegungstradition im christologischen Sinne[19]. Jedoch Kortholts Gesamtdeutung des Lebens als eines Probezustandes, in welchem sich die Menschen nach dem Sündenfall im Hinblick auf die Ewigkeit zu bewähren haben, speist sich hauptsächlich aus Gedanken, die in ihrer Zusammensetzung als typisch für die frühe theologische Aufklärung anzusehen sind. Die Anlehnung an ein optimistisches Menschenverständnis, die ansatzweise erkennbare Aufweichung des traditionellen Sündenbegriffs, die Behauptung eines dem Menschen angeborenen (religiösen) Glückseligkeitstriebes sowie die Betonung der sittlichen Dimension des Lebens und deren praktischer Konsequenzen in den gesellschaftlichen und häuslichen Bereichen verdeutlichen diesen theologiegeschichtlichen Bezug der Beweisführung Kortholts[20].

Mit den begrenzt, nämlich hauptsächlich zu apologetischen Zwecken genutzten Motiven der frühen Aufklärungstheologie verband Kortholt in seinem theologischen Denken pietistisch geprägtes Gedankengut. Die Offenheit dem Pietismus gegenüber war ihm sozusagen als familiäres Erbe mit auf den Weg gegeben, hatte doch schon der Großvater in den Bahnen einer reformbewußten lutherischen Orthodoxie die Zusammengehörigkeit von Theologie, Glauben und Frömmigkeitspraxis gelehrt. Dessen erstmals 1671 in Auszügen erschienene, später u. a. von dem Hallenser Pietisten J. J. Breithaupt mit

---

18 Vgl. Chr. KORTHOLT, Die Vortheile eines langen Lebens, 1750.

19 Vgl. Chr. KORTHOLT, aaO., 11; zu Oporin vgl. J. BAUR, aaO., 55; zur Kritik an dieser Deutung durch J. L. Schmidt, den Verfasser der Wertheimer Bibel, vgl. E. HIRSCH, aaO., Bd. 2, 423.

20 AaO., 9: „Es wurden nehmlich den Menschen nach ihrem Sünden-Fall Zeit zur Busse und so viele Vollkommenheiten gelassen, als nöthig waren; daß sie nicht ganz und gar unfähig worden in einem neuen Probe-Zustand aus ihrem Sünden-Elende errettet, und zur ewigen Seeligkeit bereitet zu werden. Ihr Verstand behielt z. E. die Volkommenheit durch bündige Gründe von wigtigen Wahrheiten überzeuget zu werden; Gottes Gröse und Majestät aus dem Lichte der Natur zu erkennen, und nützliche Wahrheiten zu erfinden, welche zur Beforderung der zeitlichen Glückseeligkeit vieles beitragen. Ihr Wille blieb überhaupt gut genug. Sie behielten einen Trieb gerne seelig zu seyn. In ihrem Cörper blieben Spuren genug übrig, aus welchen man itzo erkennen kann; daß sie anfangs von dem weisesten und gütigsten Wesen erschaffen worden." – AaO., 36 f.: Wir können „hienieden vor die Ewigkeit arbeiten, und wann wir dem göttlichen Gnaden-Rufe treulich folgen, nicht nur um JEsu willen ewig seelig werden; sondern auch solche Geschäfte vornehmen, welche dermahleins ewig mit den Vortrefflichsten Gnaden-Belohnungen sollen vergolten werden. Es ist also ein jeder Tag, ja ein jeder Augenblick in dieser Vorbereitungs- und Gnaden-Zeit sehr schätzbar. Denn er kann zu dem seeligsten Zweck angewendet werden."

einem Anhang 1723 zum Druck beförderte Pastoraltheologie brachte der
Enkel 1748 unter dem bezeichnenden Titel „Pastor fidelis" erneut heraus,
nicht ohne in der Praefatio die pietistischen und die dem Pietismus nahestehenden Theologen aufzuzählen, die dem Werk des alten Kortholt inzwischen
ihre zustimmende Anerkennung ausgesprochen hatten[21]. Mit einem genuin
pietistischen Thema führte sich Kortholt auch als Universitätsprediger in
Göttingen ein, wo er am Trinitatisfest 1742 in seiner – nicht erhaltenen –
Antrittspredigt „von der Nothwendigkeit der Wiedergeburt" handelte[22].
Daß seine Zuwendung zu der mit der Offenbarung noch in einer prästabi-
lierten Harmonie gedachten natürlichen Vernunft und seine Bejahung der
pietistischen Forderung nach erkennbaren Glaubensfrüchten des frommen
Subjekts die Grenzen des vorausgesetzten orthodoxen Lehrbestandes nicht
überschreiten würden, machte Kortholt seinem Göttinger Publikum in seiner
Antrittsvorlesung „De ὀρϑοτομία verbi divini" vom 25.7.1742 klar. Fundiert
auf eine die Auslegungstradition mit einbeziehende Exegese von 2. Tim 2,15,
erläutert er hier seine Auffassung von der Notwendigkeit, daß der das eine
ungeteilte, zum ewigen Heil führende Wort der Wahrheit vortragende Theologe tunlichst die Differenzen hinsichtlich der Zeitumstände und der Auffas-
sungsgabe seiner Hörer zu berücksichtigen habe[23]. Diesen hörerorientierten
Ansatz vertieft Kortholt dann freilich nicht – wie zu erwarten gewesen wäre
– durch eine Analyse anthropologischer Unterscheidungsmerkmale, sondern
im Rekurs auf die einzelnen theologischen Disziplinen, deren spezifische
Funktionen Kortholt im Konsens mit der lutherisch-orthodoxen Tradition
entfaltet[24].

In Kortholt begegnet uns also ein Repräsentant der facettenreichen sog.
Übergangstheologie – schon Heumann stellte ihm 1744 das treffende Attestat
aus: „Er ist gelehrt, fromm und orthodox." Die im selben Votum gegebene
Charakteristik des Predigers Kortholt dürfte dessen Position in den homiletischen Kontroversen der 1730er und 1740er Jahre im Kern ebenfalls gut erfaßt
haben. Kortholt verbinde, schreibt Heumann, „die Vernunft und Philosophie

---

21 Vgl. Chr. Kortholt (d. Ä.), PASTOR FIDELIS Sive DE OFFICIO MINISTRORVM
ECCLESIAE OPVSCVLVM, hg. v. Chr. Kortholt (d. J.), 1748, Praefatio, 5 ff. – Titel der
Erstausgabe des Vf.s: „Schwere Bürde des Predigt-Amts, 1671. – Die von Kortholt d. J.
aufgezählten Theologen dürften zusammen in etwa die Ahnengalerie bilden, an der er sich
selbst orientierte: Spener, Francke, Buddeus, Rambach, Mosheim, Oporin, Heumann, Baumgarten.

22 E. Fr. Neubauer, aaO., 688.

23 Vgl. Chr. Kortholt, ORATIO SOLEMNIS DE ΟΡΘΟΤΟΜΙΑ VERBI DIVINI
(1742), abgedruckt als Anhang zu Chr. Kortholt (d. Ä.), aaO. (s. Anm. 21), (195–226) 207 f.

24 Im einzelnen werden von Kortholt erläutert die Theologia catechetica, die Theologia
acroamatica (= Theologia dogmatica und Theologia moralis) und die Theologia polemica (vgl.
aaO., 208–224). Bezeichnend für den theologiegeschichtlichen Ort Kortholts ist schon die
quantitative Gewichtung der einzelnen Teile: Den breitesten Raum nehmen die katechetische
und die moralische Theologie ein, am kürzesten wird die polemische Theologie abgehandelt.

mit der Theologie nicht auf die gemeine art derjenigen", die durch ihre Demonstriersucht auf den Kanzeln nichts außer ihrer eigenen, oft genug fragwürdigen Kompetenz als weltliche Redner unter Beweis stellen würden, „sondern die Philosophie macht seinen Vortrag ordentlich, voll und überzeugend"[25]. In der Tat lehnte Kortholt wie sein homiletischer Lehrer Oporin[26] die extensive Anwendung der philosophischen Predigtmethode, die unter dem Einfluß des theologischen Wolffianismus seit ca. 1730 erheblich an Bedeutung gewonnen hatte[27], als theologisch unzureichend ab.

In diesem Sinne hat Kortholt 1746 in seiner einzigen homiletischen Spezialveröffentlichung die bleibende Differenz zwischen der geistlichen und der weltlichen Beredsamkeit prononciert herausgestellt. Er nimmt die Ankündigung eines Privat-Kollegs über die geistliche Beredsamkeit zum Anlaß, um seinen Widerspruch gegen die von Johann Christoph Gottsched (1700–1766) erhobene Forderung anzumelden, die Grundsätze und Regeln der allgemeinen Redekunst müßten auch in der geistlichen Rede Anwendung finden, ja es sei geradezu ein törichtes Unterfangen, die Redekunst in eine geistliche oder weltliche, theologische oder politische aufzuteilen[28]. Dabei stellt Kortholt das Vorhandensein gewisser Affinitäten zwischen der geistlichen und weltlichen Beredsamkeit nicht in Abrede. So sollte der geistliche Redner sich durchaus an die allgemeinen Regeln der Rhetorik halten, wenn es darum geht, dem Vortrag auf der Kanzel Deutlichkeit, gedankliche Ordnung und stilistische Anmut zu verleihen. Auch bei der Wahl der Beweis- und

---

[25] Chr. A. Heumann am 14.4.1744 an die Regierung, UAG, 10 b 2/1, Bl. 13. Anlaß dieses Schreibens war das Gerücht, Cruse werde die Universität bald verlassen. Für die Neubesetzung der Professur Cruses schlug Heumann der Regierung Kortholt vor. Cruse ging allerdings erst 1747 von Göttingen weg.

[26] Zu Oporin s. o. 56–60.

[27] Wie weit die philosophische Predigtmethode tatsächlich verbreitet war, läßt sich nicht mehr exakt feststellen. M. SCHIAN, Orthodoxie und Pietismus im Kampf um die Predigt, 1912, 149–164, rechnet für die frühen 1730er Jahre nur mit vereinzelten Fällen philosophischer Predigten (vgl. aaO., 154 f.), konstatiert aber eine rasche Zunahme in den späten 1730er Jahren. Als Anhaltspunkte für diese Entwicklung wertet er u. a. die preußische Kabinettsorder vom 7.3.1739 (vgl. aaO., 158 f.) und den von einem Anonymus verfaßten und von J. G. REINBECK herausgegebenen „Grund-Riß einer Lehr-Arth ordentlich und erbaulich zu predigen nach dem Innhalt der königlichen Preußischen allergnädigsten CABINETS–ORDRE vom 7. Martii 1739. entworffen", 1740.

[28] Vgl. Chr. KORTHOLT, Einladung zu seinen Lehr-Stunden, … Nebst einigen Anmerkungen von dem Unterscheid des geistlichen und weltlichen Beredsamkeit, 1746, 3 (Ex. NLB Hannover, C 3831/39). KORTHOLT bezieht sich hier auf J. Chr. GOTTSCHED, Ausführliche Rede-Kunst, Nach Anleitung der alten Griechen und Römer, wie auch der neuern Ausländer; Geistlichen und weltlichen Rednern zu gut, 1736, 42.523 f. – Zu GOTTSCHEDS Rhetorik und ihrem Einfluß auf die Entstehung und Ausformung der philosophischen Predigtmethode vgl. M. SCHIAN, aaO., 11.129 f.153; zuletzt W. BLANKENBURG, Aufklärungsauslegung der Bibel in Leipzig zur Zeit Bachs. Zu Johann Christoph Gottscheds Homiletik, in: M. PETZOLDT (Hg.), Bach als Ausleger der Bibel. Theologische und musikwissenschaftliche Studien zum Werk Johann Sebastian Bachs, 1985, 97–108.

Bewegungsgründe, mit denen die Hörer von der Wahrheit des Wortes Gottes überzeugt und zu christlichen Gemütsbewegungen und den daraus erwachsenden sittlichen Handlungen angeregt werden sollen, kann es von Vorteil sein, die anerkannten Grundsätze der weltlichen Redekunst zu berücksichtigen[29].

Gleichwohl liegt geistliche Beredsamkeit nicht etwa schon dort vor, wo jemand von den göttlichen Wahrheiten nach allen Regeln der „Wohlredenheit" zu sprechen versteht. Geistliche Beredsamkeit kann man vielmehr nur demjenigen zuschreiben, der seine Zuhörer von den heilsnotwendigen Wahrheiten aus dem Wort Gottes zu überzeugen und in ihnen fromme Empfindungen sowie Entschlüsse zu einem dem Weg zur Seligkeit gemäßen Wandel zu erwecken vermag. Um dieses Ziel zu erreichen, müssen die zur Seligkeit führenden Wahrheiten aus der Heiligen Schrift hergeleitet und zugleich durch bündige Beweise als einleuchtend erwiesen werden. Wie die frühaufklärerische Predigttheorie kritisiert Kortholt in diesem Kontext die in der orthodoxen Predigt nicht unübliche Praxis, den „homiletischen Beweis" für den Wahrheitsgehalt eines Predigttextes durch das gehäufte Zitieren biblischer Parallelstellen zu erbringen, als ein offenkundig unzureichendes Verfahren. Andererseits wendet er sich aber auch gegen den Anspruch der philosophischen Predigtmethode, durch eine Kette in sich stringenter Vernunftschlüsse eine religiöse Wahrheit hinreichend begründen zu können. Da der Prediger von heilsnotwendigen Dingen zu handeln hat und diese wiederum allein dem geoffenbarten Wort Gottes entnehmen kann, muß er allererst den theologischen Beweis für den Wahrheitsgehalt seiner Aussagen führen[30].

Kortholt hält also im Prinzip daran fest, daß „auf der Canzel dieser Beweis: So spricht der HErr, allezeit der vornehmste seyn" müsse[31]. Genauerhin ist die biblische Fundierung der Predigt nicht nur im Blick auf die Darlegung der ausschließlich von der Heiligen Schrift bezeugten Geheimnisse des Glaubens geboten. Sie ist ebenfalls notwendig bei der Entfaltung von Wahrheiten, die auch natürlicher Erkenntnis zugänglich sind. Denn im geoffenbarten Wort Gottes werden diese vernünftigen Wahrheiten vollständiger und deutlicher als in jeder allgemeinen Vernunftlehre dargeboten. Schließlich bleibt auch für die ethischen Anweisungen der Predigt eine biblische Begründung unentbehrlich, gilt es doch, die im Wort Gottes gebotenen Tugenden vor einer möglichen Relativierung durch vernünftelnde Erklärungsversuche zu bewahren[32].

Kortholts Plädoyer für den besonderen Charakter der geistlichen Beredsamkeit basiert letztlich auf der Prämisse von der Überlegenheit der Offenbarung gegenüber der Vernunft. Anders als für Gottsched etwa, der die Be-

---

[29] Vgl. Chr. KORTHOLT, aaO., 4f.7.

[30] Vgl. aaO., 6–8.

[31] AaO., 8.

[32] Vgl. aaO., 8f. – KORTHOLT beruft sich hier auf die gleichlautende Argumentation von J. OPORIN, Theologisches Bedencken ..., 49; dazu s. o. 60.

deutung der Philosophie – in deren neuer, Wolffscher Gestalt – für die Predigt aufgewertet hatte, bleibt für Kortholt jedwede philosophische Vernunftlehre ancilla theologiae. Im Rahmen dieser festgefügten Zuordnung kann der Prediger in formaler Hinsicht die Erkenntnisse der weltlichen Beredsamkeit verwerten und durch die Anwendung ihrer vernunftgemäßen Regeln seinem Vortrag Ordnung und zusätzliche argumentative Überzeugungskraft verleihen. Die der Vernunft entlehnten Gründe sollten zumal zu apologetischen Zwecken, in der Auseinandersetzung mit Ungläubigen und kritischen Freigeistern, Verwendung in der Predigt finden, jedoch stets den biblischen Beweisen untergeordnet werden.

Was Kortholt näherhin unter der Erbauung der Zuhörer verstanden und wie er seinen Kolleghörern den Weg beschrieben hat, auf dem die Theologie die aus der Offenbarungsurkunde geschöpfte Wahrheit auf die Predigthörer ausrichten sollte, darüber gibt seine knappe homiletische Ortsbestimmung keine weiteren Auskünfte. Unstrittig dürfte sein, daß Kortholt auf einer Linie mit Oporin und auch mit dem Jenenser Johann Georg Walch (1693–1775), der sich soeben in ähnlicher Weise zum Problem der philosophischen Predigt geäußert hatte, der natürlichen Vernunft und der in Kongruenz mit ihr entwickelten weltlichen Redekunst nur eine begrenzte Funktion im Predigtgeschehen einräumen mochte[33].

Immerhin, das Zugeständnis an die Benutzung der Vernunft zur argumentativen Verifizierung der Glaubenswahrheiten verband Kortholt mit einer Reihe von Theologen durchaus unterschiedlichen Profils, die sich mit Predigtbeiträgen an einer ab 1738 erscheinenden Predigtsammlung beteiligten[34]. Deren mutmaßlicher Herausgeber, Philipp Kohl aus Hamburg, äußerte sich

---

[33] Vgl. J. G. WALCH, Abhandlung von dem verderbten und gesunden Geschmack in Ansehung der Predigten (1745), in: DERS. (Hg.), Sammlung Kleiner Schriften von der Gottgefälligen Art zu predigen, 1747, 210–239; dazu M. SCHIAN, aaO., 163. Walch will die Benutzung der philosophischen Methode in der Predigt nur gestatten, wenn sie auf die natürliche Theologie und die Sittenlehre beschränkt bleibt. Er lehnt es aber ab, vernünftigen Beweisen den Stellenwert beizumessen, sie könnten die Hörer von den göttlichen Wahrheiten überzeugen. – Im Vergleich zu Oporin, Walch und Kortholt gesteht Mosheim der Vernunft einen etwas höheren Stellenwert für die Predigt zu. Sie dient ihm zum einen als formales Prinzip, d. h., die göttlichen Wahrheiten müssen in systematisch-wissenschaftlicher Ordnung vorgetragen werden. Das gilt insbesondere für die Sittenlehre. Zum anderen ist die Vernunft das Erkenntnisorgan der allgemeinen Wahrheiten der natürlichen Religion, die in Harmonie mit der Offenbarung stehen und unter bestimmten Voraussetzungen durchaus zum Inhalt der Predigt werden können. Vgl. im einzelnen M. PETERS, Der Bahnbrecher der modernen Predigt Johann Lorenz Mosheim in seinen homiletischen Anschauungen dargestellt und gewürdigt, 1910, 69–71.130–138.

[34] Vgl. Neue Samlung auserlesener und überzeugender Canzel-Reden, hg. von Theophilus und Sincerus (= Ph. KOHL), 1.–5. Th., 1738–1740. An dieser Sammlung, die repräsentativ für die Predigt der Übergangstheologie sein dürfte, beteiligten sich u. a. J. H. Pratje, der junge J. M. Goeze, J. Fr. Burg, R. Teller, J. S. Baumgarten, J. G. Reinbeck, B. Mentzer, E. S. Cyprian, J. G. Walch und Chr. Kortholt.

in der Vorrede zum 1. Band u. a. auch zur Frage nach dem Gebrauch der Vernunft in der Predigt. Kohl empfahl den Predigern des Evangeliums, gemäß der paulinischen Maxime, allen alles zu werden, um auf alle Weise etliche zu retten (cf. 1. Kor 9,22f.), mit der gebotenen Vorsicht und doch ohne Bedenken den „Glauben mit Vernunft, und die Gottesgelahrtheit der Schrift mit der Weltweisheit zu verbinden"[35]. Zu dem unter diesem Vorzeichen begonnenen publizistischen Unternehmen steuerte Kortholt fünf Predigten bei; eine weitere Predigt ist in einem separaten Band, dessen Entstehung aufs engste mit der „Neuen Sammlung" verbunden war, abgedruckt[36]. Leider ist uns aus Kortholts Göttinger Zeit keine Predigt im Druck überkommen, so daß wir uns im folgenden an die vorliegenden Beispiele aus seiner Wiener Predigttätigkeit halten müssen.

Kortholts Predigten sind sämtlich nach dem gleichen, im wesentlichen schon von der orthodoxen Homiletik ausgebildeten Schema klar und übersichtlich gegliedert[37]. Die Vorrede (Exordium) führt die Hörer in das Thema ein und sucht ihr Interesse zu wecken. Ihr folgt die Verlesung des Predigttextes, der sodann zumeist in einer knappen, den Skopus des Textes exegetisch begründenden Narratio paraphrasiert wird. Aus Text und Narratio entwickelt Kortholt organisch die These (Propositio), durch die den Zuhörern die zentrale Predigtaussage vorweg vermittelt wird. An die Gliederung des Gedankengangs (Partitio) schließt sich die eigentliche Abhandlung (Explicatio sive Confirmatio) an, die in zwei Teilen die argumentative Entfaltung des Predigtthemas darbietet. Beschlossen wird die Predigt mit einer meist recht kurzen Anwendung (Applicatio), in der den Hörern noch einmal die Summe der Predigt, zugespitzt auf eine paränetische Anleitung, vorgetragen wird. Eine regelrechte Confutatio, wie sie in der orthodoxen Predigt häufig anzutreffen ist, findet man bei Kortholt nur in einem Fall, und dies nur sehr bedingt, wie zu zeigen sein wird. Ein kurzes Gebet (Invocatio), mit dem der Prediger zu Beginn seiner Rede um Gottes Beistand im Blick auf den beabsichtigten Zweck der Predigt bittet, ist im Druck einmal belegt, dürfte jedoch für den Vollzug der Predigten durchgehend vorauszusetzen sein.

Wie sich bereits aus diesem Gliederungsprinzip ergibt, versteht Kortholt jede Predigt als Auslegung eines biblischen Textes. Der Text bestimmt das

---

[35] Neue Samlung …, 1. Th., Vorrede, 43; vgl. dazu M. Schian, aaO., 157f.

[36] Vgl. die Bibliographie bei E. Fr. Neubauer, aaO., 690f., die zu ergänzen ist durch Chr. Kortholt, Die Klugheit Wahrer Christen in bösen Zeiten: aus Eph. V. 15.16, in: Neue Samlung, 3. Th., 1739, 471–496. – Die angesprochene separate Predigtsammlung vereinigt die Beiträge zu einer Preisaufgabe, die gestellt wurde, nachdem die „Neue Samlung" auf Kritik gestoßen war (dazu vgl. Ph. H. Schuler, aaO., 2. Th., 192–194): Beweis des Lehrsatzes: Die Todten werden auferstehn, (Bd. 1, 1741;) Bd. 2, 1742 (mit einer Osterpredigt Kortholts über Apg 26,8, aaO., 219–260).

[37] Zu Gliederungsschemata der orthodoxen Predigt vgl. M. Schian, aaO., 13–16; W. Schütz, aaO., 118f.; Th. Kaufmann, aaO., 486–489.497–499.516f.

Thema der Predigt, die gedankliche Ausführung des Themas wiederum zieht durchgängig weitere passende biblische Stellen heran. Auf Grund des unter quantitativem Aspekt maßvoll angewandten Schriftbeweises eignet diesen Predigten der Charakter einer biblisch fundierten Argumentation, die sich freilich nicht im bloßen Schriftzitat erschöpft. Denn neben dem Schriftbeweis und gleichsam zu seiner Bestätigung führt Kortholt regelmäßig den Beweis aus der Erfahrung, um bestimmte Aussagen für die Zuhörer nachvollziehbar zu machen. So begründet Kortholt z. B. in einer Predigt über Hi 14,1–5 die Auffassung, daß Gott zwar „selbst den Lauf der Natur geordnet" habe, zuweilen aber auch von demselben abweichen könne, um sich als den Herrn alles Geschaffenen zu erweisen, zunächst mit dem Beispiel des Propheten Elia. Als dieser vom Himmel Feuer gegen seine Feinde herabrief, trat das Erbetene wie durch ein Wunder und wider alle natürliche Erkenntnis ein (cf. 2. Kön 1,9–12). Den Schriftbeweis ergänzt Kortholt dann mit dem empirischen Hinweis, daß Gott auch auf außerordentliche Weisen in menschliches Leben eingreifen könne, wie z. B. durch unableitbare Schicksalsschläge[38].

In Kortholts Predigten verbindet sich ein lehrhafter Ton mit einer Argumentation, die auf die Überzeugungskraft vernünftiger Gründe setzt. Inhaltlich wird die dogmatische Überlieferung der lutherischen Orthodoxie an keinem Punkt in Frage gestellt. Im Gegenteil – die überkommene Lehrtradition kann gelegentlich breit entfaltet werden, wie eine 1736 gehaltene Weihnachtspredigt über Lk 2,1–14 exemplarisch zeigt. Hier will Kortholt „1. erweisen, daß Gott bey der Geburt JEsu den besten Endzweck gehabt" habe, und „2. deutlich machen, daß Er die bequemsten Mittel erwehlet, diesen Endzweck zu erreichen"[39]. Die Absicht, die Gott mit der Inkarnation seines Sohnes Jesus Christus verfolgt hat, besteht nach Kortholts Interpretation von Lk 2,14 in der Offenbarung der göttlichen Vollkommenheiten und in der Beförderung des wahren Vergnügens, d. h. der ewigen Seligkeit der Menschen[40]. Waren wir Menschen nämlich durch „den kläglichen Sündenfall unserer ersten Eltern" zu Feinden Gottes geworden, unfähig, Gottes Geboten und Ordnungen zu gehorchen, so hat Jesus Christus durch seine Geburt den Weg bereitet, daß wir allein um seines Verdienstes willen der Vergebung der Sünden und der Versöhnung mit Gott teilhaftig werden konnten. Waren wir infolge der Erbsünde der Gnade Gottes unwürdig geworden[41], so vermochte

---

[38] Vgl. Chr. KORTHOLT, Erbauliche Gedanken von dem vorher bestimmten Ziele des menschlichen Lebens, in: Neue Samlung, 4. Th., 1740, (31–54) 46 f.

[39] Chr. KORTHOLT, Die Weisheit GOttes bey der Geburt JEsu, in: Neue Samlung, 1. Th., 1738, (399–418) 403.

[40] AaO., 405: „GOtt kann seine Liebe, Güte, Gnade, Langmuth und Barmherzigkeit nicht offenbahren, ohne zugleich das Vergnügen seiner Geschöpfe zu befördern. Will GOtt jemanden Liebe erzeigen, Güte wiederfahren lassen, Langmuth und Barmherzigkeit beweisen; so ist dieses allezeit mit den seligsten Umständen seiner Geschöpfe vergesellschaftet."

[41] Vgl. aaO., 406.

allein Gott die unselige Trennung zwischen ihm und den Menschen aufzuheben[42]. Um den erwähnten doppelten Endzweck erreichen zu können,
hatte Gott freilich die Versöhnung der Menschen mit sich selbst so ins Werk
zu setzen, daß er dabei nicht gegen seine eigene Wahrheit, Gerechtigkeit und
Heiligkeit handelte[43]. Eben dazu sandte Gott seinen Sohn Jesus Christus in
die Welt (cf. Joh 3,16). Indem Jesus Christus das Gesetz Gottes vollkommen
erfüllte und indem er die göttliche Strafe für alle menschlichen Sünden stellvertretend auf sich nahm, erreichte er kraft seines wahren Gottseins und seines
wahren Menschseins die „vollgültige Genugthuung für die Sünden der Menschen"[44].

Nachdem Kortholt mit Hilfe der Satisfaktionslehre den „Zweck" der
Menschwerdung Gottes dargelegt hat, begründet er in einem ausführlichen
Weissagungsbeweis, daß der unter armseligen äußeren Umständen geborene
Jesus − entgegen der irrigen Messiasvorstellung der zur Zeit Jesu lebenden
Juden − tatsächlich der vom Alten Testament geprophezeite Weltenheiland
sei[45]. Insgesamt fällt an den Ausführungen Kortholts auf − und darin dürfte
das frühaufklärerische Moment seiner Predigt liegen −, daß er nirgends vom
rechtfertigenden Glauben − nach reformatorischer Auffassung dem Medium
der Heilsaneignung schlechthin − spricht, sondern es vielmehr ganz augen-
scheinlich als eine Angelegenheit des Intellektes und des Willens betrachtet,
der vorgetragenen Ansicht von der in der Geburt Jesu sich offenbarenden
Weisheit Gottes beipflichten zu können[46].

In der Sache weitgehend am orthodoxen Lehrkonsens festzuhalten und
zugleich − gerade auch in der kontroverstheologischen Auseinandersetzung

---

[42] AaO., 407: „Wer konte denen Menschen Sünde vergeben? Nur GOtt allein. Wer konte
ihnen eine ewige Seligkeit verschaffen? Nur GOtt allein. Wer konte für die Sünden der
Menschen genug thun, und die Heiligkeit und Gerechtigkeit GOttes befriedigen? Nur GOtt
allein." (Cf. Ps 49,8 f.)

[43] Vgl. aaO., 408 f. − KORTHOLT gesteht, „daß wir es mit unsern Sinnen nicht erreichen
können", daß Gott in seinem Versöhnungshandeln „die göttliche Güte mit der Gerechtigkeit,
die göttliche Barmherzigkeit mit der Wahrheit, und die göttliche Liebe mit der Heiligkeit"
habe vereinbaren können (aaO., 409).

[44] AaO., 410: „Was JEsus gethan und gelitten hat, konte eine vollgültige Genugthuung für
die Sünden der Menschen seyn: Denn da er wahrer GOtt und Mensch in einer Person ist,
konte er seinem Leiden und Thun einen göttlichen und unendlichen Werth beylegen. Indem
aber JEsus Christus die Stelle des ganzen menschlichen Geschlechts vertreten, hat GOtt die
Sünden der Menschen nach seiner Gerechtigkeit und Wahrheit gestrafet, und nach seiner
ewigen Barmherzigkeit, Güte und Liebe sich der gefallenen Menschen wieder angenommen."

[45] Vgl. aaO., 411−416.

[46] Dies zeigt sich vor allem in der Applicatio, aaO., (416−418) 417 f. (cf. 1. Kor 1,30):
„Wollen wir also an allem dem, was uns JEsus Christus erworben hat, Theil haben, so muß
JEsus Christus uns vorhero zur Weisheit werden; das ist: Wir müssen unser wahres Beste
erkennen lernen. Wir müssen in der Ordnung der Busse, um JEsu theuren Verdienstes willen,
zu der Gnade und Barmherzigkeit GOttes unsere Zuflucht nehmen. Wir müssen die Befehle
GOttes für die weisesten und besten halten."

– moderate Töne anzuschlagen, das macht ein weiteres Charakteristikum der Predigten Kortholts aus. In einer 1738 in Wien gehaltenen Predigt über Hebr 10,38 geht Kortholt, offenbar veranlaßt durch spürbare Erfolge der Rekatholisierung im Königreich Ungarn[47], auf die konfessionellen Lehrdifferenzen zwischen der ev.(-luth.) und der röm.-kath. Kirche ein. Hier, in der einzigen Confutatio innerhalb seiner gedruckten Predigten, widerlegt er Punkt für Punkt sechs „Irrtümer" der römischen Kirche, freilich im ganzen sachlich und ohne jede Polemik argumentierend[48]. Ziel seiner Ausführungen ist es nicht, die Anhänger der röm.-katholischen Lehre zu verketzern – sie sind vielmehr der Barmherzigkeit Gottes anzubefehlen, da sie in aller Regel „nicht genugsame Gelegenheit gehabt haben, eines Bessern unterrichtet zu werden" –, sondern es geht ihm primär darum, die sich in einer schwierigen Minderheitensituation befindenden evangelischen Christen ihrer konfessionellen Identität zu vergewissern[49]. Überhaupt empfiehlt Kortholt, dem Exempel des Erlösers zu folgen und den Bestreitern des wahren Glaubens vor allem mit Sanftmut zu begegnen[50]. Haben doch interne Uneinigkeit und theologische Streitsucht der christlichen Religion im Laufe ihrer Geschichte mehr Schaden zugefügt als alle von außen kommende Feindschaft gegen das Christentum[51]. Die beste Apologie der eigenen Religion bzw. Konfession besteht immer noch in einem von der Liebe und dem Frieden geprägten Lebenswandel, der viel eher als jeder religiöse Wahrheitseifer auch Andersdenkende zu beeindrucken vermag[52].

In die Bahnen solcher theologischen Irenik war Kortholt vermutlich schon durch seine Lehrer in Kiel, die dort das Erbe des Helmstedtischen Calixtinis-

---

[47] S. Anm. 10.

[48] Vgl. Chr. KORTHOLT, Der elende Zustand derer, welche um zeitlichen Vortheils willen die wahre Religion öffentlich verleugnen, in: Neue Samlung (s. Anm. 34), 2. Th., 1739, (273–292) 282–287. KORTHOLT kritisiert im einzelnen das Verbot der privaten Lektüre der Hl. Schrift, die Lehre von der kirchlichen Tradition als zusätzlicher Offenbarungsquelle neben der Bibel, die Verehrung Mariens als Fürsprecherin, die Lehre vom Verdienst der Heiligen, die Darreichung des Abendmahls nur unter einer Gestalt, die ethische Hochschätzung des monastischen Lebens.

[49] AaO., 287. – Zur Rolle der konfessionellen Polemik in der orthodoxen Predigt vgl. zuletzt, gewisse Vorurteile der älteren Forschung korrigierend, S. HOLTZ, aaO., 317 ff.; Th. KAUFMANN, aaO., 520–523.567–569.

[50] Vgl. Chr. KORTHOLT, Die Klugheit Wahrer Christen in bösen Zeiten; aus Eph. V.15.16, in: Neue Samlung (s. Anm. 34), 3. Th., 1739, (471–496) 485–488.

[51] Vgl. aaO., 490.

[52] AaO., 494 f.: „Dieses ist die beste Vertheidigung unserer Religion, wenn wir in unserem Leben beweisen, daß dieselbe uns von allem Bösen abhält, und zu allem Guten beweget. Mit unzeitigem Streiten ist nichts ausgerichtet; und diejenigen, welche bey einer solchen Gelegenheit ihre Religion mit Heftigkeit verfechten wollen, … thun ihren Glaubensgenossen keine Dienste. … Laßt auch einige so abgeneigt von der unverfälschten Lehre JEsu seyn, als sie immer wollen; so ist doch die Lehre unsers Heilandes so vortreflich, daß ein Wandel, welcher mit derselben übereinstimmt, auch von denen muß gebilliget werden, welche sonst ganz andere Meynungen hegen."

mus gepflegt hatten, gelenkt worden[53]. Gerade der von Kortholt betonte Einklang zwischen einer moderaten Orthodoxie und einer exemplarischen Praxis pietatis war es, der ihn in der Sicht Münchhausens als besonders geeignet für die Ausübung des Göttinger Universitätspredigeramtes erscheinen lassen mußte. Kortholt hielt am 30. 6. 1748 seine letzte Predigt in der Paulinerkirche und am Sonntag darauf seine Antrittspredigt in der St. Jakobi-Kirche[54]. Als er in die Pfarrei St. Jakobi und die Superintendentur Harste wechselte, vermerkte Heumann mit Bedauern: „Er ist ein guter Prediger, den unsere Studiosi lieber gehört haben als H. Krafft und daher seinen Abzug bedauern."[55] Kortholt starb am 21. 9. 1751. In der St. Jakobi-Kirche wurde er vier Tage später vor dem Beichtstuhl „des Morgens ohne Ceremonien begraben", ein Pfarrer, „welcher bis ins 4te Jahr mit besonderem Fleiß und einem exemplarischen Wandel dieser Gemeinde ohnverändert rühmlich vorgestanden" hatte[56].

2. Friedrich Wilhelm Kraft

Noch während der Amtszeit Kortholts erhielt Göttingen einen weiteren Universitätsprediger. Friedrich Wilhelm Kraft (1712–1758)[57] war von der Regierung ursprünglich als Nachfolger Kortholts berufen worden, der seinerseits Nachfolger Riebows als Göttinger Superintendent werden sollte[58]. Riebow wiederum hatte man die Professur des zum Generalsuperintendenten in Harburg ernannten Cruse angeboten. Riebow hatte dieses Angebot zunächst auch angenommen, er zog seine Zusage dann jedoch zurück, als ihm bewußt wurde, daß mit der neuen Stelle eine Verschlechterung seiner Einkünfte verbunden sein würde. Inzwischen hatte die Regierung jedoch die Vokation Krafts zum neuen Universitätsprediger schon ausgesprochen[59]. Da sie seine

---

[53] Ähnlich verhielt es sich bei Mosheim; vgl. B. MOELLER, Johann Lorenz von Mosheim …, 18.

[54] Vgl. GAGS 1748, 628.

[55] Heumann am 10. 4. 1748, in: Th. WOTSCHKE, aaO., 240. – Die Superintendentur Harste wurde eigens für Kortholt eingerichtet, da er zuvor schon die Ernennung zum Superintendenten in Gifhorn erhalten hatte; vgl. Heumann am 1. 6. 1748, in: Th. WOTSCHKE, aaO., 241.

[56] Kirchenbuch St. Jakobi, Defuncti 1744–1779, 38 Nr. 36; vgl. auch A. SAATHOFF, aaO., 199.

[57] Geb. 9. 8. 1712 in Krautheim (Sachsen-Weimar) als Sohn eines Predigers, gest. 19. 11. 1758 in Danzig. – Schulausbildung 1723–29 Schulpforta, 1729–32 Studium Jena u. Leipzig, 1739 Magister Erfurt, 1739 Pfarrer zu Frankendorf (Sachsen–Weimar), 1747 Universitätsprediger, ao. Prof. d. Phil. u. Adjunkt der Theol. Fakultät Göttingen, 1748 D. theol. Göttingen, 1750 Senior u. 1. Pastor an St. Marien/Danzig. – Zum Biographischen vgl. H. DOERING, Die gelehrten Theologen …, Bd. II, 1832, 176–178 (mit Bibliographie).

[58] Zum folgenden vgl. Heumann am 23. 4. 1747, in: Th. WOTSCHKE, aaO., 239.

[59] Vgl. die Vokationsurkunde Krafts vom 2. 3. 1747, UAG, 10 b 2/2, Bl. 2; dazu die endgültige Ernennungsurkunde vom 12. 6. 1747, UAG, 10 b 2/2, Bl. 8; auch K 35, Bl. 2.

Berufung schlecht wieder rückgängig machen konnte und da die für Kortholt
ausersehene neue Stelle wider Erwarten nicht frei wurde, amtierten seit dem
Juni 1747 zwei Universitätsprediger in Göttingen, ehe Kraft schließlich im
Juli 1748 alleiniger Universitätsprediger wurde.

Kraft verdankte seine Ernennung zum Universitätsprediger hauptsächlich
der Fürsprache des hannoverschen Hofrats und Mediziners P. G. Werlhof
sowie des im Dienst des Herzogs von Sachsen-Gotha stehenden Hofrats
C. Fr. Buddeus, die beide den bisherigen Prediger zu Frankendorf für das
Göttinger Amt empfahlen[60]. In ihren von Münchhausen erbetenen Gutachten loben Werlhof und Buddeus übereinstimmend Krafts gediegene theologische Bildung und die überzeugende, „sinnreiche" und freimütige Anlage
seiner bis dato veröffentlichten Arbeiten. Buddeus hebt daneben hervor, er
habe Kraft gelegentlich selbst auf der Kanzel erlebt und von seinem Predigtvortrag einen angenehmen Eindruck gewonnen. „Seine Dorfpfarrei", fügt
Buddeus hinzu, „hat ihn bisher, wie ich habe merken können(,) nicht mehr
recht anstoßen wollen, weil er vielleicht glaubt, daß er seine Geschicklichkeit
dabei nicht hinreichend und bequem genug habe anbringen können."[61] In
der Tat drängte es Kraft in das akademische Lehramt[62]. Dabei konnte er, als er
die Göttinger Stelle antrat, nicht nur auf eine achtjährige Erfahrung als Gemeindepfarrer zurückblicken, sondern er hatte sich auch in seiner bisherigen
theologischen Arbeit zumal in Sachen Predigt und als Herausgeber zweier
theologischer Rezensionsorgane einen gewissen Namen gemacht[63].

Wie Kortholt gibt sich auch Kraft in seinen homiletischen Anschauungen
als Vertreter der Übergangstheologie zu erkennen. In einer 1740 aus Anlaß
des 100jährigen Bestehens der Großen Leipziger Prediger-Gesellschaft veröffentlichten homiletischen Abhandlung unternimmt er den Versuch, die „thö-
richte Meynung gewisser Leute" zu widerlegen, die „vorgeben, daß bey einer

---

[60] WERLHOFS Gutachten vom 16.12.1746 in UAG, 10 b 2/2, Bl. 56; BUDDEUS' Votum vom
8.12.1746 in UAG, 10 b 2/2, Bl. 53–55.

[61] C. Fr. BUDDEUS, aaO., Bl. 54.

[62] So eine entsprechende Äußerung Krafts in seinem Schreiben an Münchhausen vom
23.2.1747, UAG, 10 b 2/2, o. P. – Den Ambitionen Krafts waren allerdings in Göttingen
enge Grenzen gesetzt. 1749 ersuchte Kraft (in einem nicht erhaltenen Schreiben) die Regierung, ihn zum ao. Prof. d. Theologie zu ernennen. Die Regierung lehnte sein Ansinnen
jedoch am 12.4.1749 ab, nachdem sich Mosheim am 7.4.1749 gegenüber Münchhausen aus
grundsätzlichen universitätspolitischen Gründen dagegen ausgesprochen hatte, die Zahl der
Extraordinarien zu erhöhen; vgl. UAG, 10 b 2/2, Bl. 16 f.

[63] Zu erwähnen sind aus der Zeit vor seiner Göttinger Tätigkeit folgende Predigtveröffentlichungen KRAFTS: Sammlung heiliger Reden, 1736; Die Unempfindlichkeit der Menschen
bei den göttlichen Strafen; eine Wasserpredigt, 1737; Beweis, daß der Tod seine Annehmlichkeit habe (sic!), 1746; Geistliche Reden, welche bei gewissen Gelegenheiten gehalten wurden,
1746. – Bei den erwähnten Rezensionsorganen handelt es sich um Fr. W. KRAFT, Nachrichten
von den neuesten theologischen Büchern, 4 Bde., 1741–46; DERS., Neue theologische Bibliothek, darin von den neuesten theologischen Büchern und Schriften Nachricht gegeben wird,
127 Stücke, 1746–58.

weitläufftigen Weltgelehrsamkeit keine gründliche Gottesgelahrtheit, bey der
Gottseeligkeit kein kluger Geist, bey göttlicher Weisheit keine menschliche
Kunst, und bey einem grossen Wissen keine grosse Demuth und Leutseeligkeit
bestehen könne"[64]. Vielleicht stärker noch als Kortholt bemüht sich Kraft
darum, die Errungenschaften der – vor allem mit dem Namen Gottscheds
verbundenen – zeitgenössischen Rhetorik für die Homiletik fruchtbar zu
machen, auch wenn er wie Kortholt an der bleibenden Differenz zwischen
der weltlichen und der geistlichen Redekunst festhält. Der weltliche Redner
handelt nämlich nur von Dingen, die die zeitlichen Umstände der Menschen
betreffen. Da er ihre irdische Glückseligkeit befördern will, entnimmt er der
Vernunft die Beweisgründe, mit denen er das Gemüt seiner Zuhörer zu bewegen versucht. Demgegenüber trägt der geistliche Redner göttliche Wahrheiten vor, die den Menschen zu ewiger Glückseligkeit verhelfen sollen. Seine
untrüglichen Beweise fließen aus der reinen Quelle des göttlichen Wortes.
Zudem kann der Prediger im Gemüt seiner Zuhörer – oft mit bescheidenen
Mitteln – ein größeres Feuer entzünden als der allein nach den Anweisungen
der profanen Redekunst verfahrende weltliche Redner, denn beim Vortrag des
göttlichen Wortes darf er mit den übernatürlichen Wirkungen des von Gott
mit seinem Wort verbundenen Hl. Geistes rechnen[65].

Gleichwohl gibt es – so Kraft – gute Gründe für den geistlichen Redner,
die Regeln der allgemeinen Redekunst tunlichst zu beachten. Versetzen sie
ihn doch in die Lage, jene Barrieren von vornherein zu vermeiden, die er der
Erbauung der Hörer durch einen ungeschickten Vortrag in den Weg stellen
kann[66]. Von Bedeutung für die Homiletik ist insbesondere der Leitsatz der
weltlichen Redekunst: „Die Überzeugung der Zuhörer soll der Zweck aller
Reden seyn."[67] Diese Definition erläutert Kraft – nach einer kritischen Auseinandersetzung mit der barocken Kunstrede – dahingehend, „daß das Wesen
der wahren Beredsamkeit nicht in kunstmäßigen Folgen allerhand Sachen in
einer Rede, sondern in einem deutlich und gründlichem Vortrage verknüpf-
ter Warheiten bestehe"[68]. Setzt man nun diese allgemeine Wesensbestimmung
der Rede in Beziehung zum speziellen Zweck der geistlichen Rede, der
herkömmlich in der Erbauung der Zuhörer besteht, so ergibt sich daraus,
daß der Prediger seine Aufgabe primär in der „Überzeugung der Zuhörer

---

[64] Fr. W. KRAFT, Vernünfftige Gedancken Von dem, Was in Predigten erbaulich ist, 1740
(Ex. UB Jena, 4.Ph.III, 44/1, 30), Bl. 3v–4r (Vorrede).

[65] Vgl. aaO., 2 f.

[66] Vgl. aaO., 3.

[67] AaO., 3.

[68] AaO., 5. – KRAFT knüpft hier an GOTTSCHEDs Auffassung der Beredsamkeit als „des
Vermögens oder der Fertigkeit eines gelehrten Mannes, seine Zuhörer durch geschickte Vorstellungen von allem, was er will, zu überreden" (J. Chr. GOTTSCHED, Grundriß zu einer
Vernunfftmäßigen Redekunst, mehrenteils nach Anleitung der alten Griechen und Römer
entworfen und zum Gebrauch seiner Zuhörer ans Licht gestellet, 1729, 1), an.

von den angehörten göttlichen Warheiten" zu sehen hat[69]. Wenn er in diesem Sinne alles in der Predigt auf die Erbauung ausrichtet, leistet er seinen Beitrag dazu, daß Gott selbst mittels seines Geistes die Herzen der Hörer bewegen kann.

Die in diesen Darlegungen durchscheinende Auffassung vom apologetischen Zweck der Predigt teilt Kraft mit anderen maßgeblichen Homiletikern der frühen theologischen Aufklärung, etwa mit Mosheim oder Reinbeck[70]. Das apologetische Grundmotiv seiner Homiletik kommt, wie noch zu zeigen sein wird, besonders deutlich in den Anweisungen zur formalen Gestaltung der erbaulichen Rede zum Tragen. Zwischen die prinzipielle Begründung der geistlichen Rede und die Anleitung zu ihrer formalen Konzipierung hat Kraft eine knappe Passage eingeflochten, die man am ehesten als Ansatz einer materialen Homiletik bezeichnen könnte. Ihr zufolge hat der Prediger, der andere mit der göttlichen Wahrheit überzeugen will, im vorhinein zu wissen, wovon er reden will. Erst dann soll er – gemäß dem Grundsatz, daß göttliche Wahrheiten aus der göttlichen Offenbarung abzuleiten sind, – einen biblischen Text suchen, der die Funktion eines Beweisgrundes für das vorab bestimmte Thema zu erfüllen vermag[71]. Zweierlei ist an dieser Einlassung bemerkenswert. Einmal dies, daß Kraft keinerlei Angaben darüber macht, woher denn der Prediger das Thema seiner Rede beziehen soll. Diese Unterlassung – sei sie nun beabsichtigt oder nicht – dürfte einen der Ansatzpunkte markieren, an denen sich die spätere Entwicklung der Aufklärungspredigt mit ihrer Tendenz zur Emanzipation von der biblischen Überlieferung bereits in einem frühen Stadium festmachen läßt. Zweitens, für den theologiegeschichtlichen Ort dieser Homiletik ist bezeichnend, daß Kraft ganz selbstverständlich

---

[69] Fr. W. KRAFT, aaO., 6. – Vgl. ähnlich J. L. MOSHEIM, Anweisung, erbaulich zu predigen, hg. von Chr. E. VON WINDHEIM, 2. Aufl. 1771, 109 ff.; dazu M. PETERS, aaO., 51 ff.; bei Kraft wie bei Mosheim ist der Erbauungsbegriff individualistisch gefaßt.

[70] Fr. W. KRAFT, aaO., 15.19, zitiert bezeichnenderweise nur J. L. MOSHEIM, Sittenlehre der heiligen Schrift, Erster Theil, 1735, 485 f., und J. G. REINBECK, Zweyter Theil Der Betrachtungen über die In der Augspurgischen Confession enthaltene und damit verknüpfte Göttliche Wahrheiten, 1733, 134 f.; zu Reinbecks Bemühungen, die Wolffsche Philosophie für die Predigt fruchtbar zu machen, vgl. schon Ph. H. SCHULER, aaO., Zweyter Theil, 152–159. – Beachtet man, daß MOSHEIMS „Anweisung" (s. Anm. 69) erstmals 1762 im Druck erschien, muß man im übrigen in Frage stellen, in Mosheim den ersten zu sehen, „der die Homiletik nach wissenschaftlicher Methode behandelt" habe (so M. PETERS, aaO., 197). Abgesehen von den homiletischen Entwürfen der Orthodoxie, die bei PETERS gar nicht in den Blick kommen, entwickelt im 18. Jahrhundert u. a. bereits KRAFT in seinem homiletischen Traktat wesentliche Strukturmomente der Predigt, wie sie in der postum erschienenen „Anweisung" MOSHEIMS breit entfaltet werden. Das gilt für die systematische Begründung der Homiletik aus dem Erbauungsgedanken wie für die selbständige Stellung der Homiletik, für ihre apologetische Tendenz wie für ihre psychologische Orientierung. Eine ähnliche Kritik an PETERS übt M. SCHIAN, aaO., 160 Anm. 3, unter Verweis auf den von REINBECK edierten „Grund-Riß einer Lehr-Arth ordentlich und erbaulich zu predigen" von 1740.

[71] Vgl. Fr. W. KRAFT, aaO., 8.

die Freiheit des Predigers voraussetzt, seinen Text selbst wählen zu können.
Von einer verpflichtenden Perikopenordnung ist hier überhaupt nicht mehr
die Rede. Mit der offenkundigen Mißachtung der Perikopen, die – als
wesentliche Textgrundlage der Wortverkündigung durch viele Kirchenordnungen sanktioniert und in ihrer Sinnhaftigkeit durch einen breiten Strom
begleitender Literatur legitimiert – für die lutherische Predigt des 16. und
17. Jahrhunderts eine überragende Bedeutung besaßen[72], vollzieht Kraft als
einer der ersten Homiletiker der Übergangstheologie zumindest in der Theorie die vollen Konsequenzen aus der Kritik an dem im Luthertum für die
Sonntags- und Feiertagspredigten geltenden Perikopenzwang, aus jener Kritik, die im späten 17. Jahrhundert namentlich mit den bekannten Vorbehalten
Speners gegenüber dem Perikopenzwang eingesetzt hatte[73]. So sehr sich bei
Kraft die Bindung der Predigt an die durch das Perikopensystem vorgegebene
biblische Tradition zu lockern beginnt, so wenig ist sie bei ihm andererseits
ganz aufgegeben. Denn der Text, der zum gewählten Thema die besten
Beweisgründe enthält, bildet nach wie vor die unentbehrliche Materialbasis
für die Entfaltung des Themas[74].

Die Methode des Predigtvortrags hat generell dem Zweck der erbaulichen
Rede zu entsprechen. Der Prediger soll also nur solche Mittel anwenden, mit
denen eine lebendige Überzeugung geschaffen werden kann. Kraft stellt dazu
drei Grundregeln auf. Der geistliche Redner muß deutlich lehren, gründlich
beweisen und nachdrücklich überzeugen. Der innere Zusammenhang dieser
methodischen Anweisungen mit dem Predigtziel ergibt sich aus der Betrachtung ihrer spezifischen Funktionen.

Zum deutlichen Vortrag gehört zunächst einmal die klare Beschreibung des
Themas bzw. des Gegenstandes der Predigt. Um der im Denken zumeist nicht
geschulten Zuhörer willen ist hier darauf zu achten, daß kurze und einfältige
Erläuterungen der Sache gegeben werden; die Zergliederung des Themas soll
maßvoll durchgeführt werden. Gelehrte Explikationen und ausufernde Zer-
gliederungen, „so biß auf das tausende Glied hinaus gehen" – das kritisiert
Kraft an der orthodoxen Predigt –, erreichen dagegen nicht ihr Ziel[75]. Des

---

[72] Zur Funktion und Bedeutung der Perikopen im Luthertum vom 16. bis zum beginnenden 18. Jahrhundert vgl. H.-H. KRUMMACHER, Der junge Gryphius und die Tradition.
Studien zu den Perikopensonetten und Passionsliedern, 1976, 46–68.

[73] Vgl. Ph. J. SPENER, Pia desideria, 53,31 ff.; dazu J. WALLMANN, Spener, 211–215; H.-H.
KRUMMACHER, aaO., 59 f.; zur Kritik an den Perikopen seit dem Ende des 17. Jahrhunderts vgl.
M. SCHIAN, aaO., 17.35.41.54.56.106; weitere Literatur bei KRUMMACHER, aaO., 60 Anm. 23.
Zu Mosheims Kritik am Perikopensystem vgl. M. PETERS, aaO., 140.

[74] Vgl. Fr. W. KRAFT, aaO., 8–10. Dem ungeübten Prediger empfiehlt KRAFT, sich bei der
Wahl eines zum Thema passenden Textes einer Konkordanz zu bedienen.

[75] Vgl. Fr. W. KRAFT, aaO., 12 f. (Zitat: 13). – Zum formalen Schematismus der orthodoxen Predigt vgl. M. SCHIAN, aaO., 12–20; W. SCHÜTZ, aaO., 117–122; Negativurteile über
diesen charakteristischen Zug der orthodoxen Predigt relativiert Th. KAUFMANN, aaO.,
496 f. Anm. 386 u. ö.

weiteren tragen Exempel und Gleichnisse zur Veranschaulichung des Predigtthemas bei. Ihre Bildhaftigkeit vermag den an die sichtbare Welt gebundenen Menschen in seiner Sinnlichkeit anzusprechen, auch gewähren Exempel und Gleichnisse dem Hörer Zeit zur Sammlung seiner Gedanken. Bei ihrer Auswahl sollte man sich, um auch nur den geringsten Anschein einer Unwahrheit zu vermeiden, vordringlich an die Bibel und an verbürgte Beispiele aus der Kirchengeschichte halten[76]. Unabdingbar für die Transparenz des Predigtvortrages ist ferner die Darlegung der Beweise, d. h. die Erklärung des wahren Sinnes des biblischen Textes. Für verfehlt hält Kraft dabei die – in der Predigt der Orthodoxie nicht unübliche – Praxis, auf der Kanzel ausführlich historische und philologische Exegese zu treiben. Die Kunst, die Hl. Schrift im Detail zu erklären, bleibt ein wichtiger Dienst an der christlichen Gemeinde; nur soll sie in gelehrten Abhandlungen geübt werden, auf die Kanzel gehört sie jedenfalls nicht. Dort ist eine praktische Schriftauslegung vonnöten, die einzig die Aufgabe zu erfüllen hat, „daß die erwachsenen von den nöthigen Glaubenslehren vollständigen Unterricht und zu einer fertigen Ausübung der Lebenspflichten nachdenkliche Ermunterungen haben möchten"[77]. Schließlich hat die Sprache der Predigt klar und verständlich zu sein. Ohne in einen Gossenjargon zu verfallen, soll der Prediger gemäß der Einfalt der Lehre Jesu „in der Sprache reden, deren sich ehrbare und verständige Leute in ihren täglichen Geschäften" bedienen. Auszuschließen ist dagegen das gelehrte Zitat oder gar die Verwendung fremdsprachlicher Wörter und Wendungen[78].

Was die Beweise betrifft, mit denen der geistliche Redner seine Zuhörer von der Wahrheit der behandelten Sache zu überzeugen vermag, so sind diese möglichst dem Text zu entnehmen. Zumindest der erste und vornehmste Beweis ist aus dem Text abzuleiten, geht es doch darum, die Gewißheit der Lehre Christi adäquat zu begründen. Um die göttliche Wahrheit nicht dem Gespött ihrer Gegner auszuliefern, soll der Prediger auch auf die argumentative Qualität seiner Beweise achten. Nicht wahllos viele, sondern einige wenige, in sich schlüssige biblische Belege wirken am ehesten überzeugend. Ein Beweis ist gegebenenfalls, um möglichem Widerspruch zu begegnen, in einen ordentlichen logischen Schluß einzubetten. Die apologetische Funktion der Beweise in der Predigt kann auch mit den Gründen gewährleistet werden, die die Vernunft bereithält. Denn auf diese Weise können diejenigen, die den Glauben aus der Vernunft bestreiten, mit ihren eigenen Waffen wirksam bekämpft und geschlagen werden[79]. Die richtigen Beweise ins Feld zu führen,

---

[76] Vgl. Fr. W. Kraft, aaO., 13f.

[77] AaO, (14–16) 15; zur ganz ähnlichen Auffassung Mosheims von der Behandlung des Textes in der Predigt vgl. M. Peters, aaO., 139–147.

[78] Vgl. Fr. W. Kraft, aaO., 16f.

[79] AaO.: Die vernünftigen Gründe „dienen darzu am meisten, daß sie die klugen Geister beschämen, welche den Glauben aus der Vernunfft bestreiten, und überall die sichtbare Heerde Christi mit ihrem Irrthume anstecken wollen".

ist schon deshalb von großer Bedeutung, weil der Mensch gebessert werden
soll. Dies gelingt aber nicht, wenn allein die sinnlichen Leidenschaften des
Hörers in der Predigt angesprochen werden, sondern nur dann, wenn über
die Aufklärung des Verstandes der Wille des Menschen zu dauerhafter Tätigkeit angeregt wird[80].

Freilich müssen auch die Affekte in Bewegung gesetzt werden, denn oft
genug verhindern die sinnlichen Begierden des Menschen, daß der durch die
Einsicht des Verstandes zum Guten motivierte Wille die erkannte Wahrheit
tatsächlich auch umsetzt. Zumal bei den Menschen, „die zum guten mei-
stentheils einen kalten und trägen Geist mitbringen", sind „die hefftigen
Begierden … zu Freunden der guten Sache" zu machen, was durch einen
nachdrücklichen Vortrag geschieht[81]. Namentlich dort, wo Zweifel und Vorurteile trotz allen Aufwandes an vernünftiger Argumentation nicht ausgeräumt werden können, hat der Prediger mit äußerstem Nachdruck „die
Schlupfwinckel des Irrthums und bösen Willens gleichsam aufzudecken"
und die Zuhörer „in ein heiliges Schrecken" zu versetzen[82]. Indem Kraft
der Reizung der Affekte die Aufgabe zuweist, den bösen, vernunftwidrigen
Willen zu brechen, hat er im Grunde genommen den usus theologicus seu
elenchthicus legis, die Predigt des Gesetzes, das nach lutherischem Verständnis
die Sünde offenbart und so dem Sünder als Zuchtmeister auf Christus hin (cf.
Gal 3,24) entgegentritt, durch eine intellektualistisch-psychologische Anweisung ersetzt. Die für die Predigt Luthers wie auch für die Predigt der lutherischen Orthodoxie[83] konstitutive Unterscheidung von Gesetz und Evangelium spielt in der Homiletik Krafts ohnehin keine Rolle mehr. Wußte die
lutherische Predigt des 16. und 17. Jahrhunderts die Unterscheidung von
Gesetz und Evangelium so anzuwenden, daß sie dem mit seiner Sünde kon-
frontierten Menschen doch auch durch die Zusage des Evangeliums die un-
verdiente Gnade Gottes mitteilen konnte, so ist bei Kraft an die Stelle des auf
Glauben hin angelegten Rechtfertigungsgeschehens der vernunftgeleitete
Prozeß der Realisierung einer letztlich selbsttätigen Religiosität getreten[84].

In diesem Prozeß übernimmt der Prediger eine entscheidende Vermitt-
lungsfunktion. Nicht nur in dem Sinne, daß er durch die Ausschöpfung seiner
homiletischen Kompetenz den Hörer von der vorgetragenen Wahrheit zu

---

[80] Vgl. aaO., 20.

[81] AaO, 22.

[82] AaO, 23.

[83] Vgl. dazu S. HOLTZ, aaO., 79–90; Th. KAUFMANN, aaO., 532f.537f.582–586.

[84] Fr. W. KRAFT, aaO., 23f.: „Die natürlichste Reizung der Affeckten hat diesen Grund: daß
die Grösse des guten, oder die Menge des bösen … recht sichtbar gemacht, und gleichsam in
einem Anblicke auf einmal unter die Augen gestellet werde … es entstehet ein glücklicher
Aufruhr in dem menschlichen Herzen, und wo sich nicht alle Halsstarrigkeit entgegen setzet,
so höret er nicht auf, biß es erobert, der Wille gebrochen und der Mensch zu dem seeligen
Entschlusse gebracht ist, das nun mit Eifer und allen Kräften des Geistes auszurichten, was ihm
vor kurzen schwer, verdrießlich, und unmöglich schiene."

überzeugen vermag. Vielmehr repräsentiert er persönlich, sofern er selbst von dem Affekt affiziert ist, den er unter seinen Hörern zu erregen versucht, in geradezu idealtypischer Form die Glaubwürdigkeit der behandelten Sache. Daher kann man seine Argumentation, ja selbst seine Gestik und Mimik ohne weiteres als deutliche mediale Zeichen wahrnehmen, durch die der Geist Gottes wirkt[85]. Auch wenn Kraft in seinem homiletischen Traktat die Relevanz der religiösen Subjektivität des Predigers für die Glaubwürdigkeit der Predigt nur andeutungsweise benennt, belegen seine knappen Bemerkungen doch, daß die frühe Aufklärungshomiletik an diesem Punkt trotz gewisser Akzentverschiebungen nahtlos an die bereits in der lutherischen Orthodoxie hervorgehobene[86] und dann zumal vom Pietismus kräftig betonte[87] Bedeutung der persönlichen Glaubenserfahrung des Predigers für die Vermittlung der Wahrheit der christlichen Lehre bzw. des christlichen Glaubens anknüpfen konnte.

Die innere Konsistenz des homiletischen Ansatzes Krafts beruht auf der organischen Ableitung der formalen homiletischen Anweisungen aus der prinzipiellen Zweckbestimmung der Predigt, die in der pointiert als Überzeugung verstandenen Erbauung der Zuhörer liegt. Das Predigtverständnis Krafts dokumentiert signifikant den Einfluß der zeitgenössischen Redekunst und der Wolffschen Schulphilosophie auf die Homiletik der frühen theologischen Aufklärung. Wie Mosheim und der von Reinbeck 1740 edierte „Grundriß einer Lehrart ordentlich und erbaulich zu predigen" weist Kraft

---

[85] AaO., 24: „Der Redner soll selbst in dem Affeckte stehen, den er zu erregen gedencket. Ist er selbst von der Gnade des Herrn gerühret: brennt er von Eifer und Begierde, die Seelen zu retten, die er vor sich hat ..., so wird man ohne Zwang Feuer, Geist und Leben sehen, das nicht von Menschen, sondern vom Herrn kommt, und wodurch der Geist der Warheit würcket. Die Beweise werden sonderbar, scharf, und wie sie sich zur Sache schicken: Die Worte auserlesen, durchdringend, und, als ob sie eben vor diese Sache erfunden wären: Sprache, Augen, Hände und das ganze äusserliche Wesen werden von der Hefftigkeit seines Eifers und seiner Liebe gültige und bewegliche Zeugen seyn. Sein Wort wird zünden ..."

[86] Zu nennen wäre hier vor allem der Rostocker Pfarrer und Professor Heinrich Müller (1631–1675), der die Funktion der Frömmigkeit des Predigers nicht mehr nur – wie die ältere Orthodoxie – darin sah, die Glaubwürdigkeit der Lehre zu untermauern, bei dem vielmehr „die persönliche Erfahrung des Predigers für die Predigthörer als solche entscheidend" war (Th. KAUFMANN, aaO., 506; vgl. auch 548–553).

[87] Vgl. dazu und zu dem in dieser Sache nachweisbar engen historischen Zusammenhang zwischen dem pietistischen Predigtverständnis und durch den theologischen Wolffianismus bestimmten Homiletik der frühen Aufklärung M. SCHIAN, aaO., 95–97. Die Forderung des Pietismus, der Prediger müsse seine Eignung durch eine – in seiner Wiedergeburt greifbare – „Habilitas supernaturalis" nachweisen, begegnet bei KRAFT aber offenkundig in abgeschwächter Form, nämlich unter Vernachlässigung des pietistischen Kriteriums der Wiedergeburt. Möglicherweise hat KRAFT den Terminus „Wiedergeburt" in seinem Traktat bewußt vermieden, um nicht zu der zwischen Orthodoxie und Pietismus strittigen Frage Stellung beziehen zu müssen, ob auch ein Unwiedergeborener das Wort Gottes wirksam verkündigen könne. Eine vermittelnde Stellung dazu nahmen der „Grundriß" von 1740 und Mosheim ein; vgl. M. SCHIAN, aaO., 96f.; M. PETERS, aaO., 109–115; vgl. auch H. M. MÜLLER, aaO., 536.

der Predigt eine vordringlich apologetische Funktion zu, indem er zu ihrem Ziel genauerhin die Erbauung des Verstandes und des Willens erklärt[88]. Ebenfalls in weitgehender Übereinstimmung mit dem „Grundriß" und mit Mosheim entfaltet Kraft die Strukturelemente der erbaulichen Rede − deutliche Lehre, gründlicher Beweis, nachdrückliche Überzeugung − im engen Anschluß an − freilich stark vereinfacht rezipierte − anthropologische Einsichten der Wolffschen Schulphilosophie[89]. „Die Seele", stellt Kraft fest, „bestehet aus Verstand und Willen. Auf alles muß der Redner seine Bemühungen einrichten."[90] Was das Verhältnis zwischen den beiden Grundkräften der Seele anbelangt, so gebührt dem Verstand der unbedingte Primat. Denn nur er kann durch das Licht der Vernunft die Schönheit des Guten und die Häßlichkeit des Bösen erkennen. Nur der Verstand vermag durch begründete Vorstellungen den Willen dazu anzuregen, sich dauerhaft „unter das glückseelige Joch der Tugend (zu) beugen" und das Gute zu wählen[91].

Es wäre freilich ein Fehler, den Menschen lediglich nach Verstand und Willen zu betrachten. Vielmehr muß man auch in der Homiletik berücksichtigen, daß der Mensch nach dem Willen des Schöpfers in der Einheit von Seele und Leib existiert. Daraus resultiert seine Affizierung durch Affekte, unter denen insbesondere die sinnlichen Begierden die Tendenz entwickeln, die guten Vorsätze zunichte zu machen, die der durch den Verstand unterrichtete Wille gefaßt hat. Um dieser gefährlichen Entwicklung Einhalt zu gebieten, müssen auch die Affekte so erregt und bewegt werden, daß sie wie der Verstand den Willen zum Tun des Guten anleiten[92]. Obwohl hier manches unausgeführt bleibt, was im „Grundriß" und später bei Mosheim breit entfaltet wird, enthält Krafts homiletischer Traktat von 1740 doch alle wesentlichen Momente, die der Homiletik der frühen theologischen Aufklärung ihr spezifisch intellektualistisches und psychologisches Gepräge verliehen.

---

[88] Zu Mosheim vgl. M. PETERS, aaO., 51−78; zum „Grundriß" vgl. M. SCHIAN, aaO., 160−162. Bei SCHIAN ist KRAFTS homiletischer Traktat merkwürdigerweise nicht berücksichtigt. Ob KRAFTS Traktat und der „Grundriß" in einem literarischen Abhängigkeitsverhältnis zueinander stehen, läßt sich schon auf Grund des gleichen Erscheinungsjahres beider Texte kaum mehr eruieren.

[89] Vgl. E. HIRSCH, aaO., Bd. II, 48−91.

[90] Fr. W. KRAFT, aaO., 10; zum philosophischen Hintergrund der Seelenlehre Wolffs vgl. E. HIRSCH, aaO., Bd. II, 58−63.

[91] Fr. W. KRAFT, aaO., 10; ähnlich bestimmt MOSHEIM das Verhältnis von Verstand und Willen; vgl. M. PETERS, aaO., 53−63. MOSHEIM, der hier wohl präziser als Kraft entsprechende Gedanken Wolffs (vgl. dazu E. HIRSCH, aaO., Bd. II, 60−62) rezipiert hat, geht aber im Unterschied zu KRAFT davon aus, daß (schon) „der Verstand wie der Wille des Menschen durch die Sünde depraviert" sein könnten (M. PETERS, aaO., 56).

[92] Vgl. Fr. W. KRAFT, aaO., 11. Während KRAFT die Affekte offenbar als Kräfte denkt, die den Willen gleichsam von außen beeinflussen, betrachtet MOSHEIM sie als dem Willen selbst innewohnende Momente; vgl. M. PETERS, aaO., 72−74.

Noch deutlicher als bei Kortholt zeichnet sich bei Kraft ab, daß auch seine
Predigtpraxis entscheidend von den Fragestellungen der frühen Aufklärungstheologie bestimmt worden ist. Daß er auf der Kanzel „nur die Wahrheiten
der christlichen Glaubens= und Sittenlehre" vorgetragen habe, „die zur moralischen Veredlung des Menschen dienen"[93], ist allerdings eine arg verkür-
zende Behauptung, die eher dem Wunschdenken H. Doerings von einem
guten Kanzelredner als dem tatsächlichen Befund bei Kraft entspricht.
Gleichwohl verkörpert Kraft den Typus des Predigers in der Frühphase der
theologischen Aufklärung, bei dem sich das Festhalten an alten Wahrheiten
mit dem behutsamen Eingehen auf neue Einsichten und Fragen oft unent-
wirrbar durchdringt. Das gilt sowohl in inhaltlicher als auch in formaler
Hinsicht.

Von verschwindend geringen Ausnahmen abgesehen, hat Kraft im Göttinger Universitätsgottesdienst stets über die von der Perikopenordnung vorgesehenen Evangelientexte gepredigt[94]. Diese Praxis steht in deutlichem Widerspruch zu seiner eigenen homiletischen Empfehlung, der Prediger solle
sich zu seinem vorab gewählten Thema nachträglich in freier Verantwortung
einen passenden Text suchen. Krafts Orientierung an den Perikopen mag
bedingt gewesen sein durch die Zwänge eines regelmäßigen Predigtdienstes,
sie belegt aber auf jeden Fall, daß sich (neue) homiletische Grundsätze eines
Autors nicht zwangsläufig auch in seiner Predigtpraxis niederschlagen mußten. Krafts Predigten sind sämtlich nach dem gleichen, orthodoxe Muster
abmildernden Schema disponiert: Gebet (Invocatio) – Eingang (Exordium)
– Text – These (Propositio) und Gliederung (Partitio) – Abhandlung mit 2
oder 3 Teilen (Tractatio) – Anwendung (Applicatio)[95]. Im Kontrast zur orthodoxen und pietistischen Predigttradition, in der die Applicatio schon von
ihrem Umfang her gegenüber der Tractatio einen durchaus eigenständigen
Teil der Predigt bildete, ist die Applicatio bei Kraft auffällig knapp gehalten.
Nicht selten verzichtet er sogar völlig auf eine separate Anwendung des
Themas zugunsten der Integration der applikativen Aussagen in die Abhandlung. Kraft begründet dies Verfahren damit, daß er aus Rücksicht auf das
akademische Publikum vor allem auf eine gediegene Ausführung der Abhandlung Wert gelegt habe. Auf eine nähere Anwendung der göttlichen
Wahrheiten habe er dagegen verzichtet, weil er als Universitätsprediger "zwar
das ordentliche Lehramt, aber ohne nähere Seelsorge geführet" habe[96].

---

[93] H. Doering, aaO., 177.

[94] Vgl. Fr. W. Kraft, Predigten wieder den Unglauben, 1751; ders., Heilsame Wahrheiten
aus der Glaubens- und Sitten-Lehre, 1755. Letztere Sammlung enthält nur einige wenige, als
solche wegen fehlenden universitätsspezifischen Gepräges nicht mehr identifizierbare Predigten
aus seiner Göttinger Zeit.

[95] Gelegentlich stellt Kraft den Text vor das Exordium, selten verzichtet er ganz auf ein
Exordium.

[96] Fr. W. Kraft, Predigten wieder den Unglauben, 5 f.

Wie ein roter Faden durchzieht die Predigten Krafts das apologetische Motiv der Auseinandersetzung mit dem Unglauben. Diese Auseinandersetzung wird weniger mit denen geführt, die vom „Haß gegen die Religion überhaupt"[97] erfüllt sind, als vielmehr mit den Christen, die an den Grundwahrheiten des Christentums zu zweifeln beginnen, die sich falsche Vorstellungen von überlieferten Glaubenslehren machen, die einzelne Glaubensanschauungen als irrelevant für ihr Christsein betrachten und daher aus dem überkommenen Lehrbestand ausscheiden wollen. Es ist also theologiegeschichtlich die Herausforderung des traditionellen Dogmas durch die sich von seiner Autorität sukzessive emanzipierende Vernunft, der sich Kraft predigend stellt. Dabei steht ihm noch fest, daß die biblische Offenbarung im Prinzip vernünftige Wahrheiten enthalte. Wo sie übervernünftigen Vorstellungen Raum gibt, sind diese keinesfalls wider die Vernunft gerichtet. Daher hat sich in Glaubensfragen die Vernunft im Zweifelsfall vor der Offenbarung zu rechtfertigen, und nicht umgekehrt[98].

Unter dieser Prämisse erklärt Kraft in einer 1748 gehaltenen Predigt über Joh 8,46–59 zu einer unumstößlichen Grundwahrheit der christlichen Religion den Satz: „Die Bibel ist GOttes Wort."[99] Viele, die diese Wahrheit leugnen, tun dies Kraft zufolge schlicht aus Unkenntnis der Bibel. Andere wollen bewußt nicht verstehen, was die Bibel ihnen zu sagen hat. Sie gehen mit vorgefaßten Meinungen an ihre Lektüre heran und erwarten von ihr lediglich die Bestätigung ihrer eigenen religiösen Wunschvorstellungen. Die meisten schließlich glauben dem Wort Gottes nicht, weil ihnen nie eine göttliche Überzeugung von dem Wort zuteil geworden ist[100]. Solcher Unglaube ist eigentlich unverständlich, kann man doch nach Krafts Auffassung „durch Hülfe einer aufgeklärten Vernunft beweisen, daß die Lehren, die sie (sc. die Bibel) vorträgt, alle vortrefflich, GOtt anständig, der Natur der Menschen, und dem grossen Zweck gemäß, dazu die Offenbarung gegeben ist, und also … höchst glaub- ja liebenswürdig sind"[101]. Immerhin repristiniert Kraft in dieser Predigt nicht einfach ungebrochen die orthodoxe Inspirationslehre, was bezeichnend für seine Position zwischen Orthodoxie und Aufklärung ist[102].

---

[97] AaO., 95.
[98] AaO., 108 f.: „Wäre die Vernunft hinreichend, in Glaubenssachen einen sichern Wegweiser abzugeben, hätten wir keiner Offenbarung bedürfet … Ich darf daher meine Vernunft nie wieder die Offenbarung gebrauchen, oder das leugnen, was sich jene anders vorstellet, oder gar nicht begreifen kan." Zur ähnlichen Anschauung Mosheims vgl. E. HIRSCH, aaO., Bd. II, 361.
[99] KRAFT, aaO., 85.
[100] Vgl. aaO., 85–100.
[101] AaO., 110.
[102] Er will „nicht eine oder die andere" Aussage der Bibel, „sondern alle ihre Lehren zusammen mit göttlichem Beyfall, als göttliche Wahrheiten" verehrt wissen (aaO., 111 f.).

In Kongruenz zur apologetischen Zweckbestimmung der Predigt erhält der Predigttext bei Kraft die Funktion eines Beweises für die Predigtaussage; in aller Regel werden daneben weitere zum Thema passende Texte der Bibel und vernünftige, der Erfahrung entnommene Beweisgründe herangezogen[103]. Auch wenn die Diktion der Predigten Krafts vom Argumentieren und Begründen, vom Beweisen und Überzeugen beherrscht wird, ist die in ihnen durchgeführte Schriftauslegung als eine vorkritische zu bezeichnen. Die analytische Methode tritt völlig zurück; Homilien findet man bei Kraft also nicht. Die Bevorzugung der synthetischen Methode, d.h. der Themapredigt, ist freilich auch bei Kraft nicht selten mit Nachteilen verbunden. Er benutzt, wie später viele Prediger der Aufklärung, den biblischen Text faktisch mehr oder weniger nur als Ausgangs- oder Anknüpfungspunkt, um von daher das gewählte Thema, oft ohne wirklichen Bezug zum Text und zu seiner spezifischen Botschaft auszuführen. So nimmt Kraft z.B. in seiner − gedanklich durchaus reichhaltigen − Göttinger Abschiedspredigt die Geschichte von den zehn Aussätzigen Lk 17,11−19 zum Anlaß, um zu erklären, was zur Danksagung gegen Gott gehört, um die Notwendigkeit dieser „Pflicht" zu beweisen und die Bewegungsgründe aufzuzeigen, die zur Danksagung führen. Dabei wird der dankbare Samariter unter der Hand zu einem „vernünftigen Menschen", der die in der Gottebenbildlichkeit des Menschen gründende Pflicht der Danksagung gegenüber Gott erkannt und erfüllt hat[104] − allein der Text und sein evangelischer Skopus kommen dabei kaum zur Geltung.

Wie Kraft überlieferte Glaubenslehren notfalls gegen alle aufklärerische Kritik verteidigt, zeigt exemplarisch eine Predigt aus dem Jahre 1749 über Mt 4,1−11, das Evangelium des Sonntags Invokavit. Die Thema-Frage, „Ob es Teufel gebe, die den Menschen schaden können", erörtert er ausschließlich im Rekurs auf die einschlägigen biblischen Texte, die er als Tatsachenberichte mit unmittelbarer Beweiskraft für die Existenz und das schädliche Wirken des personal gedachten Bösen wertet. Die Einwände der Vernunft, die seit Balthasar Bekkers „Bezauberter Welt" gegen die traditionelle Teufelslehre vorgebracht wurden[105], wischt Kraft mit dem Argument beiseite, die Vernunft sei auf dem Gebiet der Dämonologie eine inkompetente Ratgeberin[106]. So bekämpft er mit der Schrift die aufgeklärten Kritiker, die im Teufel nicht mehr den leibhaftigen Widersacher Gottes sehen können, sondern ihn allenfalls als „Held, der in ein Lügenbuch, in einen Roman gehöret", akzeptieren wollen[107]. Nicht nur Mt 4,1−11 belegt nach Kraft die Existenz und gegen-

103 Vgl. exemplarisch die angeführte Predigt über Joh 8,46−59, aaO., 77−112.

104 Fr. W. Kraft, Abschieds-Predigt, am XIV. Sonntage nach Trinitatis über das ordentliche Evangelium in der Universitäts-Kirche zu Göttingen gehalten, 1750, 14f.

105 Vgl. B. Bekker, De betooverde Wereld, 3 Bde., 1691−93; zum Streit um den Teufel in der Aufklärungstheologie vgl. K. Aner, aaO., 234−252.

106 Vgl. Fr. W. Kraft, Predigten wieder den Unglauben, (285−312) 294.299.

107 AaO., 311.

ständliche Wirkung des Teufels[108], auch 2. Petr 2,4 als Zeugnis für den göttlichen Ursprung der bösen Engel, Joh 8,44 als Beleg für die Lüge als Kardi-
naleigenschaft des Teufels und 1. Joh 3,8–10 als Beweis für die bis heute
anhaltende Wirksamkeit des Teufels reden eine eindeutige Sprache[109]. Mit
diesen Aufstellungen dürfte Kraft in Göttingen zumindest bei Oporin Beifall
gefunden haben, stimmte er mit diesem doch nicht nur in den Grundzügen
der Dämonologie, sondern auch in der Abwehr zeitgenössischer Versuche,
die Härte der traditionellen Teufelslehre durch relativierende Interpretationen
der Schrift abzumildern, überein[110]. Die Möglichkeit, die von Dämonen
Besessenen im Neuen Testament als natürliche Kranke zu verstehen, will
Kraft dabei nicht von vornherein ausschließen, er kann sie aber nur als hypo-
thetische Ausnahme gelten lassen, gegen die zudem Mk 5,1–20 spricht[111].
Krafts Pochen auf dem Wirklichkeitsanspruch des biblischen Zeugnisses vom
Teufel mag dem modernen Bewußtsein wie der Versuch erscheinen, schon
damals – 1749 – hoffnungslos veraltete Positionen mit untauglichen Mitteln
zu verteidigen. Indes wird man Kraft zu konzedieren haben, daß es ihm in
seinem Eintreten für die leibliche Existenz und gegenständliche Wirkung des
Bösen letztlich darum ging, den heilsgeschichtlichen Zusammenhang zu
wahren, in dem das Handeln des Sohnes Gottes als des Überwinders der
widergöttlichen Machenschaften des Teufels allererst verständlich gemacht
werden konnte[112].

Es hängt wohl mit der apologetischen Ausrichtung seiner Predigten
zusammen, daß Kraft vergleichsweise selten auf spezifische lebensweltliche
Erfahrungen seiner akademischen Zuhörerschaft zu sprechen kommt.
Seine Aufgabe als Universitätsprediger sieht er vornehmlich in der Auseinandersetzung mit dem Unglauben. Da er die Wurzel dieses Übels
insbesondere im Unwissen vieler Zeitgenossen hinsichtlich der religiösen
Grundwahrheiten meint ausmachen zu können, führt er den Kampf gegen jedweden religiösen Indifferentismus hauptsächlich mit den kognitiven
Mitteln der Aufklärung über die biblischen Grundlagen der christlichen
Lehre und der argumentativen Entfaltung ihres Wahrheitsanspruches[113]. In
diesem Kontext gibt er den Universitätsangehörigen immer wieder zu
verstehen, daß ihr Bildungsgrad noch lange keine Gewähr biete, um sich
vor der Gefahr religiöser Unkenntnis und der aus ihr hervorgehenden
Verachtung der Erkenntnisse der Theologie wirksam schützen zu kön-

---

[108] Vgl. aaO., 291–298.
[109] Vgl. aaO., 301–304.
[110] Zu Oporins Apologie der überkommenen Dämonologie vgl. J. BAUR, aaO., 30–32.
[111] Vgl. Fr. W. KRAFT, aaO., 307 f.; zu den angesprochenen zeitgenössischen Interpreta-
tionsversuchen vgl. K. ANER, aaO., 240 f.
[112] Vgl. Fr. W. KRAFT, aaO., 297.305 (cf. Hebr 2,18; 4,15; 11,14; Kol 2,15).
[113] S. o. Anm. 96.

nen[114]. Im Gegenteil, der Mangel an religiösem Wissen ist in allen Ständen, unter Einfältigen und Gelehrten gleichermaßen festzustellen[115]. Gerade die Gelehrten sind besonders anfällig für den Virus des Unglaubens, denn die Beschäftigung mit den irdischen Wissenschaften führt bei ihnen oft zu einer Geringschätzung der geistlichen Erkenntnis[116].

Während seiner dreijährigen Amtszeit als Göttinger Universitätsprediger hat Kraft wohl am deutlichsten in einer Predigt über Joh 2,1–11, das Evangelium des 2. Sonntags nach Epiphanias, den Bezug zur Alltagswelt seiner Zuhörer hergestellt. Hier wendet er sich speziell an die Studenten, um ihnen ihre „Pflichten ... in Absicht auf ihren zukünftigen Hauß- und Ehestand" aufzuzeigen[117]. Seine sozialethischen Ausführungen zur ehelichen und häuslichen Lebensgestaltung sowie die in ihnen durchschimmernde gesellschaftliche Bedeutung von Ehe und Haus dokumentieren dabei eine bemerkenswerte Kontinuität zwischen der orthodoxen Predigt des 17. und der aufklärerischen Predigt des 18. Jahrhunderts[118].

Ausgehend von der Prämisse, Jesu Gegenwart bei der Hochzeit zu Kana habe den von Gott in der Schöpfung als gute Ordnung und weise Anstalt gestifteten Ehestand (cf. Gen 2,18.24; Mt 19,4–6) gesegnet, breitet Kraft vor seinen jungen Zuhörern einen aus fünf Punkten bestehenden Pflichtenkatalog aus. Sich beizeiten in diesen Pflichten zu üben, hält er für eine unabdingbare Voraussetzung für das Gelingen des späteren ehelichen und häuslichen Lebens[119]. Zunächst einmal legt die schon im Jugendalter zu übende Gottseligkeit den Grund für einen gesegneten Ehe- und Hausstand[120]. Des weiteren beruht das häusliche Glück wesentlich auf Arbeit und Mühe, wozu man sich frühzeitig gewöhnen soll. Ferner, wer einmal einem Haus vorstehen und die Rolle des Gebieters übernehmen will, muß sich in jungen Jahren selbst in die auf den Willen Gottes zurückgehende hierarchische Ordnung des Hauses

---

114 Vgl. Fr. W. KRAFT, Die Hauptstücke der christlichen Glaubenslehre aus den Hauptstellen der H. Schrift dargelegt und als ein Entwurf seiner Dienstagspredigten zum Besten seiner Zuhörer ans Licht gestellet, 1751, *2. Dieser schon in Danzig veröffentlichte Band basiert auf Vorlesungskonzepten aus Krafts Göttinger Zeit.

115 Vgl. aaO., *1.

116 Fr. W. KRAFT, Predigten wieder den Unglauben, 91: „Bey Gelehrten, die entweder gar nicht, oder nur alsdenn in ihrer Bibel lesen, wenn sie es ihrer Gelehrsamkeit oder Brods halben thun müssen, wird die geistliche Erkenntniß nach und nach gegen die irdische Wissenschaft so klein, so dunckel und schwach, daß sie gegen diese vor eine vollkommene Unwissenheit zu achten."

117 Vgl. Fr. W. KRAFT, Die Pflichten der Ledigen Jugend in Absicht auf ihren zukünftigen Hauß- und Ehestand, 1749.

118 Zum Verständnis von Heirat und Ehe in der orthodoxen Predigt vgl. S. HOLTZ, aaO., 187–200; zur Behandlung des Themas in der Predigt des späten 18. Jahrhunderts vgl. R. KRAUSE, aaO., 95–101 (mit Beispielen aus Predigten über Joh 2,1–11).

119 Vgl. Fr. W. KRAFT, aaO., 8–10.

120 Zum folgenden vgl. aaO., 10–16; dazu durchgängig die in Anm. 118 genannte Literatur.

einfügen und durch Gehorsam gegen Gott und die ihm übergeordneten Menschen auf seine zukünftige Aufgabe vorbereiten. Auch Mäßigkeit in der Lebensführung trägt entscheidend zur Sicherung der Lebensgrundlagen des Hauses bei. Nur bei leiblicher Gesundheit und ökonomischer Solidität kann der Hausvater die Verantwortung für die ihm anvertrauten Menschen langfristig wahrnehmen; ein unmäßiger Lebensstil dagegen führt zur Armut und ins Verderben. Schließlich soll die ledige Jugend in Keuschheit leben. Hurerei und Unzucht werden von Kraft als Sünden am eigenen Leib (cf. 1. Kor 6,18), die nicht einmal durch die Gnade der Bekehrung aufgehoben werden können, gebrandmarkt. Legitimer Ort der Sexualität ist allein die Ehe, obwohl auch sie sich bisweilen als zu schwaches Mittel erweist, um die unkeuschen Begierden im Zaum zu halten[121].

Die propädeutischen Ermahnungen Krafts setzen die funktionale Einbindung der Ehe in den sozioökonomischen Lebenszusammenhang des Hauses voraus, wie sie sich in der frühneuzeitlichen Gesellschaft ausgebildet hat und wie sie schon von der orthodoxen Predigt theologisch legitimiert worden ist[122]. Die emotionalen Aspekte der Liebesbeziehung zwischen den Eheleuten, die spätestens seit der Romantik als konstitutiver Bestandteil eines beglückenden Ehe- und Familienlebens gelten, spielen bei Kraft keine Rolle, was wohl auch mit dem Charakter der Predigt als eines öffentlichen Mediums zusammenhängen mag. Kraft betont vielmehr die Notwendigkeit, solidarisches Handeln als Grundbedingung für das Funktionieren der kollektiven Lebensform des Ehe- und Hausstandes bereits vor der Ehe einzuüben. Wer sich dieser Verpflichtung entzieht, begibt sich selbst der Aussicht auf ein gesegnetes eheliches und häusliches Leben; zudem fördert er Fehlentwicklungen, die das Gemeinwesen tangieren. Untüchtige Leute in öffentlichen Ämtern, uneinige Eheleute, unnütze Untertanen, kranke und übel erzogene Kinder sowie verarmte Familien sind Folgen der Mißachtung der mit dem Ehe- und Hausstand verbundenen Pflichten[123].

Daß Kraft es überhaupt als erforderlich erachtete, die Studentenschaft mit den Normen ehelicher und häuslicher Lebensgestaltung zu konfrontieren, legt die Frage nahe, ob seine Predigt etwas über die tatsächlichen, speziell sexuellen Verhaltensweisen unter den Göttinger Studenten zu erkennen gibt. Einen gewissen Anhaltspunkt bietet Krafts Eingeständnis, es sei schwierig, „von einer solchen Sache drey viertel Stunden eine Versammlung zu unterhalten, deren größter Theil aus Zuhörern von dem muntern Alter und Jahren stehet, wo die unschuldigste Rede oft die verborgenen Lüste erreget, ohne zu üppigem Schertz und leichtfertigen Vorstellungen Gelegenheit zu geben"[124].

---

121 Vgl. aaO., 25–27.
122 Vgl. S. Holtz, aaO., 200.
123 Vgl. Fr. W. Kraft, aaO., 27 f.
124 AaO., 5.

Eine sozialgeschichtliche Untersuchung u. a. über das Sexualverhalten Göttinger Studenten im 18. Jahrhundert hat aufgezeigt, daß die städtischen Behörden wie auch die hannoversche Staatsregierung und die Universität selber seit den Anfängen der Universität verschiedene Initiativen ergriffen, um die wachsende Prostitution in der Stadt und in ihren Nachbargemeinden zu bekämpfen[125]. Wie überall gehörten auch in Göttingen die Studenten der Gruppe der „zwangszölibatären Personen" an; da für sie faktisch ein Eheverbot bestand, konnten sie ihre Sexualität nur in illegitimen Beziehungen sei es mit Prostituierten, sei es mit Mägden und weiblichen Dienstboten leben. In zeitlicher Nähe zu der 1749 gehaltenen Predigt Krafts häuften sich die Klagen verschiedener universitärer Instanzen über die zunehmende Prostitution und über Verhältnisse zwischen Studenten und weiblichen Dienstboten, die teilweise konkubinatsähnlichen Charakter annahmen[126]. Auch stieg in Göttingen die Quote der unehelichen Geburten, für die ein erheblicher Anteil studentischer Vaterschaften anzunehmen ist, seit der Jahrhundertmitte an[127].

Vor diesem Hintergrund hat man Krafts Predigt auch als einen Versuch zu werten, auf die akute Herausforderung der als illegitim geltenden vorehelichen Sexualbeziehungen von Studenten zu reagieren. Die administrativen Maßnahmen, mit denen die Obrigkeit diesen Phänomenen entgegenzuwirken bemüht war, waren hauptsächlich motiviert durch die Sorge um die ökonomische Situation der Studenten und die Furcht vor der Ausbreitung von Geschlechtskrankheiten; in all dem ging es natürlich auch um den Ruf der Universität und um die Sicherung ihrer Arbeitsfähigkeit[128]. Kraft unternimmt es demgegenüber in seiner Predigt über die Pflichten der ledigen Jugend, die Studentenschaft durch die Entfaltung religiös begründeter sozialethischer Normen vor sexuellen „Fehltritten" zu warnen und sie auf ihre zukünftigen gesellschaftlichen Aufgaben im ehelichen und häuslichen Leben vorzubereiten. Auch wenn seine Argumentation im Ergebnis auf das gleiche Ziel wie die durch die Obrigkeit betriebene soziale Reglementierung des studentischen Sexualverhaltens hinausläuft, nämlich auf das Verbot desselben, unterscheidet sich das Grundmotiv der Ermahnungen Krafts doch insofern deutlich von dem der staatlichen Maßnahmen, als er seine Zuhörer von der ethischen Sinnhaftigkeit individueller Selbstkontrolle zu überzeugen versucht[129].

---

[125] Vgl. St. Brüdermann, Göttinger Studenten und akademische Cerichtsbarkeit im 18. Jahrhundert, 1990, 380–420 („Der Student und die Sexualität").

[126] Vgl. St. Brüdermann, aaO., 385 Anm. 33.35; 386 Anm. 38 f.

[127] Vgl. St. Brüdermann, aaO., 399 f.

[128] St. Brüdermann, aaO., 419, kommentiert zu Recht: „Die Reglementierungen sexuellen Verhaltens ... waren kein Selbstzweck absoluter Herrschaft, die das Alltagsleben bis ins letzte durchdringen wollte, sondern sie dienten dem Funktionieren der Universität."

[129] Kraft war sich dieser Differenz zwischen dem religiös-ethischen Diskurs und der staatlichen Sozialdisziplinierung bewußt, wie seine Ablehnung der Auffassung, daß „die Religion vor eine Erfindung des Staats, und einen Zaum des Pöbels" zu halten sei, zeigt (Fr. W. Kraft, Predigten wieder den Unglauben, 137).

So unverkennbar das Bestreben Krafts dahin ausgerichtet ist, die sozialethischen Implikationen des Christentums gegebenenfalls an konkreten Beispielen aus der Alltagswelt seiner Hörer aufzuzeigen, so wenig ist er der Gefahr erlegen, Religion ganz in Ethik aufzulösen. Davor hat ihn seine feste Verwurzelung in der orthodoxen Lehrüberlieferung bewahrt. Nicht zufällig dient ihm gerade die Perikope vom barmherzigen Samariter Lk 10,25–37 in einer Predigt über das Thema „Die beste Religion unter allen" u. a. auch dazu, vehement gegen die Meinung Stellung zu beziehen, daß die beste Religion entsprechend dem Beispiel des Samariters allein mit dem Tun der Liebe gleichzusetzen sei und daß gegen allen Dogmatismus in der tätigen (menschlichen) Liebe der Grund des Glaubens und der Religion zu sehen sei[130]. Der simplifizierenden Parole „Weg mit der Religion des Priesters und des Leviten! Weg mit den Meynungs-Krämereyen, mit den Lehrbüchern, und weitläuftigen Catechismuslehren!" setzt Kraft die jedwede Werkgerechtigkeit ausschließende paulinische Rechtfertigungslehre (cf. Röm 3,23; 4,5; 3,20) entgegen[131], um dann diejenige Religion als die beste zu bezeichnen, in der der Mensch die richtige Erkenntnis des göttlichen Willens mit der Ausübung desselben verbinde[132].

Kraft war sich der spezifischen Anforderung, die das Predigen im akademischen Gottesdienst mit sich brachte, sehr wohl bewußt[133]. In seiner Antrittspredigt aus dem Jahr 1747 zeigte er sich noch bestens motiviert, die ihm übertragene Aufgabe in der "Wissenschaft zum Reiche Gottes" zu erfüllen[134]. Aber es fehlte ihm in Göttingen offenbar der ständige seelsorgerliche Kontakt zu seinen Hörern, wie er in der Regel nur von einem Gemeindepfarrer zu den Gliedern seiner Parochie geknüpft und gepflegt werden kann[135]. Dazu kommt, daß Kraft mit seinen Predigten zumindest anfangs in Göttingen nicht auf die Resonanz gestoßen zu sein scheint, die ihm selbst vorschwebte[136]. Wenn er in seiner Göttinger Abschiedspredigt von den akademischen Predigern sagt, diese seien „oft Stimmen in der Wüste"[137], dann dürfte diese Klage auch etwas von den persönlichen Motiven verständlich machen, die Kraft dazu bewegten, sein Göttinger Amt schon nach 3 Jahren

---

[130] Vgl. Fr. W. KRAFT, aaO., (113–148) 143 f.

[131] AaO., 143 f.130–132.

[132] Vgl. aaO., 134. Voraussetzung für die Erfüllung des ethischen Teils dieser Bestimmung ist dabei, daß die Religion „dem Menschen nicht nur seine Pflichten deutlich vorschreibt, sondern ihm auch Kräfte anbieten (muß), ihre Vorschriften ins Werck zu richten" (aaO., 133).

[133] Vgl. aaO., 5 f. (Vorrede)

[134] Fr. W. KRAFT, Göttingische Antritts-Predigt, 1747, 18.

[135] Vgl. Fr. W. KRAFT, Predigten wieder den Unglauben, 5 f.

[136] KRAFT selbst berichtet in seiner Abschiedspredigt (s. Anm. 104), 25 f., daß nach anfänglichen Problemen im Laufe seiner Tätigkeit doch „das Wort seine verborgene Kraft an den Seelen erwiesen" habe. Ambivalent äußert sich Heumann, in: Th. WOTSCHKE, aaO., 240, über die Wirkung der Predigten Krafts.

[137] Fr. W. KRAFT, aaO. (s. Anm. 104), 26.

nicht ungern mit der einflußreicheren und lukrativeren Stelle des Seniors und Oberpfarrers an St. Marien in Danzig zu vertauschen[138]. Dort verstarb er am 19.11.1758. Ein Chronist der Hansestadt hat Kraft als „einen geistvollen Mann von eben so gründlicher Kenntniß als hinreißender Beredsamkeit und toleranter Aufklärung" gewürdigt[139].

3. Paul Jakob Förtsch

Auf den Vorschlag Münchhausens hin wurde die durch den Abgang Krafts bedingte Vakanz im Universitätspredigeramt überbrückt, indem man einige Magister und ältere Kandidaten der Theologie mit der interimistischen Versehung des Predigtdienstes betraute[140]. Diese Behelfslösung erwies sich jedoch schon bald als unbefriedigend, da sie zu einem Nachlassen des Gottesdienstbesuches führte[141]. Münchhausen intensivierte daraufhin seine Bemühungen um die Beendigung der Vakanz. Wieder griff er auf die bewährte Methode zurück, einen kompetenten Ratgeber um Personalvorschläge zu bitten. Diesmal war es der Leipziger Theologieprofessor Christian August Crusius (1715–1775), der Münchhausen in einem umfänglichen Gutachten einen geeigneten Kandidaten offerieren konnte. Sein Schüler Paul Jakob Förtsch sei – so Crusius – das „Subiect", das „alle Vorzüge vereine", die man von einem Universitätsprediger erwarte. Förtsch habe zwar bislang noch keine Muße zur wissenschaftlichen Arbeit gehabt, sei aber „in philosophia und theologia wol versirt". Für ihn spreche insbesondere, daß er den radikalen Wolffianismus und die philosophische Predigtmethode ablehne[142].

Den auf Grund dieses Votums zum neuen Universitätsprediger berufenen Paul Jakob Förtsch (1722–1801)[143] verband mit seinem Vorgänger nicht nur,

---

[138] Zu den näheren Umständen der Berufung Krafts nach Danzig vgl. UAG, 10 b 2/2, Bl. 20–23; dazu die Informationen bei Th. Wotschke, aaO., 242 Anm. 1.

[139] Vgl. G. Löschin, Geschichte Danzigs von der ältesten bis zur neuesten Zeit, 2. Th., 2. Aufl. 1823, 192.

[140] Vgl. den Schriftwechsel zwischen Münchhausen und der Kirchendeputation vom 27.8.–23.9.1750, UAG, K 35, Bl. 3–5; 10 b 1/3, Bl. 1–9.

[141] Vgl. UAG, 10 b 1/3, Bl. 10–15.

[142] Undatiertes Votum Crusius', UAG, 10 b 2/3, Bl. 1, Teilbl. 6v–8r. Zu Crusius, der selbst ein entschiedener Gegner der Wolffschen Philosophie war, vgl. G. Röwenstrunk, Art. Crusius, Christian August, TRE 8 (1981), 242–244.

[143] Geb. 17.11.1722 in Großenhayn (Sachsen-Meißen) als Sohn des Konrektors Jakob Förtsch, gest. 30.11.1801 in Harburg. - 1736–42 Schulausbildung Schulpforta, 1742–47 Studium Leipzig, 1747 Magister Leipzig, 1748 Katechet an St. Peter zu Leipzig, 1751 Universitätsprediger u. ao. Prof. d. Phil. Göttingen, 1758 D. theol. u. ao. Prof. d. Theol., 1761 o. Prof. d. Theol., 1764 zugleich 1. Pastor an St. Johannis u. Superintendent in Göttingen, 1766 Generalsuperintendent Göttingen, 1773 Generalsuperintendent Harburg. – Vgl. die Ernennungsurkunde Förtschs zum Universitätsprediger vom 12.2.1751, UAG, 10 b 2/3, Bl. 3. – Zum Biographischen vgl. R. Steinmetz, Die General=Superintendenten von Harburg, ZGNKG 36 (1931), (179–290) 231–239; ders., Die Generalsuperintendenten von Göttingen

daß er wie dieser die Kurfürstlich-Sächsische Landschule Pforta besucht hatte.
Darüber hinaus war auch Förtsch ein Mann der Praxis – in seinen späteren
Kollegs behandelte er bevorzugt praktisch-theologische Themen[144]. Als Universitätsprediger wirkte Förtsch fast 13 Jahre, länger als seine beiden Vorgänger zusammen. Während dieser Zeit stieg er bis zum o. Professor der Theologie auf. Seine Nachfolger im Amt des (1.) Universitätspredigers waren dann
sämtlich ebenfalls theologische Ordinarien. Das spricht dafür, daß dem Universitätspredigeramt seit Förtsch ein noch größeres Gewicht beigemessen
wurde als in den Anfängen der Institution, als Münchhausen mit Kortholt,
Kraft und Förtsch Prediger berufen hatte, die nicht bzw. noch nicht der
engeren Theologischen Fakultät angehörten, sondern eher dem wissenschaftlichen Nachwuchs zuzurechnen waren.

Mit Förtsch betrat ein dezidierter Gegner der rein philosophischen Predigtmethode die Kanzel der Göttinger Universitätskirche, was denn auch
Heumann sogleich nach dem Hören der beiden ersten Predigten Förtschs
lobend nach Hannover meldete[145]. Obwohl „Pabst Förtsch", wie ihn der
Göttinger Physiker Georg Christoph Lichtenberg (1742–1799) 1772 spöttisch titulierte[146], im allgemeinen auf Orthodoxie bedacht war und auch in
homiletischen Fragen orthodoxen Ansätzen stark verhaftet blieb, konnte er
sich dem Einfluß der zeitgenössischen Homiletik doch nicht gänzlich entziehen. Daß er sich dabei weit weniger als Kraft auf die Erkenntnisse der frühaufklärerischen Rhetorik und Homiletik einlassen mochte, belegen seine
Beiträge zur Homiletik ebenso wie seine Predigtpraxis.

Bezeichnend für seine konservative Grundhaltung ist seine Position in der
Frage der Geltung der überlieferten Perikopen. Herausgefordert durch die
seit dem ausgehenden 17. Jahrhundert wachsende Kritik an der Beibehaltung
der altkirchlichen Perikopen in den lutherischen Kirchen, setzte sich Förtsch
1754 eingehend mit dieser Thematik auseinander[147]. Den im Zuge jener

in der Zeit von der Gründung der Universität bis zum Aufhören der Generalsuperintendentur
1737–1903, ZGNKG 40 (1935), (83–155) 119–121.

[144] Vgl. J. St. Pütter, aaO., 1. Th., 124–126. Hervorzuheben ist P. J. Förtsch, Kurzer
Entwurf der Catechetischen Theologie, 1758; vgl. dazu Chr. Bizer, Art. Katechetik, TRE 17
(1988), (686–710) 690.

[145] Brief Heumanns an Münchhausen vom 3. 6. 1751, UAG, 10 b 1/3, Bl. 18: „Die interna
seiner Predigten, deren er nun zwo gehalten, sind, wie sie seyn sollen. Er liebet weder die
oratorische noch die philosophische Schwätzerey, sondern träget die Göttliche Lehre rein und
deutlich und in einer natürlichen Sprach-Zierlichkeit vor, und machet zu seinem Haupt-Zwecke die Erbauung der Zuhörer."

[146] G. Chr. Lichtenberg, Briefwechsel, Bd. 1. 1765–1779, hg. von U. Joost u. A.
Schöne, 1983, 199.

[147] Zum folgenden vgl. P. J. Förtsch, LECTIONES EXEGETICO HOMILETICAS IN
PERICOPAS EVANGELICAS HOC SEMESTRI HABENDAS INDICIT ET DE VSV
HARVM PERICOPARVM IN ECCLESIIS NOSTRIS, AC DIFFICVLTATIBVS, QVAE
IN TRACTATIONE ILLARVM SE OFFERVNT, 1754 (Ex. UB München, 4 Bibl. 591).
Entsprechend ihrem unmittelbaren Zweck als Vorlesungsankündigung dürfte diese Schrift

Kritik von lutherischen Theologen gegebenen Rat, entsprechend dem in verschiedenen reformierten Denominationen üblichen Verfahren auf das herkömmliche Perikopensystem zu verzichten, um eine breitere Textbasis für die Wortverkündigung zu gewinnen, hält Förtsch nicht für akzeptabel. Er empfiehlt vielmehr, die altkirchlichen Perikopen beizubehalten, habe sich doch das Volk an sie gewöhnt und gebe es keinen triftigen Grund für eine Revision der Entscheidung der lutherischen Reformation in dieser Sache. Allerdings müsse der Prediger den vorgegebenen Text so auslegen, daß die in ihm enthaltene Heilslehre den Zuhörern adäquat akkommodiert werde.

Was den praktischen Umgang mit den Perikopen betrifft, so konzediert Förtsch immerhin, daß es hier Probleme sowohl exegetischer als auch homiletischer Natur geben könne. Die exegetischen Schwierigkeiten möchte er in der Predigt möglichst ganz übergangen wissen, da sie oft nicht eindeutig zu lösen seien. Die homiletischen Probleme, die sich etwa aus unterschiedlichen Möglichkeiten der Auslegung eines Textes ergeben könnten, will er in der Predigt gleichsam im Vorübergehn (ὡς ἐν παρόδῳ) nur andeuten und so letztlich ebenfalls übergehen. Ferner räumt Förtsch Defizite der altkirchlichen Perikopenordnung durchaus ein, nämlich das Fehlen bestimmter dogmatischer und ethischer Stoffe, zu denen er z. B. die Gottebenbildlichkeit des Menschen, den Sündenfall und die tiefe Sündhaftigkeit des Menschen, die Buße oder Christi hohepriesterliches Amt zählt. An dieser Mängelliste zeigt sich, daß Förtsch stark an einer dogmatisch-lehrhaften Ausrichtung der Predigt interessiert gewesen ist. Andererseits bemängelt er aber auch, daß manche für die Festtage vorgesehenen Perikopen keinen inneren Zusammenhang mit diesen Festen erkennen ließen oder daß gewisse Texte den Bewußtseins− und Glaubensstand der Predigthörer nur unzureichend berücksichtigen würden. Indessen könne, wie Förtsch sich überzeugt gibt, ein erfahrener Prediger mit genügend Geschick diese Schwierigkeiten bei der Anwendung der Perikopen überwinden.

Solches Geschick im Predigen zu fördern, war auch das Ziel der „Anweisung zum Erbaulichen Predigen", die Förtsch 1757 herausbrachte[148]. In diesem seinem Lehrer Crusius gewidmeten[149] Grundriß der Homiletik behandelt Förtsch in vier Kapiteln hauptsächlich praktische Fragen, die sich im Zusammenhang mit der Ausarbeitung von Predigten stellen. Im I. Kapitel

---

FÖRTSCHS nur in einer kleinen Auflage gedruckt worden sein. Ein zuverlässiges Referat des Textes bietet R. STEINMETZ, ZGNKG 36 (1931), 235−237. Zum theologiegeschichtlichen Kontext der Perikopenfrage vgl. die o. Anm. 72 f. notierte Literatur, bes. H. − H. KRUMMACHER, aaO., 59 f.

148 Vgl. P. J. FÖRTSCH, Anweisung zum Erbaulichen Predigen, vornehmlich zum Gebrauch academischer Vorlesungen, 1757. Das Werk ist bei R. STEINMETZ, aaO., 237, falsch zitiert; auch die Angabe STEINMETZ', es gebe nur noch „ein einziges Exemplar in der Universitäts-Bibliothek in Breslau" (ebd.), trifft nicht zu. Ich zitiere im folgenden nach dem Ex. UB München, Sign. 8 Th.past. 400.

149 Vgl. P. J. FÖRTSCH, aaO., Bl. 1r−5v.

("Von der Homilie überhaupt") entwickelt er sein Verständnis von der Homilie (= Homiletik) als „eine(r) besondre(n) Klugheitslehre, in welcher gezeigt wird, wie man eine Predigt einzurichten habe, daß der Endzweck derselben erreicht werden kann"[150]. Das II. Kapitel ist der „Erfindung der Thematum" gewidmet, für die in der Regel die Perikopenbindung der Predigt den allgemeinen Rahmen vorgibt[151]. Sodann äußert sich Förtsch über die Disposition der Predigt (Kap. III), um abschließend Ratschläge zur Ausarbeitung von Predigten zu erteilen (Kap. IV).

Die „Anweisung" enthält eine Fülle von Material, das Förtsch in erster Linie vor dem Leser ausbreitet, um Wege zur zweckmäßigen Anlage der Predigt aufzuzeigen. Demgegenüber treten die prinzipiellen Fragen der Homiletik schon unter rein quantitativem Aspekt deutlich zurück[152]. Insofern kann man sagen, daß die Homiletik bei Förtsch vornehmlich als eine Anwendungswissenschaft zur Darstellung gebracht wird. Beim Versuch, die „Anweisung" Förtschs in der Geschichte der Homiletik zu verorten, kann man sich zunächst an seiner eigenen Angabe orientieren, er wolle sich weder ganz an „die homiletischen Regeln der Alten", d. h. der Vertreter der lutherischen Orthodoxie des 17. Jahrhunderts, halten noch eine völlig neue Methode zu predigen, d. h. offenkundig die philosophische Predigtweise, einführen[153]. In der Tat läßt sich für seine Homiletik konstatieren, daß es sich um einen eklektisch verfahrenden Entwurf handelt, in dem Elemente sowohl des lutherisch-orthodoxen als auch des pietistischen als auch des frühaufklärerischen Predigtverständnisses verarbeitet sind.

Auch wenn in zahlreichen Fällen eine eindeutige Ableitung dieser diversen Elemente aus der orthodoxen, pietistischen oder frühaufklärerischen homiletischen Tradition kaum möglich erscheint, läßt sich doch der Eklektizismus Förtschs an einigen ausgewählten Beispielen aufzeigen. Im Konsens mit der frühaufklärerischen Homiletik bestimmt Förtsch die Überzeugung von Verstand und Willen des Hörers zum grundlegenden Zweck der Predigt. Da zum Glauben an Christus die Erkenntnis der geoffenbarten Wahrheit und der Vorsatz des Willens, sich nach dieser Wahrheit zu richten, notwendig hinzugehören, muß jede Predigt den Verstand überzeugend belehren und den Willen zur Annahme und Umsetzung der Wahrheiten des göttlichen Wortes

---

[150] Vgl. aaO., 1.

[151] Vgl. aaO., 42.

[152] Während das I. Kapitel, in dem die prinzipielle Homiletik erörtert wird, nur 42 Druckseiten umfaßt, nimmt die Darlegung der praktischen Homiletik (Kap. II–IV) mit 277 Druckseiten einen weitaus größeren Raum ein.

[153] AaO., 40f. – Ob das 17. Jahrhundert eine Homiletik hervorgebracht habe, „in welcher die Regeln von der Abfassung einer guten Predigt in eine systematische Ordnung gebracht worden" seien, hält FÖRTSCH dabei – in Verkennung des historischen Sachverhaltes – für fraglich (aaO., 4f.).

erwecken[154]. Demgemäß ist die Wahl der Beweise und Bewegungsgründe so zu treffen, daß sie den Verstand durch begründete Vorstellungen zu überzeugen und den Willen durch affektive Erregungen anzustoßen vermögen[155].

Den homiletischen Anschauungen der lutherischen Orthodoxie bleibt Förtsch daneben in mehr als nur einer Hinsicht verpflichtet. Nicht allein erklärt er z. B. die von der orthodoxen Homiletik entwickelte Lehre vom fünffachen usus des Predigtthemas (Genus didascalicum, elenchthicum, paedeuticum, epanorthoticum, paracleticum) zu einer sinnvollen Methode[156], um die „theils theoretische(n), theils practische(n) Lehren"[157] der christlichen Religion den Zuhörern in der Applicatio der Predigt nachhaltig einprägen zu können. Darüber hinaus ist seine Homiletik vom Willen zur systematischen Strukturierung des Stoffes und zur – bisweilen in einen formalen Schematismus abgleitenden – logischen Aufbereitung der Regeln zu Themenwahl, Disposition und Ausarbeitung der Predigt geprägt, was in vergleichbarer Form zumindest für die Homiletik, vielleicht auch für die Predigt der lutherischen Orthodoxie des 17. Jahrhunderts charakteristisch gewesen sein dürfte[158].

Pietistische Motive schließlich hat Förtsch dort kräftig zur Geltung gebracht, wo er das Anforderungsprofil eines erbaulichen Predigers beschreibt. Der Prediger sollte nicht nur theologisch gebildet, in der homiletischen Literatur (Postillen etc.) bewandert und mit den natürlichen Gaben des Redners ausgestattet sein, er hat nicht nur seine ganze Aufmerksamkeit auf den erbaulichen Zweck der Predigt auszurichten sowie auf ihre Ausarbeitung Fleiß anzuwenden[159], vor allem muß er sich selbst im Stand der Wiedergeburt und Heiligung befinden. In dem zwischen orthodoxen und pietistischen Theologen ausgefochtenen Streit um die Frage, ob das Wort Gottes auch durch einen unbekehrten Prediger erbaulich wirken könne, sieht

---

154 Vgl. aaO., 12 f.; zur ähnlichen Bestimmung der Aufgabe der Predigt bei Kraft, Mosheim und dem von REINBECK edierten „Grundriß" von 1740 vgl. o. 242 Anm. 88–92.

155 Vgl. P. J. FÖRTSCH, aaO., 243 ff. 288 ff. 307 ff.

156 Vgl. aaO., 222 f.; zur Verbreitung des Schemas von den fünf Predigtgenera im 17. Jahrhundert vgl. H. M. MÜLLER, aaO., 535; A. NIEBERGALL, aaO., 291; Th. KAUFMANN, aaO., 501. FÖRTSCH schränkt freilich an anderer Stelle seine Zustimmung zu den fünf Predigtgenera insofern ein, als er es als ein künstliches Verfahren betrachtet, wenn ganze Texte jeweils einem Genus so zugeordnet werden, daß damit eine Vorentscheidung über das Thema der Predigt getroffen wird (vgl. aaO., 45 f.). Er will also den Gebrauch der traditionellen Genera auf die Applicatio beschränkt wissen.

157 AaO., 19.

158 Bereits R. STEINMETZ, aaO., 238, hat in den Anweisungen Förtschs „etwas Schematisches" gesehen, ohne freilich nur ansatzweise zu einer adäquaten theologiegeschichtlichen Analyse seiner Homiletik zu gelangen. Zum formalen Schematismus der orthodoxen Homiletik und Predigt vgl. z. B. M. SCHIAN, aaO., 12–20; W. SCHÜTZ, aaO., 117–122. Th. KAUFMANN, aaO., 496 f. Anm. 386, sieht dieses Urteil allenfalls für die Homiletik, nicht jedoch für die Predigt etwa Heinrich Müllers als zutreffend an.

159 Vgl. P. J. FÖRTSCH, aaO., 32–38.

Förtsch in der orthodoxen Antwort, dies sei unbedingt zu bejahen, ein gewichtiges Wahrheitsmoment festgehalten. Denn auch nach seiner Auffassung muß Klarheit darüber herrschen, daß die Gnadenwirkung des Wortes nicht von menschlichen Voraussetzungen abhänge, sondern letztlich vollständig ein Werk des Heiligen Geistes sei, der sich dazu notfalls eben auch vermeintlich ungeeigneter Werkzeuge bedienen könne. Gleichwohl hält Förtsch im Regelfall die pietistische Forderung, der Prediger müsse über eine − durch seine Bekehrung bzw. Wiedergeburt bezeugte − „Habilitas supernaturalis" verfügen, für berechtigt. Der Prediger braucht die eigene geistliche Erfahrung, denn nur durch seine persönliche Glaubwürdigkeit wird er seiner Gemeinde die Glaubwürdigkeit der von ihm vertretenen Wahrheit erschließen können[160]. Dies gilt um so mehr, als der erbauliche Prediger ja nicht allein „die Sprache des Verstandes", sondern auch „die Sprache des Herzens" reden sollte[161].

Die Ausführungen Förtschs zur Homiletik allgemein sowie speziell zur Themenfindung, Disposition und Ausarbeitung der Predigt dokumentieren im übrigen einen weitgehenden Konsens zwischen orthodoxer, pietistischer und frühaufklärerischer Homiletik. Danach hat die Predigt die unterschiedlichen Grade im Glaubens- und Erkenntnisstand der Zuhörer zu berücksichtigen, denn sie soll Bekehrte und Unbekehrte gleichermaßen ansprechen[162]. Weiter wird sich die Homiletik die Erkenntnisse anderer Wissenschaften zunutze machen. Die Klugheitslehre vermittelt ihr die Regeln, nach denen sie die Mittel anwenden kann, um ihren erbaulichen Endzweck zu erreichen. Die Logik ist hilfreich für die Zergliederung des Textes und die Wahl des Predigtthemas. Die Redekunst liefert die formalen Prinzipien, anhand deren der Predigtvortrag ansprechend gestaltet werden kann[163].

Für die Themenfindung ist die Perikopenbindung der Predigt von konstitutiver Bedeutung, obwohl im Ausnahmefall auch die freie Textwahl zugelassen werden sollte. Stets muß jedoch ein sachlicher Zusammenhang zwischen Text und Thema hergestellt sein[164]. Da sich die biblischen Texte nach Förtsch in dreifacher Weise dergestalt rubrizieren lassen, daß sie allgemeine Wahrheiten enthalten, von einzelnen Personen und Begebenheiten handeln oder von gewissen Gemütszuständen reden, muß das Predigtthema auf die

---

[160] Vgl. aaO., 34f.; zu dem insbesondere zwischen V. E. Löscher (1673−1749) und dem Hallischen Pietismus geführten Streit um das Anforderungsprofil des Predigers vgl. M. SCHIAN, aaO., 79−97; H. M. MÜLLER, aaO., 536; s. o. 241 Anm. 87.

[161] P. J. FÖRTSCH, aaO., 35. Mit dem Stichwort „Sprache des Herzens" scheint FÖRTSCH auf das bereits von Heinrich Müller und Spener positiv rezipierte Sprichwort anzuspielen: „Was von Herzen kommt, das geht auch wieder zu Herzen." Vgl. dazu M. SCHIAN, aaO., 108; Th. KAUFMANN, aaO., 506 Anm. 449.

[162] Vgl. P. J. FÖRTSCH, aaO., 14−18.

[163] Vgl. aaO., 23−31.

[164] Vgl. aaO., 42−44.53−56.

jeweils besondere Eigenart des Textes Bezug nehmen[165]. Ebenfalls ist bei der Themenwahl zu berücksichtigen, ob in der Predigt die analytische Methode, d. h. die paraphrasierende Erklärung des Textes, oder die synthetische Methode, d. h. die Darlegung eines dogmatischen Locus, zur Anwendung kommen soll[166].

Die für die Themenfindung maßgeblichen Kriterien kehren im Grunde in nur unwesentlicher Abwandlung in den Regeln zur Disposition der Predigt wieder. Besondere Aufmerksamkeit widmet Förtsch dabei der Anlage der Tractatio bzw. Confirmatio. Die Argumente und Bewegungsgründe, die im Hauptteil der Predigt vorgetragen werden, müssen entsprechend der Eigenart des biblischen Textes, im engen Bezug auf die gewählte Predigtmethode und unter Berücksichtigung der zentralen Predigtaussage sorgfältig ausgewählt werden[167]. In der Applicatio soll der Prediger seinen Hörern das Thema noch einmal komprimiert nahebringen. Hier muß er die Kernaussagen der Predigt wiederholen und so auf die Lebenssituation der Hörer anwenden, daß diese einen geistlichen Nutzen daraus ziehen können[168]. Beim Exordium, das die Aufmerksamkeit der Hörer wecken soll, ist auf eine variable Ausführung zu achten. Stets muß der Konnex zwischen dem Exordium und der Materie sowie dem Endzweck der Predigt deutlich werden, weswegen man tunlichst auf ein doppeltes oder gar mehrfaches Exordium verzichten sollte, wie Förtsch in Anknüpfung an die pietistische Kritik an den übermäßig ausgebauten Exordien der orthodoxen Predigt betont[169].

Bei der Ausarbeitung der Predigt schließlich hat der Prediger genau zu überlegen, welche sprachlichen Mittel der Zweckbestimmung seiner Rede am besten dienen. Für die Überzeugung des Verstandes eignen sich alle Formen der Argumentation wie Definitionen, Erklärungen und Umschreibungen eines Sachverhaltes, Beweise u. ä. Um Gemütsbewegungen hervorzurufen und den Willen zu aktivieren, kann man sich der tropischen Rede und sprachlicher Figuren (Metapher, Metonymie, Synekdoche, Ironie etc.) bedienen, da sie besonders gut die Affekte anzusprechen vermögen. Von der Schriftsprache sollte man nur vorsichtig Gebrauch machen; auch sollte eine allzu große Nähe zu biblischen Sprachformen vermieden werden. Zu guter Letzt müssen Aussprache, Gestik und Mimik des Predigers in einem angemessenen Verhältnis zu den von ihm vorgetragenen Lehren stehen und seinem Vortrag einen spürbaren Nachdruck verleihen[170].

---

[165] Vgl. aaO., 50–52.68–104.

[166] Vgl. aaO., 72 ff.93 ff. – Die vielfältigen Möglichkeiten, die Förtsch hier vorstellt, dokumentieren denn doch einen ziemlichen Formalismus, wie er für die Homiletik bis weit in das 18. Jahrhundert hinein kennzeichnend war. Vgl. dazu M. Schian, aaO., 16–19.

[167] Vgl. P. J. Förtsch, aaO., 124 ff.

[168] Vgl. aaO., 219 ff.

[169] Vgl. aaO., 231 ff.; dazu M. Schian, aaO., 15 f. bes. 16 Anm. 2.

[170] Vgl. P. J. Förtsch, aaO., 243 ff.

Vergleicht man Förtschs „Anweisung" mit dem homiletischen Traktat
Krafts, so fällt auf, daß Förtsch die Homiletik als ein differenziertes Regel-
werk begreift, dessen einzelne Bestimmungen einen hohen Formalisierungs-
grad aufweisen. Darin schlägt sich – ungeachtet der partiellen Rezeption
pietistischer und frühaufklärerischer Anschauungen – die nachhaltige Wirkung der orthodoxen homiletischen Tradition auf Förtsch unmittelbar nieder.
Hatte Kraft 17 Jahre vor dem Erscheinen der „Anweisung" Förtschs aus der
prinzipiell apologetischen Zweckbestimmung der Predigt deren Methodik
organisch abgeleitet und damit der Predigt als essentielle Aufgabe die Auseinandersetzung mit der die überlieferte christliche Lehre gefährdenden frühaufklärerischen Religionskritik zugewiesen, so spielt dieses Motiv bei Förtsch
allenfalls eine untergeordnete Rolle. Förtsch setzt vielmehr wie selbstverständlich die unangefochtene Geltung der orthodoxen Kirchenlehre voraus
und betrachtet von daher die Homiletik als eine Kunstlehre, die die Mittel
bereitstellt, um die hörer- und situationsbezogene Darlegung des vorausgesetzten Lehrbestandes in der Predigt gewährleisten zu können.

Machen wir die Probe aufs Exempel und wenden wir unseren Blick von
der Predigttheorie auf die Predigtpraxis! Als Beispiel soll eine Predigt dienen,
die Förtsch während des Siebenjährigen Krieges, am 31. 8. 1760, im regulären
Göttinger Universitätsgottesdienst gehalten hat[171]. Konkreter Bezugspunkt
dieser Predigt war der Tod eines Studenten, der von den in der Woche zuvor
in Göttingen eingerückten französischen Truppen erschossen worden war[172].
Abweichend von der Perikopenordnung, hat Förtsch offensichtlich im Blick
auf den aktuellen Kasus den Text (Ps 121,7–8) und das Thema seiner Predigt
(das Gebet zu Gott, dem Menschenhüter, in den Nöten des Lebens) gewählt.
Allerdings geht Förtsch nur gelegentlich direkt auf den Tod des Studenten
ein. Er verbindet mit seinem Vortrag weniger seelsorgerliche Absichten als
vielmehr die Intention, gewissermaßen als Gebildeter zu Gebildeten über die
Notwendigkeit und den Sinn des Vorsehungsglaubens zu sprechen. So bietet
er denn Betrachtungen über die Allmacht und Weisheit Gottes, die Unbeständigkeit des Lebens, die Notwendigkeit der Vorbereitung zum Tod, die
Gefahren des Lebens besonders in Kriegszeiten. Schulmäßig trägt er seine
Gedanken zu diesen Themen vor, schulmäßig ist die Abhandlung in zwei
Teile gegliedert (I. Der Inhalt des Gebets; II. Die Inbrunst, mit der es verrichtet wird)[173] und in der der Tractatio vorangestellten Narratio exegetisch
verankert[174].

---

171 Vgl. P.J. FÖRTSCH, Ein innbrünstiges Gebet zu dem Hüter unseres Lebens in den
Nöthen des Lebens(.) Psalm CXXI, 7.8, 1760.
172 Es handelte sich um einen Herrn von Graßhoff aus Mühlhausen, „welcher bey der
Einrückung eines Detachements französischer Truppen am 25. August Abends nach 9. Uhr
durch einen unglücklichen Schuß das Leben verlohr" (aaO., 3f.).
173 Vgl. aaO., 8–14.14–18.
174 Vgl. aaO., 5–7.

Inhaltlich läuft alles darauf hinaus, der Gemeinde einzuschärfen, „daß die Noth beten lehre"[175] und daß der Tod des Studenten wie überhaupt alle Nöte und Übel der Welt zu einer vertieften, die Gabe des ewigen Lebens nach sich ziehenden Gottesfurcht führen sollten[176]. Die Möglichkeit, daß der Vorsehungsglaube an das fürsorgende Handeln Gottes durch das tragische Ereignis erschüttert werden könnte, zieht Förtsch nicht in Erwägung. Er gesteht nur zu, daß die Vernunft das Unglück nicht aufhellen könne[177]. Zum Verständnis der individuellen Katastrophe bietet er allerdings ein kollektives Deutungsmuster an, das auf dem Tun-Ergehens-Zusammenhang der alttestamentlichen Weisheitsliteratur basiert. Der Tod des Studenten sei auch eine mittelbare Folge der Gottferne der „meisten unter uns"[178], und eigentlich hätten „auch unsere Sünden" eine Strafe verdient, wie die Universität an dem harten Schicksalsschlag gewahr werden könne[179], so bezieht Förtsch die akademische Gemeinde in die religiöse Deutung des Geschehens mit ein. Angesichts des aufgezeigten Zusammenhanges besteht kein Anlaß, über Gottes Strafen ungeduldig zu werden. Im Gegenteil: „Gottes Züchtigungen sind uns heilsam, wenn wir uns unter denselben in unserem Glauben üben, und Gedult beweisen."[180] Gottes Heimsuchungen lassen nämlich die Notwendigkeit der Buße und der Bitte, der Hl. Geist möge Universitätslehrer und Studenten auf den Weg der Besserung führen, als unabweisbar erscheinen. Dabei unterstreicht das jähe Ende des Studenten, daß das Tun der Buße keinen Aufschub duldet. Da „dieser Fall … auch euch (hätte) treffen können", mahnt Förtsch die versammelten Studenten, sei es vonnöten, beizeiten das eigene Lebensende zu bedenken und sich darauf in echter Gottesfurcht vorzubereiten[181].

Es sind im wesentlichen bereits in der orthodoxen Predigt verwendete Mittel, mit denen Förtsch in seiner Predigt ein die universitäre Öffentlichkeit aufrührendes individuelles Geschick kollektiv zu deuten versucht. Dies gilt für die Behauptung eines kausalen Zusammenhangs zwischen allgemeiner Sünde und individueller Leiderfahrung ebenso wie für den Appell, aus der Strafe

---

175 AaO., 19.
176 Vgl. aaO., 11 f.: Der Endzweck des Lebens besteht darin, „daß wir, nachdem wir Sünder geworden sind, durch das Erkenntniß Gottes und Jesu Christi wieder gebessert, zum Ebenbild Gottes wiederum erneuert, und zu einer seeligen Ewigkeit vorbereitet werden sollen". Dabei gilt, daß „ein gottseeliges Leben desto mehrere seelige Folgen in der Ewigkeit nach sich ziehet".
177 Auffällig ist dabei, daß FÖRTSCH die entsprechende Passage als Anrede an Gott gestaltet (aaO., 20): „… die ganze Natur vollführt ihren Lauf nach deiner Vorherbestimmung, großer Gott! sie ist noch ieden Augenblick deinem Befehl unterworfen. Du ordnest, du gebietest … Wenn du uns züchtigen und heimsuchen willst, welcher Verstand, welcher Rath wird helfen."
178 AaO., 19.
179 AaO., 21.
180 AaO., 18.
181 Vgl. aaO., 21 f.

Gottes die persönliche Konsequenz der Bußbereitschaft zu ziehen[182]. An diesem Punkt macht Förtschs Argumentation im übrigen eine deutliche Konvergenz zwischen den genannten orthodoxen Deutungsmustern und der Intention der aufklärerischen Predigt, die pädagogische Funktion der Gotteslehre für das religiöse Bewußtsein herauszustellen[183], sichtbar.

Der Wechsel Förtschs in die Superintendentur und 1. Pfarrstelle an der Stadtkirche St. Johannis im Jahre 1764 markiert einen ersten kleinen Einschnitt in der Geschichte der Göttinger Universitätsprediger. Resümiert man das Wirken der ersten Universitätsprediger, so läßt sich zunächst feststellen, daß Kortholt, Kraft und Förtsch in ihren Predigten an keiner Stelle den Boden der überlieferten orthodoxen Kirchenlehre verlassen. Das heißt natürlich nicht, daß sie einfach Positionen der orthodoxen Predigt etwa des 17. Jahrhunderts repetieren, sondern meint lediglich, daß sie unter den veränderten geistigen Bedingungen des 18. Jahrhunderts grundsätzlich an der dogmatischen Verbindlichkeit der orthodox-lutherischen Lehrtradition festhalten. Am stärksten zeigt sich Förtsch dieser Tradition verpflichtet, wie neben seiner Predigtpraxis insonderheit seine homiletische Theorie dokumentiert. Berücksichtigt Förtsch noch in weit höherem Maße als Kortholt und Kraft Grundsätze der orthodoxen Homiletik, so spielen bei ihm umgekehrt die Fragestellungen und Motive der frühaufklärerischen Homiletik nicht die Rolle, die ihnen bei Kortholt und am ausgeprägtesten bei Kraft zukommt. Die Auffassung, daß die Predigt vordringlich eine apologetische Aufgabe zu erfüllen habe, macht namentlich Kraft zum leitenden, auch methodisch bedeutsamen Gesichtspunkt sowohl seiner Homiletik als auch seiner Predigttätigkeit. Unter den ersten Göttinger Universitätspredigern ist er derjenige, der sich am entschiedensten der Herausforderung der christlichen Religion durch die rationale Kritik an einzelnen überlieferten Lehraussagen stellt. Die konstruktive Verarbeitung von Einsichten der zeitgenössischen Rhetorik führt Kraft dabei so durch, daß er die den theologischen Wolffianismus bestimmende Überzeugung von der zwischen Offenbarung und Vernunft waltenden Harmonie homiletisch fruchtbar zu machen versucht.

Pietistische Motive wurden von den ersten Universitätspredigern in unterschiedlichem Ausmaß zumeist dort rezipiert, wo sie die Relevanz der persönlichen Glaubenserfahrung des Predigers für die Glaubwürdigkeit der von ihm bezeugten Wahrheit hervorhoben. Die Betonung der Subjektivität des Predigers im Zusammenhang der Vermittlung des christlichen Glaubens macht freilich auch dies signifikant, daß unsere Prediger um die Mitte des 18. Jahrhunderts nicht mehr von einer breiten Akzeptanz kollektiver Lehrüberzeugungen ausgehen konnten, sondern vielmehr nach Wegen zu suchen hatten,

---

[182] Zur orthodoxen Predigt vgl. S. Holtz, aaO., 92–99.288–296; Th. Kaufmann, a. a.o., 574 f.589–598.

[183] Vgl. R. Krause, aaO., 61–67.

diese Akzeptanz unter den Hörern allererst durch die persönliche Verantwortung ihrer Predigtaussagen neu herzustellen. Entsprechend galt es, die religiöse und ethische Selbstverantwortung der Hörer zu stärken. Dieser Aufgabe versuchten die Prediger u. a. dadurch gerecht zu werden, daß sie den Bezug der christlichen Lehre zur Lebenswelt der akademischen Zuhörerschaft aufzeigten. So dürften sie den schon in der Orthodoxie beginnenden und dann vor allem durch den Pietismus forcierten historischen Prozeß der Subjektivierung des christlichen Glaubens aufs Ganze gesehen gefördert haben, auch wenn sie einer Emanzipation der ethischen Thematik von den für die Frömmigkeitspraxis konstitutiven, genuin christlichen Heils- und Glaubenswahrheiten nicht das Wort redeten. Die Art und Weise, wie die ersten Göttinger Universitätsprediger orthodoxe, pietistische und frühaufklärerische Motive homiletisch zu verbinden suchten, läßt sie als typische Repräsentanten der sog. Übergangs- oder eklektischen Theologie der 1. Hälfte des 18. Jahrhunderts erscheinen. Nicht zuletzt auf Grund der Vermeidung extremer Positionen fügten sich Kortholt, Kraft und Förtsch nahtlos in die von ihren Anfängen an auf Ausgleich bedachte moderate Göttinger Universitätstheologie ein.

§ 13 Gottfried Leß

Carl Friedrich Bahrdt (1741–1792), enfant terrible der Theologie des ausgehenden 18. Jahrhunderts, bemerkte 1787 über den Nachfolger Förtschs im Göttinger Universitätspredigeramt, Gottfried Leß sei „ein Mann der durch seinen vortrefflichen Charakter und ausgebreitete Kenntnisse seinem Stande Ehre macht. Schade, daß er, der Wahrheit so liebt und so redlich sucht, sie immer nur wie die Sonne hintern Wolken sehen muß." Seine Predigten seien lesenswert, obgleich ihnen „etwas mehr Feuer der Beredsamkeit zu wünschen wäre". Seine Ethik habe „den Fehler, den alle unsere christlichen Moralen haben, daß sie den Menschen zu übermenschlich machen, und ihm alles als Pflicht und Gottesdienst zeigen, da doch alles mehr Anweisung zum weisen Genuß dieses Lebens seyn sollte". Und mit seiner Dogmatik tische Leß seinen Lesern allenfalls „das alte Ragout mit frischer Soße" auf[1]. In die gleiche Kerbe hieb fünf Jahre später der Magister Friedrich Christian Laukhard, zeitweilig Göttinger Student und spöttischer Kommentator des damaligen studentischen Lebens. Er mochte Leß zwar „Gelehrsamkeit nicht absprechen", meinte aber: „Leß ist ein pietisches Quodlibet, so recht nach den Umständen, und hat etwas an sich von dem Wesen der Betschwestern in Frankreich, die in der Jugend – nicht beten, und im Alter – die Religion, als eine entschädigende Galanterie behandeln"[2].

Diese bissigen Bemerkungen der beiden radikalen Aufklärer haben das Bild Leß' in der seriösen Kirchengeschichtsschreibung der Aufklärungsepoche nicht unwesentlich präjudiziert. Unter Voraussetzung der Deutung der aufklärerischen Frömmigkeit und Theologie als einer Verfallserscheinung beschrieb P. Tschackert den Standpunkt Leß' als den „einer weitherzigen, aber auch wankenden, dem Zeitgeist immer mehr konzedierenden, auf der schiefen Ebene, die von der Orthodoxie durch Pietismus und Wolfianismus hindurch zum Rationalismus führt, immer weiter fortrückenden aufgeklärten und sentimentalen Gläubigkeit, die ein Stück des positiven Kirchenglaubens um das andere preisgibt, immer in dem guten Glauben, durch Aufgabe der Außenwerke die Hauptsache zu retten – ,das Christentum als die mora-

---

[1] C. Fr. BAHRDT, Kirchen- und Ketzer-Almanach. Zweites Quinquennium, ausgefertigt im Jahre 1787, 118f.

[2] Fr. Chr. LAUKHARD, Leben und Schicksale, von ihm selbst beschrieben, I. Th., 1792, 251; zu LAUKHARDS Autobiographie vgl. H. HERING, aaO., 95f.

lische Naturreligion‘“[3]. Unter Berufung auf die zitierten Äußerungen Bahrdts und Laukhards lehnte es K. Aner ab, Leß als einen Neologen anzuerkennen[4]. G. von Selle verstieg sich sogar zu dem vernichtenden Urteil, Leß sei „nur ein kleiner Geist“ gewesen, einer von den Männern, durch die in Göttingen „die Aufklärung zu Grabe getragen“ worden sei[5]. Auf dieser Linie stellt noch die jüngste monographische Untersuchung zur Geschichte der Göttinger Universität im ausgehenden 18. Jahrhundert Leß als einen prinzipiell konservativ-orthodoxen Theologen vor, dessen religionsphilosophisches System sich zumal gegenüber der kritischen Aufklärung, insbesondere dem aufkommenden Kantianismus, als eine schon damals nicht mehr zeitgemäße Reflexionsgestalt der christlichen Religion erwiesen habe[6].

Indessen haben sich längst auch andere Stimmen zu Wort gemeldet, die die theologischen Anschauungen des im übrigen bereits unter seinen Zeitgenossen umstrittenen[7] Göttinger Professors als durchaus authentischen Ausdruck aufklärerischen Religionsverständnisses zu würdigen wissen. So gehört Leß für Kl. Scholder und A. Schlingensiepen-Pogge mit in die erste Reihe der Theologen, die dafür sorgten, daß die deutsche theologische Aufklärung ihr spezifisches Profil „als eine praktische Reformbewegung“ auszubilden vermochte[8]. Namentlich die Beiträge Leß‘ zur Entwicklung einer Sozialethik, in der nach Scholder „zum ersten Mal ... die Gesellschaft als Gegenstand und Aufgabe einer christlichen Ethik in den Blick der Theologie“ geriet[9], aber auch seine diversen Anstrengungen um eine konstruktive Neufassung der christlichen Dogmatik, die den Postulaten der Zeitgemäßheit und des Lebensbezugs der christlichen Glaubenslehre genügen und insofern das Popularitätsideal aufklärerischer Theologie erfüllen wollte, haben es weiteren modernen Interpreten als geraten erscheinen lassen, Leß der Neologie zuzurechnen[10].

Diese – hier nur in Auswahl vorgeführten – Divergenzen in der theologiegeschichtlichen Einschätzung Leß‘ lassen sich ohne weiteres auf die unterschiedlichen Perspektiven zurückführen, aus denen die theologische Aufklärung im allgemeinen und die Theologie Leß‘ im besonderen jeweils in den

---

[3] (Wagenmann-) P. Tschackert, Art. Leß, Gottfried, RE, 3. Aufl., 11. Bd., (404–406) 406. Vgl. ähnlich auch J. Meyer, aaO., 32.

[4] Vgl. K. Aner, aaO., 89. Außer den zitierten Äußerungen Bahrdts und Laukhards hat Aner freilich keinen einzigen Quellenbeleg für seine Beurteilung Leß‘ beigebracht.

[5] G. von Selle, aaO., 180 f.

[6] Vgl. L. Marino, aaO., 213 f.

[7] Vgl. dazu P. Tschackert, aaO., 406.

[8] Kl. Scholder, aaO., 462.

[9] Kl. Scholder, aaO., 479 (zu Leß vgl. aaO., 478–480.482); vgl. auch A. Schlingensiepen-Pogge, aaO., passim.

[10] Vgl. Kl. Scholder, aaO., 471 f.; W. Sparn, aaO., 41; ders., Art. Neologie, EKL, 3. Aufl., Bd. 3, (662–664) 663; V. Drehsen, Theologia Popularis. Notizen zur Geschichte und Bedeutung einer praktisch-theologischen Gattung, PTh 77 (1988), (2–20) 10.14 f.18.

Blick genommen werden. Allerdings dürften die einander widersprechenden Deutungen des langjährigen Göttinger Universitätstheologen zu einem gut Teil auch in seinem Werk selbst begründet liegen, das mit seiner Tendenz zur Vermittlung zwischen tradierter Bibelfrömmigkeit und aufgeklärtem Subjektivismus zumindest Ansatzpunkte für beide Interpretationsmuster bereithält. Eine umfassende Analyse der Leßschen Theologie steht noch aus und kann auch im folgenden nicht durchgeführt werden. Sie würde freilich ergeben, daß Leß trotz gewisser Spannungen und vermeintlicher Widersprüche in seinem Denken sehr wohl als Repräsentant der auf praktische Reformen des kirchlichen und gesellschaftlichen Lebens sowie auf die Förderung der religiös-ethischen Selbsterfahrung und Vervollkommnung des frommen Subjekts ausgerichteten Neologie zu begreifen ist.

G. Leß (1736–1797)[11] hatte sein Theologiestudium in Jena unter J. G. Walch (1693–1775) und dann vor allem in Halle unter S. J. Baumgarten (1706–1757) absolviert. Baumgarten nahm ihn als Haus-und Tischgenossen bei sich auf und förderte die Entwicklung seines Famulus auf mancherlei Weise. Durch diesen seinen bedeutendsten Lehrer lernte Leß den Hallischen Pietismus in seiner wissenschaftlich abgeklärten, um die Impulse des theologischen Wolffianismus produktiv erweiterten Gestalt kennen[12]. Leß hat seine Schülerschaft zu Baumgarten in der Sache nie verleugnet, wobei jedoch sein Festhalten an wichtigen Grundpositionen des Lehrers einer breiteren Akzeptanz seiner eigenen theologischen Arbeit unter den veränderten geistesgeschichtlichen Bedingungen in der 2. Hälfte des 18. Jahrhunderts eher hinderlich gewesen sein dürfte. Baumgarten war es, der Leß den Gedanken nahelegte, das akademische Lehramt anzustreben[13]. Seine berufliche Laufbahn begann Leß als ao. Professor der Theologie 1761–63 am Akademischen Gymnasium in Danzig. 1763, auf einer Bildungsreise nach Holland und England, machte er die Bekanntschaft mit dem Erzbischof Secker von Canterbury

---

[11] Geb. 31. 1. 1736 in Konitz (Pommerellen-Westpreußen) als Sohn eines Tuchhändlers und Bürgermeisters, gest. 28. 8. 1797 in Hannover. – 1750–52 Schulausbildung Fridericianum Königsberg, 1753–57 Studium Jena und Halle, 1757–61 Privatlehrer und Kandidat Danzig, 1761 ao. Prof. d. Theol. am Akademischen Gymnasium Danzig, 1763 Bildungsreise nach Holland und England, 1763 ao. Prof. d. Theol. und Universitätsprediger Göttingen, 1765 o. Prof. d. Theol. Göttingen, 1784 erster Prof. d. Theol. u. Konsistorialrat Göttingen, 1791 Konsistorialrat u. Hofprediger Hannover. – Leß wurde am 13. 10. 1763 mit der Wahrnehmung des Universitätspredigeramts (neben Förtsch) beauftragt (vgl. UAG, K 35, Bl. 6; 10 b 2/4, Bl. 7) und am 21. 6. 1764 zum alleinigen Universitätsprediger ernannt (vgl. UAG, K 35, Bl. 7; 10 b 2/4, Bl. 11). – Zum Biographischen vgl. J. C. A. Holscher, Gottfried Less, 1797; J. R. G. Beyer (Hg.), Allgemeines Magazin für Prediger, I. Bd., 1789, 112–118; H. Doering, Die deutschen Kanzelredner des achtzehnten und neunzehnten Jahrhunderts, 1830, 204–212; E. Berneburg, Art. Less, Gottfried, NDB 14 (1985), 334 f.

[12] Vgl. M. Schloemann, Siegmund Jacob Baumgarten. System und Geschichte in der Theologie des Übergangs zum Neuprotestantismus, 1974; W. Sparn, Vernünftiges Christentum, 35 f.

[13] Vgl. J. C. A. Holscher, aaO., 8–11.

und informierte er sich aus erster Hand über die in England geführte kirch-
lich-theologische Auseinandersetzung mit dem Deismus. Seither widmete
Leß einen erheblichen Teil seiner wissenschaftlichen Arbeit der Apologetik,
insbesondere der kritischen Auseinandersetzung mit dem englischen Deismus
und dem Materialismus J. de Lamettries u. a.[14]. Die gelehrte Reise nach
England war für ihn auch insofern von persönlichem Gewinn, als er auf
dem Rückweg – einer Einladung Münchhausens folgend – in der Schloßkapelle zu Hannover mehrere Predigten hielt, durch die er sich „vielen Beifall"[15] und die Gunst des hannoverschen Staatsministers erwarb, der ihn daraufhin zum ao. Professor der Theologie und Universitätsprediger in Göttingen berief.

Über fast 30 Jahre hin prägte Leß das Erscheinungsbild der Göttinger
Theologischen Fakultät entscheidend mit. Als Theologieprofessor und Universitätsprediger wirkte er genau in der Periode, in der sich der Aufstieg
Göttingens zur fortschrittlichsten und unbestritten bedeutendsten Akademie
Deutschlands vollzog. Ihr Ansehen verdankte die Universität zwar weniger
den damaligen Mitgliedern der Theologischen Fakultät – außer Leß waren
dies J. P. Miller und Chr. W. Fr. Walch – als vielmehr den Vertretern der
anderen Wissenschaften – Michaelis, Heyne, Pütter, Gatterer, von Schlözer,
Lichtenberg und Kästner wären hier zu nennen –, aber man wird den Einfluß nicht unterschätzen dürfen, den gerade Leß durch seine teilweise weitverbreiteten Publikationen auf die theologisch Interessierten in der zeitgenössischen Bildungsöffentlichkeit ausübte.

In dem Bestreben, den Gegenwartsbezug der christlichen Religion herauszustellen, bezog Leß immer wieder zu aktuellen Fragen Stellung. Zu der
durch Goethes „Werther" ausgelösten öffentlichen Diskussion steuerte er eine
Abhandlung „Vom Selbstmorde" bei, die mehrere Auflagen erfuhr[16]. Als
Verfasser eines von J. M. Goeze erbetenen Gutachtens der Göttinger Theo-
logischen Fakultät nahm Leß weitgehend Partei zugunsten der theaterkriti-
schen Position, die der Hamburger Senior 1769 in einer Schrift über die
Sittlichkeit der zeitgenössischen deutschen Schaubühne vertreten hatte. Nicht
zuletzt der – wohl in seiner pietistischen Herkunft wurzelnde – ethische
Rigorismus, mit dem Leß hier die angebliche Sittenlosigkeit der meisten
Theaterstücke geißelte – nur den Besuch von Schauspielen, die sich als
Beförderungsmittel des tätigen Christentums erweisen würden, sah er als

---

14 Vgl. vor allem G. Less, Beweiß der Wahrheit der Christlichen Religion, (1. Aufl.) 1768;
in der 6. Aufl. erschienen als Bd. 2 des Titels: Ueber die Religion. Ihre Geschichte, Wahl und
Bestätigung in Dreien Theilen, 1786.
15 Brief Münchhausens an die Universität vom 13. 10. 1763, UAG, K 35, Bl. 6. – Den
Kontakt zu Münchhausen hatte Leß schon auf dem Hinweg nach England geknüpft, die
erwähnten Predigten hielt er der zitierten Akte zufolge erst auf dem Rückweg (gegen
J. C. A. Holscher, aaO., 12 f.).
16 Vgl. G. Less, vom Selbstmorde, (1. Aufl.) 1776; 2. Aufl. 1778; 3. Aufl. 1786.

statthaft an[17] –, rief umgehend den beißenden Spott seiner Göttinger Kollegen Michaelis und Lichtenberg hervor[18]. Gegen die von Lessing als „Papiere eines Ungenannten" 1774–78 herausgegebenen „Wolfenbütteler Fragmente" des Hamburger Gymnasiallehrers H. S. Reimarus (1694–1768) wandte sich Leß in einer umfangreichen Schrift[19], in der er – ganz im Einklang mit den meisten übrigen Neologen – gegenüber der deistischen „Alternative von Vernunft bzw. Geschichte und Offenbarung"[20] für die mit der übernatürlichen Authentie des Neuen Testaments begründete Selbständigkeit der Religion eintrat. Lessing, der sich bereits in Erwartung der Abhandlung Leß' oder, was auch denkbar ist, einer gleichfalls 1779 erschienenen Schrift Chr. W. Fr. Walchs relativ gelassen gab[21], ging im weiteren Verlauf des Fragmentenstreits freilich nur auf einige Randthemen der Leßschen Kritik am Fragmentisten ein[22].

Neben den Bereichen Apologetik, Dogmatik und Moral hatte die Predigt für den Theologen Leß eine wesentliche Bedeutung. Zwar hat Leß keine ausgeführte Homiletik geschrieben, jedoch lassen sich seine homiletischen Auffassungen in hinreichendem Maße zwei Publikationen entnehmen, in denen er sich unter verschiedenen Aspekten mit Fragen der Predigttheorie und -praxis befaßt hat. Den ersten dieser beiden Texte veröffentlichte Leß 1765, also in der Anfangsphase seiner Göttinger Tätigkeit, aus Anlaß der Übernahme des Direktorats des Göttinger Predigerkollegiums. Die andere Abhandlung erschien 1790, als sich das Ende seiner Göttinger Wirksamkeit abzeichnete. Der zwischen der Veröffentlichung der beiden Schriften liegende Zeitraum von 25 Jahren läßt es als sinnvoll erscheinen, sie je für sich nacheinander zu behandeln. Auf diese Weise können nicht nur die durch den Anlaß und die Gattung beider Texte bedingten speziellen Gewichtungen,

---

[17] Vgl. [G. Less,] Einer Hochwürdigen Theologischen Facultät in Göttingen Beurtheilung einer Schrift, welche den Titel führet: J. M. Goezens Theologische Untersuchung der Sittlichkeit der heutigen deutschen Schaubühne, Auf Ansuchen des Verfaßers angefertiget, 1769, bes. 8 ff. 16 ff. 43 f.

[18] Zur Kritik Michaelis' vgl. G. von Selle, aaO., 180; zur Kritik Lichtenbergs vgl. A. Beutel, Lichtenberg und die Religion. Aspekte einer vielschichtigen Konstellation, 1996, 167 f.

[19] Vgl. G. Less, Auferstehungs-Geschichte Jesu nach allen vier Evangelisten. Nebst einem doppelten Anhange gegen die Wolfenbütteler Fragmente von der Auferstehung Jesu; und vom Zwecke Jesu und seiner Apostel, 1779.

[20] W. Sparn, Art. Neologie (s. Anm. 10), 664. – Unzutreffend ist die Behauptung von W. Gericke, aaO., 101 f., aus dem neologischen Lager hätten nur Döderlein, Lüdke und Semler Schriften gegen die Wolfenbütteler Fragmente verfaßt.

[21] Vgl. Lessings briefliche Äußerung vom 16.12.1778: „Endlich lassen sich die grossen Wespen doch aus dem Loche sterlen. Die Göttingsche sumset nicht so arg, als sie zu stechen drohet. Wir werdens ja sehen ..." (zit. nach R. Smend, Lessing und die Bibelwissenschaft, in: ders., Epochen der Bibelkritik. Ges. Studien, Bd. 3, 1991, 89).

[22] Vgl. W. Kröger, Das Publikum als Richter. Lessing und die „kleineren Respondenten" im Fragmentenstreit, 1979, 48–51.

sondern auch bestimmte Entwicklungslinien im homiletischen Denken Leß'
herausgearbeitet werden.

Mit seinem homiletischen Traktat von 1765 verband Leß nicht den Anspruch, eine prinzipielle Homiletik oder Anweisung zum erbaulichen Predigen vorzulegen. Er wollte vielmehr lediglich auf einige oft begangene Fehler
in der Praxis hinweisen und Vorschläge zu ihrer Verbesserung unterbreiten[23].
Aufschlußreich ist zunächst, wie Leß vorweg seinen eigenen aufklärerischen
Standpunkt in der Geschichte der Predigt bestimmt. Nach der klassischen
Phase der protestantischen Predigt in der Reformationszeit sei die Orthodoxie für einen steten Niedergang der Predigt verantwortlich gewesen, da sie
mit maßloser Polemik und spitzfindiger Scholastik, mit der emblematischen
und allegorischen Methode „die elende trockene Art zu predigen" eingeführt
habe[24]. Im Vergleich dazu könne man die philosophische Predigtweise (sc.
des theologischen Wolffianismus) freilich nicht als eine wirkliche Alternative
betrachten. Allenfalls die Pietisten Spener und Francke hätten, wenn auch nur
in Ansätzen, akzeptable Muster einer erneuerten Predigtpraxis geliefert, weil
sie die Predigt als Ermunterung zur Gottesfurcht aufgefaßt hätten. Nun gelte
es, der Predigt wieder zu ihrer wahren Bestimmung zu verhelfen, nämlich zu
einer methodisch verantworteten Rührung der Affekte, die die angestrebte
Besserung der Zuhörer zur Folge habe[25].

Auch wenn Leß die Begriffe „Rührung" und „Erbauung" gelegentlich
synonym gebraucht[26], sieht er doch in der Rührung der Affekte bzw. des
Herzens nur ein Teilziel der erbaulichen Predigt. Genauerhin meint das Rüh-
rende im Kanzelvortrag die Erregung der Affekte, die die Besserung des
Hörers bewirkt und die „die Grösse und besonders die Thätigkeit seines
Glaubens an Jesum vermehret"[27]. Das hier noch undeutlich gebliebene Verhältnis zwischen Erbauung und Rührung hat Leß in einem Anhang zur
3. Auflage seiner „Betrachtungen" etwas präziser beschrieben. Danach besteht in der Erbauung der Hörer das Globalziel jeder Predigt. Erbaulich
predigen heißt Menschen zu Christen machen, sie zur Tugend und zur
Besserung anleiten, sie zur Liebe gegen Gott ermuntern sowie Jesus Christus
den Gekreuzigten predigen[28]. Die wahre Erbauung enthält stets zwei Momente. Zum einen geht es darum, den Hörern deutliche, gründliche und

---

[23] Vgl. G. Less, Betrachtungen über einige neuere Fehler im Predigen welche das Rürende
des Kanzelvortrages hindern, 1765, 5. – Die 1767 erschienene 2. Auflage der „Betrachtungen"
ist inhaltlich mit der 1. Auflage identisch.

[24] AaO, 3.

[25] Vgl. aaO., 4.11.

[26] Vgl. aaO., 6.16.

[27] AaO, 14; vgl. auch aaO., 5.9.13.

[28] Vgl. G. Less, Von einigen neueren Fehlern welche das Rürende des Kanzelvortrages
hindern. Jetzt an vielen Stellen geändert, berichtiget, und mit einem ANHANGE ueber
einige der wichtigsten Stuekke der Homiletik vermehrt, in: DERS., OPVSCVLA THEOLO-
GICI EXEGETICI ATQVE HOMILETICI ARGVMENTI, (Bd. 1,) 1780, (50–198) 110f.

praktische Kenntnisse der Religionswahrheiten zu vermitteln. Das geschieht mittels der Erleuchtung des Verstandes. Dabei muß die Kenntnis des Christentums im einzelnen durch einen deutlichen Religionsvortrag, eine gründliche Beweisführung und das Offenlegen des praktischen Einflusses der betreffenden Religionswahrheit auf das Leben gefördert werden[29]. Neben die Erleuchtung des Verstandes tritt als weiterer notwendiger Bestandteil der Erbauung die Besserung des Herzens. Den Predigthörern muß erfahrbar gemacht werden, daß christliche Gesinnungen und christlicher Lebenswandel zur höchsten Ehre und zur Glückseligkeit führen. Zu diesem Zweck sind sowohl die Affekte, die sich gegen die Sünde richten, als auch die Affekte, die der Tugend und der Glückseligkeit als Antriebskräfte dienen, anzuregen[30]. Beide Momente der erbaulichen Predigt bedingen sich wechselseitig. Ohne die Überzeugung des Verstandes bleibt unklar, warum und wozu sich der Hörer bestimmte Religionswahrheiten zu eigen machen soll. Unterbleibt dagegen die Rührung des Herzens, kommt der Hörer nicht zum lebendigen Glauben, kann er die – als frommes Handeln verstandene – Glückseligkeit nicht erlangen.

Mit all diesen Bestimmungen befindet sich Leß noch ganz im Einklang mit der frühaufklärerischen Homiletik[31]. Das gilt weitgehend auch noch für seine Auffassung vom Verhältnis zwischen Text und Predigt. Gegenüber der zunehmenden Tendenz, den Text der Predigt allenfalls als Motto zugrundezulegen, hält Leß daran fest, daß jede Predigt nichts anderes als eine ausführliche Entwicklung des biblischen Textes zu sein habe. Denn – so lautet die Begründung – die Bibel ist der einzige untrügliche Grund des Glaubens, des Lebens und des Trostes. Daher soll der Prediger immer Dolmetscher der Bibel sein. Zudem kann der Zuhörer die Predigt am besten behalten, wenn ihm der Text zum Leitfaden für sein Gedächtnis wird[32]. Immerhin räumt Leß ein, eine Predigt könne durchaus erbaulich sein, auch wenn sie nicht in einem Text gegründet sei. Freilich, die Predigt, die ihre Zuhörer rühren und bessern will, muß grundsätzlich die Textbindung wahren. Der Prediger kann sich dann allerdings darauf beschränken, das Thema aus dem Text heraus abzuleiten und den Text knapp zu erläutern, während sich die nähere Entfaltung des Themas weniger am speziellen Duktus des Textes als vielmehr am generellen Zweck der Predigt sowie an den Bedürfnissen und der Situation der Zuhörer orientieren sollte[33]. Leß bevorzugt also eindeutig die nach der synthetischen Methode verfahrende Themapredigt, die analytische Methode dagegen lehnt er als ganz ungeeignet ab. Denn nach seiner Meinung schafft die homilieartige Textauslegung mit ihren extensiven exegetischen, histori-

---

[29] Vgl. aaO., 111f.
[30] Vgl. aaO., 112–114.
[31] S. o. 234–251.
[32] Vgl. G. LESS, aaO., 117f.
[33] Vgl. G. LESS, Betrachtungen (s. Anm. 23), 9f.

schen und religionsgeschichtlichen Erläuterungen eine unnötige Distanz der Hörer zum Text und zum Thema. Daneben kann man gerade mit der analytischen Methode den biblischen Text in den meisten Fällen nicht einmal auch nur annähernd erschöpfend behandeln[34].

Die Ausführungen Leß' zum Stil, in dem erbauliche Predigten vorgetragen werden sollten, sind im Vergleich mit den entsprechenden Anweisungen frühaufklärerischer Homiletiker ebenfalls als wenig originell anzusehen. Was Leß in Hinsicht auf die formale Gestaltung der Kanzelrede zunächst in Gestalt eines aus 9 Punkten bestehenden Lasterkatalogs zu monieren und dann mit positiven Gegenvorschlägen zu sagen hat, gehört zum Gemeingut sowohl der pietistischen als auch der frühaufklärerischen Homiletik in der 1. Hälfte des 18. Jahrhunderts[35]. Wo sich Leß aus der homiletischen Tradition behutsam zu lösen beginnt, da geht es nicht um formale, sondern um inhaltliche Fragen der Predigt und um die Person des Predigers.

Was zunächst die inhaltliche Seite, die Wahl der „Materien" der Predigt angeht, so kommen für Leß nur solche Themen in Betracht, die das Herz des Zuhörers unmittelbar zu bewegen und moralische Gesinnungen zu erzeugen vermögen. Dazu sind z. B. Predigten, wie sie in England über die Geschichte der trinitarischen Streitigkeiten oder über den masoretischen Text gehalten wurden, ganz offenkundig nicht in der Lage[36]. Überhaupt dürfen alle „Stücke der theoretischen Theologie", die „nur sehr wenig Einfluß aufs Herz haben", nicht zum Thema von Predigten gemacht werden[37]. Die Religionswahrheiten der dogmatischen Theologie haben nach Leß zwar nicht bloß spekulativen Charakter, sondern mehr oder weniger auch einigen Einfluß auf die religiöse Praxis. Sie können und müssen daher gegebenenfalls in der Predigt erläutert werden, setzt doch die Erregung der Affekte die Überzeugung des Verstandes voraus. Nur als Thema einer Predigt taugen etwa die Trinitätslehre, die Zweinaturenlehre oder die Lehre von der Manducatio oralis nicht, da sie keine direkten Auswirkungen auf die Besserung des Hörers haben[38]. Hier wird exemplarisch deutlich, daß sich die – von Leß vergleichsweise zurückhaltend mitvollzogene – Revision der dogmatischen Überlieferung durch die Neologie wesentlich am Kriterium des praktisch-ethischen Nutzens der Lehrvorstellungen orientiert.

Den soeben referierten Passus hat Leß in der 3. Ausgabe seiner homiletischen Erstlingsschrift vollständig neu gefaßt. Nicht daß er seine Grundposition aufgegeben hätte –, jedoch findet man nunmehr eine genaue Auflistung der Lehren, die als Predigtthemen auszuschließen bzw. umgekehrt bevorzugt zu behandeln sind. Wodurch sah sich Leß zu dieser Präzisierung veranlaßt?

---

[34] Vgl. aaO., 7–9.
[35] Vgl. aaO., 18–25.
[36] Vgl. aaO., 6f.
[37] AaO., 12.
[38] Vgl. aaO., 12–14.

Möglicherweise empfand er es selbst als einen Mangel, daß seine Aussagen über die Predigtthemen 1765 noch recht vage gehalten waren. Vermutlich aber gab ihm die 1772 erstmals erschienene Schrift Spaldings „Über die Nutzbarkeit des Predigtamtes" den Anstoß, sich genauer zur Sache zu äußern. Spalding nämlich hatte sehr klar dargelegt, welche „unfruchtbare(n), spekulativische(n) Lehrmeinungen" aus dem christlichen Religionsvortrag auszuscheiden seien[39]. Er rechnete dazu die Trinitätslehre und die Zweinaturenlehre sowie die Versöhnungslehre[40]. Im Blick auf gewisse andere Lehren der Kirche empfahl Spalding, sie „in der richtig bestimmten Einschränkung und mit der Behutsamkeit vorzutragen, daß sie nicht selbst Hindernisse desjenigen Ernstes in der Gottseligkeit werden, deßen Erweckung den Hauptzweck unsers Amtes ausmacht"[41]. In solchem hermeneutischen und historischen Problembewußtsein sollten die Lehrvorstellungen von der rechtfertigenden Kraft des Glaubens ohne die Werke, vom angeborenen Verderben und gänzlichen Unvermögen des Menschen zum Guten wie auch die Begriffe „Glaube" und „Rechtfertigung" kritisch auf ihren Gegenwartsbezug reflektiert werden, bevor sie zum Gegenstand der Predigt erhoben würden[42].

Leß dürfte diese Aufstellungen Spaldings vor Augen gehabt haben, als er 1780 die Themen neu benannte, die der erbauliche Prediger tunlichst meiden sollte. Es sind dies alle „gelehrten" Bestimmungen der dogmatischen Wahrheiten wie die Zweinaturenlehre und die Lehre vom Unterschied zwischen Natur und Gnade, ferner die „problematischen" Lehren der Dogmatik wie die Vorstellungen von der Höllenfahrt Christi und vom Ort der Seligen und der Verdammten sowie schließlich sämtliche zur „Kasuistik" gehörenden Stücke der Morallehre wie die Themen von der gewaltsamen Notwehr und vom Widerstand gegen tyrannische Obrigkeiten[43]. Da Leß – ganz in Übereinstimmung mit Spalding – weiterhin der Meinung ist, der Prediger dürfe nun nicht etwa nur reine Moralpredigten halten, will er die Darstellung von Glaubenslehren nicht gänzlich von der Kanzel verbannt wissen. Denn es besteht ein unaufgebbarer Zusammenhang zwischen der praktisch-sittlichen Frömmigkeit und dem Glauben an Jesus und der daraus fließenden Liebe zu Gott[44]. Die Glaubenslehren bilden das Fundament, ohne das die Morallehren nur auf Sand gebaut wären. Sie haben bei Leß demnach keine eigenständige Bedeutung, sondern werden als – notwendige – Begründungsmotive des religiös-sittlichen Handelns den Morallehren zu- bzw. untergeordnet. Unter

---

[39] [J.J. SPALDING,] Ueber die Nutzbarkeit des Predigtamtes und deren Beförderung, 1772, 121; vgl. dazu R. KRAUSE, aaO., 23 f. (mit Belegen aus der 3. Aufl. der Spaldingschen Homiletik).
[40] Vgl. J.J. SPALDING, aaO., 133 ff.138 ff.143 ff.
[41] AaO., 160.
[42] Vgl. aaO., 161 ff.173 ff.180 ff.
[43] Vgl. G. LESS, aaO. (s. Anm. 28), 68 f.
[44] Vgl. G. LESS, aaO., 70–72; J.J. SPALDING, aaO., 121–128; dazu R. KRAUSE, aaO., 24 f.

dieser Prämisse brauchen in der Predigt lediglich die großen Glaubenswahrheiten von dem, was Gott und der Heiland für uns getan haben und von uns
fordern, was wir in Zeit und Ewigkeit hoffen und erwarten dürfen, und von
der Liebe zu Gott und dem Erlöser thematisch gemacht zu werden. Im einzelnen handelt es sich um die Lehre von Gott und seinen Eigenschaften, den
physikotheologisch zu führenden Erfahrungsbeweis dieser Grundwahrheit,
alle Wahrheiten der populären Dogmatik sowie bevorzugt um sämtliche speziellen Pflichten der christlichen Moral, die der Behandlung in der Predigt
fähig sind[45].

An die gedankliche Geschlossenheit und thematische Weite des Spaldingschen Entwurfs, der nicht von ungefähr zur prominentesten Homiletik der
Neologie avancierte, reichen die „Betrachtungen" Leß' sicherlich nicht heran
– sie waren ja auch von vornherein nicht im Sinne einer umfassenden
Homiletik konzipiert. Der konstatierte Konsens zwischen beiden Theologen
macht jedoch evident, daß sich Leß in seinen homiletischen Grundüberzeu-
gungen dem neologischen Predigtverständnis verpflichtet wußte. Dies bestätigt sich, wenn wir uns der Frage zuwenden, welche Bedeutung der Person
des Predigers für das Predigtgeschehen bei Leß zugeschrieben wird.

Leß kommt auf diese Thematik im Rahmen seiner Behandlung der Affektenlehre zu sprechen. Als aufschlußreich erweist sich dabei bereits seine Kritik
an der herkömmlichen Rezeption der Affektenlehre in der Homiletik. Die
Kenntnis der menschlichen Affekte einfach aus einem philosophischen System zu beziehen, scheint ihm ein für den Prediger ganz unzureichendes
Verfahren zu sein. Denn die der Philosophie entlehnten Definitionen und
kategorialen Einteilungen der Affekte tragen nur wenig für die Praxis der
erbaulichen Predigt aus[46]. Setzt sich Leß mit diesen kritischen Bemerkungen
deutlich von der frühaufklärerischen Homiletik ab, die die Affektenlehre –
vermittelt durch die zeitgenössische Rhetorik Gottscheds u. a. – aus der
Wolffschen Schulphilosophie übernommen hatte[47], so betrachtet er es seinerseits als weitaus fruchtbarer, die Affekte „aus individuellen Begebenheiten, aus
dem aufmerksamen Umgange mit Menschen, pragmatischen Geschichten"
u. ä. kennenzulernen[48]. Der Genese und Wirkung der Affekte gilt es also
allererst empirisch, in der Erfahrung, nachzuspüren, wenn denn das Wissen
um sie dem Prediger gute Dienste leisten soll.

In diesem Kontext empfiehlt Leß als das „sicherste Mittel, in seinen Zuhörern Affekten zu erregen …, daß man sie selbst vorher füle, und aus einem

---

45 Vgl. G. Leß, aaO., 73 f.

46 Vgl. G. Leß, Betrachtungen (s. Anm. 23), 26.

47 S. dazu die Ausführungen zu Kraft und Mosheim o. 240–242. Die Ablehnung einer
philosophisch präfigurierten Affektenlehre dürfte sich bei Leß implizit darin auswirken, daß er
keinerlei Wert auf eine präzise Beschreibung des Verhältnisses zwischen den Affekten und dem
Willen des Predigthörers legt.

48 G. Leß, aaO., 26.

Herzen rede, welches von den Empfindungen derselben erhitzet ist"[49]. Der frommen Erfahrung des Predigers kommt eine konstitutive, schlechterdings unersetzbare Bedeutung zu, wenn seine Predigt ihren Endzweck, die affektive Rührung und Besserung der Zuhörer, ihre Gottseligkeit erreichen soll. Leß unterstreicht dies zunächst, indem er in der alten, zwischen Pietismus und Orthodoxie strittigen Frage, ob ein Prediger selbst bekehrt sein müsse, um seine Hörer wirksam erbauen zu können, eindeutig Partei zugunsten der pietistischen Position ergreift[50]. Schon um der Glaubwürdigkeit der von ihm vertretenen Wahrheit willen muß der Prediger selbst von den Affekten ergriffen sein, die er in seinen Hörern erregen will. Mehr noch – und an dieser Stelle läßt Leß das pietistische Motiv der frommen Individualität gewissermaßen nahtlos in das aufgeklärte Prinzip der affektiv-empirischen Subjektivität übergehen –, wenn es die Aufgabe der Predigt ist, die religiös-moralische Selbsterfahrung der Hörer anzustoßen und zu fördern, dann kann es nicht anders sein als daß der Prediger „es an sich selbst erfahren hat"[51], wozu er seine Hörer bewegen will. Der solchermaßen von der eigenen Erfahrung der Gottseligkeit durchdrungene Prediger kann sich nach Leß der Andacht und Aufmerksamkeit seiner Zuhörer stets gewiß sein, selbst wenn er nicht über ein hohes Maß an theologischer Bildung und rhetorischer Kunstfertigkeit verfügen sollte[52].

In seinem 1790 erschienenen Alterswerk „Über christliches Lehramt" hat Leß die in den „Betrachtungen" auf einige ausgewählte Fragen der Homiletik beschränkten Überlegungen weiter ausgeführt. Vom literarischen Genus her stellt sich diese Schrift als eine ganz eigentümliche Mischung aus Pastoraltheologie, prinzipieller Homiletik und Enzyklopädie der theologischen Wissenschaften bzw. Einführung in das theologische Studium dar[53]. Daher sind die der Predigt bzw. Homiletik gewidmeten Passagen auch über das gesamte Werk hin verstreut. Für unsere Zwecke genügt es, die zentralen Gedanken Leß' zur Homiletik in dieser Spätschrift zusammenzustellen und dabei besonders diejenigen Aussagen zu berücksichtigen, die über die „Betrachtungen" von 1765/80 inhaltlich hinausgehen.

Nach einer historischen Orientierung über die Entstehung des christlichen Lehramtes[54] bestimmt Leß den Zweck und das Wesen dieses Amtes dahin-

---

[49] AaO., 27.

[50] Vgl. aaO., 26.28. – Zum historischen Hintergrund s. o. 241.256.

[51] G. Less, aaO., 29; vgl. auch J. J. Spalding, aaO., 250–261. Zur theologiegeschichtlichen Entwicklung des aufgeklärten Prinzips der empirisch-religiösen Subjektivität vgl. W. Sparn, Vernünftiges Christentum, 34–42.

[52] Vgl. G. Less, aaO., 28 f.

[53] Vgl. G. Less, Ueber Christliches Lehr-Amt. Dessen würdige Fürung, Und die Schikliche Vorbereitung dazu, 1790. Ein knappes Inhaltsreferat der Schrift Less' bietet J. M. Stroup, The Struggle for Identity in the Clerical Estate: Northwest German Protestant Opposition to Absolutist Policy in the Eigteenth Century, 1984, 234–242.

[54] Vgl. G. Less, aaO., 1–10.

gehend, daß seine Inhaber als „Vernünftige und Exemplarische Lehrer der Erhabensten Wahrheiten und der Seeligsten Tugend", als Diener der Gottseligkeit in Aktion zu treten hätten[55]. Im Gegensatz zu den Priestern der mosaischen Religion, aber auch zu den fälschlich über die Laien erhobenen Geistlichen der katholischen Kirche, bei denen die vom Neuen Testament längst aufgehobenen Opfer- und Zeremonialhandlungen im Zentrum ihres Wirkens standen bzw. noch stehen, haben die wahrhaft christlichen Lehrer im Sinne des Evangeliums die Menschen mit geistigen Mitteln zur Besserung und zur Glückseligkeit anzuleiten[56]. Aber bedarf es zu diesem Zweck überhaupt noch eines besonderen Predigerstandes? Können nicht auch Hausväter und alle, die sich dazu berufen fühlen, die Religion lehren? Vermögen nicht Philosophen dies Geschäft besser als viele unfähige Vertreter des christlichen Lehramtes zu verrichten? Leß setzt sich mit diesem Einwand in der apologetischen Absicht auseinander, die Notwendigkeit des Predigtamtes gegenüber aller zeitgenössischen Kritik aus dem radikal-aufklärerischen Lager aufzuzeigen. Notwendig ist das besondere Lehramt, weil das Christentum als eine geistig-philosophische, mit allen anderen Wissenschaften verwobene Erscheinung viel zu komplex ist, als daß einfache Familienväter es adäquat lehren könnten. Die Philosophen wiederum können allenfalls bis zur Naturreligion vordringen und im Vergleich mit den am Neuen Testament geschulten christlichen Lehrern die Menschen nur zu einem niederen Grad an Tugend und Glückseligkeit führen[57].

Das apologetische Grundmotiv beherrscht auch Leß' Darlegung des Nutzens des Predigerstandes für die gesamte Gesellschaft. Der Dienst der Prediger kommt allen gesellschaftlichen Klassen zugute und hat unmittelbare Folgen nicht nur für die Glückseligkeit der einzelnen Individuen, sondern auch für die Wohlfahrt des ganzen Gemeinwesens. Unter ausdrücklichem Verweis auf Spalding, der ja im ersten Teil seiner Homiletik die positiven Auswirkungen des Predigtamtes auf das öffentliche Leben in Staat und Gesellschaft breit entfaltet hatte, belegt Leß seine damit konform gehende Auffassung mit zahlreichen Beispielen. Wie Landpfarrer „ganze Geschlechter und Dörfer" veredelt haben, indem sie Frieden im häuslichen und kommunalen Zusammenleben stifteten oder Trost und Hoffnung an Kranken- und Sterbelagern vermittelten, so haben die Prediger in den Städten und an den Höfen oft dazu beigetragen, ungerechte Gesetze und zerstörerische Prozesse zu verhindern, Kriege und Verbrechen schon im Keim zu ersticken[58]. Überdies sind nach Leß die Prediger bis zur Gegenwart die einzigen geblieben, die sich kraft der

---

[55] AaO., 20 f.
[56] Vgl. aaO., 11–15. Im folgenden verzichte ich darauf, die durchgängig zu beobachtende sachliche Übereinstimmung der Lessschen Schrift mit der Homiletik Spaldings jeweils nachzuweisen; vgl. J.J. Spalding, aaO., passim; dazu R. Krause, aaO., 20 ff.
[57] Vgl. G. Less, aaO., 36–39.
[58] AaO., 22 f.

ihnen verliehenen religiösen Autorität gegebenenfalls sogar gegen die höchste
menschliche Autorität in der Gesellschaft erhoben und den Monarchen Miß-
stände in ihrer persönlichen Lebensführung oder in der Ausübung ihres Re-
gierungsamtes schonungslos vorhielten. Eben damit nahmen sie stellvertretend für alle Mitglieder der Gesellschaft einen unentbehrlichen Dienst wahr[59].

Es dürfte in der apologetischen Intention seiner Argumentation begründet
liegen, daß Leß sich in seiner Schrift „Über christliches Lehramt" nur relativ
knapp über homiletische Detailfragen ausläßt. Was er über den formalen
Charakter der Predigt als kunstgerecht gestalteter Rede, ihren erbaulichen
Zweck und zur „wichtigsten Eigenschaft des Predigers", seiner christlichen
Gottseligkeit, zu sagen hat, ist zudem weitgehend eine Wiederholung seiner
„Betrachtungen" von 1765/80[60]. Weitaus größeres Gewicht mißt Leß der
Frage bei, was denn der materiale Gehalt der Predigt zu sein habe, und an
diesem Punkt läßt sich seine Position innerhalb der Diskussion, die seit der
Mitte der 1770er Jahre um die neologische Homiletik geführt wurde, deut-
lich bestimmen.

Leß grenzt sich scharf ab von den Bestrebungen „einiger Neueren, die am
Ende dahinauslaufen; den Prediger in einen Handwerks-Mann, Oekonomen
und Dorf-Arzt zu verwandeln"[61]. Die Prediger, die mit rein ökonomischen
und politischen Zeitvorträgen nur das irdische Wohl ihrer Zuhörer zu befördern suchen, entwürdigen damit ihren eigenen Stand[62]. Dessen Aufgabe
besteht nämlich in der Lehre des Evangeliums, nicht aber in der Vermittlung
ausschließlich auf das zeitliche Glück bezogener Wahrheiten[63]. Dieser Ab-
grenzungsversuch dürfte nicht zuletzt von der heftigen Kritik provoziert worden sein, die Johann Gottfried Herder (1744–1803) 1774 in seinen Provinzialblättern „An Prediger" an dem neologischen Verständnis des Predigtamtes
geäußert hatte. Herders Einwände richteten sich im Kern gegen die völlige
Integration des Predigtamtes in die bürgerliche Gesellschaft und die Instrumentalisierung der Predigt zu einem rein gesellschaftlichen Zwecken dienen-
den Medium. In Spaldings Programm „Über die Nutzbarkeit des Predigtamtes" meinte Herder die Realisierung dieser verhängnisvollen Fehlentwick-
lung feststellen zu können. Im Gegenzug zu der von ihm monierten Zweck-
entfremdung der evangelischen Verkündigung zu einem Hilfsmittel moralischer Tugendbelehrung forderte Herder die Pfarrer auf, sich zu entscheiden,
entweder „Lehrer der Weisheit und Tugend" zu sein und dann freilich „von

---

[59] Vgl. aaO., 25–27; als Beispiel druckt Less u. a. einen Brief des Londoner Predigers
Burnet an den englischen König Karl II. ab (aaO., 27–34). – Daß Less' eigene Obrigkeitspredigten nur wenig von diesem obrigkeitskritischen Geist verspüren lassen, steht auf einem
anderen Blatt. S. o. 102–106.

[60] Vgl. aaO., 47–51.59–61.75–79 (Zitat: 75).

[61] AaO., 79.

[62] Vgl. aaO., 62.

[63] Vgl. aaO., 58.

den Kanzeln, die so unbehülfliche Lehrstühle sind", herabzusteigen[64] oder
aber als wirkliche „Prediger des Worts Gottes, göttlicher Offenbahrung" im
Sinne der alttestamentlichen Propheten tätig zu werden[65]. So sehr Herder in
den Provinzialblättern „An Prediger" auf der Basis seines geschichtlichen
Offenbarungsbegriffs und seiner Anthropologie Aporien des neologischen
Verständnisses vom Wesen des Predigtamtes aufzudecken vermochte[66], so
wenig konnte jedoch die von ihm aufgezeigte Alternative einer Predigt des
göttlichen Wortes und der im Evangelium des Erlösers Jesus von Nazareth
gegebenen Offenbarung, mit der er den falschen Gegensatz zwischen dogmatischer und ethischer Predigt zu überwinden glaubte, mit der Zustimmung
der Vertreter der neologischen Predigtauffassung rechnen. Denn auf diesem
Weg wäre letztlich der für das neologische Religionsverständnis konstitutive
innere Zusammenhang zwischen Moralität und Religiosität, zwischen zeitlicher Perfektionierung und ewiger Gottseligkeit des frommen Subjekts in
Frage gestellt, wenn nicht ganz zerrissen worden[67].

Insofern erweist sich Leß auch hier dadurch als Neologe, daß und wie er –
Herders Namen zwar nicht erwähnend, seine kritischen Anfragen jedoch stets
mit bedenkend – in der Sache seine Nähe und seine Distanz zur Herderschen
Position gleichermaßen zu erkennen gibt. Daß sich die christliche Predigt
nicht in der Vermittlung moralischer Gesinnungen zum Zwecke der Besserung des Menschen oder gar in der praktischen Anleitung zur Hebung der
allgemeinen Lebensverhältnisse erschöpfen dürfe, ist ihm – wie auch schon
Spalding – selbstverständlich. Primäres Ziel der Predigt ist und bleibt die Zeit
und Ewigkeit umspannende Gottseligkeit[68]. Weiterhin zeigt sich Leß mit
Herder ganz einig in der Auffassung, daß der Prediger seinen Vortrag ganz
auf die Offenbarung zu gründen und von ihr zu reden habe. Der christliche
Prediger muß Dolmetscher der im Neuen Testament schriftlich fixierten
übernatürlichen Offenbarung Gottes sein, anderenfalls hat er seinen Beruf
verfehlt[69]. Weil die Bibel, insbesondere das Neue Testament, die einzige
Quelle des Christentums ist, muß jede Predigt unbedingt Auslegung eines

---

[64] J. G. HERDER, An Prediger. Funfzehn Provinzialblätter (1774), in: DERS., Sämmtliche
Werke, hg. von B. SUPHAN, Bd. VII, 1884, (225–312) 231.

[65] AaO., 242.

[66] Vgl. dazu im einzelnen R. KRAUSE, aaO., 29–34; E. HIRSCH, aaO., Bd. IV, 244–246. –
Zur gegnerischen Front, die HERDER in seinen Provinzialblättern bekämpft – J. J. Spalding, die
von diesem repräsentierte neologische Predigttheorie und -praxis sowie die philosophische und
theologische Aufklärung im friderizianischen Berlin – vgl. (unzureichend) W.-L. FEDERLIN,
Vom Nutzen des Geistlichen Amtes. Ein Beitrag zur Interpretation und Rezeption Johann
Gottfried Herders, 1982, 82–88; überzeugend dagegen die Erläuterungen der Herausgeber in:
JOHANN GOTTFRIED HERDER, Theologische Schriften, hg. von Chr. BULTMANN u. Th. ZIPPERT
(JOHANN GOTTFRIED HERDER, Werke in zehn Bänden, Bd. 9/1), 1992, (916–930) 920–925.

[67] So m. E. zu Recht W. SPARN, aaO., 52.

[68] Vgl. G. LESS, aaO., 41.44; J. J. SPALDING, aaO., 37.77.89.111–113.209 u. ö.

[69] Vgl. G. LESS, aaO., 54–57.

neutestamentlichen Textes sein[70]. Damit distanziert sich Leß eindeutig von
der in den 1780er Jahren nachweislich zugenommenen Praxis vieler aufklärerischer Prediger, sich in der Kanzelrede weitgehend vom biblischen Text zu
emanzipieren[71].

Auch im Offenbarungsverständnis bestehen zumindest teilweise Konver-
genzen zwischen Leß und Herder. Ihr Vorhandensein läßt sich auf seiten
Leß' darauf zurückführen, daß er Herders Provinzialblätter mit Sicherheit
sehr genau zur Kenntnis genommen hat[72]. Herder seinerseits war umgekehrt
bestens vertraut mit der in Göttingen gepflegten homiletischen Tradition.
Denn die 1763 in Göttingen anonym erschienene Schrift J. D. Heilmanns
„Der Prediger und seine Zuhörer in ihrem wahren Verhältnis betrachtet"
diente ihm als eine wesentliche Grundlage bei der Ausarbeitung seiner eigenen homiletischen Position[73]. Dem von Heilmann in dieser Abhandlung
entwickelten Predigtverständnis wiederum waren Leß' „Betrachtungen"
von 1765 in zentralen Punkten verpflichtet. Das kann exemplarisch am
Erbauungsbegriff aufgewiesen werden. Sowohl für Heilmann als auch für
Leß enthält die erbauliche Predigt notwendigerweise ein kognitives und ein
affektives Moment. Die Überzeugung des Verstandes, die Unterrichtung der
Hörer über die Wahrheiten der Religion auf der einen und die Rührung der
Herzen, die affektive Erregung der religiös-moralischen Empfindungen auf
der anderen Seite bilden in der Methodik der erbaulichen Predigt die beiden
Schritte, die sich gegenseitig ergänzen müssen, wenn die Predigt ihren

---

[70] AaO., 56: „Wenn wir … die Bibel von der Kanzel verbannen, wenn wir höchstens etwa,
eine, oft gar künstlich und seltsam ausgewälte Stelle daraus vorlesen; und unsre Vorträge bloß
auf eigene Spekulation, auf das gründen, was wir für Vernunft halten: heißt das, Christenthum
predigen? Indem wir dergestalt, die Menschen von dem N. T. entfernen und entwönen:
verkehren, zerstümmeln, zernichten wir dadurch nicht das Christenthum?"

[71] Vgl. dazu R. KRAUSE, aaO., 38−44.

[72] HERDER hatte die Provinzialblätter ja wohl als eine Art Empfehlungsschreiben in eigener
Sache − als Nachweis seiner theologischen Kompetenz − gelegentlich der ersten Verhandlungen um seine Berufung nach Göttingen herausgehen lassen. Vgl. R. SMEND, Herder und
Göttingen, 10f. − In dem von WALCH verfaßten und von LESS u. a. gebilligten Gutachten
der Theologischen Fakultät vom 9. 11. 1775 werden die Provinzialblätter ausdrücklich genannt,
aber keiner Beurteilung unterzogen. Das Gutachten ist abgedruckt bei P. TSCHACKERT, Zu
Herders Berufung nach Göttingen, ZGNKG 17 (1912), (213−217) 215−217.

[73] Vgl. dazu im einzelnen Th. ZIPPERT, Bildung durch Offenbarung. Das Offenbarungs-
verständnis des jungen Herder als Grundmotiv seines theologisch-philosophisch-literarischen
Lebenswerks, 1994, 80−88. Problematisch an den insgesamt überzeugenden Ausführungen
ZIPPERTS ist lediglich die Behauptung, der Erbauungsbegriff Mosheims sei „weitgehend ko-
gnitiv" bestimmt (aaO., 82; ähnlich 80) und davon unterscheide sich die Heilmannsche
Fassung der erbaulichen Predigt durch die Verbindung des kognitiven und des affektiven
Elementes. Aber so sehr Mosheim in der frühaufklärerischen Frontstellung die argumentative,
auf die Überzeugung des Verstandes abzielende Funktion der Predigt betonte, so sehr ging es
ihm doch zugleich immer auch um die Rührung des Herzens, also die affektive Anregung
des Willens zum Zweck der Realisierung des lebendigen Glaubens, der Gottseligkeit. S. o.
242.

Zweck – die Besserung der Hörer und ihre Erbauung zur Gottseligkeit – erreichen soll[74].

Im Rahmen dieses literarischen Beziehungsgeflechts kann es kaum überraschen, daß bei Leß partiell Anklänge an die Herdersche Fassung des Offenbarungsbegriffs wahrzunehmen sind. Nach Leß besteht das christliche Religionssystem nicht aus einer „Sammlung steriler Lehren oder Formeln" oder einer „Vorschrift unnüzer geistlooser Ceremonien"[75], es ist vielmehr „Geist und Wahrheit", „Geist und Leben" (cf. Joh 4,24; 6,63)[76]. Dieses Religionssystem wurde der Welt zunächst vorläufig in Gestalt einer reinen Naturreligion bekannt gemacht und dann durch bestimmte, aus der Vernunft nicht ohne weiteres ableitbare moralische Maximen überhöht. Genauerhin vollzog sich dieser Prozeß als Offenbarungsgeschichte, die – im Alten Testament anhebend und im Neuen Testament abschließend – die „Erziehung des Menschen-Geschlechts" zu ihrem einzigen Zweck hatte und noch hat[77]. Die Sendung des Sohnes Gottes bildete den Kulminationspunkt dieser „dem natürlichen Fortschritt der Menschheit angemessenen Offenbahrungen"[78].

Der homiletische Kontext seiner Ausführungen legt die Vermutung nahe, daß Leß den Ausdruck „Erziehung des Menschengeschlechts", mit dem er den finalen Sinn der Offenbarungen Gottes angibt, Herders Provinzialblättern entnommen hat[79]. Natürlich wäre es auch denkbar, in der gleichnamigen, 1780 vollständig publizierten Schrift Lessings die Quelle zu sehen, aus der Leß diesen Begriff geschöpft haben könnte. Aber das dürfte eher unwahrscheinlich sein, da Leß sich im Offenbarungsverständnis weitaus mehr von Lessing als von Herder unterscheidet[80]. Freilich, in seiner Abhandlung „Über

---

[74] Vgl. [J. D. HEILMANN,] Der Prediger und Seine Zuhörer in ihrem wahren Verhältnis betrachtet, 1763, 82.84.101–103.117; dazu Th. ZIPPERT, aaO., 81–83; unzureichend das Referat der Schrift HEILMANNS bei H. HOLZE, aaO., 91 f. – Zu LESS s. o. die Analyse seiner „Betrachtungen" von 1765.

[75] G. LESS, aaO., 43.

[76] AaO., 44.

[77] AaO., 55.

[78] AaO., 42.

[79] Vgl. J. G. HERDER, aaO., 294. Weitere Stellen in den Provinzialblättern mit Anklängen an den Ausdruck „Bildung" bzw. „Erziehung des Menschengeschlechts" sind zusammengestellt bei Th. ZIPPERT, aaO., 226 Anm. 57. Zur Sache vgl. auch E. HERMS, Art. Herder, Johann Gottfried von (1744–1803), TRE 15 (1986), (70–95) 84.

[80] Die entscheidende Differenz zwischen Leß und Lessing besteht darin, daß für Leß der irdische Jesus kraft seiner Lehren und Wunder der fleischgewordene Sohn Gottes ist, während Lessing auf der Basis seiner Unterscheidung zwischen zufälligen Geschichtswahrheiten und notwendigen Vernunftwahrheiten die Gottessohnschaft des geschichtlichen Jesus bestreitet. Sieht Leß in der Sendung Jesu den vernunftgemäßen Höhepunkt der Offenbarungsgeschichte Gottes, so betrachtet Lessing die Offenbarung der biblischen Geschichtswahrheiten lediglich als ein Durchgangsstadium im Prozeß der göttlichen Erziehung des Menschengeschlechts, der erst in der Explikation einer christlichen Vernunftreligion seine zukünftige Vollendung finden

christliches Lehramt" äußert sich Leß nur sehr knapp dazu, in welchem Sinne
er die Begriffe „Offenbarung" und „Erziehung des Menschengeschlechts"
verstanden wissen will. Das macht es schwierig, das Verhältnis seines Offen-
barungsverständnisses zu der von Herder in den Provinzialblättern ungleich
ausführlicher entwickelten Auffassung exakt zu bestimmen. So viel kann
jedoch gesagt werden: Leß teilt mit Herder die Überzeugung, daß Offenbarung als ein geschichtlicher Prozeß verstanden werden muß, der die gesamte Wirklichkeit umfaßt und der sich auf vorläufige Weise in der Natur,
darüber hinaus fortschreitend in der Geschichte der biblisch bezeugten Offenbarungen und in vollendeter Gestalt in Jesus Christus vollzogen hat[81].

Trotz dieser das Rahmenverständnis von Offenbarung betreffenden Übereinstimmung bleibt zwischen Leß und Herder eine gravierende Differenz
bestehen, ein Gegensatz, der sich an der divergierenden Interpretation der
Wendung „Erziehung des Menschengeschlechts" festmachen läßt. Herder
bringt mit diesem Ausdruck auf den Begriff, daß Offenbarung als bildendes
Handeln Gottes und die Offenbarungsgeschichte folglich als Bildungsge-
schichte zu verstehen sind. Das bildende Handeln Gottes in Natur und Geschichte setzt sich für ihn unmittelbar fort im menschlichen Handeln der
Prediger, die sich als „Boten und Werkzeuge Gottes"[82] der „Erziehung des
Menschengeschlechts" zu widmen haben. Dabei geht es „nicht um die Pflege
einzelner, als fromm geltender Tugenden, sondern um die Ausbildung aller
Kräfte aller Menschen"[83]. Um diese umfassende, auf die Humanität und das
Selbstbewußtsein des Menschen als Ebenbild Gottes abzielende Bestimmung
der Offenbarung in der Erfahrung verifikationsfähig zu machen, verwendet
Herder in den Provinzialblättern ausgesprochen viel Mühe auf die Ausarbei-
tung einer psychologisch fundierten Methodik praktischer Bildung[84].

Ganz anders dagegen Leß, der in der „Erziehung des Menschengeschlechts" eine vornehmlich ethische Funktion des Predigtamtes sieht[85], wobei er daran festhält, daß die durch die Predigt zu bildende Tugend nicht als
autonome Größe, sondern nur als Ausfluß einer durch die Offenbarung

soll. Zur Erziehungsschrift Lessings vgl. (in Auswahl) die teilweise divergierenden Interpretationen von K. Aner, aaO., 348–357; E. Hirsch, aaO., Bd. IV, 135–137; W. Gericke, aaO.,
123–127.
  [81] Vgl. G. Less, aaO., 42f.54f.; zu Herder vgl. Th. Zippert, aaO., 225f.230–238.
  [82] Vgl. J. G. Herder, aaO., 291.
  [83] Th. Zippert, aaO., 226.
  [84] Vgl. Th. Zippert, aaO., 224f.
  [85] G. Less, aaO., 60: „Die Menschen bessern; sie von allen Sündlichen, oder (beides ist
nach dem Christenthum einerlei) entehrenden und elend machenden Neigungen und Gesinnungen befreien: in dem also gesäuberten Boden, eine Göttliche, nach dem Urbilde alles
Schönen, Grossen und Erhabenen gebildete Tugend pflanzen: und durch beides; sie beseeligen;
in den Genuß eines Glücks versezen; das schon hier anhebt, in allen Lagen und Zeiten des
Lebens fortdauert und wächst, und durch alle Ewigkeit wärt und stets erhöhet wird. Das ist
Erbauung: dies der Zwek Christlicher Predigten …"

provozierten religiösen Gesinnung zur Grundlage sittlichen Handelns werden könne. Während Herder in den Provinzialblättern mit Hilfe des Bildungsgedankens gewissermaßen den Reichtum der Offenbarung anthropologisch erschließt, konzentriert sich Leß also letztlich doch auf die ethischen Implikationen der Offenbarungswahrheiten. Von daher ist es konsequent, daß er unter allen theologischen Einzeldisziplinen, die der angehende Prediger zum Erwerb seiner wissenschaftlichen Kompetenz zu studieren hat, dem „Christliche(n) Moral-System" in seinem gesamten Umfang und Begründungszusammenhang die zentrale Rolle im christlichen Unterricht zuweist[86].

Was Herder an der durch Spalding repräsentierten neologischen Predigtauffassung als eine unzulässige Reduktion der Offenbarung und der Funktionen des Predigtamtes auf die ethische Thematik kritisierte[87], war für Leß zumal angesichts der abnehmenden Akzeptanz der Religion und der institutionalisierten Verkündigung in der Gesellschaft eine Aufgabe von bleibender Notwendigkeit. Sein Eintreten für die bevorzugte Entfaltung der unmittelbar aus den Offenbarungswahrheiten abzuleitenden ethischen Maximen in der Predigt weist Leß einmal mehr als einen Parteigänger der neologischen Homiletik aus. Wie Spalding betrachtete er die Förderung einer selbsttätigen Religiosität, die die zeitliche Besserung und die ewige Gottseligkeit des frommen Subjekts umschließen sollte, als wichtigste Aufgabe der Predigt. Im Rahmen dieser generellen Zielsetzung hatte die Predigt nach Leß zugleich die besondere Aufgabe zu erfüllen, durch die Vermittlung sozialethischer Normen die Hörer zur Übernahme sittlicher Verantwortung in allen Bezügen des gesellschaftlichen Lebens zu bewegen und anzuleiten. Eben damit – das war die Erwartung Leß' – würde das christliche Lehramt selber den Nachweis für seinen unschätzbaren gesellschaftlichen Nutzen erbringen. –

Von keinem anderen Göttinger Universitätsprediger sind so viele Predigten im Druck überliefert wie von Leß. Nicht weniger als 190 Predigten, verteilt auf 18 Einzel- und Sammelausgaben (nach Titeln) mit insgesamt 24 Bänden hat Leß veröffentlicht. Damit gehört er zu den publikationsfreudigsten deutschen evangelischen Aufklärungspredigern[88]. Der gedruckte Gesamtbestand

---

86 Vgl. aaO., 68 f.

87 J. G. HERDER, aaO., 242: „Gott offenbarte sich dem Menschengeschlechte zu mancher Zeit und auf mancherlei Weise; so viel ich aber sehe, waren seine Offenbahrungen nicht immer und fast nie Moralische Diskurse, Vorträge, Predigten, die Pflicht oder Thema auf der Nadelspitze mit sich führten. Samenkörner warens, die auf mancherlei Weise verhüllt und gesäet, viel in sich hielten, was erst ein Zeitverlauf und oft ein großer Zeitverlauf entwickeln sollte: aus dem Verfolge entwickelnder Zeiten besteht die Bibel."

88 Zum Vergleich folgende Zahlen: Mit ca. 850 Predigten und Predigtentwürfen, die in verschiedenen – z. T. postum erschienenen – Ausgaben gedruckt worden sind, dürfte Fr. V. REINHARD eine absolute Ausnahmeerscheinung unter allen Aufklärungspredigern sein, was die Zahl der publizierten Predigten betrifft (vgl. Chr.-E. SCHOTT, Möglichkeiten und Grenzen der Aufklärungspredigt, 18–20). MOSHEIM publizierte 7 Bände seiner „Heiligen Reden" mit insgesamt 38 Predigten. A. Fr. W. SACK, der preußische Hofprediger zur Zeit Friedrichs II.,

seiner in der Göttinger Universitätskirche gehaltenen Predigten läßt sich
gliedern in 11 Einzel- und kleinere Sammelausgaben von Predigten, die er
zu besonderen Anlässen verschiedenster Art vorgetragen hat, und 7 umfangreiche Sammelbände, die nach einem ganz bestimmten, noch zu erläuternden
Ordnungsprinzip aufeinander bezogen sind.

Den gedruckten Predigten zufolge hat Leß fast ausschließlich über frei
gewählte Texte und nur selten über die von der Perikopenordnung vorgesehenen Schriftabschnitte gepredigt. Immerhin gibt es von ihm eine für die
private Erbauung der Leser gedachte Erklärung der sonntäglichen Evangelien,
die aber überwiegend eigens zu diesem Zweck verfaßte Textauslegungen und
bezeichnenderweise nur 3 Predigten enthält. Sowohl diese Anlage als auch die
von Leß gegebene Begründung für die Veröffentlichung seiner Evangelienauslegung[89] machen deutlich, daß wir es hier allenfalls mit einer schwachen
Reminiszenz an die in der lutherischen Predigtliteratur des 16. und 17. Jahrhunderts dominierende Gattung der Predigtpostille zu tun haben. Im Grunde
aber war die Postille, die ja die im Luthertum vorgeschriebene Perikopenbindung der Predigt an den Sonn- und Feiertagen zur Voraussetzung hatte, für
Leß keine adäquate literarische Gattung mehr, um darin seine Predigten
publizieren zu können.

Da Leß mehr als 25 Jahre in einer freilich durch mehrere Krankheitsphasen
unterbrochenen Kontinuität im Göttinger Universitätsgottesdienst predigte,
stellt sich die Frage, nach welchen Kriterien er die Texte und Themen seiner
Ansprachen auswählte und welche Gesichtspunkte ihn bei ihrer Publizierung
leiteten. Hinsichtlich der zu besonderen Anlässen gehaltenen Predigten bedeutete dies für ihn keine allzu große Schwierigkeit, gab doch der jeweilige
Kasus den thematischen Bezugsrahmen der Predigt weitgehend vor, so daß
Leß lediglich einen dazu passenden Text auszuwählen hatte. Ähnlich unkom-
pliziert gestaltete sich die Sache für Leß auch im Blick auf die Predigten an
den hohen Festen und in den besonders hervorgehobenen Zeiten des Kir-
chenjahrs, die mit ihrer überkommenen inhaltlichen Prägung natürliche Anknüpfungspunkte für die Text- und Themenwahl boten[90]. Anders dagegen
verhielt es sich mit den Predigten an den „normalen" Sonntagen ohne ein

---

brachte 6 Bände „Wahrheiten der Gottseligkeit" heraus. Von dem reformierten Leipziger
Prediger G.J. ZOLLIKOFER wurden 15 Bände gedruckt, teilweise postum. Von dem Kieler
Theologieprofessor J.A. CRAMER gibt es 20 Predigtbände. Vgl. W. SCHÜTZ, Die Kanzel als
Katheder der Aufklärung, 141 f.

[89] G. LESS, Sontags-Evangelia übersezt, erklärt, und zur Erbauung angewandt, 1776, Bl. 2
(Vorrede): „So unbequem auch die Methode ist, alle Jahre unaufhörlich über eben dieselben
Texte zu predigen: so sind doch diese Evangelia selbst, ein Theil der Bibel; und die meisten
darunter gehören zu den wichtigsten Stücken dieses Buches, worin Gott selbst, zu uns Menschen redet. Eine richtige, Deutschen verständliche Uebersezung, genaue Auslegung, und
schlichte Entwicklung derselben, ist also ein nicht geringer Dienst für das menschliche Geschlecht."

[90] Vgl. z.B. G. LESS, Passions-Predigten. Nebst einem Anhange, 1776.

ausgeprägtes Proprium. Hier war Leß, nachdem er die Perikopenbindung der Predigt stillschweigend aufgegeben hatte, in besonderem Maße genötigt, ein eigenständiges Konzept für die Auswahl der Texte und Themen zu entwickeln.

In der Tat legte Leß seiner Predigttätigkeit in der Göttinger Universitätskirche schon recht früh eine solche Konzeption zugrunde. 1768 stellte er seinen Predigtplan im Entwurf erstmals vor[91]. Publizistisch war das Konzept in Form mehrerer Predigtbände bis 1777 vollständig realisiert. Inhaltlich ging es Leß dabei um eine umfassende Darstellung des christlichen Lebens oder, wie er auch sagen konnte, des christlichen Gottesdienstes bzw. der christlichen Moral[92]. Das Schema, nach dem er diese übergreifende Thematik in insgesamt 5 Predigtbänden literarisch auffächerte, dürfte ihm weitgehend auch als Gliederungsprinzip seiner regulären Predigtpraxis gedient haben. Denn in zahlreichen Predigten nimmt Leß direkt Bezug auf Ausführungen vom voraufgegangenen Sonntag, oder er verweist auf die weitere Entfaltung eines Themas in der bzw. den nachfolgenden Predigt(en)[93]. Die Predigten, die er nach dem Abschluß der Erstveröffentlichung seiner mehrbändigen Darstellung des christlichen Gottesdienstes noch in der Universitätskirche hielt, waren nurmehr Variationen des einmal intonierten Grundthemas. Folgerichtig veröffentlichte Leß sie als Anhänge zu den bereits erschienenen Predigtsammlungen.

Für seine breit angelegte Predigtreihe über das christliche Leben diente Leß mit dem 12. und 13. Kapitel des Römerbriefs eine relativ schmale exegetische Basis. Er versteht diese beiden Kapitel als „kurze, aber doch vollständige Beschreibung eines wahren Christen" und empfiehlt, sie zum Zwecke der Selbstprüfung „als den Spiegel eines wahrhaftig christlichen Lebens" zu betrachten[94]. Im Unterschied zu den 10 Geboten, die als Grundlage des bürgerlichen Gesetzes der Juden längst nicht alle christlichen Tugenden enthalten, eignen sich Röm 12 und 13 besonders gut als Anleitung zu einem das ganze Leben des Christen durchdringenden Gottesdienst[95]. Dabei setzt Leß die christliche Religiosität mit der umfassenden Perfektionierung sowohl der Gesinnungen als auch der Handlungen des Menschen gleich. Daß tugendhafte Gesinnungen in der Seele des Christen herrschen müssen, gilt ihm als

---

[91] Vgl. die Angabe in: G. Less, Die christliche Lehre vom inneren Gottes-Dienst in zehn Predigten. Nebst einem Anhange, 1772, III. Der erste, separate Druck der ebd. erneut abgedruckten Übersetzung von Röm 12 f. und einer Anzeige der darüber zu haltenden Predigten aus dem Jahre 1768 ließ sich bislang bibliothekarisch nicht verifizieren. Vermutlich erschien dieser Separatdruck nur in einer kleinen, für die Göttinger Hörer Leß' gedachten Auflage.

[92] Vgl. G. Less, Die christliche Lehre vom Gebet und der Bekehrung, Nebst einem Anhange, 2. Aufl. 1776, Vorrede.

[93] Gleichwohl ist nicht auszuschließen, daß die Reihenfolge der gedruckten Predigten gelegentlich von derjenigen der gehaltenen Predigten abweicht.

[94] G. Less, Die Lehre von der christlichen Mässigkeit und Keuschheit, 1772, 1 f.

[95] Vgl. aaO., 2–4.

unentbehrliche Grundlage allen christlichen Lebens. Dem Ziel, solche Gesinnungen zu erzeugen, dienen die Predigten über den inneren Gottesdienst[96]. Auf dieser Basis kann und muß der Christ dann auch den äußeren
Gottesdienst ausüben, d. h. christlich handeln. Um ihn dazu zu befähigen und
zu motivieren, entfaltet Leß in den Predigten über „die Mäßigkeit und
Keuschheit" sowie über „die Arbeitsamkeit und Geduld" zunächst die
„christlichen Selbstpflichten", um im Anschluß daran in den Predigten über
„die gesellschaftlichen Tugenden" die „christlichen Sozialpflichten" thematisch zu machen[97].

Im Rahmen dieses Gesamtkonzepts hat Leß die Zuordnung der einzelnen
Predigtthemen zu bestimmten Abschnitten aus Röm 12 f. bereits 1768 (bzw.
1772) festgelegt. Nur einer einzigen Predigt der gesamten Reihe liegt ein
Sonntagsevangelium zugrunde, in einem weiteren Fall hat Leß eine Themapredigt ohne eine explizite Textbasis gehalten[98]. Ansonsten sind alle Predigten
über den christlichen Gottesdienst auf Texte der beiden Römerbriefkapitel
bezogen, was in concreto häufig dazu führte, daß Leß über ein und denselben
Abschnitt oder Vers mehrere Predigten, wenn auch mit unterschiedlichen
Akzentsetzungen, hielt. Eine gewisse Monotonie, mit der er bestimmte Themen immer wieder traktierte – z. B. die christliche Geduld in 7 aufeinander
folgenden Predigten über den stets gleichen, zum Motto verkommenen Text
Röm 12,12[99] – war die unausweichliche Folge dieses Verfahrens. Dessen
Problematik scheint Leß ansatzweise selbst erkannt zu haben, denn für 9
seiner 12 Predigten über die christliche Mäßigkeit und Keuschheit zog er
außer dem ursprünglich gewählten und durchgehend berücksichtigten Predigttext Röm 13,11–14 zusätzlich noch jeweils einen anderen paränetischen
Text aus dem Neuen Testament heran[100].

Hatte Leß mit dieser gepredigten Darstellung des christlichen Lebens für
sich persönlich eine Konzeption gefunden, mit der er die traditionellen Perikopenpredigten ersetzen konnte, so stand er zugleich einer Übernahme seiner

---

[96] Vgl. G. Less (s. Anm. 91), XII. – 1776 hat Less den Predigten vom inneren Gottesdienst nachträglich die Predigtreihe über das Gebet und die Bekehrung als „Anfang der
christlichen Tugend" zur Seite gestellt (vgl. G. Less, Die christliche Lehre vom Gebet und
der Bekehrung [s. Anm. 92], Vorrede). Diese 1766 begonnene und 1768 erstmals publizierte
Predigtreihe war ursprünglich ganz unabhängig von den Predigten über den christlichen
Gottesdienst konzipiert worden, was sich schon daran zeigt, daß Less hier nicht Röm 12 f.,
sondern verschiedene andere Predigttexte auslegt, darunter auch etliche Perikopen.

[97] Vgl. G. Less, Die Lehre von der christlichen Mässigkeit und Keuschheit, 1772; ders.,
Die christliche Lehre von der Arbeitsamkeit und Geduld in Zwölf Predigten nebst einem
Anhang, 1773; ders., Christliche Lehre von den gesellschaftlichen Tugenden. In Predigten,
1777.

[98] Vgl. die Predigt Nr. 3 (an einem 2. Ostertag über Lk 24,13 f.) und die Predigt Nr. 5, in:
G. Less, Die christliche Lehre vom inneren Gottes-Dienst, 1772.

[99] Vgl. G. Less, Die christliche Lehre von der Arbeitsamkeit und Geduld, Nr. 6–12.

[100] Vgl. G. Less, Die Lehre von der christlichen Mässigkeit und Keuschheit, Nr. 3–6.8–
12.

Lösung durch andere Prediger offenbar reserviert gegenüber[101]. Mit der Publizierung seiner Predigten verband er jedenfalls nicht die Absicht, Muster für andere Prediger bereitzustellen, er wollte vielmehr, daß die gedruckten Predigten vor allem in Familien bei der Privatandacht gelesen würden[102]. Um seine Predigtreihe über das christliche Leben dieser publizistischen Zweckbestimmung entsprechend einzurichten, brauchte Leß die im Göttinger Universitätsgottesdienst tatsächlich vorgetragenen Predigten nicht umzuarbeiten. Denn anders als in seinen zu diversen besonderen Anlässen gehaltenen Predigten nahm er in dieser Reihe vergleichsweise selten Bezug auf die spezifische Lebenswelt seiner akademischen Hörergemeinde, und wenn er es tat, dann vermerkte er dies in den gedruckten Predigtbänden ausdrücklich und bat den Leser um Nachsicht für die im Text beibehaltenen Passagen mit ausgesprochen universitärem Hintergrund[103]. Aus sachlichen Erwägungen lehnte Leß eine allzu extensive Anwendung des Akkommodationsprinzips ohnehin ab. Die in der zeitgenössischen Homiletik verbreitete Forderung, „daß Predigten in grossen Städten, vor Universitäten und Höfen; ganz anders beschaffen sein müßten, als die in Bürger- und Land-Gemeinen", weist er mit der Begründung zurück, daß es nur eine Tugend und nur einen Glauben für alle gebe, daß die Wahrheiten des Christentums dem Ungelehrtesten verständlich und ebenso dem Gelehrtesten hilfreich seien und daß schließlich die Hörergemeinde in aller Regel eine gemischte Versammlung darstelle. Allenfalls in der Anwendung der in der Predigt entwickelten Wahrheiten sei ein behutsames Eingehen auf die je konkrete Hörergemeinde sinnvoll[104].

Mit seiner Predigtreihe verfolgt Leß die Grundintention, seinen Hörern und Lesern zu zeigen, „daß das Christenthum nicht blos für die Kirche und

---

[101] In diese Richtung deuten Äußerungen Less' in: Christliche Lehre von den gesellschaftlichen Tugenden, Vorbericht.

[102] Vgl. ebd.

[103] So nimmt Less z. B. 1766 am Sonntag Rogate den Tod eines Studenten, der in der Woche zuvor bei einem Duell erstochen wurde, zum Anlaß, um der akademischen Jugend die negativen Folgen des Duellierens abschreckend vor Augen zu führen. Vgl. G. Less, Die christliche Lehre vom Gebet und der Bekehrung (s. Anm. 92), 1–23. – Am Sonntag Rogate 1777 wendet sich Less in einer Predigt speziell an die neu inskribierten Studenten, um sie zum regelmäßigen Gottesdienstbesuch anzuhalten. Dabei wird der Predigttext Jak 1,21–27 gewissermaßen in Umkehrung seiner ursprünglichen Intention ausgelegt. Vgl. G. Less, Anhang zu den Predigten über die Passion und den christlichen Gottesdienst, 1778, 67–82. Ebenfalls 1777, am Sonntag Exaudi, lobt Less ausdrücklich das gottesdienstliche Verhalten der Studenten: „Unsre Jünglinge haben sich immer durch Sittsamkeit, Stille und Ordnung ausgezeichnet" (aaO., [82–95] 92). – Ansonsten beschränkt sich Less in seinen Predigten über den christlichen Gottesdienst darauf, jeweils zum Schluß die Studenten, Professoren und Bürger allgemein zu einer Praxis im Sinne der vorgetragenen Wahrheiten aufzufordern.

[104] Vgl. G. Less, Ueber Christliches Lehr-Amt, 59 (Zitat).53; ders., Von einigen neueren Fehlern (s. Anm. 28), 168–170. – Zur Bedeutung des Akkommodationsprinzips für die aufklärerische Predigt vgl. Chr.-E. Schott, Akkomodation – Das Homiletische Programm der Aufklärung, Vestigia Bibliae 3 (1981), 49–69.

Sontage gehöret, sondern, vornehmlich in den Handlungen unsers alltäglichen Lebens sich zeigen, und unser gesamtes, gemeines Leben Gott wohl-
gefällig anordnen muß"[105]. Unter diesem Vorzeichen gelangen fast alle der
von der Aufklärungstheologie für relevant erachteten individual- und sozialethischen Themen zur Darstellung. Ob es sich um Arbeit und Beruf, um das
Verhalten in persönlichen Krisensituationen, um den Umgang mit den irdischen Gütern und Vergnügungen (Kleidung, Nahrung und Sexualität), um
die Beziehungen zu anderen Menschen oder um die Verantwortung für die
allgemeine Wohlfahrt in Staat und Gesellschaft handelt –, stets hebt Leß auf
eine praktische Frömmigkeit ab, die das Christliche in allen Lebensbezügen
zur Geltung bringen soll. Die Existenz des Christen in der Welt, seine Verantwortung für die eigene religiös-sittliche Praxis wie auch für die Glückseligkeit
und das Wohlergehen seiner „Nebenmenschen", seine Pflichten in der bürgerlichen Gesellschaft und gegenüber dem absolutistischen Staat werden in
zahlreichen lebensnahen Varianten konkretisiert. Leß gehört also zu den Aufklärungspredigern, die die religiös-sittliche Ortsanweisung des Menschen in
der bestehenden gesellschaftlichen Ordnung als eine ihrer vordringlichsten
Aufgaben begriffen haben.

Formal geht Leß in seiner Predigtreihe über das christliche Leben meist so
vor, daß er sei es in einer einzigen Predigt, sei es in mehreren zusammengehörenden Predigten zunächst die Natur bzw. das Wesen einer Tugend beschreibt, sodann die religiösen Beweggründe für das geforderte Verhalten
entwickelt und schließlich Übungs- und Stärkungsmittel zur Erfüllung der
religiös-ethischen Pflicht benennt[106]. Unter inhaltlichen Gesichtspunkten fallen an seinen Predigten vor allem zwei charakteristische Momente auf, zum
einen ein ausgeprägter moralischer Rigorismus und zum anderen die deutliche Herausstellung der gesellschaftlichen Verantwortung des Christen. In
den strengen ethischen Normen individueller christlicher Lebensführung,
zu deren Beachtung Leß seine Gemeinde unermüdlich auffordert, dürfte zu
einem gut Teil sein pietistisches Erbe nachwirken. Das nimmt dann bisweilen
skurrile Züge an, etwa wenn Leß zum „christlichen Gebrauch der Kleidung"
folgende Forderungen aufstellt: „1) Ein Christ mus weder in einer prächtigen,
noch in einer schlechten Kleidung, etwas besonders, einen Vorzug bei Gott
oder Menschen suchen. 2) Ein Christ mus die Kleidung seinen Umständen in
der Welt gemäs einrichten; Und endlich 3) Ein Christ muß seine Kleidung
mit möglichster Vorsicht so anordnen; daß dadurch, weder die christliche
Keuschheit, noch die christliche Gerechtigkeit und Wohltätigkeit; noch die
christliche Arbeitsamkeit verletzet, oder schweren Versuchungen ohne Noth
bloß gestellet werden."[107] Andererseits entwickelt Leß zumal auf dem Gebiet

---

[105] G. Less, Die Lehre von der christlichen Mässigkeit und Keuschheit, 6 f.

[106] Vgl. z. B. G. Less, Die christliche Lehre von der Arbeitsamkeit und Geduld, 215–329
(Nr. 9–12: Natur, Bewegungsgründe und Stärkungsmittel der christlichen Geduld).

[107] G. Less, Die Lehre von der christlichen Mässigkeit und Keuschheit, 92 f.

der Sozialethik fortschrittliche Vorstellungen, in denen sich der erklärte Wille
der Aufklärungstheologie zur aktiven Mitgestaltung einer humanen Gesellschaft niederschlägt. Thematisch verdienen hier u. a. hervorgehoben zu werden sein Eintreten für die Rechte der Dienstboten gegenüber ihren Herr-
schaften[108], seine Ablehnung der Sklaverei und seine scharfe Kritik an der
Praxis des Duellierens[109]. Dem Bereich der Rechtsfindung widmet Leß mehrere Predigten, in denen er potentielle oder tatsächliche Prozeßbeteiligte zu
einem christlichen Verhalten, zur Friedfertigkeit und gegebenenfalls zum
Rechtsverzicht in den seinerzeit offenbar überhand nehmenden Zivilrechts-
verfahren ermahnt[110]. Auch setzt er sich für eine Humanisierung des Straf-
vollzugs, die Reduzierung der auf Todesstrafe lautenden Urteile und die
Abschaffung der Tortur ein[111]. Wie allen Aufklärungstheologen gilt ihm die
Gewissensfreiheit als ein unveräußerliches Menschenrecht, und die religiöse
Toleranz Andersgläubigen – auch Juden – gegenüber versteht er als eine der
Grundpflichten, durch deren Erfüllung der Christ seine vernunftgemäße, dem
gesellschaftlichen Zusammenleben förderliche Religiosität bewähren kann[112].
Die menschliche Gesellschaft, zu deren Nutzen der Christ sein Leben führen
soll, will Leß nicht auf das eigene Vaterland, in das man hineingeboren worden ist, begrenzt wissen. Wahre christliche Vaterlandsliebe schließt einen
gegen andere Nationen gerichteten Patriotismus prinzipiell aus, sie hat vielmehr stets das Wohl der ganzen Weltgesellschaft mit im Blick[113]. Die aufgeklärte Frömmigkeit, die sich einer solchen kosmopolitischen Humanität verpflichtet weiß, kann auch im Krieg nichts anderes als den Ausdruck der
religiös-sittlichen Unvollkommenheit und Verderbnis der Menschheit sehen.
Nur unter der Bedingung, daß es sich um die Notwehr eines angegriffenen
Staates handelt, und nur in Verbindung mit der Auflage, daß eine die Menschen möglichst schonende Kriegsführung angestrebt wird, kann ein Krieg als
notwendiges Übel hingenommen werden[114].

Beim Erscheinen des vorerst letzten Bandes seiner Predigten über das
christliche Leben gibt Leß 1777 im Rückblick auf die gesamte Reihe dem
Leser zu verstehen, seine praktische Auslegung von Röm 12f. habe durch-

---

108 Vgl. G. Less, Sontags-Evangelia (s. Anm. 89), 465 f.; dazu A. Schlingensiepen-Pogge,
aaO., 174 f.

109 Vgl. Kl. Scholder, aaO., 479; G. Less, Die christliche Lehre vom Gebet und der
Bekehrung (s. Anm. 92), 1–23.

110 Vgl. G. Less, Christliche Lehre von den gesellschaftlichen Tugenden (s. Anm. 97), Nr.
5,6+8.

111 Vgl. Kl. Scholder, aaO., 479.

112 Vgl. G. Less, aaO., 121–142; dazu W. Schütz, aaO., 147 f.

113 Vgl. G. Less, aaO., 369–432 (Nr. 20–22); dazu Kl. Scholder, aaO., 480.

114 Kl. Scholder, ebd., resümiert zu Recht: „Man muß diese nüchternen Urteile über
Krieg und Nationalität im Ohr haben, um zu ermessen, welcher Abstand diese Generation von
der der Befreiungskriege trennt, die sich mit leidenschaftlicher Begeisterung in den heiligen
Krieg fürs Vaterland warf."

gängig die Berücksichtigung der religiösen Lehrwahrheiten von Gott, der
Erlösung etc. erforderlich gemacht, so daß er „das Werk auch einen kurzen
Inbegriff der Ganzen Religion, des Ganzen Christenthums nennen könte"[115]. Diese eigene Einschätzung seiner Predigtreihe soll im folgenden an
der Interpretation und Funktion der Versöhnungslehre in einigen Predigten
Leß' exemplarisch überprüft werden. Als Ausgangspunkt der Analyse dient
dabei der von Leß in seinen homiletischen „Betrachtungen" erteilte Rat, der
Prediger möge bei der Predigtvorbereitung auch nichttheologische Literatur
einsehen; die entsprechenden Werke sollten vorzugsweise „moralische Patho-
logien seyn; woraus er alle die moralischen Krankheiten kennen lernet, zu
deren Heilung er dereinst soll bestellet werden"[116].

Leß subsumiert unter dem für sein theologisches Denken grundlegenden
Begriff der moralischen Pathologie alle negativ ausgerichteten Affekte, die
den Menschen an einem Handeln gemäß seinen religiös-moralischen Pflichten hindern[117]. Moralische Pathologie – das ist die im Mangel an vollkommener Tugend greifbare Sünde, die es zu überwinden gilt. Im Prozeß der
Perfektionierung des Menschen kommt nun der Predigt die Hauptaufgabe zu,
wie eine Passionspredigt Leß' über Ps 22, den Sterbepsalm Jesu (vgl. Mk
15,34), sichtbar macht[118]. In ihr verteidigt Leß zunächst den neutestamentlichen Gedanken vom stellvertretenden Leiden des Erlösers gegen alle vermeintlich vernünftigen – deistischen[119] – Zweifel, in denen Leß letztlich
nur einen kognitiven Ausdruck der Sünde sehen kann. Als Sünde gilt alles,
was den in der Vernunft und in der Schrift offenbarten Gesetzen Gottes
zuwider ist. Da die Gesetze Gottes sich „in einer – nach Seinem Muster
gebildeten Menschen-Liebe" vereinen[120], bedeutet die Sünde nicht nur ein
schuldhaftes Handeln gegen Gott und die Vernunft, sondern sie richtet sich
auch gegen den Menschen selbst, und zwar insbesondere gegen seine gött-

[115] G. LESS, aaO., Vorbericht.

[116] G. LESS, Betrachtungen (s. Anm. 23), 20.

[117] Vgl. G. LESS, Handbuch der Christlichen Moral und der Allgemeinen Lebens-Theologie, 3. Aufl. 1787, 37–81.

[118] Vgl. G. LESS, Dritter Anhang zu den Predigten über die Passion und den christlichen
Gottesdienst, 1784, 175–193. – LESS hat seine Passionspredigten mitsamt ihren diversen
Anhängen 1777 ausdrücklich als Erläuterung und Entwicklung der christlichen Tugend bezeichnet und in einen engen sachlichen Zusammenhang mit seiner Predigtreihe über das
christliche Leben gerückt (vgl. G. LESS, Christliche Lehre von den gesellschaftlichen Tugenden,
Vorbericht), so daß ihre Heranziehung unter der angegebenen Fragestellung methodisch gerechtfertigt erscheint.

[119] LESS dürfte sich hier auf die radikal-aufklärerische Kritik an der reformatorisch-orthodoxen Versöhnungslehre, wie sie etwa von C. Fr. Bahrdt besonders pointiert vorgetragen
wurde, beziehen. Zur Destruktion der kirchlichen Versöhnungslehre durch Bahrdt und A. H.
Niemeyer vgl. zuletzt J. A. STEIGER, Aufklärungskritische Versöhnungslehre, PuN 20 (1994),
(125–172) 126–129.

[120] G. LESS, Dritter Anhang zu den Predigten über die Passion und den christlichen
Gottesdienst, 1784, 187.

liche Bestimmung als gesellschaftliches Wesen. Die Sünde bewirkt mithin eine „Verheerung des Reiches Gottes, der Menschlichen Gesellschaft"[121], und Leß vermag in einer durchaus feinsinnigen psychologisch-empirischen Analyse konkrete Symptome dieser „Krankheit" im menschlichen Miteinander aufzuzeigen. In diesem Kontext erhält nun Jesu stellvertretendes Leiden den Sinn, die sündige Welt weg von ihren schändlichen Gesinnungen und Handlungen auf den Pfad vollkommener Menschenliebe zu führen. Dem Vorbild der Menschenliebe, die Jesus in seinem Leiden und Sterben beispielhaft geübt hat, gilt es in echtem Tugendstreben nachzueifern[122].

In dieser Predigt hält Leß zwar formal an der traditionellen Lehre vom stellvertretenden Leiden Christi fest, reduziert ihre Bedeutung aber faktisch auf die eines Musters für die Pflichterfüllung und das Vollkommenheitsstreben des Menschen. Indessen betont Leß an anderen Stellen sehr wohl, man dürfe in Jesu Passion „nicht blosse Leiden eines Edlen Menschen, dessen Wohlthaten von der Bosheit seiner Zeitgenossen mit Undank und Grausamkeit belohnet werden. Nicht blosse Leiden eines Märtyrers" sehen[123]. Vielmehr kann man die Heilsbedeutung des Todes Jesu nur erfassen, wenn man sich von den einschlägigen biblischen Texten zum Glauben anleiten läßt, daß Jesus uns durch sein blutiges Opfer von der Sünde losgekauft und die Strafen für unsere Sünden gebüßt hat, daß er diesen Tod an unserer Stelle erlitten und uns so die Gnade und Vaterliebe Gottes verdient hat[124].

Mit diesen Aussagen bringt Leß gegenüber der unter den zeitgenössischen Predigern weitverbreiteten Vorstellung, daß Jesus vornehmlich als idealtypische Verkörperung des aufgeklärten Menschen und insbesondere als vollkommener Weisheits- und Tugendlehrer anzusehen sei, das Erbe der reformatorisch-orthodoxen Versöhnungslehre kritisch zur Geltung[125]. Jedoch unterzieht er die dogmatische Tradition der lutherischen Versöhnungslehre seinerseits einer Revision, die die Distanz seiner aufgeklärten Position zur reformatorisch-orthodoxen Lehrüberlieferung unübersehbar deutlich werden läßt. Leß redet nämlich nicht mehr davon, daß die Gerechtigkeit und das Verdienst

---

121 AaO., 189.

122 Vgl. aaO., 189–193.

123 G. Less, Christliche Religions-Theorie fürs gemeine Leben, oder Versuch einer praktischen Dogmatik, 2. Aufl. 1780, 396; vgl. ähnlich ders., Passions-Predigten. Nebst einem Anhange, 1776, 300.

124 Vgl. G. Less, Passions-Predigten, 305 (cf. 1. Petr 1,14–21); vgl. ders., Christliche Religions-Theorie …, 396.

125 G. Less, Passions-Predigten, 301: „… so sind auch wir und alle Menschen, von der Sünde, durch das theure Blut Jesu Christi losgekauft. – Und warum gerade, durch das Blut, durch den Todt, Jesu? Warum nicht durch seine Lehre? – Darum weil der Bürge, den Verschuldeten nicht bloß lehren, wie er keine neue Schulden mache, sondern auch seine alten bezahlen muß." – Zur Vernachlässigung des sakramentalen Heilswirkens Jesu und zur bevorzugten Herausstellung seines exemplarischen Menschseins durch viele Aufklärungsprediger vgl. R. Krause, aaO., 72–80.

Christi dem Menschen allein durch den Glauben zugeeignet werde, sondern er schärft seinen Predigthörern statt dessen immer wieder ein, daß sie nur „bei redlicher Besserung" mit der von Gott zugesicherten Begnadigung rechnen könnten[126], daß ihnen nur der „tugendreiche" Glaube an Jesus volle Gewißheit über ihre Rechtfertigung bzw. Beglückung durch Gott vermitteln könne[127]. So sehr für Leß die Sündenvergebung im stellvertretenden Sühnopfer Jesu begründet ist, so wenig bleibt bei ihm die Zueignung der Sündenvergebung ein unverdientes Geschenk und freies Werk Gottes. Denn Leß macht die „Beglückung (oder Rechtfertigung)"[128] von der Bedingung abhängig, der Mensch müsse sich in selbständiger Aktivität – eben durch sittliche Perfektionierung – das verdienstliche Werk Christi aneignen[129].

Mit dem Urteil, hier werde die „sanctificatio … der iustificatio vorgeordnet"[130], wird man der Leßschen Fassung der Rechtfertigungslehre nicht ganz gerecht. Sachgemäßer wäre es, Leß das Bemühen zu unterstellen, Rechtfertigung und Heiligung als Momente des göttlichen und des menschlichen Wirkens bereits im Akt des Glaubens zusammenzubinden. Auf der Basis der optimistischen aufklärerischen Anthropologie kommt es hier zu einem fließenden Übergang zwischen der übernatürlichen Gnade Gottes und dem natürlichen sittlichen Vermögen des Menschen[131]. Mit diesen Feststellungen soll aber nicht bestritten werden, daß das Rechtfertigungsverständnis Leß' im Ergebnis zwangsläufig zu einer Moralisierung des christlichen Glaubens führen mußte. Seine Modifikation der reformatorisch-orthodoxen Rechtfertigungslehre begründet Leß ausdrücklich mit der Notwendigkeit, das Mißverständnis ausräumen zu müssen, der rechtfertigende Glaube bestehe in der untätigen Annahme und im bloßen Bekenntnis der christlichen Religionswahrheiten[132]. Indem er neben dem im Tod Jesu Christi offenbar gewordenen Versöhnungshandeln Gottes auch der religiös-sittlichen Perfektionierung des frommen Subjekts eine konstitutive Bedeutung für das Rechtferti-

---

[126] G. Leß, aaO., 307.

[127] Vgl. G. Leß, Christliche Religions-Theorie …, 408 ff.

[128] AaO., 408.

[129] G. Leß, Anhang zu den Predigten über die Passion und den christlichen Gottesdienst, 1778, 14: „… hier (sc. im verdienstlichen Tod Jesu) sehen wir auch die allerkräftigste Versicherung, daß der Schöpfer uns bei redlicher Besserung gewiß begnadige".

[130] So J. A. Steiger, aaO., 131. Da Steiger die Versöhnungslehre Leß' ausschließlich am Maßstab der reformatorisch-orthodoxen Tradition mißt, kommt er naturgemäß zu dem Urteil, daß Leß trotz „aller Bekämpfung des deistischen Rationalismus … mit demselben eine ganze Anzahl von dessen Schwächen" teile (aaO., 130). Eine angemessene theologiegeschichtliche Würdigung der Versöhnungslehre Leß' muß m. E. jedoch die aufklärungstheologischen Motive der Umformung der Lehrtradition viel stärker berücksichtigen, als dies bei Steiger geschehen ist.

[131] Leß verlangt im Blick auf den Vortrag der Versöhnungslehre u. a., der Prediger müsse „bei jeder Erwänung des Glaubens, durch den Beisatz, tugendreich u. [s.] f. die unumgängliche Nothwendigkeit der guten Werke andringen" sowie „stets den innigsten Zusammenhang des Verdienstes Jesu mit der ächten Tugend einprägen" (G. Leß, Christliche Religions-Theorie, 428).

[132] Vgl. G. Leß, aaO., 419 f.

gungsgeschehen zuschreibt, bringt er in diesem Bereich letztlich das aufklärerische Postulat der „Selbständigkeit und Unvertretbarkeit des Subjekts von
Religion und Moral" zur Geltung[133].

Die Intention, so weit wie möglich an der dogmatischen Lehrtradition
festzuhalten und zugleich der aufklärerischen Vorstellung von der religiös-
moralischen Selbsttätigkeit des Christen gebührend Rechnung zu tragen,
prägt insbesondere auch Leß' Interpretation der Lehre vom stellvertretenden
Leiden Christi. Durchaus im Einklang mit der orthodoxen Lehrauffassung
sieht er in der von Christus in Gethsemane erduldeten Todesangst und in
seinem ganzen Leiden die Strafe Gottes für unsere Sünden sich vollziehen.
Christus nahm stellvertretend für uns die uns zugedachte Strafe auf sich,
„damit wir vor Gott gerecht würden"[134]. Allerdings mildert Leß die Härte
des von Christus erlittenen göttlichen Gerichtes über die menschliche Sünde
dann doch ab, wenn er Jesu Leiden (nur) als Beweis seiner beispielhaften
Menschenliebe und zugleich als „Straf-Exempel" Gottes deutet[135]. Gerade
letzterer Gedanke dient ihm als Brücke zwischen der überkommenen Lehre
von der stellvertretenden Passion Christi und dem aufklärerischen Prinzip
religiös-moralischer Selbsterfahrung. Das Strafexempel, das Gott an seinem
Sohn statuiert hat, soll nämlich den Menschen allererst vor der Übertretung
der göttlichen Gebote abschrecken und ihn zur Vervollkommnung seines
sittlichen Verhaltens bewegen[136].

---

[133] W. SPARN, Vernünftiges Christentum, 47; ebd. findet sich die treffende Charakterisierung der kritischen Rezeption der reformatorischen Rechtfertigungslehre durch die Aufklärungstheologie: „Nicht, daß die helfende Gnade Gottes abgelehnt würde, aber an dem Ort, an
dem sie zur Erfahrung kommt, in der moralischen und religiösen Verbesserung des Menschen,
kann sie diesem nichts von seiner Selbstverpflichtung abnehmen, ihrer würdig zu sein; hier sind
übernatürliche Gnade und sittliche Natur ununterscheidbar." – Bei J. A. STEIGER, aaO., 131 f.,
kommt dieses auch für Leß wesentliche Motiv leider überhaupt nicht in den Blick.

[134] G. LESS, Anhang zu den Predigten über die Passion und den christlichen Gottesdienst,
1778, 11. – Wie J. A. STEIGER, aaO., 131, angesichts dieser Stelle formulieren kann, nach Leß
habe Christus „nicht den uns zugedachten Schuldspruch gehört, … nicht die gesamte uns
zugedachte Strafe getragen", bleibt rätselhaft.

[135] G. LESS, aaO., 13: „Gott strafte, nach Belehrung der Bibel, in Seinem eingebohrnen
Sohne die Sünden der Menschen; oder vielmehr Jesus übernahm sie aus grosmüthiger Menschenliebe freiwillig: um dadurch beides, das fürchterlichste Straf-Exempel und die erstaun-
lichste Liebes-Probe, der Welt vor Augen zu stellen."

[136] AaO., 13 f.: „… wenn ein Vater seinen Liebling, wenn ein König seinen einzigen
Prinzen, den Gegenstand seiner ganzen Zärtlichkeit, aufopfert, um gewisse Geseze in Ansehen
zu stellen, und die Wohlfahrt gewisser Personen zu befördern: wie kräftig wird das, alle von
Uebertretung jener Geseze zurückschrecken? Wie unaussprechlich stark wird das, diese Personen von seiner unbegränzten Liebe versichern? Und … was sind alle Güter, was alle Menschen
der Welt, – gegen den Eingebohrnen Sohn Gottes?" – J. A. STEIGER, aaO., 131, moniert, daß
bei LESS in diesem Kontext „die biblische Blut-und Opfermetaphorik stark in den Hintergrund" trete. Für die herangezogene Predigt trifft dies zu, jedoch hätte STEIGER leicht in
anderen Predigten LESS' die konstruktive Auslegung der biblischen Rede vom Opfer und
vom Blut Christi finden können. Vgl. z. B. G. LESS, Passions-Predigten. Nebst einem Anhange,
1776, 197–310; (311–322) 319 (zu 1. Petr 1,14–21).

Was anhand seiner Interpretation der Versöhnungslehre exemplarisch aufgezeigt worden ist, war überhaupt kennzeichnend für Leß' Position in mehr
oder weniger allen dogmatischen Fragen. Die offenkundige Ambivalenz seines Bemühens, den orthodoxen Lehrbestand in modifizierter Form den Es-
sentials aufklärerischen Religionsverständnisses kompatibel zu machen, läßt
unmittelbar verständlich werden, daß und warum Leß schon zu Lebzeiten
zwischen die theologischen Fronten geraten mußte[137]. Während aufklärungskritische Theologen wie J. M. Goeze monierten, Leß verwickele sich in
Widersprüche gegen die Bekenntnisschriften[138], warfen ihm radikale Aufklärer vor, er halte noch viel zu starr an überholten dogmatischen Topoi fest.
Zumal gegen Ende seiner akademischen Lehrtätigkeit, als die kritische Philosophie Kants auch in der Göttinger Theologischen Fakultät zunehmend an
Einfluß gewann[139], erschien − um es in der nicht ganz unproblematischen
Nomenklatur Tschackerts auszudrücken − „ein halborthodoxer, halbrationa-
listischer Standpunkt wie der seinige als unhaltbar"[140]. Infolgedessen nahm
die positive Resonanz, die Leß anfangs in der Göttinger akademischen Jugend
hatte erzielen können[141], im Laufe der Jahre spürbar ab. Mag sein, daß man
auch dem „klagenden Jammerton"[142], den er auf Kanzel und Katheder anschlug, einen gewissen Anteil an dieser Entwicklung zuschreiben muß. So
nahm Leß, nachdem er aus Krankheitsgründen bereits 1777 das Universitätspredigeramt offiziell aufgegeben und seither nur noch sporadisch − meist zu
besonderen Anlässen wie dem Universitätsjubiläum 1787 oder in Vakanzzeiten − in der Universitätskirche gepredigt hatte[143], 1791 nicht ungern den
Ruf in das Amt des ersten Hofpredigers in Hannover und Generalsuperintendenten von Hoya-Diepholz an[144].
    Unbeschadet seiner vergleichsweise zurückhaltenden Beteiligung an der
neologischen Revision der überlieferten religiösen Lehrinhalte hat man nach
der von mir vorgelegten Analyse den Homiletiker und Prediger Leß als
Repräsentanten des neologischen Predigtverständnisses zu betrachten. In sei-

---

[137] Vgl. dazu mit Beispielen P. Tschackert, aaO., 406.

[138] Zu Less' Sicht der Geltung der Bekenntnisschriften vgl. G. Less, Ueber Christliches
Lehr-Amt, 1790, 118−132.

[139] Vgl. J. Ringleben, Göttinger Aufklärungstheologie − von Königsberg her gesehen,
99−110; L. Marino, aaO., 210−230.

[140] P. Tschackert, aaO., 406.

[141] Vgl. dazu J. C. A. Holscher, aaO., 58−63; H. Doering, aaO., 206, sowie den authentischen Bericht eines studentischen Hörers der Predigten Leß' in: V. Sallentien, aaO., 43.

[142] V. Sallentien, aaO., 42; P. Tschackert, aaO., 404.

[143] Vgl. die Urkunde betr. die Entlassung Leß' aus dem Universitätspredigeramt vom
13. 11. 1777, UAG, 10 b 2/7, Bl. 9; auch K 35, Bl. 15. − Nach dem Abgang seines Nachfolgers
Koppe 1784 versah Leß gemeinsam mit H. Ph. Sextro, J. Fr. Schleusner und J. C. Volborth
kommissarisch das Universitätspredigeramt bis 1789.

[144] Vgl. R. Steinmetz, Die Generalsuperintendenten von Calenberg, ZGNKG 13 (1908),
(25−267) 201−207.

ner homiletischen Erstlingsschrift von 1765 knüpft Leß noch an den Erbauungsbegriff der frühaufklärerischen Homiletik an und erklärt die Überzeugung des Verstandes und die Besserung des Herzens zu den unerläßlichen
Teilschritten, durch die die erbauliche Predigt ihr generelles Ziel, die Vermittlung der Gott- bzw. Glückseligkeit der Hörer, erreichen kann. Zugleich
verlangt Leß – bereits vor dem Erscheinen der Homiletik Spaldings –, in der
Predigt nur die Glaubenswahrheiten zu behandeln, die eine direkte Wirkung
auf die religiös-sittliche Besserung des Christen hätten. Das aufklärerische
Prinzip der empirischen Subjektivität schlägt sich bei ihm u. a. in der konstitutiven Rolle nieder, die er der frommen Erfahrung des Predigers im Kontext der Förderung der religiös−moralischen Selbsterfahrung der Hörer beimißt. Wie Spalding weist Leß in apologetischer Absicht die Notwendigkeit
des institutionalisierten Predigtamtes vor allem an seinem gesellschaftlichen
Nutzen auf. Jedoch lehnt er eine Reduktion der Verkündigung auf rein
„ökonomische Predigten" oder „Zeitpredigten" ab, da für ihn die angestrebte
zeitliche Perfektionierung des frommen Subjekts prinzipiell auf die ewige
Gottseligkeit bezogen bleibt.

In der Praxis führte die Konzentration auf die aus der Offenbarung abgeleiteten ethischen Maximen bei Leß zweifellos zu einer moralischen Eng-
führung der anvisierten „Erziehung des Menschengeschlechts". Gegenüber
gewissen Auflösungserscheinungen im zeitgenössischen Predigtwesen hielt er
an der Textbindung der Predigt fest, vollzog jedoch als erster unter den
Göttinger Universitätspredigern des 18. Jahrhunderts den Bruch mit dem
überlieferten Perikopensystem. An die Stelle der nurmehr gelegentlich vorgetragenen Perikopenpredigten setzte Leß mit seiner Predigtreihe über das
christliche Leben nach Röm 12 f. ein wohldurchdachtes Konzept, das mit
seinen Einzelkomponenten der tugendhaften Gesinnungen als dem inneren
Gottesdienst und der christlichen Selbst− und Sozialpflichten als dem äußeren
Gottesdienst den Anspruch zur Geltung bringen sollte, daß die christliche
Frömmigkeit sämtliche Bereiche des profanen Lebens zu durchdringen habe.
In diesem Kontext hatte die Darstellung der Glaubenslehren keine eigenständige Bedeutung mehr. Wann immer Leß in seinen Predigten auf die
genuinen Glaubenswahrheiten zu sprechen kam, entfaltete er sie als Mittel
zum Zweck der Realisierung einer Religiosität, die die Predigthörer in je
eigener Verantwortung gewissermaßen außerhalb der Kirchenmauern bewahrheiten sollten.

§ 14 Johann Benjamin Koppe

Als er Göttingen 1784 verließ, um in Gotha das Amt des Generalsuperintendenten zu übernehmen, schrieb Caroline Michaelis ihrer Freundin Louise Gotter: „Wir verlieren und Ihr gewint einen herrlichen Prediger, der aussieht wie der Jünger Johannes."[1] Dabei war er, als die hannoversche Staatsregierung ihn 1775/76 nach Göttingen auf die 5. theologische Professur berufen hatte, zunächst gar nicht als Universitätsprediger ins Auge gefaßt worden – noch waren damals die (ersten) Verhandlungen mit Herder im Gange. Der „herrliche Prediger", von dem nun die Rede ist, Johann Benjamin Koppe (1750–1791)[2], wurde erst 1777 zum 1. Universitätsprediger ernannt, nachdem die von der Regierung gewünschte Berufung Herders nicht zustande gekommen war[3].

Koppe hatte sein Studium 1769 in Leipzig bei J. A. Ernesti u. a. begonnen, um es ab 1771 in Göttingen fortzusetzen. Hier zog Chr. G. Heyne ihn weit stärker in seinen Bann als dies die Vertreter der Theologischen Fakultät zu tun vermochten. Heyne erkannte rasch Koppes philologische Begabung und vertraute seinem Schüler 1773 die Übersetzung Pindars an. Nach einem kurzen Intermezzo am Gymnasium in Mitau kehrte Koppe – wiederum auf die Initiative Heynes hin – 1776 nach Göttingen zurück und trat im Alter von gerade einmal 26 Jahren in die Theologische Fakultät ein. Nach dem verständigen Urteil der für die Universität Verantwortlichen – es waren dies hauptsächlich vor Ort Heyne und in Hannover der für die Universitätsangelegenheiten zuständige Kabinettsrat Georg Friedrich Brandes – befand sich

---

[1] Brief vom 3. 4. 1784, in: E. Schmidt (Hg.), Caroline. Briefe aus der Frühromantik, Erster Bd., 1913, 81.

[2] Geb. 19. 8. 1750 in Danzig als Sohn eines Tuchfabrikanten, gest. 12. 2. 1791 in Hannover. – Schulausbildung Gymnasium Danzig, 1769 Studium Leipzig, 1771 Studium Göttingen, 1772 Repetent Göttingen, 1774 Prof. d. Griechischen am Gymnasium Mitau (Kurland), 1776 o. Prof. d. Theologie Göttingen, 1777 1. Universitätsprediger Göttingen, 1784 Oberkonsistorialrat und Generalsuperintendent Gotha, 1788 Konsistorialrat u. 1. Hofprediger Hannover sowie Generalsuperintendent von Hoya-Diepholz. – Zum Biographischen vgl. J. R. G. Beyer (Hg.), Allgemeines Magazin für Prediger, 5. Bd., 1791, 323–329g; H. Doering, Kanzelredner, 176–181; R. Steinmetz, Die Generalsuperintendenten von Hoya-Diepholz, ZGNKG 16 (1911), (148–264) 188–201.

[3] Vgl. die Ernennungsurkunde Koppes zum 1. Universitätsprediger vom 13. 11. 1777, UAG, 10 b 2/7, Bl. 9 f. – Zur unmittelbaren Vorgeschichte vgl. O. Ulrich, Georg Friedrich Brandes und Herders Berufung nach Göttingen, Hannoversche Geschichtsblätter 2 (1899), (297 ff.) 356 f.363.413; R. Smend, Herder und Göttingen, 12–16.27 f.

die Fakultät zu diesem Zeitpunkt wissenschaftlich in einer offenkundigen Krise[4]. Um die von Brandes als notwendig erachtete „Hauptrevolution"[5] in der Fakultät mit Erfolg durchführen zu können, hatte man gehofft, Herder werde den ihm zugedachten Hauptpart übernehmen, während Koppe eine – freilich nicht ganz unwichtige – Nebenrolle spielen sollte. Dem in der alt-philologischen Schule Heynes ausgebildeten jungen Professor fiel nämlich die Aufgabe zu, der nach dem Abgang Gotthilf Traugott Zachariaes (1729–1777) innerhalb der Fakultät brachliegenden biblischen Exegese neue Impulse zu verleihen[6]. Auf diesem Gebiet legte Koppe dann auch tatsächlich den kriti-schen „Untersuchungsgeist" an den Tag, den manch ein Student bei Leß vermißte[7]. So zeigte sich beispielsweise der Schweizer Johann Georg Müller, der 1780/81 in Göttingen studierte, davon beeindruckt, daß Koppe sich in seinen exegetischen Kollegs „viel Hypothesen nach neuester Facon erlaubte" und doch – anders als der Orientalist Michaelis, der seine Vorlesungen mit Witzen und Zoten zu garnieren pflegte, – stets mit „Würde ... von der Evangelischen Geschichte sprach"[8].

Die exegetischen Entdeckungen, die Koppe während seiner achtjährigen Lehrtätigkeit gelangen, fanden ihren literarischen Niederschlag u. a. in einer – Fragment gebliebenen – vierbändigen Auslegung des Neuen Testaments und einigen kleineren Detailstudien zur synoptischen Frage. Hier gehörte Koppe zu den ersten, die die Priorität des Markusevangeliums vor dem Mat-thäusevangelium verfochten[9]. Auslegungsgeschichtlich noch größere Rele-vanz hatten seine Anmerkungen zu der – in seinem Auftrag von dem 2. Universitätsprediger G. H. Richerz besorgten – deutschen Übersetzung des „Isaiah" des englischen Bischofs Robert Lowth (1710–1787), gaben sie doch gewichtige Anstöße zur literarkritischen Erforschung des Buches Jesaja[10]. Die von Koppe historisch begründete Annahme, etliche Texte des Buches Jesaja könnten nicht dem Propheten zugeschrieben werden, wurde von Döderlein

---

[4] L. T. Spittler, Vorrede, in: J. B. Koppe, Predigten. Nach seinem Tode herausgegeben [von L. T. Spittler], Erste Sammlung, 1792, XIV f., spricht von „einer höchst wichtigen Krise", in die das theologische Studium in Göttingen während der 1770er Jahre geraten sei, nimmt freilich von der Verantwortung für diese Entwicklung Leß aus, der „damals der einzige (war), der Kraft und Ansehen hatte", die „große Revolution (sc. die Aufklärung) ... so zu lenken, daß das Wohlthätige derselben benutzt, der Schaden aber, den jede Revolution in Denkart und Meinungen veranlaßt, abgewandt werden konnte". – Zu Spittlers selbstbewußter Einschätzung der theologischen Aufklärung vgl. auch W. Sparn, aaO., 18.54.

[5] O. Ulrich, aaO., 356.

[6] Vgl. L. T. Spittler, aaO., XV.

[7] Fr. A. Ebert, Ueberlieferungen zur Geschichte, Literatur und Kunst der Vor- und Mit-welt, I/1, 1826, 67.

[8] W. Gresky, Studium in Göttingen 1780. Aus der ungedruckten Autobiographie des Johann Georg Müller aus Schaffhausen (1759–1819), Gött. Jb. 23 (1975), (79–94) 91.

[9] Vgl. J. B. Koppe, Progr. super Evangelio S. Marci, 1782; ders., Progr. Marcus non epitomator Matthaei, 1783; vgl. dazu E. Hirsch, aaO., Bd. V, 51.

[10] Vgl. R. Smend, Lowth in Deutschland, 58 f.

1781 hinsichtlich Jes 40–66 vorsichtig bejaht, ehe dann Eichhorn 1783 für
den Abschnitt Jes 40–52 entschlossen einen im babylonischen Exil lebenden
Verfasser postulierte und damit die Deuterojesaja-Hypothese begründete.
Herder scheint die Bedeutung der Marginalien Koppes zu Lowth' deutschem
„Jesaias" intuitiv vorausgeahnt zu haben[11] – Koppe seinerseits schrieb später
(1788) als hannoverscher Konsistorialrat ein verständnisvolles Gutachten über
Herder, in dem er im Unterschied zu den Göttinger Gutachtern von 1775
mit guten Gründen Herder als Theologen und Prediger positiv zu würdigen
wußte[12].

Außer dem Universitätspredigeramt wurde Koppe 1778 auch das Direkto-
rium des Predigerseminars an der Göttinger Universität übertragen[13]. Die
neuerliche Eröffnung des unter Leß eingeschlafenen Seminars nahm Koppe
zum Anlaß, um in einem kleinen Traktat eine "Genauere Bestimmung des
Erbaulichen im Predigen" zu geben[14]. Die im Titel angedeutete Konzentration auf den Erbauungsbegriff macht das Proprium der homiletischen Abhandlung Koppes aus[15], deren inhaltliche Tendenz cum grano salis mit dem
neologischen Verständnis der erbaulichen Predigt konform geht. Koppe setzt
ein mit der Feststellung, landläufig seien sich alle Hörer einer Predigt einig in
der Erwartung, durch den Vortrag des Predigers erbaut werden zu wollen.
Umstritten, wenn nicht gar unbekannt sei dagegen der Sinn der Ausdrücke
„erbaut werden" und „erbaulich predigen"[16].

Um die schillernde Bedeutung des für die Homiletik konstitutiven Erbauungsbegriffs genauer zu klären, rekurriert Koppe zunächst auf den Sprachgebrauch des Neuen Testaments – in diesem Verfahren meldet sich unübersehbar der Exeget im Homiletiker zu Wort[17]. Anhand der Lutherschen Bibel-
übersetzung stellt Koppe zwei Möglichkeiten der Übertragung des griechischen οἰκοδομεῖν bzw. ἐποικοδομεῖν in die deutsche Sprache vor, nämlich
„bessern" (cf. 1. Kor 8,1.10; 10,23;14,4) und „erbauen" (cf. 1. Thess 5,11;

---

[11] Vgl. R. Smend, aaO., 58.

[12] Vgl. Koppes Gutachten vom 30.8.1788, in: E. Bodemann, Herders Berufung nach
Göttingen, Arch. f. Litteraturgeschichte 8 (1879), (59–100) 95–99; dazu R. Smend, Herder
und Göttingen, 20f.

[13] Vgl. H. Holze, aaO., 94f.

[14] Vgl. J.B. Koppe, Genauere Bestimmung des Erbaulichen im Predigen, 1778.

[15] Zur zeitgenössischen homiletischen Diskussion über den Erbauungsbegriff vgl. schon
Ph.H. Schuler, aaO., Dritter Theil, 132–144.

[16] Vgl. J.B. Koppe, aaO., 3f.

[17] Im folgenden ziehe ich zum Vergleich mit heran J.J. Spalding, Neue Predigten,
3. Aufl., 1777, III–XXX (Vorrede vom 3.2.1768 über den erbaulichen Zweck der Predigt).
Im Unterschied zu Koppe verzichtet Spalding bezeichnenderweise auf eine exegetische Unter-
mauerung des Erbauungsbegriffs. Er geht vielmehr von der begrifflichen Übereinkunft aus,
„daß alles das erbaulich ist, was dazu dienet, die Gesinnungen der Menschen zu verbessern, und
sie dadurch des Trostes und der Gemüthsruhe fähig zu machen, welche das Christenthum
verspricht" (aaO., IV). Als praktische Durchführung dieses Programms vgl. J.J. Spalding,
Predigt von dem, was erbaulich ist, 1781.

Jud 20). Er gibt freilich „Besserung" als dem deutlicheren, das im NT eigentlich Gemeinte adäquat wiedergebenden Ausdruck eindeutig den Vorzug gegenüber dem dunkleren, „tropischen" Begriff „Erbauung"[18]. Die hier zu
konstatierende selektive Wahrnehmung des neutestamentlichen Befundes
wie auch die Präferenz des Begriffs der Besserung stellen die Weichen für
die weiteren Ausführungen Koppes. Zum einen blendet er den ekklesiologi-
schen Sinn des neutestamentlichen Wortes οἰκοδομεῖν von vornherein aus.
Von der Auferbauung der Gemeinde bzw. der Kirche ist nicht mehr die
Rede, vielmehr geht es um die Erbauung des einzelnen Menschen. Diese
individualistische Fassung des Erbauungsbegriffs bei Koppe (und in der gesamten Aufklärungshomiletik) ist zweifellos ein Erbe des Pietismus – schon
Spener hatte den Ausdruck in seinen „Pia desideria" auf die Erbauung des
inneren Menschen bezogen[19]. Zum anderen macht der aus Luthers Bibel-
übersetzung übernommene Begriff der Besserung Koppe die Verbindung des
Erbauungsgedankens mit dem aufklärerischen Perfektibilitätsideal möglich[20].
Auf diese Weise gelangt er zu folgender Definition des homiletischen Erbauungsbegriffs: „Es heißt, so predigen, daß der Zuhörer, während des Vortrags
selbst, sich auf irgend eine Weise zu guten Empfindungen für Religion und
Tugend, und durch sie, zu frommen Entschliessungen, hingerissen zu seyn
fühle."[21]
Koppe stützt diese Definition freilich nicht nur durch seine Interpretation
des neutestamentlichen Sprachgebrauchs, sondern auch mit dem Hinweis auf
das gewöhnliche Sprachempfinden ab. Es lassen sich zwar verschiedene Nu-
ancen des Verständnisses von Erbauung beobachten – dem einen gilt eher die

---

18 Vgl. J. B. KOPPE, aaO., 4–6.

19 Ph. J. SPENER, Pia desideria, 84,10–12; außerdem 5,26; 7,4; 8,8; 27,20; 53,15f.; 54,23;
59,30; 60,10; 75,16; 76,22; 77,20f.; 78,33; 81,4; 83,23; vgl. dazu M. SCHMIDT, Speners Pia
Desideria. Versuch einer theologischen Interpretation, in: DERS., Wiedergeburt und neuer
Mensch. Ges. Stud. z. Gesch. d. Pietismus, Bd. 2, 1969, (129–168) 137f. mit Anm. 65. – Th.
KAUFMANN, aaO., 505f.548–553.560–564.571, weist am Beispiel Heinrich Müllers auf die vor
dem Hintergrund des Individualisierungsschubs im 17. Jahrhundert zu sehende Verinnerlichung
und Individualisierung der religiösen Heilserfahrung innerhalb der lutherischen Orthodoxie
hin. – Über die Verwendung des Erbauungsbegriffs in der pietistischen und in der frühaufklärerischen Homiletik vgl. die verstreuten Bemerkungen bei M. SCHIAN, aaO.,
45.50.52.106f.108–114. S. auch o. 46–50 (zu Oporin und Buddeus) und 56–60 (zu Oporin).
Instruktives Quellenmaterial findet sich auch bei J. G. WALCH (Hg.), Sammlung Kleiner Schriften von der Gottgefälligen Art zu predigen, 1747. – Eine – bislang noch ausstehende – begriffsgeschichtliche Untersuchung der Verwendung des Erbauungsgedankens in der Orthodoxie, im
Pietismus und in der Aufklärung würde m. E. zu fruchtbaren Ergebnissen führen. Vgl. einstweilen die – freilich für die Aufklärungstheologie recht unzulänglichen – Ausführungen von R.
MOHR, Art. Erbauungsliteratur III. Reformations– und Neuzeit, TRE 10 (1982), 51–80.

20 Zur Vorgeschichte des Perfektibilitätsgedankens im Pietismus vgl. z. B. M. SCHMIDT,
aaO., 138f.; dazu allgemein W. SPARN, Perfektibilität. Protestantische Identität „nach der
Aufklärung", in: Theologie und Aufklärung. FS G. Hornig, hg. von W. E. MÜLLER u.
H. H. R. SCHULZ, 1992, 339–357.

21 J. B. KOPPE, aaO., 10; vgl. auch J. J. SPALDING, Neue Predigten, IV f.

Erregung sinnlicher Gefühle, einem anderen primär die Überzeugung des
Verstandes als erbaulich[22] –, jedoch werden diese Unterschiede aufgehoben
durch die allen gemeinsame Überzeugung, daß eine erbauliche Predigt den
Hörer zu frommen Empfindungen und Handlungen anzuregen habe[23]. Daraus ergibt sich für den Prediger eine zweifache Aufgabe. Er darf sich nicht
darauf beschränken, durch die Anwendung bestimmter rhetorischer Mittel
die Gefühle und Leidenschaften seiner Zuhörer zu erregen, sondern er muß
die Wahrheit seiner Aussagen in einer dem Verstand einleuchtenden Fassung
darlegen. Umgekehrt hat er aber auch den Fehler zu vermeiden, lediglich den
Verstand anzusprechen. Um religiöse Gesinnungen und Akte zu erwecken,
bedarf es immer auch der affektiven Erregung der emotionalen Kräfte, insbesondere des Willens des Menschen[24].

Auch wenn diese doppelte Bestimmung der erbaulichen Predigt an sich
alles andere als originell ist – sie gehörte seit der frühaufklärerischen Homiletik zum Gemeingut der Predigtlehre des 18. Jahrhunderts –, scheint bei
Koppe doch ein charakteristischer Akzent auf der Forderung zu liegen, daß
die Predigt die religiöse „Wahrheit in Gedanken"[25] zu entfalten, mithin die
Evidenz der behandelten Religionslehre argumentativ aufzuweisen habe.
Koppe dürfte – wie Spalding in der Vorrede zu seinen ‚Neuen Predigten"
– das kognitive Moment der erbaulichen Predigt besonders nachdrücklich
herausgestellt haben, um sich von einer einseitigen Wertschätzung des Gna-
dengefühls, wie die Aufklärungshomiletik sie dem Pietismus zuschrieb, zu
distanzieren[26].

Gleichfalls im Konsens mit Spalding entwickelt Koppe seine Vorstellungen
zur formalen Gestaltung der erbaulichen Rede. Unter Voraussetzung der
neologischen Unterscheidung zwischen Religion und Theologie lehnt er
den Gebrauch „philosophischer gelehrter Sprache"[27] bzw. einer nur dem
Prediger geläufigen theologischen Begrifflichkeit ab. Da die Predigt die
Glückseligkeit der Hörer zu fördern hat, empfiehlt sich grundsätzlich die
Wahl einer den Hörern faßlichen Sprache. Biblisch geprägte Begriffe und
Redeweisen können durchaus beibehalten werden, weil „die Bibel, dem
grössern Haufen fast alleiniger Erkenntnißgrund aller Religionswahrheit
ist"[28]. Nur gilt es auch hier den Maßstab der Verständlichkeit anzulegen.
Gegebenenfalls müssen also zeitbedingte biblische Sprachformen, zumal wenn
ihr Sinn heute nicht mehr verstanden wird, den Vorstellungen und Sprach-

---

[22] Vgl. J. B. KOPPE, aaO., 6f.
[23] Vgl. aaO., 8f.
[24] Vgl. aaO., 10f.
[25] AaO., 16.
[26] Vgl. J. J. SPALDING, aaO., XIX–XXIV. Zur antipietistischen Tendenz bei Spalding vgl.
auch W. SCHÜTZ, Geschichte der christlichen Predigt, 1972, 164.
[27] J. B. KOPPE, aaO., 17; vgl. auch J. J. SPALDING, aaO., XIV–XVIII.
[28] J. B. KOPPE, aaO., 17; vgl. J. J. SPALDING, aaO., XIII.

gewohnheiten der Zuhörer angepaßt werden[29]. Ferner empfiehlt sich die
behutsame Einrichtung des Predigtvortrags auf die je konkrete Gemeinde,
wobei allerdings die Gefahr der Verabsolutierung der etwa zwischen einer
Universitäts- und einer Landgemeinde bestehenden Unterschiede vermieden
werden sollte[30].

Das neologische Profil seiner „Bestimmung des Erbaulichen im Predigen"
kommt wohl am deutlichsten dort zum Vorschein, wo Koppe sich zu den
„Materien" der Predigt äußert. Im Blick auf die Predigtinhalte stellt er folgende Grundsätze auf: 1) Die Religionswahrheit, die zum Gegenstand einer
Predigt gemacht werden soll, muß von den Hörern erfaßt und verstanden
werden können. 2) Die Predigt darf sich freilich nicht darin erschöpfen, eine
der Gemeinde ohnehin schon vertraute religiöse Einsicht zu repetieren; sie
sollte vielmehr die innovatorische Möglichkeit der „mehrern Aufklärung"
durch die genauere Bestimmung und Anwendung einer Religionswahrheit
in sich einschließen. 3) Die darzustellende Religionswahrheit muß schließlich
„einen thätigen Einfluß auf die Beruhigung und Tugend meiner Zuhörer
hienieden, und auf ihre Glückseeligkeit in einem andern Leben" haben[31].
In kritischer Abgrenzung zu gewissen extremen Positionen der zeitgenössischen Homiletik und Predigtpraxis[32] folgert Koppe aus diesen Grundsätzen
zunächst, daß eine strikte Entgegensetzung von dogmatischer und/oder moralischer Predigt nicht in Frage kommen könne. Der innere Konnex zwischen dogmatischen und moralischen Wahrheiten, zwischen Glaubenslehre
und Tugendpraxis verbietet eine solche Scheinalternative. Allenfalls kann man
in der Praxis erwägen, ob die Situation und die Bedürfnisse einer konkreten
Gemeinde es erforderlich erscheinen lassen, das Schwergewicht des Kanzelvortrags mehr auf die Darstellung der Glaubenslehren oder mehr auf die
Anleitung zu der in dogmatischen Lehrsätzen begründeten sittlichen Praxis
zu legen[33].

Wendet man die drei dargelegten Grundsätze auf die spezielle Frage an,
über welche dogmatischen Lehren gepredigt werden kann und wie das geschehen sollte, so ergibt sich für Koppe einmal die Forderung, die überlieferten Lehrvorstellungen „über Christus, Geist Gottes, Versöhnung der Menschen durch Christi Tod, ausserordentlichen Beystand Gottes in der Besserung des Menschen u. s. w."[34] nicht in der präzisen Form des theologischen
Schulsystems, sondern in einer allgemein verständlichen Fassung vorzutragen.

---

[29] J. B. Koppe, aaO., 17, warnt freilich davor, im Streben nach Popularität der religiösen
Rede „der gemeinen Sprache niederer Stände" zu verfallen; vgl. im übrigen ausführlich J. J.
Spalding, aaO., VI–XII.
[30] Vgl. J. B. Koppe, aaO., 18.
[31] J. B. Koppe, aaO., 13.
[32] Vgl. dazu schon Ph. H. Schuler, aaO., Dritter Theil, 150–168.
[33] Vgl. J. B. Koppe, aaO., 14 f.
[34] AaO., 15.

Zum anderen können sie in der Predigt generell nur insoweit Berücksichtigung finden, als sie zur Glückseligkeit des Menschen beitragen[35]. Anders als Leß und Spalding führt Koppe aber nicht näher aus, welche Glaubenslehren diesem Postulat genügen und welche nicht. Die Entscheidung darüber überläßt er bewußt dem eigenen Urteilsvermögen eines jeden Predigers. Das aufklärerische Subjektivitätsprinzip wird mithin bei Koppe zum entscheidenden Kriterium auch für die Wahl des Predigtinhaltes. Der Prediger sollte die Religionslehre, die er auf der Kanzel vorzutragen gedenkt, nicht einfach ungeprüft aus der Tradition übernehmen. Da der normative Anspruch einer religiösen Wahrheit in der Predigt allererst daran aufzuweisen ist, ob diese Wahrheit die religiös-moralische Selbsterfahrung des Hörers anzustoßen und zu befördern vermag, muß sich der Prediger notwendigerweise selbst – in kritischer Freiheit gegenüber der Tradition – zu eigen gemacht haben, womit er seine Gemeinde erbauen will[36].

Koppes Predigttätigkeit in der Göttinger Universitätskirche und im Rahmen seiner kirchenleitenden Ämter in Gotha und Hannover ist durch eine postum von seinem Schüler L. T. Spittler herausgegebene zweibändige Predigtauswahl dokumentiert[37]. Die in diese Sammlung aufgenommenen Universitätspredigten Koppes unterscheiden sich von seinen vor diversen anderen Gemeinden gehaltenen Predigten nicht etwa dadurch, daß sie in besonderer Weise auf die Belange der akademischen Zuhörerschaft zugeschnitten wären – das ist nur bei seiner Göttinger Abschiedspredigt der Fall. Den unterschiedlichen Predigtorten hat Koppe vielmehr durch eine andere Akzentsetzung Rechnung getragen. Während er nämlich als Generalsuperintendent in Gotha und Hannover bei wenigen Ausnahmen hauptsächlich über die von der kirchlichen Perikopenordnung vorgesehenen Evangelien- und Episteltexte predigte[38], legte er – dem gedruckten Bestand zufolge – seinen Predigten im Göttinger Universitätsgottesdienst durchgängig frei gewählte Texte zugrunde. Hier scheint Koppe also wie schon sein Vorgänger Leß die im besonderen Rechtsstatus der Universitätskirche begründete Unabhängigkeit

---

[35] Vgl. ebd.

[36] J. B. Koppe, aaO., 16: Erforderlich ist eine „Wahrheit in Gedanken, genau bestimmte, von jeder Uebertreibung, jedem Scheingrunde, jeder schiefen Darstellung an sich richtiger Gedanken entfernte, dabey aber vornehmlich, nicht bloß mit dem Gedächtnis gefaßte oder wohl gar aus Heften und Büchern gedankenlos und ohne eigenes Urtheil wiederholte, und nur mit neuen unbedeutenden Wendungen aufgestutzte; sondern von uns selbst gedachte, wenigstens durch inniges Verweben desjenigen, was wir darüber gehört und gelesen hatten, in unsre eigene Ideen, uns selbst eigen gemachte Wahrheit."

[37] Vgl. J. B. Koppe, Predigten. Nach seinem Tode herausgegeben [von L. T. Spittler], Erste Sammlung, 1792; Zweyte Sammlung, 1793.

[38] Seit 1769 war es den Predigern im Kompetenzbereich des Konsistoriums in Hannover auferlegt, in den sonntäglichen Vormittagsgottesdiensten im jährlichen Wechsel neben den Evangelienperikopen auch die Episteltexte zu behandeln. Vgl. Chr. H. Ebhardt (Hg.), aaO., 63; dazu o. 214 f. Anm. 11 f.

von den landeskirchlich-konsistorialen Vorgaben bei der Wahl der Predigttexte extensiv ausgeschöpft zu haben.

Aus den ersten Jahren seines Göttinger Wirkens ist nur eine Predigt über
Ps 19,2–7 (1779) erhalten[39]. Die übrigen gedruckten Universitätspredigten
Koppes entstammen sämtlich einer 1781–1784 vorgetragenen Reihenausle-
gung von Mt 5–7. Wie Leß mit seinen Predigten über das christliche Leben
nach Röm 12f. hat also auch Koppe das überlieferte Perikopensystem vor
allem durch eine Predigtreihe über einen zusammenhängenden Textkomplex
ersetzt und damit seinem regelmäßigen Predigtdienst in der Universitätskirche
eine neue strukturierende Ordnung zugrunde gelegt. Zum generellen Ziel
seiner Predigtreihe erklärt Koppe die Absicht, die Klage entkräften zu wollen,
daß die Bergpredigt „übertriebene, mit der ursprünglichen Einrichtung des
Menschen streitende Forderungen" enthalte, und umgekehrt darlegen zu
wollen, daß „diese schöne Sammlung christlicher Weisheits-Regeln" den
Weg zur Verwirklichung menschlicher Tugend und Vollkommenheit weise[40].

Gleich zu Beginn der ersten Predigt erläutert Koppe die hermeneutischen
Voraussetzungen seiner Interpretation von Mt 5–7. Bei der Bergpredigt handelt es sich zunächst nicht um eine in der vorliegenden Form wirklich
gehaltene Rede Jesu, sondern vielmehr um „eine Sammlung einzelner moralischer Grundsätze Jesu Christi"[41], die nach seinem Tode zusammengetra-
gen und dann durch den Evangelisten Matthäus – unter Verwendung der
tatsächlich gehaltenen Bergpredigt Jesu – zu einem Ganzen gestaltet wurden.
Koppe begründet diese – mit der modernen Exegese kompatible – These
hinsichtlich des literarischen Charakters von Mt 5–7 damit, daß alle in diesen
Kapiteln enthaltenen Lehren und Mahnungen ohne Zusammenhang untereinander auch je für sich stehen könnten, ohne ihren Sinn zu verlieren, und
daß einzelne Stücke wie z.B. das „Vater unser" von anderen Evangelisten
ebenfalls geboten würden.

Sodann waren alle Einzelaussagen der Bergpredigt ursprünglich an die
Jünger adressiert; sie kannte Jesus genau, sie wollte er mit seinen Anweisun-
gen darauf vorbereiten, nach seinem Tode als Lehrer der Religion in seinem
Sinne in Erscheinung zu treten. Auch wenn man die Bergpredigt durchaus
auf andere Zeiten, Personen und Umstände beziehen kann, muß man sich
dabei stets ihren originären historischen Bezug zu den Jüngern Jesu vor
Augen halten[42]. Schließlich hat die Erklärung der einzelnen Texte die zu Jesu
Lebzeiten vorherrschende Denkart gebührend zu berücksichtigen. Um die
Bergpredigt angemessen verstehen zu können, muß man sich insbesondere

---

[39] Vgl. J.B. KOPPE, Predigten, Zweyte Sammlung, Nr. 10. – Noch aus seiner Zeit als
Repetent stammt die einzeln gedruckte, bibliothekarisch bislang nicht nachweisbare Predigt
KOPPES: Die Tugend der Menschen, der Hauptzwek aller göttlichen Religion, 1774.

[40] J.B. KOPPE, Predigten, Zweyte Sammlung, 68f.

[41] AaO., 72.

[42] Vgl. aaO., 73–75.

klarmachen, daß Jesus sich zur Verdeutlichung sittlicher Prinzipien aus Rücksicht auf seine im Denken ungeübten, noch unaufgeklärten Hörer mit Bedacht einer sinnlichen Bildersprache bedient habe[43].

Die von Spittler edierte Predigtsammlung bietet nicht den gesamten von Koppe in der Universitätskirche vorgetragenen Zyklus zur Bergpredigt, sondern lediglich seine Auslegungen von Mt 5,1–12 („Seligkeit der für Wahrheit und Tugend leidenden Unschuld"); 6,1–6 („Ueber das Gesetz des Christenthums, fromm und gut zu handeln auch im Verborgenen"); 6,24–34 („Ueber das pflichtmäßige Betragen des Christen bey dunkeln, trüben Aussichten in die Zukunft") und 7,24–27 („Zwo unerschütterliche Grundsäulen menschlicher Ruhe und Zufriedenheit: Gott und unser eignes Herz"). Obwohl das vorliegende Material es nicht erlaubt, ein vollständiges Bild der Koppeschen Bergpredigtauslegung zu zeichnen, bietet es doch genügend Anhaltspunkte, um die Grundlinien seines aufklärerischen Verständnisses von Mt 5–7 erkennen zu können.

Koppe sieht in der Bergpredigt einen Grundtext christlicher Frömmigkeit, der allen Christen als Vademekum ihres Denkens und Handelns dienen sollte. Unbeschadet ihrer ursprünglichen Ausrichtung auf den engeren Jüngerkreis, die den verschiedenen Anweisungen Jesu ihre je spezifische Konkretion verliehen hat, läßt sich die Bergpredigt sehr wohl auf die gegenwärtig zu verantwortende Religiosität beziehen. Ihre Forderungen dürfen keinesfalls ermäßigt werden. Schon Jesus selbst – so meint Koppe in seiner Predigt über Mt 6,24–34 – habe allen Versuchen, die Härte seiner religiös-ethischen Maximen abzumildern, einen Riegel vorschieben wollen, als er die wankelmütigen, das Leben in seiner Nachfolge und zugleich ein bequemes Dasein in weltlicher Saturiertheit anstrebenden Jünger vor die Wahl des Entweder – Oder gestellt habe (cf. Mt 6,24)[44].

Seine Überzeugung, daß die Bergpredigt für die Ausbildung und Vertiefung gelebter Religiosität in der Gegenwart von höchster Relevanz sei, will Koppe nicht als bloße Behauptung im Raum stehen lassen. Vielmehr bemüht er sich durchgehend um den Aufweis einer inneren Kongruenz zwischen den charakteristischen Elementen aufgeklärter Religiosität und den in Mt 5–7 genannten Maßstäben einer vom Trachten nach dem Reich Gottes und der besseren Gerechtigkeit bestimmten Frömmigkeit.

Für Koppe hat alle echte Religiosität, zu der auch die Bergpredigt anregen will, ihren Ursprung in der frommen Selbsterfahrung des religiös-moralischen Subjekts. In seiner Göttinger Abschiedspredigt von 1784 beispielsweise erläutert er diese Auffassung näher, indem er zunächst das auf den Felsen gebaute Haus (cf. Mt 7,24f.) mit der menschlichen Glückseligkeit und der Ruhe des guten Gewissens identifiziert. Diese Heilsgüter werden einem in

---

[43] Vgl. aaO., 76–78.
[44] Vgl. aaO., 94.

den Wechselfällen des Lebens freilich nur dann erhalten bleiben, wenn sie fest
gegründet sind im eigenen Herzen, das seinerseits unter dem Einfluß der
Religion stehen muß. Denn „vor allen Dingen in sich selbst, in seinem
eignen Herz, in seinen Gesinnungen und Neigungen"[45] wird der Mensch
jene Freude, Heiterkeit und Ruhe finden, die er zum Leben braucht. Der
Glaube an Gottes Vorsehung in der Natur etwa (cf. Mt 6,26) bleibt in der
religiösen Praxis letztlich wirkungslos, wenn er bloß aus der Tradition übernommen und nur auf einige wenige Ausnahmesituationen angewandt wird.
Beruht mein Zutrauen in die gütige Vorsehung Gottes hingegen auf "eigner
innigster Empfindung des unzähligen Guten, das wir bereits in seiner Welt
erfahren und noch zu erwarten haben"[46], habe ich bereits den hinreichenden
Grund für die Hoffnung, daß die Güte des Weltenherrschers alle Übel entweder schon in dieser Zeit von uns entfernen oder aber „mit unserer wahren
über das Leben hinaus fortdauernden Glückseligkeit wohl zu vereinigen wissen werde" (cf. Mt 6,31 f.)[47].

Die Offenbarung bestätigt und vertieft zwar durchaus diese in der religiösen Selbsterfahrung begründete Wahrheit[48], sie tritt als eigenständiger Be-
weisgrund in Koppes Predigtreihe über Mt 5–7 aber deutlich in den Hintergrund. Wo Koppe seinen Hörern den Wahrheitsgehalt einer religiösen Vorstellung aufzeigen will, rekurriert er in der Regel auf das Prinzip der frommen Subjektivität. Dabei sieht er in der anthropologisch verifizierten Sinnhaftigkeit der Religion eo ipso die Vernunftgemäßheit der Offenbarung impliziert. Dieser Ansatz kommt besonders deutlich in der Gedankenführung
seiner Predigt zu Mt 6,1–6 über „das Gesetz des Christenthums, fromm und
gut zu handeln auch im Verborgenen", zum Tragen. Koppe räumt hier zunächst das Mißverständnis aus, der Text richte sich unterschiedslos gegen alle
öffentlich praktizierte Frömmigkeit, gegen jegliches gemeinnützige Handeln.
Die besondere Pointe des Wortes Jesu vom Almosengeben und Beten im
Verborgenen liegt vielmehr darin, daß es den Hörer auf die wahren Motive

---

[45] AaO., 122. – Zur Bedeutung und historischen Genese des aufklärerischen Subjektivi-
tätsprinzips vgl. W. SPARN, Vernünftiges Christentum, 33–42.

[46] J. B. KOPPE, aaO., 103.

[47] AaO., 105.

[48] Ausführlich hat KOPPE den Zusammenhang zwischen der frommen Selbsterfahrung des
Predigthörers und der diese Erfahrung bestätigenden und vertiefenden göttlichen Offenbarung
z. B. in seiner Abschiedspredigt zu Mt 7,24–27 herausgearbeitet. Hier legt er zunächst dar, daß
die Ruhe des guten Gewissens und die Glückseligkeit als Heilsgüter fest im Herzen, in der
inneren Erfahrung gegründet sein müßten, um auch durch mögliche Schicksalsschläge wie
Krankheit, Armut, Verlust von Freunden, Beschädigung des guten Rufs nicht verloren zu
gehen (vgl. aaO., 121 f.). In einem weiteren Schritt hebt KOPPE hervor, daß auch das reinste
Gewissen nicht ohne ein kindliches Vertrauen in die Nachsicht Gottes auskommen könne,
zumal dieses Vertrauen damit rechnen könne, daß Gott die leidende Unschuld einst angemessen belohnen werde (vgl. aaO., 123 f.126 f.). Vgl. auch W. SPARN, aaO., 37 (am Beispiel
Jerusalems).

seiner frommen Handlungen — die Dankbarkeit gegenüber Gott und das Gefühl des inneren Wertes seiner Frömmigkeitsübungen — aufmerksam machen will[49].

Als praktische Konsequenz aus diesen Feststellungen über die intentionale Tendenz des Textes entwickelt Koppe sodann im 1. Hauptteil seiner Predigt drei Regeln für die angemessene Gestaltung christlicher Religiosität. 1) Wir sollen religiös und wohltätig nie nur scheinen wollen, sondern es auch tatsächlich — „nach den innersten Empfindungen unsers Herzens" — sein. 2) Unser Bestreben muß darauf ausgerichtet sein, neben den öffentlichen Bekundungen unserer Religiosität mindestens ebenso gern die verborgenen Äußerungen unserer Frömmigkeit zu pflegen. 3) Im Zweifelsfall, sofern nicht gewichtige sachliche Gründe ein öffentlichkeitswirksames Handeln erforderlich machen, haben wir unsere gemeinnützige Religiosität lieber im Stillen als coram publico zu bewähren[50]. Die in diesen Regeln geltend gemachte Präferenz der verborgen ausgeübten Frömmigkeit begründet Koppe im 2. Hauptteil seiner Predigt bezeichnenderweise mit einem Gedanken, der dem biblischen Text so nicht zu entnehmen ist, der dafür aber die Wertschätzung der frommen Subjektivität durch den aufgeklärten Prediger zu erkennen gibt. Koppe erklärt nämlich dasjenige religiös-ethische Handeln, das sich unabhängig von der Beurteilung durch die Welt im Verborgenen vollzieht, zur einzigen Möglichkeit, durch die sich der rechtschaffene Christ selbst der Lauterkeit seiner Frömmigkeit und der ihr zugrundeliegenden Motive vergewissern könne[51]. Vermag sich der Christ also primär in der religiösen Selbsterfahrung die notwendige Sicherheit über den Wert seiner Werke, ja die Glückseligkeit überhaupt zu verschaffen[52], so kann er sich auf dem eingeschlagenen Weg selbsttätiger Religiosität zusätzlich bestätigt wissen durch die biblische Offenbarung. Denn nach der Verheißung Jesu ruht das Wohlgefallen des göttlichen Vaters, der in das Verborgene sieht (cf. Mt 6,4.6), auf dem, der bewußt nicht das Licht der Öffentlichkeit sucht, um seine frommen und wohltätigen Gesinnungen in Taten umzusetzen[53].

Die Frömmigkeit, zu der die Bergpredigt nach Koppes Verständnis anleiten will, wird unter inhaltlichen Aspekten dominiert durch den ungetrübten Glauben an die Providenz Gottes und die daraus erwachsende Pflicht zu einem tugendhaften Leben. Diese beiden Motive tauchen in jeder der gedruckten Predigten Koppes über Mt 5—7 auf, besonders breit kommen sie in der Auslegung von Mt 6,24—34 zur Entfaltung. In dieser Predigt, der ein-

---

[49] Vgl. J. B. KOPPE, aaO., Erste Sammlung, (147—164) 152—154.
[50] Vgl. aaO., 154—158.
[51] AaO., 159: „Gut, fromm und wohlthätig handeln im Verborgenen ist nemlich … die einzig mögliche Art, wie wir uns selbst von der Aechtheit und Lauterkeit unsrer ganz christlichen Gesinnungen überzeugen können."
[52] Vgl. aaO., 158.
[53] Vgl. aaO., 161 f.

zigen innerhalb der gesamten Reihe, in der Koppe den Text homileartig Vers
für Vers interpretiert, geht es um die Frage nach dem rechten Verhalten des
Christen angesichts der ungewissen Zukunftsaussichten[54]. Koppe rät seinen
Hörern zunächst in praktischer Abzweckung, weder alle Gedanken an die
Zukunft leichtsinnig zu verdrängen noch sich in die ängstliche Sorge um das
eigene zukünftige Schicksal zu vergraben (cf. Mt 6,25.27). Wer leichtfertig –
und sei es in der Annahme des Waltens der gnädigen Vorsehung Gottes – die
Möglichkeit von Krisen ausschließt, hat mit traurigen Folgen für seine zeit-
liche Glückseligkeit ebenso zu rechnen wie derjenige, der in der besorgten
Vorempfindung eventuellen Unglücks sein Leben unnötig belastet[55]. Zwar
können Krankheiten, die natürliche Anlage zur Schwermut oder Einsamkeit
eine übertriebene Selbstbetrachtung mit destruktiven Folgen herbeiführen, es
gibt jedoch Mittel, mit denen man dagegen prophylaktisch ansteuern kann.
Neben der angemessenen Pflege der körperlichen Gesundheit – sie gilt
Koppe als Voraussetzung der seelischen Integrität – vermag insbesondere
das Nachdenken über Gottes Vorsehung in der Natur (cf. Mt 6,26) und sein
zweckmäßiges Handeln als weiser Weltenregierer das Bewußtsein zu erwek-
ken, daß Gottes Güte und Huld auch in dem individuellen Geschick eines
jeden Menschen walten[56]. Der fromme, dankbare Genuß der von Gott ge-
schenkten Freuden des Lebens und aller guten Dinge enthebt die Seele
jeglicher ängstlicher Sorge, er befreit sie vielmehr zur selbstverständlichen
Bereitschaft, alle Kräfte zur Beförderung des Guten in der Welt einzusetzen.
Ob als Hausmutter, als Elternteil oder als Lehrer – jeder kann in seinem
Beruf und an seinem Ort die Liebe zu Gott, die vernünftige Selbstliebe und
die allgemeine Menschenliebe so konkretisieren, daß diese exemplarischen
Ausformungen christlicher Existenz auch andere beizeiten vor selbstquäleri-
schen Zukunftsängsten bewahren[56].

Hat Koppe in seiner Auslegung von Mt 6,24–34 – im Konsens mit der
Position des englischen Deismus etwa[57] – die allgemeine Vorsehung Gottes
in den Gesetzmäßigkeiten der Natur und in seinem geschichtlichen Welt-
regiment zum stärksten Grund für den Glauben an Gottes fürsorgliches Handeln auch im je individuellen Geschick der Menschen erhoben, so setzt er
den Providenzgedanken an anderer Stelle in Beziehung zur Erfahrung von
Leid. Zu diesem Zweck konzentriert sich Koppe in seiner 1781 gehaltenen
Predigt über die Seligpreisungen auf die Betrachtung des – offenkundig als
Kompilation aus Mt 5,4.10–12 gebildeten – Satzes: „Selig sind, die um
Wahrheit und Tugend willen Verfolgung leiden, denn sie sollen einst reichlich
getröstet, sie sollen einst hoch beglücket werden."[58] Die Seligkeit, die dem

---

54 Vgl. J. B. KOPPE, aaO., Zweyte Sammlung, 89–112.
55 Vgl. aaO., 99–101.
56 Vgl. aaO., 102–105.
57 Vgl. dazu E. HIRSCH, aaO., I. Bd., 344f.
58 J. B. KOPPE, aaO., (65–88) 82.

leidenden Gerechten zuteil wird, ist von dreierlei Art. 1) Der unschuldig
Leidende genießt die Freude eines guten Gewissens. Denn sein Handeln –
z. B. sein Eintreten für Wahrheit und Tugend –, das für ihn Leid nach sich
zog, geschah aus lauteren, uneigennützigen Motiven. Sofern es sich dabei um
eine bewußte religiöse Selbsterfahrung handelt, bringt der Betroffene durch
sein Leiden analog dem Vorbild des Heilands und der Apostel Gott ein Opfer
der Dankbarkeit dar. In seinem Leiden für Wahrheit und Tugend darf sich der
Christ 2) stets der Solidarität, des Mitleids und der Achtung der „bessern Mit-
Bürger"[59] sicher sein. 3) Schließlich sieht der „unschuldig Leidende ... den
seligen Hoffnungen einer künftigen Welt mit Gewißheit entgegen"[60]. Koppe
wertet das Leiden des Gerechten als den kräftigsten Beweis, den die Vernunft
für die Annahme der Unsterblichkeit der Seele je habe bereitstellen können,
verweist aber in diesem Kontext auch auf die Offenbarung Gottes, die gerade
dem unschuldig Leidenden ein Leben in der ewigen Glückseligkeit fest zusage
(cf. Ps 126,5; Apk 14,13). Hinter diesem eschatologischen Argument steht die
aufklärerische Bejahung des Lohngedankens, den Koppe hier einerseits in
seelsorgerlicher Absicht als tröstliches Motiv der Hoffnung, andererseits aber
auch als Anreiz zur Perfektionierung des religiös-sittlichen Verhaltens seiner
Zuhörer einführt. Es besteht nämlich – so gibt er mehrfach zu verstehen –
ein unmittelbarer kausaler Zusammenhang zwischen der tugendhaften Lebensführung und der irdischen wie auch der ewigen Glückseligkeit[61]. Dem
referierten Gedankengang ist unschwer zu entnehmen, daß Koppe wie die
meisten zeitgenössischen Prediger[62] das Theodizeeproblem nicht in seiner
vollen Härte wahrgenommen, es im Horizont der optimistischen Weltsicht
der Aufklärung und ihres undialektischen Verständnisses von Gott und von
seinem gütigen Vorsehungshandeln zumindest relativiert hat.

In der von Spittler edierten Ausgabe findet sich nur der geringere Teil der
von Koppe in der Universitätskirche tatsächlich vorgetragenen Reihenpredigten über Mt 5–7[63], seine Predigten über gewichtige Abschnitte der Bergpredigt wie die Antithesen (Mt 5, 21–48) – darunter die Worte Jesu vom
Töten (Mt 5,21–26), über den Gewaltverzicht und die Feindesliebe (Mt
5,38–48) –, aber auch über Jesu Warnung vor dem Richtgeist (Mt 7,1–5)
u. a. sind dagegen leider nicht abgedruckt worden. Daher läßt sich auch
nicht mehr die Nagelprobe machen, wie Koppe seinen eigenen Anspruch
eingelöst hat, er wolle zeigen, daß die Bergpredigt keineswegs „übertriebene,
mit der ursprünglichen Einrichtung des Menschen streitende Forderun-

---

[59] AaO., 85.
[60] Ebd.
[61] Vgl. aaO., 85–87; dazu auch 110–112 (zu Mt 6,33).
[62] Vgl. dazu R. KRAUSE, aaO., 61–67.
[63] Daß KOPPE die Bergpredigt zwischen 1781 und 1784 im Universitätsgottesdienst vollständig behandelt haben muß, ergibt sich aus seinen entsprechenden Bemerkungen in der
letzten Predigt über Mt 7,24–27, in: J. B. KOPPE, aaO., 118.

gen"[64] stelle. Den vorliegenden Predigten nach zu urteilen, sah Koppe in der Bergpredigt cum grano salis die Anleitung zu einer vernünftigen Sittlichkeit, die jeder Mensch auf Grund der ihm vom Schöpfer eingepflanzten natürlichen Anlagen und Möglichkeiten verwirklichen können sollte. Die evangelische Auslegungstradition von Luther bis hin zum Pietismus hatte noch unter Berücksichtigung des Gegensatzes von Natur und Gnade die außerordentliche Widerständigkeit der Bergpredigt gegenüber dem Vermögen und Willen des natürlichen Menschen betont, ja die Unerfüllbarkeit der Forderungen des Bergpredigers nach der besseren Gerechtigkeit und der am Maß des vollkommenen Vaters im Himmel gemessenen Vollkommenheit herausgestellt und doch zugleich hermeneutische Modelle entwickelt, wie der einzelne Christ als Privatperson (Luther) bzw. als Wiedergeborener (Spener) das Ethos der Bergpredigt zur verbindlichen Richtschnur seines Handelns machen könne[65]. Demgegenüber ist Koppes Interpretation von dem Bemühen gekennzeichnet, die Übereinstimmung der Frömmigkeit der Bergpredigt mit der Humanität der Aufklärung herauszustellen. Im Rahmen dieses Ansatzes diente die in der biblischen Offenbarung bezeugte übernatürliche Gnade Gottes, an der auch Koppe festhielt, freilich lediglich dazu, dem religiös-moralischen Subjekt gegebenenfalls zusätzliche Hilfe und Unterstützung zu gewähren, um die als sinnvoll und vernünftig erkannten Maximen der Bergpredigt in der eigenen religiös-sittlichen Praxis umsetzen zu können.

Nachdem Koppe noch vor seinem Wechsel nach Gotha von Leß in der Universitätskirche ordiniert worden war[66], sprach er in seiner Abschiedspredigt der versammelten Gemeinde seinen Dank dafür aus, daß sie ihn gern gehört habe und er sich infolgedessen in ihrer Mitte stets wohl habe fühlen können[67]. Diese Selbsteinschätzung der Aufnahme seiner Predigten in Göttingen entsprang nicht einfach nur der gefühlsbeladenen Abschiedsstimmung Koppes, sondern sie wurde von seinen Zuhörern durchaus geteilt. Spittler rühmt an Koppes Kanzelvortrag, daß „seine ganze Seele, während der Predigt selbst, in allen ihren Denk- und Empfindungskräften fast noch mehr voll Arbeit war, als sie es zu der Zeit gewesen seyn mochte, da er die Predigt niederschrieb"[68]. In ähnlicher Weise äußerte sich auch C. Fr. Bahrdt über Koppes Kanzelreden[69]. Neben den eingangs zitierten Äußerungen einzelner

---

[64] AaO., 69 (s. o. Anm. 40).

[65] Vgl. dazu Fr. W. KANTZENBACH, Die Bergpredigt. Annäherung – Wirkungsgeschichte, 1982, 36–51.

[66] Vgl. G. LESS, Rede bei der Ordination des Herrn Professor Koppe ... in der Universitätskirche zu Göttingen, o. J. (1784).

[67] Vgl. J. B. KOPPE, aaO., 118.128.

[68] L. T. SPITTLER, Vorrede, in: J. B. KOPPE, aaO., Erste Sammlung, IV. – Spittler war übrigens wie Koppe Freimaurer.

[69] C. Fr. BAHRDT, aaO. (Kirchen- und Ketzer-Almanach), 108: „Als Kanzelredner hat er mir durch die ausserordentliche Wärme gefallen, mit welcher er spricht und die Zuhörer überzeugt, daß seine ganze Seele voll ist von ihrem Gegenstande."

Studenten[70] belegt vor allem die hohe Anzahl der Subskriptionen seiner Predigtsammlung die positive Resonanz, die Koppe mit seinen Predigten hervorrief[71]. Zum Abschied statteten seine Göttinger Freunde und Schüler dem – noch jungen (!) – „Vater, Freund und Lehrer" mit einem gedruckten Gedicht ihren Dank für das von ihm Empfangene ab[72].

In seinen kirchenleitenden Ämtern in Gotha und Hannover setzte sich Koppe für behutsame Reformen des kirchlichen Lebens im Geist der praktisch ausgerichteten Neologie ein. Er lieferte Vorschläge zur Verbesserung der Liturgie des regulären Sonntagsgottesdienstes und aller Kasualgottesdienste[73], er brachte – für den Privatgebrauch – ein Gesangbuch mit Liedern der Aufklärung heraus[74], und er war der Spiritus rector des 1790 erstmals erschienenen und dann in zahlreichen Auflagen nachgedruckten hannoverschen Landeskatechismus, jenes Katechismus, dessen breite Akzeptanz in den Gemeinden des Kurfürstentums und späteren Königreichs Hannover sich noch im berüchtigten Katechismusstreit von 1862 als Hindernis für die allgemein verbindliche Einführung eines neuen Katechismus erweisen sollte[75].

---

[70] S. o. Anm. 1 u. 8.

[71] KOPPES Predigtsammlung konnte 1604 Subskriptionen von 1421 Subskribenten auf sich vereinigen. Zum Hintergrund s. o. 218 mit Anm. 23.

[72] Zum Lebewohl an HERRN Johann Benjamin Koppe, … von Seinen Verehrern, Schülern und Freunden. Am 23. Septembr. 1784, o. J. (1784), Bl. A2v.

[73] Vgl. Ueber Liturgie-Freyheit. Bruchstücke aus Gothaischen Papieren des sel. C. R. Dr. KOPPE, in: J. Chr. SALFELD (Hg.), Beyträge zur Kenntnis und Verbesserung des Kirchen- und Schulwesens 7 (1807), 19–29.

[74] Vgl. J. B. KOPPE (Hg.), Christliches Gesangbuch, 1789; dazu o. 87 Anm. 43.

[75] Vgl. (J. B. KOPPE u. a. [Hg.],) Katechismus der Christlichen Lehre. Zum Gebrauch in den Evangelischen Kirchen und Schulen der Königl. Braunschw. Lüneb. Churlande, (1. Aufl.) 1790. – G. VON SELLE, aaO., 160 f., berichtet, als hannoverscher Konsistorialrat habe Koppe seine ganze Energie darauf verwandt, Kanzler der Göttinger Universität zu werden, ein Wunsch, dessen Erfüllung wegen des frühen Todes Koppes nicht zustande gekommen sei.

§ 15 Johann Gottlob Marezoll

1787 faßte ein anonymer Rezensent sein Urteil über die erste Predigtsammlung, die der 26jährige, bis dahin noch nicht in einem festen Predigtamt stehende J. G. Marezoll im selben Jahr publiziert hatte, so zusammen: „Für eine auserlesene Anzahl von Zuhörern, wie Zollikofers Auditorium war, das fast ganz aus gelehrten und feiner erzogenen, gebildeten Menschen beider Geschlechter bestand, ist sein Vortrag bereits itzt im Ganzen so schicklich, dass, wenn, zumal sich damit im gleichen Grade die Talente der körperlichen Beredsamkeit verbinden sollten, man ihm in der Lage eines Hof- oder Universitätspredigers, eben so viel Beyfall als Wirkung versprechen darf.“[1] Binnen weniger Jahre sollte sich diese Zukunftsprognose vollständig erfüllen. Denn Johann Gottlob Marezoll (1761–1828)[2] wurde 1789 zunächst zum 2., dann zum 1. Universitätsprediger in Göttingen ernannt[3], und sein Wirken auf der Kanzel der Göttinger Universitätskirche war, was die Zahl seiner Predigthörer angeht, tatsächlich von großem Erfolg begleitet. Mit Befriedigung vermerkte die hannoversche Staatsregierung im Herbst 1789, Marezoll hätte „nun schon bei nahe ein Jahr mit solchem allgemeinen Beifall“ gepredigt, „daß die eine Zeitlang fast verlassene Kirche anietzt die Zuhörer kaum fassen kann, mithin auch unter den Studenten die Religiosität von dieser Seite, zu unserer grossen Beruhigung, sich merklich vermehrt hat“[4].

Dem nichtehelich geborenen[5] Marezoll hatte die Familie mütterlicherseits eine gediegene Schulausbildung ermöglicht, durch die in ihm früh das Inter-

---

[1] ANONYMUS, Rez. von J. G. MAREZOLL, Predigten, 1787, in: Allgemeine Literatur-Zeitung vom Jahre 1788, (419 f.) 419.

[2] Geb. 25. 12. 1761 in Plauen (Vogtland) als Sohn eines österreichischen Feldwebels, gest. 15. 1. 1828 in Jena. – Schulausbildung Stadtschule Plauen, 1779 Studium der Philologie und Theologie Leipzig, 1783 Examen Dresden, 1783 Hauslehrer, 1789 2. bzw. 1. Universitätsprediger und 1790 ao. Professor der Theologie Göttingen, 1794 D. theol. Helmstedt, 1794 Hauptpastor an St. Petri zu Kopenhagen, 1803 Superintendent Jena. – Zum Biographischen vgl. MAREZOLLS autobiographische Skizze (bis 1792), in: J. R. G. BEYER (Hg.), Allgemeines Magazin für Prediger, VII. Bd., 1792, 220–222; H. DOERING, Kanzelredner, 225–232.

[3] Vgl. die Ernennungsurkunde Marezolls zum 2. Universitätsprediger vom 27. 3. 1789, UAG, 10 b 2/11, Bl. 16 f.; auch UAG, K 35, Bl. 19; dazu die vorläufige Ernennungsurkunde Marezolls zum 1. Universitätsprediger vom 13. 11. 1789, UAG, 10 b 2/11, Bl. 2. Als 1. Universitätsprediger wurde Marezoll endgültig bestätigt im Zuge der Berufung J. N. Schrages zum Hilfsprediger bzw. 2. Universitätsprediger am 10. 12. 1789; vgl. UAG, 10 b 2/10, Bl. 3; 10 b 2/11, Bl. 3.

[4] Bericht der Regierung an den König vom 13. 11. 1789, UAG, 10 b 2/11, Bl. 2.

[5] MAREZOLL selbst (s. Anm. 2) übergeht seine Herkunft mit Schweigen. H. DOERING, aaO.,

esse an der lateinischen und griechischen Philologie geweckt worden war.
Auch während des Studiums befaßte er sich mehr mit der Philologie als mit
der Theologie. Ein besonderes Interesse an der Homiletik legte Marezoll in
Leipzig noch nicht an den Tag, jedenfalls verließ er „die Universität wieder,
ohne je gepredigt zu haben"[6]. Erst nach dem Antritt einer Stelle als Hauslehrer an der sächsisch-böhmischen Grenze fand er die Muße zu intensiven
homiletischen Studien und unternahm er in verschiedenen Gemeinden eigene Versuche im Predigen. Dabei orientierte sich der homiletische Autodidakt
an den einschlägigen Schriften Spaldings, Tellers, Steinbarts und – in praktischer Abzweckung – insbesondere an den Predigten des Leipziger reformierten Pfarrers Georg Joachim Zollikofer (1730–1788)[7]. Nachdem Marezoll
einige seiner Predigten Zollikofer in der Absicht vorgelegt hatte, dessen
kompetentes Urteil zu erfahren, und nachdem Zollikofer seinerseits dem
Anfänger wohlwollende Zustimmung signalisiert, ja ihn sogar zur Drucklegung seiner Predigten ermutigt hatte, entwickelte sich zwischen beiden
Theologen ein freundschaftliches Verhältnis, das für Marezoll eine weitere
Förderung seiner homiletischen Fertigkeiten mit sich brachte.

Seine sechsjährige Göttinger Predigttätigkeit und ihr publizistischer Niederschlag begründeten den Ruf Marezolls, zu den bekanntesten und profi-
liertesten Kanzelrednern des ausgehenden 18. und beginnenden 19. Jahrhunderts zu gehören. Bereits unter seinen Zeitgenossen erkannte man das besondere homiletische Profil des Göttinger Universitätspredigers[8], und noch in
einer der jüngsten Verlautbarungen zur Predigt des späten 18. Jahrhunderts
wird Marezoll in die Galerie der „geistvolle(n) Kanzelredner der klassischen
Bildungszeit" eingereiht[9]. Die kritische Predigtgeschichtsschreibung von
K. H. Sack bis W. Schütz stellt ihn durchgehend als typischen Repräsentanten
der Homiletik und Predigt der späten theologischen Aufklärung vor. „Rationalist war er allerdings"[10], so hatte schon H. Doering die Richtung gewiesen,

---

225, versucht, die nichteheliche Geburt Marezolls zu kaschieren. Sie ergibt sich zweifelsfrei aus
dem Taufregister der St. Johanniskirche Plauen/Vogtland, Jg. 1761, Seite 426 b, Nr. 125: „P.
(= Vater) Soll seyn: Joh. Carl Marie Zahl, Kayserl. Königl. Feldwebel – M. (= Mutter) Christiane Caroline Köhlerin". Der ungewöhnliche Name Marezolls erklärt sich von diesem Eintrag her als eine Verballhornung des 3. Vornamens und des Nachnamens des Vaters. Den im
Taufregister angeführten Berufen der Paten Marezolls läßt sich entnehmen, daß die Familie
seiner Mutter der Schicht der Handwerker in Plauen angehörte.

  [6] J. G. MAREZOLL (s. Anm. 2), 220.
  [7] MAREZOLL, aaO., 221, hebt besonders hervor G. S. STEINBART, Anweisung zur Amtsbe-
redsamkeit christlicher Lehrer, 1779, und ZOLLIKOFERS sämtliche Predigtsammlungen. – Vgl.
H. HOHLWEIN, Art. Steinbart, Gotthelf Samuel (1738–1809), RGG, 3. Aufl., VI. Bd., 348; E.
BEYREUTHER, Art. Zollikofer, Georg Joachim (5. 8. 1730 bis 22. 1. 1788), RGG, 3. Aufl.,
VI. Bd., 1928 f.
  [8] Vgl. Ph. H. SCHULER, aaO., Dritter Theil, 186–192.197.219–225; H. DOERING, aaO., 228.
  [9] W. VON MEDING (Hg.), Predigten von protestantischen Gottesgelehrten der Aufklärungszeit (1799), Reprint 1989, XI* (Einleitung).
  [10] H. DOERING, aaO., 229.

in der man Marezoll in der Geschichte der Predigt des 18. Jahrhunderts zu verorten habe. Umstritten geblieben ist allerdings, von welcher Art und Beschaffenheit der Rationalismus Marezolls genauerhin war und wie zumal seine Predigttheorie unter theologiegeschichtlichen Aspekten zu werten ist. Hinsichtlich der letzteren Frage haben sich im wesentlichen zwei Positionen herausgebildet, wobei sich grundsätzliche Divergenzen in der generellen Beurteilung des homiletischen Programms der theologischen Aufklärung in der gegensätzlichen Einschätzung Marezolls direkt auswirken. Auf der einen Seite erscheint die homiletische Theorie Marezolls bei E. Chr. Achelis u. a. vor dem Hintergrund einer unterstellten „religiösen Oberflächlichkeit" der Aufklärungspredigt sogar noch als „ein Zerrbild selbst der Aufklärung", was Achelis allein damit begründet, daß Marezoll zum „Inhalt der Predigt nicht das" erklärt habe, „was Christus gelehrt hat, sondern was Christus lehren würde, wenn er den Vorzug gehabt hätte, Genosse des erleuchteten Zeitalters zu sein"[11]. Auf der anderen Seite würdigen W. Schütz und R. Krause Marezoll als radikalen Verfechter der aufklärerischen Akkommodationstheorie, der auf der Kanzel des 18. Jahrhunderts das Bultmannsche Entmythologisierungsprogramm partiell gleichsam vorweggenommen habe und dessen homiletische Leitsätze „wohl mit zum Revolutionärsten" gehörten, „was je zum hermeneutischen Problem gesagt worden" sei[12].

Um die Eigenart der homiletischen Anschauungen Marezolls im Kontext aufklärerischen Predigtverständnisses näher bestimmen zu können, genügt es freilich nicht, wie dies in der Literatur bisher fast durchweg geschehen ist, lediglich einzelne Spitzenaussagen Marezolls zu zitieren. Vielmehr müssen die Intention und die Begründung seiner Gedanken zur Aufgabe und zum Gegenstand der Predigt in ihrem inneren Zusammenhang erfaßt werden. Gewiß ist es für diesen Zweck nicht erforderlich, den gesamten Inhalt seiner Schrift „Ueber die Bestimmung des Canzelredners" paraphrasierend wiederzugeben. Statt dessen soll im folgenden versucht werden, den homiletischen Ansatz Marezolls so nachzuzeichnen, daß deutlich wird, wie er in der Homiletik der Neologie wurzelt und doch zugleich über diese hinausführt. Marezoll selbst war sich dessen sehr wohl bewußt, auf dem Terrain der Predigtlehre seinen „eigenen Weg gegangen" zu sein und einige „allerdings für neu" zu haltende Vorstellungen entwickelt zu haben[13].

Mit der in seiner Göttinger Zeit verfaßten Schrift „Ueber die Bestimmung des Canzelredners" wollte Marezoll weder eine ausgeführte Homiletik noch

---

[11] E. Chr. ACHELIS, Lehrbuch der Praktischen Theologie, I. Bd., 2. Aufl. 1898, 641. Lediglich durch die Zitierung dieser Passage ACHELIS' meint A. NIEBERGALL, Die Geschichte der christlichen Predigt, 310, Marezoll als Beispiel für den in der Aufklärung erreichten „Tiefstand in der Geschichte der Predigt" anführen zu können.

[12] R. KRAUSE, aaO., 40; vgl. W. SCHÜTZ, Die Kanzel als Katheder der Aufklärung, 145–147; Chr.-E. SCHOTT, Akkomodation – Das Homiletische Programm der Aufklärung, 54.57.

[13] J. G. MAREZOLL, Ueber die Bestimmung des Canzelredners, 1793, IV f. (Vorrede).

eine Pastoralanweisung vorlegen, sondern nur zeigen, wozu der Prediger im Vollzug seines Amtes da sei und welche Methoden er hierbei anwenden müsse. Seine Ausführungen sind in drei Teile gegliedert. Er handelt zunächst von der prinzipiellen Bestimmung des Kanzelredners, geht sodann auf seine spezielle und lokale Aufgabe ein, um schließlich zu Regeln für die Anlage der Kanzelvorträge zu gelangen. Der erste Abschnitt ist zweifellos von größtem Gewicht, da er die Grundlegung für all das enthält, was im zweiten und dritten Teil unter mancherlei Differenzierungen angewandt und konkretisiert wird.

Marezoll setzt ein mit einer Bestimmung des Zwecks des Predigtamtes. Er besteht „in der sittlichen Bildung, oder in der Veredlung und Beseligung der Menschen durch die Wahrheiten des Christenthums"[14]. Marezoll hält diese These für allgemein akzeptiert, übersieht dabei freilich, daß er den engen Konnex zwischen ewiger Gottseligkeit und zeitlicher Glückseligkeit des frommen Subjekts, den die neologische Homiletik noch als konstitutiv für das Predigtgeschehen erachtet hatte, stillschweigend aufgelöst hat. Diese Akzentverlagerung geht auch aus der präzisierten Endfassung seiner Definition christlicher Predigten hervor. Bei ihnen handelt es sich nämlich um „solche Canzelvorträge, welche auf die Beförderung des einzigen Endzwecks des Christenthums hinarbeiten, und sich mit der Besserung und Beruhigung der Menschen beschäfftigen; es mag dieß nun mit den Worten und nach der Methode Jesu und seiner Gesandten, oder in unsrer gewöhnlichen Sprache und nach einer andern, in unsern Zeiten und Bedürfnissen gegründeten Methode geschehen; wenn nur die Wahrheiten, welche wir vortragen, ihrem Inhalte und innern Werthe nach den Rang christlicher Wahrheiten behaupten"[15].

Die hier vorgenommene Unterscheidung zwischen verschiedenen Predigtmethoden und ihre Legitimierung am Maß „christlicher Wahrheiten" wirft die Frage nach Marezolls Verständnis des Christlichen auf. Marezoll entwickelt seine Auffassung dazu in drei Thesen, die als konsequente Durchführung der von J. S. Semler begründeten neologischen Bibelhermeneutik auf dem Gebiet der Homiletik zu begreifen sind[16].

1. Das Christliche erschöpft sich nicht in der wirklichen Lehre Jesu und seiner Gesandten[17]. Jesus, die Evangelisten und die Apostel – so führt Marezoll zur Begründung dieser These aus – haben sich mit ihrer Botschaft unzweifelhaft primär an ihre Zeitgenossen gewandt; sie dachten dabei nicht etwa

---

[14] AaO., 4.

[15] AaO., 57.

[16] Zum folgenden vgl. auch R. Krause, aaO., 39–41; zu Semlers Hermeneutik vgl. außer R. Krause, aaO., 35–38, auch E. Hirsch, aaO., IV. Bd., 56–68, und G. Hornig, HDThG 3, 137–141 (Lit.).

[17] J. G. Marezoll, aaO., 15: „Christlich ist und heißt 1) nicht blos dasjenige, was Jesus und seine Gesandten wirklich gelehrt und vorgetragen, wörtlich befohlen oder verboten haben."

schon an uns. Da wie alle Wahrheiten auch die Religionswahrheiten eines Vehikels bedürfen, um ihre Adressaten erreichen zu können, nahmen Jesus und seine Gesandten auf die Denkart und Vorstellungswelt ihrer Zeitgenossen Rücksicht, eben um sie in ihrer spezifischen religiösen und politischen Situation ansprechen zu können. Deshalb gaben sie den Glaubenslehren bzw. den theoretischen Lehrsätzen des Christentums ganz unterschiedliche Gestalten, je nachdem ob die Angesprochenen z. B. Judenchristen oder Heidenchristen waren[18]. Deshalb erfuhr auch die neutestamentliche Sittenlehre unterschiedliche inhaltliche Gewichtungen – entsprechend der Vernachlässigung konkreter Tugenden in bestimmten Gemeinden. So bekämpften die Apostel unter den Judenchristen vordringlich Werkheiligkeit, das Festhalten an mosaischen Riten, Aberglaube, Begier nach Wundern und Zeichen sowie Nationalstolz, unter den Heidenchristen dagegen Unglaube, Vielgötterei und sophistische Argumentationsweise[19].

In engem Anschluß an Semlers Unterscheidung zwischen dem ewig gültigen „Sachinhalt" und der zeitbedingten „Lehrart" des Neuen Testaments folgert Marezoll nun aus seinen Bemerkungen zur biblischen Akkommodation der christlichen Glaubens- und Sittenlehre an die ersten Christen, daß Jesus und die neutestamentlichen Autoren ihren „Hauptlehren" heute ein anderes Gewand, eine „unsrer Cultur und unsern Zeiten angemessenere, Form geben" würden[20]. In der Sittenlehre etwa würden sie die allgemeinen moralisch-vernünftigen Grundlehren gewiß in Beziehung auf die Defizite des gegenwärtigen Zeitalters – Leichtsinn, Luxus, Zerstreuungs- und Modesucht, Eitelkeit u. a. – entfalten. Kurz, das Christliche ist nicht ohne weiteres im Wortlaut und Sprachgebrauch der biblischen Texte gegeben, vielmehr besteht es im Kern aus „allgemein anerkannten Vernunftwahrheiten", deren „Einkleidung" heute durchaus von ihrer ursprünglichen biblischen Gestalt abweichen kann, ja sogar muß[21].

Ist in der 1. These die neologische Fassung der Unterscheidung zwischen Bibel und Wort Gottes bereits impliziert, so bekräftigt die 2. These dies noch einmal unmißverstndlich. Christlich ist danach „auch alles dasjenige, was Jesus und seine Gesandten ihren Absichten und Grundsätzen gemäß ganz gewiß lehren und vortragen, befehlen oder verbieten würden, wenn sie unter uns lebten, wenn sie unsre Denk- und Sinnesart beobachteten und unsre Lebensweise sähen"[22]. Marezoll begründet das Recht zu dieser äußerst weitgehenden Akkommodation der Botschaft des Neuen Testaments an die Gegenwart mit der Auffassung, das Christentum sei Geist und nicht Buchstabe und seine Kraft beruhe nicht auf dem Wortlaut der Bibel, sondern auf der in

---

[18] Vgl. aaO., 17–20.
[19] Vgl. aaO., 21 f.
[20] AaO., 23.
[21] AaO., 27 f.
[22] AaO., 15 f.

den biblischen Texten verborgen enthaltenen Wahrheit[23]. Weiterhin führt er
die Notwendigkeit zur Akkommodation des Sachinhaltes der neutestamentlichen Schriften unmittelbar auf den universalen Anspruch des Christentums
zurück, die für alle Menschen und alle Zeiten gültige Religion zu sein. „Das
Christentum gründet sich ... auf die allgemeine menschliche Natur"[24]. Seinem Wesen entspricht es, daß sich die Lehrart, in der es vorgetragen wird,
nach der jeweils herrschenden Denkart und den Bedürfnissen der Menschen,
die es in ihrer religiös-sittlichen Praxis befördern will, richten muß[25].

Den einmal eingeschlagenen Weg, das Christliche mit Hilfe der Unter-
scheidungen zwischen Bibel und Wort Gottes, zwischen Buchstabe und Geist
des Christentums sowie zwischen Lehrart und Sachinhalt des Neuen Testaments näher zu bestimmen, geht Marezoll konsequent zu Ende, indem er auf
die sich nahelegende Frage, worin denn der Sachinhalt der neutestamentlichen Schriften bestehe und was denn den Geist ausmache, der sich in der
zeitbedingten Hülle des biblischen Buchstabens verborgen habe, eine Antwort zu geben versucht. Als Aufklärer fällt ihm die Lösung dieses fundamen-
talen hermeneutischen Problems nicht schwer. Nach seiner 3. These ist nämlich „überhaupt alles dasjenige christlich, was auf die wahre Weisheit, auf die
Moralität und Tugend, auf die Beruhigung und Glückseligkeit der Menschen
wirklich Bezug und Einfluß hat. – Denn diese auf alle Art zu befördern, ist
und bleibt der Zweck des Christenthums". Erläuternd fügt Marezoll dem
hinzu, allein auf diesen Zweck ziele „auch alles, was Jesus gelehrt und unternommen und was er seinen Gesandten zu thun und zu lehren aufgetragen
hat", ab[26]. Letztere Behauptung in irgendeiner Weise – exegetisch etwa – zu
begründen, kommt ihm dabei nicht in den Sinn. Darin zeigt sich einmal
mehr, daß sein Verständnis vom genuin Christlichen nicht unmittelbar aus
der biblischen Botschaft heraus entwickelt ist. Seine Bestimmung des Zwecks
des Christentums orientiert sich vielmehr an dem aufklärerischen Postulat,
die (christliche) Religion habe sich allererst durch ihre Vernunftgemäßheit
und ihren allgemeinen moralisch-praktischen Nutzen zu legitimieren.

Im Rahmen seines hermeneutischen Modells benötigt Marezoll allerdings
auch gar nicht mehr den Rekurs auf die Bibel, um seine Auffassung vom
Wesen des Christentums begründen zu können. Denn das Neue Testament
enthält für ihn allenfalls „die Keime zu unzähligen religiösen Betrachtungen
und Vorträgen zur Beförderung der Tugend und Glückseligkeit"[27]. Die in der
Botschaft Jesu und seiner Schüler angelegten Keime zu pflegen, zum Wachsen
und Blühen zu bringen, bleibt den Lehrern des Christentums in der Gegenwart vorbehalten, die ihre Zuhörer durch die Vermittlung vollkommenerer

---

[23] Vgl. aaO., 16.
[24] AaO., 29.
[25] Vgl. aaO., 30–45.
[26] AaO., 16 f.
[27] AaO., 45.

Begriffe der Glückseligkeit und Tugend zu einem gegenüber seinen historischen Anfängen vollkommeneren Christentum anzuleiten haben[28]. Hinter diesen Gedanken steht offenkundig die in der Aufklärungszeit in diversen Varianten ausgebildete Theorie, daß sich die Offenbarung der Religion in mehreren geschichtlichen Entwicklungsstufen vollzogen habe, um nun – sei es noch in der gegenwärtigen Epoche, sei es erst in der Zukunft – ihre reine, vollendete Gestalt zu erreichen. Marezoll führt diese Idee in seiner Homiletik nicht weiter aus, doch gibt es Indizien, die dafür sprechen, daß er an diesem Punkt am ehesten von W. A. Teller abhängig sein dürfte[29].

Wenn Marezoll seine hermeneutischen Überlegungen zum Christlichen in die Forderung einmünden läßt, es sei nunmehr eine notwendige Aufgabe der Prediger, „das Christenthum freyer und liberaler (sc. als im Neuen Testament), d. h. seiner wahren Bestimmung gemäß, zu behandeln"[30], so deutet sich in dieser Quintessenz seiner Ausführungen der Übergang von der neologischen zur rationalistischen Homiletik an. Durch die konsequente Anwendung der Grundsätze der neologischen Bibelhermeneutik auf dem Gebiet der Predigttheorie emanzipiert sich Marezoll mit seinem Christentumsverständnis gewissermaßen in einer inneren Folgerichtigkeit von den biblischen Grundlagen der christlichen Religion. Zumal seine radikal zugespitzte Fassung der Akkommodationstheorie belegt signifikant, daß es ihm nicht mehr nur um die Anpassung der zeitbedingten Begrifflichkeit der Bibel und ihrer Sprach- und Vorstellungswelt an gegenwärtiges Bewußtsein, sondern um eine substantielle Modifikation der tradierten christlichen Glaubensinhalte zu tun ist. In diesem Umwandlungsprozeß wird die allgemeine moralische Vernunftreligion von Marezoll zum christlichen Prinzip schlechthin erhoben. Dem Lehrer des Christentums kann von daher das Neue Testament nur noch als „Text seiner Moral" gelten, die inhaltlichen Kriterien für die Ausarbeitung seiner Religionsvorträge sollen ihm dagegen „der sittliche Geist und der überwiegende Charakter seines Zeitalters" liefern[31].

---

[28] Vgl. aaO., 45–49.

[29] Ein präziser Nachweis für diese Vermutung läßt sich nicht erbringen. Daß Marezoll an Tellers entsprechende Vorstellungen angeknüpft haben dürfte, ergibt sich m. E. aus der zustimmenden Zitierung von W. A. Teller, Die Religion der Vollkommneren, 1792 (vgl. Marezoll, aaO., 284) sowie von verschiedenen Beiträgen Tellers im „Neuen Magazin für Prediger" (vgl. Marezoll, aaO., 57 f.65 f.90). Zu Marezolls Verständnis der Offenbarungsgeschichte als eines fortschreitenden Erziehungsprozesses s. u. 326–329 die Analyse seiner Predigt „Dürfen wir eine größere und allgemeinere Aufklärung, als die gegenwärtige ist, erwarten?" – Zu Teller vgl. W. Gericke, aaO., 104–106.

[30] J. G. Marezoll, aaO., 52. Marezoll zieht mit dieser Forderung die Konsequenz aus der These, daß „mit dem, was wir in den Schriften des N. T. finden, der Umfang und Inhalt des Christenthums nicht so geschlossen, nicht ein für allemal so begrenzt ist, daß wir blos dabei stehen bleiben müßten" (aaO., 50 f.).

[31] AaO., 42; ähnlich auch 48.

In denjenigen Kapiteln seiner Abhandlung „Ueber die Bestimmung des
Canzelredners", die der „speziellen" und „lokalen" Aufgabe des Predigers
gewidmet sind, gibt Marezoll viele praktische Anweisungen zur formalen
Anlage und Methodik des Kanzelvortrags, die weithin zum Gemeingut aufklärerischer Homiletik gehören. Da solche praktischen, unmittelbar auf die
dispositionelle, rhetorische und ästhetische Gestaltung der Predigt ausgerichteten Anleitungen im Zusammenhang dieser Untersuchung bereits an den
bisher behandelten Göttinger Universitätspredigern exemplifiziert worden
sind, dürfte es sinnvoll sein, wenn wir uns im folgenden auf zwei der von
Marezoll erörterten homiletischen Detailfragen konzentrieren. Dabei geht es
um das Verhältnis der Predigt zum biblischen Text und um die rhetorische
Anlage der Kanzelrede – zwei Themenkreise, an denen sich vielleicht am
besten zeigen läßt, daß wir es bei Marezoll mit einem rationalistischen Homiletiker zu tun haben.

Was die Schriftbindung der Predigt angeht, so empfiehlt Marezoll zwei
Verfahrensweisen, die freilich im Ergebnis auf das gleiche hinauslaufen. Gesetzt den Sonderfall, daß sich für ein Predigtthema kein geeigneter biblischer
Text finden läßt, muß dem Prediger die Freiheit und das Recht zustehen,
seinem Vortrag einen kurzen, allgemein gehaltenen Text zugrundezulegen,
der nicht notwendig einen direkten Bezug zum gewählten Predigtgegenstand
aufweisen muß. Im Regelfall sollte ebenfalls ein kurzer Text, ein markanter
Bibelvers die Grundlage der Predigt bilden. Tertium non datur. D. h., für
Marezoll kommt die Auslegung einer ganzen Evangelien- oder Epistelperi-
kope grundsätzlich nicht mehr in Betracht. Wer an die kirchliche Perikopenordnung gebunden ist oder sich ihr noch verpflichtet fühlt, kann sich damit
behelfen, das Sonntagsevangelium zu verlesen, um aus demselben in der
Predigt aber lediglich einen aussagekräftigen Satz herauszugreifen und zu
behandeln[32].

Die Präferenz kurzer Predigttexte begründet bzw. verteidigt Marezoll mit
einer Reihe von Argumenten. So sieht er durch kurze Texte die Schriftbindung der Predigt als gegeben an, da es sich auch bei ihnen zweifelsfrei
um „Worte der Bibel" handele[33]. Weiterhin kommen sie der homiletischen
Regel entgegen, daß jede Predigt nur „einen einzigen Hauptsatz" entfalten
müsse, dem alle übrigen Aussagen unterzuordnen seien[34]. Nach Marezolls

---

[32] Vgl. aaO., 65; zum folgenden vgl. auch R. Krause, aaO., 42–44. – Seine Ablehnung
der Sonntagsevangelien als Predigttexte begründet Marezoll, aaO., 69 f., damit, daß die
meisten Perikopen nicht genügend Stoff für „erbauliche Vorträge" enthielten und daß die
„Unfruchtbarkeit gewisser evangelischer Perikopen" nur durch einen unverhältnismäßig hohen
homiletischen Aufwand überwunden werden könne.

[33] AaO., 64: „Erstlich sind und bleiben auch die wenigen Worte, woraus solche kurzen
Texte bestehen, Worte der Bibel; und also haben und geben sie das, was ein Predigttext haben
und geben soll, – göttliche Auctorität."

[34] AaO., 64.

Meinung liegt ohnehin auch in den längeren Erzählungen der Bibel lediglich ein Sinn, ein Gedanke beschlossen, der genügend Stoff zu erbaulichen Betrachtungen biete[35]. Schließlich legt sich die Wahl eines kurzen Textes auch unter dem Gesichtspunkt der Themenfindung nahe. Denn anders als an den Festtagen, deren besonderer Sinn und Zweck den jeweiligen Predigtgegenstand schon im Vorhinein bestimmen, sieht sich der Prediger im Blick auf die gewöhnlichen Sonntage mit dem Problem konfrontiert, in eigener Verantwortung die Wahl eines Predigtthemas vornehmen zu müssen. Hier gewährleistet das Recht der freien Textwahl, daß der Prediger zunächst die Materie festlegen kann, die „ihm für seine Gemeinde zur Beförderung des thätigen Christenthums die fruchtbarste zu sein scheint", um erst danach einen dazu passenden, eben kurzen Text auszusuchen[36].

Marezolls Ausführungen zum Verhältnis zwischen Predigt und Predigttext setzen, wie unschwer zu erkennen ist, die Entscheidung voraus, die Themapredigt der Homilie unter allen Umständen vorzuziehen. Dabei präjudiziert stets das Thema die Textwahl, nicht umgekehrt. Weil die Themenwahl ihrerseits an dem Kriterium orientiert ist, welche religiös-sittliche Wahrheit den konkreten Bedürfnissen einer bestimmten Zuhörerschaft am ehesten entspricht, scheidet die Homilie als eine denkbare Alternative zur Themapredigt von vornherein aus. Unübersehbar freilich ist auch dies, daß Marezolls Plädoyer für die freie Textwahl, für kurze Predigttexte und für die Dominanz des Themas über den Text insgesamt einer weitreichenden Distanzierung vom Wahrheitsanspruch des biblischen Textes gleichkommt. Die Schriftbindung der Predigt erscheint hier als eine ganz formale, und die mögliche kritische Funktion eines (vorgegebenen) Textes für die Predigt wird von Marezoll vollständig suspendiert. Um den Sinn selbst eines kurzen Textes zu eruieren, bedarf es nach Marezoll nicht einmal mehr exegetischer Bemühungen; vielmehr kann man dem „praktischen" Sinn des Textes allein mit Hilfe der auf Erfahrung und Psychologie aufbauenden „praktischen Philosophie" auf die Spur kommen[37]. Mit all dem ist bei Marezoll ohne Zweifel ein deutlicher Abschluß in der für die Homiletik des 18. Jahrhunderts charakteristischen Entwicklung hin „zur Emanzipation vom biblischen Text"[38] markiert. Was sich in der frühaufklärerischen Homiletik noch vergleichsweise verhalten angedeutet hatte und was sich dann in der neologischen Predigtlehre verstärkt fortsetzte – die sukzessive Relativierung der Bedeutung des Textes für die

---

[35] Vgl. aaO., 66 f.

[36] AaO., 72.

[37] AaO., 68: „Mit Sprachkenntnissen ist es hier (sc. bei der Auslegung der kurzen Bibelworte) nicht allein gethan, da der buchstäbliche Sinn gemeiniglich so offen da liegt, daß man keiner gelehrten Exegese dabey bedarf; aber sie müssen aus der praktischen Philosophie erläutert und mit Welt- und Menschenkenntniß, nach den Grundsätzen der Psychologie und Erfahrung behandelt werden …"

[38] R. KRAUSE, aaO., 42.

Predigt –, das erfährt in der rationalistischen Predigtanschauung Marezolls seine abschließende homiletische Reflexionsgestalt.

Als letzter Punkt aus der Marezollschen Homiletik soll uns nun noch beschäftigen, wie ihr Verfasser die Beziehung zwischen Predigt und Rhetorik beschrieben hat. Marezoll leitet zunächst aus dem Charakter der Predigt als einer zusammenhängenden Rede die Forderung ab, der Prediger müsse „im eigentlichen Sinne des Wortes – Redner seyn" und seinen Vortrag nach rhetorischen Regeln einrichten[39]. Gewichtiger als diese formale Begründung ist freilich der innere Zusammenhang zwischen dem Wesen der Religion und der Art und Weise ihrer Vermittlung. Denn als vernünftige Gegebenheit wirkt die Religion nach Marezoll auf eine ganz natürliche Weise, wie alle Wahrheiten zielen auch die Wahrheiten der Religion auf vernünftige Erkenntnis und Einsicht ab. Wer auf der Kanzel die Kunst der Beredsamkeit anwendet, unterstützt den allgemeinen Prozeß, durch den die Religion ihre Wirkungen hervorzubringen pflegt[40]. Dabei darf der Kanzelredner das „Herzliche", die Erregung der Affekte, nicht über Gebühr in den Vordergrund stellen. Unabdingbar bleibt stets die vernünftige Argumentation, denn die Einsichten des Verstandes bestimmen und lenken auch die Empfindungen des Herzens[41]. Aber – so referiert Marezoll einen möglichen Einwand – hat sich nicht die Bibel dagegen ausgesprochen, der Beredsamkeit diese Bedeutung für die Vermittlung des Christentums zuzugestehen? Hat nicht Paulus einen anderen Weg gewiesen, wenn man seine Aussage im Zusammenhang seiner Verkündigung des Wortes vom Kreuz berücksichtigt, „er habe das Evangelium nicht mit klugen Worten, nicht mit hohen Worten, nicht mit hoher Weisheit, nicht in vernünftigen Reden menschlicher Weisheit" gepredigt (cf. 1. Kor 2,1–5)?[42] Marezoll versucht, diesen Einwand zu entkräften, indem er die Ausführungen des Apostels zu einer zeitbedingten Auseinandersetzung mit der jüdischen Gesetzesreligion und mit der griechischen philosophischen Sophistik erklärt. Paulus habe hier zwar – entgegen seiner sonstigen Praxis, die christliche Religion vernünftig darzulegen – in einer dunklen Sprache geredet, jedoch keineswegs die wahre Vernunft und ihre argumentative Relevanz für das Christentum abgelehnt[43].

Man muß nach Marezoll aber noch weiter gehen und eine prinzipielle Identität der geistlichen Beredsamkeit mit der allgemeinen Beredsamkeit konstatieren. Gewiß – es gibt zwischen der von den Griechen und Römern

---

[39] J. G. MAREZOLL, aaO., 77.

[40] Vgl. aaO., 83–85.

[41] Vgl. aaO., 89 f. – MAREZOLL folgert daraus pointiert (aaO., 90): „Predigten für das Herz lassen sich also zwar auf dem Titel einer Predigtsammlung und im Meßkatalog ankündigen, aber in der moralischen Welt sind sie ein Unding, weil gute Predigten nur Predigten für den Verstand seyn können."

[42] AaO., 92.

[43] Vgl. aaO., 92–99.

inaugurierten Rhetorik und der Kanzelberedsamkeit einige Unterschiede. Im
Vergleich zu den antiken politischen Rednern, die ein relativ homogenes
Publikum voraussetzen und daher auch einheitliche rhetorische Mittel anwenden konnten, haben es die Kanzelredner heute mit durchaus disparaten
Zuhörerschaften zu tun. Sie müssen den unterschiedlichen religiösen Einsichten und kognitiven Fähigkeiten der gebildeten und der ungebildeten
Volksklassen durch die Praktizierung einer entsprechend differenzierten Rhetorik Rechnung tragen. Auch hat sich die Kanzelberedsamkeit, weil es ihr um
die Religion und den Willen Gottes geht, durch eine größere Würde gegenüber der allgemeinen Redekunst auszuzeichnen. Schließlich sollten die Prediger das heftige Pathos, mit dem die antiken Redner ihren Anliegen besonderen Nachdruck verliehen, tunlichst vermeiden. Denn der das Christentum
beseelende Geist der Liebe und der Sanftmut verlangt selbst für den Fall, daß
das schlimmste Laster oder das Böse überhaupt zum Gegenstand einer Kanzelrede gemacht werden müssen, nach einer maßvollen rhetorischen Form
der Auseinandersetzung[44].

Indes handelt es sich bei den angeführten Unterschieden nach der Überzeugung Marezolls lediglich um marginale Differenzen, die die grundsätzliche
Gleichförmigkeit von allgemeiner und religiöser Beredsamkeit nicht etwa in
Frage stellen können. Beide Genera der Rhetorik werden nämlich zu dem
gleichen Endzweck eingesetzt, in beiden Fällen wenden sich die Redner an
Menschen, die nach den gleichen Trieben und Gesetzen empfinden, denken
und urteilen, und daher legen beide Ausprägungen der Redekunst ungeachtet
ihrer unterschiedlichen inhaltlichen Gegenstände die Befolgung der gleichen
Regeln nahe[45]. Als entscheidenden Gesichtspunkt erachtet Marezoll in diesem Kontext seine These von der gleichen Zweckbestimmung der antiken
Gerichts- bzw. politischen Reden und der christlichen Kanzelreden. Sollte im
antiken Griechenland und Rom das Volk zu politischen Entschlüssen von
Gewicht überredet werden, wobei jeder freie Bürger durch seinen Entschluß
und seine Aktivitäten einen Beitrag zur Realisierung des anvisierten Vorhabens leisten konnte, so zielt die Kanzelberedsamkeit ebenfalls darauf ab, den
einzelnen durch die Kunst der Überredung zu einem Entschluß und zu einer
Tätigkeit anzuregen, ihn genauerhin zur selbsttätigen Verwirklichung der
wahren Tugend und Glückseligkeit zu befähigen[46].

---

44 Vgl. aaO., 122–133.

45 AaO., 120: „Gerichtlich oder religiös, freyer Markt oder Kirche, Krieg und Friede, oder
Menschenliebe und Versöhnlichkeit als Thema, das alles verändert die Hauptsache nicht im
geringsten. Die Menschen sind und bleiben Menschen; alle gesittete und nur einigermaßen
gebildete empfinden, denken, urtheilen, wählen nach gleichen Grundtrieben und Grundge-
setzen, so viele Modificationen auch immer dabey Statt finden mögen. Und diese ihre Natur
bringt es nothwendig mit sich, daß der, welcher durch Worte und Vortrag auf sie wirken will,
der Worte und des Vortrags mächtig, oder ein geschickter Redner seyn muß."

46 Vgl. aaO., 104–113.

Marezoll räumt ein, daß der Begriff der Überredung zu Mißverständnissen Anlaß geben könnte – etwa der Art, als ginge es darum, durch rhetorische Finessen den bloßen Anschein eines Beweises an die Stelle des gut begründeten Arguments zu rücken. Dies würde freilich ebenso einen Mißbrauch der Kunst der Überredung bedeuten wie ihre mögliche Instrumentalisierung zu unguten Zwecken, jedoch keinesfalls gegen ihre sachgemäße Anwendung sprechen[47]. Um deren Notwendigkeit im Rahmen der Predigt aufzuzeigen, knüpft Marezoll an Gedanken des schottischen Predigers und Rhetorikers Hugh Blair (1718–1800) an. Danach muß man zwischen Überzeugung und Überredung unterscheiden. Die Überzeugung betrifft den Verstand, die Überredung den Willen und das Handeln. Die Überzeugung muß der Überredung stets vorausgehen. Erst wenn der Hörer mit vernünftigen Argumenten von der Wahrheit einer Sache überzeugt worden ist, kann und muß er auch durch die Überredung dazu gebracht werden, seine Empfindungen und Leidenschaften so in den Dienst der erkannten Wahrheit zu stellen, daß daraus ein Verhalten, ein Handeln erwachsen kann[48].

Sieht man von der bevorzugten Verwendung des Terminus „Überredung" ab, hat Marezoll mit der Unterscheidung zwischen der Überzeugung des Verstandes und der Überredung des Willens eigentlich nur eine bereits von der frühaufklärerischen Homiletik entwickelte Differenzierung des erbaulichen Globalziels der Predigt repristiniert. Allerdings verschiebt sich im Kon-

---

[47] Vgl. aaO., 113–116. – An diesem Punkt entzündete sich eine Kritik Fr. V. REINHARDS, der Marezoll vorwarf, durch die Betonung der Kunst der Überredung die „ars oratoria der Alten" in der Kanzelberedsamkeit hoffähig machen zu wollen. Da die Überredungskunst u. a. darauf setze, den Hörer „durch schönen Schein zu hintergehen", und da sie sowohl das Gute als auch das Böse befördern könne, sei sie kein geeignetes Mittel für den Prediger, der seinen Hörern vielmehr eine „vernünftige mit haltbaren Gründen unterstützte Ueberzeugung" zu vermitteln habe (Fr. V. REINHARD, Rez. von J. G. MAREZOLL, Ueber die Bestimmung des Canzelredners, 1793, in: Allgemeine Literatur-Zeitung 1794, Nr. 207, [777–781] 778f.; vgl. dazu Chr.-E. SCHOTT, Möglichkeiten und Grenzen der Aufklärungspredigt, 219). REINHARD beruft sich in seiner Kritik an Marezoll auf einen entsprechenden Einwand KANTS gegen die Beredsamkeit; vgl. I. KANT, Kritik der Urteilskraft, in: KANT's Werke, Bd. V, 1908, (165–485) 327: „Die Beredsamkeit, sofern darunter die Kunst zu überreden, d. i. durch den schönen Schein zu hintergehen (als ars oratoria) und nicht bloße Wohlredenheit (Eloquenz und Stil) verstanden wird, ist eine Dialektik, die von der Dichtkunst nur so viel entlehnt, als nöthig ist, die Gemüther vor der Beurtheilung für den Redner zu dessen Vortheil zu gewinnen und dieser die Freiheit zu benehmen; kann also weder für die Gerichtsschranken, noch für die Kanzeln angerathen werden."

[48] Vgl. J. G. MAREZOLL, aaO., 100–103 mit Anm. 1. MAREZOLL bezieht sich hier auf H. BLAIR, Lectures on Rhetoric and Belles Lettres, Vol. II, 2. Aufl. 1783, 179–202 (bei MAREZOLL nach der 1. Aufl. angeführt). – Blair war presbyterianischer Prediger und Professor der Rhetorik und Ästhetik zu Edinburgh. – Daß die Betonung der „Überredung" des Willens bzw. Herzens in deutlicher Spannung zu der in Anm. 41 zitierten Aussage steht, ist MAREZOLL entgangen. Auch macht er keinerlei Angabe darüber, wie man sich den Übergang von der Überredung der Affekte zu dauerhaften Gesinnungen und entsprechenden Handlungen genauerhin vorzustellen hat.

text seiner rationalistischen Predigtauffassung der Sinn jener an sich traditionellen Unterscheidung. Denn nunmehr soll der Prediger seine Zuhörer primär nicht mehr von der Wahrheit biblischer Texte, sondern von den allgemeinen moralischen Vernunftwahrheiten des Christentums überzeugen.
Durch die emphatische Betonung der Bedeutung der Überredungskunst unterstreicht Marezoll den vorrangig auf sittliches Handeln ausgerichteten Pre-
digtzweck. Wurzelt die generelle Gleichsetzung von allgemeiner Rhetorik
und Kanzelberedsamkeit bei dem Göttinger Homiletiker letztlich in seinem
genuin aufklärerischen Religionsverständnis, so ist damit eo ipso die Möglichkeit ausgeschlossen, die Predigt gerade auch unter rhetorischen Aspekten
als ein Phänomen sui generis zu verstehen. Die Vorstellung der orthodoxen
Homiletiker des 17. Jahrhunderts, der Prediger könne und solle sich einer
durch die Bibel selber präfigurierten „Rhetorica sacra" bedienen[49], liegt ganz
außerhalb des Gesichtskreises Marezolls. Seine Aussagen zum Verhältnis zwischen Text und Predigt sowie zur Kanzelrhetorik dokumentieren in Verbindung mit seiner extrem übersteigerten Fassung der Akkommodationstheorie
exemplarisch, daß die aufklärerische Homiletik hier in ihr rationalistisches
Spätstadium eingetreten ist.

Unter den Göttinger Universitätspredigern des 18. Jahrhunderts dürfte
Marezoll derjenige gewesen sein, der seine Predigten am exaktesten nach
den Grundsätzen der eigenen homiletischen Theorie konzipiert hat. Seinen
insgesamt 32 gedruckten Universitätspredigten[50] liegen ausnahmslos frei gewählte Texte, in der Regel ein oder zwei Bibelverse, zugrunde. Marezoll
entnimmt diese kurzen Texte gelegentlich auch den Sonntagsevangelien, berücksichtigt in diesen seltenen Fällen jedoch nie eine Evangelienperikope
vollständig. Zu einer wirklichen Auslegung des Textes kommt es bei ihm
freilich nicht. Der Predigttext dient ihm lediglich als Anknüpfung für das
Thema, das dann ohne Rückbezug zum Text entfaltet wird. Marezoll stellt
der Gemeinde den Text wie ein Motto vor und behauptet eher mit wenigen
Sätzen einen Bezug des Textes zum Thema, als daß er diesen Zusammenhang
eigens aufweisen würde. Exegetische Bemühungen um die Erfassung des ursprünglichen Sinngehaltes und des historischen Kontextes des Bibelwortes
haben offenkundig nicht stattgefunden. Marezoll geht es ja, wie seine homi-

---

49 Vgl. J. A. STEIGER, Rhetorica sacra seu biblica. Johann Matthäus Meyfart (1590–1642)
und die Defizite der heutigen rhetorischen Homiletik, ZThK 92 (1995), 517–558.

50 Vgl. J. G. MAREZOLL, Predigten vorzüglich in Rücksicht auf den Geist und die Bedürfnisse unsers Zeitalters, Bd. 1, 1790; Bd. 2, 1792; 2. Aufl.: Bd. 1, 1794; Bd. 2, 1799 (im folgenden nach der 1. Aufl. und unter Nennung nur des jeweiligen Bandes zitiert); DERS., Zwey
Predigten über einen Gegenstand, welcher vorzüglich in unsern Tagen beherzigt zu werden
verdient, 1794. – Die Predigten in Bd. 1, Anhang Nr. 2: „Das Beruhigende und Trostvolle in
der Geschichte Jesu", und in Bd. 2, Nr. 10: „Den Reinen ist alles rein", sind auch abgedruckt
in: Sammlung von Predigten für alle Sonn- und Festtage des Jahres aus den Werken der
berühmtesten Kanzelredner zur Beförderung der häußlichen Andacht unter gebildeten Ständen, 2. Bd., 1797, 215–234 u. 523–540.

letischen Ausführungen zur Relation zwischen Text und Predigt gezeigt haben, in erster Linie darum, die allgemeine Wahrheit und Gültigkeit einer Religionsvorstellung darzulegen, nicht aber um die Vergegenwärtigung der spezifischen Botschaft eines biblischen Textes. Unter diesen Voraussetzungen kann es nicht überraschen, daß Marezoll in seinen Predigten durchweg ein ziemlich oberflächliches Textverständnis an den Tag legt. Ob er etwa das Kontrastgleichnis vom Senfkorn Mt 13,31 f. entgegen seinem Sinn als Wachstumsgleichnis auffaßt, um es als Beleg für die aufklärerische Fortschrittsidee verwerten zu können[51], ob er aus Hebr 13,9 in seiner Übersetzung das χάριτι einfach streicht, um den Text leichter seinen Vorstellungen über das Verhalten bei Religionszweifeln anpassen zu können[52], oder ob er gar die Frage, warum „die Religion unter den höhern und gesittetern Ständen nicht mehr gute Wirkungen" erziele, erst „unpartheyisch" beantworten will, um dann auf dieser Basis den „uns vielleicht hart scheinenden" Sinn des Predigttextes 1. Kor 1,26–28 „mildern" zu können[53], – stets wird zwar ein Text – mehr oder bisweilen auch weniger dem Wortlaut nach – zitiert, er erhält jedoch niemals eine wie auch immer geartete direktive Bedeutung für die Predigt.

Beim Aufbau seiner Predigten orientiert sich Marezoll am Vorbild seines homiletischen Lehrers Zollikofer. Wie dieser leitet er den Kanzelvortrag mit einem Gebet ein und bietet er eine Proposition in mehreren aneinandergereihten „Grundsätzen"[54]. Wie diese Partition in concreto aussieht, sei hier an einem beliebigen Beispiel vorgeführt.

Marezoll eröffnet seine Predigt über „Einige Grundsätze zur richtigern Beurtheilung der Religion unsers Zeitalters" mit einem Gebet, das die wesentlichen Aussagen der Predigt schon vorwegnimmt. Es spricht weniger Bitten an Gott aus als vielmehr Wünsche, die den religiösen Überzeugungen der Gemeinde gelten und in dieser Intention dem aufklärerischen Gedanken von den durch das fromme Subjekt selbsttätig zu realisierenden religiösen Gesinnungen und Akten Rechnung tragen[55]. Als Predigttext wird Röm 14,22 angegeben, verlesen wird freilich nur der zweite Teilsatz („Selig ist, wer sich selbst kein Gewissen macht in dem, was er annimmt")[56]. Sodann referiert Marezoll in einer Hinführung zum Thema knapp drei gängige Wertungen der gegenwärtigen Erscheinungsform der Religion. Während die einen das Christentum wegen seiner Verbindung mit der Aufklärung rühmen, beklagen andere den Aberglauben, der die Lehre Jesu zurückdränge, und

---

51   Vgl. J. G. MAREZOLL, Bd. 2, (313–338) 318.
52   Vgl. J. G. MAREZOLL, Bd. 2, (131–162) 135; vgl. dazu die Analyse von J. KONRAD, Die evangelische Predigt. Grundsätze und Beispiele homiletischer Analysen, Vergleiche und Kritiken, 1963, (113–144) 140 f.
53   Vgl. J. G. MAREZOLL, Bd. 1, (61–89) 69.
54   Vgl. J. KONRAD, aaO., 139–142.
55   Vgl. J. G. MAREZOLL, Bd. 2, (163–192) 165 f.
56   Vgl. aaO., 166.

echauffieren sich wiederum dritte über die destruktive Tendenz des Unglaubens und der Zweifelsucht[57].

In der Überzeugung, keinem dieser Urteile zustimmen zu können, stellt Marezoll im 1. Hauptteil seiner Predigt drei Grundsätze auf, die den Hörern als Kriterien bei der eigenen Meinungsbildung dienen sollen. Danach ist zunächst jede persönliche Auffassung vom gegenwärtigen Zustand der Religion nachhaltig beeinflußt von den je besonderen Voraussetzungen, unter denen sie zustande gekommen ist. Unterschiedliche Bedingungen führen zwangsläufig zu unterschiedlichen, meist einseitigen Sichtweisen. Ferner gilt es zu beachten, daß sich das Christentum als Inbegriff moralischer Wahrheiten stets nach der geistigen und kulturellen Verfassung des jeweiligen Zeitalters richtet. Schließlich muß man die Differenz zwischen der öffentlichen Religion des Staates bzw. der Kirche und der privaten, innerlichen Religion des Herzens im Auge behalten, wenn man zu einem fundierten Urteil gelangen will[58].

Im 2. Hauptteil wendet Marezoll diese Grundsätze auf das gegenwärtige Erscheinungsbild des Christentums an und gelangt nach der Abwägung positiver und negativer Aspekte zu drei weiteren Thesen. Der tatsächliche Zustand der öffentlichen, durch Staat und Kirche reglementierten Religion entspricht danach der allgemeinen wissenschaftlichen Kultur des Zeitalters. Ebenso ist die Gestalt der inneren Privatreligion dem fortgeschrittenen moralischen Geist der Gegenwart angemessen. Die verwickelte Situation schließlich, in der sich die öffentliche Religion infolge des notwendigen Umwandlungsprozesses der jüngeren Vergangenheit befindet, wird durch die dem Christentum innewohnende Transformationsfähigkeit produktiv bewältigt werden[59].

Im kurzen Schlußabschnitt der Predigt zieht Marezoll zunächst ein Resümee aus seinen Darlegungen und erklärt, die christliche Religion sei derzeit einerseits nicht stärker gefährdet als ehedem, andererseits berechtige sie durchaus zu großen Zukunftshoffnungen. Dann erläutert er zusammenfassend den Hörern die Absichten seiner Predigt. Sie können trotz mancher bedenklicher Zeichen der Zeit ihr Vertrauen nach wie vor auf die gute Sache des Christentums setzen. Zumal den Veränderungen, die die überlieferte Lehre Jesu gegenwärtig erfährt, können sie sich gelassen und ohne Sorge um den künftigen Bestand des Christentums öffnen[60].

Hatten seine Vorgänger Leß und Koppe in ihrer Predigtpraxis die herkömmlichen Perikopenpredigten durch umfassende Themenreihen über das christliche Leben und die Bergpredigt ersetzt und diesen Reihenpredigten

[57] Vgl. aaO., 168f.
[58] Vgl. aaO., 171–183.
[59] Vgl. aaO., 184–188.
[60] Vgl. aaO., 189–192.

mit Röm 12 f. und Mt 5–7 geschlossene Textkomplexe zugrundegelegt, so orientierte sich Marezoll mit seinen Universitätspredigten nicht an einem solchen thematischen, eine einheitliche Textbasis voraussetzenden Leitfaden. Die von ihm traktierten Themen und herangezogenen Texte weisen auf den ersten Blick keinen inneren Zusammenhang auf, indes kristallisiert sich bei näherem Hinsehen als Strukturprinzip seiner publizierten Predigten und – so darf man annehmen – auch seiner kontinuierlichen Predigttätigkeit in der Universitätskirche die im Titel seiner Predigtsammlung ausgesprochene Programmatik heraus. Es ist die „Rücksicht auf den Geist und die Bedürfnisse unsers Zeitalters", die das einigende Band zwischen den an sich disparaten Predigtstoffen Marezolls bildet. Die konsequente Anwendung der Akkommodationstheorie – ganz im Sinne der von ihm in seiner homiletischen Abhandlung „Ueber die Bestimmung des Canzelredners" entwickelten Prinzipien – wirkt sich in diesen Predigten nun in zweierlei Weise aus. Einmal erhebt Marezoll das religiös-moralische Bewußtsein der Gegenwart und die diesem entsprechende Praxis zum eigentlichen Gegenstand seiner Predigten. Zum anderen zeigt er sich bestrebt, in der Auswahl der Predigtthemen und in der Form ihrer Darbietung dem Umstand Rechnung zu tragen, daß er als Universitätsprediger zu einer akademisch gebildeten Zuhörerschaft redet, daß er es also mit einem vergleichsweise homogenen Publikum zu tun hat[61].

Gegenwärtig gelebte Religiosität und Moralität seinen Hörern transparent zu machen und zu deuten, sie kritisch zu sichten, ihre positiven Erscheinungsformen nachdrücklich zu bejahen und negativen Tendenzen offen entgegenzutreten, diese generelle Zielsetzung Marezolls läßt sich schon an seinen Predigtthemen ablesen. Der Förderung und Vertiefung vorhandener guter Ansätze dient die Behandlung von Themen wie „Das Bild einer christlichfrommen Familie", „Wie man sich die Religion recht wichtig machen könne", „Die Kunst, das Leben zu genießen", „Wie viel dazu gehöre, ein ehrlicher Mann zu seyn", „Der beste Christ ist der beste Weltbürger" u. a. Eher kritische Töne schlägt Marezoll an, wenn er folgende Themen erörtert: „Die Nachahmungssucht", „Warnung vor der Lesesucht", „Einige Ursachen des Mangels an Gemeingeist", „Warum die Religion unter den höhern und

---

61 Vgl. J. G. Marezoll, Bd. 1, V–VIII (Vorrede). Die ausführliche Begründung der Forderung nach einer schichtenspezifischen Anlage der Predigt entsprechend der Zusammensetzung der konkreten Gemeinde bietet J. G. Marezoll, Ueber die Bestimmung des Canzelredners, 143–262. Im Blick auf die „Rücksicht auf den Geist und die Bedürfnisse unsers Zeitalters" stellt Marezoll, aaO., 315–319, folgende Grundsätze auf: „1) Der Canzelredner muß seine Zuhörer auf das Gute des Zeitalters aufmerksam machen, und zum Gebrauche und Genusse desselben ermuntern. 2) Der Canzelredner muß seine Zuhörer ermahnen, das Gute und die Vorzüge des Zeitalters nicht zu mißbrauchen. 3) Der Canzelredner muß dem Bösen und Fehlerhaften, welches schon im Geiste des Zeitalters selbst liegt, so viel (wie) möglich entgegen arbeiten. 4) Der Canzelredner muß sich da, wo die herrschende Denkart seines Zeitalters die richtigere ist, stets nach ihr bequemen."

gesittetern Ständen nicht mehr gute Wirkungen hervorbringt", „Warum so viele Menschen nicht mehr Gutes in ihrem Berufe stiften" u. a. Konsequenterweise sind die Predigten, die sich nicht ohne weiteres seinem Akkommodationsprogramm subsumieren lassen, von Marezoll jeweils als Anhang zu seinen beiden Predigtbänden abgedruckt worden. Es handelt sich dabei um einige Predigten, die an hervorgehobenen Tagen und Festen des Kirchenjahres vorgetragen wurden. Eben auf Grund ihres Bezuges zu den durch das Kirchenjahr vorgegebenen Themen unterscheiden sie sich deutlich von der Masse seiner übrigen Kanzelvorträge[62].

Wie hat Marezoll seine homiletischen Vorstellungen nun im einzelnen auf der Kanzel umgesetzt? Die bisher vorgelegten Analysen von zwei seiner Predigten sind zu recht unterschiedlichen Ergebnissen und Wertungen gelangt. Aus der Perspektive einer an grundlegenden reformatorischen Überzeugungen orientierten Theologie des Wortes Gottes hat J. Konrad Marezolls Predigt über „Regeln des Verhaltens bey Religionszweifeln" kritisch beleuchtet[63]. Konrad zeigt zunächst auf, mit welcher Willkür der Prediger bei der Textwahl verfahren ist und wie er den eigentlichen Sinn des Textes (Hebr 13,9) verfälscht, um ihn als Motto für sein Thema verwenden zu können. Weiter ergibt die Untersuchung des Aufbaus der Predigt, daß Marezoll das Thema des Religionszweifels nicht mehr vom reformatorisch verstandenen Wort Gottes, vom Evangelium, von der Offenbarung und der Gnade in Christus her angeht, sondern es vielmehr im Horizont des allgemeinen aufklärerischen Religionsbegriffes, d. h. letztlich im Rahmen einer natürlichen Theologie zur Darstellung bringt[64]. Wie Marezoll die Motive des Zweifels psychologisch aufspürt, wie er den Zweifel als lediglich intellektuelles und moralisches Phänomen begreift und ihn mit pädagogischen Ratschlägen zu überwinden versucht, legt dem modernen Interpreten die Schlußfolgerung nahe, daß „dem aufklärerisch verflachten Religionsverständnis" des Göttinger Universitätspredigers „der Zweifel in seiner eigentlichen Tiefe als Glaubensanfechtung, so wie ihn Luther verstand", ganz fremd habe bleiben müssen[65]. Immerhin überweist der Prediger seine Hörer für den Fall, daß seine vernünftig-moralische Argumentation nicht überzeugen könne, in die Schule Jesu, des vorbildlichen Tugendlehrers, dessen Wort als alle vernünftigen Gründe zusammenfassendes und zugleich überbietendes Medium der göttlichen Wahrheit den letzten Zweifel zu beseitigen vermöge. Jedoch – so moniert Konrad – spiegelt sich in diesem Hinweis Marezolls allenfalls ein

[62] Vgl. die bei J. G. MAREZOLL, Bd. 1, 367–416, und Bd. 2, 335–430, abgedruckten Predigten zum Advent, zu Weihnachten, zur Passionszeit, zum Karfreitag und zum Erntedankfest.

[63] Vgl. J. KONRAD, aaO. (s. Anm. 52), 139–144. Die untersuchte Predigt findet sich bei J. G. MAREZOLL, Bd. 2, 131–162, sowie (wieder abgedruckt) bei J. KONRAD, aaO., 113–139.

[64] Vgl. J. KONRAD, aaO., 140–142.

[65] AaO., 142.

schwacher Reflex einer „Religion des Bestimmtseins von Jesus her, die noch
Momente eines Offenbarungsglaubens nicht rationaler Herkunft" in sich
enthalte[66]. Konrad räumt zwar generell ein, daß der mit der „beginnenden
Aufklärung … einsetzende Wandel der Moderne unserer Verkündigung
schwere Probleme" bereite, sieht aber in der Marezollschen Predigtweise
keinen verheißungsvollen Lösungsansatz. Denn hier sei „das Zentrum des
Evangeliums", von dem her allein die durch den Umformungsprozeß der
Moderne bedingte Predigtkrise der Gegenwart bewältigt werden könne, aufgegeben worden[67].

Wie in der soeben knapp referierten Predigtanalyse bildet auch bei A.
Schulte die Suche nach möglichen Anstößen und Impulsen für die gegenwärtige Predigtpraxis das erkenntnisleitende Interesse an der Beschäftigung
mit aufklärerischen Predigten. Im Unterschied zu Konrad geht sie aber nicht
inhaltlich-positionell von den Vorgaben reformatorischer Theologie aus, um
an solchem Maßstab die Predigt des 18. Jahrhunderts zu messen, sondern sie
setzt bei Erkenntnissen der angelsächsischen sprachanalytischen Philosophie
an und will deren Relevanz für die Predigt an historischen Beispielen überprüfen. In Anknüpfung an die von J. L. Austin begründete und von J. R.
Searle ausgebaute Sprechakttheorie untersucht Schulte u. a. die Predigt Marezolls „Ueber die Herabwürdigung der Vernunft in den Angelegenheiten der
Religion" insbesondere unter der Fragestellung, mit welchen Sprechakten der
Prediger seine kommunikativen und praktischen Intentionen zu realisieren
versucht und welche Rückschlüsse die – als Sprachhandlung verstandene –
Predigt im Hinblick auf das Selbstverständnis des Predigers zuläßt[68].

Ohne auf alle Einzelheiten der Analyse Schultes einzugehen, seien hier nur
ihre wichtigsten Ergebnisse festgehalten. Danach erweist sich Marezolls Predigt durchgehend als sprachhandlungsorientiert, d. h., Marezoll verwendet die
verschiedenen Sprechakte[69] mit einer erstaunlichen Kunstfertigkeit, um sein
generelles Predigtziel zu erreichen und seinen Hörern die mit unterschiedlichen Intentionen verbundenen Einzelschritte seiner Argumentation plausibel
zu machen. Gleichwohl konstatiert Schulte einschränkend, daß die gehäufte
Anwendung von Sprechakten, die der sog. Klasse der Repräsentativa ange-
hören, den Eindruck entstehen lasse, der vom Prediger angestrebte Dialog mit
der Gemeinde werde nicht wirklich als solcher in Gang gesetzt. Durch den
Gebrauch solcher Sprechakte der Klasse der Repräsentativa an entscheiden-

---

[66] AaO., 144.

[67] Ebd.

[68] Vgl. A. SCHULTE, „Urtheilet selbst ob die Vernunft eine Feindin der Religion heißen
könne." Überlegungen zum Selbstverständnis des Predigers in der Aufklärungszeit, in: W. E.
MÜLLER u. H. H. R. SCHULZ (Hg.), Theologie und Aufklärung. FS G. Hornig, 1992, 205–225.
Die von SCHULTE, aaO., 211–219, untersuchte Predigt MAREZOLLS ist abgedruckt bei W. VON
MEDING (Hg.), aaO. (s. Anm. 9), 163–180.

[69] Vgl. im einzelnen die Auflistung bei A. SCHULTE, aaO., 206 f. (nach J. R. Searle).

den Stellen der Predigt, z. B. bei der Herausstellung des Primates der Vernunft im Bereich der Religion, immunisiere sich der Prediger nämlich gegenüber möglichen Einwänden und kritischen Anfragen[70]. Insofern bleibe er hinter dem eigenen Anspruch zurück, seine Hörer als gleichberechtigte Partner an dem zur Debatte stehenden Entscheidungsprozeß, „ob die Vernunft eine Feindin der Religion heißen könne"[71], zu beteiligen und ihnen die Freiheit zum eigenen Urteil einzuräumen.

Auf der inhaltlichen Ebene hebt Schulte hervor, daß Marezolls Predigt im Unterschied zu manch anderen Kanzelreden der späten Aufklärung, die sich in nützlichen Belehrungen über die praktische Bewältigung des alltäglichen Lebens erschöpft hätten, sehr wohl „theologisch ausgerichtet" sei[72]. Die Reduzierung des Christentums auf Tugend und Moral und die Etablierung der Vernunft als exklusiver Instanz zur kritischen Sichtung der kirchlichen Lehrtradition lassen Marezoll zwar auch für Schulte unbestreitbar als einen entschiedenen Rationalisten hervortreten, jedoch gibt sie zu bedenken, daß sein konstruktiver Vermittlungsversuch zwischen Christentum und Aufklärung auf genuin theologischen Motiven basiere. Dazu zähle nicht nur die von Marezoll geteilte allgemein-aufklärerische Sicht Jesu als des vollkommenen Tugend- und Weisheitslehrers, sondern auch − zumal im Kontext der untersuchten Predigt − die Begründung der konstitutiven Funktion der Vernunft für die Religion aus der − freilich im Sinne der optimistischen aufklärerischen Anthropologie begriffenen − Gottebenbildlichkeit des Menschen[73].

Die unterschiedlichen Akzentsetzungen und Wertungen der beiden vorgeführten Predigtanalysen sind zweifellos nicht unwesentlich bedingt durch die erheblich voneinander divergierenden Zugangsweisen zu den Predigten Marezolls. Etwas holzschnittartig könnte man sagen, daß bei Konrad die inhaltlichen Gesichtspunkte evangelischer Verkündigung im Vordergrund stehen, während Schulte ihr Hauptaugenmerk auf die sprachlich-formale Gestaltung der Kommunikation zwischen Prediger und Hörer richtet. Die unter diesen Voraussetzungen zustandegekommenen Einschätzungen der Predigtpraxis Marezolls sind im übrigen schon im 19. Jahrhundert weitgehend durch K. H. Sack vorweggenommen worden, der − zwar nicht auf der Basis der intensiven Untersuchung einer einzelnen Predigt, aber doch unter Heranziehung verschiedener aussagekräftiger Predigtpassagen − ein bei aller Knappheit plastisches und recht präzises Bild von den Universitätspredigten Marezolls gegeben hat[74].

---

[70] Vgl. A. Schulte, aaO., 211 f. 218 f. 224.

[71] J. G. Marezoll, Ueber die Herabwürdigung der Vernunft in den Angelegenheiten der Religion, in: W. von Meding (Hg.), aaO., 165.

[72] A. Schulte, aaO., 216.

[73] Vgl. A. Schulte, aaO., 212. 215. 217.

[74] K. H. Sack, Geschichte der Predigt in der deutschen evangelischen Kirche von Mosheim bis auf die letzten Jahre von Schleiermacher und Menken, 2. Ausgabe o. J. (1866), (206−212)

Das bislang umrissene Bild der rationalistischen Predigt Marezolls soll im folgenden noch etwas angereichert werden, indem seine religiöse Deutung der Aufklärung anhand von ausgewählten Gedanken aus zwei Predigten paraphrasiert wird. In der ersten dieser beiden konzeptionell zusammengehörenden Predigten erörtert Marezoll die Frage: „Worin besteht die wahre Aufklärung?", in der zweiten befaßt er sich mit dem Thema: „Dürfen wir eine größere und allgemeinere Aufklärung, als die gegenwärtige ist, erwarten?"[75] Vom Inhalt her gehören diese Kanzelvorträge zu den sog. Zeit- oder Geschichtspredigten, die im späten 18. Jahrhundert mit zunehmender Häufigkeit gehalten wurden[76]. Marezoll erhebt die Aufklärung deshalb zum Gegenstand religiöser Betrachtungen, um seiner akademischen Zuhörerschaft theologisch begründete Kriterien an die Hand zu geben, mit deren Hilfe sie zu einem sachgemäßen Verständnis der Aufklärung als der die Gegenwart bestimmenden geistigen Bewegung und zu einem selbständig verantworteten, wahrhaft aufgeklärten Verhalten bzw. Handeln gelangen kann.

Als entscheidend für die Durchführung des Themas erweist sich der aufklärerische Fortschrittsgedanke, den Marezoll religiös begründet. Daß „die Aufklärung ... offenbar in dem göttlichen Regierungsplane gegründet" sei, ergibt sich für ihn zunächst aus dem Schöpfungswerk Gottes, durch das der einzelne Mensch als vernunftbegabtes Wesen definitiv zur Aufklärung bestimmt worden sei, sodann auch aus der Geschichte der Menschheit, die man als „Geschichte der von Gott veranstalteten und immer wachsenden Aufklärung der Menschen" zu begreifen habe[77]. Die als Faktum vorgetragene Behauptung, die Gegenwart stehe auf einer höheren Stufe der Kultur als die durch Barbarei und Kriege, Sklaverei und geistige Finsternis beherrschte Vergangenheit, führt Marezoll zu der Frage nach der maßgeblichen Instanz, die hinter dieser Entwicklung steht. Besser als alle anderen Geschichtsbücher – so lautet die Antwort – kann das Alte Testament zeigen, wie der in der Schöpfung angelegte Plan Gottes ansatzweise zur Ausführung kommt. Der Mensch, der sich hier noch in der geschichtlichen Phase der Kindheit be-

---

209: „Die Vorzüge der Marezollschen Predigten sind, nach der religiös-sittlichen Seite, moralischer Ernst und Freimüthigkeit in Aufdeckung der sittlichen Flecken des Zeitalters, nach der Seite des Talents feinere psychologische Beobachtungsgabe und ein korrekter, gebildeter, anschaulicher Stil mit großer Mannichfaltigkeit der Wendungen ... (Freilich) können diese guten Seiten der Marezollschen Predigten doch keinen Ersatz dafür geben, daß der Kern des Evangeliums, das Zeugniß von dem eingebornen Sohne Gottes, der für uns dahingegeben worden ist, daß wir Vergebung der Sünden und Gnade zur Heiligung erlangen, hier nicht erkennbar ist."

[75] Vgl. J. G. MAREZOLL, Bd. 1, 281–312.313–338. – Um Wiederholungen zu vermeiden, verzichte ich auf eine ausführliche Analyse dieser beiden Predigten; ich beschränke mich darauf, Marezolls Verständnis von Aufklärung herauszuarbeiten.

[76] Vgl. dazu R. KRAUSE, aaO., 132–137; W. SCHÜTZ, aaO. (s. Anm. 12), 159–161; am Beispiel Fr. V. Reinhards ausführlich Chr.-E. SCHOTT, Möglichkeiten und Grenzen der Aufklärungspredigt, 133–159.

[77] J. G. MAREZOLL, Bd. 1, 319.321 f.

findet und der daher noch mit Fehlern und Unzulänglichkeiten behaftet ist, beginnt gleichwohl in der Ahnung seiner höheren Würde damit, nach Möglichkeiten zu suchen, durch die er seiner göttlichen Bestimmung gerecht werden kann[78].

Das Judentum und andere Religionen konnten freilich nur den Anforderungen genügen, die sich aus dem Kindheitsalter der Menschheit ergaben. Die göttliche Vorsehung drängte über diese vorläufigen Erscheinungsformen der Aufklärung hinaus, um in Gestalt des Christentums die höchste Stufe der von Gott initiierten Entwicklung zu erreichen. Denn wer die Lehre Jesu kennt, weiß um Gott als den Vater und Wohltäter der Menschheit, der kennt zugleich sich selbst nach seiner wahren Natur und Bestimmung, der vermag Gegenwart und Zukunft, Zeit und Ewigkeit so miteinander zu verbinden, daß er durch sein Handeln mit jedem Tag vollkommener wird[79]. Obwohl Marezoll also das Christentum als „das allgemeinste und wirksamste Mittel" ansieht, um „Aufklärung zu schaffen und das Menschengeschlecht zu veredeln", kann er der Aufklärung des 18. Jahrhunderts keineswegs zugestehen, das durch das Christentum repräsentierte Ideal bereits vollständig realisiert zu haben[80]. Im Gegenteil, vor allem auf Grund der wirksam gebliebenen Bindung des Menschen an seine Sinnlichkeit kommt es immer wieder zu Mißverständnissen hinsichtlich dessen, was Aufklärung eigentlich ist, ja sogar gelegentlich zum Mißbrauch der Aufklärung[81].

Daher vollzieht sich der Prozeß der Aufklärung sehr langsam, was nach Marezoll im übrigen in der Natur der Sache liegt. Denn die Aufklärung trägt ihrem Wesen nach ein doppeltes Gesicht. Einerseits ist sie eine erworbene, nicht einfach übernommene oder ererbte Wahrheit. Der Mensch muß selbständig denken und in eigener Verantwortung nach vernunftgemäßen Prinzipien handeln. Andererseits ist die Aufklärung als ein Werk der göttlichen Vorsehung im Geschichtsplan Gottes fest verankert. Dabei handelt es sich – so verknüpft Marezoll beide Momente miteinander – genauerhin um einen Erziehungsplan Gottes. Gott hat dem Menschen die Aufklärung als Aufgabe gegeben, die der Mensch nun zu bewältigen hat. Gott hilft ihm dabei, indem er den Menschen zur Aufklärung erzieht. Die „Erziehung des Menschengeschlechts" geht aber nicht etwa so vonstatten, daß Gott auf übernatürliche Weise – etwa durch Wunder – wirken oder bei menschlichen Fehlern un-

---

78 Vgl. aaO., 322–324.
79 Vgl. aaO., 325–327.
80 AaO., 325.
81 AaO., 289–296, listet Marezoll diese „falschen" Auffassungen von Aufklärung, die sich nach seiner Beobachtung partiell bis zur negativen Einstellung gegenüber der Religion und dem Christentum gesteigert haben, auf. Ohne auf Marezolls Begründungen einzugehen, nenne ich hier nur seine Thesen. 1) Aufklärung ist nicht Vielwisserei; 2) Aufklärung ist nicht mit Empfindsamkeit zu verwechseln; 3) Aufklärung und angenehme Lebensart sind nicht dasselbe; 4) Aufklärung ist vom (guten) Geschmack zu unterscheiden; 5) Aufklärung erschöpft sich nicht in Gelehrsamkeit.

mittelbar korrigierend eingreifen würde. Vielmehr handelt Gott indirekt in
der Geschichte. Er läßt z. B. die Menschen die Folgen ihrer Unwissenheit und
ihrer Vergehungen empfinden, auch die Religion und nicht zuletzt das Christentum hat er mit der gleichen pädagogischen Intention veranstaltet, um die
Menschheit in die Lage zu versetzen, die Aufklärung denkend und handelnd
selbst zu verwirklichen[82].

Bezeichnenderweise bemüht Marezoll den Begriff der Offenbarung in
dieser Passage nicht ein einziges Mal, was symptomatisch für seine rationalistische Sicht der Beziehung zwischen dem Handeln Gottes und der Aktivität
des Menschen sein dürfte. Er weist der Religion und dem Christentum
vornehmlich die Funktion zu, dem Menschen die in seiner Natur angelegte
Bestimmung zur eigenständigen Realisierung der Aufklärung deutlich zu
machen und dieser seiner natürlichen Veranlagung zum praktischen Durchbruch zu verhelfen. Im Rahmen dieser funktionalen Zuordnung von Religion und Aufklärung bewegt sich auch, wie Marezoll den materialen Gehalt
der „wahren" Aufklärung beschreibt. Weitgehend im Konsens mit den zahlreichen zeitgenössischen Autoren, die in der „Berlinischen Monatsschrift"
1783 ff. die Frage: „Was ist Aufklärung?" dergestalt beantwortet hatten, daß
in all ihren Beiträgen – nicht nur in der berühmt gewordenen Abhandlung I.
Kants zum Thema – das Selbstbewußtsein der Aufklärungsepoche zum Vorschein kam[83], sieht Marezoll das erste Kennzeichen von Aufklärung darin,
„daß sich die Menschen ihrer Vernunft gehörig bedienen können"[84]. Neben
das selbständige, vernünftige Denken tritt als weiteres Grundprinzip der Aufklärung die empirische Subjektivität hinzu. Daß „die Menschen sich selbst
und ihre menschliche Natur und Bestimmung in so weit kennen, als ihnen
diese Kenntniß in ihren Verhältnissen unentbehrlich ist", läßt sich hinsichtlich
anthropologischer Basisdaten wie z. B. der Vernunftbegabung des Menschen,
der Freiheit der Wahl zwischen Gut und Böse, der Bestimmung des Menschen zum Genuß der Freude und zur Glückseligkeit eben auf dem Weg der
Selbsterfahrung realisieren, während das Christentum die natürliche Würde
des Menschen durch die Vorstellung von der Unsterblichkeit und ewigen
Fortdauer seines Geistes noch überhöht[85].

Diesen beiden grundlegenden Charakteristika von Aufklärung schreibt
Marezoll unter der Voraussetzung, daß sie zum Tragen kommen, unmittelbar
praktische Auswirkungen zu. Die wahrhaft aufgeklärten Menschen kennen
etwa ihren Beruf und erfüllen die mit ihm verbundenen Pflichten nicht gedankenlos, sondern weil letztere sich ihnen nach kritischer Prüfung als plausibel erwiesen haben. Die von der Aufklärung bestimmten Menschen wissen

---

[82] Vgl. aaO., 327–329.
[83] Vgl. N. HINSKE (Hg.), Was ist Aufklärung? Beiträge aus der Berlinischen Monatsschrift,
4. Aufl. 1989.
[84] J. G. MAREZOLL, Bd. 1, 297.
[85] AaO., 298–300 (Zitat: 298).

ferner mit vernunftgemäßem Denken und Verhalten die wirksamsten Mittel anzuwenden, um zur Zufriedenheit als dem höchsten irdischen Gut zu gelangen. Schließlich vermögen sie sich ein eigenes begründetes Urteil über Tugend und Laster zu bilden und durch die Aneignung geläuterter, vernünftiger Religionsvorstellungen die tätige Menschenliebe an die Stelle abergläubischer Praktiken und blinden Glaubens zu setzen[86]. Dieser praktische Grundzug der Aufklärung ist nun — darauf zielt Marezolls Argumentationsgang ab — auch der Religion bzw. dem Christentum zu eigen. Da die wahre Absicht der christlichen Religion darin besteht, die moralische Vollkommenheit der Menschen zu befördern, sollte sich der nach Aufklärung Strebende bevorzugt der Religion bedienen, um sein Ziel zu erreichen. Das Christentum, dessen Wesen Marezoll hier mit der aufklärerischen Trias Gott, Tugend und Unsterblichkeit des Geistes (sc. der Seele) zusammenfaßt, verfolgt also die gleichen Ziele wie die Aufklärung und stellt die für die Verwirklichung der Aufklärung geeignetsten Mittel zur Verfügung[87].

Wenn Marezoll die Frage, ob nach der gegenwärtigen Aufklärung eine noch vollkommenere aufgeklärte Periode erwartet werden dürfe, eindeutig bejaht, so kommt darin nicht einfach nur ein naiver Fortschrittsoptimismus zum Ausdruck, sondern vielmehr ein religiös begründeter Zukunftsglaube, der freilich ungetrübt von dunklen Geschichtserfahrungen bleibt. Da die Aufklärung ein geschichtlicher Prozeß ist, den die Vorsehung Gottes in Gang gesetzt hat und weiterhin unterstützend begleitet, kann ihre Vollendung durch kein Hindernis aufgehalten werden, auch durch zukünftige historische Rückschritte nicht, die Marezoll immerhin als vorstellbar betrachtet. Marezoll räumt auch ein, den Zeitpunkt nicht angeben zu können, mit dem die „glückliche Periode" einsetzen werde, in der alle Menschen und Völker, die heute noch in der Finsternis geistiger Unfreiheit ihr Dasein fristen müßten, in das klare Licht der Freiheit und Wahrheit eintreten würden. Deutliche Anzeichen dafür, daß diese Epoche vollständiger Aufklärung über kurz oder lang beginnen werde, sieht Marezoll allerdings in den greifbaren Ergebnissen gegenwärtiger Aufklärungsbemühungen, die zur Erweiterung der Kenntnisse von der Natur der Dinge und Lebewesen, zur Annäherung der gesellschaftlichen Stände untereinander und zur Hebung des sittlichen Zustandes breiter Volksschichten geführt hätten[88].

Offenkundig bleiben in diesem Geschichtsdenken die Abgründe und Widersprüchlichkeiten der geschichtlichen Existenz des Menschen und seines Handelns ausgeblendet. In der von Marezoll mit den meisten Aufklärungstheologen geteilten Zukunftsvorstellung von einem in der Geschichte zu erwartenden bzw. durch den Menschen zu realisierenden perfekten Zeitalter

---

[86] Vgl. aaO., 300–305.
[87] Vgl. aaO., 306–308.
[88] Vgl. aaO., 330–336.

wird letztlich ein ungeschichtliches Wirklichkeitsverständnis wirksam. Zugleich lassen die Ergebnisse seines Versuches, Christentum und Aufklärung in eine funktionale Beziehung zueinander zu setzen, die Ambivalenzen seines die aufklärerische Akkommodationstheorie in radikaler Einseitigkeit durchführenden homiletischen Ansatzes unübersehbar hervortreten. Die Aporien seines Programms, die der heutige Leser seiner „Predigten vorzüglich in Rücksicht auf den Geist und die Bedürfnisse unsers Zeitalters" naturgemäß leichter als die im 18. Jahrhundert lebenden Hörer und Leser der Predigten Marezolls ausmachen kann, hat schon K. H. Sack in seiner kritischen Würdigung des Göttinger Universitätspredigers – vielleicht allzu scharf – herausgestellt: „Marezoll war ein Kanzelredner in dem höheren oder geringeren Sinne, den man diesem sehr unkirchlichen und im Grunde betrübten Ausdrucke beilegen kann, aber er war nicht ein Prediger im eigentlichen Sinne des Worts. Das Zeitalter, die damalige kirchliche Welt, d. h. die gottesdienstliche Versammlung der Gebildeten, *wollte* einen Kanzelredner, und sie erhielt an ihm, was sie wollte; ja sie erhielt wohl noch etwas Besseres, als sie wollte, nämlich Mahnung an ihre Gebrechen, ihren Leichtsinn, ihre Unbeständigkeit, ihre Genußsucht; und dies konnte vorbereiten zur Umkehr und zum Glauben an das Evangelium. Aber dieser Glaube selbst konnte in den beiden Jahrzehnten, am Ende des alten und am Anfange des neuen Jahrhunderts, in Deutschland, wo theils ein Streben nach dem Nützlichen und dem Angenehmen die Gemüther herabzog, theils die Vergötterung philosophischer Ideen und der Werke des poetischen Genius die Geister beherrschte, durch eine Predigtweise, wie die beschriebene, nicht erzeugt werden."[89]

---

[89] K. H. Sack, aaO., 209f.

§ 16 Christoph Friedrich Ammon

In seiner „Geschichte der neuern evangelischen Theologie" hat E. Hirsch die Darstellung des doppelten Ausganges der deutschen theologischen Aufklärung mit Bedacht an den Anfang des 9. Buches: „Die neuen Richtungen religiösen und theologischen Denkens im deutschen geistigen Bereich" gerückt. Durch diese dispositionelle Entscheidung gibt Hirsch unmißverständlich zu verstehen, daß nach seiner Überzeugung die theologischen Anstrengungen der „späten" Aufklärung nicht leichthin als epigonale Auflösungserscheinungen einer ganzen, vermeintlich ohnehin fehlorientierten theologiegeschichtlichen Epoche desavouiert werden dürfen. Im Widerspruch zu solchen negativen Beurteilungen der aufklärerischen Theologie, der durch sie vollzogenen Umbildung des traditionellen christlichen Lehrbestandes und ihrer praktischen Reformbestrebungen auf dem Gebiet der allgemeinen Frömmigkeit, wie sie besonders wirkungsvoll die – hier an den Idealismus und die Romantik anknüpfende – Erweckungsbewegung und die restaurative Theologie des 19. Jahrhunderts propagiert hatten und wie sie seither die Kirchengeschichtsschreibung der Aufklärung bis ins 20. Jahrhundert hinein teilweise nachhaltig bestimmten, sieht Hirsch durch den Rationalismus und Supranaturalismus historisch legitime Anliegen vertreten. Denn die in der neologischen Fassung des Verhältnisses zwischen der natürlichen Vernunftreligion und der übernatürlichen christlichen Heilsoffenbarung immer schon angelegte Spannung weitete sich zur offenen Krise der Neologie aus, als die kritische Philosophie Kants mit dem Erscheinen seiner Hauptwerke 1781–1793 öffentlichkeitswirksam zu werden begann. Vor allem die von Kant in seiner Schrift „Die Religion innerhalb der Grenzen der bloßen Vernunft" (1793) vorgenommene Einordnung des auf geschichtlichen Zufälligkeiten aufbauenden Offenbarungsglaubens in die reine Vernunftreligion stellte nach Hirsch die zeitgenössische Theologie unabweisbar vor die Aufgabe, die Beziehung zwischen Vernunft und Offenbarung von neuem durchdenken zu müssen[1].

Eben diese Herausforderung annehmend, verfolgten die Vertreter des Rationalismus und Supranaturalismus „mit mancherlei Abschattungen, Vermittlungen und Übergängen" zwei gegensätzliche Lösungsansätze in der Offenbarungsfrage, wobei das Bewußtsein von dem zwischen beiden Strömungen bestehenden grundsätzlichen Dissens durch die im Anschluß an das Wöllner-

---

[1] Vgl. E. HIRSCH, aaO., Bd. V, 3–9.

sche Religionsedikt vom 9.7.1788 ausgefochtenen kirchlich-theologischen
Richtungskämpfe noch vertieft wurde. Die weitere Entwicklung der Aufklärungstheologie in den Blick nehmend, konstatiert Hirsch lapidar: „Indem wir
die nähere theologische, mit Kants Begriffsbestimmungen nur im allgemein-
sten sich deckende Ausprägung der beiden Stichworte vorbehalten, dürfen
wir sagen: etwa mit den neunziger Jahren geht das Zeitalter der Neologie
über in das des Gegensatzes des theologischen Rationalismus und Supranaturalismus."[2] Mit dem Begriff des Übergangs will Hirsch in diesem Kontext
offenkundig keine abwertende Konnotation verbunden wissen. Vielmehr ist
es ihm darum zu tun, im Rahmen seiner Gesamtperspektive des permanen-
ten, durch die theologische Aufklärung forcierten Umformungsprozesses des
neuzeitlichen Christentums den Rationalismus und Supranaturalismus als
diejenigen Kräfte zu begreifen, die die Krise des vernünftigen Christentums
mit systemimmanenten, gleichwohl respektablen denkerischen Mitteln zu
überwinden versuchten.

In der materialen Darbietung des Gegensatzes zwischen Rationalismus und
Supranaturalismus bespricht Hirsch dann u. a. auch eine Gruppe von Theologen, die er wegen der von ihnen angestrebten Vermittlung zwischen Offen-
barungsgläubigkeit und Rationalismus als „Rationalisten vom halben Wege"
bezeichnet[3]. Zu ihnen rechnet er neben anderen die Göttinger Gottlieb Jakob
Planck (1751–1833) und Carl Friedrich Stäudlin (1761–1826) sowie den
zeitweiligen Göttinger Christoph Friedrich Ammon (1766–1850). Diesen
Theologen attestiert er, daß ihren auf Ausgleich zwischen den geistigen Gegensätzen der Zeit gerichteten theologischen Bemühungen durchweg etwas
Schwankendes, eine gewisse positionelle Unschärfe anhafte. Stärker noch als
bei Stäudlin zeige sich dies bei Ammon, weil dieser nämlich in besonders
ausgeprägter Weise darauf bedacht gewesen sei, allein schon um der „Erhaltung kirchlicher Sitte und Gewohnheit" willen den Einklang zwischen der
sittlichen Vernunft und der positiv-geschichtlichen Offenbarungsreligion des
Neuen Testaments – gegebenenfalls durch die weitgehende Akkommodie-
rung der biblischen und kirchlichen Lehraussagen an die sittliche Vernunft –
herzustellen[4].

In das von Hirsch knapp skizzierte theologische Porträt lassen sich die
homiletischen Konturen Ammons, die im folgenden für die Zeit seines Göttinger Wirkens zwischen 1794 und 1804 herauszuarbeiten sind, problemlos
einzeichnen. Ammon[5] hatte in Erlangen unter dem Supranaturalisten Georg

---

[2] AaO., 7.

[3] AaO., 57.

[4] AaO., (60–62) 60.

[5] Geb. 16.1.1766 in Bayreuth als Sohn eines markgräflich–bayreuthischen Kammerrats,
gest. 21.5.1850 in Dresden. – Schulausbildung Gymnasium Bayreuth, 1785–88 Studium
Erlangen, 1788 Magister d. Philos., 1789 ao. Prof. d. Weltweisheit, 1792 4. Prof. d. Theol.
u. 2. Universitätsprediger Erlangen, 1794 3. Prof. d. Theol. u. 1. Universitätsprediger Göt-

Friedrich Seiler (1733–1807) und dem stärker dem Rationalismus zuneigenden Friedrich Wilhelm Hufnagel (1754–1830) studiert. Mehr noch als diese beiden lokalen Repräsentanten der theologischen Aufklärung beeinflußten freilich, jeweils durch ihr Schrifttum, der Jenenser und vormalige Altdorfer Neologe Johann Christoph Döderlein (1746–1792) sowie, vor allen Genannten, Kant den wissenschaftlichen Werdegang des jungen Ammon. Nachdem er 1792 als 4. Theologieprofessor und 2. Universitätsprediger in Erlangen die erste Station seiner akademischen Laufbahn erreicht hatte, nahm Ammon 1794 im Alter von 28 Jahren den Ruf auf die 3. theologische Professur und in das Amt des 1. Universitätspredigers in Göttingen an.

Man hat Ammons wandlungsreiches theologisches Schaffen, das sich über einen Zeitraum von nicht weniger als 65 Jahren erstreckte, in vier Perioden eingeteilt, eine kantische (1786–1800), rationalistische (1800–1812), pseudolutherische (1813–1830) und eklektische (1831–1850)[6]. Ob die zahlreichen Modifikationen, die Ammon im Laufe der Zeit an seinen theologischen Auffassungen vornahm, mit Hilfe dieser Periodisierung und der für die einzelnen Abschnitte gewählten Bezeichnungen angemessen zu erfassen sind, kann hier dahingestellt bleiben. Zutreffend ist jedenfalls, daß Ammon in seiner Göttinger Phase zunächst von einem – bereits in Erlangen einsetzenden – geradezu enthusiastischen Anschluß an Kant bestimmt war. Ammons anfängliche Begeisterung für den Königsberger Philosophen, die seinen Gegnern wie eine „Kantiolatrie" vorkam, wich jedoch noch in Göttingen – wohl ab 1800 – der zunehmenden Distanzierung von der kritischen Moralphilosophie Kants[7].

Indes ging mit Ammons Abkehr von Kant, wie am Beispiel seiner Rezeption der hermeneutischen Grundsätze Kants zur Bibelauslegung gezeigt worden ist[8], nicht unbedingt auch eine gravierende inhaltliche Revision früher

---

tingen, 1803 Konsistorialrat Göttingen, 1804 3. Prof. d. Theol. u. 1. Universitätsprediger Erlangen, 1808 1. Prof. d. Theol. u. Superintendent Erlangen, 1813 Oberhofprediger u. Konsistorialrat Dresden. – Vgl. die Ernennungsurkunde Ammons zum 3. Theologieprofessor und 1. Universitätsprediger in Göttingen vom 6.8.1794, UAG, 10 b 2/12, Bl. 5. – Zum Biographischen vgl. J. D. SCHMIDT, Die theologischen Wandlungen des Christoph Friedrich von Ammon, Diss. theol. masch. Erlangen 1953, 4–85; DERS., Christoph Friedrich von Ammon. Ein Abriß seines Lebens und theologischen Schaffens, ZBKG 24 (1955), 169–199; M. SCHMIDT, Art. Ammon, Friedrich Christoph von, TRE 2 (1978), 453–455. – Da Ammon selbst erst 1825 in Wiederbelebung alter Familientradition den Adelstitel annahm, belasse ich es in der folgenden, auf seine Göttinger Wirksamkeit konzentrierten Darstellung bei der einfachen Schreibweise seines Namens.

6 Vgl. J. D. SCHMIDT, ZBKG 24 (1955), 169–199; kritisch dazu H.-Fr. TRAULSEN, Schleiermacher und Harms. Von den Reden „Über die Religion" zur Nachfolge an der Dreifaltigkeitskirche, 1989, 91 Anm. 6.

7 Vgl. J. D. SCHMIDT, aaO., 172–178; J. RINGLEBEN, Göttinger Aufklärungstheologie – von Königsberg her gesehen, aaO., 107–110; L. MARINO, aaO., 224–229.

8 Vgl. zum folgenden ausführlich und mit Quellennachweisen R. SMEND, Johann Philipp Gablers Begründung der Biblischen Theologie, in: DERS., Epochen der Bibelkritik. Ges. Stud., Bd. 3, 1991, (104–116) 108–112.

vertretener Anschauungen einher. Ammon hatte 1792 erstmals seinen „Entwurf einer reinen biblischen Theologie" veröffentlicht, mit dem er einer späteren Kritik J. Ph. Gablers zufolge weniger eine wirklich historisch differenzierende Darstellung der biblischen Schriftsteller und ihrer Lehrvorstellungen als vielmehr ein Repertorium von Beweisstellen für eine im Zeitalter der Vernunft vertretbare Dogmatik vorlegte. In dem über mehrere Jahre hin mit Gabler ausgefochtenen literarischen Disput über die Aufgabe und zweckmäßige Anlage einer Biblischen Theologie berief sich Ammon anfangs auf Kant als Kronzeugen für sein hermeneutisches Verfahren, den Wirkungsbereich der biblischen Offenbarungsurkunde nicht von vornherein durch eine rein historische Erfassung ihres ursprünglichen Sinnes einzuschränken. Vielmehr habe man darüber hinaus im Sinne Kants den praktischen Nutzen der biblischen Texte für die gesamte Religionsgesellschaft durch eine den „allgemeinen praktischen Regeln einer reinen Vernunftreligion"[9] folgende Schriftauslegung herauszustellen.

Gabler und mit ihm auch Eichhorn[10] konnten in der von Ammon empfohlenen Hermeneutik Kants nur den unredlichen Versuch sehen, die längst überholte allegorisierende Bibelerklärung der Kirchenväter zu repristinieren, um mit ihrer Hilfe die vielschichtigen historischen Sachverhalte allzu rasch einzuebnen und an die moralisch-philosophischen Leitvorstellungen der Gegenwart zu akkommodieren. Offenbar verfehlte diese Kritik nicht ihre Wirkung. Denn Ammon erklärte 1801 in der Vorrede zur 2. Auflage seiner „Biblische(n) Theologie", zwar könne die Hermeneutik Kants dem Ausleger der Schrift dabei behilflich sein, sein Geschäft mit der Religionsphilosophie in Einklang zu bringen. Er für sein Teil bezweifle aber, ob die praktische Vernunft den geeigneten hermeneutischen Ansatz darstelle, um den tatsächlichen Inhalt und Sinn der biblischen Schriften erschließen zu können. Nach den hermeneutischen Prinzipien Kants könne man ebenso gut wie der Bibel auch dem Koran oder der Mischna eine normative Bedeutung für die historische Legitimation der praktischen Vernunft beimessen[11]. So sehr Ammon mit diesen Bemerkungen die von ihm 1792/93 vertretene hermeneutische Position revidiert hatte, so wenig freilich schlug sich sein Kurswechsel in der Neufassung seiner „Biblische(n) Theologie" von 1801/02 inhaltlich nieder – hier wandelte Ammon nach wie vor auf den alten – von Gabler weiterhin abgelehnten – Pfaden[12].

Seine außerordentliche Anpassungsfähigkeit an gerade opportun erscheinende theologische und kirchenpolitische Meinungen wurde Ammon ein Mal zum Verhängnis. Dazu kam es, als Ammon – inzwischen als Nachfolger

---

9 I. KANT, Die Religion innerhalb der Grenzen der bloßen Vernunft (Meiners Philosophische Bibliothek 45), 9. Aufl. 1990, 120; vgl. auch ebd. Anm. 158 ✱; dazu R. SMEND, aaO., 109.

10 Vgl. dazu mit Quellenbelegen J. RINGLEBEN, aaO., 108 f. mit Anm. 177 f.

11 Vgl. Chr. Fr. AMMON, Biblische Theologie, I. Bd., 2. Aufl. 1801, XII–XIV.

12 Vgl. R. SMEND, aaO., 111 f.

des berühmten Fr. V. Reinhard zum Oberhofprediger in Dresden und geistlichen Leiter der lutherischen Kirche im Königreich Sachsen aufgestiegen –
1817 in die öffentliche Auseinandersetzung um die 95 Thesen Claus Harms'
eingriff[13]. Ammon erklärte sich in seiner Schrift „Bittere Arznei für die
Glaubensschwäche der Zeit", die binnen kurzem 4 Auflagen erfuhr, weitgehend einverstanden mit der vehementen Kritik des Kieler Archidiakons am
Erscheinungsbild des zeitgenössischen Christentums, übersah dabei allerdings
bewußt-geflissentlich die hauptsächlich antirationalistische Zielrichtung der
Harmsschen Thesen und nahm sie vor allem für seinen polemischen Widerspruch gegen gemeinsame lutherisch-reformierte Abendmahlsfeiern und gegen die in statu nascendi sich befindende preußische Union in Anspruch. Die
Motive für Ammons Ablehnung der in Preußen geplanten Union sind, zumal
sie sich nur schwer mit seiner Haltung vor und nach dem Streit um die
Thesen Harms' vereinbaren läßt, kaum ganz überzeugend zu eruieren. Zu
seinem überraschenden Schritt dürfte ihn am ehesten die Überlegung bewo-
gen haben, ein deutliches Zeichen seiner Übereinstimmung mit den kirchenpolitischen Zielen des konservativ-orthodoxen, der Erweckungsbewegung
nahestehenden sächsischen Kabinettsministers von Einsiedel zu setzen[14].

Herausgefordert durch Ammons Angriff auf die Berliner Unionspläne,
reagierte Schleiermacher mit einer scharf gehaltenen Entgegnung „An Herrn
Oberhofprediger D. Ammon über seine Prüfung der Harmsischen Sätze"[15].
Dem von Schleiermacher hier präzis geführten Nachweis, Ammon habe mit
seiner Kritik an der Union in der „Bittere(n) Arznei" unverhohlen eigene
frühere Aussagen revoziert und überdies seien auch seine diversen dogmatischen Verlautbarungen von erheblichen Unstimmigkeiten geprägt, hatte Ammon in der folgenden literarischen Kontroverse keine überzeugenden Argumente entgegenzusetzen. Was Schleiermacher schonungslos aufdeckte und
privatim gewiß überzogen auf die persönliche Unaufrichtigkeit und Prinzi-
pienlosigkeit des Dresdner Oberhofpredigers zurückführte[16], war dessen Bemühen, im Richtungsstreit zwischen Rationalismus und Supranaturalismus
eine vermittelnde Position zu beziehen, deren Konturen freilich kaum mehr

---

13 Vgl. Chr. Fr. AMMON, Bittere Arznei für die Glaubensschwäche der Zeit. Verordnet von
Herrn Claus Harms, Archidiaconus an der Nikolaikirche in Kiel, und geprüft von dem Herausgeber des Magazins für christliche Prediger, (1. Aufl.) 1817; 4. Aufl. 1818; abgedruckt auch
in: Fr. D. E. SCHLEIERMACHER, KGA I/10, 429–443. – Zum folgenden vgl. ausführlich H.-Fr.
TRAULSEN, aaO. (s. Anm. 6), 90–138; DERS., Die Theologie Tochter der Religion. Zu Schleiermachers Auseinandersetzung mit der Dogmatik Christoph Friedrich Ammons, in: G. MEK-
KENSTOCK u. J. RINGLEBEN (Hg.), Schleiermacher und die wissenschaftliche Kultur des Christentums, 1991, 51–70.

14 Vgl. J. D. SCHMIDT, aaO., 190.

15 Vgl. Fr. D. E. SCHLEIERMACHER, An Herrn Oberhofprediger D. Ammon über seine Prüfung der Harmsischen Sätze (1818), KGA I/10, 17–92.

16 Vgl. die bei H.-Fr. TRAULSEN, Schleiermacher und Claus Harms, 135f., zusammenge-
stellten brieflichen Äußerungen Schleiermachers über Ammon.

erkennbar waren. Ammon war sichtlich um eine Schadensbegrenzung bemüht und zog sich mit halbherzigen Erklärungen, die Bedeutung des strittigen Gegenstandes herunterspielend, vom Kampfplatz zurück[17]. Verhindern
konnte er damit freilich nicht, daß seine wissenschaftliche Reputation in der
zeitgenössischen theologischen Fachwelt auf Grund seiner Rolle in der Auseinandersetzung mit Schleiermacher erheblichen Schaden genommen hatte.
„So lavirt das Schiffchen! So schlüpft der Aal!"[18] − dieses vernichtende Urteil
Schleiermachers über Ammons theologische Wandlungsfähigkeit ist nicht
zufällig auch in der Nachwelt immer wieder gern kolportiert worden, um
in der Form des sprechenden Zitats das Unbefriedigende der Ammonschen
Akkommodations- und Vermittlungsversuche kenntlich zu machen.

Mit der Erinnerung an den Disput zwischen Ammon und Schleiermacher
sind wir freilich der Zeit weit vorausgeeilt, hat uns doch Ammon vordringlich
als Universitätsprediger in Göttingen zu interessieren. In dieser Eigenschaft
widmete er sich zunächst einmal der Leitung des an der Universität bestehenden Predigerseminars mit einer im Vergleich zu den bescheidenen Aktivitäten
seiner Vorgänger auffälligen Intensität. In der Absicht, die praktische homiletische Kompetenz der zukünftigen Pfarrer zu stärken und so zugleich auf
lange Sicht dem Rückgang der „äußeren Gottesverehrung" in vielen Gemeinden zumindest partiell entgegenzusteuern, rief Ammon 1795 einen Pre-
digtwettbewerb für Theologiestudenten ins Leben[19]. Die besten der Predigten, die die Studenten zu einem von Ammon zwischen 1795 und 1804
jährlich neu festgelegten Thema auszuarbeiten hatten, wurden mit Preisen
bedacht. Nachdem sie von ihren Verfassern im Universitätsgottesdienst vorgetragen worden waren, erschienen sie auf Kosten der Staatskasse im Druck[20].

Zu Fragen der Homiletik hat Ammon während seiner Göttinger Zeit in
drei Schriften Stellung bezogen. Torso geblieben ist seine „Geschichte der
Homiletik", die ursprünglich vier Perioden behandeln sollte, die Zeit von
Hus bis zu den Anfängen der Reformation, dann von der Reformation bis
Johann Arndt, von diesem bis zu Spener und schließlich die Entwicklung im
18. Jahrhundert[21]. Indes erschien nur der erste Teil, in dem die Geschichte
der christlichen Predigt von ihren Anfängen bis zum 14. Jahrhundert auf 48
Seiten im Schnelldurchgang, also offenkundig als nicht besonders bedeutsam

---

[17] Vgl. J. D. Schmidt, aaO., 189f.; H.-Fr. Traulsen, aaO., 131−134.

[18] Fr. D. E. Schleiermacher, KGA I/10, 51,7f.

[19] Vgl. UAG, 4) II f 5; dazu Chr. Fr. Ammon, Ueber die gegenwärtigen homiletischen
Bildungsanstalten zu Göttingen, in: J. Chr. Salfeld (Hg.), Beyträge zur Kenntniß und Ver-
besserung des Kirchen und Schulwesens in den Königlich Braunschweig-Lüneburgschen
Churlanden 5 (1804), 97−109.

[20] S. o. 213f. mit Anm. 8.

[21] Vgl. Chr. Fr. Ammon, Geschichte der Homiletik, Erster Theil (Geschichte der prakti-
schen Theologie, I. Bd.), 1804, 48. Einen knappen Abriß der Geschichte der Predigt bzw.
Homiletik bietet Ammon auch in: Anleitung zur Kanzelberedsamkeit zunächst für meine
Zuhörer, 1799, 15−32.

abgefertigt wird. Als wirklich beachtenswert bringt Ammon erst die Prediger des späten Mittelalters in locker aneinandergereihten Einzelporträts zur Darstellung. Er ordnet sie weitgehend der als Gegenbewegung zur Scholastik begriffenen Mystik zu und schreibt ihnen das Verdienst zu, „die Härten einer spitzfindigen Dialektik" gemildert „und die in das traurige und öde Reich des leeren Denkens ausschweifende Metaphysik wieder in das freundliche Gebiet der frommen Einbildungskraft" zurückgeführt zu haben[22]. Kommt in diesem Verdikt über die mittelalterliche Scholastik das aufklärerische Bewußtsein von der Überlegenheit des Christentums der Gegenwart gegenüber seinen vergangenen Erscheinungsformen an einem historischen Beispiel zum Tragen, so gehört Ammons „Geschichte der Homiletik" als solche in die Reihe der vielen theologie- und dogmengeschichtlichen Untersuchungen, mit denen gerade die um einen Ausgleich zwischen Rationalismus und Supranaturalismus bemühten Theologen der ausgehenden Aufklärungszeit den historischen Relativismus des 19. Jahrhunderts vorbereiteten[23].

Seine eigenen homiletischen Anschauungen hat Ammon in zwei Schriften entwickelt, deren Entstehung aufs engste mit der praktischen Arbeit des von ihm geleiteten Predigerseminars an der Göttinger Universität verbunden war. Als Ankündigung der erwähnten Stiftung einer jährlichen Prämie für die beste studentische Predigt legte er 1795 zunächst in einem kleinen Traktat seine „Ideen zur Verbesserung der herrschenden Predigtmethode" vor[24]. Vier Jahre später ließ er eine ausgeführte Homiletik folgen, die ihrem Titel nach primär für seine Göttinger Studenten bestimmt war[25]. Offenkundig diente diese „Anleitung zur Kanzelberedsamkeit" als Grundlage für die theoretische Ausbildungsphase, die Ammon zusätzlich zu den praktischen Predigtübungen im Seminar eingeführt hatte[26]. Neben dem gemeinsamen Bezug zur homiletischen Ausbildung an der Göttinger Universität weisen beide Schriften aber auch untereinander inhaltliche Zusammenhänge auf. Denn die „Ideen" von 1795 enthalten Ammons homiletischen Ansatz in nuce, während die „Anleitung zur Kanzelberedsamkeit" sein homiletisches Programm unter praktischer Abzweckung in aller Breite ausführt.

Ausgangspunkt der Überlegungen Ammons zur Aufgabe und Methode der Predigt ist das öffentliche Erscheinungsbild der christlichen Religion, wie es sich ihm am Ende des 18. Jahrhunderts darstellt. Zumal der von vielen Predigern beklagte Rückgang der Teilnahme an den gottesdienstlichen Versammlungen, der tatsächlich vor allem in den Städten und unter den durch einen

---

[22] Chr. Fr. AMMON, Geschichte der Homiletik, Erster Theil, XII.

[23] Vgl. E. HIRSCH, aaO., Bd. V, 58 f.

[24] Vgl. Chr. Fr. AMMON, Ideen zur Verbesserung der herrschenden Predigtmethode, 1795.

[25] Vgl. Chr. Fr. AMMON, Anleitung zur Kanzelberedsamkeit zunächst für meine Zuhörer, 1799.

[26] Vgl. Chr. Fr. AMMON, Ueber die gegenwärtigen homiletischen Bildungsanstalten zu Göttingen (s. Anm. 19); dazu H. HOLZE, aaO., 113.

hohen Bildungsgrad ausgezeichneten gesellschaftlichen Schichten festzustellen
ist, kann dem Homiletiker nicht gleichgültig sein. Ohne den Sachverhalt
näher zu analysieren, gibt Ammon zu verstehen, daß das zunehmende Desinteresse an der „äußeren Gottesverehrung" nicht monokausal zu erklären sei,
sondern vielfältige Ursachen in der allgemeinen politischen und gesellschaftlichen Entwicklung des 18. Jahrhunderts habe. Er warnt jedoch davor, das
Nachlassen der Beteiligung am Gottesdienst auf die leichte Schulter zu nehmen. Wer etwa beschwichtigend darauf hinweist, gegenläufig zur Abnahme
der äußeren Religionsausübung sei die Sittlichkeit innerhalb der bürgerlichen
Gesellschaft stetig angewachsen, hat das Problem nicht tief genug erkannt und
übersieht völlig, daß die Sittlichkeit der gesellschaftlichen Kultur letztlich nur
„bloße Legalität aus den eigennützigsten Beweggründen" sei und daher keinesfalls mit der wahren religiös-moralischen Bildung der Menschen gleich-
gesetzt werden könne[27].

Welche Aufgabe erwächst nun der Predigt aus dieser Entwicklung? Ammon gesteht den Predigern der letzten Jahrzehnte durchaus zu, sich der Herausforderung gestellt zu haben, die die Entkirchlichung vornehmlich gebildeter städtischer Schichten bedeutet. Ihren Anstrengungen war jedoch kein
durchschlagender Erfolg beschieden, was Ammon exemplarisch auf die ver-
fehlten Lösungsansätze zweier Predigtrichtungen zurückführt. Den Anhän-
gern der traditionellen Kirchenlehre, die auf den Kanzeln die „Reliquien des
Judaismus und manche Afterphilosopheme späterer Zeiten in den dogmatischen Inventarien unter der Leitung öffentlicher Symbole" fortführten, gelang es lediglich, ihre „ungebildeteren Zuhörer in den Zustand der Lange-
weile" zu versetzen „und die gebildeteren gänzlich aus den kirchlichen Versammlungen" fortzupredigen[28].

Aber auch die radikalen Protagonisten der neueren, aufgeklärten Theologie vermochten es Ammon zufolge nicht, einen Weg aus der Krise des
öffentlichen Religionsunterrichts zu bahnen. Im Gegenteil, die Naturalisten
beschleunigten noch den Verfall der öffentlichen Religiosität, indem sie durch
einen überzogenen Skeptizismus die Grundlage der christlichen Religion –
„die Göttlichkeit der Sendung Jesu" – in Zweifel zogen und „eine kalte
sophistische Moral" an die Stelle gründlich entwickelter, auf das Herz und
den Willen der Hörer bezogener Religionsvorstellungen setzten[29]. Als völlig
ungeeignete Mittel zur wirksamen Bekämpfung des religiösen Indifferentismus betrachtet Ammon die sog. Nützlichkeitspredigten, mit denen sich manche Kanzelredner an der Aufklärung des Volkes über praktische Fragen des
häuslichen und gesellschaftlichen Lebens beteiligten[30]. Nicht besser bewertet

---

[27] Vgl. Chr. Fr. AMMON, Ideen (s. Anm. 24), 3 f.; ähnlich DERS., Anleitung zur Kanzelberedsamkeit, III f. – Zum Problem der Entkirchlichung in der 2. Hälfte des 18. Jahrhunderts s. o.
112–120.
[28] Chr. Fr. AMMON, Ideen, 5.
[29] Chr. Fr. AMMON, Anleitung zur Kanzelberedsamkeit, III f.
[30] Vgl. Chr. Fr. AMMON, Ideen, 6.

er die ebenfalls von jeglicher theologischen Dogmatik sich fernhaltenden rein
moralischen Kanzelvorträge, „die in einer gelehrten Gesellschaft, oder in der
Synagoge und Moschee, oder in einem Kreiße von Deisten eben so gut
abgelesen werden konten, als in christlichen Versammlungen"[31].

Seine eigenen Vorschläge „zur Verbesserung der herrschenden Predigtmethode" leitet Ammon mit der Mahnung ein, der Prediger habe die zwischen
der bürgerlichen und religiösen Gesellschaft verlaufende Grenzlinie peinlichst
genau zu beachten. Die unterschiedlichen Zweckbestimmungen des bürgerlichen Gemeinwesens und der Kirche dürfen nicht miteinander vermengt
werden. Geht es hier um die Realisierung von Freiheit, Sicherheit und Wohlstand, so bildet dort die religiös-sittliche Perfektionierung des Menschen und
seine Vorbereitung auf die Ewigkeit das Ziel aller Bemühungen. Herrschen in
dem einen Bereich Menschen durch eine Gesetzgebung und Rechtspre-
chung, die dem Wandel der Zeit unterliegen, so gelten in der anderen Sphäre
die absoluten Normen des höchsten Gesetzgebers, die keiner Relativierung
durch persönliche und zeitliche Umstände unterworfen werden dürfen. Während es schließlich in der bürgerlichen Gesellschaft notwendig zur Ausbildung
verschiedener Stände mit bestimmten Rechten und Pflichten kommt, ist
innerhalb der religiösen Gesellschaft den standesmäßigen Unterschieden zwischen ihren Mitgliedern keinerlei Relevanz einzuräumen, denn vor Gott
zählen allein „ein gutes Herz und die fromme Gesinnung". Da der Prediger
mit seinem Amt ausschließlich dem höheren Zweck der Kirche zu dienen
hat, muß er die religiös-sittlichen Prinzipien der Kirche allen gesellschaftlichen Ständen unparteiisch, d. h. ohne Rücksicht auf ihren öffentlichen
Rang und politischen Anspruch, nahebringen[32].

Mißt man die weiteren homiletischen Ausführungen Ammons an seinem
eigenen Anspruch, mit einer verbesserten Predigtmethode dem kontinuierlichen Nachlassen der Beteiligung an den öffentlichen Gottesverehrungen entgegenwirken zu können, so gelangt man zu einem ernüchternden Ergebnis.
In der Substanz eröffnet weder sein homiletischer Traktat von 1795 noch
seine Predigtlehre von 1799 eine Perspektive, die über die bislang bekannten
homiletischen Entwürfe der theologischen Aufklärung hinausweisen würde.
Selbst wenn für den am gottesdienstlichen Teilnahmeverhalten ablesbaren
Entkirchlichungsprozeß im ausgehenden 18. Jahrhundert keinesfalls einfach
nur die zeitgenössische Theologie verantwortlich gemacht werden kann,
drängt sich dem heutigen Betrachter unwillkürlich die Frage auf, warum
gerade die so sehr empirisch orientierte, am wirklichen Hörer und seinen
mannigfaltigen Lebenswelten interessierte Predigt des Aufklärungszeitalters
ihre Adressaten vielerorts offenkundig je länger, je weniger tatsächlich erreicht

---

[31] AaO., 8.
[32] Vgl. aaO., 10–12 (Zitat: 11).

hat. Ohne diese komplexe Frage hier beantworten zu können[33], haben wir zu konstatieren, daß jedenfalls bei Ammon eine konstruktive homiletische Verarbeitung des gesellschaftlichen Bedeutungsverlustes der Predigt nicht zu erkennen ist.

Insbesondere seine Aufstellungen zur Aufgabe des Predigers und zum Inhalt christlicher Religionsvorträge belegen diese Einschätzung. Ammon erklärt „das von Gott allen Menschen eingeprägte Sitten- oder Pflichtgesetz" zum Dreh- und Angelpunkt einer jeden Predigt. Die begriffliche Explikation aller religiösen Lehrvorstellungen in der Kanzelrede muß, wenn diese ihr Ziel – die Veredelung von Herz und Willen – erreichen will, „den Forderungen der reinsten sittlichen Vernunft" entsprechen[34]. Im Rahmen der postulierten Übereinstimmung zwischen allgemeinem Sittengesetz und spezifisch christlicher Dogmatik kann und soll der Prediger die praktischen Grundsätze der Religion unter durchgängiger Berücksichtigung der jeweiligen empirischen Gegebenheiten dem Hörer so plausibel machen, daß dieser in freier Selbstverantwortung gut zu handeln vermag[35].

Obwohl Ammon in diesem Kontext begrifflich ausgesprochen unklar bleibt, läßt sich doch zwischen den Zeilen ausmachen, daß und wie sich seine eigentümliche Sicht des Verhältnisses zwischen Theologie und Religion auf seine homiletischen Anschauungen auswirkt. Für Ammon „ist Religion, als Wissenschaft betrachtet, die Lehre von dem moralischen Verhältnisse des Menschen zu Gott; Theologie die Lehre von dem moralischen Verhältnisse Gottes zur Welt, besonders zu den Menschen"[36]. Nach dieser Definition handelt es sich bei Religion und Theologie um die beiden scheinbar gleichwertigen Seiten ein und derselben Sache, jedoch gibt Ammon der Unterscheidung zwischen beiden Größen an anderer Stelle eine deutlich qualitative Gewichtung. Die Theologie, d. h. der vernunftgemäß entwickelte Gottesbegriff, bildet nämlich den allgemeinen und zugleich notwendigen Rahmen,

---

[33] Chr.-E. SCHOTT, Predigtgeschichte als Zugang zur Predigt, 1986, 73, versucht diese Frage in einseitiger Reduktion auf eine allzu pauschal ausgefallene theologische Bewertung des homiletischen Programms der Aufklärung zu beantworten: „Dieses Programm mußte mit Notwendigkeit scheitern, weil die Aufklärer den Menschen/Hörer, dem sie so gern nützen wollten, nicht kannten und auch so gut wie nichts unternommen haben, um ihn kennenzulernen. Sie wußten nichts von seiner Abgründigkeit, von seiner Gefährdetheit, von seiner Sünde und fragten auch nicht danach, sie gaben sich vielmehr mit dem harmlos optimistischen Menschenbild des Herrn Wolff zufrieden und predigten es ihren Zeitgenossen, statt es ihnen in seiner Fragwürdigkeit aufzudecken und von der Offenbarung her zu neuen Fragehorizonten und Einsichten vorzustoßen. Der Fehler der Aufklärungsprediger liegt darin, daß sie nicht ernst, nicht radikal genug nach dem Menschen, dem sie helfen wollten, gefragt haben …". So einfach kann das Phänomen der Entkirchlichung im ausgehenden 18. Jahrhundert nicht erklärt werden. Vgl. demgegenüber die Erörterung des Problems o. 112–120.

[34] Chr. Fr. AMMON, Ideen, 12 f.; vgl. DERS., Anleitung zur Kanzelberedsamkeit, 39 f.

[35] AMMON, Anleitung zur Kanzelberedsamkeit, 40, stellt pointiert fest, „gut handeln" sei die „Hauptsache für den Menschen, und überdieß Bedingung eines vernünftigen Glaubens".

[36] Chr. Fr. AMMON, Ideen, 7 Anm. 3; vgl. DERS., Anleitung zur Kanzelberedsamkeit, 40.

innerhalb dessen es überhaupt erst zur sachgemäßen Ausbildung der Religion, des sich im sittlichen Handeln niederschlagenden Verhältnisses des Menschen zu Gott kommen kann[37]. Ammon hat den gemeinten Sachverhalt später auf eine griffige Formel gebracht – die Theologie „religionem comitem habet, tanquam mater filiam"[38] – und nicht zufällig gerade mit dieser These den entschiedenen Widerspruch Schleiermachers provoziert, der auf Grund seines ganz andersartigen Verständnisses von Religion die Ableitung christlicher Frömmigkeit bzw. Religiosität aus einem vorausgesetzten vernünftig-spekulativen Gottesgedanken nicht akzeptieren konnte[39].

Welche Bedeutung dieser Verhältnisbestimmung von Theologie und Religion in homiletischer Perspektive zukommt, erläutert Ammon am Beispiel der Sendung und Lehre Jesu. Während die jüdische Religion noch auf dem „Begriff der göttlichen Machtvollkommenheit" basierte und daher zwangsläufig lediglich eine religiöse Hierarchie und einen veräußerlichten Kultus hervorbrachte, ging die von Jesus initiierte christliche Religion „praktisch von dem Grundbegriffe der göttlichen Liebe aus … und heiligte (sie) die sittliche Vernunft zur ewigen Gesetzgeberin in dem Gebiete der Religion"[40]. Dabei ergibt sich die Wahrheit der Lehre Jesu aus ihrer Übereinstimmung mit der „moralischen Natur des Menschen", nicht etwa aus der Geschichte des Erlösers selbst. Denn letztere vermag die Glaubenswahrheiten des Christentums zwar zu bestätigen, aber keinesfalls zu begründen[41]. Im Blick auf die Predigt zieht Ammon aus seiner Argumentation den Schluß, daß dem Zuhörer die besondere Relevanz des Wirkens und des Todes Jesu nur dann aufgehen könne, wenn ihm zuvor allgemein der Wille und die Verheißungen Gottes vermittelt worden seien[42].

Die homiletische Bedeutung, die Ammon seiner Fassung der Unterscheidung von Theologie und Religion beimißt, ist letztlich in dem Interesse

---

[37] Vgl. Chr. Fr. AMMON, Ideen, 13.

[38] Zit. nach H.-Fr. TRAULSEN, Die Theologie Tochter der Religion (s. Anm. 13), 69.

[39] Vgl. dazu ausführlich H.-Fr. TRAULSEN, aaO., 66–70.

[40] Chr. Fr. AMMON, Ideen, 14.

[41] AaO., 15 f.: „Selbst die Geschichte unseres Erlösers ist offenbar mehr zur Bestätigung und Erläuterung, als zum Erweiß christlicher Glaubenssätze geeignet; denn göttliche Wahrheiten sind früher, als Autoritäten, der moralische Glaube an sie schwingt sich höher, als die Erfahrung, und nur dann, wenn ihm die Geschichte nicht als Herrscherin, sondern als Erzieherin und Führerin beigegeben wird, ist es möglich, wahre Gewißheit von ihr zu erzeugen, und zugleich dem Aberglauben zu begegnen, der die Vernunft verläugnet, um in ungeprüften Erfahrungen eine träge und geistverderbliche Ruhe zu finden."

[42] AaO., 17: „… nur dann, wenn … das Verhältniß des sündigenden Menschen zu Gott, und Gottes zu ihm, nach richtigen moralisch-theologischen Begriffen bestimmt worden ist, läßt sich vernünftig und schriftmäßig darthun, in wieferne der Tod des Erlösers für uns wohlthätig und beruhigend werden könne; während dasienige Dogma, welches an der Hand der Geschichte, gleichsam mit dem Kreuze Jesu aus der Erde hervorgeht, nur zu ermüdenden, erbauungslosen, metaphysisch-scholastischen, die Sittlichkeit beeinträchtigenden, also die Religion selbst zerstörenden Vorstellungen veranlassen muß".

begründet, die genuin theologischen Lehren von der Offenbarung, dem Wort Gottes, den göttlichen Eigenschaften, der Rechtfertigung und Heiligung usw. wieder als unverzichtbare Bestandteile der Predigt zu betrachten. Ihre Berücksichtigung in der Kanzelrede ist deshalb unabdingbar, weil man einerseits „den kalten und herzlosen Speculationen des Deisten und Naturalisten" gut begründete theologische Argumente entgegensetzen und andererseits den Fehler vermeiden muß, die christliche Predigt zur bloßen moralischen Belehrung verkommen zu lassen[43]. Die Entscheidung der durch Spalding repräsentierten (neologischen) Homiletik, die Behandlung der „theoretischen" Religionswahrheiten von der Kanzel zu verbannen, beruht nach Ammon auf einer unzureichenden Begriffsbestimmung von Theologie und Religion, insbesondere auf dem Mißverständnis, den rein theologischen Lehrvorstellungen könne die Möglichkeit der Einwirkung auf die praktische Religiosität nicht zugesprochen werden[44]. Demgegenüber gilt es festzuhalten, daß „die reine Theologie ... ihrer Natur nach praktisch ist, weil sie aus dem Sittengesetze hervorgeht"[45].

Die in dieser Äußerung von 1799 andeutungsweise wahrzunehmende Intention, die Moralphilosophie Kants mit der christlichen Offenbarungstheologie zu vermitteln, hat Ammon stärker noch in seiner homiletischen Gelegenheitsschrift von 1795 zur Geltung gebracht. Hier zeigt er sich überzeugt davon, daß der bereits festzustellende Einfluß der Kantischen Philosophie auf die zeitgenössische Religion und Theologie positive Auswirkungen auch auf die Gestaltung der öffentlichen Religionsvorträge nach sich ziehen werde[46]. Ferner zitiert er − im Zusammenhang der Beschreibung der auf die „kirchliche Gesellschaft" bezogenen Aufgabe des Predigers − aus Kants Religionsschrift zustimmend die Definition der Kirche als „eines ethisch gemeinen Wesens unter einer moralisch-göttlichen Gesetzgebung", um im gleichen Atemzug zu kritisieren, die bisherigen dogmatischen Kompendien seien „bloß bei historischen Beschreibungen der Kirche stehen geblieben"[47]. Weil ihm eben daran gelegen ist, sich von der Historisierung − und Naturalisierung −der positiven Religionswahrheiten des Christentums abzugrenzen, greift Ammon auf die Religionsphilosophie Kants zurück[48]. Allerdings verhehlt er nicht seine Zurückhaltung gegenüber vereinzelt bereits unternommenen Versuchen, die Lehre Kants in philosophische Predigten umzusetzen.

---

[43] Vgl. aaO., 7.13.

[44] Vgl. Chr. Fr. AMMON, Anleitung zur Kanzelberedsamkeit, 41 Anm. a).

[45] AaO., 40.

[46] Vgl. Chr. Fr. AMMON, Ideen, 9.

[47] AaO., 10 f. Anm. 8); bei I. KANT, Die Religion innerhalb der Grenzen der bloßen Vernunft (s. Anm. 9), 109, lautet die von AMMON herangezogene Passage exakt: „Ein ethisch gemeines Wesen unter der göttlichen moralischen Gesetzgebung ist eine *Kirche*, welche, sofern sie kein Gegenstand möglicher Erfahrung ist, die *unsichtbare Kirche* heißt ..."

[48] Vgl. dazu L. MARINO, aaO., 226−228.

Zwar muß die argumentative Entfaltung der Religionswahrheiten auf der Kanzel sich auch an philosophischen Kriterien messen lassen können, aber rein rationalistische Vorträge sind abzulehnen, weil durch sie der Endzweck der religiösen Rede nicht erreicht werden kann[49].

Sieht man von Ammons Bemühen ab, das im Sinne Kants verstandene allgemeine Sittengesetz als Grundlage der christlichen Offenbarungslehre aufzufassen und mit Hilfe seiner eigentümlichen Verhältnisbestimmung von Theologie und Religion homiletisch fruchtbar zu machen, läßt sich kein weiterer Punkt nennen, an dem sich sein homiletischer Ansatz von anderen aufklärerischen Predigttheorien charakteristisch unterscheiden würde. Ganz im Einklang mit den maßgebenden Homiletikern der 2. Hälfte des 18. Jahrhunderts tritt Ammon z. B. entschieden für das aufklärerische Subjektivitätsprinzip ein. Da die Religion als unvertretbare Angelegenheit eines jeden einzelnen zu begreifen ist, kann sie generell nicht durch die bloße Berufung auf die Autorität irgendeiner Tradition geweckt und befestigt werden[50]. Vielmehr hat der Prediger seiner Gemeinde nur solche religiösen Überzeugungen zu vermitteln, die ihm nach seiner eigenen kritischen Prüfung am ehesten den Geist der heiligen Schriften widerzuspiegeln scheinen[51].

Auch in seiner „Anleitung zur Kanzelberedsamkeit" setzt Ammon keine eigenständigen Akzente. Das mag mit der pragmatischen Anlage des von Ammon ja hauptsächlich zur Unterrichtung der Mitglieder des Göttinger Predigerseminars konzipierten Kompendiums zusammenhängen. Darüber hinaus dokumentiert diese Homiletik freilich zugleich, daß ihr Verfasser dem eigenen Anspruch, der zunehmenden Entkirchlichung mit einer verbesserten Predigtmethode begegnen zu können, schwerlich gerecht werden dürfte. Denn die einzelnen Mittel, die er zur Sanierung der erkannten Krise der Predigt anzubieten hat, sind sämtlich dem Arsenal der neologischen und rationalistischen Homiletik entnommen. Wie stark Ammon hier von anderen abhängig ist, zeigt bereits der flüchtige Blick in die Disposition seiner Predigtlehre. Sie entspricht im wesentlichen dem Aufriß der Homiletik, die der Hallenser Neologe A. H. Niemeyer in seinem „Handbuch für christliche Religionslehrer" publiziert hatte[52]. Vor der Einführung seiner eigenen „Anleitung zur Kanzelberedsamkeit" hatte Ammon die Niemeyersche Predigt-

---

49 Vgl. Chr. Fr. AMMON, Ideen, 9 f.; DERS., Anleitung zur Kanzelberedsamkeit, 40. AMMON nennt als abschreckende Beispiele die zur Zeit der Vorherrschaft der Wolffschen Philosophie gehaltenen rationalistischen Predigten und verweist auf die zu diesem Thema seinerzeit von REINBECK, RIEBOW und OPORIN verfaßten Schriften. S. dazu o. 56–60.

50 Vgl. Chr. Fr. AMMON, Vorrede, in: Ph. C. MARHEINECKE, Predigten für gebildete Leser, 1801, VIII.

51 Vgl. aaO., VII.

52 Vgl. Chr. Fr. AMMON, Anleitung zur Kanzelberedsamkeit, mit A. H. NIEMEYER, Handbuch für christliche Religionslehrer, Zweyter Theil. Homiletik, Pastoralwissenschaft und Liturgik, Zweyte verbesserte Aufl. 1794:

lehre als Leitfaden für die Arbeit mit den Studenten im Göttinger Predigerseminar benutzt[53].

Wie sehr Ammons Homiletik als unmittelbare Handlungsanweisung für
die Praxis auf die Bedürfnisse des Predigernachwuchses zugeschnitten ist, sei
noch kurz an einem beliebigen Beispiel verdeutlicht. Ammon eröffnet die
Erörterung der „Behandlung besonderer Texte" an Festtagen, bei Kasualien
und weiteren außergewöhnlichen Gelegenheiten mit der allgemeinen Empfehlung, den speziellen Anlaß des betreffenden Kasus zwar durchaus zum
thematischen Rahmen der Predigt zu machen, dann aber insbesondere diejenigen Elemente zu berücksichtigen, die den Brückenschlag vom historischen oder aktuellen Thema des Tages zur Vermittlung gegenwärtig relevan-
ter religiös-moralischer Wahrheiten erlaubten. Beim Durchgang durch die
verschiedenen Feste und Kasus erläutert er zunächst ihre jeweilige Entste-
hungsgeschichte und ihren gegenwärtigen Sinn, um weiterhin geeignete Predigttexte zu nennen, exemplarische Predigtdispositionen zu geben und nicht
zuletzt seine Studenten mit dem Verweis auf homiletische Literatur und
Predigtveröffentlichungen zur selbständigen Weiterarbeit anzuregen[54].

Ammon ist von J. Wallmann beiläufig als der „größte protestantische Kanzelredner der Zeit" um 1800 bezeichnet worden[55]. Ohne diese Einschätzung
hier diskutieren zu wollen, kann man Ammon zumindest unter die bekanntesten Prediger an der Wende vom 18. zum 19. Jahrhundert einreihen. Innerhalb des Bearbeitungszeitraums wird er, was die Zahl der in Druck gegebenen

N.: I.   Wahl des Inhalts christlicher Religionsvorträge überhaupt
A.: I.   Von dem Innhalte christlicher Predigten
N.: II. Behandlung und Ausführung des Inhalts
  1. Wahl u. Eigenschaften des biblischen Textes
  2. Von Erfindung und Erweiterung der Gedanken
  3. Erfindung u. Erweiterung der Gedanken in Religionsvorträgen bei besonderen
     Veranlassungen
A.: II. Von den Texten und ihrer Behandlung
  1. Von den Texten überhaupt
  2. Von der Behandlung der Texte überhaupt
  3. Von der Behandlung besonderer Texte
N.: III. Form u. Theile der Religionsvorträge
     IV. Ausdruck u. Sprache in Religionsvorträgen
A.: III. Von der Disposition und ihrer Ausarbeitung
  1. Von der Disposition überhaupt
  2. Von der Ausarbeitung der Disposition
  3. Von der Sprache der Predigten
N.: V.   Von den Geschäften u. Pflichten, vor u. bei der würcklichen Haltung der Religions-
     vorträge
A.: IV. Von dem öffentlichen Vortrage der Predigten

53 Vgl. Chr. Fr. AMMON, aaO., XIV f.
54 Vgl. Chr. Fr. AMMON, aaO., 104–172.
55 J. WALLMANN, Kirchengeschichte Deutschlands seit der Reformation, 3. Aufl. 1988, 184.

Universitätspredigten anbelangt, unter den Göttinger Universitätspredigern nur von Leß übertroffen. Bei Leß sind das ca. 180, bei Ammon immerhin ca. 120 Predigten, veröffentlicht in 3 umfangreichen Sammlungen mit 7 Bänden, 2 Einzeldrucken sowie in diversen Sammelwerken[56]. Seine Göttinger Predigttätigkeit fällt anfangs noch in seine „Kantische Phase", dann in die Zeit, in der er sich dem Einfluß der Moralphilosophie Kants vorsichtig zu entziehen begann. Aber diese periodische Differenzierung trägt nicht viel aus bei der Erfassung der sich von 1794 bis 1804 erstreckenden Predigtpraxis Ammons in Göttingen, für die sich bestimmte, gleichbleibend bedeutsame Grundlinien namhaft machen lassen.

Im einzelnen stellt sich bei Ammon vieles ganz ähnlich dar wie bei seinen Göttinger Vorgängern Leß, Koppe und Marezoll. Wie diese hält er ausschließlich Themapredigten über fast ausnahmslos frei gewählte Texte, die freilich auf die Durchführung der offenkundig stets vorab festgelegten Themen nie einen erkennbaren Einfluß haben. Die weitgehende Emanzipation vom biblischen Text äußert sich bei Ammon auch darin, daß er der Gemeinde gelegentlich eine eigene Übersetzung des Predigttextes vorlegt, die eher schon einer Deutung als einer wort- und sinngetreuen Wiedergabe der Urfassung des Textes gleichkommt[57] und insofern die meist recht willkürliche Benutzung des biblischen Wortes als Predigtmotto vorwegnimmt. All dies trifft auch in den seltenen Fällen zu, in denen Ammon auf altkirchliche Perikopen oder zumindest Auszüge aus ihnen zurückgreift[58].

Unter den von Ammon traktierten Predigtthemen gibt es wohl kaum eines, das sich nicht einem der klassischen Prinzipien aufklärerischer Theologie – Gott als gütiger Schöpfer und weiser Weltenregent, die Tugend als eine in vernünftiger Einsicht zu adaptierende und in einem Akt der Freiheit zu vollziehende Pflicht sowie die Unsterblichkeit der Seele als gewisse Zukunftsaussicht des vernunftbegabten Menschen – zuordnen ließe. Im Vergleich mit Leß etwa fällt auf, daß die Behandlung sozialethischer Fragen in Ammons Kanzelvorträgen hinter der Erörterung individualethischer Themen völlig zurücktritt[59]. Möglicherweise hat das mit dem historischen Stadium zu

---

[56] Vgl. außer den in der Bibliographie unter 2.2 aufgeführten selbständigen Titeln mit Göttinger Universitätspredigten AMMONs noch: Sammlung von Predigten für alle Sonn- und Festtage des Jahres aus den Werken der berühmtesten Kanzelredner zur Beförderung der häußlichen Andacht unter gebildeten Ständen, Zweyter Bd., 1797 (mit 4 Predigten AMMONs); W. VON MEDING (Hg.), Predigten von protestantischen Gottesgelehrten der Aufklärungszeit, 1989 (mit 2 Predigten AMMONs). – Bibliographisch nicht berücksichtigt sind die – ebenfalls zahlreichen – Predigttitel, die AMMONs frühere und spätere Predigttätigkeit in Erlangen, nochmals Erlangen und Dresden dokumentieren.

[57] Vgl. dazu mit Beispielen K. H. SACK, aaO., 218.

[58] Vgl. dazu 6 Predigtbeispiele in: Chr. Fr. AMMON, Predigten zur Beförderung eines reinen moralischen Christenthums, Erster Bd., 1798 (Nr. 1,4,5,7,15 u. 16).

[59] Exemplarisch seien hier einige individualethische Predigtthemen AMMONs genannt: „Von der Rangsucht" (Lk 14,7–11); „Von der Neugierde" (Apg 17,19–21); „Ueber den

tun, in dem Ammon seine Predigten hielt. Vielleicht rechnete er unter dem Eindruck der zunehmenden Entkirchlichung gegen Ende des 18. Jahrhunderts nicht mehr ernsthaft damit, daß von der christlichen Religion nennenswerte öffentliche Impulse für die Gestaltung des gesamtgesellschaftlichen Lebens ausgehen könnten. Jedenfalls ging er davon aus, die Krise der öffentlichen Religiosität sei nur so zu beheben, daß man zunächst einmal die religiös-moralische Haltung des einzelnen in seinen elementaren Lebensbezügen stärken und fördern müsse. In der ethischen Konkretion bleibt Ammon gleichwohl auch hier hinter Leß, Koppe und Marezoll zurück, was auf die gelehrt-philosophische Diktion seiner Predigten zurückgeführt werden kann. Die durchgängige Betonung der Geltung des allgemeinen Sittengesetzes scheint der exemplarischen Entfaltung konkreter sittlicher Normen ebenfalls nicht förderlich gewesen zu sein. Auf spezielle Belange seiner akademischen Zuhörerschaft ist Ammon den gedruckten Predigten zufolge vergleichsweise selten eingegangen. Ob dies auch beim tatsächlichen Vortrag seiner Predigten in der Göttinger Universitätskirche der Fall war, muß freilich offen bleiben[60].

Anders als Leß und Koppe, die in ihren Universitätspredigten das − für die Parochialgemeinden des Kurfürstentums Hannover 1769 zwar leicht modifizierte, aber nach wie vor geltende − Perikopensystem durch zusammenhängende biblische Textkomplexe und darauf basierende Reihenpredigten abgelöst hatten, strukturierte Ammon seine regelmäßige Predigttätigkeit nicht durch ein derartiges Ordnungsprinzip. Allenfalls aus der Aufnahme seiner Predigten in seine diversen gedruckten Predigtsammlungen lassen sich vorsichtig Rückschlüsse auf gewisse Gewichtungen seiner Göttinger Predigtpraxis ziehen.

Ammons erste Göttinger Predigten sind publiziert in einer noch in Erlangen begonnenen und in Göttingen fortgesetzten sechsbändigen Sammlung mit dem bezeichnenden Titel „Christliche Religionsvorträge über die wichtigsten Gegenstände der Glaubens- und Sittenlehre". Der junge Prediger setzt sich hier zum Ziel, „die Stimmen aller derjenigen neu errungenen Ideen zum möglichsten Gewinn für christliche Tugend zu benützen, die nirgends mehr, als bei seinem (sc. akademischen) Publicum, in einen freieren und unaus-

---

zweideutigen Trost bei unseren Unvollkommenheiten, daß wir besser sind als Andere" (Lk 18,9−14); „Von der Selbstverblendung" (Mt 5,1−3); „Wie sehr die Falschheit des Charakters unsere Verachtung verdient" (Mt 22,16−20); „Verwahrungsmittel gegen den übertriebenen Luxus" (Mt 11,8−10); „Von dem weisen Betragen des Christen in unglücklichen Augenblikken" (Mt 26,41) u. a.

   [60] In den Predigten der Vorgänger Ammons werden die Universitätsangehörigen − in der Regel die Studenten − fast durchweg spätestens jeweils im Schlußteil, der sog. Applicatio, gesondert angesprochen. Ein solches Verfahren könnte auch Ammon praktiziert haben; er hätte dann diese speziell auf die Universitätsangehörigen zugeschnittenen Passagen seiner Normalpredigten beim Druck weglassen oder verändert.

bleiblichen Umlauf kommen müssen"[61]. Ammon geht es in diesen „Religionsvorträgen" darum, die in der Bibel entwickelten positiv-geschichtlichen Lehrvorstellungen des Christentums als Bilder und Einkleidungen der natürlichen Vernunftreligion und des allgemeinen Sittengesetzes zu erweisen. Die bleibende Notwendigkeit dieser Bilder und Hüllen der Wahrheit begründet er damit, daß den schwächeren Geistern – und dazu gehört für Ammon der größere Teil der Menschheit – ein faßlicher Leitfaden an die Hand gegeben werden müsse, damit sie nach und nach zur eigenverantworteten Religiosität und Moralität fänden[62]. Diesem Ansatz bleiben auch die ab 1798 veröffentlichten „Predigten zur Beförderung eines reinen moralischen Christenthums" verpflichtet, obwohl sich in ihnen die enge Bindung an die Kantische Moralphilosophie, die Ammons erste Predigtsammlung geprägt hatte, zu lockern beginnt. Freilich betrifft das vorerst nur die Form der Kanzeldarbietungen – Ammon bemüht sich nämlich darum, gegenüber der etwas abgehobenen Sprache und Gedankenführung seiner ersten Predigten nunmehr „das Ideal einer evangelisch-religiösen Volksrede ins Auge zu fassen"[63]. An der inhaltlichen Zielsetzung seiner Kanzelreden hat sich aber nichts geändert, wie man außer dem Titel dieser zweiten Sammlung und den in ihr vereinigten Predigten auch der Forderung Ammons entnehmen kann, „daß es immer dringenderes Zeitbedürfnis wird, Christenthum und Lehre Jesu zu trennen"[64].

Ammons dritte größere Predigtpublikation schließlich enthält unter dem Titel „Religionsvorträge im Geiste Jesu für alle Sonn- und Festtage des Jahres" seine in den letzten Göttinger Jahren gehaltenen Universitätspredigten[65]. Diese Sammlung, die mit der zur Zeit der lutherischen Orthodoxie überaus weit verbreiteten Gattung der Evangelien- bzw. Epistelpostille so gut wie nichts mehr gemein hat, ist durch zwei Charakteristika gekennzeichnet. Zum einen dokumentiert sie exemplarisch den rapiden Bedeutungsverlust des

---

[61] Chr. Fr. AMMON, Christliche Religionsvorträge über die wichtigsten Gegenstände der Glaubens- und Sittenlehre, Erster Bd., 1793, Vorrede (o. P.).
[62] Vgl. zu dieser Predigtsammlung AMMONS die knappe Darstellung von K. H. SACK, aaO., 215–219. SACK mißt AMMONS Religionsvorträge vornehmlich daran, ob sie inhaltlich im Einklang mit den überkommenen Lehren von der Trinität, der Versöhnung und Rechtfertigung stehen, und gelangt dann, wie man sich denken kann, zu einer negativen Wertung dieser „Arbeiten eines jungen Gottesgelehrten, … der, etwas geblendet von dem Glanze ‚neuerer Ideen' es versuchte, biblische Lehren und Gedanken als bloße Stützen und Hüllen des religiösen Moralgesetzes zu behandeln …" (aaO., 219).
[63] Chr. Fr. AMMON, Predigten zur Beförderung eines reinen moralischen Christenthums, Dritter Bd., 1802 (Ex. KMB Celle, 5 Ld 1831), Vorrede.
[64] Chr. Fr. AMMON, aaO., Zweiter Bd., 1800 (Ex. BSB München, Hom. 51), Vorrede.
[65] Vgl. Chr. Fr. AMMON, Religionsvorträge im Geiste Jesu für alle Sonn- und Festtage des Jahres zur Erbauung gebildeter Familien und zur Vorbereitung angehender Kanzelredner aus allen christlichen Partheien, Erster Bd., 1804; Zweiter Bd., 1806. – Der dritte Band dieser Sammlung enthält Predigten, die AMMON ab 1804 in Erlangen gehalten hat. Vgl. aaO., Dritter Bd., 1809 (Ex. UB Tübingen, Gi 1637–3), III f. (Vorrede).

Kirchenjahres im Zeitalter der Aufklärung[66]. Entsprechend dem in vielen anderen aufklärerischen Predigtsammlungen und Agenden geübten Verfahren gibt auch Ammon, indem er seine „Religionsvorträge im Geiste Jesu" nicht etwa mit dem 1. Advent, sondern mit Neujahr beginnen läßt, dem bürgerlichen Jahr den Vorzug vor dem Kirchenjahr. Darüber hinaus nimmt er auf die historisch gewachsene spezifische Sinnprägung der einzelnen Sonntage mit Ausnahme der großen Festtage keine Rücksicht mehr, was einige für die Passionszeit ausgewählte Predigtthemen beispielhaft zeigen[67]. Zum anderen verbindet Ammon mit der Veröffentlichung seiner Predigten für alle Sonn- und Festtage des Jahres die Absicht, die häusliche Andacht der Leser zu fördern und auf diese Weise einen Ausgleich für „die Vernachlässigung öffentlicher Gottesverehrungen" zu schaffen[68]. Um dieser Intention willen verzichtet er darauf, seinen Kanzelreden die traditionellen Evangelienperikopen zugrundezulegen. Statt dessen hält er Predigten über frei gewählte Texte viel eher dazu geeignet, um „die in dem Wesen des heiligen Gesezgebers und in der von ihm geleiteten moralischen Ordnung der Dinge gegründeten Hauptlehren des Evangelium(s) auf die Bedürfnisse unserer Zeiten anzuwenden, und ihnen … ein lebendiges Interesse für Herz und Leben zu ertheilen"[69].

Nach diesem allgemeinen Überblick über Ammons Predigttätigkeit in Göttingen und die aus ihr hervorgegangenen Publikationen soll das bislang gewonnene Bild im folgenden anhand der Betrachtung einiger Einzelpredigten Ammons noch etwas schärfer konturiert werden. Für diesen Zweck dürften sich eine Natur-, eine Karfreitags- und eine Zeitpredigt deshalb besonders gut eignen, weil in ihnen sowohl Ammons Teilnahme an der allgemeinen Entwicklung der aufklärerischen Predigt in ihrer späten Phase als auch seine eigenen, persönlichen Akzentsetzungen deutlich werden.

Ammons „Moralische Betrachtungen über den nahen Frühling" stellen ein typisches Beispiel der seit ca. 1770 mit zunehmender Häufigkeit gehaltenen

---

[66] Vgl. dazu P. GRAFF, aaO., II. Bd., 1939, 89–97.

[67] Vgl. folgende Predigtthemen AMMONS: „Von der mächtigen Gewalt, welche die Wahrheit über den menschlichen Geist behauptet" (Joh 3,19–21, Invokavit); „Von der heiligen Pflicht des Andenkens an unsere vollendeten Freunde" (Lk 22,19, Reminiszere); „Von dem vortheilhaften Einflusse, welche fromme Rührungen auf unsere Tugend haben" (Apg 10,44–46, Okuli); „Von dem nachtheiligen Einflusse, den ein übertriebener Luxus auf unsere Tugend hat" (Mt 11,8, Lätare); „Betrachtungen über die Vorsehung" (Ps 139,14–18, Judika); „Wie demüthigend die Herrschaft ist, welche die Furcht über das menschliche Gemüth behauptet" (1. Joh 4,18, Palmarum).

[68] Chr. Fr. AMMON, aaO., Erster Bd., V.

[69] AaO., IV; vgl. auch die Begründung, aaO., V: „Wenigstens habe ich durch die Wahl freier Texte die Einförmigkeit der kirchlichen Vorträge zu vermeiden, oder doch die künstlichen Uebergänge von dem ersten historischen Sinne mancher Evangelien zu allgemein wichtigen Religionslehren zu verhüten gesucht."

sog. Naturpredigten dar[70]. Er handelt hier über das – aus dem Text Ps 104,27–31 kaum zureichend abgeleitete – Thema, wie „die sanften Gefühle der Freude, welche die mildere Jahreszeit in uns weckt, mit den ernsthafteren Betrachtungen der Sittenlehre und Religion zu verbinden" seien[71]. Die Predigt ist in drei Teile gegliedert, die freilich untereinander keinen organischen Zusammenhang aufweisen. Was sie miteinander verbindet, ist allenfalls die stets gleiche Vorgehensweise des Predigers, aus einer einzelnen Naturbeobachtung im Analogieverfahren eine bestimmte religiöse Überzeugung bzw. moralische Gesinnung zu entwickeln.

Die erste Wahrheit, die der nahe Frühling augenfällig in sich birgt, besteht in der Ablösung der winterlichen Kälte und des Todes durch die Wärme und das neu erwachende Leben. Den Übergang von der „sinnlichen zur moralischen Welt" vollziehend, geht Ammon dann auf das mit politisch-gesellschaftlichen Zerrüttungen und Stürmen einhergehende Ende des 18. Jahrhunderts ein, um klarzustellen, daß von keinem Menschen, Regenten oder Volk, sondern nur von Gott eine Änderung dieses krisenhaften Zustandes herbeigeführt werden könne. Wer Gott um Hilfe bittet, kann nach Ammon zugleich aus der geschichtlichen Erfahrung, daß große gesellschaftliche und politische Umwälzungen stets Vorboten einer gesteigerten „Vollkommenheit und Glückseligkeit für ein kommendes Geschlecht" gewesen seien, zuversichtliche Hoffnung schöpfen[72].

Zum zweiten symbolisieren die im Frühling wiederauflebenden Kräfte der Natur die Hoffnungen und Freuden des Menschen, der zwar mit seinem Leib in die Natur eingebunden ist und insoweit von ihr beherrscht wird, der aber als Ebenbild Gottes dazu befähigt ist, über seinen Geist selbst bestimmen und seinen „inneren moralischen Sinn durch fromme Betrachtungen über Gott und seine Offenbarung" perfektionieren zu können. An diese anthropologischen Aussagen schließt Ammon die speziell auf seine studentische Zuhörerschaft („als ein lebendes Bild des Frühlings hier vor unseren Blicken") bezogene Mahnung an, die edlen Kräfte des Geistes beizeiten zur Selbstbeherrschung einzusetzen, um später in der Familie, im Beruf und im Dienst am Vaterland die Früchte der schon während des Studiums ausgebrachten Saat ernten zu können[73].

---

[70] Vgl. Chr. Fr. AMMON, Predigten zur Beförderung eines reinen moralischen Christenthums, Erster Bd., 1798, 339–362. – Zur Gattung der Naturpredigten vgl. R. KRAUSE, aaO., 119–125, der freilich dem Anliegen der aufklärerischen Naturpredigten nicht wirklich gerecht werden dürfte, wenn er sie als „Versuche einer weitgehend untheologischen und säkularisierten Predigtweise" (aaO., 119) versteht und abwertet. Zur Kritik an KRAUSE vgl. J. A. STEIGER, Johann Ludwig Ewald (1748–1822). Rettung eines theologischen Zeitgenossen, 1996, 15 f.

[71] Chr. Fr. AMMON, aaO., 345.

[72] Vgl. aaO., 347–351 (Zitate: 348 u. 351). – AMMON spielt in diesem Zusammenhang auf die durch die Französische Revolution offengelegte Krise des Ancien Régime an.

[73] Vgl. aaO., 351–356 (Zitate: 353 f. 355 f.).

Im dritten Teil der Predigt geht Ammon von der Beobachtung zahlreicher Metamorphosen in der Natur aus, die er in der Tradition physikotheologischer Vorstellungen als partielle Manifestationen eines zielgerichteten Prozesses begreift. Im Rahmen dieses Prozesses offenbart sich Gottes Herrlichkeit und Weisheit selbst in den kleinsten Phänomenen des Kosmos[74]. In einer gewissen Spannung zu diesem Gedanken hebt Ammon hervor, daß die Natur (und also auch der Leib des Menschen) dem Kreislauf von Vollkommenheit und Vernichtung unterworfen sei – allein der Geist des Menschen „kennt keinen Kreislauf, keinen Rückfall von der Stufe der ietzigen Vollkommenheit zur moralischen Unmündigkeit des Kindes; er hebt kühn, seiner Würde eingedenk, sein Haupt zu den Sternen, seinen Blik zur Unendlichkeit empor, und findet hier die ewige Laufbahn, die er wandeln soll"[75]. Zwar leitet der Prediger aus der Tätigkeit der sich selbst erneuernden Natur den Appell ab, seine Hörer sollten die ihnen vom Schöpfer verliehenen religiös-moralischen Kräfte zur sukzessiven Vervollkommnung ihrer Bestimmung anwenden, aber er vertritt nicht die Meinung, die angestrebte Perfektibilität lasse sich unter den geschichtlichen Bedingungen menschlicher Existenz vollständig erreichen. Im Gegenteil, Ammon weiß um den eschatologischen Vorbehalt, um die dem irdischen Perfektionierungsprozeß durch die Sinnlichkeit und die Sünde des Menschen gesetzten Grenzen, die erst in der Ewigkeit überschritten werden können[76].

---

[74] AaO., 358: „Da ist vom Staubkorn bis zum Diamant, vom Halme bis zur Eiche, vom kleinsten Wurme bis zum Menschen, nichts, was nicht durch tausend Uebergänge und Verwandlungen zulezt das würde, was es werden kann und soll, und wenn es ein Jahrhundert zur Erreichung seiner Bestimmung nöthig hätte." AMMON denkt hier an eine kontinuierliche Entwicklung der Natur „empor auf eine höhere Stufe" (ebd.). – Zur Physikotheologie des 18. Jahrhunderts vgl. W. PHILIPP, Das Werden der Aufklärung in theologiegeschichtlicher Sicht, 1957. In seinem ebenso anregenden wie eigenwilligen Buch dürfte PHILIPP freilich den Einfluß der physikotheologischen Literatur der Frühaufklärung auf die Neologie, den Rationalismus und Supranaturalismus bei weitem überschätzt haben. In den Predigten der Göttinger Universitätsprediger der 2. Hälfte des 18. Jahrhunderts lassen sich die von PHILIPP herausgestellten kosmologischen und physikotheologischen Vorstellungen nur relativ selten und wenn, dann allenfalls am Rande wiederfinden. Zur Kritik an PHILIPP vgl. auch J. SCHOLL-MEIER, Johann Joachim Spalding. Ein Beitrag zur Theologie der Aufklärung, 1967, 53–55; Fr. W. KANTZENBACH, Die Spätaufklärung. Entwicklung und Stand der Forschung (I), ThLZ 102 (1977), (337–348) 343 f.
[75] Chr. Fr. AMMON, aaO., 359.
[76] Chr. Fr. AMMON, aaO., 361 f., bringt seine Skepsis gegenüber der Vorstellung, es lasse sich in der Geschichte der Menschheit ein genereller sittlicher Fortschritt der einzelnen Individuen feststellen, mit einem Zitat aus 1. Joh 3,2 zum Ausdruck: „… es ist noch nicht erschienen, was wir seyn werden, wir wissen aber, wenn es erscheinen wird, daß wir ihm gleich seyn werden; denn wir werden ihn sehen, wie er ist". Bezeichnenderweise geht AMMON allerdings nicht näher auf die in 1. Joh 3,2 angesprochene Gleichförmigkeit des Christen mit dem erhöhten Christus ein. – Zu AMMONS Auffassung von der sittlichen Perfektibilität des Menschen vgl. G. HORNIG, Perfektibilität, ABG 24 (1980), (221–257) 229 f.; dort (234 f.) auch ein kurzes Referat der von AMMON später (1833 ff.) entwickelten Theorie von der Perfektionierung des Christentums zur universalen Weltreligion.

Gewiß wird in dieser Predigt natürliche Theologie in praktischer Abzwek-
kung getrieben, allerdings lassen sich die bisweilen skurrilen Bilder und Ge-
dankengänge manch anderer spätaufklärerischer Naturpredigten in Ammons
Frühlingsbetrachtungen nicht wiederfinden[77]. Den platten Utilitarismus, der
für viele dieser Naturpredigten charakteristisch ist, hat Ammon ebenfalls
weitgehend vermieden. Das dürfte mit seinem Bestreben zu tun haben, die
Betrachtung von Vorgängen in der Natur mit grundlegenden anthropologischen Einsichten, insbesondere mit der typisch aufklärerisch gefaßten Unterscheidung zwischen Leib und Geist zu verknüpfen.

Wenn wir uns nach der Naturpredigt nun einer Karfreitagspredigt Ammons zuwenden, könnte man diesen Themenwechsel − um ein Bild aus der
dogmatischen Tradition zu gebrauchen − als Schritt aus dem Vorhof des
Glaubens mitten hinein in das Zentrum christlicher Religiosität verstehen.
Natürlich gibt es gute Gründe, die gegen die Anwendung dieses Bildes auf
aufklärerische Theologie sprechen, Einwände, die durch Ammons Predigt
„Das preiswürdige Ende des Erlösers" im großen und ganzen bestätigt werden[78]. Gleichwohl stößt man beim ersten Lesen seiner Karfreitagsrede auf den
überraschenden Befund, daß Ammon hier außer dem Predigttext Joh 19,28 −
30 sei es in Form des Zitats, sei es in Gestalt des bloßen Verweises auf einen
Schriftvers oder -abschnitt eine immense Zahl weiterer biblischer Texte aufbietet, um sein Anliegen zu begründen oder zu erläutern. Wenn − wie in
diesem Fall − ein einziger Religionsvortrag nicht weniger als 68 solcher
expliziter Bezugnahmen auf biblische Texte aufweist, so ist das durchaus
ungewöhnlich, und zwar nicht nur dann, wenn man an die gängige Emanzipation aufklärerischer Predigten von der konkreten biblischen Textbasis
denkt.

Ammons Beweggründe für die Wahl dieses Verfahrens ergeben sich aus
seiner Absicht, alle Zweifel an den mit dem Ende des Erlösers verbundenen
Wohltaten zerstreuen zu wollen. Genauerhin will er zeigen, daß die überkommene Lehre von der Versöhnung nicht etwa als eine spekulative, rein
theoretische Religionswahrheit (miß-) verstanden werden dürfe und auch
nicht − wie die neologische Homiletik es gefordert hatte − als möglicher
Gegenstand des Kanzelvortrags auszuscheiden sei[79]. Durch die Darbietung
biblischer Zitate meint Ammon nun offenkundig die überlieferte Lehre von
der Versöhnung bzw. von der Sündenvergebung angemessen wiedergegeben
zu haben, indes setzt er eben dies Textmaterial so für seine Argumentation

---

[77] Vgl. dazu R. Krause, aaO., 121−125.

[78] Vgl. Chr. Fr. Ammon, Religionsvorträge im Geiste Jesu (s. Anm. 65), Erster Bd., 1804,
363−386.

[79] AaO., 377: „… ia wer möchte nun noch auftreten und behaupten, daß das göttliche
Wort der Versöhnung nur zu Geheimnissen und unbegreiflichen Lehrsätzen führe, da es
vielmehr den Verstand iedes gläubigen Gottesverehrers nur deßwegen erleuchtet, um unser
Herz unmittelbarer zu den edelsten Entschlüssen und Vorsätzen zu beleben?"

ein, daß sich die von ihm anvisierte Übereinstimmung zwischen der biblisch-dogmatischen Tradition und den die gegenwärtige aufklärerische Religiosität bestimmenden Prinzipien der sittlichen Vernunft scheinbar problemlos einstellt.

Entsprechend seiner eigentümlichen Verhältnisbestimmung von Theologie und Religion gliedert Ammon seine Predigt in einen dogmatischen Teil, der die Antwort auf die Frage nach der Bedeutung des Todes Jesu gibt, und einen ethischen Teil, der die aus der Lehre von der Versöhnung folgenden „nöthigen Vorsätze und Entschließungen" des Christen vorstellt[80]. Um sehen zu können, worauf das hinausläuft, bedarf es nicht der Paraphrase des gesamten Predigtinhaltes; die Tendenz der Argumentation Ammons läßt sich schon den Leitsätzen der Predigt entnehmen. Danach war das Ende des Erlösers „preiswürdig und segensvoll", weil es a) die Tugend Jesu krönte, b) weil Jesus durch seinen Tod die von ihm vertretene Religionswahrheit öffentlich besiegelte und bekräftigte, c) weil sein Tod zur Quelle des Trostes für den reuigen Sünder wurde, und d) weil sein Ende für seine Verehrer zugleich das Ende ihrer Sünden sein soll. Die daraus abgeleiteten Vorsätze bestehen darin, daß wir uns a) am Muster Jesu orientieren und „uns auf einen ruhigen und heiteren (sic!) Abschied von der Erde vorbereiten" wollen, b) daß wir an der durch den Tod des Erlösers teuer erkauften Wahrheit festhalten wollen und daß wir (sic!) c) unser Herz am Todestag Jesu mit dem Schöpfer aussöhnen wollen[81].

Wie Ammon biblische Aussagen zur Versöhnung bzw. zur Vergebung der Sünden durch seine Interpretation auf eine Linie mit Grundsätzen aufklärerischer Religiosität zu bringen versucht[82], sei hier noch an einigen ausgewählten Passagen seiner Karfreitagspredigt aufgezeigt. So meint er an einer Stelle, dem Tod Jesu komme eigentlich keine besondere Heilsbedeutung zu. Denn für Ammon ist jede Religionswahrheit – und also auch die von der Vergebung der Sünden –, „insofern sie in der ewigen Natur Gottes und in der weisen Ordnung der Dinge gegründet ist", grundsätzlich „keines Wachsthums und keiner Abnahme ihrer Gewißheit fähig" – auch durch das Geschick eines Märtyrers nicht. Wenn der Erlöser seine Lehre dennoch durch seinen Tod öffentlich bekräftigen wollte, so tat er dies nur um derer willen, die den Glauben an die Wahrheit der Sündenvergebung nicht aus inneren Gründen bejahen können, sondern dazu auf ein anschauliches Beispiel ange-

---

[80] AaO., 368.

[81] Vgl. aaO., 369.371.373.375.378 f.381.

[82] Zum folgenden vgl. auch die (aus dogmatischen Texten AMMONS erhobene) Darstellung der Versöhnungs- und Rechtfertigungslehre AMMONS bei J. BAUR, Salus christiana. Die Rechtfertigungslehre in der Geschichte des christlichen Heilsverständnisses, Bd. 1: Von der christlichen Antike bis zur Theologie der deutschen Aufklärung, 1968, 163–165. – Reichlich pauschal ausgefallen ist das Urteil K. H. SACKS über AMMONS Verständnis der Bedeutung des Todes Jesu, das SACK, aaO., 216 f., als eine „ganz pelagianische Theorie" bezeichnet.

wiesen sind, das ihnen den generellen Willen Gottes zur Vergebung exemplarisch vermittelt[83].

Trotz dieser die singuläre Bedeutung des Todes Jesu für das Versöhnungsgeschehen relativierenden Aufstellungen unterläßt Ammon es nicht, die einschlägigen biblischen Texte anzuführen, die den Tod Jesu als Opfer und Hingabe, als Werk der Versöhnung etc. zu verstehen geben. Er faßt sinngemäß zusammen, daß nur der sündlose Mittler, der die Sünden seines Volkes im stellvertretenden Gehorsam bis zum Tod am Kreuz auf sich nahm, die Sünder selig zu machen vermochte. Durch ihn hat Gott die Welt mit sich selbst versöhnt, damit wir in ihm gerecht würden. Allerdings fügt Ammon sogleich warnend hinzu, auf Grund dieser Lehre dürfe sich niemand in falscher Sicherheit wiegen. Wer in den durch das Blut Jesu geweihten Bund eintreten möchte, muß nämlich selbst durch die Erneuerung seines Geistes (cf. Röm 12,2), durch das Anziehen des inneren Menschen (cf. Eph 4,24), kurz durch die fortschreitende Ausbildung seiner Tugend die Voraussetzungen erfüllen, um in den Genuß der mit dem Tod des Mittlers verbundenen Segnungen zu gelangen[84].

Davon, daß die Sünde durch ein je und je ergehendes göttliches Wort der Vergebung getilgt werde, daß die im Absolutionswort sich aussprechende Verheißung Gottes den Glauben des Menschen provoziere, um in eben diesem wortgewirkten Glauben ergriffen zu werden, daß die Vergebungszusage Gottes allererst den neuen Menschen schaffe, der sich dann auch als solcher in seinem christlichen Wandel zu erkennen gibt oder dies zumindest zu tun versucht, – von all dem ist bei Ammon nicht (mehr) die Rede. Die Transformation der lutherischen Lehre von der Versöhnung in die Denkstrukturen des aufgeklärten Zeitalters hat offenkundig den Verlust ihrer substantiellen Mitte zur Folge. An die Stelle des rechtfertigenden Glaubens tritt bei Ammon ein Glaube, der sich in „einem festen und unverrückten Fürwahrhalten aus Liebe zur Pflicht" erschöpft[85]. Die nach dem subjektiven Empfinden des Predigers im Konsens mit der Schrift zur Geltung gebrachte Lehre von der Sündenvergebung ist unter der Hand des geschickten Interpreten letztlich zum religiös-moralischen Appell verflüssigt worden. Das fromme religiöse Subjekt hat – gerade angesichts des rein historischen Faktums, daß Jesus die Sünder vom Fluch des Gesetzes befreit und die Sünden der Welt getragen hat, – nunmehr selbst den Kampf u. a. gegen seine „Lieblingssünden" aufzunehmen und eben so durch entsprechend positive Gesinnungen in freier Selbstbestimmung sein „Herz an dem Todestage unseres Erlösers auf das feierlichste mit seinem Schöpfer auszusöhnen"[86].

---

[83] Chr. Fr. AMMON, aaO., 371f.

[84] Vgl. aaO., 374–376.

[85] Chr. Fr. AMMON, Anleitung zur Kanzelberedsamkeit, X.

[86] Vgl. Chr. Fr. AMMON, Religionsvorträge im Geiste Jesu (s. Anm. 65), Erster Bd., 1804, 381–384 (Zitat: 381; das Wort „eurem" im Text AMMONS ist hier durch „seinem" ersetzt).

Um der Ammonschen Auslegung des Todes Jesu historisch gerecht zu
werden, wird man freilich nicht beim Aufweis ihrer im Vergleich mit der
Lutherschen Rechtfertigungslehre offen zutage tretenden Defizite stehen bleiben dürfen. Vielmehr gilt es auch hier die „drängenden Kräfte in der Selbsterfahrung des Menschen (sc. des 18. Jahrhunderts)"[87] zu berücksichtigen, die
Ammon und andere Theologen seiner Zeit dazu führten, in apologetischer
Absicht zentrale Lehren des Christentums auf dem Wege der Akkommodation
dem Geist der Epoche kompatibel zu machen. Ausgehend von der Prämisse,
die christliche Religion könne und solle sich auch unter veränderten geistesgeschichtlichen Bedingungen als eine das Bewußtsein der Gegenwart bestimmende und fördernde Macht erweisen lassen, meinte man die − naturgemäß
hauptsächlich in den literarischen Zeugnissen der geistigen Elite wahrnehm-
bare − Selbsterfahrung „des" zeitgenössischen Menschen konstruktiv in die
Darstellung des christlichen Glaubens einarbeiten zu müssen und zu können.
Dabei wurde die antithetische Spannung zwischen dem Selbstverständnis des
seine Möglichkeiten autonom ausschöpfenden Menschen des 18. Jahrhunderts[88] und dem Verständnis des Menschen coram Deo, wie es die biblisch-
reformatorische Lehre von der Versöhnung bzw. Rechtfertigung entwickelt
hatte, in aller Regel eher nivelliert als in einer wirklichen Synthese aufgehoben. Unter vielen weiteren Beispielen läßt Ammons Karfreitagspredigt auf ihre
Weise deutlich werden, daß der angestrebte Ausgleich insofern auf Kosten der
überkommenen Rechtfertigungslehre gehen mußte, als nämlich der seine
Bestimmung zur Glückseligkeit im christlichen Kontext selbst realisierende,
der sich im kritisch-vernünftigen Bezug auf vorgegebene religiöse Autoritäten
und Traditionen selbst setzende Mensch zum eigentlichen Subjekt des Ver-
söhnungsgeschehens erhoben wurde.

Noch in Göttingen scheint Ammon die Ahnung gekommen zu sein, daß
derartige Vermittlungsversuche wie der beschriebene theologisch problematisch sein könnten. Über solch bloßes Ahnen hinaus gelangte er freilich nicht,
wie seine an Neujahr 1801 gehaltene Kanzelrede „Der Geist des verflossenen
Jahrhunderts" belegt. Ammon stellt in dieser Zeitpredigt Verdienste und
Defizite der geistigen Anstrengungen der Aufklärungsepoche einander gegenüber, um aus dem kontrastierenden Vergleich Lehren für die zukünftige Gestalt christlicher Religiosität zu ziehen. Dabei erhebt er in freier Adaption des
Predigttextes Hi 8,8−10 aus der Mahnung Bildads an Hiob, „die früheren
Geschlechter" zu befragen und auf das zu achten, „was ihre Väter erforscht
haben" (Hi 8,8), den leitenden Gesichtspunkt für seine Ausführungen −
nunmehr ist es der „Geist des verflossenen Jahrhunderts", durch den die
Vorzeit als „ernste und unpartheyische Richterin" zu uns sprechen will[89].

---

[87] J. BAUR, aaO., 174.

[88] Vgl. dazu die Erwägungen von J. BAUR, aaO., 173−176.

[89] Chr. Fr. AMMON, Predigten zur Beförderung eines reinen moralischen Christenthums,
Dritter Bd., 1802 (Ex. KMB Celle, 5 Ld 1831), (1−28) 6.

Im ersten Teil[90] der Predigt beschreibt Ammon zunächst die positiven Wirkungen des Geistes des 18. Jahrhunderts, die er ganz im Einklang mit dem Selbstverständnis der theologischen Aufklärung in den Bereichen Religion und Kirche, bürgerliche Rechtsordnung und allgemeine Sittlichkeit feststellen zu können meint. So vermochte das Zeitalter die von Luther und seinen Gehilfen begonnene „Verbesserung des Glaubens" fortzusetzen und zu vertiefen, indem es die – bereits von Jesus gelehrte (!) – Unterscheidung zwischen dem Gottesdienst als äußerem Hilfsmittel der Religion und der inneren Gottesverehrung als der Religion selbst ebenso zur Geltung brachte wie die Differenz zwischen religiöser Lehrart und religiöser Wahrheit. Auch auf dem Gebiet der politischen und rechtlichen Ordnung konnten deutliche Fortschritte erreicht werden, wurde doch die Legitimität der obrigkeitlichen Gewalt aus der Heiligkeit freier Gesellschaftsverträge begründet, gelang es ferner, Leibeigenschaft und Sklaverei abzuschaffen, und setzte sich im Rechtswesen die Einsicht durch, daß der einzelne Staatsbürger einen in seiner sittlichen Bestimmung wurzelnden und durch entsprechende gesellschaftliche Vereinbarungen zu garantierenden Anspruch auf Rechtssicherheit habe. Das nicht geringste Verdienst des abgelaufenen Zeitalters schließlich besteht in der Hebung der allgemeinen sittlichen Verfassung der Menschheit. Zwar hält Ammon es für eine Träumerei, wenn man hier „von einer fortschreitenden und ausgezeichneten Vollkommenheit und Sittlichkeit der Menscheit sprechen" wolle[91], aber trotz dieser Kritik an einem allzu optimistischen Glauben an die Perfektionierungsfähigkeit der menschlichen Gesellschaft wertet er die Förderung der Sittlichkeit, die Verbesserung der Erziehung und die Zunahme der allgemeinen Bildung als sichtbare Erfolge der Aufklärung, die er hauptsächlich dem „Geist des Selbstdenkens und der eigenen freien Untersuchung" zuschreibt[92].

Merkwürdig unvermittelt zu dieser Lobeshymne auf die Errungenschaften des aufgeklärten Zeitalters steht das Klagelied über das traurige Erscheinungsbild der öffentlichen Religion am Ende des 18. Jahrhunderts, das Ammon im zweiten Teil seiner Predigt anstimmt. Der rapide Rückgang der Beteiligung an den Gottesdiensten, die Abnahme des kirchlichen Gemeingeistes, der Verlust der Gewißheit des Glaubens an die zentralen Wahrheiten der Religion und die Entfremdung breiter gesellschaftlicher Kreise von dem Gedanken an Gott und eine zukünftige Welt machen als Einzelkomponenten den trostlosen Gesamtzustand der „äußeren" Religion evident – alles in allem sieht Ammon darin ein Menetekel für das bei einer Fortsetzung des Abwärtstrends schon im nächsten Jahrzehnt zu erwartende Elend eines vom religiösen Indifferentismus

---

[90] Vgl. aaO., 7–13.
[91] AaO., 12.
[92] AaO., 13.

völlig bestimmten Geschlechts[93]. Anders als bei der Aufzählung der Defizite
der bürgerlich-gesellschaftlichen Lebenswirklichkeit, bei der Ammon auf eine
Erörterung der Gründe für gewisse Fehlentwicklungen verzichtet[94], weist er
im Blick auf den desillusionierenden Verfall der Religiosität dem „Geist des
verflossenen Jahrhunderts" eine Mitschuld zu. Homiletisch nicht ungeschickt
läßt er diesen Geist persönlich auftreten und in Ich-Form nach seinem eigenen Anteil an der verhängnisvollen Entwicklung fragen. So legt der Geist der
Aufklärung den Predigthörern Suggestivfragen der Art vor, warum er selbst
die heiligen Religionsschriften dem Spott des Unglaubens und der Zweifelsucht preisgegeben und unter den Gebildeten den Wahn verbreitet habe, in
der Durchbrechung aller religiösen Schranken bestehe geistige Größe, warum
er ferner die Lehrer auf die irrige Meinung habe verfallen lassen, eine Sittlichkeit ohne Fundierung in der Gottesverehrung könne den Menschen zur
höchsten Vollkommenheit führen, und warum er schließlich die Prediger so
habe verblenden können, daß sie auf die Zerstörung des überlieferten Glaubens und nicht auf die behutsame Berichtigung unzulänglicher Religionsvorstellungen ihr Augenmerk gerichtet hätten[95].

Mit dieser allgemeinen Schuldzuweisung dispensiert sich Ammon aber
zugleich von einer differenzierten Bearbeitung des mit dem Niedergang der
Religiosität für die Theologie gegebenen Problems. In einer anderen Predigt
weiß er zwar allerlei Gründe dafür zu nennen, warum die Gleichgültigkeit in
religiösen Dingen namentlich unter den Angehörigen der höheren, gebildeten Stände zugenommen habe[96], aber weder in jener noch in der hier behandelten Predigt unternimmt er den Versuch, die für den Entkirchlichungsprozeß im späten 18. Jahrhundert verantwortlichen Einzelfaktoren näher zu

---

[93] Vgl. aaO., 15; diese Passage der Predigt AMMONs ist in der kirchengeschichtlichen
Literatur immer wieder als aussagekräftiger Beleg für die zunehmende Entkirchlichung in
der protestantisch geprägten Gesellschaft Deutschlands während des ausgehenden 18. Jahrhunderts angeführt worden. S. o. 112 Anm. 17.

[94] Vgl. Chr. Fr. AMMON, aaO., 17–20. AMMON beklagt hier das Blutvergießen in Kriegen, das
Mißtrauen zwischen Obrigkeiten und Untertanen, die mangelnde Ehrfurcht vor der bestehenden
Verfassung des Staates, die Gewaltherrschaft mancher Regenten, den Eigendünkel und Parteigeist
mancher Wissenschaftler, die Bevorzugung einer auf Luxus und sinnliche Vergnügungen ausgerichteten Lebensart vor einer von Pflicht und Tugend gekennzeichneten Lebensführung.

[95] Vgl. aaO., 14–16.

[96] Vgl. Chr. Fr. AMMON, Von der Gleichgültigkeit gegen die Religion in den höheren
Ständen, in: Sammlung von Predigten für alle Sonn- und Festtage des Jahres aus den Werken
der berühmtesten Kanzelredner zur Beförderung der häußlichen Andacht unter gebildeten
Ständen, Zweyter Bd., 1797, 111–128. AMMON führt hier (aaO., 116–122) drei Ursachen
auf: 1) Die Bildung der höheren Stände ist einseitig auf sinnliche Gegenstände ausgerichtet; die
Religion stellt, da sie diese Dinge relativiert, ein Ärgernis dar. 2) Die Bildung der höheren
Stände dringt nicht tief genug in die „moralische Natur" und schon gar nicht in die Geheimnisse des Glaubens ein – nicht zufällig sind die Gegner und Kritiker der Religion meist nur
„Halbgebildete". 3) Die Bildung der höheren Stände verharrt im Bereich der Religion weitgehend auf der ersten Entwicklungsstufe; anders als in anderen Gebieten der Bildung fehlt es
hinsichtlich der religiösen Erkenntnis am Willen, sich in der Wahrheit weiterzubilden und vom
Kindheits- und Jugendalter zu verabschieden.

erfassen und theologisch zu reflektieren. Bezeichnenderweise zieht er auch nicht in Erwägung, ob die von ihm im ersten Teil der Predigt positiv gewürdigten Grundsätze der theologischen Aufklärung – die Unterscheidung zwischen der (bloß) äußeren Gottesverehrung im Kultus und der wahren inneren Privatreligion sowie die unbedingte Präferenz des Prinzips der religiösen Subjektivität – nicht auch ihren Teil zum Verfall der Religiosität in der Gesellschaft, insbesondere zum Rückgang der Beteiligung an den Gottesdiensten, beigetragen haben könnten.

Ammon beläßt es statt dessen dabei, seine Zuhörer mit religiös-moralischen Appellen auf eine Lebensführung einzuschwören, in der der Religion wieder ein höherer Stellenwert als in der jüngsten Vergangenheit und noch in der Gegenwart zukommen soll. Es gilt neu wahrzunehmen, daß nur die Religion dem Menschen wahre Glückseligkeit und Zuversicht im Leiden und Sterben vermitteln kann. Auch muß der Entzweiung von Obrigkeiten und Untertanen entgegengewirkt werden – zu diesem Zweck sollen die Obrigkeiten ihren Beruf in der Verantwortung gegenüber dem höchsten Regenten der Welt gerecht und unparteiisch ausüben, während die Bürger die ständisch abgestufte Gesellschaft nicht als ein Unrechtssystem, sondern vielmehr als eine weise pädagogische Einrichtung Gottes zur besseren Bildung und Erziehung der Menschen betrachten sollen. Speziell auf sein akademisches Publikum bezogen ist Ammons Mahnung, die Freunde der Wissenschaften hätten sich stets zu vergegenwärtigen, daß alle Vernunftwahrheiten ihren Ausgang und auch ihr Ziel in Gott hätten und daß daher die Religion als Krone der Wissenschaften anzusehen sei[97].

In Ammons Ausführungen über die zukünftige Gestalt und Funktion der Religion wird man schwerlich irgendeinen innovatorischen Gedanken finden können. Seine Vorschläge zur Behebung der konstatierten Krise der öffentlichen Religion bleiben allzu offensichtlich dem „Geist des verflossenen Jahrhunderts" verhaftet, als daß sie wirklich Auswege aus der nach Ammon von jenem Geist zumindest partiell mitverschuldeten Krise eröffnen könnten. Insofern bestätigt diese Zeitpredigt, was wir bereits bei der Analyse der homiletischen Theorie Ammons festgestellt haben, daß nämlich ihr Verfasser dem eigenen Anspruch, den gesellschaftlichen Bedeutungsverlust der Religion mit einer verbesserten Predigtmethode überwinden zu können, kaum gerecht geworden sein dürfte.

Wie die theologischen Anstrengungen Ammons, die durch alle Positionsveränderungen hindurch letztlich stets auf einen moderaten Ausgleich zwischen Offenbarungsglauben und Rationalismus gerichtet waren, insgesamt einen zwiespältigen Eindruck hinterlassen[98], so ist auch das uns bekannte

---

[97] Vgl. Chr. Fr. Ammon (s. Anm. 89), 21–25.

[98] Das machen schon die Begriffe deutlich, mit denen Ammon seine theologische Position selbst bezeichnet hat: „Offenbarungsrationalismus" (1797) bzw. „rationaler Supranaturalismus"

Echo, das Ammon als Universitätsprediger unter seinen Göttinger Zuhörern
hervorrief, von ähnlicher Ambivalenz geprägt. Auf der einen Seite waren
vereinzelt kritische Stimmen zu hören wie die Heynes, der den Weggang
Ammons aus Göttingen alles andere als bedauerte: „Seine Neuerungssucht
aus Eitelkeit und affectiertem Wesen auf der Kanzel verdarb die Jugend."[99]
Dagegen gab es im theologischen Nachwuchs, der in Göttingen die Schule
Ammons durchlaufen hatte, manch einen, der im Rückblick auf das von
Amnmon empfangene homiletische Rüstzeug noch nach Jahren in dankba-
rem Respekt des Lehrers gedachte[100].

Ammon war der letzte 1. Universitätsprediger, der vor der Einstellung des
Göttinger Universitätsgottesdienstes 1804/05 amtierte. Der zeitlichen Nähe
zwischen seinem Wechsel nach Erlangen und der vorläufigen Sistierung des
akademischen Gottesdienstes kann man eine gewisse symbolische Bedeutung
beimessen, fand doch mit dem Ende der Predigttätigkeit Ammons (und des 2.
Universitätspredigers G. W. Meyer) auch die Epoche der Aufklärungspredigt
an der Göttinger Universitätskirche ihren vorläufigen Abschluß. So bietet sich
hier die Gelegenheit, die Untersuchung zu den Universitätspredigern im
18. Jahrhundert knapp zu resümieren.

Zusammenfassender Rückblick

1) Die an der Universität Göttingen im 18. Jahrhundert gepflegte Homiletik bewegte sich mit all ihren verschiedenen Ausprägungen, Akzentsetzungen und Nuancierungen stets auf der Höhe der in der zeitgenössischen
deutschen evangelischen Theologie geführten homiletischen Fachdiskussion.

2) In den homiletischen Entwürfen und Traktaten der Göttinger Universitätsprediger kommen sowohl die konstant wirksam bleibenden Motive und
Grundsätze der Homiletik des Aufklärungszeitalters als auch deren Wandlungen, die sich weitgehend in Kongruenz zur allgemeinen theologischen Entwicklung von der eklektischen oder sog. Übergangstheologie der frühen
Aufklärung über die neologische Phase bis hin zum Rationalismus und aufgeklärten Supranaturalismus an der Wende vom 18. zum 19. Jahrhundert
vollzogen, exemplarisch zur Geltung.

(1822). Vgl. dazu E. Hirsch, aaO., Bd. V, 60; J.-D. Schmidt, ZBKG 24 (1955), 174; M.
Schmidt, aaO., 454. Zum begrenzten Erkenntniswert dieser damals nicht nur von Ammon
verwendeten Selbstbezeichnungen vgl. die beißende Kritik von Fr. D. E. Schleiermacher,
Zugabe zu meinem Schreiben an Herrn Ammon (1818), KGA I/10, (93–116) 110f.

[99] Zitiert nach G. von Selle, aaO., 181, der das Verdikt Heynes freilich nicht nachweist
(vgl. aaO., 366).

[100] Vgl. außer (Ammons Lieblingsschüler) Ph. C. Marheinecke, Predigten für gebildete
Christen, 1801, Vorrede, o. P., auch A. W. Tappe, Vom Göttlichen und Ewigen im Menschen,
oder vom Reiche Gottes auf Erden, drei religiöse Reden, 1815, Vorerinnerung (mit Widmung
an Ammon), o. P.

3) Als ein hervorstechendes Charakteristikum dieser Homiletik erweist sich ihr apologetischer Grundzug, der als wesentliches Moment der Reaktion der theologischen Aufklärung auf die ihr vor allem durch die neuzeitliche Subjektivität gestellte geistige Herausforderung der Epoche zu begreifen ist. Dabei setzten unsere Prediger in ihrer Apologetik des Christentums unterschiedliche Akzente, entsprechend der für sie jeweils maßgebenden besonderen historischen Problemkonstellation.

Die ersten Universitätsprediger bemühten sich namentlich um die argumentative Verteidigung der überkommenen lutherisch-orthodoxen Kirchenlehre gegenüber der frühaufklärerischen rationalen Kritik an einzelnen Religionslehren. Zu diesem Zweck griffen sie unter Voraussetzung der zwischen Offenbarung und Vernunft grundsätzlich bestehenden Harmonie in unterschiedlicher Intensität auf anthropologische Überzeugungen der Wolffschen Schulphilosophie und auf Einsichten der vom Wolffianismus geprägten zeitgenössischen Rhetorik zurück.

Dem fortschreitenden gesellschaftlichen Akzeptanzverlust der christlichen Religion und der institutionalisierten Verkündigung suchten die Homiletiker der zweiten, neologischen Periode zu begegnen, indem sie den in der Vermittlung individual- und sozialethischer Normen bestehenden Nutzen des Predigtamtes für den einzelnen Menschen und für die bürgerliche Gesellschaft hervorhoben. Der zeitgenössischen historischen Kritik an den überlieferten dogmatischen Lehren des Christentums in gewisser Weise Rechnung tragend, empfahlen sie dem einzelnen Prediger, auf der Kanzel nur diejenigen Glaubenswahrheiten darzulegen, die ihm nach eigener kritischer Überprüfung geeignete Mittel zur Anregung und Förderung der geistig-moralischen Besserung des frommen Subjekts zu sein schienen. Zwar war damit vordringlich eine vom Menschen selbsttätig in allen profanen Lebensbezügen zu realisierende Religiosität anvisiert, gleichwohl hielt die neologische Homiletik in Göttingen am bleibend notwendigen Bezug der zeitlichen Perfektionierung des vernünftigen Menschen zu seiner ewigen Glückseligkeit fest.

Diesen Zusammenhang zwischen der zeitlichen und ewigen Glückseligkeit des religiösen Subjekts faktisch aufgegeben zu haben, macht eine Eigenart der rationalistischen Spielart aufklärerischer Homiletik aus. Deren Göttinger Vertreter entwickelte in konsequenter Fortführung des bibelhermeneutischen Ansatzes der Neologie eine extreme Fassung der aufklärerischen Akkommodationstheorie. Die Anwendung dieser zugespitzten Akkommodationslehre auf die Fragen nach dem Inhalt und der Gestalt gegenwärtig zu verantwortender Predigt ermöglichte es dem rationalistischen Predigtverständnis, die allgemeine moralische Vernunft als schlechthinniges Kriterium des hier propagierten, dezidiert zeitgemäßen Christentums auszugeben. Damit war der endgültige Schritt zur vollständigen Ethisierung des Christentums wie auch zur Ablösung der christlichen Religiosität von ihrer in der Bibel bezeugten geschichtlichen Offenbarungsquelle und -grundlage getan. Ein wiederum

stärkeres Interesse an der Herstellung der Einheit zwischen der positiv-geschichtlichen Offenbarung und der sittlichen Vernunft legte der in Göttingen
ebenfalls vertretene rationale Supranaturalismus an den Tag, wobei das Ergebnis seiner entsprechenden Bemühungen letztlich nicht so weit von dem ent-
fernt war, was auch der Rationalismus hervorbrachte: die Reduktion der
christlichen Religion auf das Maß des allgemeinen Sittengesetzes. In homiletischer Perspektive setzte dieser vermittelnde theologische Ansatz der späten
Aufklärung kaum eigenständige Akzente, sieht man einmal von der begrenzten Integration der Kantischen Moralphilosophie in die Predigtlehre ab. Der
hier unternommene Versuch, der im Rückgang des Gottesdienstbesuches
deutlich werdenden Entkirchlichung im ausgehenden 18. Jahrhundert durch
eine verbesserte Predigtmethode gegenzusteuern, erschöpfte sich mehr oder
weniger in der Wiederholung von Rezepten, die die Aufklärungshomiletik
schon seit Jahrzehnten empfohlen hatte, ohne daß ihr damit hinsichtlich der
wohl hauptsächlich in gebildeten städtischen Hörerschichten zu konstatierenden Abnahme der Gottesdienstbeteiligung die Herbeiführung einer Trend-
wende gelungen wäre.

4) In ihrer eigenen Praxis nutzten die Universitätsprediger vor allem in
der 2. Hälfte des 18. Jahrhunderts den durch den besonderen Rechtsstatus
der Universitätskirche begründeten Spielraum bei der freien Wahl von Pre-
digttexten, die ihnen am ehesten Anknüpfungspunkte für die Behandlung
der von ihnen favorisierten Predigtthemen zu bieten schienen. An die Stelle
der für die sonn- und festtäglichen Predigten in den Parochialgemeinden
des Kurfürstentums Hannover weiterhin vorgeschriebenen alten Evangelien-
und (ab 1769 alternativ zugelassenen) Epistelperikopen[101] setzten sie in
einigen Fällen auch größere zusammenhängende biblische Textkomplexe,
die sie in z. T. über mehrere Jahre sich erstreckenden Predigtreihen aus-
legten.

5) Die Göttinger Universitätsprediger gingen in ihren Kanzelreden zwar
immer wieder auf spezifische lebensweltliche Belange ihrer überwiegend akademischen Zuhörerschaft ein, beschränkten sich aber keineswegs auf die Erörterung von Themen, die ausschließlich im universitären Kontext von Relevanz gewesen wären. Der von unseren Predigern befürworteten aufklärerischen Frömmigkeit mit ihrem ganzheitlichen, auf sämtliche Lebensbereiche
bezogenen Anspruch entsprach die gewollte Offenheit ihrer Predigtanliegen

---

[101] Man muß hier festhalten, daß trotz der seit dem Pietismus aufgekommenen und von
vielen Aufklärungstheologen verstärkt geübten Kritik am Perikopenzwang die durch zahlreiche
Kirchenordnungen für die Sonn- und Festtagspredigten vorgeschriebenen altkirchlichen Perikopen dem aufklärerischen Reformwillen in den meisten Landeskirchen nicht zum Opfer
fielen bzw. sich allenfalls gewisse Modifikationen gefallen lassen mußten. Vgl. die Auflistung
bei P. Graff, aaO., II. Bd., 94–97; dazu Chr.-E. Schott, Möglichkeiten und Grenzen der
Aufklärungspredigt, 222 f.

für Hörer- und Leserschichten, die dem universitären Umfeld nicht unmittelbar zuzurechnen waren. Insbesondere die größeren Predigtsammlungen verschiedener Universitätsprediger mitsamt der ihnen konzeptionell zugrunde liegenden Absicht, zu einer umfassenden christlichen Lebensgestaltung anzuleiten, dokumentieren den Willen dieser Universitätstheologen, sich auf publizistische Weise an der Popularisierung aufklärerischer Religiosität über den universitären Raum hinaus zu beteiligen.

6) Es dürfte allerdings mit der relativ großen bildungsmäßigen und sozialen Homogenität der akademisch-bürgerlichen Zuhörerschaft der Göttinger Universitätsprediger zusammenhängen, daß in ihren Kanzelreden der platte Utilitarismus, dessen Zunahme ein Kennzeichen für das Predigtwesen der späten Aufklärung war, kaum hervortrat. Der volkspädagogische Impetus, der manche Prediger des ausgehenden 18. Jahrhunderts dazu bewegte, die Wohlfahrt ihrer Zuhörer durch Belehrungen über ganz praktische Fragen der profanen Lebensführung zu fördern, konnte bei einem akademisch gebildeten Publikum von vornherein nicht so zum Zuge kommen wie bei den unteren sozialen Schichten, deren Lebensverhältnisse zu verbessern das erklärte Ziel jener Nützlichkeitspredigten war. Daneben distanzierten sich aber auch einige Universitätsprediger ausdrücklich von einer solchen säkularisierten Predigtweise, da diese ihren Vorstellungen von der religiös-moralischen Funktion der christlichen Predigt nicht entsprach.

7) In den sozialethischen Vorstellungen der Göttinger Universitätsprediger schlägt sich der in der 2. Hälfte des 18. Jahrhunderts einsetzende Vorgang der Formierung einer neuen bürgerlichen Gesellschaft zumindest partiell nieder. Durch die Entwicklung und Vermittlung sozialethischer Impulse und Normen, die vornehmlich den bürgerlichen Menschen zur Übernahme sozialer Verantwortung in allen gesellschaftlichen Lebensbezügen befähigen und anleiten sollten, und durch die – freilich begrenzte – Anerkennung bestimmter, den Angehörigen aller gesellschaftlicher Schichten zustehender Individual- und Freiheitsrechte bestätigten unsere Prediger ein Stück weit die aktive Rolle des Bürgertums im gesellschaftlichen Wandlungsprozeß der Epoche. Allerdings redeten sie auf der anderen Seite einer Aufhebung der noch bestehenden ständischen Gesellschaftsstrukturen nicht das Wort. Auch das Herrschaftssystem des aufgeklärten Absolutismus wurde von den Göttinger Universitätspredigern im Prinzip bejaht und nicht zuletzt der ihm unterstellten Reformfähigkeit wegen im Kontext des durch die Französische Revolution forcierten zeitgenössischen politischen Diskurses verteidigt.

8) Der am Ende des 20. Jahrhunderts lebende Betrachter, der es von einer mehr oder weniger ausgeprägten positionellen Warte aus unternimmt, die Geschichte der Theorie und Praxis der Predigt an der Universität Göttingen im 18. Jahrhundert kritisch und verständnisvoll zugleich zu würdigen, wird zu ähnlichen Einzelergebnissen gelangen, wie sie andere vor ihm im Hinblick auf die Homiletik und Predigt der theologischen Aufklärung insgesamt for-

muliert haben[102]. Forschungsgeschichtlich hat dieser Ansatz bereits zu einem differenzierteren und gerechteren Verständnis der Aufklärungspredigt geführt, als es viele ältere Darstellungen mit ihrer zumeist einseitig an den extremen Auswüchsen utilitaristischer Predigtthemen der Spätaufklärung orientierten Sicht der Dinge aufzubringen vermocht hatten[103].

Indes ist auch jener weiterführende, etwa von A. Niebergall, R. Krause, Chr.-E. Schott, W. Schütz u. a. gewählte Zugang zur Homiletik und Predigt des Aufklärungszeitalters nicht ganz frei von einer gewissen perspektivischen Verengung. Denn in den von den genannten Autoren vorgelegten Studien kristallisiert sich als stärkstes Motiv der Beschäftigung mit der Aufklärungspredigt die Frage nach deren Gegenwartsrelevanz für die Verkündigung des Evangeliums in der 2. Hälfte des 20. Jahrhunderts heraus. Nicht zufällig sind diese Untersuchungen in zeitlicher und sachlicher Nähe zu der sog. empirischen Wende in der Homiletik der 1960er Jahre entstanden, durch die man die bis dahin weithin unter dem prägenden dogmatischen Einfluß der Dialektischen Theologie stehende Predigt aus ihrer tatsächlichen oder vermeintlichen Krise herauszuführen gedachte. Eben mit diesem – an sich nicht verwerflichen – aktuellen homiletischen Interesse hängt nun aber auch die Verengung des Blickwinkels zusammen, aus dem heraus man sich der Predigtgeschichte des 18. Jahrhunderts zuwandte. Allzu bestimmend für die historische Analyse wurden Fragen wie die nach der möglichen oder auszuschließenden Relevanz aufklärungshomiletischer Ansätze und Leitgedanken für ein gegenwärtig zu verantwortendes Verständnis der Predigt und die diesem korrelierende Praxis, weniger dagegen unternahm man den Versuch, diesen Abschnitt in der Geschichte der christlichen Predigt wirklich kirchen- und theologiegeschichtlich zu verorten, d. h. in seiner Genese und sukzessiven Ausformung zu erhellen bzw. kontextuell aus seiner Vorgeschichte und Gegenwart heraus zu begreifen.

9) Die im 18. Jahrhundert an der Universität Göttingen entwickelten homiletischen Entwürfe sind als praktisch-theologische Reflexionsgestalten aufklärerischer Religiosität und die Universitätspredigten als Transformationsmedien eben dieser aufgeklärten Frömmigkeit wahrzunehmen. Damit gehören sie in den übergreifenden historischen Zusammenhang des umfassenden gesellschaftlichen Modernisierungsprozesses der Frühen Neuzeit, der im Aufklärungszeitalter sein vorläufig letztes Stadium vor dem endgültigen Übergang in die Moderne erreichte. Wer die theologische Aufklärung von diesem Kontext her in den Blick nimmt, versteht sie – ebenso wie je auf ihre Weise die

---

[102] Vgl. etwa die gleichermaßen Licht und Schatten der Aufklärungspredigt an einzelnen Punkten verifizierenden Zusammenfassungen bei A. Niebergall, aaO., 313–315; R. Krause, aaO., 142–147; Chr.-E. Schott, aaO., 333–346; W. Schütz, Die Kanzel als Katheder der Aufklärung, 165 f.

[103] Beispiele dafür bei Chr.-E. Schott, Akkomodation – Das Homiletische Programm der Aufklärung, 49 f.

Reformation und die beiden der Aufklärung sowohl vorangehenden als auch
sie z. T. bis weit in das 18. Jahrhundert hinein kritisch begleitenden Frömmig-
keitsbewegungen der lutherischen (und reformierten) Orthodoxie des konfessionellen Zeitalters und des Pietismus – zunächst einmal als einen Teilfaktor des historischen Gesamtvorgangs, der die Umgestaltung des evangelischen
Christentums in der Frühen Neuzeit herbeigeführt und zur Folge gehabt hat.
Die Anwendung des von der allgemeinen Geschichtswissenschaft ausgebildeten historiographischen Erschließungsparadigmas der Frühen Neuzeit auf die
kirchen-, theologie- und frömmigkeitsgeschichtlichen Entwicklungen und
Strömungen zwischen dem 16. und 18. Jahrhundert erlaubt es des weiteren
in Hinsicht auf die theologische Aufklärung in Deutschland, sowohl deren
eigene spezifische Kohärenz als auch deren partiellen Kontinuitätszusammen-
hang mit der Gestalt reformatorischen Christentums im konfessionellen Zeitalter und mit dem Pietismus zur Geltung zu bringen.

10) Kontinuitäten und Diskontinuitäten zwischen lutherischer Orthodo-
xie, Pietismus und Aufklärung lassen sich auf dem Gebiet der Theorie und
Praxis der Predigt nach der hier vorgelegten Untersuchung zu den Göttinger
Universitätspredigern exemplarisch aufweisen an der homiletischen Bedeu-
tungsvielfalt des Erbauungsbegriffs, der Vorstellung von der Perfektionierungsfähigkeit des wiedergeborenen und daher religiös mündigen Menschen
(Pietismus) bzw. des vernunftbegabten und daher zu religiös-moralischer
Selbsttätigkeit bestimmten Menschen (Aufklärung) sowie an zahlreichen De-
tailfragen insbesondere der sog. formalen Homiletik. In homiletischer Perspektive kommen die Komplementarität von Orthodoxie, Pietismus und
Aufklärung und zugleich der eigenständige Beitrag der Aufklärungstheologie
zur neuzeitlichen Umformung des Christentums wohl am deutlichsten an der
Thematik der religiösen Subjektivität zum Vorschein.

Bereits im Rahmen des Individualisierungsschubes in der lutherischen
Frömmigkeit des 17. Jahrhunderts hatten sich Formen einer verinnerlichten
Aneignung des durch das Wort vermittelten rechtfertigenden Glaubens entwickelt und war von einzelnen Theologen wie Heinrich Müller die Bedeutung der religiösen Subjektivität des Predigers nicht allein für die Glaubwürdigkeit des von ihm bezeugten äußeren Wortes, sondern darüber hinaus auch
für den inneren Vorgang der Heilsaneignung im glaubenden Herzen des
Hörers betont worden[104]. Der Pietismus wiederum hatte die Individualisierung des Glaubens weiter forciert, indem er verlangte, der einzelne Christ
müsse den Glauben an das ihm zugesagte Heil Gottes erst noch selbst durch
eine entsprechende Frömmigkeitspraxis bewahrheiten. Nur als Wiedergeborener könne – und müsse – er die persönliche Heilserfahrung in der Heiligung, in seinem Handeln ganzheitlich verwirklichen.

---

[104] Vgl. allgemein J. Baur/W. Sparn, Art. Lutherische Orthodoxie, EKL, 3. Aufl., 3. Bd.,
1992, 954–959; speziell zu H. Müller vgl. Th. Kaufmann, aaO., 505 f. 548–553.

An solche Motive konnte die theologische Aufklärung anknüpfen, als sie –
herausgefordert durch die geistige, kulturelle und soziale Umbruchsituation
der werdenden Neuzeit – daran ging, ihr Verständnis der religiösen Subjektivität auszuformen[105]. So bejahten die ersten Göttinger Universitätsprediger im Prinzip die pietistische Forderung, der Prediger habe seine geistliche
Kompetenz, tatsächlich zur Erbauung seiner Hörer beitragen zu können,
mittels seiner persönlichen, in der Wiedergeburt erworbenen „Habilitas supernaturalis" nachzuweisen. Sie gaben diesem Postulat freilich eine modifizierte, quasi frühaufklärerisch gereinigte Fassung, in der sich die homiletische
Rezeption bestimmter anthropologischer Vorstellungen der Wolffschen
Schulphilosophie schon terminologisch bemerkbar macht: Der erbauliche
Prediger muß selbst von den Affekten affiziert sein, die er in seinem Hörer
erregen will, damit diese – im gemeinschaftlichen Zusammenwirken mit
dem zuvor durch vernünftige Gründe überzeugten Verstand – den Willen
des Hörers zum frommen Handeln bewegen. Zu seiner ausgereiften Gestalt
gelangt das aufklärerische Prinzip der affektiv-empirischen Subjektivität dann
– auch in Göttingen – bei den Predigern der neologischen Periode. Daß der
Prediger selbst erfahren haben müsse, wovon er redet und wozu er seine
Hörer anleiten möchte, halten sie für unabdingbar nicht mehr nur unter
dem Aspekt der Glaubwürdigkeit des Predigers und der von ihm entfalteten
religiösen Wahrheit – dies gewiß auch –, sondern primär um der religiös-
moralischen Selbsterfahrung des Hörers willen.

Diese Selbsterfahrung des frommen Subjekts anzuregen, sie gegebenenfalls
von unvernünftigen Elementen zu befreien und sie dem Hörer transparent zu
machen, ist daher für Theologen wie Leß und Koppe die zentrale Aufgabe
der Predigt. Nicht etwa eine einfach aus der sei es biblischen, sei es nach-
biblischen Tradition übernommene religiöse Lehre, sondern die eigene innige
Erfahrung gilt ihnen als notwendige und zugleich hinreichende Begründung
für den Glauben an Gottes Wohltaten. Der christlichen Heilsoffenbarung
kann demgegenüber im Hinblick auf die religiös-moralische Selbsterfahrung
des vernünftigen Menschen keine konstitutive Rolle mehr zukommen; sie
vermag immerhin zu bestätigen und zu vertiefen, was in der angenommenen
natürlichen Disposition des Menschen, in seiner religiös-vernünftigen Bestimmung zur Glückseligkeit grundsätzlich schon angelegt ist.

Diese von den Göttinger Universitätspredigern der 2. Hälfte des 18. Jahrhunderts im weitgehenden Konsens mit anderen Repräsentanten der Neologie vertretene Auffassung von der religiös-moralischen Subjektivität hebt
sich von der orthodox-lutherischen und der pietistischen Tradition insofern
signifikant ab, als nunmehr das fromme Subjekt nicht mehr nur dort selbsttätig in Erscheinung tritt, wo es um die Heiligung, um die Realisierung des

---

[105] Zum aufklärerischen Subjektivitätsprinzip verweise ich erneut auf W. Sparn, Vernünftiges Christentum, 33–39 u. ö.

Glaubens in einer lebendigen Frömmigkeitspraxis geht, sondern auch in dem
Bereich des Glaubens selbst, dessen ursprüngliche und bleibende Bezogenheit
auf das rechtfertigende Handeln Gottes die theologische Tradition insgesamt
– unbeschadet gradueller Abweichungen und Unterschiede im dogmatischen
Verständnis des Glaubens – bis dahin gelehrt hatte. Mit der Ausweitung des
Grundsatzes von der praktisch tätigen Selbsterfahrung des Menschen auf den
Bereich, den die Aufklärung in konsequenter Durchführung ihres Ansatzes
nun verstärkt mit dem Begriff der Religion statt mit dem des Glaubens kenn-
zeichnete[106], war eine weitreichende Verschiebung im überlieferten Koordi-
natengefüge der Heilsvermittlung und -aneignung verbunden. Diese Verschiebung fand ihren unmittelbar praktischen Niederschlag in der neuen
Bestimmung der Funktion der religiösen Rede und der Aufgabe des Predigtamtes, wie wir sie am Beispiel der homiletischen Vorstellungen und der
Predigten der Göttinger Universitätsprediger im Aufklärungszeitalter aufgezeigt haben. Die religiöse Subjektivität hatte sich hier in gewisser Weise aus
der exklusiven Bindung an das äußere Wort, an der die lutherische Orthodoxie und auch der kirchlich gemäßigte Pietismus noch festgehalten hatten,
gelöst. Selbst in den Versuchen der Göttinger Universitätsprediger der 2.
Hälfte des 18. Jahrhunderts, biblische Lehrvorstellungen und zentrale Aussagen aus der dogmatischen Tradition des reformatorischen und nachreformatorischen Christentums via Akkommodation mit der affektiv-empirischen
Subjektivitätsvorstellung der vernünftigen Religion in Übereinstimmung zu
bringen, spiegelt sich der von der Aufklärung allen tatsächlichen oder auch
nur von ihr behaupteten Kontinuitäten zum Trotz vollzogene Bruch mit der
Theologie und Frömmigkeit des von der Reformation herkommenden, kon-
fessionell gebundenen Christentums.

11) Die Göttinger Universitätsprediger des 18. Jahrhunderts beteiligten
sich auf dem Gebiet der Predigt und ihrer wissenschaftlichen Reflexion an
der Bewältigung der der theologischen Aufklärung gestellten Aufgabe, die
christliche Tradition mit dem sich ausformenden neuzeitlichen Selbstbewußtsein zu vermitteln. Sie partizipierten mit ihrer theologischen Arbeit an den
Möglichkeiten und an den Grenzen, die diesem Abschnitt in der Geschichte
der christlichen Predigt und Frömmigkeit zu eigen waren. Die offenkundigen
Aporien des aufklärerischen Predigtansatzes, die schon zeitgenössische Kritiker wie J. G. Herder aufgedeckt haben, dürfen dem nachgeborenen Betrachter aber nicht den Blick dafür verstellen, daß diese Theologen des 18. Jahrhunderts sich legitimerweise des Problems angenommen haben, das Christliche unter den Bedingungen der entstehenden Moderne zur Geltung zu
bringen. Der historischen Wahrnehmung bleibt dabei gewiß nicht verborgen,
daß die Aufklärungstheologie die – nicht nur in der Entkirchlichung namentlich gebildeter, städtischer Schichten zutage tretende – Krise des Chri-

---

[106] Vgl. W. Sparn, aaO., 39.

stentums am Ende des 18. Jahrhunderts nicht zu bewältigen vermochte. Von daher wird man die oben erwähnte Kontroverse zwischen dem vormaligen Göttinger Universitätsprediger Ammon und Schleiermacher, mit dessen Name der Beginn einer neuen Epoche in der Geschichte christlichen Denkens und christlicher Frömmigkeit verbunden ist, in der Rückschau auch als einen späten Indikator der Grenzen des aufklärerischen Christentumsverständnisses nehmen können, dem die Göttinger Universitätsprediger des 18. Jahrhunderts verpflichtet waren.

E. Ausblick

§ 17 Der Neubeginn in St. Nikolai

Zwischen 1805 und 1822 fand in Göttingen, abgesehen von einer noch zu besprechenden Ausnahme, kein Universitätsgottesdienst statt. Erst mit der Weihe der früheren Pfarrkirche St. Nikolai zur Universitätskirche am 29. Dezember 1822 brach eine neue Periode in der Geschichte des Göttinger Universitätsgottesdienstes an. Fällt die Einstellung des Gottesdienstes 1804/05 noch in die aufklärerische Phase der Göttinger Theologie und ist sein Niedergang u. a. als eine Auswirkung der Entkirchlichungstendenzen im 18. Jahrhundert zu begreifen[1], so gehört seine Wiedereinrichtung nach einer Pause von knapp 17 Jahren unter kirchen- und frömmigkeitsgeschichtlichen Aspekten durchaus in eine neue Zeit. Nicht etwa in dem Sinne, daß die Göttinger Theologische Fakultät 1822 die von ihr bislang beschrittenen Bahnen eines gemäßigten Rationalismus verlassen hätte – im Gegenteil! Ihre Mitglieder – Planck, Stäudlin und der 1810 von Helmstedt nach Göttingen berufene David Julius Pott (1760–1838) – repräsentierten Anfang der 1820er Jahre noch ganz ungebrochen die alte Zeit und das alte Denken, merkwürdig unberührt von den neuen Strömungen geistigen und religiösen Lebens, das sich in Göttingen zunächst insbesondere in der akademischen Jugend zu regen begonnen hatte[2]. Bezeichnenderweise ging die Initiative zur Erneuerung des Universitätsgottesdienstes nicht von den Göttinger Theologieprofessoren aus. Es waren andere Kräfte, die 1819 auf die Wiedereinrichtung des akademischen Gottesdienstes drängten. Allerdings muß man es den Mitgliedern der Theologischen Fakultät – namentlich Pott – zum Verdienst anrechnen, daß sie sich diesem Drängen nicht verschlossen, sondern sich der Sache annahmen und gemeinsam mit anderen der Universität wieder zu ihrem eigenen Gottesdienst verhalfen.

Wie ist es dazu gekommen, daß die Universität Ende 1822 die Nikolaikirche in gottesdienstlichen Gebrauch nehmen konnte? Wir orientieren uns am Ablauf der Ereignisse und richten dabei unser besonderes Augenmerk auf

---

[1] Zu den Hintergründen s. o. 108–120.

[2] Vgl. J. Meyer, aaO., 37 f. 40 f. 46 f. bes. 49 f.; ders., Kirchengeschichte Niedersachsens, 1939, 192 f.

die maßgebenden Kräfte und ihre Motive sowie auf die institutionell-rechtliche Gestalt, in der die Göttinger Universitätskirche neu begründet wurde[3].

Den entscheidenden Schlüssel zum Verständnis des ganzen Vorgangs liefert
das Reformationsjubiläum, das von der Universität Göttingen am 1. und 2.
November 1817 in Gegenwart des hannoverschen Ministers Carl Friedrich
Alexander Freiherr von Arnswaldt (1768–1845) feierlich begangen wurde.
Der Minister selbst hatte die akademisch-kirchliche Jubelfeier per Reskript
vom 10.9.1817 angeordnet[4]. Seine schweigende Teilnahme an dem mit
einem Gottesdienst in der St. Johannis-Kirche eröffneten Fest kann in der
Retrospektive als Symbol dafür gedeutet werden, daß die Impulse aus Romantik, religiöser Erweckung und vaterländischer Begeisterung, die nicht
wenige der Teilnehmer an der Reformationsfeier bestimmten, in der näheren
Zukunft sowohl in Göttingen als auch im Hannoverschen überhaupt wirksam
werden sollten[5].

Am allerwenigsten indes traten diese Stimmungen in den Predigten zutage,
die Stäudlin und Pott am 1.11.1817 hielten. Stäudlin erinnerte in seiner
Predigt über 2. Kor 3,17 an die „wohltätigen Wirkungen" der Reformation
auf die Entwicklung der Wissenschaften und mahnte gut aufklärerisch dazu,
das reformatorische Erbe des durch Gottes Wort vermittelten freien Geistes
nicht dadurch zu verspielen, daß man „die Aufklärung im Unglauben und in
der Verspottung der Offenbarungen Gottes in der Geschichte" suche, sondern
dieses Erbe vielmehr in der Kirche zur „Glaubensverbesserung" und in der
Wissenschaft zur „Erkenntnis alles Wahren und Guten" fruchtbar zu machen[6]. Pott stellte in seiner Vorbereitungsrede auf die Abendmahlsfeier –
ebenfalls gut aufklärerisch – das Altarsakrament als Mittel zur Nachahmung
des heiligen Musters Christi heraus und rief die Kommunikanten dazu auf,
mit Christus ähnlich zu werden durch die Erneuerung religiöser Gemeinschaft und die Beachtung der göttlichen Lehre in Gestalt der Menschen- und
Bruderliebe, die „unsern Werth … als vernünftige, sittlich freye Wesen" allererst zur Geltung bringe[7].

---

[3] Ohne jedes Verständnis für die kirchen- und frömmigkeitsgeschichtlichen Zusammenhänge und die institutionell-rechtlichen Fragen bei der Neubelebung des Universitätsgottesdienstes referieren K. KNOKE, aaO., 99f.; A. SAATHOFF, aaO., 209; und J. MEYER, Geschichte der
Göttinger theologischen Fakultät, 48, lediglich knapp die äußeren Ereignisse.

[4] Vgl. [D.J. POTT,] Beschreibung der Feyerlichkeiten wodurch das Reformations-Jubelfest
am 1ten und 2ten November 1817 von der Georg-August-Universität zu Göttingen begangen
wurde, 1818, 4; dazu W. VON MEDING, Kirchenverbesserung. Die deutschen Reformationspredigten des Jahres 1817, 1986, 101f.

[5] Zu Recht formuliert W. VON MEDING, aaO., 102: „Das Göttinger Reformationsjubiläum
von 1817 stand am Beginn einer nicht regierungsfrommen lutherischen Neubesinnung und
Erweckung in Hannover." Vordergründig bleibt die Deutung des Festes bei L. MARINO, aaO.,
329f.

[6] Vgl. STÄUDLINS Predigt, in: Beschreibung der Feyerlichkeiten (s. Anm. 4), 30–38.

[7] Vgl. POTTS Rede, aaO., 42–49.

Deutlicher als die Kanzelreden der beiden Professoren läßt die Abendmahlsfeier als solche etwas von der religiösen Aufbruchstimmung erkennen,
die dem ganzen Reformationsjubiläum unterschwellig ihr Gepräge gab. Denn
die Kommunion, „an welcher mehrere Hunderte theilnahmen"[8], vereinigte
Studenten und Professoren, Lutheraner und Reformierte in jenem – freilich
noch ganz unbestimmten – Geist der Union, wie ihn auch die letzte Strophe
des von Pott eigens zu diesem Anlaß verfaßten Te Deum beschwor[9]:

> „Und nun ein Wort der Liebe noch
>   An alle Glaubens-Brüder:
> Als Christi Jünger sind wir doch
>   Nur eines Körpers Glieder;
> Laßt uns nicht richten, beten nur:
> Einst führ auf gleicher Wahrheits-Flur
>   Ein Hirt nur Eine Heerde!"

Neben gelegentlich ausbrechender vaterländischer Begeisterung[10] drück-
ten insgeheim Motive aus Romantik und Erweckungsbewegung der Göttinger Feier ihren Stempel auf, wie sich etwa am 2.11. zeigte, als die Universität
im Bödeckerschen Saal ein Festmahl abhielt. Im fünften von sechs Trinksprü-
chen, die der Prorektor A. Bauer bei dieser Gelegenheit ausbrachte, bündel-
ten sich jene Einflüsse: „Auf das Gedeihen der Glaubens- und Geistes-Freyheit, dieses edelsten Kleinods, welches uns durch die Reformation erstritten
worden ist. Mögen endlich alle Versuche den Geist in Fesseln zu schlagen,
von der Erde verschwinden und alle Herrscher sich mehr und mehr von dem
Frevelhaften dieses fruchtlosen Beginnens überzeugen. Heil der Glaubens-
und Geistes-Freyheit. Heil!"[11] Die Göttinger Studentenschaft hatte sich unter

---

8 AaO., 7.
9 AaO., 41; zur Verfasserschaft Potts vgl. aaO., 7. – Man muß allerdings konzedieren, daß
an die Göttinger Abendmahlsfeier bei weitem nicht die Erwartungen geknüpft waren, wie sie
der preußische König Friedrich Wilhelm III. in seiner Kabinettsorder vom 27.9.1817 im
Hinblick auf die Einführung der Union ausgesprochen hatte und wie sie bekanntlich in
sämtlichen preußischen Provinzen auf breite Zustimmung stießen. Symptomatisch für eine
gewisse Reserve gegenüber allzu hochgespannten Erwartungen an die Union der beiden
protestantischen Konfessionen dürfte hier die kritische Position sein, die der damalige Göttinger Student August von Arnswaldt 1818 in zwei Rezensionen zur Unionsfrage einnahm.
Arnswaldt lehnte im Anschluß an die 95 Thesen von Claus Harms eine Union ab, sofern sie
nur der Form nach, nicht aber auf der Basis einer Übereinstimmung im Dogma vollzogen
werde. Zum Zeitpunkt der Abfassung seiner beiden Rezensionen war Arnswaldt freilich noch
nicht von der Erweckungsbewegung erfaßt. Vgl. H. Bräumer, August von Arnswaldt 1798–
1855. Ein Beitrag zur Geschichte der Erweckungsbewegung und des Neuluthertums in Hannover, 1972, 32–34.119.124 ff.
10 Vgl. Beschreibung der Feyerlichkeiten (s. Anm. 4), 17.31.35.
11 Vgl. aaO., 17; dazu die Interpretation bei W. von Meding, aaO., 102. – Daß die
Kollekte des Festgottesdienstes für die „Anschaffung von Bibeln für die Armen der hiesigen
Stadt und Gegend verwendet" und der Rest an die Bibelgesellschaft zu Hannover abgeführt

dem Eindruck der Befreiungskriege verstärkt diesem Geist verschrieben. Zumal die junge theologische Generation fühlte sich von dem rationalistisch-supranaturalistischen Denken Plancks, Stäudlins und Potts nicht mehr angezogen, wie autobiographische Berichte verschiedener hannoverscher Kandidaten für das Predigtamt aus den Jahren 1818–1825 in der Sache übereinstimmend belegen[12]. Persönliche Frömmigkeit und ein aufklärungskritisches Bewußtsein, die Hinwendung zur Bibel und vereinzelt auch zu den positiven Glaubenslehren der lutherischen Kirche, die man neu zu entdecken begann, traten bei den jungen Theologen zunehmend an die Stelle der vernunftgeleiteten Glaubenserkenntnis; für sie gewannen Gefühl und Individualität an Wert für die Ausbildung ihrer Religiosität.

In diesem – dem heutigen Betrachter bisweilen diffus erscheinenden – Klima der geistigen und religiösen Erneuerung reifte der Gedanke einer Neubelebung des Göttinger akademischen Gottesdienstes heran. Sechs Theologiestudenten ergriffen die Initiative und reichten am 20.3.1819 beim akademischen Senat eine Petition ein, in der sie ihrem Wunsch nach einer eigenen Universitätskirche und der Wiederherstellung des Universitätsgottesdienstes Ausdruck verliehen[13]. 320 Studenten aller Fakultäten, d. h. 37,6% der gesamten Studentenschaft, unterstützten den Antrag mit ihrer Unterschrift[14]. Es bestand also in der akademischen Jugend ein breites Bedürfnis nach einem eigenständigen Universitätsgottesdienst. Zu den Unterzeichnern der Petition gehörten u. a. der Theologiestudent Friedrich Bialloblotzky und der Student der Rechtswissenschaften August von Arnswaldt; beide traten wenig später als profilierte Vertreter der hannoverschen Erweckungsbewegung in Erscheinung[15].

Die im Auftrag des Senats von Pott verfaßte[16] Festschrift zur Einweihung der neuen Universitätskirche St. Nikolai führt den Wunsch nach einem Uni-

---

wurde (Beschreibung der Feyerlichkeiten, 8), erhellt ebenfalls den Konnex zwischen dem Reformationsjubiläum und der Erweckungsbewegung. – Zur Hannoverschen Bibelgesellschaft vgl. H. BRÄUMER, aaO., 55 f.

[12] Vgl. J. MEYER, aaO., 49 f.; H. HOLZE, aaO., 182 f.; exemplarisch für die Kritik eines damaligen Göttinger Theologiestudenten an seinen rationalistischen Lehrern Fr. OEHME, Göttinger Erinnerungen, 1873, 32–99.

[13] Vgl. die Petition der Theologiestudenten C. Hunnemann aus Hannover, W. Assmann aus Braunschweig, J. Harmsen aus Clausthal, F. Bestenbostel aus Hannover, C. Weis aus dem Nassauischen und H. L. Hicken aus Ostfriesland vom 20.3.1819, UAG, 10 b 1/ 21, o. P.

[14] Vgl. die Unterschriftenlisten in UAG, 10 b 1/21, o. P. – 1819 betrug die Frequenz der Göttinger Universität 850 Studenten; in den 20er Jahren des 19. Jahrhunderts war Göttingen zeitweilig die am stärksten frequentierte deutsche Universität. Vgl. Fr. EULENBURG, Die Frequenz der deutschen Universitäten von ihrer Gründung bis zur Gegenwart, 1904, 184 f.301 (Tabelle IIa.2).

[15] Vgl. H. BRÄUMER, aaO., passim; J. MEYER, Kirchengeschichte Niedersachsens, 194 f.; DERS., Geschichte der Göttinger theologischen Fakultät, 50.

[16] Die Verfasserschaft POTTS der anonym erschienenen Festschrift geht eindeutig hervor aus GGA 1823, 1113 f.

versitätsgottesdienst auf die steigende Frequenz der Universität und den sich
daraus ergebenden Mangel an Plätzen für die Studenten in den Göttinger
Stadtkirchen zurück. Pott vermittelt hier den Eindruck, als hätten die studentischen Verfasser der Petition vom 20.3.1819 gleichsam nur den unter den
Professoren ohnehin bestehenden Wunsch nach der Wiedereinrichtung des
Gottesdienstes öffentlich gemacht[17]. Über die tatsächlichen Motive, die die
Studenten mit ihrer Initiative verknüpften, erfährt der Leser der Festschrift
bezeichnenderweise nichts – ein Umstand, der die Distanz zwischen Pott als
dem Vertreter der rationalistisch-supranaturalistisch orientierten Theologischen Fakultät und den Studenten, die aus ganz anderen geistigen Quellen
schöpften, deutlich markiert[18].

Der zeit- und frömmigkeitsgeschichtliche Hintergrund ihres Verlangens
nach einem eigenständigen Universitätsgottesdienst ist von den Studenten
selbst in der Petitionsbegründung mit aller wünschenswerten Klarheit skizziert worden. „Die Befreiung unseres Deutschen Vaterlandes und die Wiederherstellung der angestammten Fürstenhäuser“, so führen die Studenten
aus, habe zu einer neuen geistigen Blüte in der Gesellschaft und zur Erwek-
kung des religiösen Sinnes unter den Fürsten und im Volk geführt. Dies gelte
auch für die Studierenden in Göttingen, wie insbesondere das Reformationsjubiläum von 1817, an dem sich viele Studenten „mit ganzem Herzen, voll
heiligen Gefühls“ beteiligt hätten, gezeigt habe. Nun sei es notwendig, daß
das neu erwachte religiöse Leben an der Universität feste Wurzeln schlagen
und Blüten treiben könne. Zu diesem Zweck bedürfe es einer eigenen Universitätskirche, zu der sich die Studenten zugehörig fühlen könnten, und
eines Universitätspredigers, der die Studierenden in ihrer besonderen Lebenssituation adäquat anzusprechen vermöge. Die Stadtpfarrer, die sich ja an ein
allgemeines Publikum zu wenden hätten, könnten einer solchen Erwartung
gar nicht gerecht werden. Im übrigen werde ein spezieller Universitätsgottesdienst auch zur Festigung der sittlichen Überzeugungen der Studenten beitragen und dem gefährlichen, durch das universitäre Umfeld begünstigten
Trend zum moralischen Indifferentismus innerhalb der akademischen Jugend
entgegenwirken sowie auf lange Sicht durch die später in öffentlichen Ämtern tätig werdenden Studenten eine positive, Glauben und Moral in der
Gesellschaft fördernde Breitenwirkung erzielen[19].

Im akademischen Senat stieß das Anliegen der Studenten auf volle Zustim-
mung. Pott verfaßte in seiner Eigenschaft als Prorektor der Universität für den
Senat am 4.5.1819 eine Eingabe an die Regierung, in der er den Wunsch der
Universität nach einem eigenen Gottesdienst offiziell anmeldete. Nachdem

---

[17] Vgl. [D.J. POTT,] Die Weihe der Universitätskirche zu Göttingen am 29ten Dec. 1822.
Mit vorangeschickten historischen Notizen über die ehemalige und jetzige Universitätskirche
daselbst, 1823, 17.
[18] So hat schon G. VON SELLE, aaO., 239, zu Recht vermutet.
[19] Vgl. die Petition der 6 Theologiestudenten vom 20.3.1819, UAG, 10 b 1/21, o.P.

das religiöse Gefühl nicht zuletzt durch die „großen Weltbegebenheiten" (sc.
die Freiheitskriege) einen kräftigen, ja geradezu erschütternden Aufschwung
erfahren habe, sei in der gegenwärtigen Zeit eine Universitätskirche der
rechte Ort, an dem die spezifischen religiösen Bedürfnisse der akademischen
Jugend eine ihrer Bildung, ihrem Geist und ihrem Herzen gemäße Pflege
finden könnten. Zudem ließe sich mit der gewünschten Institution der positive Nebeneffekt verbinden, daß hier die Ausbildung der jungen Theologen
in der geistlichen Beredsamkeit stattfinden könne. Die Einrichtung des Gottesdienstes werde generell den „Charakter einer christlichen Universität" in
Göttingen unterstreichen und sicherstellen, „daß die wissenschaftliche und
religiöse Cultur hier Hand in Hand gehen solle". Pott, der der von vielen
Studenten aus den Freiheitskriegen an die Universität mitgebrachten geistigen
und nationalen Aufbruchstimmung ganz verständnislos und ablehnend gegen-
überstand[20], verhehlte auch in dieser Eingabe nicht seine Reserve im Blick
auf die Motive, die die Studenten zu ihrem Antrag geführt hatten. Dem
Gottesdienst, so gab er der Regierung zu verstehen, komme vordringlich
die Aufgabe zu, den „neu belebten religiösen Sinn" in der Studentenschaft
„von übertriebenem Mysticismus und ungezügelter Schwärmerey zu reinigen
und rein zu erhalten"[21]. Gerade der Geist der Erweckung, der die Studenten
beseelte, sollte also nach Pott durch die neue Einrichtung gedämpft und in
geordnete, „vernünftige" Bahnen gelenkt werden!

    Nachdem sich die hannoversche Staatsregierung am 2.7.1819 wohlwol-
lend zu dem Göttinger Antrag erklärt hatte[22], mußte es den Beteiligten in der
Folgezeit darum gehen, die personellen, organisatorischen und institutionell –
rechtlichen Grundlagen für den Universitätsgottesdienst zu schaffen. Da die
alte Universitätskirche wegen ihrer Nutzung als Teil der Universitätsbibliothek nicht mehr zur Verfügung stand, war der Planungsspielraum zunächst
empfindlich eingeschränkt. Notgedrungen bestimmten daher organisatorische
Erwägungen die erste Phase der Verhandlungen zwischen Universität und
Regierung. Pott schlug der Regierung zwar am 6.8.1819 als „beste Lösung"
vor, eine neue Universitätskirche zu erbauen und einen eigenen Universitätsprediger zu berufen, nahm seinen eigenen Vorschlag aber im gleichen Atemzug wieder als „zu utopisch" zurück, da es für die zu errichtende Kirche wohl

---

[20] Vgl. dazu G. VON SELLE, aaO., 238 ff.
[21] Vgl. die Eingabe Potts an die Regierung vom 4.3.1819, UAG, 10 b 1/21, o. P. –
„Mystizismus" und „Schwärmerei" waren allgemein die Schlagworte, mit denen die Vertreter
der rationalistischen Theologie die in statu nascendi sich befindende Erweckungsbewegung zu
bekämpfen versuchten.
[22] Vgl. das Reskript der Regierung vom 2.7.1819, UAG, 10 b 1/21, o. P. (in Auszügen
abgedruckt in: [D.J. Pott,] Die Weihe der Universitätskirche, aaO., 18). – Die im folgenden
herangezogenen Aktenstücke aus UAG, 10 b 1/21, befinden sich auch – als Original oder
Duplikat – in UAG, K 31, Vol. XVII u. Vol. XX. Ich zitiere in der Regel nach UAG, 10 b 1/
21, lediglich Unikate nach UAG, K 31.

an Material, Platz und vor allem an den erforderlichen Finanzen mangele[23]. Die Regierung ihrerseits dachte ganz pragmatisch und versuchte, Aufwand und Kosten für den Universitätsgottesdienst so gering wie irgend möglich zu halten. Ihren Interessen kam es entgegen, daß infolge des Ablebens des Superintendenten Georg Friedrich Reinhold am 25. 8. 1819 die Pfarrstelle an St. Jakobi neu zu besetzen war. Könnte man den neuen Pastor nicht zugleich zum Universitätsprediger ernennen und die St. Jakobi-Kirche zu einer von der Parochialgemeinde und der Universität gemeinsam zu nutzenden Simultankirche machen? Der hannoversche Kabinettsrat G. E. Fr. Hoppenstedt war es, der diesen Gedanken von Regierungsseite aus Ende 1819 ins Gespräch brachte[24].

Hoppenstedt legte die Umrisse seines Konzepts Anfang 1820 dem Konsistorium zur Stellungnahme vor. Er erklärte vorsorglich, daß mit der ins Auge gefaßten Regelung keine Änderung der bestehenden Parochialverhältnisse einhergehen solle und daß der neue Pfarrer an St. Jakobi in seiner zusätzlichen Funktion als Universitätsprediger nicht etwa zum Pfarrer der Universität avancieren werde. Auch sei die Realisierung des Konzepts an die Zustimmung der Gemeinde der St. Jakobi-Kirche gebunden[25]. Daß die Regierung das Konsistorium in der Frage des Universitätsgottesdienstes überhaupt konsultierte, wird man wohl kaum als Ausdruck für das seit 1815 auch im Königreich Hannover zu beobachtende sukzessive Auseinandertreten von Staat und Kirche zu begreifen haben. Zwar übte der Landesherr das Kirchenregiment nunmehr nicht mehr als eine unmittelbar aus seiner Landeshoheit abgeleitete Funktion aus, sondern lediglich als „Annex" zu seiner Vollmacht als Staatsoberhaupt. Aber er blieb nach wie vor Summepiskopus und vollzog das Staats- und das Kirchenregiment trotz der ressortmäßigen Unterscheidung beider Bereiche weiterhin in Personalunion[26]. Die Einbindung des Konsistoriums in den Entscheidungsprozeß läßt sich jedenfalls nicht so deuten, als ob die Regierung ihre angestammten Befugnisse hinsichtlich des Universitätsgottesdienstes und des Universitätspredigeramtes mit der Kirchenbehörde zu teilen gedacht hätte. Vielmehr lag die Befragung des Konsistoriums ausschließlich in der akuten Konstellation begründet. Denn wegen der geplanten Anbindung des akademischen Gottesdienstes an die St. Jakobi-Kirche und der anvisierten personellen Verbindung des Universitätspredigeramtes mit dem Pfarramt an St. Jakobi war das Konsistorium als die für die Besetzung der Pfarrstelle zuständige Kirchenbehörde direkt in die Angelegenheit involviert.

---

[23] Vgl. Potts Schreiben an die Regierung vom 6. 8. 1819, UAG, 10 b 1/21, o. P.

[24] Vgl. Hoppenstedts Promemoria vom 29. 12. 1819, UAG, 10 b 1/21, o. P.

[25] Vgl. das Schreiben der Regierung an das Konsistorium vom 3. 1. 1820, UAG, 10 b 1/21, o. P.

[26] Zur staatskirchenrechtlichen Entwicklung vgl. D. HENKEL, Staat und Evangelische Kirche im Königreich Hannover 1815–1833, 1938, bes. 12 ff. 24 ff.

Das Konsistorium erklärte sich am 7.1.1820 im Prinzip mit dem von der Regierung unterbreiteten Vorschlag einverstanden. Es zeigte sich insbesondere darüber befriedigt, daß die überkommene parochiale Rechtsstruktur durch den Universitätsgottesdienst nicht angetastet werden sollte, es äußerte freilich auch vorsorglich seine weitergehende Erwartung, die bestehenden Parochialverhältnisse dürften auch durch eventuell gewünschte Abendmahlsfeiern im Universitätsgottesdienst nicht außer Kraft gesetzt werden. Professoren und Studenten könnten ohne weiteres an den Abendmahlsfeiern in den Stadtkirchen teilnehmen. Falls sich zwischen ihnen und dem Universitätsprediger ein seelsorgerliches Vertrauensverhältnis entwickeln sollte, könnten sie die Dienste des Universitätspredigers durchaus in Anspruch nehmen; dieser dürfe allerdings nur in seiner Eigenschaft als Gemeindepfarrer von St. Jakobi zugunsten der Universitätsangehörigen seelsorgerlich tätig werden[27].

Nachdem das Konsistorium sein Plazet gegeben hatte, beauftragte die Regierung eine aus Vertretern der Universität und der Göttinger Kirchenkommission bestehende Kommission mit der Klärung der noch offenen Fragen vor Ort. Die Kommission sollte vor allem in Erfahrung bringen, ob die Jakobi-Gemeinde es akzeptieren könne, daß ihr zukünftiger Pfarrer in seinem Nebenamt als Universitätsprediger in seinen Predigten auf die Belange der Universitätsangehörigen Rücksicht nehmen werde, und ob den Professoren und Studenten in der St. Jakobi-Kirche die erforderlichen Plätze eingeräumt werden könnten[28].

Im Vergleich zu der institutionell-rechtlichen Konzeption, die Münchhausen der Göttinger Universitätskirche in der Gründungsphase der Universität zugrunde gelegt hatte, stellt sich die von der hannoverschen Staatsregierung 1819/20 vorgesehene Regelung eindeutig als Rückschritt dar. Hatte Münchhausen seinerzeit aus gutem Grund die Anbindung des Universitätsgottesdienstes an eine Gemeindekirche ausgeschlossen, um das in einer solchen Konstellation enthaltene Konfliktpotential in Göttingen gar nicht erst entstehen zu lassen, so erkannte die Regierung 1819/20 die Problematik ihres Vorschlags nicht wirklich[29]. Die Realisierung ihres Konzepts hätte, wenn

---

[27] Vgl. das Schreiben des Konsistoriums an die Regierung vom 7.1.1820, UAG, 10 b 1/21, o. P.

[28] Vgl. das Reskript der Regierung an den Senat der Universität vom 14.1.1820, UAG, 10 b 1/21, o. P. – Der Kommission gehörten an der Prorektor K. G. Himly und die Theologen Planck und Pott für die Universität sowie der Superintendent J. Ph. Trefurt als geistlicher und der Amtmann Tuckermann als weltlicher Vertreter der Göttinger Kirchenkommission. – Zur Rechtskonstruktion der Kirchenkommissionen im Königreich Hannover vgl. D. HENKEL, aaO., 29.

[29] Daß die Regierung ihr Konzept der Universität mit dem Hinweis schmackhaft zu machen versuchte, auch an etlichen anderen Universitäten sei der Universitätsgottesdienst mit dem Gemeindegottesdienst verbunden, belegt ihr mangelndes Problembewußtsein. Von den andernorts auftretenden Schwierigkeiten mit diesem Modell hatte sie offenbar keine Kenntnis.

man die zahlreichen, eben in der Verbindung von Universitäts- und Gemeindegottesdienst angelegten Auseinandersetzungen andernorts in Betracht zieht[30], vermutlich auch in Göttingen über kurz oder lang zu Konflikten zwischen Universität und Parochialgemeinde geführt. Von daher muß es im Blick auf die weitere Entwicklung als eine glückliche Fügung angesehen werden, daß in der von der Regierung eingesetzten Kommission die Göttinger Kirchenkommissare Trefurt und Tuckermann die Möglichkeit, von der Jakobi-Gemeinde die Zustimmung zur Einrichtung des Universitätsgottesdienstes in ihrer Kirche zu erhalten, als ganz illusorisch einschätzten. Die Vertreter der Universität schlossen sich dieser Lagebeurteilung an, so daß das Jakobi-Projekt erledigt war, ohne daß es der betroffenen Gemeinde überhaupt offiziell vorgestellt worden wäre[31].

Die Universität konnte sich die Aufgabe des Regierungsplans um so eher zu eigen machen, als sich im Frühjahr 1820 eine andere, weitaus bessere Lösung der Raumfrage abzeichnete. Seit Jahren schon stand die St. Nikolai-Kirche, deren Gemeinde 1801 gegen ihren erbitterten Widerstand vom Magistrat der Stadt Göttingen im Einvernehmen mit dem hannoverschen Kultusministerium aufgelöst worden war, leer[32]. Sie befand sich, nachdem sie während der französischen Besatzungszeit als Heu- und Strohspeicher genutzt worden war, in einem äußerst schlechten baulichen Zustand. Die Universität hielt die sich daraus ergebenden Schwierigkeiten für eine Resakralisierung der Kirche jedoch nicht für unüberwindlich. Sie betrachte, so ließ sie die Regierung am 8.6.1820 wissen, die Nikolaikirche vor allem deshalb als vorzüglich geeignetes Lokal für den Universitätsgottesdienst, weil durch diese Lösung Kollisionen zwischen der Universität und einer Stadtgemeinde weitgehend ausgeschlossen seien. Um derartige Konflikte völlig zu vermeiden, empfehle sich auch die Berufung eines eigenen Universitätspredigers[33].

Die Regierung erhob gegen diese Argumentation keine Einwände und beauftragte die Universität umgehend mit der Erstellung eines Plans und eines Kostenanschlags für die Renovierung der St. Nikolai-Kirche[34]. Mit diesem positiven Bescheid waren die Bemühungen um die Wiederherstellung des Universitätsgottesdienstes in ihre zweite, entscheidende Phase eingetreten. Die im Auftrag der Universität vom Kloster- und Universitätsbaumeister

---

[30] S. dazu o. 157–211.

[31] Auf Grund des Votums der Kirchenkommissare verzichtete die Kommission auf eine Befragung der Jakobi-Gemeinde. Vgl. den Bericht der Kommission an die Regierung vom 8.6.1820, UAG, 10 b 1/21, o. P.

[32] Zur Aufhebung der Pfarrei St. Nikolai vgl. W. Ch. FRANCKE, Der Kirchen- und Pfarr-Fonds von St. Nikolai zu Göttingen, Protokolle über die Sitzungen des Vereins f. d. Geschichte Göttingens II/3 (1900), 23–47.

[33] Vgl. den Bericht des Senats vom 8.6.1820, UAG, 10 b 1/21, o. P.

[34] Vgl. das Reskript der Regierung vom 23.6.1820, UAG, 10 b 1/21, o. P.

Justus Heinrich Müller am 23. 8. 1820 vorgelegte Aufstellung der Restaurierungsmaßnahmen und ihrer auf 9152 Reichstaler (Konventional-Münze) veranschlagten Kosten[35] fand die Billigung der Regierung, so daß auf ihren Bericht hin König Georg IV. am 14. 11. 1820 die Durchführung der beantragten Baumaßnahmen genehmigte[36]. Um die neue Bestimmung der Nikolaikirche ungestört in die Realität umsetzen zu können, erklärte die Staatsregierung vorsorglich noch im Dezember 1820 gegenüber dem ehemaligen Kirchenvorstand von St. Nikolai, der wiederholt die Restitution der Pfarrei gefordert hatte, die Aufhebung der Nikolai-Gemeinde für irreversibel[37].

Sodann trat die Regierung in Verhandlungen mit dem Magistrat der Stadt Göttingen ein, da sie der – irrigen – Annahme war, der Zustimmung des Magistrats für die Nutzung von St. Nikolai als Universitätskirche zu bedürfen. Der Magistrat freilich erklärte sich unter Verweis auf die durch einen Rezeß von 1803 geschaffene Rechtslage als nicht zuständig für das Kirchengebäude – es war in der Tat mit dem gesamten Vermögen der Pfarrei St. Nikolai in den Besitz der vier anderen Göttinger Kirchengemeinden übergegangen. Dem Magistrat hatte der Rezeß von 1803 lediglich den freien Platz zugesprochen, der durch den damals geplanten, aber nicht realisierten Abriß der Kirche entstanden wäre. Auf das Verfügungsrecht über diesen Platz verzichtete der Magistrat nun aus freien Stücken zugunsten der Universität[38]. Unter Berufung auf den Rezeß vom 28. 3. / 5. 5. 1803, in dem der Abbruch der Kirche auf Kosten des Kirchen- und Pfarrfonds von St. Nikolai oder ihr Verkauf auf Abbruch festgeschrieben worden war, konnte die Regierung 1821 ff. einen günstigen Kaufpreis für die Kirche erzielen. Denn nicht ihr tatsächlicher Verkehrswert, sondern lediglich ihr reiner Materialwert wurde der Taxsumme zugrunde gelegt. Nachdem die städtische Kirchenkommission, das Konsistorium und die Universitätskirchendeputation zunächst zu divergierenden Einschätzungen des materiellen Gebäudewerts gekommen waren, setzte die Regierung 1824 schließlich als Kompromiß einen Mittelwert fest und überwies dem Kirchen- und Pfarrfonds von St. Nikolai die Summe von 1000 Reichstalern (Konventional-Münze) für die Kirche[39].

---

[35] Vgl. Müllers Promemoria vom 23. 8. 1820, UAG, 10 b 1/21, o. P.

[36] Vgl. das königliche Reskript vom 14. 11. 1820, UAG, 10 b 1/21, o. P.

[37] Vgl. W. Ch. FRANCKE, aaO., 30. Der letzte Antrag der Bevollmächtigten der Gemeinde der Kirche St. Nikolai auf Wiederherstellung der Gemeinde vom 8. 5. 1818 befindet sich in UAG, K 31, Vol. XVII, Bl. ad 1.

[38] Vgl. die Mitteilung der Regierung an die Universität vom 30. 3. 1821, UAG, K 31, Vol. XVII, Bl. 21; dazu W. Ch. FRANCKE, aaO., 30. – Der Rezeß von 1803, der die Überführung des Vermögens von St. Nikolai in den – den vier anderen Göttinger Gemeinden zugute kommenden – Kirchen- und Pfarrfonds von St. Nikolai regelte, ist abgedruckt bei W. Ch. FRANCKE, aaO., 25–29.

[39] Vgl. den Briefwechsel der beteiligten Instanzen vom 30. 3. 1821 – 18. 10. 1824, UAG, K 31, Vol. XVII, Bl. 21–26.

Unter Leitung des Kloster- und Universitätsbaumeisters Müller hatten gleich Anfang des Jahres 1821 die umfangreichen Arbeiten zur äußeren Wiederherrichtung der St. Nikolai-Kirche begonnen[40]. Der im Lauf der Zeit durch Aufschüttungen stark erhöhte Kirchhof und der Fußboden der Kirche wurden im Niveau einander angeglichen, um das Eindringen von Regenwasser in das Gebäude zu verhindern. Auch wurde – gegen den Widerstand einzelner Anwohner[41] – das Befahren des Platzes mit Fuhrwerken u. dgl. durch die Errichtung einer Absperrung, die aus einer über Sandsteinpfeiler verlaufenden Kette bestand, teilweise eingeschränkt. Ferner unterzog man das wasserdurchlässige Kirchendach einer grundlegenden Sanierung. Die gesamte Inneneinrichtung der Kirche, die während und nach der französischen Besatzungszeit zerstört und geplündert worden war, mußte neu konzipiert und eingebaut werden. Die alte Orgel, die sich einem Gutachten des akademischen Musikdirektors J. A. G. Heinroth zufolge in einem nicht mehr restaurierungsfähigen Zustand befand, wurde ebenfalls ersetzt durch ein neues, von dem Orgelbauer Kuhlmann aus Gottsbüren geschaffenes Werk mit 23 Registern[42]. Die Verwirklichung des von Müller anfänglich erwogenen Plans, an der Stelle der beiden 1777 eingestürzten Türme wenigstens einen neuen Turm zu errichten, unterblieb dagegen aus Kostengründen[43]. Im August 1822 konnte die Renovierung der Kirche abgeschlossen werden[44], so daß ihrer gottesdienstlichen Nutzung nichts mehr im Wege stand.

In der ersten Phase der Bemühungen um die Neubelebung des Universitätsgottesdienstes waren auf Seiten der Universität der akademische Senat und der Prorektor die Verhandlungspartner der Regierung. Dies änderte sich im September 1821, als die Regierung die Inspektion der Universitätskirche der von neuem zu bildenden Universitätskirchendeputation übertrug. Die Regierung erließ ihre entsprechende Verfügung unter ausdrücklicher Bezugnahme auf das Reskript vom 19. 7. 1738, durch das die Universitätskirchendeputation erstmals eingesetzt worden war, und schuf damit die Voraussetzung dafür, daß wie im 18. Jahrhundert die Universität als ganze den akademischen Gottesdienst als ihre ureigene Angelegenheit betrachten und vor Ort die Verantwortung für seine Durchführung übernehmen konnte. Auch in der Zusammensetzung der Deputation änderte sich nichts gegenüber dem

---

40 Vgl. die offizielle Beauftragung der Universität mit der Durchführung der Baumaßnahmen durch das Reskript der Regierung vom 7. 12. 1820, UAG, 10 b 1/21, o. P.

41 Der Widerstand der betroffenen Anwohner blieb freilich ohne Erfolg. Vgl. den Briefwechsel zwischen Universität und Regierung vom 29. 3./15. 8. 1822, UAG, 10 b 1/21, o. P.

42 Vgl. Heinroths Gutachten vom 21. 8. 1820, UAG, 10 b 1/21, o. P.; dazu den Abschlußbericht der Kirchendeputation über die Lieferung der Orgel vom 3. 3. 1823, UAG, 10 b 1/21, o. P.

43 Vgl. Müllers Promemoria vom 23. 8. 1820, UAG, 10 b 1/21, o. P.

44 Vgl. den Bericht der Kirchendeputation an die Regierung vom 24. 8. 1822 sowie Müllers abschließende Zusammenstellung der Kosten vom 7. 2. 1823, UAG, 10 b 1/21, o. P.; dazu allgemein [D. J. Pott,] Die Weihe der Universitätskirche, 19 f.

18. Jahrhundert. Als Mitglieder gehörten ihr sämtliche Theologieprofessoren, die ersten Professoren der übrigen Fakultäten sowie der Prorektor an, der als Präsident der Deputation fungierte[45].

Nach ihrer Restitution kümmerte sich die Kirchendeputation vordringlich um die Klärung der organisatorisch-praktischen Fragen im Zusammenhang mit der Einrichtung des Gottesdienstes. Sie regelte die Versehung des Organisten- und des Küsterdienstes sowie die Verwaltung der Finanzen und Kollekten in der Kirchenkasse, sie legte dem Gottesdienst eine äußerst karg gehaltene Liturgie (Lied – Predigt – Lied [– Gebet?]) zugrunde und sorgte dafür, daß nicht das Universitätsgesangbuch von 1779, sondern das – 1792 um einen rationalistischen Anhang erweiterte – Vermehrte Hannoversche Kirchengesangbuch von 1740 in Gebrauch genommen wurde[46].

Damit die ursprüngliche institutionell-rechtliche Verfassung des Universitätsgottesdienstes aus dem 18. Jahrhundert wieder vollständig in Kraft treten konnte, bedurfte es im Sommer 1822 – nach dem Erwerb von St. Nikolai und der Bestellung der Universitätskirchendeputation – nur noch der Berufung eines Universitätspredigers. Die Versuche der Regierung, einen geeigneten Prediger für die Universitätskirche zu gewinnen, blieben freilich zunächst ohne Erfolg[47]. So verfiel man auf den Ausweg, den inzwischen in sein Amt eingesetzten Pfarrer an St. Jakobi und Superintendenten Christian Friedrich Ruperti (1765–1836)[48] zum Universitätsprediger zu ernennen. Um Ruperti die Wahrnehmung der zusätzlichen Aufgabe zu ermöglichen, stellte man ihm den Repetenten Johannes Tychsen Hemsen (1792–1830)[49] als

---

[45] Vgl. das Reskript der Regierung vom 28.9.1821, UAG, 10 b 1/24, Bl. 1 f. – Zum Reskript vom 19.7.1738 s. o. 38 Anm. 60. Sofern später ao. Professoren der Theologie Universitätsprediger waren, wurden sie als ao. Mitglieder in die Deputation aufgenommen, so z.B. Liebner und Köstlin. Vgl. UAG, 10 b 1/24, Bl. 7.12.

[46] Vgl. die Berichte der Kirchendeputation vom 18.9. und 17.11.1822 sowie die zustimmende Antwort der Regierung vom 12.12.1822, UAG, 10 b 1/21, o. P. – Die Nichtberücksichtigung des Universitätsgesangbuches von 1779 begründete die Kirchendeputation damit, daß die Zahl der vorhandenen Exemplare nicht ausreiche und daß das Gesangbuch einer Revision bedürfe, ehe man es dem überall gebräuchlichen Hannoverschen Gesangbuch von 1740 vorziehen könne. Zu letzterem vgl. I. MAGER, Die Rezeption der Lieder Paul Gerhardts ..., 136 f.

[47] Vgl. das Schreiben der Regierung an die Kirchendeputation vom 15.8.1822, UAG, 10 b 1/21, o. P.

[48] Geb. 25.8.1765 in Hoyershagen, gest. 5.7.1836 in Göttingen. – 1783 Studium Göttingen, 1787 Gymnasiallehrer Stralsund, 1804 Pastor Wennigsen, 1820 Pastor an St. Jakobi u. Superintendent Göttingen, 1822/3 zusätzlich 1. Universitätsprediger, 1825 D. theol. Göttingen. – Vgl. die Ernennungsurkunde Rupertis zum Universitätsprediger vom 12.12.1822, UAG, 10 b 1/21, o. P.; zum Biographischen vgl. Fr. OEHME, aaO., passim; A. SAATHOFF, aaO., 213.

[49] Geb. 15.10.1792 in Wrixum/Föhr, gest. 15.5.1830 in Göttingen. – 1812 Studium Kopenhagen, 1817 Studium Göttingen, 1818–21 Privatstudien Kopenhagen u. Kiel, 1821 Repetent Göttingen, 1822/3 Hilfsprediger an St. Nikolai u. St. Jakobi Göttingen, 1823 2. Universitätsprediger und ao. Prof. d. Theol., 1825 D. theol. Göttingen. – Vgl. die Ernennungsurkunden Hemsens zum Hilfsprediger vom 12.12.1822 und zum 2. Universitätsprediger vom 6.11.1823, UAG, 10 b 2/15, Bl. 2.9.

Hilfsprediger an St. Nikolai und an St. Jakobi zur Seite. Beide befanden sich seit Anfang 1823 quasi in einem gegenseitigen Vikariatsverhältnis. Predigte Ruperti im Universitätsgottesdienst, so hielt Hemsen den Gemeindegottesdienst in St. Jakobi; an den Sonntagen, an denen Ruperti die Kanzel seiner Gemeindekirche betrat, übernahm Hemsen den Universitätsgottesdienst. Es war diese eigentümliche, von den aktuellen Zwängen diktierte Regelung in der Sicht sowohl der Regierung als auch der Universität durchaus ein interimistischer Notbehelf[50], und nach dem Ableben Rupertis kehrte die Regierung denn auch wieder zu dem alten Verfahren zurück und ernannte nurmehr Universitätstheologen zu Universitätspredigern[51]. Im wesentlichen jedoch war Ende 1822 die Münchhausensche Rechtskonstruktion des Göttinger Universitätsgottesdienstes mit ihren drei tragenden Pfeilern Universitätskirche, Universitätskirchendeputation und Universitätspredigeramt vollständig wieder restituiert.

Mit einer glanzvollen Feier weihte die Universität am 29. 12. 1822 in Anwesenheit des hannoverschen Staatsministers von Arnswaldt ihre neue Kirche ein. Pott hielt die Predigt des Tages über Kol 3,16 f. und hob in seinen Ausführungen das religiöse Engagement der Studenten für die Wiedereinrichtung des Universitätsgottesdienstes lobend hervor, ohne freilich ihre Motive zur Sprache zu bringen[52]. Im übrigen machte er, der selber Logenbruder war, in seiner Weiherede ausgiebig Gebrauch von der Symbolsprache des Freimaurertums. Die Tempel- und die Lichtsymbolik dienten ihm ebenso wie der Berufs- und Pflichtgedanke dazu, die Bedeutung des neuen Gotteshauses für die Entwicklung einer das Irdische transzendierenden, auf das Ewige ausgerichteten Frömmigkeit herauszustellen. Die eigentümliche Verknüpfung von Freimaurertum und aufgeklärter Religiosität läßt sich auch an den Liedern beobachten, die Pott in Ermangelung geeigneter Gesänge zur Weihe einer Kirche wiederum selber verfaßt hatte[53]. Unter Assistenz von

---

[50] Vgl. das Schreiben Potts an die Regierung vom 5. 8. 1822, UAG, 10 b 1/21, o. P., sowie das Schreiben der Regierung an die Kirchendeputation vom 15. 8. 1822, UAG, 10 b 1/21, o. P.

[51] Den Anfang dieser Tradition bildete bereits 1823 die Ernennung Hemsens zum 2. Universitätsprediger u. ao. Prof. d. Theol. (s. Anm. 49). Hemsens Amt als Hilfsprediger an St. Jakobi übernahm am 8. 3. 1824 Christoph Heinrich Friedrich Bialloblotzky. Vgl. dazu UAG, 10 b 2/15, Bl. 19.

[52] Potts Weiherede ist abgedruckt in: [D. J. Pott,] Die Weihe der Universitätskirche, 29–37.

[53] Vgl. exemplarisch die beiden folgenden Liedstrophen, die in der Festschrift (s. Anm. 52), 25 f., abgedruckt sind; dazu auch K. Knoke, aaO., 99 f.:
„Bis hierher hat uns Gott gebracht
   Durch seine große Güte!
Bis hierher hat der Wahrheit Macht
   Gewaltet im Gemüthe!
O daß in ihrem Strahlenschein
Uns Glaube, Liebe, Hoffnung, rein
Und reiner stets erglänzten!"

Planck und Stäudlin ordinierte Pott sodann Hemsen zum geistlichen Amt, während Ruperti der Gemeinde als ihr zukünftiger Prediger lediglich vorgestellt wurde[54]. Die Wiederaufnahme der Ordinationspraxis der Theologischen Fakultät war zwar nicht durch das Ordinationsprivileg von 1747 gedeckt, aber im Fall Hemsen handelte die Fakultät immerhin auf Grund einer besonderen Ermächtigung durch die Regierung[55]. Im Einklang mit den Bestimmungen des 18. Jahrhunderts dagegen stand es, daß Hemsen, wenn auch mit Verspätung, den Religionseid auf die Bekenntnisschriften der lutherischen Kirche (ohne die Konkordienformel) abzulegen hatte[56].

Ruperti und Hemsen nahmen ihre Predigttätigkeit in der neuen Universitätskirche zu Beginn des Jahres 1823 auf[57]. Ihr Wirken und das ihrer Nachfolger im Universitätspredigeramt unter predigtgeschichtlichen Aspekten darzustellen, gehört nicht mehr zur Aufgabe dieser Untersuchung. Es dürfte aber nicht ganz überflüssig sein, den gegebenen Ausblick auf die Wiedereinrichtung des Göttinger Universitätsgottesdienstes 1822/3 durch die Erörterung von zwei Themenkomplexen, die für die Institution der Universitätskirche bis zur Gegenwart von Belang sind, abzurunden. Es handelt sich dabei zum einen um die Einführung des Abendmahls im akademischen Gottesdienst im 19. Jahrhundert, zum anderen um die Auswirkungen der staatskirchenrechtlichen Entwicklung im 20. Jahrhundert auf das Amt des Universitätspredigers in Göttingen.

Was zunächst die Abendmahlsthematik betrifft, so hatte die Kirchendeputation bereits im Zuge der Neubelebung des akademischen Gottesdienstes die Bitte geäußert, in St. Nikolai auch das Abendmahl feiern zu dürfen[58]. Die Regierung hatte daraufhin wegen der Beeinträchtigung der Rechte der Stadt-

---

„O heilig, heilig, heilig sey
    Uns allen diese Stätte!
Daß jeder, fern von Heucheley,
    Mit Ehrfurcht sie beträte!
Herr, das Gelübd' hier im Verein
Uns selbst zum Tempel dir zu weih'n,
    Vernimm mit Wohlgefallen!"

[54] Auf Wunsch Rupertis, der bereits als Pfarrer an St. Jakobi und Superintendent eingeführt war, verzichtete man auf seine Einführung als Universitätsprediger. Vgl. Rupertis Schreiben an die Regierung vom 15.12.1822, UAG, 10 b 1/21, o. P.
[55] Vgl. das Reskript der Regierung vom 12.12.1822, UAG, 10 b 1/21, o. P. – Das Ordinationsprivileg vom 11.11.1747 gestattete der Fakultät lediglich die Ordination auswärtiger Kandidaten aus Gebieten ohne eine eigene Kirchenbehörde. Vgl. J. MEYER, aaO. (s. Anm. 3), 23 f.
[56] Vgl. das Reskript der Regierung vom 5.5.1823, UAG, 10 b 2/15, Bl. 5; dazu K. KNOKE, aaO., 100 f.
[57] Vgl. ihre beiden Predigten vom 1.1. und 5.1.1823, in: [D.J. POTT,] Die Weihe der Universitätskirche zu Göttingen, 39–46. 47–54.
[58] Vgl. den Bericht der Kirchendeputation vom 24.8.1822 an die Regierung, UAG, 10 b 1/21, o. P.

pfarreien Bedenken gegen eine sofortige Einrichtung von Abendmahlsfeiern erhoben und dafür plädiert, das Thema zunächst intern mit dem Konsistorium und den Göttinger Stadtpfarrern zu besprechen[59]. Eine erneute Petition von 111 Studenten bewog die Kirchendeputation dann, ihren Wunsch der Regierung erneut vorzutragen. Die Deputation wies zur Begründung auf den zu erwartenden wohltätigen Einfluß der Kommunion auf die Studenten hin, der bisher nicht zu erreichen gewesen sei, da sich kaum Studenten am Abendmahl in den Stadtkirchen beteiligt hätten. Ein Kommunionzwang solle aber nicht ausgeübt werden. Auch müßte jeder Teilnehmer an der Kommunion in St. Nikolai die regulären Beichtgelder an den Stadtpfarrer zahlen, zu dessen Parochie er gehöre[60]. Aus nicht mehr eruierbaren Gründen erfuhr dieser Antrag seitens der Regierung keine Bearbeitung – mag sein, daß sie das Problem durch Nichtbeachten erledigen zu können hoffte.

Da auch die Kirchendeputation von sich aus keine weiteren Anstrengungen unternahm, ruhte die Angelegenheit 13 Jahre, bis 1836 wieder Studenten – nach 1819 also zum dritten Mal – einen Vorstoß wagten und die Theologische Fakultät ersuchten, durch die Einführung einer Altar-Liturgie und des Abendmahls im Universitätsgottesdienst die geistliche Gemeinschaft unter den Universitätsangehörigen zu fördern. Die Studenten empfanden die 1823 eingeführte Ordnung des Gottesdienstes verständlicherweise als „abgerissen und unvollständig" und verwiesen auf eigene gute Erfahrungen mit „vollständigen", d. h. das Abendmahl mit einschließenden Universitätsgottesdiensten in Halle und anderswo. Mit ihrem Vorschlag wollten sie vor allem die Gemeinschaft des Glaubens und christliches Leben erfahrbar machen[61].

Die Theologische Fakultät, die inzwischen durch den Eintritt Friedrich Lückes (1791–1855) ein deutlich neues Profil gewonnen hatte, begrüßte die studentische Initiative, bedachte intern aber auch sehr genau, wie mögliche Konflikte mit den Stadtpfarrern wegen der Einführung des Abendmahls in St. Nikolai vermieden werden könnten, und ermutigte die Kirchendeputation zu einem weiteren Gesuch an die Regierung[62]. Im Gegenzug genehmigte die Regierung ohne weiteres die liturgische Neugestaltung des akademischen Gottesdienstes, sie legte der Fakultät jedoch zugleich auf, wegen der Abendmahlsfrage mit dem Geistlichen Ministerium der Stadt Göttingen Kontakt aufzunehmen[63]. Das daraufhin von der Fakultät befragte Geistliche Ministe-

---

[59] Vgl. das Reskript der Regierung vom 12.12.1822, UAG, 10 b 1/21, o. P.

[60] Vgl. die Petition der 111 Studenten vom 21.3.1823, UAG, K 22, Vol. XXV, Bl. 2; dazu das Schreiben der Kirchendeputation an die Regierung vom 27.3.1823, UAG, K 22, Vol. XXV, Bl. 4.

[61] Vgl. die Petition von 121 Studenten aus dem August 1836, UAG, Theol. Nr. 59, Bl. 1.

[62] Vgl. den Umlauf der Theol. Fakultät vom 14.9./11.11.1836, UAG, Theol. Nr. 59, Bl. 2–4; dazu den Antrag der Kirchendeputation vom 25.11.1836, UAG, K 22, Vol. XXV, o. P.

[63] Vgl. das Schreiben der Regierung an die Theol. Fakultät vom 4.2.1837, UAG, Theol. Nr. 59, Bl. 6 f.

rium seinerseits erklärte, keine prinzipiellen Einwände gegen das Abendmahl
in der Universitätskirche zu haben, wollte freilich eine endgültige Stellungnahme erst abgeben, wenn das Konsistorium seine Position in der Angelegenheit dargelegt habe[64]. Das Konsistorium wiederum verschleppte eine Entscheidung, so daß die Fakultät ihre Bemühungen vorerst noch einmal auf Eis
legen mußte[65].

Es dauerte ganze 10 Jahre, bis schließlich das Ministerium für die geistlichen und Unterrichtsangelegenheiten – der Verschleppungstaktik des Konsistoriums überdrüssig – eine Entscheidung herbeiführte. Es erklärte in einer
Kabinettsvorlage vom Juli 1847 die vom Konsistorium vorgetragenen Bedenken gegen die Einführung des Abendmahls in der Universitätskirche als unerheblich im Vergleich zu dem großen Nutzen, den die Kommunion im
Blick auf die Studentenschaft nach sich ziehen werde. Den vom Konsistorium
hauptsächlich erhobenen Einwand, die Zulassung nur eines bestimmten Stan-
des (sc. der Universitätsangehörigen) zum Abendmahl in St. Nikolai wider-
spreche dem Begriff der christlichen Kommunion, versuchte das Ministerium
mit dem Hinweis zu entkräften, daß es auch sonst Kirchen, ja sogar Parochien
für nur einen Stand gebe, z. B. Garnison- und Hofkirchen. Die begründeten
Rechtsansprüche der Göttinger Stadtpfarrer im Zusammenhang mit der Verwaltung des Altarsakraments könnten – so das Ministerium – durch pau-
schale Zahlungen aus der Universitätskasse abgegolten werden. Generell solle
das Abendmahl im Universitätsgottesdienst den religiösen Sinn gerade der
durch das universitäre Umfeld vom kirchlichen Leben entfremdeten Studenten neu wecken und dazu beitragen, daß sich zwischen ihnen und dem
Universitätsprediger ein seelsorgerliches Vertrauensverhältnis entwickeln
könne[66]. Nachdem für die Durchführung der Kommunionfeiern praktikable
Regelungen gefunden waren, die auf die angestammten Rechte der städtischen Parochien angemessen Rücksicht nahmen, lenkte das Konsistorium ein
und stimmte der Einrichtung von jährlich 2 nach lutherischem Ritus zu
haltenden Abendmahlsfeiern zu[67], so daß seit Beginn des Jahres 1848 in der
Universitätskirche das Abendmahl gefeiert worden ist.

Ziehen wir ein knappes Fazit aus dem langwierigen Vorgang, so fällt
erstens auf, daß in Göttingen – anders als z. B. in Leipzig oder Rostock[68]
– die Einführung des Abendmahls in der Universitätskirche nicht durch die
Stadtgeistlichkeit bekämpft wurde. Dies dürfte auf das behutsame Vorgehen

---

[64] Vgl. das Schreiben des Geistlichen Ministeriums Göttingen (ohne Datum), UAG,
Theol. Nr. 59, Bl. 12.

[65] Vgl. den Bericht der Regierung vom 12. 6. 1837 sowie den Umlauf der Theol. Fakultät
vom 16. 6. 1837, UAG, Theol. Nr. 59, Bl. 14–16.

[66] Vgl. die Kabinettsvorlage des Ministeriums für die geistlichen und Unterrichtsange-
genheiten aus dem Juli 1847, UAG, 10 b 1/25, Bl. 2.

[67] Vgl. das Reskript der Regierung vom 10. 12. 1847, UAG, 10 b 1/25, Bl. 6 f.

[68] S. o. 197 mit Anm. 50 f.

der Theologischen Fakultät bzw. der Kirchendeputation und auf ihr Bemühen zurückzuführen sein, die Interessen der städtischen Parochien in diesem
Bereich so weit wie möglich zu berücksichtigen[69]. Zum zweiten unterstreicht
die maßgebliche Rolle, die hier die Studenten mit ihren verschiedenen Initiativen spielten, daß die Einführung des Abendmahls ebenso wie zuvor die
Neubelebung des Universitätsgottesdienstes im Kontext der allgemeinen Erneuerung religiösen Lebens in der 1. Hälfte des 19. Jahrhunderts gesehen
werden muß. Drittens läßt die immerhin ein Vierteljahrhundert umfassende
Verhandlungsdauer exemplarisch etwas von den Problemen erkennen, die fast
zwangsläufig überall dort auftraten, wo sich Universitäten mit dem parochial
gegliederten Kirchenwesen in Hinsicht auf den akademischen Gottesdienst zu
arrangieren hatten. Von daher erweist sich an den schwierigen Umständen
der Einführung des Abendmahls in St. Nikolai indirekt einmal mehr die
Tragfähigkeit und Zweckmäßigkeit der von Münchhausen grundsätzlich getroffenen und dann 1822 bestätigten Entscheidung, die Göttinger Universitätskirche unabhängig vom bestehenden Parochialsystem zu etablieren.

Am Schluß dieser Untersuchung über die Geschichte der Göttinger Universitätskirche im 18. Jahrhundert soll nochmals in Erinnerung gerufen werden, inwiefern sich die Entwicklung des Verhältnisses zwischen Staat und
Kirche im 20. Jahrhundert auf den rechtlichen Charakter des Göttinger Universitätspredigeramtes ausgewirkt hat. Dabei genügt es, die Ergebnisse der an
anderer Stelle ausführlich durchgeführten Analyse[70] zusammenzufassen und
auf die Göttinger Verhältnisse zu beziehen.

Nachdem durch die Verfassung des Deutschen Reichs vom 11. 8. 1919 das
Staatskirchentum und der landesherrliche Summepiskopat endgültig aufgehoben worden waren, erwuchs aus dieser veränderten Situation für Staat und
Kirche mit innerer Notwendigkeit u. a. die Aufgabe, den Rechtsstatus des
Universitätspredigers neu bestimmen zu müssen. Jede Neuregelung hatte hier
in Rechnung zu stellen, daß einerseits in aller Regel nur ein von der zuständigen Staatsbehörde berufener Theologieprofessor das Universitätspredigeramt ausübt, daß aber andererseits das Universitätspredigeramt als solches auf
Grund seiner Verkündigungsfunktion offenkundig ein kirchliches Nebenamt
des betreffenden, vom Staat ernannten Theologieprofessors ist. Der auch für
Göttingen rechtswirksam gewordene preußische Kirchenvertrag von 1931 hat
dieser eigentümlichen Stellung des Universitätspredigers im Spannungsfeld
zwischen Staat und Kirche durch die Bestimmung gerecht zu werden versucht, daß der Staat — im Einvernehmen mit der zuständigen Kirchenbehörde
— den Universitätsprediger aus dem Kreis der ordinierten Mitglieder der

---

[69] Nach den Vorstellungen der Fakultät sollte z. B. den Studenten freigestellt bleiben, am
Abendmahl in den Stadtkirchen teilnehmen sowie vor der Kommunion in St. Nikolai die
Beichte vor den Stadtgeistlichen ablegen zu können.

[70] S. o. 202–211.

Fakultät zu berufen habe, während der Kirche die Einführung des Universitätspredigers obliege[71]. Demnach hat der preußische Kirchenvertrag den kirchlichen Charakter des Universitätspredigeramtes sehr wohl anerkannt. Weiterhin ist die Regelung des preußischen Kirchenvertrags unverkennbar von dem Bemühen geleitet, die bereits 1931 empfundene Spannung zwischen der staatlichen Berufung des Universitätspredigers und dem durch die Verfassung garantierten Recht der Kirche auf die freie Besetzung ihrer Ämter auszugleichen. Dieses Anliegen kommt in der Bestimmung zum Ausdruck, daß der Universitätsprediger im Einvernehmen mit der zuständigen Kirchenbehörde zu ernennen sei. Im niedersächsischen Kirchenvertrag (Loccumer Vertrag) von 1955 sind die Vereinbarungen des preußischen Kirchenvertrags über das Universitätspredigeramt ausdrücklich übernommen worden. Darüber hinaus hat der Loccumer Vertrag in der Absicht, den – 1931 durchaus anerkannten – kirchlichen Charakter dieses Amtes zu unterstreichen, festgelegt, daß die Göttinger Universitätsprediger nicht nur vom zuständigen Minister zu ernennen, sondern auch kirchlich zu bestallen sind[72].

Das 1931 festgelegte Zusammenwirken zwischen dem weltanschaulich neutralen Staat und der an ihren Verkündigungsauftrag gebundenen Kirche bei der Berufung der Göttinger Universitätsprediger hat sich in der Folgezeit ganz überwiegend als ein zweckmäßiges Verfahren erwiesen[73]. Gewiß kommt in der Beteiligung der Kirche an der Besetzung des Göttinger Universitätspredigeramtes eine gegenüber dem 18. und 19. Jahrhundert vertiefte Einsicht in die spezifisch kirchliche Funktion dieses Amtes zur Geltung. Unbeschadet der im 20. Jahrhundert vollzogenen Modifikation des Rechtsstatus der Göttinger Universitätsprediger aber hat das unter ganz anderen historischen Bedingungen von Gerlach Adolph Freiherrn von Münchhausen geschaffene Modell des Göttinger Universitätsgottesdienstes mit seinen Einzelkomponenten Universitätskirche, Universitätskirchendeputation und Universitätspredigeramt bis zur Gegenwart Bestand.

---

[71] Vgl. Art. 11 Abs. 3 sowie das Schlußprotokoll zu Art. 11 Abs. 3 preuß. Kirchenvertrag vom 11.5.1931.

[72] Vgl. Art. 3 Abs. 3, die Begründung zu Art. 3 und die Zusatzvereinbarung §3 (zu Art. 3 Abs. 3) niedersächsischer Kirchenvertrag vom 19.3.1955.

[73] Eine Ausnahme, die freilich im Kontext des Konfliktes zwischen der Theologischen Fakultät (bzw. dem NS-Wissenschaftsministerium) und der Ev.-luth. Landeskirche Hannovers während des Dritten Reiches gesehen werden muß, bildet der Fall Walter Birnbaum (1893–1987). Birnbaum wurde 1936 lediglich kommissarisch mit der Versehung des Universitätspredigeramtes beauftragt, von der Ev.-luth. Landeskirche Hannovers jedoch weder bestätigt noch eingeführt. Zu den Hintergründen vgl. im einzelnen I. MAGER, Das Verhältnis der Göttinger theologischen Fakultät zur Hannoverschen Landeskirche während des Dritten Reiches, JGNKG 85 (1987), (179–196) 193f.

Anhang

Liste der Göttinger Universitätsprediger
von 1742 bis zur Gegenwart

Listen der Göttinger Universitätsprediger sind bisher in folgenden Werken veröffentlicht worden: A. Saathoff, Aus Göttingens Kirchengeschichte, 1929, 266 Anm. 13; Ph. Meyer, Die Pastoren der Landeskirchen Hannovers und Schaumburg-Lippes seit der Reformation, 1. Bd., 1941, 332–334; W. Ebel, Catalogus Professorum Gottingensium 1734–1962, 1962, 31. Diese Listen sind, da älteren Datums, unvollständig und zudem durchweg fehlerhaft. Die folgende Aufstellung basiert auf den einschlägigen Personalakten im Universitätsarchiv Göttingen und in der Theologischen Fakultät Göttingen. Für den Beginn der Amtszeit des jeweiligen Universitätspredigers wird stets das Jahr genommen, in dem die Berufung oder Ernennung bzw. Beauftragung erfolgte. Die Amtsbezeichnungen der Prediger werden aus den offiziellen Ernennungsurkunden übernommen. Zum besseren Verständnis sei noch hinzugefügt, daß der 1769 eingeführte Rangunterschied zwischen dem (Nachmittags- bzw.) 2. und 1. Universitätsprediger 1912 aufgehoben wurde. Unberücksichtigt bleiben diejenigen Professoren, Repetenten und weiteren Personen, die in Vakanzzeiten des Universitätspredigeramtes mit der interimistischen Versehung des Gottesdienstes beauftragt waren.

1. Christian Kortholt
   geb. 30.3.1709 in Kiel, gest. 21.9.1751 in Göttingen
   Universitätsprediger 1742–1748

2. Friedrich Wilhelm Kraft
   geb. 19.8.1712 in Krautheim (Sachsen-Weimar), gest. 19.11.1758 in Danzig
   Universitätsprediger 1747–1750

3. Paul Jakob Förtsch
   geb. 17.11.1722 in Großenhayn (Sachsen-Meißen), gest. 30.11.1801 in Harburg
   Universitätsprediger 1751–1764

4. Gottfried Leß
   geb. 31.1.1736 in Conitz (West–Preußen), gest. 28.8.1797 in Hannover
   (1.) Universitätsprediger 1763–1777.1785–1789 (s. u. Nr. 10a)

5. Christian Ludwig Gerling
   geb. 11.11.1745 in Rostock, gest. 13.1.1801 in Hamburg
   Nachmittagsprediger 1769–1773

6. Esdras Heinrich Mutzenbecher
   geb. 23.3.1744 in Hamburg, gest. 21.12.1801 in Oldenburg
   Nachmittagsprediger 1773–1775

7. Johann Benjamin Koppe
   geb. 19.8.1750 in Danzig, gest. 12.2.1791 in Hannover
   1. Universitätsprediger 1777–1784

8. Ernst Adolf Weber
   geb. 1.11.1751 in Rostock, gest. 26.8.1781 in Jena
   2. Universitätsprediger 1777–1779

9. Georg Hermann Richerz
   geb. 1.4.1756 in Lübeck, gest. 7.7.1791 in Münden
   2. Universitätsprediger 1779–1785

10. mit der Versehung der Universitätspredigten 1785–1789 gemeinsam be-
    auftragt:
    a) Gottfried Leß (s. o. Nr. 4)
    b) Johann Friedrich Schleusner
       geb. 16.1.1759 in Leipzig, gest. 21.2.1831 in Wittenberg
    c) Heinrich Philipp Sextro
       geb. 28.3.1747 in Bissendorf, gest. 12.6.1838 in Hannover
    d) Johann Carl Volborth
       geb. 24.11.1748 in Nordhausen, gest. 29.8.1796 in Gifhorn

11. Johann Gottlob Marezoll
    geb. 25.12.1761 in Plauen (Vogtland), gest. 15.1.1825 in Jena
    2. Universitätsprediger 1789, 1. Universitätsprediger 1789–1794

12. Johann Nikolaus Schrage
    geb. 15.11.1753 in Hildesheim, gest. 2.3.1795 in Stolzenau
    Hilfs- bzw. 2. Universitätsprediger 1789–1792

13. Christoph Friedrich Ammon
    geb. 16.1.1766 in Bayreuth, gest. 21.5.1850 in Dresden
    1. Universitätsprediger 1794–1804

14. Christian Wilhelm Flügge
   geb. 7.12.1772 in Winsen (Luhe), gest. 21.6.1828 in Salzhausen
   2. Universitätsprediger 1798–1801

15. Gottlob Wilhelm Meyer
   geb. 29.11.1768 in Lübeck, gest. 19.5.1816 in Erlangen
   2. Universitätsprediger 1801–1805

16. Christian Friedrich Ruperti
   geb. 25.8.1765 in Hoyershagen, gest. 5.7.1836 in Göttingen
   1. Universitätsprediger 1822–1836

17. Johann Tychsen Hemsen
   geb. 15.10.1792 in Wrixum (Föhr), gest. 15.5.1830 in Göttingen
   Hilfsprediger 1822–1823, 2. Universitätsprediger 1823–1830

18. Julius Müller
   geb. 10.4.1801 in Brieg (Schlesien), gest. 27.9.1878 in Halle a. S.
   2. Universitätsprediger 1831–1835

19. Karl Theodor Albert Liebner
   geb. 3.3.1806 in Schkölen b. Naumburg, gest. 24.6.1871 in Meran
   2. Universitätsprediger 1835–1836, 1. Universitätsprediger 1836–1844

20. Ernst Rudolf Redepenning
   geb. 24.5.1810 in Stettin, gest. 27.3.1883 in Göttingen
   mit dem Halten von Universitätspredigten beauftragt 1839–1855

21. Friedrich August Ehrenfeuchter
   geb. 15.12.1814 in Leopoldshafen b. Karlsruhe, gest. 20.3.1878 in Göttingen
   1. Universitätsprediger 1845–1875

22. Gerhard Uhlhorn
   geb. 17.2.1826 in Osnabrück, gest. 15.12.1901 in Hannover
   Hilfsprediger 1851–1854

23. Julius Köstlin
   geb. 17.5.1826 in Stuttgart, gest. 12.5.1902 in Halle a. S.
   2. Universitätsprediger 1855–1860

24. Johann Tobias August Wiesinger
   geb. 7.8.1818 in Artelshofen (Franken), gest. 9.2.1908 in Göttingen
   2. Universitätsprediger 1860–1868

25. Theodor Zahn
    geb. 10. 10. 1838 in Moers, gest. 15. 3. 1933 in Erlangen
    mit dem Halten von Universitätspredigten beauftragt 1868–1871, 2.
    Universitätsprediger 1871–1877

26. Hermann Schultz
    geb. 30. 12. 1836 in Lüchow, gest. 15. 5. 1903 in Göttingen
    1. Universitätsprediger 1875–1902

27. Karl Knoke
    geb. 15. 5. 1841 in Schmedenstedt, gest. 22. 10. 1920 in Göttingen
    2. Universitätsprediger 1892–1902, 1. Universitätsprediger 1902–1906

28. Adolf Paul Johannes Althaus
    geb. 26. 11. 1861 in Fallersleben, gest. 9. 4. 1925 in Leipzig
    2. Universitätsprediger 1903–1906, 1. Universitätsprediger 1906–1912

29. Johannes Meyer
    geb. 13. 1. 1869 in Kirchdorf, gest. 27. 2. 1957 in Göttingen
    Universitätsprediger 1911–1935

30. Carl Stange
    geb. 7. 3. 1870 in Hamburg, gest. 5. 12. 1959 in Göttingen
    Universitätsprediger 1912–1935

31. Friedrich Gogarten
    geb. 13. 1. 1887 in Dortmund, gest. 16. 10. 1967 in Göttingen
    Universitätsprediger 1935–1955

32. Walter Birnbaum
    geb. 6. 4. 1893 in Coswig, gest. 24. 1. 1987 in München
    mit der kommissarischen Verwaltung des Universitätspredigeramtes (ohne
    Zustimmung der Ev.-luth. Landeskirche Hannovers) beauftragt 1936–
    1945

33. Wolfgang Martin Ernst Trillhaas
    geb. 31. 10. 1903 in Nürnberg, gest. 24. 4. 1995 in Göttingen
    Universitätsprediger 1946–1954.1958–1972

34. Martin Bernhard Gotthelf Theobald Doerne
    geb. 20. 3. 1900 in Schönbach b. Löbau (Sachsen), gest. 2. 9. 1970 in
    Göttingen
    Universitätsprediger 1955–1965

35. Gottlieb Harbsmeier
    geb. 13. 8. 1910 in Weißenburg (Elsaß), gest. 28. 6. 1979 in Göttingen
    Universitätsprediger 1965 – 1977

36. Manfred Josuttis
    geb. 3. 3. 1936 in Insterburg (Ostpreußen)
    Universitätsprediger ab 1977

37. Jörg Baur
    geb. 17. 7. 1930 in Tübingen
    Universitätsprediger 1980 – 1999

38. Erik Aurelius
    geb. 9. 5. 1946 in Lund (Schweden)
    Universitätsprediger ab 2000

Bibliographie

Die Bibliographie ist in folgende Abschnitte gegliedert:

Bei der Erfassung des umfangreichen Quellenmaterials, das aus dem Universitätsarchiv Göttingen für die Darstellung herangezogen wurde, ist darauf verzichtet worden, jede Einzelakte gesondert unter ihrem Titel und ihrer Spezialsignatur aufzuführen. Aus Raumgründen erfolgt die bibliographische Aufnahme dieses Materials unter den generellen Bestandstiteln und -signaturen (z. B. K 1–42 = Akten der Universitätskirchendeputation). In den Anmerkungen werden Verweise auf bestimmte Akten und Zitate aus ihnen selbstverständlich unter Angabe der vollständigen Signatur der jeweiligen Einzelakte gegeben.

Die Aufsplittung der gedruckten Quellen insbesondere nach den in den Rubriken 2.1. und 2.2. genannten Zuweisungskriterien soll eine Überprüfung der in § 11 dieser Untersuchung vorgelegten Bestandsaufnahme der publizistischen Tätigkeit der Göttinger Universitätsprediger und -theologen im Bereich der Theorie und Praxis der Predigt erleichtern. Unter 2.2. sind auch die (wenigen) Predigtsammlungen aufgeführt, die außer Göttinger Universitätspredigten auch an anderen Orten gehaltene Predigten des jeweiligen Verfassers enthalten. Für Bücher aus dem 18. Jahrhundert werden bibliothekarische Nachweise in der Regel nur dann gegeben, wenn sich das betreffende Werk nicht im Bestand der UB Göttingen befindet. Bibliothekarisch nicht nachweisbare Bücher und Kriegsverluste werden als solche gekennzeichnet. In der Rubrik 3. Sekundärliteratur sind gedruckte und ungedruckte Texte gleichermaßen aufgenommen; letztere werden als solche kenntlich gemacht und, wo dies möglich ist, mit der Angabe ihres archivalischen oder bibliothekarischen Fundortes versehen.

1. Ungedruckte Quellen

Universitätsarchiv Göttingen (UAG)

4) II a	Kuratorialakten: Theologische Fakultät, Generalia
4) II b	Kuratorialakten: Theologische Fakultät, Lehrer (Personalakten)
4) II d	Kuratorialakten: Theologische Fakultät, Repetenten-Collegium
4) II f	Kuratorialakten: Theologische Fakultät, Prediger-Seminarium
10 b 1	Kuratorialakten: Armen-, Kirchen- und Schulsachen, Universitätskirche, Generalia et Varia
10 b 2	Kuratorialakten: Armen-, Kirchen- und Schulsachen, Universitätskirche, Universitätsprediger
Theol. Nr. 57	Akten der Theologischen Fakultät, Ordinationen 1747–1801
Theol. Nr. 58	Akten der Theologischen Fakultät, Universitätsprediger 1789–1801
Theol. Nr. 59	Akten der Theologischen Fakultät, Einrichtung von Abendmahlstagen s. Liturgie in der Universitätskirche 1836–1846
K 1–42	Akten der Universitätskirchendeputation

Niedersächsische Staats- und Universitätsbibliothek Göttingen (UB Göttingen)

Cod. hist. litt. 77	Akten zur Gründungsgeschichte der Universität Göttingen; Nachlaß Hofrat J. D. Gruber
Cod. hist. litt. 83	Akten und Briefe über die Gründung und erste Einrichtung der Universität Göttingen, besonders 1733–1735; Handakten G. A. v. Münchhausens
Cod. hist. litt. 92	Reparaturen in der Univ.- u. Paulinerkirche 1737–1747

Kirchenkreisarchiv Göttingen (KKA Göttingen)

A 187	Akten der Stadtsuperintendentur Göttingen betr. Universität (1733–1852)

Niedersächsisches Staatsarchiv Hannover (StA Hannover)

Des. 83 II 1970	betr. Einrichtung eines Magazins in der Paulinerkirche zu Göttingen (1715)

Hessisches Staatsarchiv Marburg (StA Marburg)

307a Acc. 1950/1 Nr. 52	Akademische Gottesdienste. Studentische Seelsorge 1920–1929

Universitätsarchiv Halle (UAH)

Rep. 27 Nr. 1068	(bis 1993: Rep. 27 IV/A 2 Nr. 2, Bd. 1) Berufung Schleiermachers als Extraordinarius und seine Beförderung zum Ordinarius, 1804–1806

Universitätsarchiv Jena (UAJ)

Bestand J Nr. 2	Theologische Fakultät, Dekanatsakten 1681–1698
Bestand J Nr. 2a	Theologische Fakultät, Dekanatsakten 1700–1723

Loc. II Fach 76 Nr. 882 Acta, die neue Einrichtung besonders die Veränderung mit der Kanzel und der Herren Professoren Stände in der Kollegienkirche betr. (1782)

Loc. III Fach 107 Nr. 1371 Acta academica, den in der Mittags-Stunde von 11. bis 12., in der Collegien-Kirche wieder angestellten Sonntägigen Gottesdienst betr. (1769–1783)

Loc. III Fach 107 Nr. 1372 Acta academica, Die von der Hochwürdigen Theologischen Fakultaet zu besorgende Freitags-Predigt in der hiesigen Stadt-Kirche betr. (1798–1853)

Loc. III Fach 107 Nr. 1373 Acta academica, den Genuß des Abendmahls von Seiten der Studierenden betr. (1824)

Universitätsarchiv Leipzig (UAL)

Rep. II/III B II Nr. 2 Acta, den Gottesdienst in der Paulinerkirche betr., 1702
Rep. II/III B II Nr. 3 Acta, den Gottesdienst in der Paulinerkirche betr., 1710
Rep. II/III B II Nr. 4 Acta, den Gottesdienst in der Paulinerkirche betr., 1710
Rep. II/III B II Nr. 8 Acta, den Gottesdienst in der Paulinerkirche betr., 1712

Archiv des Ev.-Luth. Landeskirchenamts München

14785 Brief des Leiters des Landeskirchlichen Archivs Nürnberg M. Simon an den Ev.-Luth. Landeskirchenrat München vom 11.12.1956, betr. Universitätsgottesdienste und Universitätspredigerstelle Erlangen

2. Gedruckte Quellen

2.1. Selbständige homiletische Schriften Göttinger Universitätstheologen 1736–1804

AMMON, CHRISTOPH FRIEDRICH: Ideen zur Verbesserung der herrschenden Predigtmethode, Göttingen: Johann Christian Dieterich, 1795.
– Anleitung zur Kanzelberedsamkeit zunächst für meine Zuhörer, Göttingen: Vandenhoeck u. Ruprecht, 1799.
– Geschichte der Homiletik, Erster Theil (= Geschichte der praktischen Theologie, I. Bd.), Göttingen: Johann Friedrich Röwer, 1804.
FLÜGGE, CHRISTIAN WILHELM: Geschichte des deutschen Kirchen- und Predigtwesens, mit besonderer Rücksicht auf die lutherische Kirche, 2 Bde., Bremen: Friedrich Wilmans, 1800.
FÖRTSCH, PAUL JAKOB: LECTIONES EXEGETICO HOMILETICAS IN PERICOPAS EVANGELICAS HOC SEMESTRI HABENDAS INDICIT ET DE VSV HARVM PERICOPARVM IN ECCLESIIS NOSTRIS, AC DIFFICVLTATIBVS, QVAE IN TRACTATIONE ILLARVM SE OFFERVNT, Göttingen: Victorin Bossiegel, 1754. (UB München, 4 Bibl. 591)
– Anweisung zum Erbaulichen Predigen, vornehmlich zum Gebrauch academischer Vorlesungen, Göttingen: Victorin Bossiegel, 1757. (UB München, 8 Th. past. 400)
[HEILMANN, JOHANN DAVID:] Der Prediger und Seine Zuhörer in ihrem wahren Verhältnis betrachtet, Göttingen: Anna Vandenhoeck, 1763.
KOPPE, JOHANN BENJAMIN: Genauere Bestimmung des Erbaulichen im Predigen, Göttingen: Johann Christian Dieterich, 1778.

KORTHOLT, CHRISTIAN: Einladung zu seinen Lehr-Stunden, in welchen er, eine Anweisung zur Geistlichen Beredsamkeit zu ertheilen gesonnen ist. Nebst einigen Anmerkungen von dem Unterscheid der geistlichen und weltlichen Beredsamkeit, Göttingen: Johann Friedrich Hager, 1746. (NLB Hannover, C 3831/39)

KRAFT, FRIEDRICH WILHELM: Vernünfftige Gedancken Von dem, Was in Predigten erbaulich ist, Jena: Peter Fickelscher, 1740. (UB Jena, 4 Ph. III, 44/1, 30)

LESS, GOTTFRIED: Betrachtungen über einige neuere Fehler im Predigen welche das Rürende des Kanzelvortrages hindern, Göttingen: Johann Heinrich Schulze, 1765.
Zwote Auflage, Göttingen: Victorin Bossiegel, 1767. (NLB Hannover, C 6039)
(Dritte Auflage:)
Von einigen neueren Fehlern welche das Rürende des Kanzelvortrages hindern. Jetzt an vielen Stellen geaendert, berichtiget, und mit einem ANHANGE ueber einige der wichtigsten Stuekke der Homiletik vermehret, in: G. LESS, OPVSCVLA THEOLOGICI EXEGETICI ATQVE HOMILETICI ARGVMENTI, (Bd. 1,) Göttingen: Daniel Friedrich Kübler, 1780, 50–198.
– Ueber Christliches Lehr-Amt. Dessen würdige Fürung, Und die Schickliche Vorbereitung dazu, Göttingen: Johann Christian Dieterich, 1790.

MAREZOLL, JOHANN GOTTLOB: Ueber die Bestimmung des Canzelredners, Leipzig: Georg Joachim Göschen, 1793.

MILLER, JOHANN PETER: Anweisung zur Wohlredenheit nach den auserlesensten Mustern Französischer Redner, Zwote verbesserte und vermehrte Auflage, Leipzig u. Göttingen: Weygandsche Buchhandlung, 1767. (StB Hameln, S I g 6000) – (Die 1. Aufl. der „Anweisung" MILLERS ist unter 2.3. in dieser Bibliographie aufgenommen, da sie vor der Göttinger Zeit Millers erschien.)

OPORIN, JOACHIM: Die Alte und eintzige Richtschnur überzeugend und erwecklich Zu Predigen, Göttingen: Johann Michael Fritsch, 1736.
– Die Alte und eintzige Richtschnur überzeugend und erwecklich zu predigen, erläutert durch zwey kurtze Abhandlungen, daneben auch durch drey Predigten, Göttingen: Johann Michael Fritsch, 1737.
– Theologisches Bedencken über den Grund-Riß einer Lehr-Arth ordentlich und erbaulich zu predigen, nach dem Innhalt der Königlichen Preußischen allergnädigsten Cabinets-Ordre Vom 7. Martii 1739. entworfen und gedruckt zu Berlin 1740, Hannover: G. L. Försters Erben, 1741.

SEXTRO, HEINRICH PHILIPP: Ueber Materialien zum Religionsvortrage an Kranke, Göttingen: Johann Christian Dieterich, 1782.
– Ueber praktische Vorbereitungsanstalten zum Predigtamt. Nebst einer Nachricht vom königlichen Pastoralinstitut in Göttingen, Göttingen: Johann Christian Dieterich, 1783.
– Ueber die Beförderung des praktischen Studiums der Geschichte Jesu zur Vorbereitung auf das Predigtamt. Nebst einer Anzeige seiner Vorlesungen, Göttingen: Johann Christian Dieterich, 1785.

SIMONETTI, CHRISTIAN ERNST: Vernünftige Anweisung zur Geistlichen Beredsamkeit, Göttingen: Königl. Universitätsbuchhandlung [= Michael Türpe], 1742.

2.2. Selbständige Druckausgaben der im Göttinger Universitätsgottesdienst 1737– 1804 gehaltenen Predigten

ALBERS, CHRISTOPH HEINRICH: Welches sind die besonderen Beweggründe der Sittenlehre Jesu zur Vermeidung der Wollust? Eine Predigt über Matth. 5.v.8, welche von der theologischen Facultät zu Göttingen die ausgesetzte Königl. Prämie am 4. Jun. 1797 erhalten hat, Göttingen: Johann Christian Dieterich, o. J. (1797).
– u. a.: Welches sind die besonderen Beweggründe der Sittenlehre Jesu zur Vermeidung der Wollust? Drei Predigten über Matth. 5.v.8. von CHRISTOPH HEINRICH ALBERS, JOHANN ANTON AUGUST LÜDECKE, JOHANN CHRISTOPH ANDREAS MÜLLER …, Göttingen: Johann Christian Dieterich, o. J. (1797).

AMMON, CHRISTOPH FRIEDRICH: Christliche Religionsvorträge über die wichtigsten Gegenstände der Glaubens- und Sittenlehre, Viertes/ Fünftes/ Sechstes Bändchen, Erlangen: Johann Jakob Palm, 1795/ 1795/ 1796. (UB Erlangen, Thl. XIX, 112 aa) – (Erstes – Drittes Bändchen, 1793–94, werden, da Erlanger Predigten enthaltend, gesondert unter 2.3. aufgenommen.)
– Die Religion als Trösterin und Lehrerin am Grabe ihres vollendeten Freundes. Eine Standrede am Sarge des Herrn Dr. Georg Ludwig Böhmer … in der Universitätskirche zu Göttingen gehalten, Göttingen: Johann Christian Dieterich, 1797.
– Predigten zur Beförderung eines reinen moralischen Christenthums, Erster/ Zweiter/ Dritter Bd., Erlangen: Johann Jakob Palm, 1798/ 1800/ 1802. (Zweiter Bd.: BSB München, Hom. 51; Dritter Bd.: KMB Celle, 5 Ld 1831)
– Zwei Predigten am 20. Julius als dem Rettungsfeste des Königs und am Pfingstfeste 1800 in der Universitätskirche zu Göttingen gehalten, Göttingen: Dieterichsche Buchhandlung (= Heinrich Dieterich), o. J. (1800).
– Religionsvorträge im Geiste Jesu für alle Sonn- und Festtage des Jahres zur Erbauung gebildeter Familien und zur Vorbereitung angehender Kanzelredner aus allen christlichen Partheien, Erster/ Zweiter Bd., Göttingen: Heinrich Dieterich, 1804/ 1806. (Dritter Bd., 1809, wird, da Erlanger Predigten enthaltend, gesondert unter 2.3. aufgenommen.)

FÖRTSCH, PAUL JAKOB: Ein zweyfaches Denkmal der gnädigen Vorsorge und sonderbaren Führung Gottes in zween Predigten, Göttingen: Victorin Bossiegel, 1751. (SB Berlin, E 195 Homil. 2,775; Kriegsverlust)
– Sammlung von Predigten. Mit einer Vorrede Sr. Hochw. Magnificenz des Herrn Canzlers von Mosheim, darinnen von der Kanzelsprache gehandelt wird, Hannover: Nicolai Förster u. Sohn Erben, 1754. (HAB Wolfenbüttel, QuN 324 [1])
– Dankpredigt wegen des grossen Sieges welcher von Sr. Königl. Grosbritannischen Majestät Trouppen über die Französische Armee am 1sten August erfochten worden in der Universitätskirche zu Göttingen gehalten, Göttingen: Victorin Bossiegel, 1759. (NLB Hannover, C 2560/3)
– Ein innbrünstiges Gebet zu dem Hüter unseres Lebens in den Nöthen des Lebens. Psalm CXXI,7.8, Göttingen: Victorin Bossiegel, 1760.

GERLING, CHRISTIAN LUDWIG: Predigt am Neujahrstage 1772 in der Universitätskirche zu Göttingen gehalten, Göttingen: Johann Christian Dieterich, 1772.

GERMAR, CHRISTIAN HEINRICH AUGUST: Von der Gewißheit der göttlichen Vorsehung aus dem Leben großer und ausgezeichneter Menschen. Eine Predigt welcher von der theologischen Facultät zu Göttingen am 4. Junius der Preis zuerkannt worden ist, Göttingen: Heinrich Dieterich, 1804.

HOLLE, JOHANN CHRISTOPH FRIEDRICH: Predigt von der Gewißheit der göttlichen Vorsehung aus dem Leben großer und ausgezeichneter Menschen, Göttingen: Johann Daniel Gotthelf Brose, 1804. (Bibliothekarisch nicht nachweisbar; UB Göttingen Verlust; bibliographischer Hinweis: GV 1700–1910, Bd. 63 [1982], 434)

Hülle, Johannes: Über die Unzertrennlichkeit des Glaubens und der Tugend, Göttingen: Philipp Georg Schröder, 1802. (Bibliothekarisch nicht nachweisbar; bibliographischer Hinweis: GV 1700–1910, Bd. 65 [1982], 266)

Koppe, Johann Benjamin: Die Tugend der Menschen, der Hauptzwek aller göttlichen Religion; eine Predigt über Matth. 7,21.22, Göttingen: Dr. nicht nachweisbar, 1774. (Bibliothekarisch nicht nachweisbar; bibliographischer Hinweis: H. Doering, Kanzelredner, 180)

– Predigten. Nach seinem Tode herausgegeben (von L. T. Spittler), Erste/ Zweyte Sammlung, Göttingen: Johann Christian Dieterich, 1792/ 1793.

Köppen, Friedrich: Ueber den Einfluß richtiger Begriffe von der Vergebung der Sünden auf die Beruhigung und Besserung des Herzens. Eine Predigt über 1 Joh. 1. v.9. welche von der theologischen Facultät zu Göttingen am 4ten Junius 1796 den ausgesetzten Preiß erhalten hat, Göttingen: Johann Christian Dieterich, o. J. (1796).

Kraft, Friedrich Wilhelm: Antritts-Predigt, am 5. Sonntage nach Trinitatis über das Evangelium am Fest Mariae Heimsuchung in dasiger Universitäts-Kirche gehalten, Göttingen: Johann Wilhelm Schmidt, 1747.

– Die Pflichten der Ledigen Jugend in Absicht auf ihren zukünftigen Hauß- und Ehestand, Göttingen: Johann Wilhelm Schmidt, 1749.

– Abschieds-Predigt, am XIV. Sonntage nach Trinitatis über das ordentl. Evangelium in der Universitäts-Kirche zu Göttingen gehalten, Göttingen: Johann Wilhelm Schmidt, 1750.

– Predigten wieder den Unglauben, Jena: Johann Rudolph Crökers Witwe, 1751.

– Heilsame Wahrheiten aus der Glaubens- und Sittenlehre Welche nach Anleitung der ordentlichen Evangelien auf alle Sonn- und Festtage des ganzen Jahres in öffentlicher Gemeine vorgetragen worden, Jena: Johann Rudolph Crökers Witwe, 1755.

Krönig, Johann Gottlieb: Von der unverletzlichen Gewalt der Obrigkeit nach den Grundsätzen des Christenthums. Eine Predigt über Röm. 13.v.1–5, welche am 4. Jun. 1799 von der theologischen Facultät den Preis erhalten hat, Göttingen: Johann Christian Dieterich, o. J. (1799).

– u. a.: Von der unverletzlichen Gewalt der Obrigkeit nach den Grundsätzen des Christenthums. Drei Predigten über Röm. 13. v.1–5. von Johann Gottlieb Krönig, M. E. F. Carl Budde, G. A. Gruner …, Göttingen: Johann Christian Dieterich, 1799.

Lehne, Wilhelm Friedrich: Ueber den Einfluß, den die Bibellehre von der göttlichen Würde Jesu auf die Gotteskenntniß und Tugend der Christen geäußert hat und noch äußert. Eine Predigt über Joh. 1.v.14–17. welche am 4. Jun. 1798 von der theologischen Facultät zu Göttingen den Königl. Preis erhielt, Göttingen: Johann Christian Dieterich, o. J. (1798).

– u. a.: Ueber den Einfluß, den die Bibellehre von der göttlichen Würde Jesu auf die Gotteskenntniß und Tugend der Christen geäußert hat und noch äußert. Zwei Predigten über Joh. 1.v.14–17. von Wilhelm Friedrich Lehne und Carl Christian Franz Stephani …, Göttingen: Johann Christian Dieterich, 1798.

Less, Gottfried: Die christliche Lehre vom Gebet in zehn Predigten, Göttingen: Johann Christian Dieterich, 1768. (FLB Gotha, Theol. 3647/1)
Die christliche Lehre vom Gebet und der Bekehrung. Nebst einem Anhange, (2. Aufl.) Göttingen: Johann Christian Dieterich, 1776.
Dritte Aufl. Nebst einem Anhange, Göttingen: Johann Christian Dieterich, 1783.

– Unveränderliche Pflicht der Christen, kein ungerechtes Gut zu besitzen. Eine Predigt. Am 23. Sontage nach Trinitatis, 1767, über das Evangelium Matth. 22,15. folg., Göttingen: Johann Christian Dieterich, 1768.

– Gottgefälliger Dank für die Wohlthat der Reformation, eine Predigt am Reformationsfest 1772, Göttingen: Anna Vandenhoeck, 1772.

– Die christliche Lehre von inneren GOttes-Dienst in zehn Predigten. Nebst einem Anhange, Göttingen u. Gotha: Johann Christian Dieterich, 1772.
Zweite Ausgabe, Göttingen: Johann Christian Dieterich, 1781. (NLB Hannover, T-A 3625)

- Die Lehre von der christlichen Mässigkeit und Keuschheit in zwölf Predigten, Göttingen: Anna Vandenhoeck, 1772.
  Zweite verbesserte und vermehrte Ausgabe, Göttingen: Anna Vandenhoeck, 1780. (NLB Hannover, T-A 3616)
- Anhang zu der neuen Ausgabe der Predigten von der Mässigkeit und Keuschheit, Göttingen: Anna Vandenhoeck, 1780.
- Ermunterung zum Oefteren Gebrauch des heiligen Abendmahls. Eine Predigt gehalten am 2. Sontage nach Trinitatis 1773 in der Universitäts-Kirche, Göttingen: Anna Vandenhoeck, 1773.
- Die christliche Lehre von der Arbeitsamkeit und Geduld in Zwölf Predigten nebst einem Anhang, Göttingen: Anna Vandenhoeck, 1773.
  Zweite Ausgabe, Göttingen: Anna Vandenhoeck, 1782. (NLB Hannover, T-A 3613)
- Anhang zu der ersten Ausgabe der Predigten von der Arbeitsamkeit und Geduld bestehend in zwey Predigten, Göttingen: Anna Vandenhoeck, 1782.
- Wider das Vorurtheil: Ich bin Gut; denn ich handle immer nach Gewissen. Eine Predigt am 8 Sontage nach Trinitatis 1775, Göttingen: Anna Vandenhoeck, 1775. (StB Detmold, Th 2667)
- Vortheile und Rechter Gebrauch der Reformation Lutheri. in der Universitätskirche zu Göttingen, Göttingen: Anna Vandenhoeck, 1775.
- Passions-Predigten. Nebst einem Anhange, Göttingen: Anna Vandenhoeck, 1776.
- Anhang zu den Predigten über die Passion und den christlichen Gottesdienst, Göttingen: Anna Vandenhoeck, 1778.
- Zweiter Anhang zu den Passions-Predigten, Göttingen: Anna Vandenhoeck, 1779.
- Dritter Anhang zu den Predigten über die Passion und den christlichen Gottesdienst, Göttingen: Anna Vandenhoeck, 1784.
- Sontags-Evangelia übersezt, erklärt und zur Erbauung angewandt, Göttingen: Anna Vandenhoeck, 1776.
  Zweite Auflage, Göttingen: Anna Vandenhoeck, 1777.
  Dritte sehr vermehrte Auflage, Göttingen: Anna Vandenhoeck, 1781. (NLB Hannover, T-A 3615)
- Zusäze, aus der dritten Ausgabe von den erklärten Sontags-Evangelien, Göttingen: Anna Vandenhoeck, 1781.
- Christliche Lehre von den gesellschaftlichen Tugenden. In Predigten, gehalten in der Göttinger Universitätskirche. Nebst einem Anhange, Göttingen: Anna Vandenhoeck, 1777.
  Nebst einem doppelten Anhange. Zweite vermehrte Ausgabe, Göttingen: Anna Vandenhoeck, 1785.
- Zwey Predigten von der bewahrten Unschuld, Göttingen: Anna Vandenhoeck, 1778.
- Zwei Predigten über die Spuren der Göttlichen Güte in den zahlloosen Gefaren unsrer Tugend. Eine Beylage zum Dritten Anhange der Predigten über die Passion und den christlichen Gottesdienst, o. O. (Göttingen): o.Dr. (Anna Vandenhoeck), 1784.
- Rede bei der Ordination des Herrn Professor Koppe … in der Universitätskirche zu Göttingen. Am Vierzehnten Sonntage nach Trinitatis 1784, Göttingen: Johann Christian Dieterich, o. J. (1784).
- Dank-Predigt am Oeffentlichen Dank-Feste; wegen Erhaltung des Lebens, und der Gesundheit des Königs. Nebst einer Predigt über die Weise Heilige Vorsicht, Göttingen: Johann Christian Dieterich, 1786.
- Predigt am Funfzigjärigen Jubel-Feste der Universitaet Göttingen. Nebst einem Anhange, Göttingen: Johann Christian Dieterich, 1787.
- Christliche Predigten veranlaßt zum Theil, durch die Krankheit und Wiederherstellung des Königs, Göttingen: Vandenhoeck u. Ruprecht, 1790.

Luden, Heinrich: Ueber den Glauben an den Sieg des Guten. Eine Predigt in der Universitätskirche zu Göttingen am letzten Sonntage des Jahrs 1801 gehalten, Göttingen: Johann Friedrich Röwer, 1802.

MAREZOLL, JOHANN GOTTLOB: Predigten vorzüglich in Rücksicht auf den Geist und die Be-
dürfnisse unsers Zeitalters. In der Universitätskirche zu Göttingen gehalten, Bd. 1/ Bd. 2,
Göttingen: Johann Christian Dieterich, 1790/ 1792.
Zweyte Auflage, Bd. 1/ Bd. 2, Göttingen: Johann Christian Dieterich, 1794/ 1799.
– Zwey Predigten über einen Gegenstand, welcher vorzüglich in unsern Tagen beherzigt zu
werden verdient; in der Universitätskirche zu Göttingen gehalten, Göttingen: Johann Christian Dieterich, 1794.
MARHEINECKE, PHILIPP CONRAD u. PETERSOHN, CARL CHRISTOPH: Wie wenig uns der Ursprung
und die Verbreitung des Bösen auf Erden an der Heiligkeit und Weisheit Gottes irre
machen dürfen. Zwei Predigten über Matth. 13,24–30, von PHILIPP CONRAD MARHEINEK-
KE aus Hildesheim und CARL CHRISTOPH PETERSOHN aus Baden, wovon der ersten die
ausgesetzte königliche Prämie, der zweiten das Accessit von der theologischen Facultät zu
Göttingen am 4. Jun. 1800 zuerkannt wurde, Göttingen: Johann Christian Dieterich, o. J.
(1800).
MARHEINECKE, PHILIPP CONRAD: Predigten für gebildete Christen. In der Universitäts-Kirche
zu Göttingen gehalten und nebst einer Vorrede des Herrn D. Ammon herausgegeben,
Göttingen: Philipp Georg Schröder, 1801.
MENTZER, BALTHASAR: Der blühende Wohlstand einer dem HERRN geweyheten Stadt und
Hauses GOttes, Göttingen: Abram Vandenhoeck, o. J. (1737).
MEYER, GOTTLOB WILHELM: Predigten für gebildete Leser, Göttingen: Heinrich Dieterich,
1803.
– Neue Sammlung christlicher Religionsvorträge, Göttingen: Johann Friedrich Röwer,
1805.
MUTZENBECHER, ESDRAS HEINRICH: Predigt am Neuen Jahrs Tage 1775 über Ps LXVII. in der
Göttingischen Universitätskirche gehalten, Göttingen: Anna Vandenhoeck, o. J. (1775).
OPORIN, JOACHIM: Die erste Ascetische Rede nach der frohen INAVGVRATION der Königl.
Georg-Augusts-Universität, Darin ein astrologisch Prognosticon, nach Anleitung des Pro-
pheten Bileams, Num. XXIV,17. seq. der Theologischen Catheder gestellet wird, Göttin-
gen: Johann Michael Fritsch, 1737.
– Die Alte und eintzige Richtschnur überzeugend und erwecklich zu predigen, erläutert
durch zwey kurtze Abhandlungen, daneben auch durch drey Predigten, Göttingen: Johann
Michael Fritsch, 1737.
PETRI, JOHANN AUGUST PHILIPP: Von der Unzertrennlichkeit des Glaubens und der Tugend.
Eine Predigt welcher von der theologischen Facultät zu Göttingen am 4. Junius 1802 der
Preis zuerkannt worden ist, Göttingen: Heinrich Dieterich, o. J. (1802).
RUETE, NIKOLAUS HEINRICH: Von der unfehlbaren Erhörung des Gebetes im Geiste Jesu. Ver-
such einer Predigt über Johannis 16,23,24. der von der theologischen Facultät zu Göttingen
am 4. Junius 1801 die ausgesetzte königliche Prämie erhalten hat, Göttingen: Heinrich
Dieterich, o. J. (1801). (UB Göttingen Verlust; UB Tübingen, Ka XI 19.4–1801)
RICHERZ, GEORG HERMANN: Predigten, hg. von J. Fr. SCHLEUSNER, Göttingen: Vandenhoeck u.
Ruprecht, 1793. (NLB Hannover, T-A 5279)
SCHLEUSNER, JOHANN FRIEDRICH: Sammlung einiger öffentlicher Religionsvorträge, Göttingen:
Johann Christian Dieterich, 1788.
SCHRAGE, JOHANN NIKOLAUS: Predigten bei der Veränderung seines Amtes, Göttingen: Johann
Christian Dieterich, 1790.
STÄUDLIN, CARL FRIEDRICH: Unsterblichkeit und öffentlicher Gottesdienst, Predigten in der
Universitäts-Kirche zu Göttingen gehalten, Göttingen: Johann Georg Rosenbusch, 1797.
TAPPE, AUGUST WILHELM: Von der Unzertrennlichkeit des Glaubens und der Tugend, Göttin-
gen: Philipp Georg Schröder, 1802. (Bibliothekarisch nicht nachweisbar; bibliographischer
Hinweis: GV 1700–1910, Bd. 143 [1985], 301)
VOLBORTH, JOHANN CARL: Christliche Predigten, Göttingen: Johann Daniel Gotthelf Brose,
1786.

WEBER, ANDREAS: Sammlung einiger Predigten, Jena: Christian Heinrich Cuno, 1752. (UB
    Göttingen Verlust; UB Freiburg, O 4580)
– Zwo Predigten: Die erstere von der Pflicht GOtt zu lieben. Die andere von der Gerech-
    tigkeit die besser als die pharisäische ist, Göttingen: Victorin Bossiegel, 1755.
WEBER, ERNST ADOLF: Predigten, Hannover: Helwing's Hofbuchhandlung, 1780. (Bibliotheka-
    risch nicht nachweisbar; bibliographischer Hinweis: GV 1700–1910, Bd. 154 [1986], 198)
WIRSING, ADAM: Deutliche Spuhren einer göttlichen Vorsehung. Am XVten Sonntage nach
    Trinitatis den 24ten September 1786. über Matthäi VI, v.24–34. in der Universitäts-Kirche
    zu Göttingen abgehandelt, Göttingen: Anna Vandenhoeck, o.J. (1786).
ZACHARIAE, GOTTHILF TRAUGOTT: akademische Dankpredigt, am 32ten Stiftungsfeste der königl.
    Georg-Augustus-Universität den 17. Sept. 1769, Göttingen: Victorin Bossiegel, o.J.
    (1769).
    (Damit identische, nur durch ein anderes Titelblatt unterschiedene Ausgabe:) akademische
    Dankpredigt, darin aus Röm. 13,11–14. bewiesen wird, daß christliche hohe Schulen nach
    den Grundsätzen der christlichen Lehre vorzügliche Muster der Heiligkeit für andere
    Gesellschaften unter den Christen seyn müssen, Göttingen: Victorin Bossiegel, o.J. (1769).

2.3. Sonstige Quellen

ALTHAUS, P. (Hg.): Liederbuch für den Kindergottesdienst in der Universitätskirche zu Göt-
    tingen, (1. Aufl. 1906,) 2. verbesserte Aufl. Hannover 1911.
AMMON, Chr. Fr.: Christliche Religionsvorträge über die wichtigsten Gegenstände der Glau-
    bens- und Sittenlehre in der akademischen Kirche zu Erlangen gehalten, Erstes/ Zweites/
    Drittes Bändchen, Erlangen 1793/ 1793/ 1794. (UB Erlangen, Thl. XIX, 112 aa)
– Biblische Theologie, I. Bd., 2. Aufl. Erlangen 1801.
– Ueber die gegenwärtigen homiletischen Bildungsanstalten zu Göttingen, in: J. Chr. SALFELD
    (Hg.), Beyträge zur Kenntniß und Verbesserung des Kirchen- und Schulwesens in den
    Königlich Braunschweig-Lüneburgschen Churlanden 5 (1804), 97–109.
– Religionsvorträge im Geiste Jesu für alle Sonn- und Festtage des Jahres zur Erbauung
    gebildeter Familien und zur Vorbereitung angehender Kanzelredner aus allen christlichen
    Partheien, Dritter Bd., Göttingen 1809. (UB Tübingen, Gi 1637–3)
– Bittere Arznei für die Glaubensschwäche der Zeit. Verordnet von Herrn Claus Harms,
    Archidiaconus an der Nikolaikirche in Kiel, und geprüft von dem Herausgeber des Maga-
    zins für christliche Prediger, (1. Aufl.) Hannover u. Leipzig 1817; 4. Aufl. 1818.
ANONYMUS: Rez. von J. G. MAREZOLL, Predigten, 1787, in: Allgemeine Literatur-Zeitung vom
    Jahre 1788, 419f.
ANONYMUS (Hg.): Sammlung von Predigten für alle Sonn- und Festtage des Jahres aus den
    Werken der berühmtesten Kanzelredner zur Beförderung der häußlichen Andacht unter
    gebildeten Ständen, 2. Bd., Göttingen 1797.
BAHRDT, C. Fr.: Kirchen- und Ketzer-Almanach. Zweytes Quinquennium, ausgefertigt im
    Jahre 1787, Gibeon 1787.
BEKKER, B.: De betoverde Weereld, 4 Bde., Amsterdam 1691–93.
BEYER, J. R. G. (Hg.): Allgemeines Magazin für Prediger, I. Bd./ V. Bd./ VII. Bd./ IX. Bd.,
    Leipzig 1789/ 1791/ 1792/ 1794.
BLAIR, H.: Lectures on Rhetoric and Belles Lettres, Vol. II, 2. Aufl. London 1783.
BOERNER, Chr. Fr.: Vitae suae descriptio, Leipzig 1753.
BOOCKMANN, H. (Hg.): Mehr als irgend eine andere in Deutschland bekannt. Die Göttinger
    Universität im Bericht des „Universitätsbereisers" Friedrich Gedike aus dem Jahre 1789.
    Mit einer Vorbemerkung von H. BOOCKMANN, (im Buchhandel nicht erhältlicher Sonder-
    druck,) Göttingen 1996.
BRANDES, E.: Ueber den gegenwärtigen Zustand der Universität Göttingen, in: Neues Han-
    növerisches Magazin, Stück 11–29, Göttingen 1802.

BUDDEUS, J. Fr.: Erbauliche Gedancken Von Predigten, Nebst Einer kurtzen Antzeige, Wie es ferner In den Nachmittags-Predigten des Sonntags in der Collegen-Kirchen soll gehalten werden, Jena 1724. (WLB Stuttgart, Theol. qt. 1134)

CARLYON, C.: Early years and late reflections, London 1836.

Descriptio Ordinationum, secundum quas cultus divini in templo Academico, quod Porta Coeli dicitur, sunt peragendi (7.10.1704), in: Nova Literaria Germaniae, Hamburg 1705, 115–118 (betr. Helmstedt).

DILTHEY, W. (Hg.): Aus Schleiermacher's Leben. In Briefen, Bd. 4, Berlin 1863.

DITERICH, J. S. (Hg.): Lieder für den öffentlichen Gottesdienst, Berlin 1765.

EBEL, W. (Hg.): Die Privilegien und ältesten Statuten der Georg-August-Universität zu Göttingen, Göttingen 1961.

EBHARDT, Chr. H. (Hg.): Gesetze, Verordnungen und Ausschreiben für den Bezirk des Königl. Consistorii zu Hannover, welche in Kirchen- und Schulsachen ergangen sind, II. Bd., Hannover 1845.

EICHHORN, J. G.: Johann Salomo Semler, in: Allgemeine Bibliothek der biblischen Litteratur, Bd. V/1, Leipzig 1793, 1–202.

FEDER, K. A. L. (Hg.): J. G. H. Feder's Leben, Natur und Grundsätze, Leipzig-Hannover-Darmstadt 1825.

FESTER, R. (Hg.): „Der Universitäts-Bereiser" Friedrich Gedike und sein Bericht an Friedrich Wilhelm II., AKuG, I. Ergänzungsheft, Berlin 1905.

FLÜGGE, Chr. W.: Ueber liturgische Veränderungen, in: J. Chr. SALFELD (Hg.), Beyträge zur Kenntnis und Verbesserung des Kirchen- und Schulwesens 7 (1807), 129–161.

– Ueber die Freyheit protestantischer Prediger in Ansehung liturgischer Gegenstände, in: J. Chr. SALFELD (Hg.), Beyträge zur Kenntnis und Verbesserung des Kirchen- und Schulwesens 7 (1807), 389–394.

FÖRTSCH, P. J.: Kurzer Entwurf der Catechetischen Theologie, Göttingen 1758.

GELLERT, Chr. F.: Geistliche Oden und Lieder, Leipzig 1757.

Gesangbuch zum gottesdienstlichen Gebrauch in den Königlich-Preußischen Landen, Berlin 1780.

GESENIUS, J. u. DENICKE, D. (Hg.): Das Hannoverische ordentliche, vollständige Gesangbuch …, Lüneburg 1657.

GÖBELL, W. (Hg.): Die Schleswig-Holsteinische Kirchenordnung von 1542, Neumünster 1986.

GOTTSCHED, J. Chr.: Grundriß zu einer Vernunfftgemäßen Redekunst, mehrenteils nach Anleitung der alten Griechen und Römer entworfen und zum Gebrauch seiner Zuhörer ans Licht gestellet, Hannover 1729.

– Ausführliche Rede-Kunst, (1. Aufl.) Leipzig 1736; 2. Aufl. Leipzig 1739.

GRESKY, W.: Studium in Göttingen 1780. Aus der ungedruckten Autobiographie des Johann Georg Müller aus Schaffhausen (1759–1819), Gött. Jb. 23 (1975), 79–94.

HEEREN, A. H. L.: Christian Gottlob Heyne, Göttingen 1813.

HERDER, J. G.: An Prediger. Funfzehn Provinzialblätter (1774), in: DERS., Sämmtliche Werke, hg. von B. SUPHAN, Bd. VII, Berlin 1884, 225–312.

– Theologische Schriften, hg. von Chr. BULTMANN u. Th. ZIPPERT (J. G. HERDER, Werke in zehn Bänden, Bd. 9/1), Frankfurt am Main 1992.

[HEYNE, Chr. G.:] Die Jubelfeyer der Georg Augustus Universität zu Göttingen an ihrem funfzigsten Stiftungsfeste …, Göttingen 1787.

HINSKE, N. (Hg.): Was ist Aufklärung? Beiträge aus der Berlinischen Monatsschrift, 4. Aufl. Darmstadt 1989.

HIRSCH, E.: Die Umformung des christlichen Denkens in der Neuzeit. Ein Lesebuch, 2. Aufl. Tübingen 1985.

JASPERT, B. (Hg.): KARL BARTH – RUDOLF BULTMANN. Briefwechsel 1922–1966, (1. Aufl.,) Zürich 1971; KARL BARTH – RUDOLF BULTMANN. Briefwechsel 1911–1966, 2., revidierte u. erweiterte Aufl. Zürich 1994.

JERUSALEM, J. Fr. W.: Betrachtungen über die vornehmsten Wahrheiten der Religion, hg. von W. E. MÜLLER, Hannover 1991.

KANT, I.: Kritik der Urteilskraft, in: KANT's Werke, Bd. V, 1908, 165–485.

– Die Religion innerhalb der Grenzen der bloßen Vernunft (Meiners Philosophische Bibliothek 45), 9. Aufl. Hamburg 1990.

KLOPSTOCK, Fr. G.: Geistliche Lieder, Zweyter Theil, Leipzig 1769.

KOPPE, J. B.: Progr. super Evangelio S. Marci, Göttingen 1782.

– Marcus non epitomator Matthaei, Göttingen 1783.

– Ueber Liturgie-Freyheit. Bruchstücke aus Gothaischen Papieren des sel. C. R. Dr. KOPPE, in: J. Chr. SALFELD (Hg.), Beyträge zur Kenntnis und Verbesserung des Kirchen- und Schulwesens 7 (1807), 19–29.

– (Hg.): Christliches Gesangbuch, Göttingen 1789.

[KOPPE, J. B. u. a. (Hg.):] Katechismus der Christlichen Lehre. Zum Gebrauch in den Evangelischen Kirchen und Schulen der Königl. Braunschw. Lüneb. Churlande, (1. Aufl.) Hannover 1790.

KORTHOLT, Chr. (d. Ä.): PASTOR FIDELIS Sive DE OFFICIO MINISTRORVM ECCLESIAE OPVSCVLVM, hg. von Chr. KORTHOLT (d. J.), Lemgo 1748.

KORTHOLT, Chr. (d. J.): Gründlicher Beweis der Wahrheit der Christlichen Religion und derer wichtigsten Lehren, Leipzig 1737.

– ORATIO SOLEMNIS DE OPΘOTOMIA VERBI DIVINI (1742), als Anhang zu: Chr. KORTHOLT (d. Ä.), PASTOR FIDELIS (s. dort), Lemgo 1748.

– Kurze und zuverläßige Nachricht von dem Zustande der Protestantischen Kirche in dem Königreich Ungarn, 1. Aufl. 1743; 2. Aufl. o. O. (Göttingen) 1746 (mit drei Beilagen 1745/46).

– De Enthusiasmo Mohammedis, Göttingen 1745.

– Die Vortheile eines langen Lebens, Göttingen 1750.

KRAFT, Fr. W.: Sammlung heiliger Reden von auserlesenen Glaubens- und Lebenslehren der heiligen Schrift, Leipzig 1736.

– Die Unempfindlichkeit der Menschen bei den göttlichen Strafen; eine Wasserpredigt, Jena 1737.

– Nachrichten von den neuesten Theologischen Büchern und Schriften, 4 Bde., Jena u. Leipzig 1741–46.

– Neue theologische Bibliothek, darin von den neuesten theologischen Büchern und Schriften Nachricht gegeben wird, 127 Stücke, Leipzig 1746–58.

– Beweis, daß der Tod seine Annehmlichkeit habe, Leipzig 1746.

– Geistliche Reden, welche bei gewissen Gelegenheiten gehalten worden, Jena 1746.

– Die Hauptstücke der christlichen Glaubenslehre aus den Hauptquellen der H. Schrift dargelegt und als ein Entwurf seiner Dienstagspredigten zum Besten seiner Zuhörer ans Licht gestellet, Danzig 1751.

LAUKHARD, Fr. Chr.: Leben und Schicksale, von ihm selbst beschrieben, I. Theil, Halle 1792.

[LESS, G.:] Einer Hochwürdigen Theologischen Facultät in Göttingen Beurtheilung einer Schrift, welche den Titel führet: J. M. Goezens Theologische Untersuchung der Sittlichkeit der heutigen deutschen Schaubühne, Auf Ansuchen des Verfaßers angefertiget, Hamburg 1769.

LESS, G.: Beweiß der Wahrheit der Christlichen Religion, (1. Aufl.) Bremen 1768; 6. Aufl. = Ueber die Religion. Ihre Geschichte, Wahl, und Bestätigung, Bd. 2, Göttingen 1786.

– Vom Selbstmorde, (1. Aufl.) Göttingen 1776; 2. Aufl. Göttingen 1778; 3. Aufl. Göttingen 1786.

– Trost bei dem Grabe eines einzigen Kindes Dorothea Salome Leß-Imlin. An meine liebe Frau, Göttingen 1778.

402 *Bibliographie*

- Auferstehungs-Geschichte Jesu nach allen vier Evangelisten. Nebst einem doppelten Anhange gegen die Wolfenbütteler Fragmente von der Auferstehung Jesu; und vom Zwecke Jesu und seiner Apostel, Göttingen 1779.
- Handbuch der Christlichen Moral und der Allgemeinen Lebens-Theologie, 3. Aufl. Göttingen 1787.
- Christliche Religions-Theorie fürs gemeine Leben, oder Versuch einer praktischen Dogmatik, 2. Aufl. Göttingen 1780.
[LESS, G. u. MILLER, J. P. (Hg.):] Neues christliches Gesangbuch. Nebst einer Anleitung zur Gebetsübung, (1. Aufl.) Göttingen 1779; 2. Aufl. Göttingen 1781; 3. Aufl. Göttingen 1788.
LICHTENBERG, G. Chr.: Briefwechsel, Bd. 1. 1765–1779, hg. von U. JOOST u. A. SCHÖNE, München 1983.
[LOWTH, R.:] D. Robert Lowth's Lord Bischofs zu London und der Londner und Göttingschen Societäten der Wissenschaften Mitglieds Jesaias I, Leipzig 1779; II, Leipzig 1780; III, Leipzig 1780; IV, Leipzig 1781.
LÜNIG, J. Chr. (Hg.): Codex Augusteus, Leipzig 1724.
LUTHER, M.: Werke. Kritische Gesamtausgabe, Weimar 1883 ff.
VON MEDING, W. (Hg.): Predigten von protestantischen Gottesgelehrten der Aufklärungszeit (1799), Reprint Darmstadt 1989.
MELANCHTHON, Ph.: Loci communes rerum theologicarum seu Hypotyposes theologicae (1521), in: MELANCHTHONS Werke, Bd. II/1, hg. von H. ENGELLAND, Gütersloh 1952, 1–163.
MEYER, G. W.: Commentatio librorvm symbolicorvm ecclesiae nostrae vtilitatem et historiam svbscriptionis eorvndem exponens, Göttingen 1796.
- Nekrolog auf G. W. Wagemann, in: J. Chr. SALFELD (Hg.), Monathliche Nachrichten von Kirchen- und Schulsachen 1804, 168–174.
MICHAELIS, J. D.: Raisonnement über die protestantischen Universitäten in Deutschland, Erster Theil, Frankfurt u. Leipzig 1768.
MILLER, J. P.: Anweisung zur Wohlredenheit nach den auserlesensten Mustern Französischer Redner, (1. Aufl.) Helmstedt 1763. (BSB München, P. o.germ. 942 w) – (2. Aufl. ist unter 2.1. dieser Bibliographie aufgenommen.)
MOSER, J. J.: Beytrag zu einem LEXICO der jetztlebenden Lutherisch- und Reformirten Theologen in und um Teutschland, Th. 1 u. 2, Züllichau 1740–41.
[VON] MOSHEIM, J. L.: Sitten-Lehre der Heiligen Schrift, (I. Theil,) 3. Aufl. Helmstedt 1742.
- Heilige Reden über wichtige Wahrheiten der Lehre JESU Christi, I. Theil, 7. Aufl. Hamburg 1747; II. Theil, 6. Aufl. Hamburg 1747; III. Theil, 4. Aufl. Hamburg 1741; IV. Theil, 3. Aufl. Hamburg 1743; V. Theil, 2. Aufl. Hamburg 1744; VI. Theil, 2. Aufl. Hamburg 1744.
- Heilige Reden, Die bey außerordentlichen Fällen und Gelegenheiten sind gehalten worden, 2. Aufl. Helmstedt 1751.
- Beschreibung der grossen und denckwürdigen Feyer die bey der Allerhöchsten Anwesenheit Des … Herrn George des Anderen, … auf Deroselben Georg Augustus hohen Schule in der Stadt Göttingen Im Jahre 1748. am ersten Tage des Augustmonates begangen ward, Göttingen 1749.
- Anweisung, erbaulich zu predigen, hg. von Chr. E. VON WINDHEIM, (1. Aufl.) Erlangen 1763; 2. Aufl. Erlangen 1771.
NIEMEYER, A. H.: Handbuch für christliche Religionslehrer, Zweyter Theil. Homiletik, Pastoralwissenschaft und Liturgik, Zweyte verbesserte Aufl. Halle 1794.
NÖBLING, J. A. Chr.: Predigten. Aus dessen Nachlasse herausgegeben von Chr. Fr. AMMON u. K. A. M. SCHLEGEL, Göttingen 1803.
OEHME, Fr.: Göttinger Erinnerungen, Gotha 1873.
OLEARIUS, G.: Jubel-Predigt Wie solche an dem dritten JUBILAEO der Academie zu Leipzig … in der St. Nicolai Kirche daselbst gehalten worden, Leipzig 1709.

ORTH, W.: Oratio de vita ac obitu D. Andreae Hyperii (1564), in: G. KRAUSE, Andreas Gerhard Hyperius. Leben – Bilder –Schriften, Tübingen 1977, 10–46.

[POTT, D. J.:] Beschreibung der Feyerlichkeiten wodurch das Reformations-Jubelfest am 1ten und 2ten November 1817 von der Georg-August-Universität zu Göttingen begangen wurde. Mit Beylagen, Göttingen 1818.

[–] Die Weihe der Universitätskirche zu Göttingen am 29ten Dec. 1822. Mit vorangeschickten historischen Notizen über die ehemalige und jetzige Universitätskirche daselbst, Göttingen 1823.

PÜTTER, J. St.: Die christliche Religion, Göttingen 1779.

– Die christliche Religion (tabellarische Übersicht), Göttingen 1786.

– Selbstbiographie zur dankbaren Jubelfeier seiner 50jährigen Professorenstelle zu Göttingen, Göttingen 1798.

RAMBACH, J. J.: Christus in Mose oder Betrachtungen über die vornehmsten Weissagungen und Vorbilder in den fünf Büchern Mosis auf Christum, Zweyte Aufl. Frankfurt 1761.

– (Hg.): Neu-eingerichtetes Hessen-Darmstädtisches Kirchen-Gesang-Buch, Darmstadt 1733.

REINBECK, J. G.: Zweyter Theil Der Betrachtungen über die In der Augspurgischen Confeßion enthaltene und damit verknüpfte Göttliche Wahrheiten, Nebst einer Vorrede Von dem Gebrauch der Vernunft Und Welt-Weißheit In der GOttes-Gelahrtheit, Berlin u. Leipzig 1733.

– (Hg.): Grund-Riß einer Lehr-Arth ordentlich und erbaulich zu predigen nach dem Innhalt der königlichen Preußischen allergnädigsten CABINETS-ORDRE vom 7. Martii 1739. entworffen, Berlin 1740.

REINHARD, Fr. V.: Rez. von J. G. MAREZOLL, Ueber die Bestimmung des Canzelredners, 1793, in: Allgemeine Literatur-Zeitung 1794, Nr. 207, 777–781.

REYSCHER, A. L. (Hg.): Vollständige, historisch und kritisch bearbeitete Sammlung der württembergischen Gesetze, Bd. 11,3: Universitätsgesetze, Tübingen 1843.

RÖSSLER, E. F. (Hg.): Die Gründung der Universität Göttingen. Entwürfe, Berichte und Briefe der Zeitgenossen, Göttingen 1855.

SAGITTARIUS, C.: Programma sacrarvm orationvm singvlis diebvs festis ac dominicis hora matvtina sexta in templo academico habendarvm index, o. O.u. J. (Jena 1683), in: DERS., Historia templi Ienensis academici, Jena 1690, 35–38.

SCHLEGEL, J. A.: Sammlung Geistlicher Gesänge, zur Beförderung der Erbauung, Leipzig 1766.

SCHLEIERMACHER, Fr. D. E.: Denkschrift über die Einrichtung der theologischen Fakultät vom 25. 5. 1810, in: R. KÖPKE, Die Gründung der Königlichen Friedrich-Wilhelms-Universität zu Berlin, Berlin 1860, 211–214.

– Entwurf zur Errichtung eines Universitätsgottesdienstes in Berlin (vom 25. 5. 1810), in: R. KÖPKE, Die Gründung der Königlichen Friedrich-Wilhelms-Universität zu Berlin, Berlin 1860, 214–216.

– An Herrn Oberhofprediger D. Ammon über seine Prüfung der Harmsischen Sätze (1818), KGA I/10, Berlin-New York 1990, 17–92.

– Zugabe zu meinem Schreiben an Herrn Ammon (1818), KGA I/10, Berlin–New York 1990, 93–116.

SCHLEUSNER, J. Fr. u. STÄUDLIN, C. Fr. (Hg.): Göttingische Bibliothek der neuesten theologischen Literatur 3 (1797).

SCHMIDT, E. (Hg.): Caroline. Briefe aus der Frühromantik, Erster Bd., Leipzig 1913.

[SCHMIDT, J. L.:] Die göttlichen Schriften von den Zeiten des Messie Jesus. Der erste Theil, Wertheim 1735.

SCHÖNE, A. (Hg.): Die Universität Göttingen im siebenjährigen Kriege. Aus der handschriftlichen Chronik des Professor SAMUEL CHRISTIAN HOLLMANN (1696–1787) mit Erläuterungen und Beilagen herausgegeben, Leipzig 1887.

VON SECKENDORFF, V. L.: Christen-Stat, Leipzig 1686.

SEHLING, E. (Hg.): Die evangelischen Kirchenordnungen des XVI. Jahrhunderts, Bde. 1 ff., Leipzig 1902 ff.

SEMLER, J. S.: Lebensbeschreibung von ihm selbst verfaßt, 1. Bd., Halle 1782.

SIMONETTI, Chr. E.: Gesammlete Gedanken des Glaubens und der Gottseligkeit über die lezten Reden der Mittlerliebe JESU am Kreuz, Berlin u. Potsdam 1749.

[SPALDING, J. J.:] Gedanken über die Bestimmung des Menschen, Greifswald 1748.

[–] Ueber die Nutzbarkeit des Predigtamtes und deren Beförderung, (1. Aufl.) Berlin 1772.

SPALDING, J. J.: Ueber die Nutzbarkeit des Predigtamtes und deren Beförderung, 3. Aufl. Berlin 1791.

– Neue Predigten, 3. Aufl. Berlin 1777.

– Predigt von dem, was erbaulich ist, Berlin 1781. (BSB München, Hom. 1790,25)

SPENER, Ph. J.: Pia desideria, hg. von K. ALAND, 3. Aufl. Berlin 1964.

STUPPERICH, R. (Hg.): Briefe Karl Holls an Adolf Schlatter (1897–1925), ZThK 64 (1967), 169–240.

– (Hg.): Hermann Cremer – Haupt der „Greifswalder Schule": Briefwechsel und Dokumente, Köln 1988.

TAPPE, A. W.: Vom Göttlichen und Ewigen im Menschen, oder vom Reiche Gottes auf Erden, drei religiöse Reden, (St. Petersburg u.) Riga 1815.

TELLER, W. A.: Die Religion der Vollkommnern, Berlin 1792.

THEOPHILUS und SINCERUS (Hg. = Ph. KOHL): Neue Samlung auserlesener und überzeugender Canzel-Reden, 1.-5. Th., Hamburg 1738–40.

TITTMANN, J. A. H.: Predigt bei der ersten Jubelfeier der Universitätskirche zu Leipzig, am 11ten Sonntage nach Trinitatis 1810, Leipzig 1810.

ULRICH, O. (Hg.): Georg Friedrich Brandes und Herders Berufung nach Göttingen, Hannoversche Geschichtsblätter 2 (1899), 297 ff.

Verhandlungen der evangelischen Generalsynode zu Berlin vom 2.6. bis 29.8.1846, Teil II, Berlin 1846.

Vermehrtes Hannoverisches Kirchen-Gesang-Buch …, Hannover 1740.

VOLBORTH, J. C.: Von der gnädigen und wohlthätigen Aufsicht Gottes über die hohe Schule zu Göttingen eine Predigt in der St. Nicolai Kirche am Dankfeste (15 Sonntag nach Trinitatis 1787) wegen der funfzigsten Jahresfeier seit der Einweihung der Georgaugustuniversität, Göttingen 1787.

– Christliche Predigten über die Evangelischen Texte aller Sonn- und Fest-Tage, Göttingen 1791.

– Christliche Predigten über die Epistolischen Texte aller Sonn- und Fest-Tage, Göttingen 1793.

WALCH, J. G.: Abhandlung von dem verderbten und gesunden Geschmack in Ansehung der Predigten (1745), in: DERS. (Hg.), Sammlung Kleiner Schriften von der Gottgefälligen Art zu predigen, Jena und Leipzig 1747, 210–239. (UB Jena, 8 Th. XXXI,63 [2])

WEBER, W.: Die deutschen Konkordate und Kirchenverträge der Gegenwart, Göttingen 1962.

VON WETTE, G. A.: Evangelisches Jena oder gesamlete Nachrichten von den sämtlichen evangelischen Predigern in Jena und der darzu gehörigen Diözes von der geseegneten Reformation bis auf unsere Zeiten … mit einer Vorrede von J. F. HIRT, Jena 1756.

[WIEDEBURG, B. Chr. B.:] Ausführliche Nachricht von dem gegenwärtigen Zustande der jenaischen Akademie, Jena 1751.

ZOLLIKOFER, G. J. (Hg.): Neues Gesangbuch, oder Sammlung der besten geistlichen Lieder und Gesänge, zum Gebrauch bey dem öffentlichen Gottesdienste, Leipzig 1766.

Zum Lebewohl an HERRN Johann Benjamin Koppe, … von Seinen Verehrern, Schülern und Freunden. Am 23. Septembr. 1784, Göttingen o. J. (1784).

3. Sekundärliteratur

ACHELIS, E. Chr.: Lehrbuch der praktischen Theologie, Bd. I, 2. Aufl. Leipzig 1898; 3. Aufl. Leipzig 1911.

ALLENDORF, J.: Das Kollegiatstift zum hl. Nikolaus in Greifswald, Wichmann Jahrbuch 8 (1954), 69–76.

ALTHAUS, P.: Aus dem Leben von D. Althaus-Leipzig, Leipzig 1928.

ALWAST, J.: Geschichte der Theologischen Fakultät. Vom Beginn der preußischen Zeit bis zur Gegenwart (Geschichte der Christian-Albrechts-Universität Kiel 1665–1965, Bd. 2/2), Neumünster 1988.

ANER, K.: Die Theologie der Lessingzeit, Halle a. S. 1929.

ARNOLD, Fr.: Die evangelisch-theologische Fakultät, in: G. KAUFMANN (Hg.), Festschrift zur Feier des hundertjährigen Bestehens der Universität Breslau, Zweiter Teil, Breslau 1911, 175–199.

BACHMANN, J. Fr.: Zur Geschichte der Berliner Gesangbücher. Ein hymnologischer Beitrag, Berlin 1856.

BARTH, K.: Die protestantische Theologie im 19. Jahrhundert. Ihre Vorgeschichte und ihre Geschichte, 2. Aufl. Zollikon/Zürich 1952.

BAUER, J.: Schleiermacher als patriotischer Prediger, Gießen 1909.

BAUER, K.: Die Wittenberger Universitätstheologie und die Anfänge der Deutschen Reformation, Tübingen 1928.

BAUR, J.: Salus christiana. Die Rechtfertigungslehre in der Geschichte des christlichen Heilsverständnisses, Bd. 1: Von der christlichen Antike bis zur Theologie der deutschen Aufklärung, Gütersloh 1968.

– Das kirchliche Amt im Protestantismus, in: DERS. (Hg.), Das Amt im ökumenischen Kontext, Stuttgart 1980, 103–138.

– Die Anfänge der Theologie an der „wohl angeordneten evangelischen Universität" Göttingen, in: J. VON STACKELBERG (Hg.), Zur geistigen Situation der Zeit der Göttinger Universitätsgründung 1737, Göttingen 1988, 9–56.

BAUR, J. u. SPARN, W.: Art. Lutherische Orthodoxie, EKL, 3. Aufl., 3. Bd., Göttingen 1992, 954–959.

BEINTKER, H.: Art. Cremer, Hermann, TRE 8 (1981), 230–236.

BERNEBURG, E.: Art. Less, Gottfried, NDB 14 (1985), 334f.

BEUTEL, A.: Lichtenberg und die Religion. Aspekte einer vielschichtigen Konstellation, Tübingen 1996.

– Lehre und Leben in der Predigt der lutherischen Orthodoxie. Dargestellt am Beispiel des Tübinger Kontroverstheologen und Universitätskanzlers Tobias Wagner (1598–1680), ZThK 93 (1996), 419–449.

– Art. Predigt. VIII. Evangelische Predigt vom 16. bis 18. Jahrhundert, TRE 27 (1997), 296–311.

BEYREUTHER, E.: Art. Zollikofer, Georg Joachim (5.8.1730 bis 22.1.1788), RGG, 3. Aufl., VI. Bd., 1928f.

BINDER, Chr.: Wirtembergs Kirchen- und Lehraemter, 1. Theil. I. Abschnitt, Tübingen 1798.

BIZER, Chr.: Art. Katechetik, TRE 17 (1988), 686–710.

BLANKENBURG, W.: Aufklärungsauslegung der Bibel in Leipzig zur Zeit Bachs. Zu Johann Christoph Gottscheds Homiletik, in: M. PETZOLDT (Hg.), Bach als Ausleger der Bibel. Theologische und musikwissenschaftliche Studien zum Werk Johann Sebastian Bachs, Göttingen 1985, 97–108.

BOBZIN, H.: Art. Islam II. Islam und Christentum. II/1. 7.–19. Jahrhundert, TRE 16 (1987), 336–349.

BODEMANN, E.: Herders Berufung nach Göttingen, Arch. f. Litteraturgeschichte 8 (1879), 59–100.
– Zur Gründungsgeschichte der Universität Göttingen, Zs. d. hist. Vereins f. Niedersachsen 1885, 198–265.
BÖDEKER, H. E.: Die Religiosität der Gebildeten, in: K. GRÜNDER u. K. H. RENGSTORF (Hg.), Religionskritik und Religiosität in der deutschen Aufklärung, Heidelberg 1989, 145–195.
DE BOOR, Fr.: A. H. Franckes paränetische Vorlesungen und seine Schriften zur Methode des theologischen Studiums, ZRG 20 (1968), 300–320.
BORNKAMM, H.: Luther im Spiegel der deutschen Geistesgeschichte, Heidelberg 1955.
– Martin Luther in der Mitte seines Lebens, Göttingen 1979.
BRÄUMER, H.: August von Arnswaldt 1798–1855. Ein Beitrag zur Geschichte der Erweckungsbewegung und des Neuluthertums in Hannover, Göttingen 1972.
BRAUNERT, H.: Die Universitätskirche. Gedanken zum Plan und seiner Verwirklichung, Christiana Albertina. Kieler Universitäts-Zeitschrift, H. 1 (1966), 17–19.
BRECHT, M.: Martin Luther. Sein Weg zur Reformation 1483–1521, Stuttgart 1981.
BREDT, J. V.: Das Amt des Universitäts-Predigers in Marburg, Marburg 1923 (als Typoskript vorhanden StA Marburg, 307a Acc. 1950/1 Nr. 52).
BRÜDERMANN, St.: Göttinger Studenten und akademische Gerichtsbarkeit im 18. Jahrhundert, Göttingen 1990.
DE BRUYN, N.: Wie kam es in Greifswald zur Einrichtung des Akademischen Gottesdienstes?, unveröffentlichtes Vortrags-Typoskript aus dem Mai 1989.
BUBENHEIMER, U.: Consonantia Theologiae et Iurisprudentiae. Andreas Bodenstein von Karlstadt als Theologe und Jurist zwischen Scholastik und Reformation, Tübingen 1977.
BUCHRUCKER, A.-E.: Theologie der evangelischen Abendmahlslieder, Erlangen 1987.
BUCHWALD, G.: Die Leipziger Universitätspredigt in den ersten Jahrzehnten des Bestehens der Universität, ZKG 36 (1916), 62–98.
– Zur Postilla Melanthoniana, ARG 21 (1924), 78–89.
BÜLCK, W.: Geschichte des Studiums der praktischen Theologie an der Universität Kiel, Kiel 1921.
BUFF, W.: Gerlach Adolph Freiherr von Münchhausen als Gründer der Universität Göttingen, Göttingen 1937.
CHRISTLIEB, Th. u. SCHIAN, M.: Art. Predigt, Geschichte der christlichen, RE, 3. Aufl., Bd. 15, 623–747.
CLASSE, W.: Die kirchlichen Rechtsbeziehungen zur theologischen Fakultät der Universität Leipzig in ihrer rechtshistorischen Entwicklung und nach der gegenwärtigen Rechtslage, Diss. iur. masch. Leipzig 1952.
CORNEHL, P.: Art. Gottesdienst VIII. Evangelischer Gottesdienst von der Reformation bis zur Gegenwart, TRE 14 (1985), 54–85.
CREMER, E.: Hermann Cremer. Ein Lebens- und Charakterbild, Gütersloh 1912.
Die Universität Gießen von 1607–1907. Festschrift zur dritten Jahrhundertfeier, Erster Bd., Gießen 1907.
DIENST, K.: Aus der Gründungszeit der Evangelisch-Theologischen Fakultät der Johannes Gutenberg-Universität in Mainz, JHKGV 43 (1992), 335–369.
DIESTEL, L.: Geschichte des Alten Testaments in der christlichen Kirche, Jena 1869.
DILTHEY, W.: Leben Schleiermachers, Bd. I/2, 3. Aufl., hg. von M. REDEKER (= W. DILTHEY, Ges. Schr., XIII/2), Göttingen 1970.
DIPPER, Chr.: Volksreligiosität und Obrigkeit im 18. Jahrhundert, in: Volksreligiosität in der modernen Sozialgeschichte, hg. von W. SCHIEDER, Göttingen 1986, 73–96.
DOERING, H.: Die deutschen Kanzelredner des achtzehnten und neunzehnten Jahrhunderts, Neustadt a. d. Orla 1830.
– Die gelehrten Theologen Deutschlands im achtzehnten und neunzehnten Jahrhundert, Bde. I–IV, Neustadt a. d. Orla 1831–35.

DREHSEN, V.: Theologia Popularis. Notizen zur Geschichte und Bedeutung einer praktisch-theologischen Gattung, PTh 77 (1988), 2–20.

DREWS, P.: Der evangelische Geistliche in der deutschen Vergangenheit, Jena 1905.

– Der wissenschaftliche Betrieb der praktischen Theologie in der theologischen Fakultät zu Gießen, in: Die Universität Gießen von 1607–1907. Festschrift zur dritten Jahrhundertfeier, Zweiter Bd., Gießen 1907, 245–292.

DRYANDER (MÜLLER, G.): Art. Breithaupt, Joachim Justus, RE, 3. Aufl., Bd. 3, 369–372.

VAN DÜLMEN, R.: Kultur und Alltag in der Frühen Neuzeit, Dritter Bd.: Religion, Magie, Aufklärung 16.–18. Jahrhundert, München 1994.

EBEL, W.: Catalogus Professorum Gottingensium 1734–1962, Göttingen 1962.

– Über die Professoren-Witwen- und -Waisenkasse zu Göttingen, Göttinger Jb. 14 (1966), 145–162.

EBERT, Fr. A.: Ueberlieferungen zur Geschichte, Literatur und Kunst der Vor- und Mitwelt, I/1, Dresden 1826.

EGER, K.: Art. Universitätsgottesdienst (Akademischer Gottesdienst), RGG, 2. Aufl., V. Bd., 1393–1395.

EHRENSPERGER, A.: Die Theorie des Gottesdienstes in der späten deutschen Aufklärung (1770–1815), Zürich 1971.

EISINGER, W.: Das Heidelberger Praktisch-Theologische Seminar, in: W. DOERR (Hg.), Semper Apertus. Sechshundert Jahre Ruprecht–Karls-Universität Heidelberg 1386–1986, Bd. IV, Berlin u. a. 1985, 29–48.

ESCH, A.: Die Anfänge der Universität im Mittelalter, Bern 1985.

EULENBURG, Fr.: Die Frequenz der deutschen Universitäten von ihrer Gründung bis zur Gegenwart, Leipzig 1904.

FEDERLIN, W.-L.: Vom Nutzen des Geistlichen Amtes. Ein Beitrag zur Interpretation und Rezeption Johann Gottfried Herders, Göttingen 1982.

FIKENSCHER, G. W. A.: Geschichte der Königlich Preussischen Friedrich-Alexanders-Universität zu Erlangen, Coburg 1795.

FRANCKE, W. Ch.: Der Kirchen- und Pfarr-Fonds von St. Nikolai zu Göttingen, Protokolle über die Sitzungen des Vereins f. d. Geschichte Göttingens II/3 (1900), 23–47.

FRANK, G.: Geschichte des Rationalismus und seiner Gegensätze (= Geschichte der Protestantischen Theologie, Dritter Th.), Leipzig 1875.

FRIEDBERG, E.: Die Universität Leipzig in Vergangenheit und Gegenwart, Leipzig 1898.

FRIEDENSBURG, W.: Geschichte der Universität Wittenberg, Halle a. S. 1917.

FRÖR, K.: Status und Praxis des Universitätspredigers in den Jahren 1964–1973 (betr. Erlangen), unveröffentliches Typoskript aus dem Februar 1973.

GABRIEL, P.: Die Theologie W. A. Tellers, Gießen 1914.

GARBE, D. u. WIECHERT, B.: Der Director musices, Organist und Kantor Johann Friedrich Schweinitz. Ein Beitrag zur Musikgeschichte Göttingens im 18. Jahrhundert, Göttinger Jb. 37 (1989), 71–89.

GEBSER, A. R.: Geschichte der Domkirche zu Königsberg und des Bisthums Samland, Königsberg 1835.

GERICKE, W.: Theologie und Kirche im Zeitalter der Aufklärung, Berlin 1989.

GOETERS, J. F. G.: Reformierter Lehrstuhl und Studienhaus in Göttingen, in: Die Evangelisch-reformierte Kirche in Nordwestdeutschland. Bearbeitet von E. LOMBERG u. a., Weener 1982, 268–278.

GRAF, Fr. W.: Protestantische Theologie und die Formierung der bürgerlichen Gesellschaft, in: DERS. (Hg.), Profile des neuzeitlichen Protestantismus, Bd. 1, Gütersloh 1990, 11–54.

GRAFF, P.: Geschichte der Auflösung der alten gottesdienstlichen Formen in der evangelischen Kirche Deutschlands, I. Bd., 2. Aufl. Göttingen 1937; II. Bd., Göttingen 1939.

GRANE, L.: Modus loquendi theologicus. Luthers Kampf um die Erneuerung der Theologie (1515–1518), Leiden 1975.

GUNDELACH, E.: Die Verfassung der Göttinger Universität in drei Jahrhunderten, Göttingen 1955.

HAASE, C.: Bildung und Wissenschaft von der Reformation bis 1803, in: H. PATZE (Hg.), Geschichte Niedersachsens, Bd. III/2, Hildesheim 1983, 261–493.

– Die ersten Stufen der Entwicklung der Georgia Augusta zu Göttingen, GGA 235/6 (1983/ 84), 271–289.

HALLER, J.: Die Anfänge der Universität Tübingen 1477–1537, Erster/Zweiter Teil, Stuttgart 1927/1929.

HAMMANN, K.: Ecclesia spiritualis. Luthers Kirchenverständnis in den Kontroversen mit Augustin von Alveldt und Ambrosius Catharinus, Göttingen 1989.

– Rudolf Bultmann und der Universitätsgottesdienst in Marburg, ZThK 90 (1993), 87–116.

– Der Gießener Universitätsgottesdienst 1917–1936, JHKGV 45 (1994), 99–123.

HAMMERSTEIN, N.: Jus und Historie. Ein Beitrag zur Geschichte des historischen Denkens an deutschen Universitäten im späten 17. und im 18. Jahrhundert, Göttingen 1972.

– Die Universitätsgründungen im Zeichen der Aufklärung, in: P. BAUMGART – N. HAMMERSTEIN (Hg.), Beiträge zu Problemen deutscher Universitätsgründungen der frühen Neuzeit, Nendeln/Liechtenstein 1978, 263–298.

HAUSRATH, A.: Richard Rothe und seine Freunde, Bd. 2, Berlin 1906.

HAUSSLEITER, J.: Art. Cremer, August Hermann, RE, 3. Aufl., Bd. 23, 329–335.

HEIDORN, G. u. HEITZ, G. (Hg.): Geschichte der Universität Rostock 1419–1969, Bde. 1–2, Berlin 1969.

HEINRICH, G.: Frankfurt und Wittenberg. Zwei Universitätsgründungen im Vorfeld der Reformation, in: P. BAUMGART – N. HAMMERSTEIN (Hg.), Beiträge zu Problemen deutscher Universitätsgründungen der frühen Neuzeit, Nendeln/Liechtenstein 1978, 111–129.

HELBIG, H.: Die Reformation der Universität Leipzig im 16. Jahrhundert, Gütersloh 1953.

HENKEL, D.: Staat und Evangelische Kirche im Königreich Hannover 1815–1833, Göttingen 1938.

HERGEMÖLLER, B.-U.: „Pfaffenkriege" im spätmittelalterlichen Hanseraum. Quellen und Studien zu Braunschweig, Osnabrück, Lüneburg und Rostock, Teil 1, Köln 1988.

HERING, H.: Die Lehre von der Predigt, Berlin 1905.

– Der akademische Gottesdienst und der Kampf um die Schulkirche in Halle a. S., Halle a. S. 1909.

HERMELINK, H.: Die theologische Fakultät in Tübingen vor der Reformation 1477–1534, Tübingen 1906.

HERMS, E.: Art. Herder, Johann Gottfried von (1744–1803), TRE 15 (1986), 70–95.

HEUSSI, K.: Johann Lorenz Mosheim. Ein Beitrag zur Kirchengeschichte des achtzehnten Jahrhunderts, Tübingen 1906.

– Geschichte der Theologischen Fakultät zu Jena, Weimar 1954.

HEYDEN, H.: Art. Greifswald, Universität, RGG, 3. Aufl., II. Bd., 1850–1853.

HIRSCH, E.: Geschichte der neuern evangelischen Theologie im Zusammenhang mit den allgemeinen Bewegungen des europäischen Denkens, Bde. I–V, Gütersloh 1949–1954.

HÖLSCHER, L.: Die Religion des Bürgers. Bürgerliche Frömmigkeit und protestantische Kirche im 19. Jahrhundert, HZ 250 (1990), 595–630.

HOFMANN, H.: Gottesdienst und Kirchenmusik in der Universitätskirche zu St. Pauli-Leipzig seit der Reformation (1543–1918), Beitr. z. sächs. Kirchengeschichte, H. 32 (1919), 118–151.

HOHLWEIN, H.: Art. Protestantenverein, Deutscher, RGG, 3. Aufl., V. Bd., 645–647.

– Art. Steinbart, Gotthelf Samuel (1738–1809), RGG, 3. Aufl., VI. Bd., 348.

HOLLERBACH, A.: Vertragsstaatskirchenrecht als Instrument im Prozeß der deutschen Wiedervereinigung, KuR 1 (1995), 1–12.

HOLSCHER, J. C. A.: Gottfried Less. Ein biographisches Fragment, Hannover 1797.

HOLTZ, S.: Theologie und Alltag. Lehre und Leben in den Predigten der Tübinger Theologen 1550–1750, Tübingen 1993.

HOLZE, H.: Zwischen Studium und Pfarramt. Die Entstehung des Predigerseminars in den welfischen Fürstentümern zur Zeit der Aufklärung, Göttingen 1985.

HORNIG, G.: Die Freiheit der christlichen Privatreligion. Semlers Begründung des religiösen Individualismus in der protestantischen Aufklärungstheologie, NZSTh 21 (1979), 198–211.

– Perfektibilität, ABG 24 (1980), 221–257.

– Lehre und Bekenntnis im Protestantismus, in: HDThG, Bd. 3, hg. von C. ANDRESEN, Göttingen 1984, 71–287.

– Art. Neologie, HWP 6 (1984), 718–720.

HUBATSCH, W.: Geschichte der evangelischen Kirche Ostpreußens, Bd. I, Göttingen 1968.

HUBER, W.: Kirche und Öffentlichkeit, Stuttgart 1973.

HÜTTER, E.: Die Pauliner-Universitätskirche zu Leipzig, Weimar 1993.

JACOBS, M.: Die evangelisch-theologische Fakultät der Universität Münster 1914–1933, in: W. H. NEUSER (Hg.), Die Evangelisch-Theologische Fakultät Münster 1914 bis 1989, Bielefeld 1991, 42–71.

JANNASCH, W.: Art. Universitätsgottesdienst, RGG, 3. Aufl., VI. Bd., 1172–1174.

JANTZEN, H.: Stiftskirche in Tübingen, Stuttgart 1993.

JETTER, W.: Akademische Frühprediger an der Tübinger Stiftskirche, unveröffentlichtes Vortragstyposkript vom 1. 10. 1978.

JORDAN, H.: Die Stellung des ersten Erlanger Universitätspredigers zu den kirchlichen Bekenntnissen, NKZ 28 (1917), 457–468.

JÜNGEL, E.: Der Gottesdienst als Fest der Freiheit, ZdZ 38 (1984), 264–272.

– Der evangelisch verstandene Gottesdienst, in: DERS., Wertlose Wahrheit. Theologische Erörterungen III, München 1990, 283–310.

JUNGHANS, H.: Wittenberg und Luther – Luther und Wittenberg, FZPhTh 25 (1978), 104–119.

– Wittenberg als Lutherstadt, 2. Aufl. Berlin 1982.

KANTZENBACH, Fr. W.: Das Phänomen der Entkirchlichung als Problem kirchengeschichtlicher Forschung und theologischer Interpretation, NZSTh 13 (1971), 58–87.

– Die Spätaufklärung. Entwicklung und Stand der Forschung (I), ThLZ 102 (1977), 337–348.

– Die Bergpredigt. Annäherung – Wirkungsgeschichte, Stuttgart usw. 1982.

KAUFMANN, Th.: Universität und lutherische Konfessionalisierung. Die Rostocker Theologieprofessoren und ihr Beitrag zur theologischen Bildung und kirchlichen Gestaltung im Herzogtum Mecklenburg zwischen 1550 und 1675, Gütersloh 1997.

– Königsberger Theologieprofessoren im 17. Jahrhundert, Jb. d. Albertus-Universität zu Königsberg/Pr. XXIX (1994 [1995]), 49–86.

KAWERAU, G.: Art. Steinmeyer, Franz, RE, 3. Aufl., Bd. 18, 794–800.

KEYSER, P.: Der akademische Gottesdienst, in: 250 Jahre Universität Halle. Streifzüge durch ihre Geschichte in Forschung und Lehre, Halle 1944, 115–118.

KIESSIG, M.: Johann Wilhelm Friedrich Höfling. Leben und Werk, Gütersloh 1991.

KIND-DOERNE, Chr.: Die Niedersächsische Staats- und Universitätsbibliothek Göttingen. Ihre Bestände und Einrichtungen in Geschichte und Gegenwart, Wiesbaden 1986.

KIRN, O.: Art. Rationalismus und Supranaturalismus, RE, 3. Aufl., Bd. 16, 447–463.

– Die Leipziger theologische Fakultät in fünf Jahrhunderten, Leipzig 1909.

KLEK, K.: Erlebnis Gottesdienst. Die liturgischen Reformbestrebungen um die Jahrhundertwende unter Führung von Friedrich Spitta und Julius Smend, Göttingen 1996.

KNOKE, K.: Der lutherische Bekenntnisstand der Prediger an der Universitätskirche zu Göttingen, ZGNKG 23 (1918), 95–112.

– Lectiones asceticae an der Göttinger Universität (1735–1737), ZGNKG 25 (1920), 73–80.

KOCH, E.: Andreas Musculus und die Konfessionalisierung im Luthertum, in: H.-Chr. RUBLACK (Hg.), Die lutherische Konfessionalisierung in Deutschland, Gütersloh 1992, 250–270.

KÖPF, U.: Die Theologiegeschichte der Neuzeit in der Sicht Emanuel Hirschs, in: J. RINGLEBEN (Hg.), Christentumsgeschichte und Wahrheitsbewußtsein. Studien zur Theologie Emanuel Hirschs, Berlin-New York 1991, 63–97.

KÖPKE, R.: Die Gründung der Königlichen Friedrich-Wilhelms-Universität zu Berlin, Berlin 1860.

KOLDE, Th.: Die Universität Erlangen unter dem Hause Wittelsbach 1810–1910, Erlangen u. Leipzig 1910.

KONRAD, J.: Die evangelische Predigt. Grundsätze und Beispiele homiletischer Analysen, Vergleiche und Kritiken, Bremen 1963.

KOPPE, J. Chr.: Jetztlebendes gelehrtes Mecklenburg, Bd. 1, Rostock u. Leipzig 1783.

KOSEGARTEN, J. G. L.: Geschichte der Universität Greifswald mit urkundlichen Beilagen, Erster Theil, Greifswald 1857; Zweiter Theil, Greifswald 1856.

KOSELLECK, R.: Kritik und Krise. Eine Studie zur Pathogenese der bürgerlichen Welt, 2. Aufl. Freiburg 1973.

– (Hg.): Studien zum Beginn der modernen Welt, Stuttgart 1977.

KRABBE, O.: Die Universität Rostock im funfzehnten und sechzehnten Jahrhundert, Rostock u. Schwerin 1854.

KRAUSE, G.: Andreas Hyperius in der Forschung seit 1900, ThR 34 (1969), 262–341.

KRAUSE, R.: Die Predigt der späten deutschen Aufklärung (1770–1805), Stuttgart 1965.

KRÖGER, W.: Das Publikum als Richter. Lessing und die „kleineren Respondenten" im Fragmentenstreit, Nendeln/Liechenstein 1979.

KRUMMACHER, H.-H.: Der junge Gryphius und die Tradition. Studien zu den Perikopensonetten und Passionsliedern, München 1976.

KRUMWIEDE, H.-W.: Kirchliches Bekenntnis und akademische Lehrfreiheit. Der Streit zwischen theologischer Fakultät und Landeskirche im 19. Jahrhundert, in: B. MOELLER (Hg.), Theologie in Göttingen, Göttingen 1987, 213–231.

– Kirchengeschichte Niedersachsens, Erster u. Zweiter Teilbd., Göttingen 1996.

LAU, Fr.: Art. Leipzig, Universität, RGG, 3. Aufl., IV. Bd., 306–310.

LEDER, H.-G.: Die Berufung Johannes Bugenhagens in das Wittenberger Stadtpfarramt, ThLZ 114 (1989), 481–504.

LEDER, Kl.: Universität Altdorf. Zur Theologie der Aufklärung in Franken. Die Theologische Fakultät in Altdorf 1750–1809, Nürnberg 1965.

LEHMANN, H.: Der politische Widerstand gegen die Einführung des neuen Gesangbuchs von 1791 in Württemberg. Ein Beitrag zum Verhältnis von Kirchen- und Sozialgeschichte, BWKG 66/67 (1966/67), 247–263.

– Das Zeitalter des Absolutismus. Gottesgnadentum und Kriegsnot, Stuttgart 1980.

LENGWILER, E.: Die vorreformatorischen Prädikaturen der deutschen Schweiz, Fribourg 1955.

LENZ, M.: Geschichte der Königlichen Friedrich-Wilhelms-Universität zu Berlin, Bd. 1, Halle 1910; Bd. 2/2, Halle 1918.

LENZ, R. (Hg.): Leichenpredigten als Quelle historischer Wissenschaften, Bd. 1, Köln u. a. 1975.

LEUBE, H.: Die Reformideen in der deutschen lutherischen Kirche zur Zeit der Orthodoxie, Leipzig 1924.

– Die Geschichte der pietistischen Bewegung in Leipzig (1921), in: Orthodoxie und Pietismus. Gesammelte Studien von HANS LEUBE, hg. von D. BLAUFUSS, Bielefeld 1975, 153–267.

LIEBING, H.: Die Marburger Theologische Fakultät im preußischen Staate, JHKGV 28 (1977), 42–55.

LOCHER, G. W.: Die Zwinglische Reformation im Rahmen der europäischen Kirchengeschichte, Göttingen 1979.

Löschin, G.: Geschichte Danzigs von der ältesten bis zur neuesten Zeit, 2. Th., 2. Aufl. Danzig 1823.

Lösel, B.: Die Frau als Persönlichkeit im Buchwesen. Dargestellt am Beispiel der Göttinger Verlegerin Anna Vandenhoeck (1709–1787), Wiesbaden 1991.

Lother, H.: Pietistische Streitigkeiten in Greifswald, Gütersloh 1925.

Mager, I.: Die Rezeption der Lieder Paul Gerhardts in niedersächsischen Gesangbüchern, JGNKG 80 (1982), 121–146.

– Das Verhältnis der Göttinger theologischen Fakultät zur Hannoverschen Landeskirche während des Dritten Reiches, JGNKG 85 (1987), 179–196.

– Die theologische Lehrfreiheit in Göttingen und ihre Grenzen: Der Abendmahlskonflikt um Christoph August Heumann, in: B. Moeller (Hg.), Theologie in Göttingen, Göttingen 1987, 41–57.

Mahrenholtz, Chr.: Kirche und theologische Fakultät, in: ders., Musicologica et Liturgica, Kassel-London-New York 1960, 649–658.

Marino, L.: Praeceptores Germaniae. Göttingen 1770–1820, Göttingen 1995.

Mau, R.: Programme und Praxis des Theologiestudiums im 17. und 18. Jahrhundert, Theol. Versuche 11 (1979), 71–91.

Maurer, Chr.: Aufgeklärte Gesangbücher und ‚gemeine Leute‘: Äußerungen und Inhalte der Gesangbuchstreite des ausgehenden 18. Jahrhunderts im protestantischen Deutschland, in: H. E. Bödeker u. a. (Hg.), Le livre religieux et ses practiques, Göttingen 1991, 269–288.

Maurer, W.: Art. Fakultäten, Theologische, in Deutschland, RGG, 3. Aufl., II. Bd., 859–862.

von Meding, W.: Kirchenverbesserung. Die deutschen Reformationspredigten des Jahres 1817, Bielefeld 1986.

– Schleiermachers theologische Promotion, ZThK 87 (1990), 299–322.

Mehnert, V.: Protestantismus und radikale Spätaufklärung. Die Beurteilung Luthers und der Reformation durch aufgeklärte deutsche Schriftsteller zur Zeit der Französischen Revolution, München 1982.

Merkel, Fr.: Gedanken des Universitätspredigers bei der Wiedereröffnung der Universitätskirche (betr. Münster), unveröffentlichter Privatdruck 1986.

Meyer, J.: Geschichte der Göttinger theologischen Fakultät, ZGNKG 42 (1937), 7–107.

– Kirchengeschichte Niedersachsens, Göttingen 1939.

Meyer, Ph.: Der Quellenwert der Kirchen- und Schulberichte für eine Darstellung der Geschichte des kirchlichen Lebens unserer Heimat im Zeitalter der Aufklärung, ZGNKG 19 (1914), 80–146.

– Die Pastoren der Landeskirchen Hannovers und Schaumburg-Lippes seit der Reformation, 1. Bd., Göttingen 1941.

Mittler, E. (Hg.): 700 Jahre Pauliner Kirche: vom Kloster zur Bibliothek, Göttingen 1994.

Moeller, B.: Spätmittelalter, Göttingen 1966.

– Pfarrer als Bürger, Göttingen 1972.

– Johann Lorenz von Mosheim und die Gründung der Göttinger Universität, in: ders. (Hg.), Theologie in Göttingen, Göttingen 1987, 9–40.

– Die Basler Reformation in ihrem stadtgeschichtlichen Zusammenhang, in: ders., Die Reformation und das Mittelalter. Kirchenhist. Aufs., hg. von J. Schilling, Göttingen 1991, 182–195.

– Die Reformation in Göttingen, in: ders., Die Reformation und das Mittelalter. Kirchenhist. Aufs., hg. von J. Schilling, Göttingen 1991, 196–211.

– Eine Reliquie Luthers, in: ders., Die Reformation und das Mittelalter. Kirchenhist. Aufs., hg. von J. Schilling, Göttingen 1991, 249–262.

– Die Rezeption Luthers in der frühen Reformation, in: B. Hamm, B. Moeller, D. Wendebourg, Reformationstheorien. Ein kirchenhistorischer Disput über Einheit und Vielfalt der Reformation, Göttingen 1995, 9–29.

Möller, H.: Fürstenstaat oder Bürgernation. Deutschland 1763–1815, Berlin 1989.

Moes, J.-Fr.: Die Apostelkirche als Ort geistlicher Erneuerung, in: 700 Jahre Apostelkirche Münster, hg. vom Presbyterium der Apostel-Kirchengemeinde, Münster 1984, 261–273.

Mohr, R.: Art. Erbauungsliteratur III. Reformations- und Neuzeit, TRE 10 (1982), 51–80.

– Das Ende der Leichenpredigten, in: R. Lenz (Hg.), Leichenpredigten als Quelle historischer Wissenschaften, Bd. 3, Marburg 1984, 293–330.

Mühlenberg, E.: Der Universitätslehrer, in: D. Lange (Hg.), Friedrich Schleiermacher 1768–1834, Göttingen 1985, 24–46.

Mühlpfordt, G.: Ein kryptoradikaler Thomasianer: C. A. Heumann, der Thomasius von Göttingen, in: W. Schneiders (Hg.), Christian Thomasius 1655–1728. Interpretationen zu Werk und Wirkung, Hamburg 1989, 305–334.

Müllenbrock, H.-J.: Aufklärung im Zeichen der Freiheit – das Vorbild Englands, in: J. von Stackelberg (Hg.), Zur geistigen Situation der Zeit der Göttinger Universitätsgründung 1737, Göttingen 1988, 144–166.

Müller, G.: Philipp Melanchthon und die Studienordnung für die hessischen Stipendiaten vom Mai 1546, ARG 51 (1960), 223–242.

Müller, H. M.: Art. Homiletik, TRE 15 (1968), 526–565.

Müller, W. E.: Johann Friedrich Wilhelm Jerusalem. Eine Untersuchung der Theologie der „Betrachtungen der vornehmsten Wahrheiten der Religion", Berlin-New York 1984.

– Aspekte der theologischen Spätaufklärung in Oldenburg, JGNKG 90 (1992), 63–81.

Neubauer, E. Fr.: Nachricht von den itztlebenden Lutherischen und Reformirten Theologen in und um Deutschland, Th. 2, Züllichau 1746.

Niebergall, A.: Die Geschichte der christlichen Predigt, in: Leiturgia. Handbuch des evangelischen Gottesdienstes, hg. von K. F. Müller u. W. Blankenburg, 2. Bd., Kassel 1955, 181–353.

Niebergall, Fr.: Die moderne Predigt. Kulturgeschichtliche und theologische Grundlage, Tübingen 1929.

Nippold, Fr.: Richard Rothe. Ein christliches Lebensbild, Bd. 2, Wittenberg 1874.

Nüssel, Fr.: Bund und Versöhnung. Zur Begründung der Dogmatik bei Johann Franz Buddeus, Göttingen 1996.

Oberdiek, A.: Göttinger Universitäts-Bauten. 250 Jahre Baugeschichte der Georg-August-Universität, Göttingen 1989.

Oberschelp, R.: Niedersachsen 1760–1820. Wirtschaft, Gesellschaft, Kultur im Land Hannover und Nachbargebieten, Bd. 1, Hildesheim 1982.

Oediger, F. W.: Über die Bildung der Geistlichen im späten Mittelalter, Leiden-Köln 1953.

Oestreich, G.: Strukturprobleme des europäischen Absolutismus, Vierteljahrschr. f. Sozial- und Wirtschaftsgeschichte 55 (1968), 329–347.

Otto, G.: Der Mainzer Universitätsgottesdienst, in: Christuskirche Mainz 1903 bis 1978, vorgelegt vom Evangelischen Kirchenvorstand am 2. Juli 1978, Mainz 1978, 51–57.

Pältz, E. H.: Art. Buddeus (Budde), Johann Franz (1667–1729), TRE 7 (1981), 316f.

– Art. Jena, Universität, TRE 16 (1987), 559–563.

Pauli, S.: Geschichte der theologischen Institute an der Universität Rostock, WZ (R).GS 17 (1968), 310–365.

Perlitt, L.: Professoren der Theologischen Fakultät in Göttingen als Äbte von Bursfelde. 1. Begründung und Festigung der Tradition, JGNKG 82 (1984), 7–25; 2. Wahrung und Wandlung der Tradition, JGNKG 83 (1985), 261–314.

Peschke, E.: Die Reformideen Christian Kortholts, in: ders., Bekehrung und Reform. Ansatz und Wurzeln der Theologie August Hermann Franckes, Bielefeld 1977, 41–64.

Peters, M.: Der Bahnbrecher der modernen Predigt Johann Lorenz Mosheim in seinen homiletischen Anschauungen dargestellt und gewürdigt, Leipzig 1910.

Pfeiffer, G.: Gründung und Gründer der Universität Erlangen, in: Festschrift f. H. Liermann, hg. von H.-R. Hagemann u. Kl. Obermayer, Erlangen 1964, 160–176.

Philipp, W.: Das Werden der Aufklärung in theologiegeschichtlicher Sicht, Göttingen 1957.

PIPER, H.-Chr.: Der Verlust einer Dimension. Beobachtungen zum rationalistischen Gesangbuch, JLH 16 (1971), 85–104.

PÜTTER, J. St.: Versuch einer academischen Gelehrten-Geschichte von der Georg-Augustus-Universität zu Göttingen, (1. Th.,) Göttingen 1765; 2. Th., Göttingen 1788; (– SAALFELD,) 3. Th., Göttingen 1820; (– OESTERLEY,) 4. Th., Göttingen 1838.

RAABE, P.: Universität und Buchhandel. Göttingen im 18. und frühen 19. Jahrhundert, in: DERS., Bücherlust und Lesefreuden. Beiträge zur Geschichte des Buchwesens im 18. und frühen 19. Jahrhundert, Stuttgart 1984, 36–50.

– Buchproduktion und Lesepublikum 1770–1780, in: DERS., Bücherlust und Lesefreuden. Beiträge zur Geschichte des Buchwesens im 18. und frühen 19. Jahrhundert, Stuttgart 1984, 51–65.

– Zum Bild des Verlagswesens in der Spätaufklärung. Dargestellt an Hand von Friedrich Nicolais Lagerkatalog von 1787, in: DERS., Bücherlust und Lesefreuden. Beiträge zur Geschichte des Buchwesens im 18. und frühen 19. Jahrhundert, Stuttgart 1984, 66–88.

RAUSCHER, J.: Die Prädikaturen in Württemberg vor der Reformation, Württ. Jbb. f. Statistik u. Landeskunde 1908/2, 152– 211.

REDEKER, M.: Das Kieler Kloster und die Theologische Fakultät in der Geschichte Schleswig-Holsteins und seiner Landesuniversität, 2. Aufl. Kiel 1964.

REICH, A.: Friedrich Schleiermacher als Pfarrer an der Berliner Dreifaltigkeitskirche 1809–1834, Berlin-New York 1992.

RINGLEBEN, J.: Göttinger Aufklärungstheologie – von Königsberg her gesehen, in: B. MOELLER (Hg.), Theologie in Göttingen, Göttingen 1987, 82–110.

– „Was sollen die Heiligen in der Physik?" Beobachtungen zu Lichtenbergs Religiosität, Lichtenberg-Jb. 1993, 107–126.

RITTER, G.: Die Heidelberger Universität. Ein Stück deutscher Geschichte, I. Bd., Heidelberg 1936.

RÖBBELEN, I.: Theologie und Frömmigkeit im deutschen evangelisch-lutherischen Gesangbuch des 17. und frühen 18. Jahrhunderts, Göttingen 1957.

RÖSSLER, D.: Grundriß der Praktischen Theologie, Berlin-New York 1986.

RÖWENSTRUNK, G.: Art. Crusius, Christian August, TRE 8 (1981), 242–244.

ROSNER, Cl. (Hg.): Die Universitätskirche zu Leipzig. Dokumente einer Zerstörung, Leipzig 1992.

ROTHE, R.: Geschichte der Predigt von den Anfängen bis auf Schleiermacher, hg. von A. TÜMPELMANN, Bremen 1881.

RÜCKERT, H.: Personale Geschichtsbetrachtung, in: DERS., Vorträge und Aufsätze zur historischen Theologie, Tübingen 1972, 1–11.

RUPRECHT, R.: Der Pietismus des 18. Jahrhunderts in den Hannoverschen Stammländern, Göttingen 1919.

RUPRECHT, W.: Väter und Söhne. Zwei Jahrhunderte Buchhändler in einer deutschen Universitätsstadt, Göttingen 1935.

SAATHOFF, A.: Aus Göttingens Kirchengeschichte, Göttingen 1929.

SACK, K. H.: Darstellung der Verhandlungen und Ergebnisse der Generalsynode vom Jahre 1846 über die Vorbildung der Kandidaten und die Bekenntnisfrage, Monatsschr. f. d. evang. Kirche der Rheinprovinz und Westphalens 1846, H. 12, 286–315.

– Geschichte der Predigt in der deutschen evangelischen Kirche von Mosheim bis auf die letzten Jahre von Schleiermacher und Menken, 2. Ausgabe Heidelberg o. J. (1866).

SALLENTIEN, V.: Ein Göttinger Student der Theologie in der Zeit von 1768–71, Hannover 1912.

SAUER-GEPPERT, W. I.: Sprache und Frömmigkeit im deutschen Kirchenlied. Vorüberlegungen zu einer Darstellung seiner Geschichte, Kassel 1984.

SCHAAR, L.: Baugeschichte der St. Johanniskirche zu Göttingen, ihrer inneren Einrichtungen und des Kirchhofs bis 1865, 1. Teil, Göttingen 1937 (als Typoskript vorhanden KKA Göttingen, Z:1611).

SCHÄFER, R.: Peter Friedrich Ludwig und die evangelische Kirche in Oldenburg, in: H. SCHMIDT (Hg.), Peter Friedrich Ludwig und das Herzogtum Oldenburg, Oldenburg 1979, 71–89.
– Beobachtungen zur Kirchlichkeit im 19. Jahrhundert, JGNKG 90 (1992), 117–124.
SCHEIBLE, H.: Gründung und Ausbau der Universität Wittenberg, in: P. BAUMGART – N. HAMMERSTEIN (Hg.), Beiträge zu Problemen deutscher Universitätsgründungen der frühen Neuzeit, Nendeln/Liechtenstein 1978, 131–147.
SCHENKEL, D.: Die Bildung der evang. Theologen für den praktischen Kirchendienst. Eine Denkschrift zur fünfundzwanzigjährigen Stiftungsfeier des evang.-protestantischen Predigerseminars in Heidelberg, Heidelberg 1863.
SCHIAN, M.: Johann Jakob Rambach als Prediger und Predigttheoretiker, Beitr. z. Hess. Kirchengesch. 4 (1909), 89–149.
– Orthodoxie und Pietismus im Kampf um die Predigt. Ein Beitrag zur Geschichte des endenden 17. und des beginnenden 18. Jahrhunderts, Gießen 1912.
SCHLICHTEGROLL, Fr.: Nekrolog auf das Jahr 1791, I. Bd., Gotha 1792.
– Nekrolog auf das Jahr 1795, I. Bd., Gotha 1798.
SCHLINGENSIEPEN-POGGE, A.: Das Sozialethos der lutherischen Aufklärungstheologie am Vorabend der Industriellen Revolution, Göttingen 1967.
SCHLOEMANN, M.: Siegmund Jacob Baumgarten. System und Geschichte in der Theologie des Übergangs zum Neuprotestantismus, Göttingen 1974.
SCHMIDT, H.: „Aufgeklärte" Gesangbuch-Reform und ländliche Gemeinde. Zum Widerstand gegen die Einführung neuer Gesangbücher im Herzogtum Oldenburg und der Herrschaft Jever am Ende des 18. Jahrhunderts, in: E. HINRICHS u. G. WIEGELMANN (Hg.), Sozialer und kultureller Wandel in der ländlichen Welt des 18. Jahrhunderts, Wolfenbüttel 1982, 85–115.
SCHMIDT, J.D.: Die theologischen Wandlungen des Christoph Friedrich von Ammon. Ein Beitrag zur Frage des legitimen Gebrauchs philosophischer Begriffe in der Christologie, Diss. theol. masch. Erlangen 1953.
– Christoph Friedrich von Ammon. Ein Abriß seines Lebens und theologischen Schaffens, ZBKG 24 (1955), 169–199.
SCHMIDT, M.: Speners Pia Desideria. Versuch einer theologischen Interpretation, in: DERS., Wiedergeburt und neuer Mensch. Ges. Stud. z. Gesch. d. Pietismus, Bd. 2, Witten 1969, 129-168.
– Art. Ammon, Friedrich Christoph von, TRE 2 (1978), 453–455.
– Art. Aufklärung II. Theologisch, TRE 4 (1979), 594–608.
SCHMIDT, R.: Die Anfänge der Universität Greifswald, in: Festschrift zur 500-Jahrfeier der Universität Greifswald, Bd. I, Greifswald 1956, 9–52.
– Rostock und Greifswald. Die Errichtung von Universitäten im norddeutschen Hanseraum, in: P. BAUMGART – N. HAMMERSTEIN (Hg.), Beiträge zu Problemen deutscher Universitätsgründungen der frühen Neuzeit, Nendeln/Liechtenstein 1978, 75–109.
SCHNELL, U.: Die homiletische Theorie Philipp Melanchthons, Berlin u. Hamburg 1968.
SCHNITZLER, E.: Die Gründung der Universität Rostock 1419, Köln-Wien 1974.
SCHOLDER, Kl.: Grundzüge der theologischen Aufklärung, in: Geist und Geschichte der Reformation. Festgabe H. Rückert, hg. von H. LIEBING u. Kl. SCHOLDER, Berlin-New York 1966, 460–486.
SCHOLLMEIER, J.: Johann Joachim Spalding. Ein Beitrag zur Theologie der Aufklärung, Gütersloh 1967.
SCHORN-SCHÜTTE, L.: Die Geistlichen vor der Revolution. Zur Sozialgeschichte der evangelischen Pfarrer und des katholischen Klerus am Ende des Alten Reiches, in: H. BERDING u. a. (Hg.), Deutschland und Frankreich im Zeitalter der Französischen Revolution, Frankfurt a. M. 1989, 216–244.
SCHOTT, Chr.-E.: Möglichkeiten und Grenzen der Aufklärungspredigt. Dargestellt am Beispiel Franz Volkmar Reinhards, Göttingen 1978.

– Akkomodation – Das Homiletische Programm der Aufklärung, VB 3 (1981), 49–69.
– Predigtgeschichte als Zugang zur Predigt, Stuttgart 1986.
– Das Gesangbuch des Breslauer Kircheninspektors David Gottfried Gerhard, JSKG 69 (1990), 19–41.
SCHRADER, W.: Geschichte der Friedrichs-Universität zu Halle, 2 Bde., Berlin 1894.
SCHUBERT, E.: Motive und Probleme deutscher Universitätsgründungen des 15. Jahrhunderts, in: P. BAUMGART – N. HAMMERSTEIN (Hg.), Beiträge zu Problemen deutscher Universitätsgründungen der frühen Neuzeit, Nendeln/Liechtenstein 1978, 13–74.
SCHÜTZ, W.: Geschichte der christlichen Predigt, Berlin-New York 1972.
– Die Kanzel als Katheder der Aufklärung, WSA 1 (1974), 137–174.
SCHULER, Ph. H.: Geschichte der Veränderungen des Geschmacks im Predigen, insonderheit unter den Protestanten in Deutschland, Erster Th., Halle 1792; Zweiter Th., Halle 1793; Dritter Th., Halle 1794.
– Beyträge zur Geschichte der Veränderungen des Geschmacks im Predigen unter den Protestanten von der Reformation bis auf jetzt, Halle 1799.
SCHULTE, A.: „Urtheilet selbst ob die Vernunft eine Feindin der Religion heißen könne." Überlegungen zum Selbstverständnis des Predigers in der Aufklärungszeit, in: W. E. MÜLLER u. H. H. R. SCHULZ (Hg.), Theologie und Aufklärung. FS G. Hornig, Würzburg 1992, 205–225.
SCHULTZE, A.: Gutachtliche Äußerung über die Rechtslage der Universitätskirche zu St. Pauli vom 18. 5. 1934 (als Typoskript vorhanden UAL, Rektorat 442, Bl. 11–15).
SCHWARZ, H.-U.: Von den „Fleischtöpfen" der Professoren. Bemerkungen zur Wirtschaftsgeschichte der Universität Tübingen, in: Beiträge zur Geschichte der Universität Tübingen 1477–1977, Bd. I, hg. von H. DECKER-HAUFF, G. FICHTNER u. Kl. SCHREINER, Tübingen 1977, 85–104.
SCHWARZ, R.: Luther, Göttingen 1986.
SCHWEITZER, A.: Geschichte der Paulinischen Forschung von der Reformation bis auf die Gegenwart, Tübingen 1911.
SEEBERG, R.: Die Kirche Deutschlands im neunzehnten Jahrhundert (= An der Schwelle des zwanzigsten Jahrhunderts, 4. Aufl.), Leipzig 1903.
SEELIGER-ZEISS, A.: Ev. Peterskirche Heidelberg (Schnell Kunstführer Nr. 1595), München u. Zürich 1986.
VON SELLE, G.: Die Georg-August-Universität zu Göttingen 1737–1937, Göttingen 1937.
– Geschichte der Albertus-Universität zu Königsberg in Preussen, Königsberg (Pr) 1944.
SELLE, L.: Die Orgel der St. Stephanus-Kirche zu Wittingen, Wittingen o. J. (1966).
– Die Orgelbauerfamilie Gloger (2), Acta organologica 5 (1971), 31–86.
SELLERT, W.: Rechtswissenschaft und Hochschulpolitik – Münchhausen und die Juristische Fakultät, in: J. VON STACKELBERG (Hg.), Zur geistigen Situation der Zeit der Göttinger Universitätsgründung 1737, Göttingen 1988, 57–84.
SIMONS, E.: Prediger-Professoren?, ChW 31 (1917), 305–309.
SINGER, Br.: Art. Fürstenspiegel, TRE 11 (1983), 707–711.
SMEND, R.: Johann David Michaelis und Johann Gottfried Eichhorn – zwei Orientalisten am Rande der Theologie, in: B. MOELLER (Hg.), Theologie in Göttingen, Göttingen 1987, 58–81.
– Herder und Göttingen, in: Bückeburger Gespräche über Johann Gottfried Herder 1988 (Schaumburger Studien 49), hg. von B. POSCHMANN, Rinteln 1989, 1–28.
– Über die Epochen der Bibelkritik, in: DERS., Epochen der Bibelkritik. Ges. Stud., Bd. 3, München 1991, 11–32.
– Lowth in Deutschland, in: DERS., Epochen der Bibelkritik. Ges. Stud., Bd. 3, München 1991, 43–62.
– Lessing und die Bibelwissenschaft, in: DERS., Epochen der Bibelkritik. Ges. Stud., Bd. 3, München 1991, 74–92.

– Johann Philipp Gablers Begründung der Biblischen Theologie, in: DERS., Epochen der
   Bibelkritik. Ges. Stud., Bd. 3, München 1991, 104–116.
VON SODEN, H.: Rez. von U. STUTZ, Das Bonner evangelische Universitätspredigeramt in
   seinem Verhältnis zu Staat, Kirche und Gemeinde (SPAW.PH 1921, 171–193), Korrespon-
   denzbl. d. Gesamtvereins d. dt. Geschichts- u. Altertumsvereine 96 (1921), 262–264.
SOLTE, E.-L.: Theologie an der Universität. Staats- und kirchenrechtliche Probleme der theo-
   logischen Fakultäten, München 1971.
– Art. Fakultäten, Theologische, TRE 10 (1982), 788–795.
SOMMER, W.: Gottesfurcht und Fürstenherrschaft. Studien zum Obrigkeitsverständnis Johann
   Arndts und lutherischer Hofprediger zur Zeit der altprotestantischen Orthodoxie, Göttin-
   gen 1988.
SONNTAG, Fr. P.: Das Kollegiatstift St. Marien zu Erfurt von 1117–1400, Leipzig 1962.
SPARN, W.: Vernünftiges Christentum. Über die geschichtliche Aufgabe der theologischen
   Aufklärung im 18. Jahrhundert in Deutschland, in: R. VIERHAUS (Hg.), Wissenschaften
   im Zeitalter der Aufklärung, Göttingen 1985, 18–57.
– Philosophische Historie und dogmatische Heterodoxie. Der Fall des Exegeten Christoph
   August Heumann, in: H. GRAF REVENTLOW u. a. (Hg.), Historische Kritik und biblischer
   Kanon in der deutschen Aufklärung, Wiesbaden 1988, 171–192.
– Auf dem Wege zur theologischen Aufklärung in Halle: Von Johann Franz Budde zu Sieg-
   mund Jacob Baumgarten, in: N. HINSKE (Hg.), Zentren der Aufklärung I. Halle. Aufklä-
   rung und Pietismus, Heidelberg 1989, 71–89.
– Art. Neologie, EKL, 3. Aufl., 3. Bd., Göttingen 1992, 662–664.
– Die Krise der Frömmigkeit und ihr theologischer Reflex im nachreformatorischen Luther-
   tum, in: H.-Chr. RUBLACK (Hg.), Die lutherische Konfessionalisierung in Deutschland,
   Gütersloh 1992, 54–82.
– Perfektibilität. Protestantische Identität „nach der Aufklärung“, in: W. E. MÜLLER u.
   H. H. R. SCHULZ (Hg.), Theologie und Aufklärung. FS G. Hornig, Würzburg 1992,
   339–357.
SPIEKER, Chr. W.: Lebensgeschichte des Andreas Musculus, Frankfurt an der Oder 1858.
SPITTA, Fr.: Der Akademische Gottesdienst in Straßburg. Ein Kapitel aus der deutschen Zeit in
   Elsaß-Lothringen, MGKK 24 (1919), 115–119.133–136.
– Programme der Straßburger Akademischen Gottesdienste, MGKK 24 (1919), 173–
   177.220–222.268–270.303–304.
STAEHELIN, E.: Das theologische Lebenswerk Johannes Oekolampads, Leipzig 1939.
STÄHLIN, W.: Via Vitae. Lebenserinnerungen, Kassel 1968.
STEIGER, J. A.: Aufklärungskritische Versöhnungslehre. Zorn Gottes, Opfer Christi und Ver-
   söhnung in der Theologie Justus Christoph Kraffts, Friedrich Gottlieb Klopstocks und
   Christian Friedrich Daniel Schubarts, PuN 20 (1994), 125–172.
– Rhetorica sacra seu biblica. Johann Matthäus Meyfart (1590–1642) und die Defizite der
   heutigen rhetorischen Homiletik, ZThK 92 (1995), 517–558.
– Johann Ludwig Ewald (1748–1822). Rettung eines theologischen Zeitgenossen, Göttingen
   1996.
STEINMETZ, R.: Die Generalsuperintendenten von Calenberg, ZGNKG 13 (1908), 25–267.
– Die Generalsuperintendenten von Hoya-Diepholz, ZGNKG 16 (1911), 148–264.
– Die General-Superintendenten von Harburg, ZGNKG 36 (1931), 178–290.
– Die Generalsuperintendenten von Göttingen, ZGNKG 40 (1935), 83–155.
STEPHAN, H.: Luther in den Wandlungen seiner Kirche, 2. Aufl. Berlin 1951.
STIERLE, B.: Capito als Humanist, Gütersloh 1971.
STROUP, J. M.: The Struggle for Identity in the Clerical Estate: Northwest German Protestant
   Opposition to Absolutist Policy in the Eighteenth Century, Ann Arbor (Mich.) 1984.
STURM, P.: Das evangelische Gesangbuch der Aufklärung, Barmen 1923.

Stutz, U.: Das Amt des evangelischen Universitätspredigers an der Rheinischen Friedrich-Wilhelms-Universität in Bonn während des ersten Jahrhunderts ihres Bestehens, ZRG 41 Kan. Abt. 10 (1920), 1–50.

– Das Bonner evangelische Universitätspredigeramt in seinem Verhältnis zu Staat, Kirche und Gemeinde, SPAW.PH 1921, 171–193.

Theurich, H.: Theorie und Praxis der Predigt bei Carl Immanuel Nitzsch, Göttingen 1975.

Tholuck, A.: Das akademische Leben des siebzehnten Jahrhunderts. Erste Abth. (= Vorgeschichte des Rationalismus I/1), Halle 1853.

– Geschichte des Rationalismus. Erste Abth. Geschichte des Pietismus und des ersten Stadiums der Aufklärung, Berlin 1865.

Thümmel, H. G.: Art. Greifswald, Universität, TRE 14 (1985), 209–213.

Traulsen, H.-Fr.: Schleiermacher und Harms. Von den Reden „Über die Religion" zur Nachfolge an der Dreifaltigkeitskirche, Berlin-New York 1989.

– Die Theologie Tochter der Religion. Zu Schleiermachers Auseinandersetzung mit der Dogmatik Christoph Friedrich von Ammons, in: G. Meckenstock u. J. Ringleben (Hg.), Schleiermacher und die wissenschaftliche Kultur des Christentums, Berlin-New York 1991, 51–70.

Trillhaas, W.: Der Berliner Prediger, in: D. Lange (Hg.), Friedrich Schleiermacher 1768–1834, Göttingen 1985, 9–23.

Tschackert, P.: Zu Herders Berufung nach Göttingen, ZGNKG 17 (1912), 213–217.

– Art. Kortholt, Christian, RE, 3. Aufl., Bd. 11, 47 f.

Uhlhorn, G.: Hannoversche Kirchengeschichte in übersichtlicher Darstellung (Neudruck der Ausgabe 1902), Göttingen 1988.

Valjavec, Fr.: Geschichte der abendländischen Aufklärung, Wien-München 1961.

Vehse, E.: Geschichte der Höfe des Hauses Braunschweig in Deutschland und England, Zweiter Theil, Hamburg 1853.

Veit, P.: Das Gesangbuch in der Praxis Pietatis der Lutheraner, in: H.-Chr. Rublack (Hg.), Die lutherische Konfessionalisierung in Deutschland, Gütersloh 1992, 435–454.

Vierhaus, R.: 1737 – Europa zur Zeit der Universitätsgründung, in: B. Moeller (Hg.), Stationen der Göttinger Universitätsgeschichte, Göttingen 1988, 9–26.

Violet, Br.: Der akademische Gottesdienst in Berlin und der Professorendienst an der Kirche, ChW 31 (1917), 51–55.

Völker, A.: Art. Gesangbuch, TRE 13 (1984), 547–565.

Vogelsang, E.: Zur Datierung der frühesten Lutherpredigten, ZKG 50 (1931), 112–143.

Vogler, B.: Die Gebetbücher in der lutherischen Orthodoxie (1550–1700), in: H.-Chr. Rublack (Hg.), Die lutherische Konfessionalisierung in Deutschland, Gütersloh 1992, 424–434.

Volbehr, F.: Kieler Prediger-Geschichte seit der Reformation, Kiel 1884.

(Wagenmann -) Tschackert, P.: Art. Leß, Gottfried, RE, 3. Aufl., Bd. 11, 404–406.

(–) – Art. Sagittarius, Kaspar, RE, 3. Aufl., Bd. 17, 334–337.

Wallmann, J.: Der Theologiebegriff bei Johann Gerhard und Georg Calixt, Tübingen 1961.

– Zwischen Reformation und Humanismus. Eigenart und Wirkungen Helmstedter Theologie unter besonderer Berücksichtigung Georg Calixts, ZThK 74 (1977), 344–370.

– Philipp Jakob Spener und die Anfänge des Pietismus, 2. Aufl. Tübingen 1986.

– Kirchengeschichte Deutschlands seit der Reformation, 3. Aufl. Tübingen 1988.

– Art. Pietismus, HWP 7 (1989), 972–974.

– Der Pietismus, Göttingen 1990.

Wartenberg, G.: Landesherrschaft und Reformation. Moritz von Sachsen und die albertinische Kirchenpolitik bis 1546, Gütersloh 1988.

Weisert, H.: Universität und Heiliggeiststift. Die Anfänge des Heiliggeiststifts zu Heidelberg, Ruperto Carola 32 (H. 64), 1980, 55–73; 33 (H. 65/66), 1981, 72–87.

WILLGEROTH, G.: Die Mecklenburg-Schwerinschen Pfarren seit dem dreißigjährigen Kriege, 3. Bd., Wismar 1925.

WILLNAT, E.: Johann Christian Dieterich. Ein Verlagsbuchhändler und Drucker in der Zeit der Aufklärung, AGB 39 (1993), 1–254.

WINDISCH, E.: Mittheilungen aus den Akten über das Innere der Pauliner Kirche, Leipzig 1896.

WINKLER, E.: Die Leichenpredigt im deutschen Luthertum bis Spener, München 1967.

WINTER, Chr.: Veröffentlichungen zur Vernichtung der Leipziger Universitätskirche St. Pauli 1968, HCh 1993/94, 157–161.

–   Gewalt gegen Geschichte. Der Weg zur Sprengung der Universitätskirche Leipzig, 1998.

WITTRAM, H.: Glaube und Wissenschaft. Die Geschichte der Universitätskirche und -gemeinde in Dorpat 1847–1921, ZfO 41 (1992), 543–566.

WITTRAM, R.: Die Universität und ihre Fakultäten, Göttingen 1962.

WÖLFEL, D.: Nürnberger Gesangbuchgeschichte (1524–1791), Nürnberg 1971.

–   Das zeitgemäße Christentum der protestantischen Spätaufklärung in Deutschland, ZBKG 61 (1992), 119–136.

WOLGAST, E.: Die Universität Heidelberg 1386–1986, Berlin u. a. 1986.

WOTSCHKE, Th.: Die niedersächsischen Berichterstatter für die Acta historico–ecclesiastica, ZGNKG 32/33 (1927/28), 218–276.

ZAHN, Th.: Mein Werdegang und meine Lebensarbeit, in: Die Religionswissenschaft der Gegenwart in Selbstdarstellungen, hg. von E. STANGE, (I. Bd.,) Leipzig 1925, 221–248.

ZIPPERT, Th.: Bildung durch Offenbarung. Das Offenbarungsverständnis des jungen Herder als Grundmotiv seines theologisch-philosophisch-literarischen Lebenswerks, Marburg 1994.

ZÖCKLER, O.: Art. Hanne, Johann Wilhelm, RE, 3. Aufl., Bd. 7, 403–406.

4. Sonstiges

Briefliche Auskünfte verschiedener Personen an den Verfasser:
Prof. Dr. R. Henkys (Berlin) am 25. 8. 1993
Prof. Dr. Kl. P. Hertzsch (Jena) am 23. 3. 1993
Pfr. E. Hoffmann (Mainz) am 23. 8. 1993
Prof. Dr. G. Kehnscherper (Greifswald) am 3. 9. 1993
Prof. Dr. Fr. Merkel (Münster) ohne Datum
Dr. S. Pettke (Rostock) am 17. 8. 1993
Prof. Dr. R. Preul (Kiel) am 22. 12. 1992
Prof. Dr. A. M. Ritter (Heidelberg) am 18. 4. 1993
Prof. Dr. G. Seebaß (Heidelberg) am 9. 6. 1992
Prof. Dr. M. Seitz (Erlangen) am 31. 7. 1992
Prof. Dr. W. Steck (München) am 28. 7. 1993
Prof. Dr. R. Volp (Mainz) am 31. 1. 1995
Prof. Dr. J. Wallmann (Bochum) am 5. 8. 1993
Prof. Dr. Fr. Wintzer (Bonn) am 12. 8. 1993

Gemeindesatzung für die Evangelische Peterskirche in Heidelberg vom 01. 10. 1987 (Typoskript).

Kirchenbuch St. Jakobi (Göttingen), Defuncti 1744–1779 (vorhanden KKA Göttingen).

Taufregister der St. Johanniskirche Plauen/Vogtland, Jg. 1761.

Die nach dem Beitritt der DDR zur BRD abgeschlossenen Staatskirchenverträge zwischen den neuen Bundesländern und den Evangelischen Landeskirchen im Gebiet der ehemaligen DDR sind m. W. noch nicht gesammelt publiziert worden. Bezugnahmen auf diese Verträge und Zitate aus ihnen innerhalb dieser Untersuchung basieren auf den Textfassungen, die in den einschlägigen Kirchlichen Amtsblättern veröffentlicht wurden.

Bibelstellenregister

3,16	232
3,19–21	348
4,24	277
6,63	277
8,44	246
8,46–59	244f.
19,28–30	351

Apg

7,55	83
10,44–46	348
17,19–21	346
26,8	230

Röm

3,20	250
3,23	250
4,5	250
11,33–36	97
12	281f., 285, 291, 299, 322
12,2	353
12,12	282
13	281f., 285, 291, 299, 322
13,11–14	282
14,22	320

1. Kor

1,26–28	320
1,30	232
2,1–5	316
6,18	248
8,1	294
8,10	294
9,22f.	230
10,23	294
14,4	294
14,28ff.	9

2. Kor

3,17	368

Gal

3,24	240

Eph

4,24	353
5,15f.	230, 233

Kol

2,15	246
3,16f.	379

1. Thess

5,11	294

2. Tim

2,15	226
4,7–8a	93

Hebr

2,18	246
4,15	246
10,38	233
11,14	246
13,9	320, 323

Jak

1,21–27	283

1. Petr

1,14–21	287, 289

2. Petr

1,19	57
2,4	246

1. Joh

3,2	350
3,8–10	246
4,18	348

Jud

20	295

Apk

14,13	304
14,13b	93

Personenregister

Sachregister

Beiträge zur historischen Theologie

Alphabetische Übersicht

Albrecht, Christian: Historische Kulturwissenschaft neuzeitlicher Christentumspraxis. 2000. *Band 114.*
Alkier, Stefan: Urchristentum. 1993. *Band 83.*
Appold, Kenneth G.: Abraham Calov's Doctrine of Vocatio in Its Systematic Context. 1998. *Band 103.*
Axt-Piscalar, Christine: Der Grund des Glaubens. 1990. *Band 79.*
– Ohnmächtige Freiheit. 1996. Band 94.
Bauer, Walter: Rechtgläubigkeit und Ketzerei im ältesten Christentum. ²1964. *Band 10.*
Bayer, Oswald / Knudsen, Christian: Kreuz und Kritik. 1983. *Band 66.*
Betz, Hans Dieter: Nachfolge und Nachahmung Jesu Christi im Neuen Testament. 1967. *Band 37.*
– Der Apostel Paulus und die sokratische Tradition. 1972. *Band 45.*
Beutel, Albrecht: Lichtenberg und die Religion. 1996. *Band 93.*
Beyschlag, Karlmann: Clemens Romanus und der Frühkatholizismus. 1966. *Band 35.*
Bonhoeffer, Thomas: Die Gotteslehre des Thomas von Aquin als Sprachproblem. 1961. *Band 32.*
Bornkamm, Karin: Christus – König und Priester. 1998. *Band 106.*
Brandy, Hans Christian: Die späte Christologie des Johannes Brenz. 1991. *Band 80.*
Brecht, Martin: Die frühe Theologie des Johannes Brenz. 1966. *Band 36.*
Brennecke, Hanns Christof: Studien zur Geschichte der Homöer. 1988. *Band 73.*
Bultmann, Christoph: Die biblische Urgeschichte in der Auflklärung. 1999. *Band 110.*
Burger, Christoph: Aedificatio, Fructus, Utilitas. 1986. *Band 70.*
Burrows, Mark Stephen: Jean Gerson and ‚De Consolatione Theologiae' (1418). 1991. *Band 78.*
Butterweck, Christel: ‚Martyriumssucht' in der Alten Kirche?. 1995. *Band 87.*
Campenhausen, Hans von: Kirchliches Amt und geistliche Vollmacht in den ersten drei Jahrhunderten. ²1963. *Band 14.*
– Die Entstehung der christlichen Bibel. 1968. *Band 39.*
Claussen, Johann Hinrich: Die Jesus-Deutung von Ernst Troeltsch im Kontext der liberalen Theologie. 1997. *Band 99.*
Conzelmann, Hans: Die Mitte der Zeit. ⁷1993. *Band 17.*
– Heiden – Juden – Christen. 1981. *Band 62.*
Dierken, Jörg: Glaube und Lehre im modernen Protestantismus. 1996. *Band 92.*
Drecoll, Volker Henning: Die Entstehung der Gnadenlehre Augustins. 1999. *Band 109.*
Elliger, Karl: Studien zum Habakuk-Kommentar vom Toten Meer. 1953. *Band 15.*
Evang, Martin: Rudolf Bultmann in seiner Frühzeit. 1988. *Band 74.*
Friedrich, Martin: Zwischen Abwehr und Bekehrung. 1988. *Band 72.*
Gestrich, Christof: Neuzeitliches Denken und die Spaltung der dialektischen Theologie. 1977. *Band 52.*
Gräßer, Erich: Albert Schweitzer als Theologe. 1979. *Band 60.*
Grosse, Sven: Heilsungewißheit und Scrupulositas im späten Mittelalter. 1994. *Band 85.*
Gülzow, Henneke: Cyprian und Novatian. 1975. *Band 48.*
Hamm, Berndt: Promissio, Pactum, Ordinatio. 1977. *Band 54.*
– Frömmigkeitstheologie am Anfang des 16. Jahrhunderts. 1982. *Band 65.*
Hammann, Konrad: Universitätsgottesdienst und Aufklärunspredigt. 2000. *Band 116.*
Hoffmann, Manfred: Erkenntnis und Verwirklichung der wahren Theologie nach Erasmus von Rotterdam. 1972. *Band 44.*
Holfelder, Hans H.: Solus Christus. 1981. *Band 63.*
Hübner, Jürgen: Die Theologie Johannes Keplers zwischen Orthodoxie und Naturwissenschaft. 1975. *Band 50.*
Hyperius, Andreas G.: Briefe 1530–1563. Hrsg., übers. und komment. von G. Krause. 1981. *Band 64.*
Jacobi, Thorsten: „Christen heißen Freie": Luthers Freiheitsaussagen in den Jahren 1515–1519. 1997. *Band 101.*
Jetter, Werner: Die Taufe beim jungen Luther. 1954. *Band 18.*
Jorgensen, Theodor H.: Das religionsphilosophische Offenbarungsverständnis des späteren Schleiermacher. 1977. *Band 53.*
Jung, Martin H.: Frömmigkeit und Theologie bei Philipp Melanchthon. 1998. *Band 102.*
Kasch, Wilhelm F.: Die Sozialphilosophie von Ernst Troeltsch. 1963. *Band 34.*
Kaufmann, Thomas: Die Abendmahlstheologie der Straßburger Reformatoren bis 1528. 1992. *Band 81.*
– Dreißigjähriger Krieg und Westfälischer Friede. 1998. *Band 104.*

Kleffmann, Tom: Die Erbsündenlehre in sprachtheologischem Horizont. 1994. *Band 86.*

Koch, Dietrich-Alex: Die Schrift als Zeuge des Evangeliums. 1986. *Band 69.*

Koch, Gerhard: Die Auferstehung Jesu Christi. ²1965. *Band 27.*

Köpf, Ulrich: Die Anfänge der theologischen Wissenschaftstheorie im 13. Jahrhundert. 1974. *Band 49.*

– Religiöse Erfahrung in der Theologie Bernhards von Clairvaux. 1980. *Band 61.*

Korsch, Dietrich: Glaubensgewißheit und Selbstbewußtsein. 1989. *Band 76.*

Kraft, Heinrich: Kaiser Konstantins religiöse Entwicklung. 1955. *Band 20.*

Krause, Gerhard: Andreas Gerhard Hyperius. 1977. *Band 56.*

– Studien zu Luthers Auslegung der Kleinen Propheten. 1962. *Band 33.*

– siehe *Hyperius, Andreas G.*

Krüger, Friedhelm: Humanistische Evangelienauslegung. 1986. *Band 68.*

Kuhn, Thomas K.: Der junge Alois Emanuel Biedermann. 1997. *Band 98.*

Lindemann, Andreas: Paulus im ältesten Christentum. 1979. *Band 58.*

Mädler, Inken: Kirche und bildende Kunst der Moderne. 1997. *Band 100.*

Markschies, Christoph: Ambrosius von Mailand und die Trinitätstheologie. 1995. *Band 90.*

Mauser, Ulrich: Gottesbild und Menschwerdung. 1971. *Band 43.*

Mostert, Walter: Menschwerdung. 1978. *Band 57.*

Ohst, Martin: Schleiermacher und die Bekenntnisschriften. 1989. *Band 77.*

– Pflichtbeichte. 1995. *Band 89.*

Osborn, Eric F.: Justin Martyr. 1973. *Band 47.*

Pfleiderer, Georg: Theologie als Wirklichkeitswissenschaft. 1992. *Band 82.*

Raeder, Siegfried: Das Hebräische bei Luther, untersucht bis zum Ende der ersten Psalmenvorlesung. 1961. *Band 31.*

– Die Benutzung des masoretischen Textes bei Luther in der Zeit zwischen der ersten und zweiten Psalmenvorlesung (1515–1518). 1967. *Band 38.*

– Grammatica Theologica. 1977. *Band 51.*

Sallmann, Martin: Zwischen Gott und Mensch. 1999. *Band 108.*

Schäfer, Rolf: Christologie und Sittlichkeit in Melanchthons frühen Loci. 1961. *Band 29.*

– Ritschl. 1968. *Band 41.*

Schröder, Markus: Die kritische Identität des neuzeitlichen Christentums. 1996. *Band 96.*

Schröder, Richard: Johann Gerhards lutherische Christologie und die aristotelische Metaphysik. 1983. *Band 67.*

Schwarz, Reinhard: Die apokalyptische Theologie Thomas Müntzers und der Taboriten. 1977. *Band 55.*

Sockness, Brent W.: Against False Apologetics: Wilhelm Herrmann and Ernst Troeltsch in Conflict. 1998. *Band 105.*

Sträter, Udo: Sonthom, Bayly, Dyke und Hall. 1987. *Band 71.*

– Meditation und Kirchenreform in der lutherischen Kirche des 17. Jahrhunderts. 1995. *Band 91.*

Strom, Jonathan: Orthodoxy and Reform. 1999. *Band 111.*

Tietz-Steiding, Christiane: Bonhoeffers Kritik der verkrümmten Vernunft. 1999. *Band 112.*

Thumser, Wolfgang: Kirche im Sozialismus. 1996. *Band 95.*

Wallmann, Johannes: Der Theologiebegriff bei Johann Gerhard und Georg Calixt. 1961. *Band 30.*

– Philipp Jakob Spener und die Anfänge des Pietismus. ²1986. *Band 42.*

Waubke, Hans-Günther: Die Pharisäer in der protestantischen Bibelwissenschaft des 19. Jahrhunderts. 1998. *Band 107.*

Weinhardt, Joachim: Wilhelm Hermanns Stellung in der Ritschlschen Schule. 1996. *Band 97.*

Werbeck, Wilfrid: Jakobus Perez von Valencia. 1959. *Band 28.*

Wittekind, Folkart: Geschichtliche Offenbarung und die Wahrheit des Glaubens. 2000. *Band 113.*

Ziebritzki, Henning: Heiliger Geist und Weltseele. 1994. *Band 84.*

Zschoch, Hellmut: Klosterreform und monastische Spiritualität im 15. Jahrhundert. 1988. *Band 75.*

– Reformatorische Existenz und konfessionelle Identität. 1995. *Band 88.*

ZurMühlen, Karl H.: Nos extra nos. 1972. *Band 46.*

– Reformatorische Vernunftkritik und neuzeitliches Denken. 1980. *Band 59.*

Einen *Gesamtkatalog* sendet Ihnen gern der Verlag
Mohr Siebeck · Postfach 2030 · D–72010 Tübingen.
Neueste Informationen im Internet: http://www.mohr.de